# Sudenhuutelijan päiväkirjat I

Arabikeväästä Afganistaniin, 2011—2013

Anssi Kullberg

© 2025 Anssi Kullberg

Kustantaja: BoD · Books on Demand,

Mannerheimintie 12 B, 00100 Helsinki, bod@bod.fi

Kirjapaino: Libri Plureos GmbH,

Friedensallee 273, 22763 Hampuri, Saksa

ISBN: **978-952-80-9516-3**

Kansikuva: Anssi Kullberg

# Johdanto

Tämä kirja on koottu *Maailma ja paikat* -blogissa vuosina 2011—2013 kirjoitetuista teksteistä, valikoiden niistä maailmanpolitiikkaa ja yhteiskunnallisia asioita koskevia. Kirjan tarkoitus on saattaa osa noista kirjoituksista kirjallisesti luettavampaan muotoon ja samalla niiden säilyttäminen jälkipolville. Maailman ollessa nykyisellä tolallaan ei voida luottaa kriittisten kirjoitusten säilymiseen amerikkalaisen teknologiayhtiön omistamalla alustalla.

Kirjan nimi *Sudenhuutelijan päiväkirjat* viittaa Aisopoksen satuun, jossa paimenpoika pelotteli ilkikurisuuttaan kyläläisiä huutamalla, että susi tulee. Kun susi sitten lopulta tuli, kukaan ei ottanut poikaa vakavasti, vaan susi söi hänet suihinsa. Kirjoitellessani viimeisten vuosikymmenten aikana putinilaisen Venäjän, länsimaisen äärioikeiston ja trumpilaisen Amerikan muodostamista uhista Euroopan turvallisuudelle, liberaalille demokratialle, sääntöpohjaiselle maailmanjärjestykselle ja arvostamalleni länsimaiselle elämäntavalle, sain toisinaan kuulla itseäni verratun sutta huudelleeseen poikaan. Kehtasinhan kirjoituksissani epäillä Venäjän rauhantahtoa ja myöhemmin sitä, että länsimaiset instituutiot riittäisivät kesyttämään päätään nostaneen populismin. Jaksoin myös vuodesta toiseen toistella tuolloin hyvin epäsuosittua ajatusta, että Suomen olisi syytä liittyä Natoon.

Vuosia myöhemmin monista esittämistäni ajatuksista tuli valtavirtaa – kunhan ensin lukematon joukko tärkeitä ja asiantuntevia ihmisiä oli toistellut kaiken tapahtuneen tulleen taas kerran täydellisenä yllätyksenä "kaikille", siis ilmeisesti ainakin itselleen. Kirjoitusajankohtinaan nuo ajatukset eivät kuitenkaan vielä olleet lainkaan suosittuja suomalaisten keskuudessa. Paitsi ehkä blogini lukijoiden. Näkemyksiäni maailman menosta pidettiin pessimistisinä, mielipiteitäni jyrkkinä, suosituksiani epärealistisina. Blogini aiheutti kaikenlaisia pahoja puheita, pahimmillaan myös suoria uhkauksia ja selän takana kirjelmöintejä. En ole lainkaan vakuuttunut, että sellaiset olisivat loppuneet, vaikka monet

tuolloiset ajatukseni nyt vaikuttavat valtavirtaisilta, edellisen president-
timme sanoin "naamiot ovat pudonneet" ja Suomikin sai lopulta itsensä
Natoon.

Tämä julkaistavaksi toimitettu kirja antaa toivottavasti lukijoille mah-
dollisuuden pohtia jälkiviisaasti ja ihan itse, mitä oikeastaan kirjoituksis-
sani sanoin ja tarkoitin.

Käsillä olevan niteen sisältämien päiväkirjamerkintöjen kattama ajan-
jakso siis alkaa tammikuusta 2011 Helsingissä, jonne olin palannut Syy-
riassa, Libanonissa ja Etiopiassa vietettyjen vuosien jälkeen puoltatoista
vuotta aiemmin. Kirjan kattama ajanjakso päättyy kesään 2013, jolloin
olin jättämässä Kabulin ja muuttamassa Kiovaan. Aikarajaus on valittu
siten, että tämä kirja kattaa suuren määrän arabikevääseen ja islamilai-
seen maailmaan keskittyvää pohdintaa. Jatko-osa kattaa sen sijaan Uk-
rainan vuoteni 2013—2017 ja keskittyy enemmän Ukrainan, Venäjän ja
Euroopan geopolitiikan tematiikkaan. Molemmissa niteissä on kuitenkin
mukana myös monia muita maailmankolkkia ja aiheita koskevia ajatuk-
sia.

Painettua julkaisua ja monenkirjavaa lukijakuntaa varten tekstejä on va-
likoitu ja siellä täällä lyhennetty. Sanankäyttöä on paikoin siistitty, mutta
lähinnä yksittäisten sanojen kohdalla. Sen sijaan en ole kajonnut asiasi-
sältöön – niissäkään tapauksissa, joissa tietoni tai mielipiteeni asioista
on saattanut muuttua blogitekstien kirjoittamisen ajoista. Onhan päivä-
kirjojen tehtävä myös dokumentoida oman ajattelun kehittymistä ja
muuttumista ajassa ja tapahtumien virrassa.

Kirjan päiväkirjaluonne merkitsee lukijan kannalta toisaalta pureskelta-
vissa olevia itsenäisiä lukuja, toisaalta mahdollisesti epätasaista laatua –
osa kirjoituksista on syvällisesti ajateltuja ja pureskeltuja esseitä, kun
taas osa on hajanaisempaa ajankohtaistapahtumien kommentaaria tai
henkilökohtaisia ajatuksia. Osa kirjoituksista on vakavaa asiatyyliä,
osassa taas paistaa läpi sarkasmi tai musta huumori.

Vaikka olen valikoinut kirjaan otetut tekstit painottaen maailmanpoliit-
tista ja yhteiskunnallista sisältöä, mukana on paljon huomioita myös

kulttuurista, kirjallisuudesta sekä luonnosta ja linnuista, jotka ovat aina olleet suuri intohimon kohteeni. Matkaileva sielu tarkkailee kirjoituksissa maailmankolkkia myös paljon poliittista historiaa tai syväkulttuuria arkisemmin ja toisinaan sarkastisin huomioin.

Työstäni en päiväkirjoissa juurikaan puhu, mikä on ollut tietoinen valinta, onhan nämä kirjoitukset alun perin julkaistu avoimessa blogissa. Lukija voi rivien välistä päätellä, missä olen milloinkin ollut töissä ja kirjoitusten teemoissa saattaa olla heijastumia myös työssä kohdatuista aiheista. Työpaikkani on ollut julkista tietoa koko sen ajan, kun olen blogiani pitänyt.

Lukija etsii myös turhaan juoruja ystävistäni, läheisistäni tai työtovereistani. Nämä voivat löytää itsensä kirjoitusten rivien väleistä, paikkakunnista ja tapahtumista, joissa olivat mukana – mutta heidän nimiään tai henkilöllisyyksiään ei ole kirjasta löytyvissä kirjoituksissa paljastettu.

# Lopun ajat

*10. tammikuuta 2011*

Vuosi on vaihtunut. Vietin joulun Pohjanmaalla ja uudenvuoden Kalliossa. Muistan hämärästi, että siellä väiteltiin Turkin EU-jäsenyydestä, Venäjän taloudesta, Yhdysvaltain keskuspankkijärjestelmästä ja demonien manaamisesta. Sitten kävin katsomassa joulun alla syntynyttä suomalais-kurdilaista vauvaa, mikä tapahtui lähinnä punaviinin ja tuhannen ja yhden yön satujen merkeissä; kirjallisuudesta yleensäkin muistan olleen paljon puhetta. Viime viikonloppuna taas oli suomalaisen sukulaiseni venäläisen vaimon syntymäpäiväpippalot, mutta muistan hämärästi siellä puhutun lähinnä bulgaaria ja skoonea.

Viime vuonna tähän aikaan ennustin Euroopalle kahtiajakoa, joka onkin jatkunut. Ennustin Lähi-itään stagnaatiota, joka onkin jatkunut. Ukrainan suhteen olin jopa liian optimistinen, sillä Viktor Janukovitšin hallinto on ylittänyt pessimistiset odotukseni pyrkimällä sulkemaan Ukrainaa takaisin autoritääriseen urkintajärjestelmään. Puhuin jo vuosi sitten fasistisen ajattelun noususta ja siinäkin saatoin olla jos mahdollista liian optimistinen. Suomen vaaleihin on nyt kolme kuukautta ja tulemme näkemään kolmen suuren puolueen triumviraatin murenemisen, kun kansa rankaisee hallitsevan poliittisen eliitin todellisuudesta vieraantumisesta äänestämällä aivan väärin perustein perussuomalaisia.

Vaikka voidaan havaita myös liberaalin ajattelun ilahduttava uusi nousu etenkin nuoremman sukupolven parissa, muu poliittinen tilanne tuntuu menevän kohti polarisaatiota, jossa laiva keikkuu ulapalla Skyllan ja Kharybdiksen ammottavien kitojen välissä. Koska klassisia myyttejä ei ilmeisesti enää opeteta koulussa, lienee syytä selventää, että Skylla ja Kharybdis olivat ne kaksi hirviötä, joiden välistä Odysseuksen laivan piti purjehtia.

Tämän päivän polarisaatiossa avoin yhteiskunta on uhattuna molempien hirviöiden taholta. Toisella puolen salmea meuhkaa hirviö, joka lietsoo hysteriaa maahanmuuttajia vastaan yleensä ja islaminuskoisia vastaan erityisesti, vaatii kukkahattutätien päitä pölkyille ja uskottelee, että kaikki korjaantuu, jos maahanmuuttajat ja vähemmistöt potkitaan pois, Suomi eroaa EU:sta, sulkee korvat ja silmät (paitsi islaminvastaiselta meuhkaamiselta) ja kuvittelee olevansa yksin tässä maailmassa. Salmen toisella puolella taas riehuu hirviö, joka haluaa sensuroida internetiä ja kirjallisuuttakin, kieltää vääränlaiset ajatukset, tunkea valtion sormet ihmisten koteihin ja jopa sukupuolielämään, väärentää todellisuuden sopimaan omiin fantasioihinsa sekä lakkauttaa armeijan, poliisin ja terveen järjen, koska mikään koskaan ei meitä uhkaa, paitsi vääränlaiset eli oikeistolaiset ajatukset.

Yhteistä suvaitsevaistolle ja suvaitsemattomille on, että he murentavat kilvan avoimen yhteiskunnan perusteita. He uskovat yhteen ja ainoaan totuuteen – omaansa – ja haluavat vaientaa muut. Keinot ovat lukemattomat: sensuuri, holhous, rasismi, liioitellut turvatoimet ja yleinen hysteria.

Minua ei haittaa ollenkaan, jos kotikadullani on kirkon lisäksi minareetti, josta kantautuu aika ajoin rukouskutsuja, tai että metroasemalla lampsii erivärisiä ihmisiä. Nämä eivät muodosta itselleni minkäänlaista kulttuurista uhkaa. Minua ei kiinnosta, mitä sukupuolivähemmistöt tekevät makuuhuoneissaan ja millä nimellä he kutsuvat parisuhteitaan. En koe suurena uhkana sitä, että väärässä olevat ihmiset kirjoittavat typeryyksiä omissa blogeissaan, kunhan heidän kanssaan eri mieltä olevilla on yhtäläinen oikeus ilmaista mielipiteensä. Ihmisten mielipiteiden, uskonnon ja yksityiselämän ohjailu ja valvonta eivät kuulu valtiolle.

Sen sijaan minua häiritsee suuresti, että valtio pakko-ottaa veroina parhaimmillaan 40 % tuloistani ja rahoittaa näillä rahoilla asioita, joita en kannata tai jotka ovat suoranaisesti vääriä. Minua häiritsee niin ikään, että samaan aikaan kun valtio ylläpitää kohtuuttomia esteitä opiskelijoille ja nuorille koulutetuille aikuisille päästä Suomeen, se rahoittaa tuottamatonta maahanmuuttoa suoraan tukien varaan jakamalla vastikkeetonta sosiaaliturvaa, työttömyysturvaa, asumislisiä ja lapsilisiä ulkomaalaisille silkan maassa oleilun perusteella. Minua häiritsee suuresti, jos minua pelotellaan tutkintapyyntöjen uhalla olemaan sanomatta mielipiteitäni, käyttämättä vitsikkäitä sanoja tai että koululuokassa tai kirjastossa ei saa olla esillä krusifiksejä eikä vääränlaisia ajatuksia sisältäviä kirjoja, koska joku muka niistä loukkaantuu, on toisuskoinen tai uskonnoton.

Minulla on omia poliittisia ja hengellisiä mielipiteitä, mutta minua ei häiritse lainkaan, että muilla ihmisillä ympärilläni on muita poliittisia ja hengellisiä mielipiteitä, kunhan nämä eivät yritä pakottaa omiaan minulle. Vain niin kauan kuin kunnioitamme toistemme moninaisuutta, sananvapautta ja uskonnonvapautta, voimme kutsua itseämme avoimeksi yhteiskunnaksi tai länsimaiseksi sivistysmaaksi. Kohteliaisuus ja yleisesti sivistynyt käytös ovat hyvä asia, mutta ihmisillä on oikeus myös paheksua asioita ja olla pitämättä toisistaan.

Ihmisillä on oltava oikeus mielipiteisiinsä, vaikka ne olisivat perusteettomia tai vääriä – myös islamisteilla ja islamofobeilla, myös homoilla ja homofobeilla. Jos eivät siedä toisiaan, vapaassa valtiossa heillä on oikeus vältellä toisiaan, muuttaa pois toistensa naapurista ja lukea vain itsensä kanssa samaa mieltä olevien lehtiä. Se on ehkä typerää, mutta ei lailla voi säätää ihmisten sivistystasoa tai suvaitsevaisuuden astetta. Lailla ei myöskään voi pakottaa ihmisiä uskomaan johonkin tai olemaan uskomatta. Ihmisille voidaan tarjota koulutusta, mutta pakottamalla he eivät opi.

Valtiovallan huomiota on viime aikoina vaadittu kaikkeen mahdolliseen, mikä valtiolle *ei* kuulu, joten kerrattakoon tässä vielä se, mitä toivon ja odotan valtioltani. Ensinnäkin, jotta saisin vastedeskin asua avoimessa yhteiskunnassa ja vapaassa maassa, valtion tulisi huolehtia maanpuolustuksesta. Sen sijaan, että valtio levittää asehysteriaa ja haluaa kerätä pyssyt pois Suomen takametsistä niin että vain rikollisilla ja hulluilla olisi vastedes aseita, voitaisiin kenties lopettaa maanpuolustuskyvyn alasajo ja harkita edes liittymistä Natoon.

Odotan valtiolta myös sitä, että saan vastedeskin elää maassa, jossa minun ei välttämättä tarvitse olla aseistautunut mennäkseni ulos kadulle tai ostarille. Tämä tarkoittaa, että poliisin tulee saada riittävät resurssit tavanomaisen rikollisuuden torjumiseen ja että varsinkin rikoksenuusijoiden tulee saada kunnon rangaistukset, sillä tämä suhteellisen pieni joukko vastaa suurimmasta osasta maassamme tehtäviä rikoksia eikä jostain syystä tunnu ikinä pysyvän telkien takana. Harmittomien hamppuhippien ja kukkakauppiaiden pamputtamisen sijaan poliisi voisi keskittää voimavarojaan järjestäytyneen rikollisuuden torjuntaan ja saada tekijät tuomituiksi kansan oikeustajua paremmin vastaaviin rangaistuksiin.

Kansa öyhöttää myös terrorismin uhasta, mikä tuntuu vähän liioitellulta, kun emme vieläkään ole nähneet edes ensimmäistä "islamilaista terrori-iskua". Myyrmannin pommimies ja kouluampujathan olivat "yksittäistapauksia". Sen sijaan, että keksitään uusia aseiden vastaisia sääntöjä ja kalliita mutta hyödyttömiä turvatoimia liikennevälineille, voitaisiin laittaa edes hieman resursseja terveellä järjellä toteutettuun tiedonhankintaan. On typerää hutkia ilman että on tutkittu. Jos viharyhmiä etsitään, niin kannattaisi ehkä aloittaa niistä, jotka Venäjän edun nimissä uhkailevat ja terrorisoivat venäläisiä, virolaisia, latvialaisia ja muita maahanmuuttajia Suomessa – kirjailijoita, runoilijoita, toimittajia – ja myös kantaväestöön kuuluvia. On merkillistä, että harmittomien hölmöjen kirjoituksia luetaan oikeusistuimissa suurennuslasilla, kun taas hyvin tiedetyt vihanlietsojat saavat rauhassa jatkaa toimintaansa, joka vahingoittaa maamme suhteita ulkovaltoihin.

Koska yhteiskunnallinen tilanteemme on päässyt kuplimaan nykyiselle loiskiehunnan asteelle, ennustan, että vaaleja edeltävästä ajasta tulee merkillinen ja ehkä pelottavakin. Johan ovat maailmanlopun lahkot jo nähneet lopun ajan merkit, kun ilotulitteilla on paukuteltu lintuparvia taivaalta molemmin puolin Atlanttia. Sääli ruotsalaisia naakkoja. Planeettamme sairastaa, mutta sen sijaan että suojeltaisiin jäljellä olevia elinympäristöjä – etenkin metsiä – vaativat ympäristöteemoilla ratsastajat päinvastoin lisää rahaa ympäristövaikutuksiltaan usein kielteiseen kehitysyhteistyöhön ja ylätason köyhyydenvähennysneuvotteluihin. Oi aikoja, oi tapoja!

# Uralin usvat

*14. tammikuuta 2011*

S uomessa toistetaan usein myyttiä, että suomalaiset olisivat vaelta-neet nykyisille sijoilleen Volgan mutkasta. Tälle nationalistisesti orientoituneiden kielitieteilijöiden keksimälle myytille ei kuiten-kaan ole arkeologisia tai geneettisiä perusteita. Aina viimeisistä jääkausista alkaen saamelaiset ja suomalaiset ovat *aina* asuneet Suomen ja pohjoisen Skandinavian alueilla. Eivät he mistään Volgan mutkasta tul-leet (vaikka kielensä tulikin). He olivat aina täällä.

Sen sijaan on totta, että Uralin ja Volgan alueet muodostavat keskiosan siinä suomalais-turkkilaisessa kuunsirpissä, joka ulottuu pohjoisessa ää-ripäässään Itämerelle ja eteläisessä ääripäässään nykyiseen Turkkiin. Nykyinen Unkari muodostaa yksinäisen saarekkeen, kuin tähden kuun-sirpin kaaren keskellä. Slaavilaisten Volgaksi kutsuma joki, joka aiemmin tunnettiin suomalais-ugrilaisella (Itil) ja turkkilais-tataarilaisella (Idel) nimellään, yhdessä Uralin matalien vuorten kanssa muodostaakin sen alueen maailmassa, jossa suomalais-ugrilaisten ja turkkilais-tataarilais-ten kansojen ilmeinen sukulaisuus parhaiten hahmottuu – siellä kun suomensukuiset marit, mordvalaiset ja udmurtit ovat sekaisin turkinsu-kuisten tataarien, baškiirien ja tšuvassien kanssa. Volgan ja nykyisen Etelä-Venäjän alueiden turkinsukuisia kansoja on viime vuosisadoilla kutsuttu yleisnimellä tataareiksi. Kielellisesti tšuvassit eroavat kuitenkin useimmista muista alueen turkinsukuisista kansoista.

Asian ymmärtämistä on viimeisinä vuosisatoina häirinnyt lähinnä kaksi seikkaa: uskonto ja Venäjä. Puhutaanpa ensin uskonnosta. Jossain vai-heessa keskiaikaa etelästä Ideliä pitkin pohjoiseen saapuneet suufilaiset veljeskunnat käännyttivät tataarikansoja islamiin, kun taas bysanttilais-ten munkkien kristinuskoon käännyttämä Kiovan Rus levitti niin slaavi-laisuutta kuin ortodoksista kristinuskoakin alueen suomalais-ugrilaisten kansojen keskuuteen. Ruotsalaiset toivat Lallista ja kirveestä huolimatta kristinuskon myös uppiniskaisille itämerensuomalaisille.

Tämä uralilais-turanilaisten kansojen uskonnollinen jakautuminen estää meitä nykyisin tunnustamasta ilmeisiä serkkujamme sukulaisiksi, ja mieluummin luomme myyttejä olemattomista kansanvaelluksista. Olkaamme rehellisiä: ennen Lähi-idän monoteististen uskontojen ryntäystä Idel-Uralin tasangoille ja kukkuloille olimme kaikki iloisesti pakanoita: suomalaiset, baltit, merjalaiset, komit, marit, udmurtit, mordvalaiset, tataarit, baškiirit, tšuvassit, kumykit, turkkilaiset... Ja vanhat uskontomme tapoineen ja myytteineen olivat varsin samanlaisia.

Ensimmäinen sivistyneestä maailmasta saapunut tutkimusmatkailija, joka kirjoitti nykyisin Venäjänä tunnetusta alueesta, oli Idel-jokea 900-luvulla ylös purjehtinut arabialainen tutkimusmatkailija Ahmad ibn Fadlān, joka kuvaili tapaamiaan turkin- ja suomensukuisia kansoja omituisiksi barbaareiksi. Ibn Fadlānin kirja *(Kitāb ibn Fadlān)* oli tiettävästi ensimmäinen kirjallinen lähde, joka kuvaili Venäjää. Se ilmestyi muutama vuosi sitten vihdoin myös suomeksi, mitä voidaan pitää *Suomen Itämaiselta seuralta* merkittävänä kulttuuritekona.

Ibn Fadlān matkusti Bagdadista turkinsukuisten bolgaarien maille ja kertoi myös ruuseista ja viikingeistä. Hänen tutkimusmatkaansa popularisoi myöhemmin Michael Crichton kirjassaan *Kolmastoista soturi*, josta tehtiin elokuvaversio – elokuvassa Ibn Fadlānia esitti Antonio Banderas. Mielenkiintoisesti elokuvassa roiston rooliin olivat päässeet vendit, jotka olivat laajalti vaellellut pakanallinen slaaviheimo. Juuri vendeistä tulee suomalais-ugrilainen Venäjää tarkoittava sana – joka saattaa joidenkin mukaan olla suomensukuista alkuperää ja viitata veneisiin.

Tästä päästäänkin toiseen kysymykseen eli siihen, mitä eroa on venäläisillä ja ryssillä. Kyllä, kuulitte aivan oikein: ryssä ei ole automaattisesti synonyymi venäläiselle. Meille on pitkään uskoteltu, että Venäjä on ikiaikainen slaavilainen valtakunta, joka on suunnilleen "aina" kanniskellut bysanttilaista purppuraviittaa. Näinhän ei suinkaan ole. Alun perin Rus sijaitsi Kiovassa, nykyisessä Ukrainassa, joka on itäslaavien varsinainen alkukoti. Tämä "Ruusia" kääntyi Valdemarin, Volodymyrin eli Vladimirin aikana kristinuskon bysanttilaiseen versioon, jonka toivat Kiovaan bulgarialaiset munkit. Bulgaarit taas olivat alun perin Balkanille saapuneita turkinsukuisia Volgan bolgaareja, jotka vähitellen omaksuivat valloittamansa alueen slaavilaisen kielen.

Puhutaan siitä, kuinka jokia pitkin Konstantinopolin orjamarkkinoille matkustelleet viikingit – ruusit – olisivat perustaneet Rusin. Geenitutkimuksen perusteella näyttää kuitenkin siltä, että Rurik olisikin ollut suomalainen, mahdollisesti länsirannikoltamme kotoisin ollut suomenruotsalainen. Tämähän ei ollut mitenkään hämmästyttävää, koska viikinkien mukana seilasi kaikenlaista väkeä alueelta. Pohjoisten tasankojen vähittäinen slaavilaistuminen alkoi Kiovan Rusin harjoittamasta käännyttämisestä ja vaikutuksen levittämisestä jokia pitkin. Aluksi Konstantinopolin orjaluetteloissa nähtiinkin lähinnä suomalais-ugrilaisia ja turkkilaisia pakananimiä, mutta kristinuskon vähitellen levitessä ugrimugrit ja turkit muuttuivatkin ihmeellisesti slaaveiksi. Samalla levisi tasangoille myös vanhan ukrainan kielen metsäläinen vastine, josta tuli nykyinen venäjän kieli.

Venäläinen kieli ja kulttuuri siis olivat ukrainalaisten äpärä, joka kasvoi uralilais-turkkilaisen mosaiikin pohjalta. Moskova rakennettiin pohjoisiin metsiin merjalaisten alueelle ja suomensukuisista merjalaisista tuli vähitellen venäjänkielisiä moskoviittejä.

Kiovan Rus oli tunnettu myös sivistyneessä maailmassa jo varhain. Marco Polo kuvasi sitä 1200-luvulla tekemiensä matkojen aikana kuulemansa perusteella näin:

> *Rosian [Kiovan Rusin] provinssi on hyvin suuri. Siinä on monta osaa ja se rajoittuu siihen pohjoiseen maahan, jota olemme sanoneet Pimeyden laaksoksi. Sen asukkaat ovat kristittyjä ja noudattavat jumalanpalvelusmenoissaan kreikkalaista rituaalia. Siellä on useita kuninkaita, ja maalla on oma kielensä. Asukkaat ovat erittäin typerää väkeä, mutta he ovat hyvin kauniita ja vaaleaverisiä, niin miehet kuin naisetkin. Maa maksaa veroa vain läntisten*

*tataarien kuninkaalle Toktaille, jonka valtakuntaan se idässä rajoittuu.*

Marco Polon aikana Rus edusti Mongolivaltakunnan läntisiä alueita, mitä kuvastaa se, että mongolien läntinen vasalli, Kultaisen Ordan kaani Toktai, toimi Rusin muodollisena hallitsijana. Hänelle Rus maksoi veroa.

Entä mikä olikaan tuo "Pimeyden laakso", jonka Marco Polo mainitsee? Se oli nykyinen Venäjä, ja siitä Marco Polo kirjoitti myös, vaikkei ollutkaan koskaan käynyt maassa, vaan kuuli siitä matkallaan Georgian, Azerbaidžanin ja Turkestanin läpi.

Polon käsitykset heijastelivat hänen tietolähteidensä, persialaisten ja kaukasialaisten, käsityksiä Kaukasusvuorten pohjoispuolella avautuvasta barbaarisesta "Pimeyden valtakunnasta":

> *On totta, että kaukana tästä kuningaskunnasta [Georgiasta] yhä eteenpäin pohjoista kohti on maakunta, jota nimitetään Pimeäksi eli Pimeyden laaksoksi. Ja tämä nimi on tosiaan oikeaan osuva, sillä siellä vallitsee ainainen pimeys, koska siellä ei näy aurinkoa, ei kuuta eikä tähtiäkään, vaan alituisesti on niin pimeää kuin meillä [Venetsiassa] iltahämärissä, jolloin näkee eikä kuitenkaan näe. Ja tämä johtuu tiheästä usvasta, jota siellä aina sataa, milloinkaan hälvenemättä tai häviämättä. Ihmisillä ei siellä ole ollenkaan omaa hallitsijaa, ja he elävät eläimien tavalla.*

Vasta vuonna 1477, yli 150 vuotta sen jälkeen, kun Marco Polo oli matkaillut Kaukasiassa, Keski-Aasiassa ja Kiinassa, vieraili tiettävästi ensimmäinen länsieurooppalainen Moskovassa. Hänkin oli venetsialainen, nimeltään Ambrosio Contarini.

Miten vendit, venäläiset ja ryssät tähän liittyvät? No, tosiasiahan on, että se ikivanha Venäjä, jonka kuvittelemme, oli Ukraina. Ja että ruusien ja vendien jälkeläisinä syntynyt slaavilainen kauppakansa perusti oman imperiuminsa pohjoiseen. Tämän imperiumin pääkaupunki oli Novgorod (Nygård) ja se oli se Venäjä, jonka me Suomen rannikoilla ja Virossa opimme läheisesti tuntemaan kaupankäynnin ja ajoittaisten ryöstöretkien kautta.

Mitä sitten tekivät varsinaiset ryssät eli moskoviitit? Moskova ei ollut kuin barbaarinen takametsä, kunnes siitä tuli Mongolivaltakunnan läntinen vasalli. Samoin kuin Kazanin tataarit ja Kultainen Orda, jolle Moskova maksoi veronsa, Moskova ryhtyi ryöstämään mongolien käskyläisenä ympäröiviä alueita, orjuuttamaan sekä suomalais-ugrilaisia että slaavilaisia kansoja. Sekakansana syntyneet moskoviitit olivat tässä erittäin lahjakkaita erityisesti saavuttaessa Iivanoiden aikaan. Eipä olekaan ihme, että ryssiä alettiin myös kutsua iivanoiksi. Aleksanteri Nevski oli mongolien vasalli, kun hän taisteli ruotsalaisia ja baltiansaksalaisia vastaan.

Ryssää ei ehkä pidä ymmärtää etniseksi termiksi, vaikka se pitkään venäläisiä tarkoittikin. Se on kielessämme pikemminkin tunteenomainen ja kauhua herättävä manaus, jolla saattoi pelotella lapsia. Lueskelin taannoin vahingossa amerikansuomalaista antologiaa, ja sielläkin tuo kauhu eli yhä sivukaupalla: "Ryssät tulevat, ryssät tulevat!" Tiedettiin, että jossain idässä, Pimeyden valtakunnassa, elivät sotaisat ryssät. Ja kun ryssä ryntäsi, silloin piti piilottaa naiset ja lapset piilopirtteihin. Silloin kylät paloivat liekeissä, pellot tuhottiin, karja surmattiin, kiinni saadut miehet tapettiin, naiset ja lapset vietiin pois orjiksi.

Kun Moskova pitkällisen taistelun jälkeen valtasi ja hävitti Novgorodin ja Kiovan, se oli eräällä lailla ryssäläinen voitto venäläisistä. Ei silti, kyllä Moskovasta silti tuli myös kukoistava venäläinen kulttuurikeskus. Mutta kun raaputti venäläisen pintaa, sieltä saattoi löytyä ryssä. Tämän saivat tuta myös tataarien kukoistavat kaanikunnat Krimillä, Astrakanissa ja Kazanissa, jotka yksi toisensa jälkeen sortuivat ja joutuivat Moskovan ikeen alle. Hävitys oli usein silmitöntä, mistä kertoo se, että kokonaisia kansoja ja sivilisaatioita katosi jäljettömiin moskoviittisen ekspansion tieltä. Sibirin kaanikunnasta muistuttaa enää Siperian nimi.

Vaikka Pietari Suuri leikkautti venäläisiltä parrat, löi Ruotsin ja rakensi uuden imperiumin pääkaupungin suomalaisten luiden päälle inkeriläiselle Nevanvuon suolle, ei pietarilainen kermakuorrutuskaan estänyt sitä, että vähän väliä verenhimoista päätänsä nosti ryssäläinen peto. Ryssä on se venäläisen sivistyksen pimeissä kellareissa juovuspäissään riehuva julmuri, jolta lapset ja naiset pitää yhä kätkeä.

Täten on todettava, ettei ryssä ole rasistinen tai edes kansallinen termi. Venäläisyys ja ryssyys eivät ole sama asia – ne ovat kaksipäisen kotkan skitsofreenisesti eri suuntiin katsovat kaksi päätä. Monet pahimmista ryssistä eivät edes olleet venäläisiä. Kaikista ryssistä ryssimmät tulivat itse asiassa ikivanhasta kristillisestä välimerellisen vyöhykkeen sivistys-maasta Georgiasta. Sillä kukapa olisi ollut ryssempi kuin Josif Džugašvili, joka Moskovassa valtaan noustessaan otti nimekseen Stalin, teräsmies. Tai kuten hänen pyövelinsä, mingrelialainen Lavrenti Beria, jonka kätyrit iltaisin metsästivät mestarinsa perverssien himojen täyttämiseksi alaikäisiä tyttöjä, joista ei enää koskaan kuultu.

Ryssä ei myöskään ole synonyymi sanalle neukku, sillä ryssiä oli olemassa jo kauan ennen Vladimir Iljitšiä, tuota juutalaistaustaista ryssää. Suomalaiset muistavat ryssät hyvin Suomen sodan ja isovihan ajoista. Näin ollen ei ole aivan oikein väittää, että kaikki ryssävihasta kärsivät suomalaiset olisivat automaattisesti venäläisvastaisia tai edes Venäjän-vastaisia. Suurin osa tuntemistani venäläisistä ei ole ryssiä. Olen kuiten-kin silloin tällöin törmännyt erilaisissa seminaareissa häiriköiviin suo-malaisiin ryssiin.

Ryssyys on vihaa ja pyrkimystä hävittää, orjuuttaa ja kieltää. Se on histo-rian väärentämistä ja pakonomaista valehtelua. Se on voiman ja väkival-lan ihannointia. Se on kansanmurhaan yllyttämistä ja kansanmurhien ylistystä. Ryssyys on venäläisen sielun häirikkö, pimeä hirviö, joka nousee aika ajoin usvista ja levittää hävitystä, uhreinaan niin venäläiset kuin heidän naapurinsakin. Ryssyys on venäläisyyden ja Venäjän valtakunnan syöpä, ulvova kummitus.

Kuka tietää, ehkä se nousi aikoinaan suomalais-ugrilaisista usvista. Tai ehkä se tuli tataarien ja mongolien ratsastavilta laumoilta. Ehkä jopa by-santtilaisilta intriganteilta. Tai ehkäpä se syntyi näiden kaikkien kohtaamisesta. Joka tapauksessa se on jo useamman sadan vuoden ajan tehnyt Venäjän historiasta traagista.[1]

---

[1] *Uralin usvat* oli pakinamuotoinen kirjoitus, jonka ei ollut tarkoituskaan olla vakavasti otettava kansatieteellinen esitys. Se päätyy lopussaan pohtimaan ikiaikaista kysymystä "hyvästä venäläisestä" ja "pahasta venäläisestä", mutta myönnän itsekin, ettei ruuseista johdettu ryssä-sana ole kovin osuva erottamaan "isovenäläistä imperialistia" Kiovan ja Novgorodin perinnöstä.

# Tunisiasta, Intiasta ja islamofobiasta



M inut tuntevat lienevät jo arvanneet, että kulunut viikko on minulta kulunut silmät naulittuina näyttöpäätteeseen seuratessa Tunisian vallankumousta. Siinä on nostalgian tuntua, enkä tarkoita vain kokemuksiani Georgian, Ukrainan ja Libanonin vallankumouksista, vaan sitä, että Tunisia oli toiseksi ensimmäinen paikka, jossa kävin Euroopan ulkopuolella, ja ensimmäinen arabimaa. Olin silloin tuore 20-vuotias opiskelija, vaikkakin olin jo ehtinyt kiertää vallankumousten jälkihumussa koko itäisen Euroopan. Lasken myös Turkin ja Venäjän osiksi Eurooppaa.

Se ihan ensimmäinen paikka, jossa kävin Euroopan ulkopuolella, olikin eksoottinen šokkihoito, nimittäin Intia. Siellä kävin 19-vuotiaana ja olin melkoisen vaikuttunut kaikesta siitä kaaoksesta, värien, tuoksujen ja äänien huumasta. Sattui kuitenkin niin, että ensimmäiset intialaiset ystäväni olivat kashmirilaisia opiskelijoita, joilla oli vaarallisia poliittisia mielipiteitä. Eivät he tietenkään mitään pomminheittäjiä olleet, mutta kuuluivat puolueeseen, joka kannatti Kashmirin itsenäisyyttä sekä Intiasta että Pakistanista. *Hurriyet-konferenssi* edustaa maltillisia separatisteja, toimii laillisesti ja osallistuu Intian politiikkaan. Intia on demokratia, joten ystäväni olivat vain vakoilun, yleisen seurannan ja syrjinnän kohteina. Venäjällä tai Kiinassa he olisivat olleet ajatusrikostensa vuoksi "terroristeja", heitä olisi vainottu ja kidutettu.

Kaiken huipuksi myöhemmin (vuonna 2002) asuin ja olin töissä Pakistanissa. Niin että voi hyvin olla, että jotkut piirit Intiassa pitävät minuakin jonkin sortin terroristina. Mutta ei se mitään, Suomessakin minua on herjattu islamistiksi, vaikken ole edes muslimi. Sen perusteella, että olin asunut vuosia kahdessa arabimaassa ja minulla oli satoja muslimiystäviä, eräs esimieheni näytti minulle uudessa kotikaupungissa moskeijan paikan ja sanoi, että siellä voin käydä, koska olen kuulemma kääntynyt islamiin. Tuijotin häntä aika pitkään. Myöhemmin sain kuulla muiltakin alaisilta, että hän on vähän erikoinen.

Haluan puhua islamofobiasta ja muslimivihasta, vaikka tiedän sillä ärsyttäväni suunnattomasti erinäisiä suomalaisia, koska minusta vihan määrä ja syvyys Euroopassa alkaa olla sitä luokkaa, että se suoranaisesti vaarantaa avoimen yhteiskunnan toimivuuden jatkossa. Radikaalit islamistit ovat osa ongelmaa ja omasta puolestaan vastuussa vihanlietsonnasta, mutta nyt puhun suomalaisten vihasta ja vihanlietsonnasta, joka on muuttunut viime vuosina silmittömäksi ja häpeämättömäksi, kun sitä harjoittavat piirit ovat huomanneet, että niin suuret määrät kansalaisia aktiivisesti tai passiivisesti kannattaa heidän vihapuheitaan. Lisäksi asialla on järjestäytyneitä provokaattoreita, joiden toimeksiantajat ovat Suomen ulkopuolella.

Nykyisin kuulee paljon väitettävän, että "kaikki muslimit eivät ole terroristeja, mutta kaikki terroristit ovat muslimeja". Näin ei ole. Suurin osa Euroopan terrori-iskuista on ollut muiden kuin muslimiterroristien tekemiä. Muslimien iskut vain uutisoidaan moninkertaisesti verrattuna baskien, korsikalaisten ja irlantilaisten terroristiryhmien tekoihin, puhumattakaan äärivasemmiston iskuista.

Se maa maailmassa, jossa on tapahtunut eniten terrori-iskuja vuodesta toiseen, ei ole mikään muslimienemmistöinen maa, vaan Intia. Sielläkin suurin osa iskuista on äärivasemmiston – maolaisten ja niin kutsuttujen naxaliittien – tekemiä sekä erilaisten separatistiryhmien, joita ei suinkaan ole ainoastaan muslimienemmistöisessä Kashmirissa vaan lähes kaikissa osavaltioissa lukuun ottamatta pientä Goaa.

Goassa tehtiin vuosi sitten terrori-iskun yritys, josta syytettiin ensin äärimuslimeja, mutta Intian viranomaiset saivat pian kiinni miehen, joka yritti räjäyttää pommin ihmisten täyttämillä markkinoilla. Hän paljastui hinduprovokaattoriksi, joka oli halunnut lietsoa uskonvihaa Goan pääryhmien, kristittyjen ja muslimien välille. Goan katoliset kristityt toivottivat muslimeille hyvää ramadania ja vakuuttivat, ettei osavaltion sisällä ole ongelmia kristittyjen ja muslimien välillä, vaikka ulkopuoliset yrittäisivät sellaisia lietsoa.

*Wikileaksistä* selvisi, että Rahul Gandhi, Intian mahdollinen tuleva pääministeri, oli varoittanut amerikkalaisia siitä, että äärihindut muodostivat vielä suuremman uhan kuin äärimuslimit. Kuluneella viikolla tämä onkin saanut vahvistusta, sillä Intian viranomaiset ovat pidättäneet hindusalaliittolaisia ja selvittäneet, että monet viime vuosien tuhoisimmista terrori-iskuista olivatkin itse asiassa hinduradikaalien muodostaman salaliiton työtä. Tapahtuessaan iskuista syytettiin kuitenkin aina muslimeja. Pidätykset valoivat lisää uskoa Intian viranomaisiin ja intialaiseen demokratiaan, mutta on silti kuvottavaa, että terroristeiksi osoittautui muiden muassa hindulainen pyhä mies, naispappi sekä korkea-arvoisia armeijan upseereja.

Pappien ja upseerien osallisuus terrorismiin järkyttää mieltä paljon enemmän kuin jonkun vihaisen nuorenmiehen teko. Pappien pitäisi vastata uskonnosta ja olla siis kaikessa moraalisempia kuin muut ihmiset. Armeijan upseerien vastuulla taas on maan turvallisuus. Mitä turvallisuudelle tapahtuu, kun siitä vastaavat ihmiset ryhtyvät räjäyttämään omia maanmiehiään väärentääkseen totuutta kyynisten mielipiteidensä mukaiseksi? Samaa on voitu kysyä jo pitkään Venäjästä ja syksyllä 1999 räjäytetyistä kerrostaloista, joilla KGB perusteli hyökkäämistä Tšetšeniaan.

Ikävä kyllä Suomessakin on islamofobeja, jotka eivät kaihda valehtelemasta lietsoakseen muslimivihaa. Voisiko joku heistä räjäyttää pommin vain jotta saisi Suomen kansan "tajuamaan" vihata muslimeja? Vielä ei onneksi ole tähän tultu, mutta vihan määrä nettipalstoilla on tolkuton.

* * *

Viime päivät olen viettänyt vallankumouskuumeessa. Olen juuttunut pysyvästi nettiin, unohtanut nukkua öisin ja syödä päivisin. Olen katsellut, kuunnellut ja hengittänyt Tunisian vallankumousta. Kummallista, miten vallankumouksista tulee kuin huume. Kumoukset saavat aikaan sen, että tuntee elävänsä historiaa – ehkä jopa tekevänsä sitä, kuten ne kymmenet ystäväni internetissä, jotka keskustelevat Tunisiasta, lähettelevät uusia videoita ja kuvia ja artikkeleita pitkin poikin joka minuutti, niin että miten voisinkaan välillä ehtiä nukkumaan.

21

Tunisian tapahtumille on ehditty antaa jo monta nimeä: jasmiinivallan-kumous, Sidi Bouzidin vallankumous, vihanneskärryvallankumous, hiphop-vallankumous, twitter-vallankumous ja niin edelleen. Kaikille on syynsä: Sidi Bouzid oli kaupunki, jossa vallankumous alkoi. Pienyrittäjä, yliopistosta valmistunut mutta vihannesmyyjäksi päätynyt Muhammad Bouazizi sytytti itsensä tuleen, kun korruptoitunut poliisi takavarikoi hä-nen kärrynsä. Jasmiini on Tunisian kansalliskukka. Eräästä tunisialai-sesta hiphop-kappaleesta tuli vallankumouksen tunnussävel netissä, ja *Twitter* oli tällä kertaa se sosiaalisen median palvelu, jota kautta kaikki tieto levisi.

*Facebookissa* torstaista alkaen kymmenet ystäväni ympäri arabimaail-maa olivat vaihtaneet naamansa tilalle Tunisian lipun, kuvia mielenosoi-tuksista tai Muhammad Bouazizin kuvan. Kaikkialla keskusteltiin Tuni-siasta. Ei tosin Suomessa. Vaikka tuhannet suomalaiset ovat käyneet Tu-nisiassa lomamatkoilla, siitä ei tunnuta koko maassa tiedettävän oikeas-taan mitään – paitsi ehkä uimarannat, Soussen basaarit ja mistä Hamma-metissa saa olutta.

Ensimmäinen merkittävä seikka huomata on, että Tunisia on suhteelli-sen pieni arabimaa. Pienuudessa on joskus etunsa. Tässä tapauksessa pienuus, turismi ja Eurooppaan suuntautunut maahanmuutto yhdessä lienevät varmistaneet, että Tunisian nuoret sukupolvet ovat hyvin kan-sainvälistyneet. Maassa ei olla yhtä itseriittoisia kuin monessa isom-massa muslimimaassa. Tässä suhteessa Tunisian liberaali- ja vaihtoeh-toskenet ovat muistuttaneet hieman Libanonia. Mutta tämä siis pätee vain maanalaiseen ja epäpoliittiseen kulttuuriin.

Poliittisesti Tunisia on ollut autoritäärinen yksipuoluemaa, jossa sanan-vapaus ja yhdistysvapaus ovat olleet huonommissa kantimissa kuin Ma-rokossa ja Algeriassa. Taannoin syyrialainen ystäväni, joka on parikymp-pinen demokratia-aktivisti, vieraili Tunisiassa ja oli järkyttynyt parin vii-kon aikana käymistään keskusteluista tunisialaisten aateveljiensä ja -sis-kojensa kanssa, kertoen minulle jälkeenpäin, että hän oli kuvitellut, että tunisialaiset olisivat vähän niin kuin libanonilaiset, mutta olikin huo-mannut, että tyrannia oli monessa suhteessa Tunisiassa yhtä pahaa kuin Syyriassa.

Syyrian tavoin Tunisian valtaapitävä klikki on ollut varsin tiukasti sekulaari. Erona on kuitenkin ollut huomattavasti Syyrian *Ba'ath*-puoluetta maltillisempi ja pragmaattisempi ulkopoliittinen suuntautuminen, joka onkin tehnyt mm. laajamittaisen turismin ja väestön kansainväliset yhteydet mahdollisiksi. Internet-sensuuri on Tunisiassa ollut tiukkaa – tästä joitain esimerkkejä kerrotaan uutisessa, joka koskee Tunisian piraattipuolueen edustajien pidätystä. Se sai suomalaisessa sisarpuolueessa aikaan jonkin verran solidaarisuuden osoituksia.

Tunisiassa islamisteja on edustanut lähinnä *Nahda*-puolue, joka on kuitenkin ollut heikko. *Nahda*-puolueen nimi viittaa ”renessanssiin”, jolla nimellä tunnettiin myös liberaalin arabireformismin aikakausi 1800-luvun lopulla ja 1900-luvun alussa. Samir Kassir on kirjoittanut kirjassaan *Being Arab* kyseisestä aikakaudesta, joka synnytti ympäri arabimaailmaa liberaaleja sekulaarisia virtauksia sekä tieteen ja taiteen kukoistuksia, kunnes valitettavasti kylmän sodan alkaminen ja Neuvostoliiton vaikutus taannutti kaikki tasavaltaiset arabimaat sotilasdiktatuureiksi, kun taas monarkiat ryhtyivät sulkeutumaan militantin sosialismin uhalta islamia pönkittämällä.

Jotkut islamistipuolueet identifioituvat mainittuun ”renessanssiin”, joka tuotti myös edistyksellistä islamilaista ajattelua. Tämän vuoksi monien parlamentaarisesti toimivien islamistipuolueiden nimessä on reformisana – ne näkevät itsensä uudistusliikkeinä. Tämän islamistisen reformismin juuret ovat ennen kaikkea 1800-luvun lopun ja 1900-luvun alun ajattelijoissa, kuten Jamaladdin al-Afghani, Rashid Rida ja Muhammad Abduh. Myöhemmin Muslimiveljeskunnan Sayyid Qutbin seuraajien militantti ja ahdasmielinen islamismi sai jos ei monopolia niin ainakin näkyvämmän aseman islamistipuolueiden joukossa.

Varsin pian Tunisian vallankumouksen alettua tuli ilmeiseksi, että kumous käytti samoja menetelmiä kuin Georgian, Ukrainan ja Libanonin vallankumoukset ja Iranin murskattu vihreä vallankumous. Iranin tavoin *Twitteristä* ja *Facebookista* tuli olennainen osa toimintaa. *Mukhabarat* toki yritti blokata sivustoja, mutta kriittinen massa muodostui nopeasti liian suureksi, ja saatoin helposti havaita omalta koneeltani, kuinka Tunisian vallankumous ylitti välittömästi Tunisian rajat. Sitä tehtiin innolla

Ranskasta, Yhdysvalloista ja Kanadasta käsin – näissä maissa luultavasti asialla etupäässä tunisialaiset ja maghrebilaiset diasporat – mutta pian myös Libanonista, Jordaniasta ja muista arabimaista, joissa Tunisian tapahtumat saivat aikaan nopean innostuksen ja yksityisihmisten (etupäässä nuorten) tukitoiminnan.

Tunisialaiset eivät jääneet yksin, ja tämä olikin varmasti tärkeänä osasyynä siihen, miksi presidentti Zayn-al-Abidin Ben Ali saatiin perjantaina häädettyä maasta. Tosin näyttää siltä, että vallanvaihtoon tarvittiin myös armeijan puuttuminen, sillä väkijoukot eivät suinkaan uhanneet Ben Alin palatsia Karthagossa. Korkeat tahot armeijassa lienevät päättäneet, että nyt sai riittää. Tästä kertovat myös Ben Alin sukulaisten ja korruptoituneen poliisijohdon pidätykset ja surmat viime päivinä.

Tunisian vallankumouksessa toteutuivat hyvin ne kolme elementtiä, joiden katson olevan välttämättömiä, jotta jokin vallankumous toteutuu: Ensinnäkin, kansanjoukkojen tuki. Toiseksi, valtaeliitin sisällä oleva kriittinen määrä takinkääntäjiä, jotka kääntyvät hallitsijoita vastaan päästäkseen itse valtaan vallankumouksen siivellä. Ja kolmanneksi, riittävän suotuisa ulkomainen ilmasto vallanvaihdokselle, erityisesti niissä maissa, jotka ovat vaikutusvaltaisia kumousmaassa.

Riippuu paljon tunisialaisten kärsivällisyydestä jatkaa vaatimuksia – mutta myös ulkomaisista reaktioista – kuinka paljon muuttuu, kun päästään vaaleihin asti. Vähimmäisvaatimuksina pitäisi olla siirtyminen aitoon monipuoluejärjestelmään, turvallisuuspalvelun reformi sekä sananvapaus. Jos uudet vallanpitäjät pääsevät vain takertumaan valtaan ja turvallisuuskoneisto jatkaa entiseen malliin, mitään ei ehkä ole vielä saavutettu.

Islamisteja ei sen sijaan tällä hetkellä tarvitse pelätä erityisen paljon. Mielenkiintoista onkin, kuinka israelilaismielinen lobby aloitti heti Tunisian vallankumouksen alettua pelottelun islamisteilla, yrittäen myös leimata Tunisian mellakat *al-Qa'idan* tukemiksi. Israelilaismielisten propagandakanavien levittämä viesti levisi identtisenä nopeasti kaikkialle samanmielisiin aivoriihiin ja rantautui siten Suomeenkin, jossa islamofobiset piirit alkoivat kirjoitella foorumeille viestejä siitä, kuinka islamistit ovat nyt vallanneet Tunisian.

Kaikkein mielenkiintoisinta on kuitenkin ollut näinä päivänä seurata Tunisian tapahtumien herättämää yksityisten ihmisten keskustelua varsinkin oman arabituttavapiirini keskuudessa, jossa suurin osa keskustelijoista kaksi- ja kolmekymppisiä ja hyvin koulutettuja.

Syyriassa reaktiot olivat euforisia, ikään kuin Tunisian tapahtumat olisivat jo tapahtuneet omassa maassa. Tunisian vallankumouksen nähtiin olevan alku sille, että kaikki arabidiktaattorit vielä jonain päivänä syrjäytettäisiin. Libanonissa muisteltiin omaa seetrivallankumousta vuonna 2005, mutta samalla keskustelu kääntyi heti uskontoon. Jordanialaiset pohtivat korruptiota, talouden ja työllisyyden kysymyksiä. Egyptiläiset purkivat suuttumustaan Hosni Mubarakin autoritääriseen hallintoon mutta pelkäsivät samalla, että viimeaikaiset väkivaltaisuudet muslimien ja kristittyjen koptien välillä ryöstäytyisivät pogromeiksi tai sisällissodaksi.

On hyvä muistaa, että rohkeus on huuma, joka kestää vain hetken. Vallankumoukset tapahtuvat sinä hetkenä, jolloin kansa saa kaduilta ja netistä illuusion, että onkin vahva ja että tyrannit ovatkin heikkoja. Kovin työ alkaa kuitenkin vasta, kun vallankumous on jo tehty. Georgialaiset, ukrainalaiset ja libanonilaiset ovat tämän vuorollaan nähneet. Vallalle on aina heti uusia ottajia ja ellei kansa pidä varaansa, mikään ei ehkä muutukaan. Euforia menee pian ohi ja alkaa krapula, jossa monet valittavat: kun ylimitoitetut odotukset eivät toteudukaan, moni väittää, ettei "mikään" ole muuttunut (mikä ei ole totta), tai jopa että "ennen oli paremmin", josta siitäkin esimerkiksi irakilaiset voivat hyvin kertoa, ettei asia ihan niin ole.

Lisäksi mikään maa ei elä tyhjiössä. Tunisian vallankumous tapahtui kotimaassa ja kotimaisista lähtökohdista käsin – ja se siinä olikin parasta. Tunisian vallankumousta on hyvin vaikea vääntää sionistiseksi tai islamistiseksi salaliitoksi eikä se tapahtunut Amerikan puolesta tai sitä vastaan. Ehkä tästä johtuu, että länsimainen media on ymmärtänyt tunisialaisia niin huonosti. Heidän pitäisi aina saada kategorisoitua kaikki arabimaailman tapahtumat joko Amerikka-obsession tai islam-obsession kautta. Monille näyttää olevan omituisen vaikeaa uskoa, että ihmiset ihan oikeasti ovat kypsyneitä korruptoituneisiin diktatuureihin, ja joskus, kun onni on myötä ja olosuhteet otolliset, aidot vallankumoukset onnistuvat.

# Mitä tarkoitan islamofobialla?

*20. tammikuuta 2011*

E dellinen blogipostini taisi tulla tavanomaista laajemmin luetuksi, ehkä siksi, että ihmiset, jotka etsivät hakukoneilla suomeksi tietoa Tunisiasta, tulivat löytäneeksi sen. Tuloksena joka tapauksessa oli, että vastoin omia periaatteitani jouduin tällä kertaa harjoittamaan sensuuria ja jättämään hyväksymättä spämmit, joiden tarkoituksena oli kertoa "totuus" muslimeista.

Tästä tulemme toiseen asiaan. Viime aikoina moni on väittänyt, ettei mitään islamofobiaa oikeasti ole edes olemassa, vaan se on vain leimakirves niiden lyömiseksi, jotka yrittävät esittää asiallista kritiikkiä maahanmuuttoa, islamismia jne. vastaan. Tämän päivän muotiväite on väittää, että islamista keskusteleminen on kielletty ja leimataan heti rasismiksi tai islamofobiaksi.

Niinkin eminentti kirjoittaja kuin Walter Laqueur kirjassaan *Euroopan viimeiset päivät* (2007) yrittää varsin lapsellisesti väittää, ettei mitään islamofobiaa ole koskaan Euroopassa ollutkaan, vaan ainoastaan juutalaisvihaa (Laqueur on itse juutalainen). Laqueurin kirja edustaa viime aikoina muotiin tullutta maahanmuuttokriittistä apokalyptista pessimismiä, joka ennustaa Euroopan nopeaa islamisoitumista ja länsimaiden perikatoa. Suomessa vastaavanlaisen kirjan on kirjoittanut Timo Vihavainen – *Länsimaiden tuho* (2009). Niin ikään joukon jatkeeksi sopii Christopher Caldwellin tuore kirja *Reflections on the Revolution in Europe* (2009). Näistä kolmesta kirjasta lukija saa varsin hyvän käsityksen aihepiiristä ja maahanmuuttokriittisen diskurssin älyllisemmästä puolesta. Kussakin teoksessa on itse asiassa paljon myös hyvää ja tärkeää, vaikka olenkin aivan eri mieltä siitä, että "kulttuuri" olisi syynä ongelmiin.

Vastaan nyt omasta puolestani siihen, mitä islamofobia *minusta* on, ja mitä seurauksia tällä yhä järjestäytyneemmäksi muuttuvalla aatteella on. Ja kyllä, tässä kohdin sanon aivan tietoisesti "aate", sillä islamofobialla on selkeät opinkappaleet – dogmit, joita ei saa kyseen-alaistaa – samoin kuin sisäisesti koherentti (vaikkakin harhainen) maa-ilmankatsomus, aatehistorialliset juuret, oma propagandansa ja järjes-täytyneet levittäjänsä.

Viime vuonna Ruotsissa ilmestyi Mattias Gardellin kirja *Islamofobi*, joka jäi käteeni joulukuisella Tukholman-matkallani. Se kartoittaa aihepiiriä varsin kattavasti, vaikka painopiste onkin Ruotsissa. Eräs ruotsalainen kontaktini varoitti minua, että Gardell sotkee keskenään kritiikin islamia kohtaan ja kritiikin islamismia kohtaan. Voi olla – monet sotkevat nämä keskenään ja käyttävät rasismikorttia holtittomasti. On kuitenkin tär-keää huomata, että samasta ilmiöstä on kyse myös islamofobiassa: isla-mofobit samaistavat islamin ja islamismin.

Islamofobian läheisin vastine, joka on Euroopan historiasta tutumpi, lie-nee antisemitismi. Jostain syystä puhutaan islamofobiasta ja antisemitis-mistä, ei anti-islamismista eikä judeofobiasta. Molemmat aaterakenteet sisältävät kuitenkin samat kaksi tunnetilaa: vihan ja pelon. Niiden perus-rakenne on ksenofobinen – juutalaiset ja muslimit katsotaan "vieraiksi", tämä vieraus herättää "pelkoa" ja sitä pitää "meikäläisten" vastustaman. Suomessa tunnetaan entuudestaan ryssäviha, joka kuitenkin ruotsiksi ja englanniksi onkin "ryssänpelkoa" (russofobiaa).

On tärkeää korostaa, että kyse ei ole fobiasta samassa merkityksessä kuin psykiatriset käsitteet (kuten klaustrofobia), vaan aatteellisten asen-teiden kuvauksesta. Hämmästyttävän moni maahanmuuttokriitikko on viime kuukausien aikana suuttunut islamofobia-sanasta siksi, että "me-hän emme ählämejä pelkää". Vaan mitenkähän on? Ehkä kyse on tosiaan enemmän vihasta kuin pelosta. Pelko kuitenkin kuuluu käsitteeseen toi-sella tavalla: paranoiana. Islamofobian pelko-elementti on ennen kaik-kea vainoharhaisuutta: kuvitelmaa, että taustalla piilee muslimien sala-liitto, jonka tarkoituksena ei ole sen vähempi kuin valloittaa maailma, li-sääntyä tolkuttomasti ja sitten pakottaa *shari'a* voimaan kaikkialla.

Islamofobian perusopinkappaleita, dogmeja, ovat ainakin seuraavat aja-tukset:

1) Islam ei ole vain uskonto, vaan se ohjaa kaikkea ja kaikkia isla-milaisessa maailmassa. Kaikki, mitä muslimit tekevät, johtuu is-lamista. Muslimeja ja islaminuskoisia maita ei tule tarkastella minkään muun näkökulman kuin uskonnon kautta.

2) Islam on väkivaltaan kiihottava uskonto ja tämän voi lukea Koraanista. (Se, että muidenkin uskontojen pyhät kirjat ovat täynnä väkivaltaa, ei ole oleellista.) Koraanista johtuen kaikki muslimit ovat käveleviä aikapommeja; islam on aivovamma, pommi heidän päässään, joka tulee räjähtämään hetkenä minä hyvänsä, ellemme "tee asialle jotain".

3) Ei ole olemassa maltillisia muslimeja. Kaikki muslimit ovat äärimuslimeja. Islamin ja islamismin välillä ei ole eroa. Ne, jotka ovat olevinaan maltillisia, vain teeskentelevät huijatakseen muuta maailmaa ja aivan erityisesti "meitä", jotta saisivat täältä jalansijan.

4) Tätä huijaamista islamofobit kutsuvat sanoilla *taqiyya* ja *kitman*, jotka ovat lähinnä persialaiseen ja šiialaiseen perinteeseen liittyviä käsitteitä. Ne tarkoittavat sitä, että uskonsa tähden vainotun (šiian) on luvallista kätkeä uskonsa ja tutkiskella sitä omissa oloissaan ja sydämessään, jottei tulisi tapetuksi. Erikoistermien ottaminen esille ikään kuin ne ohjaisivat kaikkien muslimien toimintaa on hyvä tuntomerkki, josta islamofobin tunnistaa. *Taqiyyan* ja *kitmanin* käsitteitä inttävät nimittäin keskusteluissa *vain* islamofobit – muslimeille niillä ei ole vastaavaa merkitystä. Islamofobit oppivat vieraskielisiä käsitteitä islamofobiaa levittäviltä verkkosivuilta, joista suurin osa on melko suoraa kopiota toisistaan.

5) Islam on täysi vastakohta kristinuskolle ja niinpä myös "islamilainen sivilisaatio" ja "kristillinen sivilisaatio" ovat toistensa vastakohtia ja ikuisia vihollisia, joita ei voi sovittaa yhteen. Sen sijaan juutalaisuus ja kristinusko edustavat toisilleen läheistä jatkumoa.

6) Islamilaiset palvovat epäjumalaa nimeltä Allah ja tämä Allah on täysin eri asia kuin kristinuskon Jumala. Juutalaiset sen sijaan palvovat samaa Jumalaa kuin kristityt. Tässä on toinen hyvä tapa tunnistaa islamofobi (tai islamisti): hän insistoi ehdottomasti Allah-nimen käyttöä islamista puhuttaessa, vaikka häntä ei häiritse käyttää kristinuskon Jumalasta vanhaa pakanallista sanaa.

7) Islam on naisvastainen uskonto ja kaikki muslimit alistavat naisia. Huivit ja burqat kuuluvat erottamattomasti islamiin ja ovat naisvastaisia vaatekappaleita (vaikka hairahtuneet naiset niitä itse haluaisivat käyttää). Islam kehottaa kunniamurhiin.

8) Muslimit ovat terroristeja. Maailman terrorismissa on pääsääntöisesti kyse islamista. Terrorismi on islamilainen tapa. Missä islam, siellä ongelma.

Islamofobien opinkappaleita on paljon muitakin, mutta yllä olevat ovat läpitunkevan yleisiä. Islamofobit pyrkivät syöttämään niitä jokaiseen keskusteluun, johon osallistuvat – vaikka työpaikan kahvipöydässä. Koska islamofobit ovat hysterian vallassa, heillä on myös pakonomainen tarve avautua ja levittää sanaa, yrittää saada kaikki "tajuamaan", kuinka kauheita muslimit ovat. Että heitä kuuluu vihata, tai muuten aivan kohta maailma räjähtää kappaleiksi.

On mielenkiintoista, kuinka samankaltainen maailmankatsomus islamofobeilla ja *al-Qa'idalla* on. Yllä mainitut islamofobian opinkappaleet ovat nimittäin pääsääntöisesti samanlaisia kuin *al-Qa'idan* omintakeiset tulkinnat islamista. *Al-Qa'ida* kuitenkin edustaa marginaalista ääriajattelua muslimien piirissä, kun taas islamofobia on hämmästyttävän laajalle levinnyttä koulutettujenkin länsimaalaisten parissa, jotka katsovat edustavansa valtavirtaista ajattelua.

Antaa jonkinlaista perspektiiviä muistaa, kuinka laajalle levinnyttä ja valtavirtaista antisemitismi oli Euroopassa ennen kuin Hitlerin Saksa pani överiksi ja onnistui diskreditoimaan antisemitismin, niin ettei se onneksi enää ole hovikelpoista ajattelua. Vielä viime vuosisadan alussa

Euroopassa korkeasti koulutetut ja järkevät ihmiset yleisesti uskoivat, että juutalaiset joivat salaisissa menoissaan pikkulasten verta, että juutalaiset pankkiirit juonittelivat maailmanvalloitusta ja että Euroopan köyhyys ja työttömyys johtuivat juutalaisista. Islamofobia näyttäisi nyt Euroopassa saavuttavan samanlaista saturaatiopistettä kuin antisemitismi ennen 1930-lukua. Toivon todella, ettei tarvita uutta Hitleriä ja holokaustia, ennen kuin islamofobian vainoharhainen järjettömyys ymmärretään.

Katsotaanpa nyt tarkemmin noita mainittua kahdeksaa kohtaa, jotka islamofobeille ovat niin rakkaita. Vastaan niihin samassa järjestyksessä siten kuin itse näen asiat.

1) Islam on uskonto, ei enempää eikä vähempää. Se on näytellyt merkittävää osaa historiassa, niin kuin kristinuskokin, hyvässä ja pahassa. Muslimienemmistöisissä maissa uskonnolla on edelleen enemmän vaikutusta yhteiskuntaan ja useimpien ihmisten arkielämään kuin pitkälle maallistuneessa Euroopassa, varsinkin Pohjoismaissa. Länsimaissa tarkastellaan kuitenkin juuri muslimienemmistöisiä maita aivan kohtuuttomalla islam-obsessiolla. Ei muita maailman maita ja niiden asukkaiden toimia selitetä samalla lailla pelkästään kristinuskon, buddhalaisuuden, hindulaisuuden jne. perusteella.

2) Maailman muslimienemmistöisistä maista vain muutamat ovat teokratioita (lähinnä Iran ja Saudi-Arabia). Useimmat ovat pitkälle maallistuneita moderneja yhteiskuntia. Näitä maita tulisi tarkastella kuten muitakin maita – uskonnon lisäksi politiikan, talouden, yhteiskunnan jne. kautta. Islamilainen maailma on paljon muuta kuin islamia. Pakkomielteinen tuijottaminen uskontoon vääristää muslimienemmistöisten maiden politiikan ja yhteiskunnan ymmärtämistä.

Islam ei ole oleellisesti väkivaltaisempi uskonto kuin kristinusko eikä Koraani väkivaltaisempi kirja kuin Raamattu. Molemmilla uskonnoilla on periaatteessa sisäänrakennettuna ajatus maailmanvalloituksesta, mikä ei silti tarkoita, että näiden uskontojen valtavirrat olisivat enää keskiajan jälkeen vakavasti pyrkineet maailmanvalloitukseen ja muiden uskontokuntien tuhoamiseen, ainakaan sotilaallisin keinoin. Ääriliikkeet ovat eri asia.

Toki painotuseroja löytyy. Jeesuksen opetukset ja Uusi Testamentti edustavat oleellisesti pasifistisempaa aineistoa kuin Vanha Testamentti. Muhammedin alkuaikojen opetukset ovat lähellä Jeesuksen eetosta, mutta toisin kuin oppositioasemista koko elämänsä saarnannut Jeesus, Muhammed pääsi vielä omana elinaikanaan sotimaan ja voittamaan vastustajansa sekä perustamaan valtion. Tämä näkyi hänen myöhäisemmissä opetuksissaan, joissa näkyy enemmän vanhatestamentillinen hallitsija-asenne. (Koraanin suurat eivät muuten ole aikajärjestyksessä, varoitukseksi lukijalle.)

Kristityillä ja muslimeilla on molemmilla ollut valloituskautensa ja vetäytymiskautensa, hajaannuksensa, jakautumisensa ja vakiintumisensa. On lapsellista nähdä kaiken tämän juontuvan pyhistä kirjoituksista ja jotenkin edelleen determinoivan muslimien (mutta ei kristittyjen) pyrkimyksiä. Todellisuudessa kysymys on ollut politiikasta ja imperiumien normaalista menosta, johon myös sodat ovat kuuluneet.

3) Maailmassa on puolitoista miljardia muslimia. Siihen joukkoon mahtuu aika monenlaista väkeä ja ajattelijaa. Jostain syystä vain valikoimme kristittyjä edustamaan oman pohjoismaisen kulttuurimme, vaikka jos haluaisimme mennä kristinuskon alkulähteille niin Irakin assyrialaiset ja Egyptin koptit edustaisivat alkuperäisempää kristinuskoa. Vastaavasti valikoimme jostain syystä islamilaista maailmaa edustamaan 1990-luvulla syntyneen terroristijärjestön *al-Qa'idan*.

Ajatellessamme kristikuntaa, emme ajattele sellaisia kristillisiä maita kuin Ruandaa, Kongoa, Serbiaa, Haitia ja Valko-Venäjää, vaan ajattelemme lähinnä Länsi-Eurooppaa ja Yhdysvaltain itärannikkoa. Ajatellessamme islamilaista maailmaa sivuutamme mielellämme Turkin, Albanian, Arabiemiraatit, Omanin, Malesian ja Senegalin, ja ajattelemme sen sijaan Afganistania, Somaliaa, Irania ja Saudi-Arabiaa. Näin valitut edusmaat eivät luonnollisestikaan anna tasapainoista kuvaa sivilisaatioistamme. Tosiasia kuitenkin on, että sekä kristillis- että muslimienemmistöisiä maita on todella moneen junaan: on rauhallisia ja on konfliktimaita, on rutiköyhiä ja upporikkaita. Tästä huolimatta kuulemme päivittäin "tosina" esitettyjä älyttömiä yleistyksiä.

4) Islamofobit uskottelevat vainoharhaisesti, että kaikki muslimit valehtelevat ja huijaavat lakkaamatta. Todisteeksi tästä esitetään kaksi asiayhteyksistään irrotettua šiialaista käsitettä, ikään kuin hienoilta kuulostavat arabian- ja persiankieliset sanat kuittaisivat asian. Jos kristitty pettää, se on epäoleellista. Jos muslimi pettää, se on *taqiyyaa* ja siis kaikkiin muslimeihin yleistettävissä oleva suuri salaliitto. Vieras sana – huu! Jokainen voi mennä vaikka Jerusalemin basaariin ja kokeilla, onko muslimikauppiaan, juutalaisen kauppiaan ja armenialaisen kauppiaan puheiden rehellisyydessä merkittäviä uskonnosta johtuvia eroja.

5) Käsitys, että islam olisi kristinuskon vastakohta, kun taas juutalaisuus jotenkin osa kristillistä perinnettä, lukeutuu niihin piirteisiin islamofobiassa, jotka osoittavat aatteen lapsellisuutta. Nykyaikana miljoonat kristityt uskovat vakavasti, että Israel on jonkinlainen kristillistäkin kristillisempi valtio, kun taas muslimit ovat pahoja ja peräti saatanasta. Juutalaiset eivät kuitenkaan ole kristittyjä; he eivät usko Palestiinassa kaksi tuhatta vuotta sitten vaikuttaneen Jeesus-nimisen tyypin olleen muuta kuin kapinoitsija. Muslimit sentään tunnustavat hänet profeetaksi, jonka opetukset loivat pohjan Muhammedin myöhemmille opetuksille.

Kaikista maailmanuskonnoista islam on lähimpänä kristinuskoa. Toisin kuin juutalaisuus, joka oli olemassa jo ennen kristinuskoa, islam on suoraan ammentanut kristinuskosta. Tätä taustaa vasten on naurettavaa väittää, että islam olisi kristinuskon kulttuurinen vastakohta. Näissä uskonnoissa on toki monenlaisia eroja – ovathan ne sentään kaksi eri uskontoa, joiden syntyvaiheiden välissä ehti kulua puoli vuosituhatta. Oleellisilta osiltaan ne ovat kuitenkin erittäin samanlaisia, kumpusivat saman alueen kulttuureista, puhuvat samoista asioista ja jopa samoista henkilöistä ja profeetoista.

On yleinen harha muutenkin, että erilaiset olisivat toistensa vihollisia. Yleensä päinvastoin katkerimmat viholliset ovat juuri niitä, jotka ovat melkein samanlaisia, mutta joissa on jokin ero. Sisällissodat ovat verisimpiä sotia. Naapurit riitelevät varmemmin kuin kaukana toisistaan asuvat. Niinpä juuri muslimit (ja aiemmin juutalaiset) kiihottavat kristittyjen mieliä paljon enemmän kuin hindut ja buddhalaiset, jotka sentään ovat oikeasti täysin erilaisia uskontoja. Historiallinen ja maantieteellinen hajurako itäiseen Aasiaan on ollut riittävä.

6) Islamofobit väittävät, että islamin Jumala on Allah ja sillä sipuli. Jotkut islamistitkin insistoivat samaa. Näiltä diletanteilta on ilmeisesti jäänyt huomaamatta se, että maailmassa elää miljoonia arabiankielisiä ja seemiläisiä kristittyjä – kopteja, assyrialaisia, kaldealaisia, maltalaisia, libanonilaisia ja muiden arabimaiden kristittyjä – jotka rukoilevat Jumalaa omakielisesti nimellä Allah. Lisäksi maailmassa on vielä miljoonia lisää kristittyjä – Iranissa, Pakistanissa, Intiassa ja niin edelleen – jotka rukoilevat Jumalaa Allah-nimellä lainasanana.

Allah ei ole Jumalan nimi, vaan määräinen muoto jumalia yleensä merkitsevästä sanasta. *Allah* on siis Jumala arabiaksi, myös kristitylle. Vanhan Testamentin kieli oli heprea ja siinä Jumalan nimi oli liian pyhä ihmisten tuntemaksi, joten käytettiin kirjainlyhennettä JHVH, josta *Jahve* on johdettu. Uuden Testamentin alkukieli oli kreikka ja Jumalan nimi siellä *Theos*. Latinaksi Jumala on *Deus*. Kaksi viimeksi mainittua tulevat helleenien pakanauskonnosta *(Zeus)*. Samoin seemiläisten kielten Jumala on yksikkömuoto jumalia yleensä tarkoittavasta sanasta. Näin on myös germaanisissa kielissä *(Gott, God)* ja näin on myös meidän suomen kielessämme, jossa käytämme pakanallista jumala-sanaa isolla alkukirjaimella tarkoittamaan tiettyä yksijumalaista Jumalaa. Ja ennen kuin kukaan pelästyy, niin tämähän on täysin loogista, koska kristinuskon ja islamin pääsanoma – ensimmäinen käsky – koskee juuri sitä, että Jumala on yksi. Viesti on suunnattu tuon ajan ihmisille, jotka vielä puhuivat jumalista monikossa.

7) Islam kumpusi puolentoista tuhannen vuoden takaa Lähi-idän patriarkaalisesta yhteiskunnasta – samoista juurista kuin aiemmin kristinusko. Älkäämme siis odottako liikoja naisen asemalta Raamatussa ja Koraanissa. Omana aikanaan sekä Jeesus että Muhammed olivat pikemminkin edistyksellisiä naisten oikeuksiin liittyvissä asioissa. Myöhempinä vuosisatoina maailma on muuttunut sitten Raamatun ja Koraanin päivien, ja valtaosa uskovista on tämän ymmärtänyt.

Koraanissa ei muuten käsketä naisia pitämään huivia saati burqaa, ja naisten ympärileikkaus on vieläpä erikseen kielletty fatwalla sunnalaisuuden korkeimman auktoriteetin, al-Azharin yliopiston, toimesta. Toisin sanoen, naisten ympärileikkaus on islaminvastaista. Olisi tietysti hyvä jos kaikki itseään muslimeiksi kutsuvat vaivautuisivat tästäkin asiasta ottamaan selvää, ennen kuin väittävät vanhoja afrikkalaisia heimotapoja islamilaisiksi. Mutta tunnutaanhan Suomessakin uskovan, että joulupukki ja tontut ovat kristillisiä.

Kunniamurhista puhuminen pitäisi ylipäätään lopettaa, koska murhassa ei ole mitään kunniallista – ei myöskään islamin mukaan. Parempi nimi perheväkivallasta kumpuavalle surmatyölle olisi häpeämurha. Oleellista on kuitenkin, että murha on murha ja perheväkivalta on perheväkivaltaa riippumatta tekijän tai uhrin uskonnosta. Kulttuurieroja on toki olemassa Pohjoismaiden nopeasti atomisoituneen individualismin ja eteläisten maiden perhekeskeisen machokulttuurin välillä, mutta nämä eivät välttämättä johdu uskonnosta. Sen voi todeta vaikka vertailemalla muslimimaita lähimpiin kristittyihin maihin, esim. Välimerellä, Balkanilla ja Kaukasiassa.

Naisten asemaa Somaliassa pitäisi verrata lähinnä naisten asemaan Etiopiassa ja Eritreassa. Koko Afrikan sarvi on naisten aseman kannalta vähemmän edistyksellistä aluetta maailmassa.

8) Kenellekään ei liene tänä päivänä epäselvää, että islamin nimissä tehdään terrori-iskuja. Terrorismia tietysti tapahtuu ja on tapahtunut muidenkin uskontojen nimissä, puhumattakaan poliittisista aatteista, joilla ei ole mitään tekemistä uskontojen kanssa. Kokonaan eri asia sitten on, kuinka oleellinen asia terrorismi ylipäätään on. Mitä hysteerisempiä olemme terrorismin suhteen, sitä kannattavampi toimintamuoto se ääriliikkeille on. Mutta koska edellisessä kirjoituksessani kirjoitin jo terrorismista, jätän tämän nyt tähän.

Islamofobia on islaminuskon edustajia kohtaan tunnettua vihaa ja vainoharhaa, joka perustuu suurelta osin epämääräisille mutu-tunteille ja niiden lisäksi suureen määrään myyttejä ja puolitotuuksia, joista islamofobit harvoin suostuvat keskustelemaan asiallisesti. Islamofobit tuntuvat usein kuvittelevan, että he tuntevat islamin paremmin kuin muut – jopa paremmin kuin muslimit itse – ja että heillä on lähetysmissio kertoa muulle maailmalle, miten kauhea ongelma islam on.

Mitä islamofobien mukaan sitten pitäisi tehdä? Suurin ongelma islamofobien ohjelman suhteen on, että heidän "kulttuurikeskustelunsa" Koraanin kohdista ja muslimien seksielämästä ei todellisuudessa tarjoa mitään ratkaisuja niihin ongelmiin, joihin heidän osittain legitiimi yhteiskunnallinen huolensa kohdistuu. He tuhlaavat ruutinsa epäolennaisiin asioihin, olkinukkeihin ja vieläpä vainoharhaisiin houreisiin. Tällöin ei voi välttyä ajatukselta, että heidän perimmäinen sanomansa on, että kaikki muslimit pitää tappaa. He kuitenkin tietävät, etteivät oikeasti voi mitään sille, että muslimeja on olemassa. Yli miljardia ihmistä ei noin vain tapeta tai käännytetä kristityiksi.

Jos maahanmuuttokriitikot malttaisivat hetkeksi rauhoittua, heretä öyhöttämästä ja nyansoida "kulttuurikeskusteluaan", he voisivat itse asiassa kiinnittää huomiota aivan oikeisiinkin epäkohtiin. Muuttovirrat ovat tällä hetkellä sekä Euroopassa että sen eteläisillä reuna-alueilla niin voimakkaita ja nopeita, että ne muodostavat *todellisia* haasteita koko tälle maailmankolkalle. Jos näitä haasteita ei selvitetä, edessä on suuria ongelmia. Rajojen sulkeminen ei ole toimiva ratkaisu aikana, jolloin maailman vartioiduimmatkin rajat vuotavat kuin seula – hyvänä esimerkkinä Yhdysvaltain ja Meksikon välinen raja.

Ei ole myöskään realistista kuvitella, että kehitysavun ja muun "lähtömaissa" tapahtuvan pienen nysväyksen keinoin voitaisiin poistaa niitä massiivisia työntötekijöitä, jotka sysäävät ihmisvirtoja liikkeelle kohti parempaa elämää. Ihmiset ovat aina lähteneet ja tulevat aina lähtemään sinne, missä he uskovat voivansa tahkota rahaa tai saavuttaa paremman elintason itselleen ja jälkeläisilleen.

Tarkastelkaamme siis vetotekijöitä. Tällä hetkellä vetotekijänä Länsi-Euroopassa ja etenkin Suomessa on ilmainen raha, joka koostuu monista vastikkeettoman sosiaalituen muodoista. Vaikeutamme Suomeen tuloa työn, opiskelun tai avioliiton perusteella, vaikka juuri nämä johtaisivat yhteiskuntamme kannalta rakentavaan ja kotoutuvaan maahanmuuttoon. Lähi-idästä tai Afrikasta kotoisin olevan nuoren koulutetun aikuisen on erittäin vaikea saada Suomeen viisumia saati työlupaa. Sen sijaan subventoimme rahallisesti maahanmuuttajien pitämistä työelämän ulkopuolella ja vedämme väkeä nimenomaan tällä subventiokäytännöllä, usein suoraan kortistoon. Kanavoimme tällä hetkellä tehokkaasti maahanmuuton pois integraatioon johtavasta hyödyllisestä työ- ja opiskelupohjaisesta väylästä ja sen sijaan ohjaamme sen kuormittamaan aivan muuhun alun perin tarkoitettua humanitääristä väylää.

Sanan "humanitäärinen" käyttäminen tässä yhteydessä on jossain määrin harhaanjohtavaa, koska kyse on todellisuudessa rahavetoisesta maahanmuutosta – täysin loogista, koska kaikki suuremmat muuttovirrat kaikkialla maailmassa ohjautuvat taloudellisista lähtökohdista käsin. Geneven pakolaissopimusten tarkoittamia pakolaisia maahamme tulee vain vähän – ja itse asiassa kansainvälisten sitoumustemme suojeluvelvoitteiden täyttäminen ainoastaan helpottuisi mikäli taloudellisin perustein ohjautuvat muuttovirrat saataisiin pois humanitäärisen toiminnan niskoilta.

Ratkaisut olisivat loppujen lopuksi yksinkertaisia ja helppoja, eivät rikkoisi kansainvälisiä pakolaissopimuksia eivätkä tarvitsisi tuekseen minkäänlaista rasismia tai "kulttuurista" diskriminaatiota. Kyse on rahavirtojen hallinnasta.

Mutta niin kauan kuin maahanmuuttokriitikot tuhlaavat aikansa rääkymiseen Muhammedin vaimoista, 600-luvulla jKr. käydyistä taisteluista, rotuopeista ja arabien seksielämästä, mitään järjenkäyttöä maahanmuuttopolitiikkaan ei liene odotettavissa. Paljon melua ehkä, muttei muutosta. Niinpä ne kansalaiset, jotka tulevissa vaaleissa antavat äänensä maahanmuuttokysymysten vuoksi ns. maahanmuuttokriittisille puolueille, tulevat pettymään ja huomaamaan, että antoivat äänensä väärin perustein.

# Arabipalo

*29. tammikuuta 2011*

Tunisiasta alkanut arabipalo on jatkunut suurmielenosoituksina Egyptissä, Algeriassa, Jordaniassa, Libanonissa ja Jemenissä. Jokaisessa maassa mielenosoitusten kohteet ovat hieman erilaisia, mutta paljon on myös yhteisiä tekijöitä, näistä kärjessä korruptio, työttömyys ja autoritääriset hallintotavat. Myös Syyriasta on raportoitu mielenosoituksia, jotka on kuitenkin heti murskattu. Sijaintipaikat viittaisivat Syyrian kohdalla kurdien aktiivisuuteen. Ulkomailla oleileva syyrialainen diaspora sen sijaan on riemuinnut jokaisesta uudesta vallankumousuutisesta.

Egyptissä tilanne on yltynyt loppuviikosta vallankumoukselliseksi. Vielä perjantaiaamuna olin melko varma, että vallankumous Egyptissä epäonnistuisi, koska Hosni Mubarakin hallinto on valmis menemään paljon pidemmälle kuin Tunisian Ben Ali, ja koska länsimaat, Yhdysvallat etunenässä, eivät uskalla ottaa sitä riskiä, jonka vallanvaihto Egyptissä voisi tuoda vakaudelle. Euroopan ja Yhdysvaltain pahimpia harhoja Lähi-idän politiikassaan onkin ollut vakauden samaistaminen hallitusten ja hallitsijoiden vallassa pysymiseen. Tällä on menetetty paljon uskottavuutta.

Yhdysvaltain erityisrasite on ollut sen liiallinen läheisyys Israeliin enkä näe mahdolliseksi, että Yhdysvallat pystyy saavuttamaan uskottavuutta arabimaailmassa ilman, että se ottaa etäisyyttä Israeliin. Israel on kiistatta osa ongelmaa: se ei näe alueellista kokonaisuutta omilta kapeilta turvallisuusintresseiltään, ja siksi Israel on ollut Egyptin, Saudi-Arabian ja Syyrian johtajien kanssa eturivissä väittämässä amerikkalaisille ja eurooppalaisille, ettei demokratia sovi arabeille. Eräs syyrialainen ystäväni kutsui tätä asennetta länsimaiseksi arroganssiksi ja rasismiksi.

Israelin ystävät ovat minulle aina yrittäneet väittää, että Israel on ainoa demokratia alueella ja siksi sitä pitää puolustaa. Täytyy sanoa, että minä näkisin tietysti mieluiten sekä Israelin että arabimaat demokratioina ja koko alueen elävän rauhassa ja toistensa olemassaolon hyväksyen. Mutta jos minut asetetaan tilanteeseen, jossa minun on pakko valita seitsemän miljoonan israelilaisen edun ja miljardin muslimin edun väliltä niin vaaka ei silloin kallistu israelilaisten eduksi, etenkään kun en usko, että Israelin etu pidemmällä tähtäimellä on se, että sen ympärillä on korruptoituneita diktatuureja.

Diktatuurit luovat illuusion vakaudesta, eivät vakautta. Mubarak saa syyttää itseään siitä, että miljoonat egyptiläiset ovat viime päivinä vastustaneet häntä kaduilla, välittämättä siitä, että heitä on ammuttu kyynelkaasulla, vesitykeillä, kumiluodeilla ja oikeilla luodeilla, että tuntematon määrä ihmisiä on kuollut ja yli tuhat haavoittunut. On suureksi häpeäksi Barack Obamalle ja Hillary Clintonille, että he ovat jatkaneet tukensa antamista Mubarakille – olisi ollut parempi olla vaikka hiljaa ja passiivisia. Toivon, että Nobel-komitea katselee nyt uutisia ja muistaa, kuinka Obama leikkasi pois Bushin aikana myönnetyt rahoitukset kansalaisjärjestöille ja demokratia-aktivisteille arabimaissa.

Egyptin turvallisuuspalvelu on vuosikymmenet vanginnut, kiduttanut ja korruptoinut ihmisiä ja Tunisian tuoma inspiraatio on nyt viimein katkaissut kamelin selän. Mubarak on ilmoittanut erottavansa hallituksen, mutta ei ainakaan vielä näytä todennäköiseltä, että hän suostuisi vapaaehtoisesti lähtemään maasta. Tähän vaadittaisiin se, että riittävän voimakkaat tahot regiimin sisällä kääntävät takkinsa ja liittyvät vallankumouksellisiin. Uutisia on jo saatu, että armeija ja poliisi olisivat tehneet näin eri kaupungeissa, mutta Egypti sulki koko internetin ja matkapuhelinliikenteen torstaina, joten saatavat uutiset ovat olleet paljolti *al-Jazeeran* varassa. *Al-Jazeera* on korkeatasoinen satelliittikanava, muttei missään nimessä puolueeton – se on toistuvasti ollut Qatarin, Syyrian, Hizbullahin ja Hamasin asialla, mikä on näkynyt myös Libanonin ja Palestiinan uutisoinnissa, ja Mubarakin hallinto on edustanut vastapuolta.

On syytä muistaa, että egyptiläiset eivät vihaa Mubarakia siksi, että Yhdysvallat tuki häntä, vaan siksi, että hän oli autoritäärinen hallitsija, joka pönkitti valtansa korruptoituneeseen valtaeliittiin ja häikäilemättömään turvallisuuspalveluun. Se, että Syyrian ja Iranin johtajat haluavat päästä Mubarakista eroon, ei tarkoita, että he olisivat oikealla puolella. Egyptin kunniaksi on todettava, että Syyriassa ja Iranissa kansa ei olisi saanut niitäkään vapauksia ja mahdollisuuksia kuin Egyptissä. Egypti ei ole suinkaan ollut alueen pahin diktatuuri.

Vaikka toivonkin, että Egyptin vallankumous onnistuu, on syytä muistaa, että siihen liittyy myös valtavia riskejä. Egypti on yli 80 miljoonalla ihmisellään paljon isompi maa kuin Tunisia. Pelkästään koptilaisia kristittyjä on Egyptissä kahdeksan miljoonaa – jos *al-Qa'ida* ja vastaavat tahot onnistuvat lietsomaan Irakin tapaista väkivaltaa vähemmistöjä vastaan, tämä voi pahimmillaan tarkoittaa kahdeksan miljoonan pakolaisen virtaa Eurooppaan. Siihen tilanteeseen Egyptiä ei saa päästää. Ongelma on, että varsinkin kaoottisissa tilanteissa nousee helposti niitä voimia, jotka kaappaavat vallankumouksen aivan omiin tarkoitusperiinsä. Tunisialaisten ja egyptiläisten on oltava varuillaan, koska vallankumous on vasta ensimmäinen askel paljon pidemmällä tiellä yhteiskunnan uudistamiseksi.

Egyptin islamistien tärkein ryhmittymä, Muslimiveljeskunta *(al-Ikhwan al-Muslimin)*, on paljon suurempi ja myös radikaalimpi kuin Tunisian tärkein islamistiryhmä, maanpakoon ajettu Renessanssipuolue *(Hizb an-Nahda)*. Itse asiassa Egyptin Muslimiveljeskunnasta on olemassa hyvin ristiriitaisia arvioita sekä määristä että radikalismin asteesta, mikä johtuu siitä, ettei Muslimiveljeskunta ole yhtenäinen, vaan se on jakautunut moniin kuppikuntiin, joista toiset maltillisempia, toiset radikaalimpia. Muslimiveljeskunnan todellista kannatustasoa ei ole päästy mittaamaan rehellisissä vaaleissa, mutta oletettavasti se on huomattavasti suurempi kuin Renessanssipuolueella Tunisiassa.

Aina on olemassa myös vaara, että vallan kaappaa jonkinlainen sotilasjuntta tai tiedustelupalvelun korkeiden upseerien klikki, joka sitten liittoutuu Syyrian ja Iranin kanssa, jolloin Muslimiveljeskunnan pahimmat osat voivat muodostaa Hizbullahin kaltaisen valtion valtiossa. Tällöin olisi ajauduttu ojasta allikkoon. Huolimatta tämänkaltaisista suurista vaaroista, on väärin ajatella, että niiden patoamiseksi tarvitaan diktaattoreita ja yksipuoluejärjestelmiä, sillä tällaiset järjestelmät johtavat vain vihan patoutumiseen, mielipideilmaston kieroutumiseen ja ennen pitkää yhä vaarallisempaan ruutitynnyriin.

Libanonissa viimeaikaiset suurmielenosoitukset edustavat toisenlaista tilannetta, sillä mielenosoittajat edustavat vallasta syrjäytettyä länsimielistä ja sekulaaria demokraattista Tulevaisuusliikettä *(Tayyar al-Mustaqbal)*, jonka johdossa ovat olleet murhatun Rafiq Haririn sukulaiset. Viime viikkoina Hizbullah on saanut kaapattua vallan Libanonissa ja pääministeriksi on nimitetty Syyrian ja Hizbullahin tukema Najib Miqati, tripolilainen telekommunikaatiomiljonääri. Tulevaisuusliikkeen nuoriso on osoittanut mieltään siksi, että Hizbullahin vallananastus – joka on perustunut asevoiman käyttöön ja sillä uhkailuun, ei vaalitulokseen – uhkaa mitätöidä kevään 2005 seetrivallankumouksen saavutukset ja siis syöstä Libanonin vastakkaiselle tielle kuin Tunisia.

Iranin ja Syyrian ote Libanonista vahvistuu väistämättä Maalis-8-hallituksen myötä, ja nämä pyrkivät saamaan valta-aseman erityisesti turvallisuusvoimista ja tietoliikennesektorista. Maalis-8-liittouma pyrkii myös estämään tai vesittämään Libanonin erikoistuomioistuimen johtamat Rafiq Haririn, Samir Kassirin, Gibran Tuenin ja lukuisien muiden Hizbullahin vastustajien murhien tutkimukset. Uutiset viittaavat yhä enemmän siihen suuntaan, että kaikkien noiden vuosina 2005—2008 tehtyjen murhien takana oli nimenomaan Hizbullah, vaikkakin käskyt ehkä tulivat Iranista ja Syyrian hyväksynnällä.

Euroopassa seurataan sivusta. Toivon, että Euroopassa opitaan nyt jotakin lähialueesta, mutta pahoin pelkään, että koemme ainoastaan uuden *déjà vun* niistä ajoista, jolloin hallitsevat eliitit toistelivat kuorossa, että Neuvostoliitto on ikuinen eikä demokratia sovi Itä-Eurooppaan. EU:n eliitin ainoa johdonmukaisuus Lähi-idässä ja Pohjois-Afrikassa on ollut vallitsevan järjestelmän ja olemassa olevien vallanpitäjien tukeminen hinnalla millä hyvänsä. Arabiyhteiskuntaa ei ole tavoitettu eikä haluttukaan tavoittaa, ja nyt se kostautuu. Toivoa sopii, että herätys tulee ajoissa, ennen kuin arabipalosta ottavat hyödyn demokratian vastaiset voimat – ennen kuin vanhat tyranniat vain korvautuvat uusilla ja on ajauduttu ojasta allikkoon.

# Egyptin kansannoususta

*31. tammikuuta 2011*

Egyptin vallankumous näyttää jatkuvan. Jo perjantaina tapahtui ratkaiseva käänne kansanjoukkojen eduksi, kun poliisit pakenivat ja armeija pääsääntöisesti pidättäytyi väkivallasta väkijoukkoja vastaan. Televisiokuvissa nähtiin kuinka nuoriso, opiskelijat, naiset, vihanneskauppiaat – tavalliset ihmiset – kiipesivät sotilaiden estämättä tankkien päälle.

Perjantain kuolonuhrien luku oli lauantaina 24, mutta lienee todellisuudessa paljon korkeampi, koska väkivaltaisia yhteenottoja oli Kairon lisäksi myös Alexandriassa, Suezissa, Ismailiyassa, Port Saidissa, Luxorissa, Aswanissa ja epäilemättä muuallakin. Kiinnostavaa olisi tietää, mitä näinä päivinä on tapahtunut Muslimiveljeskunnan ydinalueilla keskisessä Niilinlaaksossa tai suistoalueella – vaikkapa sellaisissa paikoissa kuin Miniya ja Asyut tai suiston kaupungit Mahalla, Tanta ja Mansura. Yli tuhat ihmistä oli loukkaantunut jo perjantaina.

Mubarakin sukulaiset, mukaan lukien hänen seuraajakseen valmistelemansa poika Gamal, näyttäisivät paenneen Lontooseen. Mubarak on puolestaan nimittänyt varapresidentikseen tiedustelupäällikkönsä Omar Suleimanin ja pääministeriksi entisen ilmailuministerin Ahmad Shafiqin. Kenraali Suleimanin nimitys varapresidentiksi enteilee todennäköisesti yritystä siirtää valta "hallitusti" vanhan regiimin tiedustelujohdolle, millä todennäköisesti on Mubarakin avaintukijoiden tuki. Kansa ei tietenkään tätä tule sulattamaan, ja vielä vähemmän Muslimiveljeskunta, jonka kurittamisessa Suleiman on kunnostautunut.

Samoin kuin tapahtui Tunisiassa, myös Egyptissä näyttävät tiedustelupalvelut *(mukhabarat)* päästäneen irti suuret määrät palkkalistoillaan olleita alatason kovanaamoja ja urkkijoita, jotka ovat syyllistyneet provokaatioihin, polttaneet rakennuksia, rikkoneet paikkoja ja yrittäneet jopa ryöstää Kairon mahtavaa Egyptologista museota, jossa itsekin olen käynyt monta kertaa. Tunisiassa mielenosoitusten järjestäjät organisoivat nopeasti ja spontaanisti kodinturvajoukkoja ja sama näyttää tapahtuneen Egyptissä. Mielenosoittajat ovat omatoimisesti organisoineet siivouspartioita putsaamaan mielenosoitusöiden jälkiä, suojelemaan museota, jakelemaan vettä ja ruokaa sekä ohjaamaan liikennettä. *Mukhabaratin* avustajia on varsin nolosti jäänyt kiinni museoiden ja kauppojen ryöstelystä; yhdessä tapauksessa tällainen limanuljaska paljasti korttinsa vasta kun armeijan miehet olivat pieksämässä häntä museossa.

Kaiken huipuksi poliisin haihduttua ilmaan vankiloista ja poliisiasemilta päästettiin irti satoja rikollisia, jotka on ilmeisesti usutettu riehumaan ja harjoittamaan väkivaltaa. Jos Omar Suleiman haluaa todella vastata maansa turvallisuudesta, hänen pitäisi ensimmäiseksi toimia oman tiedustelupalvelunsa panemiseksi kuriin. Ja Mubarak tietysti tekisi suurimman palveluksen maalleen ymmärtämällä erota mahdollisimman pian, kuten esimerkiksi Hussain Abdulhussain artikkelissaan esittää.

Jemenissä samanaikaisesti mielenosoitukset näyttävät ainakin tilapäisesti laantuneen, kun taas Jordaniassa ne ovat jatkuneet. Kuningas Abdullah ei ole vielä toistaiseksi ryhtynyt tavanomaiseen ratkaisuunsa, hallituksen vaihtamiseen. Jordaniassa on muutenkin kyse erilaisesta tilanteesta kuin Egyptissä ja Tunisiassa, koska Jordania ja Marokko ovat itse asiassa edistyneet demokratiassa asteittain ja merkittävästi viime vuosina. Mielenosoittajien syyt ovat selvemmin taloudellisia, eikä niihin syihin välitön vallanvaihto auttaisi – saattaisi päinvastoin pahentaa asioita.

Sen sijaan maat, joissa on vallassa kaikkein autoritäärisimmät diktatuurit – Libya, Syyria ja ei-arabimaa Iran – tuskin tulevat sallimaan väkijoukkojen edes alkavaa kokoontumista. Pienikin oireilu johtanee linjojen katkaisuun, josta on ollut jo viime päivinä huhuja. Näiden maiden hallinnot ovat valmiita täysin häikäilemättömään protestien murskaamiseen, kuten Iranin vihreän vallankumouksen kukistamisen yhteydessä nähtiin. Puolidemokraattiset maat, kuten Libanon ja Jordania, sekä länteen nojautuvat autoritääriset hallinnot, kuten Yhdysvaltoihin nojautunut Mubarakin hallinto Egyptissä ja Ranskaan nojautunut Ben Alin hallinto Tunisiassa, ovat olleet alttiimpia vallankumouksille, koska niillä ei ole ollut

varaa mennä vastatoimissa yhtä suuriin raakuuksiin kuin mitä Iran vasta
hiljattain teki.

En ole vielä eläissäni nähnyt yhtä suurta ja kaikki uskontokunnat, kaikki
poliittiset ryhmät kattavaa nuorten koulutettujen arabien innostusta
kuin tänä vuoden 2011 tammikuuna. Näyttää myös siltä, että suuri
määrä ihmisiä Euroopassa ja Amerikassa on herännyt seuraamaan ara-
bipaloa ja innostus on tarttunut. Ehkä tämä lopultakin tuo sivilisaa-
tiomme yhteen, ainakin omani ja vielä nuorempien sukupolvien tasolla,
kuten Itä-Euroopan tapahtumat vuosina 1989—1992 onnistuivat kaata-
maan Berliinin muurin ja repimään alas koko rautaesiripun.

# Arabipalo jatkuu

*3. helmikuuta 2011*

Valistanpa nyt lukijoita edelleen siitä, mitä arabimaissa on tekeillä. Muuan viime päivinä toimittajia kovasti hämmentänyt ilmiö ovat kuin tyhjästä ilmaantuneet suuret laumat hyvin organisoituja ja väkivaltaisia 30—50-vuotiaita miehiä, joiden tehtävänä on ryöstellä, riehua ja piestä sinisiksi väkivallattomia mielenosoittajia. Mistä nämä rautaputkin ja muin primitiivisin asein varustetut ammattiriehujat ovat oikein tulleet ja keitä he ovat?

Kysymys on ilmiöstä, josta englanniksi käytetään sanaa *"thugs"*. Suomessa kunnon sanaa ei ole, koska meillä ei ole totuttu siihen, että salainen poliisi mobilisoi lain ulkopuolella toimivia rosvoja pieksemään tavallisia siviilihenkilöitä. Autoritäärisissä maissa tämä on kuitenkin yleistä. Näitä kovanaamoja on tuhansittain Egyptin, Syyrian, Algerian ja Jemenin *mukhabaratien* avustajalistoilla.

Myös monissa ei-arabimaissa sama käytäntö toimii: esimerkkeinä Venäjä, Valko-Venäjä, Ukraina, Keski-Aasian maat ja Iran. Venäjällä, Valko-Venäjällä ja Iranissa tällaisia hyvin treenattuja miesjoukkoja ilmaantuu pieksemään ihmisiä aina kun jossain on hallituksen vastainen mielenosoitus. Venäjän našeja ja Iranin basidžeja voidaan hyvällä syyllä pitää nuorisothugeina. Iranissa pasdaranit ja basidžit kukistivat vihreän vallankumouksen silkalla raa'alla väkivallalla. Sellaiselle aseettomat mielenosoittajat eivät yksinkertaisesti voi mitään. Kirgisistanissa samanlaisia joukkoja käytettiin tekemään julma pogromi uzbekkivähemmistöä vastaan.

Thugit saavat "keikkahommistaan" hyvää korvausta ja tietysti heidät myös palkitaan työpaikoilla ja muilla eduilla. Keikat sisältävät yleensä ihmisten pieksemistä ja paikkojen hajottamista, minkä jälkeen nämä miehet, joita kukaan ei muista tuntevansa naapurustosta, katoavat yhtä mystisesti kuin ilmaantuivatkin. Autoritääriset hallitukset toimittavat näitä väkivaltaisia joukkoja usein pääkaupunkiin eri puolilta maaseutua bussilasteittain – usein edeltävinä öinä ennen kuin tiedetty mielenosoitus alkaa. Thugeja käyttävät säännöllisesti myös eräät ei-valtiolliset toimijat, hyvinä esimerkkeinä Hizbullah ja Hamas. Romaniassa vielä Ion Iliescun ensimmäisellä presidenttikaudella epämääräinen populistijohtaja Miron Cozma käytti kaivosmiehiä thugeina, joiden tehtäväksi tuli piestä opiskelijoita katuun ja sairaalakuntoon Bukarestissa.

Egyptin viime päivien verenvuodatus ja väkivalta ovat juuri näiden thugien ansiota, sillä vallankumousta ajavat kansanjoukot ovat saaneet järjestäviltä tahoiltaan hyvin valmistellut ohjeistukset olla sivistyneitä, välttää väkivaltaa, järjestää kodinturvapartioita ja siivota mielenosoitusten jäljet. Väkivaltaan riittää kuitenkin vain yksi osapuoli. Toinen voi kääntää poskensa ja tulla piestyksi henkihieveriin; tai tapella vastaan, joka on provokaation tarkoituskin, koska silloin voidaan vedota opposition väkivaltaisuuteen ja tuomita siitä jälkeenpäin; tai sitten paeta, jolloin kaupunkitilat jäävät thugien hallintaan. Vaihtoehdot ovat siis kaikki huonoja, ja vastaan tappeleminen on usein huonoista vaihtoehdoista vähiten huono – kaatuupahan ainakin kunniallisesti.

Paras ja selkokielisin viime päivinä lukemistani Egyptin tilanteen analyyseistä tulee Lontoossa toimivalta entisten islamistien perustamalta Quilliam-säätiöltä. Quilliam-säätiössä tiedetään, mistä puhutaan, sillä ainakin yksi perustajajäsenistäkin, Maajid Nawaz, on ollut Mubarakin hallinnon toimesta vankilassa ja kidutettuna. Tämän jälkeen hän ja muut järjestön perustajat tosin tulivat järkiinsä ja alkoivat taistella militanttia islamismia vastaan asiatietoa ja neuvonantoa tuottamalla. Quilliam-säätiöltä löytyy viime viikolta myös erillinen analyysi Egyptin Muslimiveljeskunnasta.

Pari päivää sitten näytti jo vahvasti siltä, että Egyptin tilanne olisi ratkennut mielenosoittajien hyväksi, kun armeija antoi lausuntonsa, jossa ilmoitti, ettei mielenosoittajia vastaan käytettäisi väkivaltaa. Nyt tämä lausunto on saanut paljon pahaenteisemmän kaiun, kun thugit ovat päässeet riehumaan ja pieksämään mielenosoittajia. Armeijan on raportoitu vähän menneen väliin, mutta näyttää selvältä, ettei armeija ole ainakaan kunnolla toiminut väkivaltaisia thugeja vastaan.

Arabipalo etenee muuallakin. Ne kaksi arabimaata, jotka kaikkein kipeimmin kaipaisivat vapautta ja siihen tarvittavaa vallankumousta, ovat Syyria ja Libya, arabimaista suljetuimmat diktatuurit. Vain Pohjois-Koreassa, Eritreassa ja parissa Keski-Aasian maassa on yhtä heikko sananvapaustilanne kuin Libyassa ja Syyriassa. Tiedotussulku onkin pitänyt näiden maiden kansalaisten tyytymättömyyden tehokkaasti pois länsimaisista medioista – etenkin kun myös *al-Jazeera* jättää puolueellisesti arvostelematta näitä maita, keskittyen länsimielisten arabihallitusten arvosteluun.

Nyt ainakin Syyrian ja Libyan ulkomailla oleskelevat oppositiot ovat aktivoituneet. Syyrialaiset ovat kovasti rummuttaneet suurmielenosoituksia Syyrian kaupunkeihin huomiseksi ja ylihuomiseksi, mutta samaan aikaan Ba'ath-puolueen diktatuuri on jo aloittanut turvatoimet, katkaissut internet-yhteyksiä ja koonnut thugeja kokoon, todennäköisesti pieksemään mielenosoittajat katuun jo ennen kuin mielenosoitukset pääsevät alkamaan. Myös joukkopidätyksiä on odotettavissa.

Kuten Tunisiassa ja Egyptissä, myös Syyriassa demokraattinen oppositio ja maltilliset islamistit ovat löytäneet yhteisen intressin, vaikkeivät aina suoranaiseen yhteistyöhön pystykään. Tunisian islamistien Renessanssipuolueen johtaja Rashid Ghannushi on jo palannut Tunisiaan. Syyrian Muslimiveljeskunta, jonka päämaja on pitkään sijainnut Lontoossa, on ilmoittanut huomenna alkavista mielenosoituksista. Syyrian Muslimiveljeskunnan aiempi pääsihteeri Ali Sadreddin Bayanuni on muistuttanut, että Syyrian tilanne on paljon huonompi kuin Egyptin, koska sananvapaus ja yhdistysvapaus ovat kokonaan puuttuneet ja toisinajattelijat heitetty automaattisesti vankilaan. Nykyinen pääsihteeri Muhammad Riyadh ash-Shaqfa on vaatinut Syyrian johtoa ottamaan Tunisian tapahtumista opikseen ja aloittamaan kansalaisvapauksien palauttaminen.

Autoritääristen valtioiden asteittainen uudistaminen – jota "vakauden" huutajat usein vaativat vallankumouksen sijaan – on erittäin vaikeaa ja siitä on hyvin vähän esimerkkejä maailmalla. Sen sijaan puolidemokraattisten järjestelmien kehittäminen asteittain vapaammiksi ja demokraattisiksi on onnistunut hieman paremmin. Arabimaista tässä suhteessa lienevät parhaiten edistyneet Jordania, Marokko ja Kuwait. Jordanian massamielenosoitukset johtivat viime päivinä siihen, että kuningas Abdullah erotti hallituksen ja vaihtoi pääministerin sekä korotti julkisen sektorin palkkoja. Onkin vapauden ja demokratian kannalta toivottavampaa, että Jordaniassa ja Marokossa uudistukset etenevät evoluution eikä revoluution tietä.

Autoritäärisissä presidenttivaltaisissa tasavalloissa tämä gradualismi ei todennäköisesti toimi, koska olojen vapauttaminen johtaa kauan alistetun kansan vaatimaan vain lisää. Kun pelko katoaa, tyrannia luhistuu. Näin kävi neuvostoimperiumille vuonna 1989 ja näin on käynyt myös viime kuussa Tunisiassa ja Egyptissä.

Jemenissä presidentti Ali Abdullah Saleh on jo ilmoittanut, ettei ryhdy enää presidentiksi seuraavalla kaudella – joskin tämä tuskin kansaa kovin paljon tyydyttää, kun seuraavat vaalit olisivat vasta vuonna 2013. Niin ikään Egyptin tiedustelupäällikkö Omar Suleiman on ilmoittanut Mubarakin puolesta, ettei tämän poika Gamal Mubarak seuraisi isäänsä valtaan enää syksyllä – jolloin Mubarak olisi nykykäsityksensä mukaan luovuttamassa vallan. Nämä tarjoukset tulevat liian myöhään ja niihin suostuminen voisi olla mielenosoittajille kohtalokasta, koska se antaisi kuukausikaupalla aikaa opposition uuteen kukistamiseen.

Algeria on ilmeisesti onnistunut hyvin uutissulussa, koska sikäläiset mielenosoitukset Abdelaziz Bouteflikan yksinvaltaa ja yksipuoluejärjestelmää vastaan eivät ole päässeet etusivuille, vaan jääneet *al-Jazeeran* tehokkaasti markkinoimien Egyptin tapahtumien varjoon.

Sudanissa puolestaan Etelä-Sudan äänesti ylivoimaisella enemmistöllä (itse asiassa täysin epäilyttävän suurella, kun otetaan huomioon Pohjois-Sudanissa asuneet miljoonat eteläsudanilaiset) itsenäisyyden puolesta. Toivoa sopii, ettei itsenäisestä Etelä-Sudanista tule pelkkää uutta yhden puolueen yksinvaltaista kleptokratiaa, kuten nykyiset merkit näyttäisivät ennustavan. Khartumissa puolestaan on varauduttu jonkinlaiseen kansannousuun, ja jälleen kerran vangittu Sudanin kettumainen islamistijohtaja, *al-Qa'idankin* kanssa useisiin otteisiin veljeillyt Hasan at-Turabi.

Libanonissa autoritäärinen valta on vahvistanut otettaan ja demokratiaa ajettu alas. Hizbullahin masinoima vallankaappaus on nostanut valtaan "keskustalaisen" miljonäärin Najib Miqatin, jonka hallitustunnustelut ovat paraikaa käynnissä. Syyrian tiedustelupalvelun ja Iranin ote Libanonista on vahvistunut, ihmisiä on peloteltu hiljaisiksi. Maalis-8:n johtaessa hallituksen muodostamista on entiset vaatimukset blokeeraavasta vähemmistöstä ja muusta nyt autuaasti unohdettu ja saattaa käydä niin, että länsimielinen, demokraattinen Maalis-14-liittouma (joka edustaa väestön enemmistöä) syrjäytetään kokonaan kaikesta vaikutusvallasta. Tämä tarkoittaa kaikkein vapaamielisimmän arabimaan luisumista takaisin kohti sellaista autoritariaa, josta maa kevään 2005 seetrivallankumouksessa vapautui.

Viimeinen arabimaa, jonka tilanteen nostan tässä esiin, on Irak. Se unohdetaan nykyisin yhä useammin, tai sitä käsitellään vain kun siellä tapahtuu terrori-iskuja. On kuitenkin syytä muistaa, että Irak on Saddamin syrjäyttämisen jälkeen ollut demokratia – ei toki mikään ihanne-sellainen, mutta silti suoritus on ollut ihan kohtuullisen hyvä. Irakin demokratiaa varjostavat viime vuoden pattitilanteen aiheuttama yhä jatkuva poliittisen järjestelmän lukkiutuminen ja tietysti ääriliikkeiden toiminta. Terrori-iskujen ei pidä kuitenkaan antaa peittää näkyvistä sitä merkittävää kehitystä, jota Irakissa on viime vuodet nähty.

Vasta viime viikolla muuan balkanilainen ystäväni kertoi pyrkivänsä töihin Irakiin, koska siellä on meneillään jonkinasteinen talousbuumi ja palkat ovat kuulemma hyviä. Näin siis näkee asiat nuori koulutettu eurooppalainen, joka kituuttaa minimaalisella palkalla koulutustaan vastaamattomassa työssä ja kiroaa samalla kaakkoiseurooppalaisen maansa yhä jatkuvaa korruptiota.

# Arabipalon propagandasodasta

*4. helmikuuta 2011*

Tunisian tapahtumista lähtien arabipalon ympärillä on käyty raivokasta propagandasotaa. Sitä harjoittavat erityisesti ne tavanomaiset tahot, jotka kykenevät näkemään koko arabialueen ainoastaan joko islam-obsessionsa tai Amerikka-obsessionsa kautta.

Ensin mainitut yrittävät levittää käsitystä, että kysymys olisi islamistien riehumisesta tai vähintään että "kaaos johtaa Muslimiveljeskunnan valtaannousuun", puhumattakaan siitä ilmeisesti vielä kauheammasta asiasta, että "Israelin turvallisuus vaarantuu".

Toiseksi mainitut yrittävät levittää käsitystä, että arabimaiden nuoriso on kaduilla siksi, että se on raivoissaan Yhdysvalloille ja "länsimielisille" arabijohtajille.

Länsimaista löytyy molempien sorttien diletantteja, joiden näkemyksissä yhdistyvät asenteellisuus ja tietämättömyys. Mutta näistä länsimaisen yleisön käsityksistä taistelevat alueen omat propagandistit, jotka suoltavat ilmoille myyttejä niin, ettei samoja käsityksiä valtamedioissa levittäviltä puuttuisi siteerattavaa, linkitettävää ja disinformoitavaa.

Saatavilla on paljon myös laadukasta analyysiä, johon soisi varsinkin toimittajien enemmänkin perehtyvän. Quilliam-säätiön erinomaiset lyhyet analyysit vastaavat hyvin myytteihin. Myös Carnegie-säätiö on julkaissut viime aikoina erinomaisia analyysejä arabialueen tapahtumista.

**Islam-myytit.** Mubarakin hallinto samoin kuin useimmat muut autoritäärisesti johdettujen arabimaiden hallitukset – ja Israel vielä kaupan päälle – ovat tehneet hartiavoimin töitä uskotellakseen länsimaille jo vuosikymmenten ajan, että "ainoa vaihtoehto" autoritäärisille hallinnoille on islamistien valtaannousu, josta puolestaan seuraa apokalypsi.

Tai jos ei apokalypsiä niin ainakin Iranin kaltainen totalitäärinen teokratia ja sodanjulistus Israelille.

Mielenkiintoisesti myös Iran yrittää propagandallaan muuttaa diskurssia oman mielensä mukaiseksi – ja jälleen kerran näyttää siltä, että Israel ja Iran yrittävät itse asiassa syöttää maailmalle samanlaista polarisoivaa narratiivia, vaikkakin kohdistavat sen vastakkaisille yleisöille. Ajatollah Ali Khamenei julisti Iranin ylistävän Tunisian ja Egyptin "islamilaisia kumouksia" ja lupasi maailman näkevän "islamilaisen renessanssin". Khamenein ilmeinen tarkoitus oli vedota Tunisian ja Egyptin islamisteihin, jotka ovat olleet mielenosoituksissa siivosti taustalla polarisoimatta suhteitaan sekulaariin oppositioon.

Khamenein lausunnot herättivät raivoa ainakin nuoremmassa koulutetussa arabiväestössä, joka on edustettuna omalla naamakirjaseinälläni: "Eikö tämä Khamenei voi vittu pitää turpaansa kiinni ja olla sekaantumatta meidän (arabien) asioihin", kommentoi asiaa libanonilainen taloustieteen maisteri seinällään. Mutta kaikkein paras on vastata Khamenein spinniin itsensä Egyptin Muslimiveljeskunnan virallisella vastauksella, joka oli osoitettu suoraan Khameneille:

> *"Muslimiveljeskunnan vastaus Iranin islamilaiselle johtajalle: Muslimiveljeskunta katsoo kysymyksen olevan Egyptin kansan vallankumouksesta, ei islamilaisesta vallankumouksesta, ottaen huomioon sen, että Egyptin kansan vallankumouksessa ovat mukana muslimit ja kristityt kaikista eri lahkoista ja poliittisista suuntauksista."*

Revi siitä, Khamenei. Muslimiveljeskunnalla saattaa vielä olla muistissa se, kuinka Iran tuki Muslimiveljeskunnasta eronneita sirpaleryhmiä, mm. sittemmin al-Qa'idan pääideologiksi ryhtynyttä Ayman az-Zawahiriä, joka kirjoitti kokonaisen pamfletin, Kuudenkymmenen vuoden katkera sadon, Muslimiveljeskuntaa vastaan. Voi olla, että sekin vielä muistetaan Muslimiveljeskunnassa, kuinka Mahmud Ahmadinejad julisti veljeskunnan nykyään Qatarissa vaikuttavan äänitorven Yusuf al-Qaradawin olevan "sionistien ja vapaamuurarien kätyri".

Epäilemättä islamofobi selittää Muslimiveljeskunnan oman lausunnonkin *taqiyyaksi*, jolla yritetään vain hämätä länsimaita ja Israelia uskomaan Muslimiveljeskunnan hyviin aikeisiin. Mutta jos tällainen asenne omaksutaan heti alkuunsa eikä Muslimiveljeskunnalle koskaan anneta mahdollisuutta osoittaa, kuinka se voisi tulla sekulaarien ja kristittyjen kanssa toimeen, silloin ei ainakaan ole mitään mahdollisuutta sopuun – eikä syyllinen silloin ole Muslimiveljeskunta.

On selvää, että Muslimiveljeskuntaa kohtaan tunnetaan epäluuloa – sitä eivät suinkaan hälvennä monien nimekkäiden veljeskunnan edustajien vuosien varrella esittämät polarisoivat näkemykset, Hamasin ja Hizbullahin ylistäminen ja uho, että rauhansopimus Israelin kanssa sanotaan irti heti jos päästään hallitukseen. Asiat kuitenkin muuttuvat tilanteiden ja iän myötä ja niin myös islamistien näkemykset. Nuoruudessaan hyvinkin radikaaleja näkemyksiä edustanut Turkin nykyinen pääministeri ja hänen puolueensa osoittavat, että islamistit voivat sopeutua myös rakentavaan hallitusvastuuseen.

Tunisian Renessanssipuolue on jo ilmoittanut, ettei se pyri islamilaiseen valtioon. Myös Egyptin Muslimiveljeskunnalle on annettava mahdollisuus itse osoittaa, että se tarkoittaa sitä, mitä on viime aikoina sanonut, eikä petä niiden miljoonien muiden egyptiläisten luottamusta, joiden kanssa katuja on viimeisen viikon ajan jaettu. Kristityt ovat suojelleet rukoilevia muslimeja salaisen poliisin mobilisoimien thugien hyökkäykseltä ja tätä ennen muslimit suojelivat koptilaisia kristittyjä al-Qa'idan uhoamilta pommi-iskuilta. Kyllä solidaarisuutta on vuosisatojen ajan riittänyt Lähi-idän alueella, vaikka alueen ulkopuolelta käsin kiihkoilevat ääri-islamistit ja islamofobit kieltäytyvätkin sitä uskomasta.

**Amerikka- ja Israel-myytit.** Toinen setti perusspinniä viime aikoina on niin ikään tullut molemmilta puolilta rintamalinjaa. Tämän ajatusputken kautta tarkasteltuna Lähi-idässä ja Pohjois-Afrikassa on aina kyse ainoastaan amerikkalaisesta imperialismista ja sionismista – tai toisin sanoin Yhdysvaltain strategisista intresseistä ja Israelin turvallisuudesta.

Myyttitehtailijoiden mukaan länsimaiden kannattaisi hirttäytyä epäsuosittuihin autoritäärisiin johtajiin, koska he tuovat "vakautta" ja koska "ainoa vaihtoehto on kaaos", kuten Mubarak varsin lapsellisesti totesi. Puhe oli todennäköisesti yksi hänen viimeisiksi jääviä puheitaan valtion-päämiehenä, koska hänet käytännössä on jo syrjäytetty. Tämä blogisti uskoo, että jo useamman päivän ajan valta on ollut jonkun muun käsissä, mahdollisesti Omar Suleimanin. Viime päivien väkivaltaiset hyökkäykset – jotka näyttäisivät olevan mobilisoituja salaisen poliisin toimesta – osoittavat, minkä tyyppistä "vakautta" autoritääriset hallinnot tuovat vä-kivallattomien ja aseistamattomien mielenosoittajien "kaaokseen".

Jos länsimaiden hallitukset nyt olisivat aidosti kiinnostuneita vakau-desta, niiden pitäisi laittaa tiedustelupalvelunsa kyselemään ja selvittä-mään, ketkä tarkalleen ottaen ovat mobilisoineet, maksaneet, bussikul-jettaneet ja ohjeistaneet väkivaltaiset thugit pieksemään ja surmaamaan ihmisiä, hajottamaan kauppoja ja polttamaan taloja. Tämän jälkeen tulisi listata kyseisistä operaatioista vastanneiden tiedustelupalvelun osasto-jen komentajat ja varakomentajat (kenraali- ja everstitasot), määrätä näille nimeltä henkilökohtaiset viisumikiellot sekä jäädyttää näiden hen-kilöiden länsimaisilla pankkitileillä olevat henkilökohtaiset varat siksi kunnes väkivaltaisuudet on tutkittu kunnolla.

Takaan että tällä tavoin syntyisi huomattavasti paremmat pidäkkeet vä-kivallalle ja huomattavasti nopeampi "vakaus" kuin epämääräisillä ve-toomuksilla "kaikille osapuolille pidättäytyä väkivallasta". Nimiä ei tar-vitsisi edes julkaista, koska vapaaehtoisen eroamisen kynnys on vallan-vaihdoksen jälkeen hyvä pitää matalana. Riittää, että kyseiset upseerit itse saavat tietää, että jossain on olemassa mustat kirjat, joihin nimet (ja liikemiehinä toimivien sukulaisten nimet) on merkitty. Egyptin opposi-tio voi varmasti avustaa listojen laatimisessa.

Israelin ystävät kaikkialla maailmassa kohisevat nyt siitä, onko Israelin turvallisuus vaarassa jos diktaattorit hui kauhistus kaatuvatkin. Tuntuu siltä, että Israelin ystävät aidosti pelkäävät parikymppisten arabinuor-ten laumoja, etenkin kun tätä ikäluokkaa on satoja miljoonia.

Israelin ystävien asennevamma perustuu useampaankin täysin väärin ymmärrettyyn asiaan. Ensinnäkin siihen, että arabinuoret vaatisivat va-pautta vain päästäkseen seuraavaksi ryntäämään Israelin kimppuun.

Todellisuus ei voisi olla kauempana, koska itse asiassa autoritääristen arabimaiden diktatuurit ovat perustuneet nimenomaan poikkeuslakeihin, jotka taas perustuvat vihollisuuteen Israelin kanssa. Ei arabinuorisoa toki kovin helposti saa rakastamaan Israelia – vähän kuten suomalaisia on vaikea saada rakastamaan Venäjää – mutta tavoitteen pitäisikin olla, että pystytään elämään pragmaattisesti naapureina, jolloin sukupolvien mittaan asenteetkin voivat sitten muuttua. Tiedoksi: arabinuoret ovat kaduilla aivan muista syistä kuin Amerikan tai edes Israelin vuoksi. Jokaisen olisi pitänyt tässä vaiheessa se tajuta.

Toinen harhakäsitys on se, että Israel voisi luottaa arabidiktaattoreihin, jotka "pitävät kansan kurissa". Tämä ei takuulla tuo yhtään ymmärrystä kansan keskuudesta, minkä lisäksi se paljon puhuttu luottamus on kyllä melko kaksinaamaista – kylmää rauhaa ja salaista sotaa. Hyvä esimerkki on Syyrian hallitseva Ba'ath-puolue, joka on kylläkin estänyt rakettien ampumisen Israeliin omalta alueeltaan, mutta kahta kauheammin tukenut ainakin neljän aseellisen taistelujärjestön jatkuvaa sotaa Israelia vastaan, kunhan se tehdään libanonilaisten ja palestiinalaisten alueilta käsin (ja nämä pikkukansat kärsivät Israelin kostoiskut).

Kolmas harhakäsitys on se, että Israelin etu muka todella olisi länsimaiden ja islamilaisen maailman vastakkainasettelu, jotta "ymmärtäisimme" Israelia paremmin ja oppisimme vihaamaan muslimeja. Kuinka seitsemän miljoonan asukkaan Israelin etu voisi olla ikuinen vihollisuus koko ympäröivää miljardin ihmisen muslimimaailmaa vastaan? Jokainen, joka vilkaisee karttaa ja demografiaa, ymmärtää, ettei tämä voi olla pitkällä tähtäimellä Israelin etu.

Koska vastasin ajatollah Khamenein möläytyksiin Muslimiveljeskunnan lausunnolla, on paikallaan, että vastaan Israel-lobbyn höpinöihin sillä, mitä israelilainen sanomalehti *Haaretz* vastikään kirjoitti:

*"Ongelma kommentaattoriemme orientalistisessa diskurssissa (...) on, että se vain auttaa eristämään meidät siihen ghettoon, johon olemme asteittain lukitsemassa itsemme; ghettoon Lähi-idän alueella ja koko maailmanhistoriassa."*

Ei liene yllättävää, että Amerikka- ja Israel-myytteihin on turvautunut myös Syyrian johto, joka on jo ennalta joukkopidätyksin ja toimenpitein ehkäisemässä täksi viikonlopuksi ilmoitettuja mielenosoituksia Syyriassa (syyrialainen viikonloppu on perjantai ja lauantai). Bashar al-Assadin hiljattainen puhe oli malliesimerkki orwellilaisesta retoriikasta – Assadin mukaan Syyria on, toisin kuin Egypti ja Tunisia, "täydellisen vakaa, koska hallitus on niin lähellä kansaa." Lähellä tosiaan – aseen piippu kansan ohimolla.

# Arabimaailman uutisia



Egyptissä voimasuhteet näyttävät olevan uudelleen kääntymässä regiimin eduksi, vaikka mielenosoitukset Vapautuksen aukiolla ja muualla jatkuvatkin ja vaikka hallitsevan puolueen johto suostui eroamaan. Tilanteen vähittäiseen kääntymiseen on vaikuttanut ennen kaikkea länsimaiden jatkettu joskin haparoiva tuki Mubarakin regiimille, mikä on lisännyt Omar Suleimanin ja kovan linjan kenraalien itseluottamusta. Lisäksi maailman mielenkiinto on alkanut hiipua – tosin lähinnä muussa maailmassa. Arabinuoriso jatkaa yhä vallankumouksen hehkuttamista internetissä.

Yhdysvallat on heilunut ja horjunut suhtautumisessaan Egyptiin ja näyttää ilmeiseltä, että Obaman hallinnon sisällä oikea ja vasen käsi kamppailevat linjasta. Erikoislähettiläs Wisner esitti yksiselitteisen tukensa Mubarakille ja hänen hallinnolleen, ja Obaman hallinto sai jälkikäteen selitellä hänen puhuneen vain yksityishenkilönä. Tällainen ei anna kovin uskottavaa kuvaa Yhdysvaltain kyvystä toimia jonkinlaisena arvojohtajana arabimaailmassa. Arabimaiden länsimieliset ovat syvästi pettyneitä, kun taas islamistit ovat saaneet vettä myllyynsä ja ensimmäistä kertaa Kairossa ja Alexandriassa on näkynyt leimallisesti amerikkalaisvastaisia iskulauseita.

Eurooppa on ollut vielä neuvottomampi kuin Yhdysvallat ja jos sillä on ylipäätään ollut enää uskottavuutta arabimaissa, nyt se viimeistään on menetetty EU:n hirttäydyttyä yhä selvemmin hallitusten vallassa pysymisen taakse arabikansaa vastaan. Euroopan pääkaupungeissa tiedetään aivan hyvin, että heidän nyt Egyptin johtoon tukemansa Omar Suleiman on Mubarakin tiedustelupäällikkönä ollut vastuussa kaikesta siitä, mistä Mubarakia syytetään. Myös Arabiliiton pääsihteeri Amr Musa on vanhan vallan mies.

Euroopan maat ovat siis osoittaneet tukensa autoritääriselle järjestel-
mälle, mielivaltaisille vangitsemisille, opposition kukistamiselle ja kidu-
tukselle. Tai näin se viesti ainakin arabikaduilla luetaan, kun sanahelinä
jätetään pois. Se on ollut täyslaidallinen kylmää vettä nuorten koulutet-
tujen arabien niskaan: "Meillä on ehkä demokratia, mutta teille se ei sovi.
Te ette ole tervetulleita demokratioiden joukkoon, emmekä me muuten-
kaan välitä siitä, mitä teille tapahtuu – vain siitä, mitä televisioruuduista
näemme. Mielenosoitukset näyttävät meistä kaaokselta; se on pelotta-
vaa emmekä halua sellaista katsella. Kunhan teidät saadaan pois televi-
siosta, meillä on helpompaa. Menkää kotiin ja anelkaa armoa johtajil-
tanne, vakauden nimessä!"

Suomessa "asiantuntijat" ovat toistaneet samanlaisia viestejä. Meillä
näyttää olevan vain kahdenlaisia "asiantuntijoita": niitä, jotka kysyttä-
essä Egyptistä alkavat haukkua Amerikkaa, ja niitä, jotka muistuttavat
islamin uhasta ja toteavat, ettei demokratia sovi arabeille, koska arabi-
maissa ei ole demokratiaa. (Jälkimmäiset eivät ole koskaan kuulleetkaan
siitä, mitä Libanon, Jordania ja Marokko ovat saavuttaneet demokratian
alalla.)

Vasta eilen näin lauantain *Helsingin Sanomain* yliössä suomalaisen ar-
meijan upseerin kirjoituksen. Upseeri oli opiskelemassa Mubarakin hal-
linnon ajatushautomossa Kairossa ja kertoi meille sanasta sanaan Muba-
rakin hallinnon – tai sen tiedustelupalvelun – virallisen linjan, minkä li-
säksi hän äityi vielä ylistämään Mubarakin ja hänen läheisten kenraa-
liensa sotilastaustaa ja julistamaan, ettei demokratia sovi arabimaihin,
koska muuten islamistit nousisivat heti valtaan.

Vastakkaisen leirin "asiantuntijoilta" on viime päivinä kuultu, että ni-
menomaan islamistit pitäisi päästää heti valtaan, koska he sopivat pa-
remmin Egyptin kansalle kuin länsimieliset sekulaarit. Yhdysvaltain pi-
täisi suorastaan tukea Hamasia, Hizbullahia ja Muslimiveljeskuntaa. Pi-
täisikö myös al-Qa'idaa tukea, jos se väärentäisi itselleen vaalivoiton jos-
sain päin maailmaa? Entä Somalian ash-Shabaabia? Eikö kuitenkin olisi
parempi tukea ensi sijassa sitä, että egyptiläiset, libanonilaiset, palestii-
nalaiset, afgaanit ja somalit saisivat äänensä kuuluville avoimissa yhteis-
kunnissa, joissa vaalit olisivat rehellisiä ja vallitsisi sananvapaus? Vasta

sitten voimme ylipäätään sanoa jotain siitä, mitä mieltä "kansa" missäkin päin maailmaa on.

Pahimmanlaatuista propagandaa on aina väittää, että vaihtoehtoja ei ole kuin kaksi (saati yksi). Että joko pitää vastustaa jotakuta johtajaa hinnalla millä hyvänsä tai vaihtoehtoisesti tukea häntä syytämällä rahaa. Joka kerran kun tällä tavoin linjaamme kantamme henkilöihin sitoutuen, menetämme samalla vaikutusvaltamme, sillä olemme pelanneet korttimme. Ja muskelittomien eurooppalaisten jos keiden kannattaisi lähialueellaan aina olla mieluummin kansalaisten kuin yksittäisten johtajien ystäviä.

Amerikkalaisten ja eurooppalaisten ongelma arabimaissa ei tällä hetkellä ole se, että he olisivat hyviä tai pahoja – tuota tai tätä mieltä. Ongelma on se, että he ovat tehneet itsestään irrelevantteja. CIA:n entinen terrorismintorjunnan johtaja Robert Grenier kirjoitti aiheesta osuvan artikkelin *al-Jazeeraan*. Grenier tietää mistä puhuu ainakin Egyptin ja sen nykyisten *de facto* johtajien suhteen – hän toimi terrorismintorjunnan päällikkönä CIA:ssa presidentti Bushin aikana vuosina 2004—2006. Se, mitä Grenier kirjoittaa Yhdysvalloista, pätee vielä suuremmin Eurooppaan.

Michiganin yliopiston professori Juan Cole on kirjoittanut viime päivinä runsaasti erinomaisia analyysejä – ja välillä voimakkaita mielipiteitäkin – Egyptin tilanteesta ja siitä esitetyistä virhetulkinnoista. Esimerkiksi johdatuksen siihen, millaisia Egyptin kansannousun taustalla vaikuttavat yhteiskunnalliset toimijat ovat. Samalla Cole kritisoi viime aikoina toistuvasti esitettyä ontuvaa rinnastusta, jossa pelotellaan islamistien valtaannousulla viittaamalla Iranin islamilaiseen vallankumoukseen vuosina 1978—1979.

Toimittaja Ellen Knickmeyer on kirjoittanut erinomaisen informatiivisen artikkelin armeijojen roolista arabimaiden hiljattaisissa tapahtumissa, ja selittää sen miksi Tunisiassa armeija ratkaisi pelin mielenosoittajien hyväksi, kun taas samaa ei ole tapahtunut Egyptissä. Tässä artikkelissa olisi paljon opittavaa suomalaisillekin asiantuntijoille.

Samalla Knickmeyerin artikkeli, joskin epäsuorasti, valottaa sitä asiaa, joka on aivan ilmeinen arabeille itselleen sekä arabimaissa pitkään asuneille asiantuntijoille (joilla on muitakin ystäviä kuin hovi tai hallitseva puolue): *korruptio* on kaikkien autoritääristen valtioiden ratkaiseva ongelma. Se ei ole vastaavanlainen ongelma vähänkään liberaalimmille valtioille, koska mitä enemmän vapautta valtio kansalaisilleen antaa, sitä paremmin nämä voivat pärjätä omillaankin eivätkä siten ole täysin korruption ja mielivallan armoilla.

Kovin monilla länsimaalaisilla ei näytä olevan mitään muita neuvoja Egyptille ja egyptiläisille kuin toistella hysteerisesti vakautta ja ladella latteuksia siitä, miten "kaikkien osapuolten pitäisi pidättäytyä" liiba-laaba ja päläpälä. Nyt kuitenkin olisi mahdollisuus kerrankin vaikuttaa Egyptissä kulissien takana, koska juuri nyt – eikä vasta jälkeenpäin – Egyptin konfliktin osapuolet etsivät kuumeisesti ymmärrystä mistä vain sitä saavat. Aivan varmasti jotkut osapuolet saavat ymmärrystä Venäjältä, Kiinasta ja Iranista. Saavatko toiset osapuolet ymmärrystä länsimaista?

Libanonilainen tutkija ja Beirutin Carnegie-instituutin johtaja Paul Salem on niitä harvoja, jotka ovat esittäneet lyhyessä, selkeässä ja erittäin pragmaattisessa muodossa, mitä Egyptin pitäisi tehdä varmistaakseen vakaus vallanvaihdoksen jälkeen. Salem esittää poliittisesti neutraalia mutta tarpeen vaatiessa perustuslaillisuutta ja vakautta varjelevaa turvallisuusneuvostoa passiiviseksi taustavalvojaksi sekä parlamentaarisen järjestelmän muokkaamista majoritaarisesta (ja siten riskialttiisti yksipuoluevaltaan viettävästä) järjestelmästä suhteelliseen. Soisi länsimaistenkin besserwisserien tutustuvan näihin näkemyksiin.

Mitä kauemmin länsimaalaiset jahkailevat ja tuottavat pettymyksiä konfliktin molemmille osapuolille, ja mitä kauemmin tilanne jatkuu, sitä todennäköisempää on, että syrjään joutuvat nimenomaan sekulaarin demokraattisen opposition edustajat. Länsimaat antavat tukensa Mubarakin tiedustelupalvelun johdolle, joka pysyy vallassa, ja samalla ainoa oppositiovoima, joka saa itselleen edullisia myönnytyksiä, on Muslimiveljeskunta.

Demokratia sivuutetaan ja kulissien takana tehdään diilejä. Tästä seuraa väistämättä länsimaiden vaikutusvallan ja uskottavuuden rapautuminen sekä Iranin, Syyrian, Venäjän ja Kiinan vaikutusvallan vastaava nousu suhteessa Egyptin uuteen autoritääriseen hallintoon. Demokraattiselle oppositiolle ja sen nuorille kannattajille on ehdottoman tärkeää saada aikaan todellinen vallanvaihdos, perustuslakiuudistus ja mahdollisimman nopeasti rehelliset vaalit – muita mahdollisuuksia demokraateilla ei ole saada Egyptissä vaikutusvaltaa. Mikä tahansa autoritäärinen malli lisää länsivastaisten voimien valtaa.

Perjantain ja viikonlopun tapahtumat Egyptissä osoittavat, että regiimi ja erityisesti salainen poliisi ovat rohkaistuneet käyttämään enenevässä määrin voimaa, väkivaltaisia provokaatioita sekä valtiontelevision kautta syötettyä määrätietoista propagandaa diskurssin muuttamiseksi ja demokratian diskreditoimiseksi. Ulkomaisia toimittajia vastaan on käynnistetty järjestelmällinen kampanja sekä televisiossa että kaduilla. Edellisvuonna vangitut Hizbullahin salahankkeen johtajat olivat paenneet vankilasta samassa yhteydessä, jossa vankilat tyhjennettiin kaduille. Egyptissä tärkeiden bloggarien ja verkkoon tietoa toimittaneiden aktivistien kerrotaan perjantaista alkaen kadonneen. Mitä kauemmin "hallitun muutoksen" diskurssissa pysytään, sitä enemmän ihmisiä tulee katoamaan.

Tilanne on jatkunut muuallakin arabialueella kuin Egyptissä, vaikkakin muiden maiden tapahtumat näyttävät jäävän länsimaisissa tiedotusvälineissä syrjään. Syyriassa perjantaina ja lauantaina pidetyt mielenosoitukset jäivät odotetusti vaisuiksi, sillä hallitus torjui ne heti alkuunsa voimatoimin, etukäteispidätyksin ja pelotteluin. Mielenosoittajia piestiin. Ilmeisesti parhaiten organisoituja protesteja saivat jälleen aikaan kurdit, mutta koska nämä mielenosoitukset sijoittuivat pääosin pääkaupungin ulkopuolelle, koillisen Hasakaan ja Qamishliin sekä Aleppon ympäristöön, niistä ei länsimaissa kuulla.

Lisäksi viime päivinä levisi paljon huhuja, että Iran olisi tukenut Syyrian hallitusta lähettämällä maahan jopa 5000 Hizbullahin militanttia Libanonista sekä Pasdaranin agentteja. Jonkin verran liikennettä havaittiin, mutta määriä on mahdotonta mistään luotettavasta lähteestä tarkistaa.

Pelkät huhutkin toimivat varmasti tehokkaana pelotteena syyrialaisille pysyä kotona.

Libyassa ja Sudanissa on ollut viime päivinä samanlainen tilanne kuin Syyriassa. Jemenissä sen sijaan mielenosoitukset tuntuvat jatkuneen ja sahanneen ylös ja alas. Ehkäpä ne riippuvat qatin pureskelun päärytmistä. Jemenissä opposition eri elementit ovat lisäksi perinteisesti olleet erityisen vihamielisiä toisiaan kohtaan, joskin entiset kommunistit etelässä ovat enenevässä määrin lähentyneet islamisteihin. Sana'assa vaikuttava keskiluokkaisempi ja liberaalimpi oppositio saattaa laskea edullisemmaksi hankkia hallitukselta myönnytyksiä kuin pyrkiä täysimittaiseen vallankumoukseen, koska Jemen on valtiona hauraampi kuin Egypti tai Tunisia.

Algeriassa ja Jordaniassa mielenosoitukset ovat jatkuneet, vaikkakin Jordaniassa lientyneet. Algeria on näistä maista selvästi autoritäärisempi ja siellä mielenosoitukset on kielletty sekä tiedonvälitystä selvästi häiritty. Myös Marokossa oppositio on kutsunut kannattajiaan kaduille mielenosoituksiin, mutta hallitus on ilmoittanut olevansa luottavainen, koska Marokko on viime vuosina tehnyt paljon demokraattisia uudistuksia.

# Lähtölaskenta alkanut?

*11. helmikuuta 2011*

Onko Mubarakin lähtölaskenta alkanut? Eilen alkoi näyttää siltä, vaikka Mubarak itse onkin kieltäytynyt eroamasta ja uhoaa yhä jatkavansa syksyyn. Sotilaskomitean perustaminen ja kokoontuminen ilman Mubarakia ja ilman Omar Suleimania indikoi sitä, että armeija on viimein tekemässä siirtonsa vallanvaihdon puolelle. Mielenosoittajat ovat jo pitkään yrittäneet saada armeijaa asettumaan puolelleen.

Tämä ei tietenkään vielä tarkoita, että vallankumous on onnistunut. Poikkeustilan purkamista on luvattu, muttei tehty. Viimeksi ehdoksi asetettiin "tämän tilanteen" päättyminen. Arabimaissa johtajat ovat ennenkin antaneet paljon suuria lupauksia ja saaneet niillä aikaan länsimaalaisten innostusta, mutta sitten lupaukset on unohdettu ja uudistukset jääneet vain tyhjiksi sanoiksi.

Hyvä esimerkki tästä on Syyria, jossa on jo kymmenen vuotta lupailtu uudistuksia, joita ei ole tullut. Nyt Syyria on kuitenkin sallinut pitkään kielletyn Facebookin käytön! Tämä tosin ei kovin paljon muuta, koska nuoriso on jo pitkään käyttänyt Facebookia erilaisten proxyjen kautta eikä Syyrian tiedustelupalvelu ole onnistunut kaikkien blokkaamisessa. Assad lupaili myös lisää iänikuista dialogia, kansalaisjärjestöjen asteittaista sallimista ja muita uudistuksia, jotka toivon mukaan myös toteutuvat, mutta uskon vasta kun näen.

Algeriassa hallitus on luvannut lopettaa poikkeustilalait. Jordaniassa on tehty täysi hallitusremontti ja lisäksi kuningas on lupaillut vaalilain uudistamista. Jemenissä presidentti on ilmoittanut luopuvansa vallasta seuraavissa vaaleissa.

Toisin sanoen, kaikki ne, jotka ovat sanoneet, ettei nuoriso saavuta mitään riehumalla netissä ja kaduilla, ovat olleet melkoisen väärässä.

Todella suuria asioita on saavutettu jo – vaikka se ei tarkoittaisikaan siirtymistä yhdessä yössä täyteen demokratiaan. Näitä asioita ei varmasti olisi saavutettu, jos arabimaiden nuoriso olisi uskonut eurooppalaisia neuvojiaan ja odotellut kiltisti hallitusten johdolla tapahtuvia "hallittuja uudistuksia", "asteittaista kehitystä" ja "rakentavaa dialogia".

Osa arabimaista aloitti uudistumisen jo vuosia sitten – esimerkiksi Jordania ja Marokko. Muutkin ovat nyt lukeneet seinällä olevan kirjoituksen ja ottaneet vaarin näkemästään. Jopa niin kovapäiset diktaattorit kuin Assad ja Qaddafi näyttävät huolestuneen omien maidensa koulutetun nuorison kyvyistä.

Kansalaisten rohkaistuminen se oli, joka kaatoi myös Neuvostoliiton ja Itä-Euroopan maiden kommunistiset diktatuurit. Jok'ikinen niistä maista, jotka vapautuivat vuosina 1989—1992 kommunistisista diktatuureista, on tänä päivänä vapaampi ja demokraattisempi kuin neuvostoaikana. Vaikka Venäjällä on palattu takaisin autoritääriseen järjestelmään, sekään ei ole lähelläkään sitä tyranniaa, joka se oli Neuvostoliiton aikana. Jopa Valko-Venäjä on vapaampi kuin silloin.

Jok'ikinen niistä maista, joissa vuosina 2003—2005 tapahtui värivallankumouksia, on tänä päivänä vapaampi ja demokraattisempi kuin ennen vuotta 2003. Vaikka takapakkia on tullut Ukrainassa ja Libanonissa, ja vaikka Venäjä hyökkäsi asevoimin Georgiaan, siitä huolimatta mikään näistä maista ei ole taantunut sille tasolle, jolla ne olivat kun Leonid Kutšma riehui kännissä ja määräsi toimittajien päitä katkottaviksi, kun Viktor Juštšenko myrkytettiin, kun Eduard Ševardnadzen mafiamiehet ampuivat toisiaan Tbilisin kaduilla tai kun Syyria ja sen tiedustelupalvelu miehittivät Libanonia pelon ilmapiirin kera.

Vaikka Iranin vihreä vallankumous murskattiin raa'alla väkivallalla, Iranissakaan asiat eivät enää olleet toissavuoden jälkeen niin kuin ennen. Näin on myös arabimaissa. Henki on tullut ulos pullosta. Nuoriso on alkanut luottaa itseensä. Tämä itseluottamus on valtava henkinen voimavara, joka tulee muuttamaan näitä yhteiskuntia, vaikka autoritääriset johtajat kuinka änkyröisivät muutosta vastaan.

Ne, jotka sanovat, että mikään ei muutu, ovat väärässä, vaikka kaikki ei muuttuisikaan. Ne, jotka sanovat, että vallankumous syö aina lapsensa, ovat väärässä, vaikka joitakin lapsia kaatuisi poliisin luoteihin tai kidutettaisiin hengiltä iranilaisissa vankiloissa. Tunisialaiset ja egyptiläiset nuoret – mutta myös jordanialaiset, syyrialaiset, algerialaiset ja jemeniläiset – ovat osoittaneet viime viikkojen aikana, että riskejä kannattaa ottaa vaikka epätietoisuuden koura kuristaisikin samalla sydäntä, ja että asiat voivat muuttua. Nämä ihmiset ansaitsevat kaiken kunnioituksen.

Toivottavasti he ovat opettaneet jotain myös eurooppalaisille, varsinkin niille, jotka ovat luulleet, ettei mikään koskaan muutu Euroopan etelälaidalla – että autoritääriset hallitukset ovat ikuisia ja että niille pitää vain vakauden nimissä syytää rahaa ja aseita.

# Faarao kukistui ja Iran kuohuu

*16. helmikuuta 2011*

**M**elkein heti sen jälkeen, kun perjantaina 11.2.2011 lähetin kahvilasta edellisen postini, Egyptin sotilasneuvosto ilmoitti, että Mubarak on eronnut. Faarao on siis kukistunut. Hänen on kerrottu olevan jonkinlaisessa kotiarestissa Sharm ash-Sheikhissä, joten ei ole varmaa, että Mubarak pääsisi valtion kassan kanssa viettämään eläkepäiviä ja pelaamaan Ben Alin kanssa *tawilaa* Jeddassa. Mubarakin kerrotaan viettäneen viimeisen viikkonsa siirtelemällä perheen kahmimaa omaisuutta ulkomaille, mutta nyt hänen kukistuttuaan useissa länsimaissa uskalletaan ryhtyä hänen tiliensä jäädytykseen.

Heti kun egyptiläiset tointuvat juhlinnastaan, heitä kiinnostanee varmaankin Mubarakin kohtaloa enemmän, muuttuuko mikään Egyptissä. Sotilasneuvoston johtaja ja siis maan tämän hetken valtionpäämies on marsalkka Muhammad Tantawi. Mubarakin tiedustelupäällikkö Omar Suleiman joutui ilmeisesti syrjään jo torstaina, vaikka tuskin hänkään peukaloitaan pyörittelee, jos on vapaalla jalalla. Sotilasneuvoston kokouksessa häntä ei näkynyt. Epärehellisissä vaaleissa muodostettu parlamentti on hajotettu ja perustuslakimuutos kumottu. Sotilaskomitean johdolla on muodostettu perustuslakikomitea, joka aikoo muotoilla uuden perustuslain ja vaalilain. Siinä kerrotaan istuvan juristien lisäksi myös yksi Muslimiveljeskunnan edustaja.

Islamistisen Muslimiveljeskunnan lisäksi Egyptin oppositioon kuuluu useita sekulaareja puolueita: Muhammad al-Baradein Kansallinen muutosliike, Ayman Nurin *Ghad*-puolue (Huomen), George Ishaqin johtama *Kifaya!* (Jo riittää!), Mahmud Abazan johtama liberaali *Wafd*-puolue ja Rifaat Saidin johtama vasemmistolainen *Tagammu*-puolue.

Carnegie-säätiön tutkija Marina Ottaway on ilmaissut huolensa siitä, että vaikka Ben Ali ja Mubarak on kukistettu, vanhat valtarakenteet pyrkivät pysymään vallassa sekä Tunisiassa että Egyptissä. Uskon, että tästä huolimatta paljon on muuttunut, sillä takin kääntäneet eliitit joutuvat tekemään myönnytyksiä mielenosoittajille ja osoittamaan, että ainakin jotain muuttuu. Uudet vaalit on järjestettävä molemmissa maissa ja ne kannattaisi järjestää pian, jottei vallankumouksen myönteinen energia mene hukkaan ja demokratia diskreditoidu. Vaalien väärentäminen johtaisi ilman muuta raivoisiin reaktioihin ja siitä hyötyisivät vain ääriliikkeet.

Moni asia on jo muuttunut ja psykologinen vaikutus on ollut valtava. Kirjoitin tästä jo edellisessä postissa ja kirjoitan edelleen: arabimaiden keskiluokka ja nuoriso ovat kouriintuntuvasti huomanneet, että heidän toiminnallaan on väliä, ja että järkähtämättöminä nähdyt hallitsijatkin voivat kukistua.

Suurmielenosoitukset ovat viikonloppuna ja tänään jatkuneet Jemenissä ja Algeriassa; Algeriassa on ollut rajuja yhteenottoja mielenosoittajien ja poliisin välillä. Syyriassa ja Libyassa autoritääriset hallinnot ovat pitäneet salaiset poliisinsa jatkuvassa hälytystilassa, kansalle on yritetty järjestää muuta tekemistä, mistä osoituksena Qaddafi kutsui väkeä mielenosoituksiin Israelia vastaan.

Jopa pienessä Bahrainissa on puhjennut suuria mielenosoituksia, vaikka Bahrainin hallitus antoi jokaiselle bahrainilaisperheelle lahjaksi osinkoja 1000 dinaaria (2700 dollaria), joka on iso raha varsinkin maan köyhemmälle väelle, šiialaiselle enemmistölle. Hallitsijasuku on sunnalainen.

Suurin tapaus on kuitenkin arabimaiden ulkopuolelta: se hämmästyttävä uhkarohkeus, jolla iranilaiset ovat päättäneet toistaa vuonna 2009 murskatun vihreän vallankumouksen tapahtumat. Eilen illalla miljoonia iranilaisia oli kaduilla Teheranissa, Isfahanissa, Shirazissa, Mashhadissa ja lukuisissa muissa kaupungeissa. Iranin hallinnon turvallisuuskoneisto iski väkivalloin takaisin: molemmat oppositiojohtajat, Musavi ja Karubi, on pidätetty kotiarestiin ja tuhansia nuoria on pidätetty mielenosoituksista. Mielenosoittajia on ammuttu kyynelkaasulla ja piesty.

Iranin nuorison parhaimmisto menee silti kaduille tänäänkin, profeetan syntymäpäivänä. He tietävät, että monia heistä tullaan tappamaan, ja vielä useammat päätyvät vankiloihin, piestäviksi, luita murskaksi ja kidutetuiksi. Hyvän kuvan vihreän vallankumouksen jälkeisistä tapahtumista Iranissa saa sarjakuvasta *Zahran paratiisi.*

Koska Iran on tehokkaasti katkonut tietoyhteydet ja kansainväliset televisiokanavat eivät pysty toimimaan maassa, ollaan iranilaisten maasta salaa lähettämien amatöörivideoiden varassa. Teheranissa on muuten ollut todella kylmä talvi, luntakin on ollut kuin Helsingissä ikään.

Iranilaiset ovat huomanneet, että armeija ratkaisi pelin sekä Tunisiassa että Egyptissä, ja he ovatkin yrittäneet aktiivisesti vedota armeijaan ja sisäisen turvallisuuden joukkoihin Teheranissa, jotta nämä liittyisivät vallankumoukseen tai olisivat ainakin käyttämättä aseitaan mielenosoittajiin. Ikävä kyllä pelkään pahinta. Egyptissä vallankumous oli paljon vaikeampi kuin Tunisiassa, jossa armeija puuttui peliin nopeammin opposition hyväksi. Egyptissä tapettiin ainakin 350 mielenosoittajaa ja armeija pysyi kolme viikkoa sivussa, ennen kuin teki siirtonsa. Iranissa vallankumous tulee olemaan vielä huomattavasti vaikeampi.

Iranissa opposition kukistamisesta vastaavat poliittinen turvallisuusorganisaatio pasdaran, joka omistaa myös suurimman osan Iranin bisneksestä ja vastaa mm. Hizbullahin ohjaamisesta. Lisäksi thugeina käytetään maaseudulta ja köyhälistöstä koottavia uskonnollisesti indoktrinoituja nuorisokaarteja, basidžeja. Iranin hallinto ei kaihda käyttää julmaa väkivaltaa opposition kukistamiseen. Sama koskee Syyriaa ja Libyaa. Lisäksi kaikki nämä maat pystyvät paljon Egyptiä ja Tunisiaa helpommin katkaisemaan viestiyhteydet ja eristämään maansa nuorison ulkomaisista medioista. On turha kuvitella, että *al-Jazeera* osoittaisi näiden maiden oppositioille samaa solidaarisuutta kuin "Amerikan liittolaisten" vastustajille. Kilpailija *al-Arabiyya* saattaa näin tehdä, mutta sitä ei samalla lailla seurata länsimaissa, joiden median kerrannaisvaikutus on kuitenkin erittäin tärkeä.

Iranissa mielenosoittajat huutavat katoilta *Allahu akbar*, kuten vihreän vallankumouksen aikaan, mutta tätä ei pidä erehtyä luulemaan merkiksi islamismista. Kyse on pikemminkin Jumalan nimen haltuunotosta takaisin sitä väärin käyttävältä regiimiltä. Voidaan vain toivoa, että Iranin koulutetun nuorison kauheat uhraukset lopulta tuovat tulosta ja näemme vielä elinaikanamme Ahmadinejadin ja hänen tekopyhän suojelijansa kohtaavan sen Herransa raivon, jonka nimeä ovat vetäneet murhaamisen, kidutuksen ja sorron lokaan.

Jos ihme tapahtuu ja Iranin vallankumous nyt tai myöhemmin onnistuu, se merkitsisi välittömästi muutosta myös Syyriassa ja Libanonissa. Libanonissa Hizbullah pyrkii nyt ennen kaikkea estämään murhatutkimukset. Länsimielinen Maalis-14-liike on joutunut oppositioon ja ensimmäistä kertaa sitten vuoden 2005 seetrivallankumouksen sen laukaisijana toimineen Rafiq Haririn murhan vuosipäivä 14. helmikuuta meni Libanonissa ilman muistomielenosoitusta. Maalis-14 pystyi pitämään vain oman muistotilaisuutensa, ja senkin synkissä tunnelmissa. Arabimaista vapain on palannut takaisin pelon ilmapiiriin. Epäilemättä moni Libanonissa toivoo, että iranilaiset mielenosoittajat onnistuisivat epätoivoisessa yrityksessään.

Demokraattinen Iran olisi valtava tekijä koko alueella. Kyseessä on yksi alueen suurimmista valtioista, itä-länsi-suunnassa Turkin ja Pakistanin välissä ja pohjois-etelä-suunnassa Kaukasian, Keski-Aasian ja arabimaiden välissä. Iranin ydinohjelman ongelma poistuisi länsimaiden ja Persianlahden maiden painajaisista jos Iran olisi valtiona luotettava. Iranissa on valtava ja suhteellisen korkeasti koulutettu nuori väestö, jolla olisi suuri potentiaali taloudessa, tieteessä ja kulttuurissa, koko maailmalle.

Mutta Iranissa on myös valtavan turvallisuuskoneiston Venäjän avulla rakentanut teokraattinen hallinto, jolla ei ole pienintäkään aikomusta pienimpäänkään myönnytykseen. Ja kuin tehdäkseen viestinsä selväksi Iran uhkasi sulkea Persianlahden Hormuzinsalmen kohdalta mikäli havaitsisi ulkoisen uhan.

# Hullu mies liekehtivässä norsunluutornissa

*24. helmikuuta 2011*

Jos Salman Rushdieta on uskominen niin alkuperäinen norsunluutorni oli Intian Mogulivaltakunnan keisari Akbarin rakennuttama. Sittemmin sillä on viitattu ympäröivästä todellisuudestaan vieraantuneisiin hallitsijoihin ja myöhemmin akateemikkoihin. Tällä hetkellä Libyan torni on liekeissä ja tornin huipulla riehuu vaarallinen sekopää.

Itseään "Libyan suuren kansanjumhuriyyan veljelliseksi everstiksi" tituleeraava Muammar al-Qaddafi lienee nykyajan absurdeimpia diktaattoreita, jonka todellisuudesta vieraantuneille houreille ovat vetäneet vertoja ainoastaan Pohjois-Korean johtajien omintakeinen tyyli ja Turkmenistanin jo menehtynyt Türkmenbashi.

Jos Qaddafi todella joskus uskoi olevansa kansalaistensa veli, hän on silloin ensisijaisesti veljesmurhaaja. Kuluneen viikon tapahtumien valossa erään arabiystäväni naamakirjassa jo monta päivää sitten esittämä raivostunut kommentti on enemmän kuin ymmärrettävä: "Tämän sekopään kohdalla ei saa enää riittää Ben Alin ja Mubarakin kohtalo. Libyan kansa ei saa tyytyä vähempään kuin että Qaddafi hirtetään lyhtypylvääseen." Itse asiassa arabiystäväni ovat viime päivinä reagoineet Libyan uutiskuviin paljon voimakkaammillakin sanoilla, mutta se kaikki ei ole painokelpoista.

Libyasta viime päivinä itärajan yli Egyptiin salakuljetetut amatöörivideot ovat järkyttävää katsottavaa: kaduilla lojuu satoja ruumiita, varuskunnissa on teloitettu kymmeniä sotilaita, jotka kieltäytyivät ampumasta omaa kansaansa. Qaddafi kutsui eilisessä puheessaan "veljiään" rotiksi, jotka on hävitettävä maan päältä kuin tuholaiset. Näyttää kuitenkin siltä, että yhä useammat rotat ovat jättäneet hourailevan hullun uppoavan laivan ja Qaddafi tulee itse olemaan se, joka hävitetään. En usko, että Libyan kansalta heruu kovin paljon armoa Qaddafille, jos hän jää elävänä kiinni.

Libyan valtiontelevision lähetykset tapasivat alkaa maapallosta, joka pyöri mahtipontisen musiikin tahdissa ja pysähtyi sitten Libyan kohdalle. Libyasta kohosi Qaddafin tajunnanvirrasta koottu *Vihreä kirja* taivaalle, avautui, ja sieltä levisi sitten vihreä valo kaikkialle maailmaan. Nuorena opiskelijana luin kerran pitkällä automatkalla Ruotsin halki tuota *Vihreää kirjaa*, ja muistan sieltä luvun nimeltä *Naisesta*, joka alkoi näillä sanoilla: "On epäämätön tosiasia, että sekä mies että nainen ovat ihmisiä." Sellaista viisautta ja edistyksellisyyttä "veljellisen everstin" ajattelu sisälsi.

Arabiliiton huippukokouksessa Damaskoksessa Qaddafi nojaili ensin tuskaisen näköisenä päätään kämmeneensä ja solvasi sitten henkilökohtaisin loukkauksin muiden arabimaiden johtajia, julistaen nämä kaikki hyödyttömiksi, koska eivät olleet vapauttaneet Palestiinaa. Qaddafi itse ilmeisesti oli vapauttanut. Sama omintakeinen tyyli hatusta vedettyine tajunnanvirtoineen ja omituisuuksineen toistui Afrikan unionin huippukokouksessa Addis Abebassa, jossa Qaddafia seurasi epämääräinen laahus mustasta Afrikasta koottuja heimokuninkaita ja "suuren kansanjumhuriyyan veljellinen eversti" julisti itsensä Afrikan kuningasten kuninkaaksi. Koottuaan ajatuksiaan tuskaisen näköisenä hän myös kertoi funtsanneensa asioita ja tulleensa siihen tulokseen, että demokratia, oppositio ja sananvapaus olivat turhia asioita.

Qaddafin viime päivien esiintymiset eivät ole jättäneet kenellekään niitä seuranneelle rivikansalaiselle arabimaissa epäselväksi, että Libyan diktaattori on kauan sitten kadottanut järjen valon samoin kuin todellisuudentajunkin. Ainoat, joille tämä ei näytä valjenneen, ovat täysin pihalla arabimaiden tapahtumista olevat Euroopan johtajat, jotka ovat ilmaisseet huolensa öljylähteistä ja pakolaisuudesta samaan aikaan kun Qaddafin palkkasotilaat ovat lahdanneet libyalaisia kaduille ja ilmavoimat heitä pommittaneet.

Yhdysvaltain kunniaksi on todettava, että siellä on Egyptin tapahtumien jälkeen sentään herätty miettimään todellisuutta alueella. Euroopan pääkaupungeissa herätystä ei ilmeisesti ole koettu. Kuluneen viikon arabimielipiteet eivät ainakaan sosiaalisessa mediassa ole Eurooppaa mairitelleet: tekopyhyys, kaksinaismoralismi, diktaattorien liehittely ja täydellinen todellisuudentajun puute ovat määreitä, joita EU on saanut osakseen.

Ja onpa Qaddafilla toki ollut myös uskolliset ystävänsä maailmalla. Syyrian turvallisuusjoukot murskasivat voimatoimin syyrialaisten raivostuneiden kansalaisten mielenosoituksen Libyan suurlähetystön edestä. Nicaraguan diktaattori Ortega ylisti Qaddafia järjestyksen ja vakauden tuojaksi. Niin ikään Qaddafia ovat ihannoineet Venezuelan Chávez ja Italian Berlusconi.

Libyan tapahtumat etenivät hyvin nopeasti sen jälkeen, kun hallitus oli tukahduttanut voimatoimin mielenosoitukset Tripolissa ja ne siirtyivätkin itäiseen Benghaziin. Siellä oppositio ryhtyi selvästi hyvin valmisteltuun ja aseistettuun operaatioon, jolla se hyvin nopeasti valtasi sekä Qaddafin hallintopalatsit että kasarmit, joista saatiin lisää aseita. Näytti selvältä, että armeija tai ainakin merkittävä osa sitä oli alusta asti mukana operaatiossa. Benghazi oli parissa päivässä opposition käsissä.

Seuraavaksi mielenosoittajat valtasivat suurimman osan Kyrenaikaa ja etenivät nopeasti myös Tripolin esikaupungeissa ja eräissä Tripolitanian kaupungeissa. Qaddafi ja hänen LSE:stä valmistunut "uudistusmielinen" poikansa vannoivat vuodattavansa verta ja niin tapahtuikin. Mutta mitä enemmän Qaddafi vaati väkivaltaa, sitä enemmän armeijan ja poliisin yksiköitä loikkasi opposition puolelle. Mielenosoittajia pommittamaan määrätyt hävittäjät loikkasivat Maltalle ja Libyan omat YK-lähettiläät kääntyivät hallitustaan vastaan, vaatien länsimailta vastatoimia.

Oppositiovoimat, joiden kova ydin koostuu ilmeisesti sotilaista ja itäisistä heimoista, ovat ottaneet käyttöön vanhan kuningasaikaisen lipun ja avanneet rajat Egyptiin. Rajan kautta toimittajia on päässyt sisään Libyaan ja vastaavasti libyalaisia tietoineen ja videoineen Egyptiin. Jopa Libyan sisäministerin on kerrottu eronneen ja määränneen joukot puolustamaan kansaa Qaddafia ja hänen sahelilaisia ja venäläisiä palkkasotilaitaan vastaan.

Qaddafin kerrotaan puolestaan määränneen sabotaasi-iskuja, joilla räjäytettäisiin öljyputket rangaistukseksi länsimaille, joita Qaddafi vainoharhaisessa mielikuvituksessaan syyttää vallankumouksen masinoinnista, vaikka länsimaiset öljy-yhtiöt ovat päinvastoin olleet Qaddafin tukena siitä lähtien, kun tämä sai Britannian kanssa aikaan diilin Lockerbien terrori-iskusta ja luopui pitkän kantaman ohjuksista.

Libanonilaisia kiinnostanee huhu, jonka mukaan libyalaiset loikkarit ovat tunnustaneet Libyan murhanneen (odotetusti) libanonilaisen šiiapuolue *Amalin* perustajan Musa Sadrin. Tosin kilpaileva huhu on väittänyt Sadrin olevan yhä elossa, vankina salaisessa vankilassa jossain Libyan aavikko-osissa. Epäilen, että vallankumouksen myötä Libyan kaapeista löytyy vielä kasapäin luurankoja, jotka tulevat valaisemaan kylmän sodan ja terrorismin historiaa, elleivät ne katoa ja tuhoudu yhtä salaperäisesti kuin Saddamin joukkotuhoaseet.

Libyan lisäksi vallankumous on edennyt Bahrainissa, jossa hallitus muutamin kuolonuhrein valtasi ensin Helmiaukion mielenosoittajilta, mutta nämä valtasivat sen sitten takaisin. Mielenosoitusten kerrotaan Bahrainissa kiihtyneen ja hallitus on myöntynyt puolestaan vapauttamaan suuren määrän poliittisia vankeja, ilmeisesti enimmäkseen shiioja. Sunnihallituksia huolettaa, onko Bahrainin opposition taustalla iranilainen käsi. Herää kuitenkin kysymys, eikö näiden hallitusten kannattaisi silloin mieluummin saada Bahrainin arabišiioja omalle puolelleen ja lakata sysäämästä näitä Hizbullahin ja pasdaranin kynsiin.

Libanonissa Hizbullah on järjestänyt paraatin, jossa on hyllattu Kairosta vankilasta paennutta Hizbullah-solun johtajaa. Hizbullah ei alun alkaenkaan vaivautunut edes kiistämään, että se organisoi Egyptissä salahankkeita Egyptin hallitusta vastaan.

Iranissa opposition väkivaltainen kukistaminen on jatkunut samoin kuin opposition joukkopidätykset. Siitä huolimatta opiskelijat palaavat kaduille joka päivä. Iranilaisten aktivistien toimittamat tiedot kertovat väkivaltaisista kahakoista ja mielenosoitusten murskaamisesta lukuisissa Iranin suurkaupungeissa.

Samoin Jemenissä ovat turvallisuuspalvelun masinoimat *thugit* avanneet tulen opiskelijoita vastaan ja Algeriassa hallitus on käyttänyt väkivaltaa opposition kukistamiseksi. Kun Tunisia on vapautumassa, Algeria on ajautumassa syvemmälle diktatuuriin ja kaaokseen.

Toisin on Marokossa, jossa uudistusmielisen kuninkaan hallinto on ottanut alusta asti aivan eri linjan kuin diktatuurimaat. Marokko on sallinut mielenosoitukset ja turvallisuusjoukot ovat valvoneet niiden sujumista väkivallattomasti. Sekä islamistiset että kommunistiset oppositiopuolueet ovat pysyneet protesteissaan varsin maltillisissa vaatimuksissa. Marokko osoittaa, kuinka ajoissa aloitetuilla uudistuksilla ja pehmeämmällä otteella voidaan pahin välttää. Toivottavasti. (Pohjoismarokkolaisessa Huseiman kaupungissa näyttää olleen väkivaltaa.)

Marokon, Jordanian ja Syyrian mielenosoituksissa väkimäärät ovat viikon aikana liikkuneet tuhansissa - eivät siis sadoissa tuhansissa, kuten Egyptissä, Tunisiassa, Libyassa ja ilmeisesti Iranissa. Omanissa mielenosoittajia on ollut vain satoja. Kaikkialla arabimaissa ja Iranissa siis kuohuu, mutta olosuhteet ovat silti varsin erilaisia maasta toiseen.

Tämän vuoden 2011 arabikevään tapahtumat eivät siis ole liian paljon yleistettävissä, mutta se ei tarkoita, etteikö kaikkialla ratsasteta saman vapautta vaativan aallon harjalla. Arabit haluavat vapautta, demokratiaa ja parempia mahdollisuuksia. Saavuttaako tämän mielenkiintoisesti alkaneen vuoden arabikevät tavoitteensa, on toinen asia. Sekä Tunisiassa että Egyptissä vanhat hallinnot yrittävät yhä takertua valtaan ja pitää kiinni voimaministeriöiden hallinnasta.

# Viisitoista myyttiä Turkista

*27. helmikuuta 2011*

Tällä kertaa kirjoitan vähemmän akuutista ja enemmän kroonisesta aiheesta, Turkin EU-jäsenyydestä. EU on paraikaa sellaisessa stagnaatiovaiheessa, ettei Turkin jäsenyys näyttäisi ainakaan lähitulevaisuudessa etenevän ollenkaan. Tästä huolimatta Turkin vastustajat käyvät yhä taistoaan, toistaen moneen kertaan kuultuja ja pääsääntöisesti löysiä argumenttejaan Turkkia vastaan.

Monet Turkin EU-jäsenyyden vastustajista eivät oikeastaan ole Turkin EU-jäsenyyden vastustajia, vaan joko Turkin vastustajia ylipäätään, tai EU:n vastustajia ylipäätään. Turkin EU-jäsenyys yhdistetään milloin mihinkin täysin asiaan liittymättömään aiheeseen: yleiseen EU:n vastustamiseen, islamofobiaan, maahanmuuton vastustukseen ja vasemmalla laidalla taas Naton liittolaisen ja Venäjän historiallisen kilpailijan vihaamiseen.

Keräsin siksi nopealla viiden minuutin kahvilakeskustelulogiikalla videntoista löysän väitteen listan Turkkia koskevista myyteistä, joita sen EU-jäsenyyden vastustajat yleisesti viljelevät. Luettelo ei varmasti ole kattava, joten varaan oikeudet palata samaan aiheeseen vielä joskus myöhemminkin. Parempaa ja tarkempaa tietoa Turkista hakevan kannattaa tsekata Suomen johtavien Turkin asiantuntijoiden ylläpitämä *Euroopan rajalla* -blogi.

**Maantieteen myytti:** Turkin vastustajat toistavat taajaan mantraa, jonka mukaan Turkki ei sijaitse maantieteellisesti Euroopassa. Tämän lähtökohtana on muinainen kreikkalainen myytti, jossa Balkan ja Anatolia nimettiin Euroopaksi ja Aasiaksi. Myöhemmin huomattiin, että Vähä-Aasian tuolla puolen riitti Aasiaa aina Tyyneenmereen saakka, ja myöhemmin tulikin tavaksi viitata Aasialla ennen kaikkea Itä-Aasiaan, ehkä myös Intiaan. Nykyisin kukaan ei Aasiasta puhuessaan tarkoita Lähi-itää, Persiaa eikä varsinkaan Turkkia.

Myös Eurooppa laajeni tarkoittamaan aivan muuta kuin mitä antiikin kreikkalaiset ajattelivat. Heidän Eurooppansa sijaitsi Välimeren alueella ja heille Turkki ja Pohjois-Afrikka olivat paljon olennaisempi osa sivistynyttä maailmaa kuin mikään Tonavan pohjoispuolella sijainnut barbaariheimojen asuinalue. Roomalaiset tunsivat jo Germanian ja Britannian, mutta eksoottisista finneistä tiedettiin vain barbaarisuutta tihkuvia myyttejä. Kaikesta tästä huolimatta nykyiset eurooppalaisuuden hehkuttajat eivät suinkaan viittaa termillä Välimeren ja Mustanmeren alueisiin, vaan kuvittelevat Euroopan sydänmaat luoteeseen – katoliset Ranskaan, Belgiaan ja Etelä-Saksaan, protestantit taas Pohjois-Saksaan, Hollantiin ja Pohjoismaihin. Ortodoksiset Romania, Kreikka ja Ukraina on jätetty Euroopan periferiaan.

Omaksumme siis osaksi eurooppalaista narratiivia antiikin Kreikan, Rooman ja Bysantin välimerelliset imperiumit, mutta torjumme tai sivuutamme samasta narratiivista suurimman osan näiden sivilisaatioiden maantieteellisistä perillisistä.

Jos nyt kuitenkin ollaan tarkkoja, niin antiikin kreikkalaisten Europe oli foinikialainen prinsessa – siis nykyisestä Libanonista – jonka häräksi muuntautunut Zeus kävi sieltä ryöstämässä ja asettui sitten Kreetan saarelle. Euroopan myytti merkitsi siis sitä, että aiemmin barbaarinen kulttuuri nouti itselleen vanhan assyrialaisen sivistyksen Levantista. Tästä synteesistä muodostui helleeninen kulttuuri.

Hypätäänpä sitten 1900-luvulle, jolloin koulukirjat opettivat meille, että Euroopan ja Aasian raja kulkee pitkin Uralvuoria, Uraljokea, Kaspianmerta, Ison-Kaukasuksen huippuja, Mustaamerta ja Bosporinsalmea. Tällainen perin sopimuksenvarainen Euroopan määrittely saattoi olla joissain tapauksissa tarkoituksenmukainen, mutta mitään tosiasiallisia rajojahan sillä ei kuvattu. Bosporinsalmi ja Uralin kukkulat eivät ole mitään luonnollisia maantieteellisiä rajoja. Eivät ne ole edes kulttuurisia, uskonnollisia eivätkä poliittisia rajoja, sillä niiden molemmilla puolilla on samaa kansaa, samaa uskontoa ja sama valtio. Bosporinsalmen voi ylittää sillan kautta tai vesibussilla alle vartissa ja sen molemmilla rannoilla levittäytyy sama kaupunki, Konstantinopoli eli Istanbul, joka on sekä bysanttilaisella että turkkilaisella kaudellaan ollut yksi *Euroopan* historian tärkeimmistä kaupungeista.

Kaukasusvuoristo ja Kaspianmeri ovat toki historiassa olleet konkreettisempia luonnollisia rajoja, mutta mihin suuntaan? Kaukasuksen pohjoispuolella olivat muslimialueet, tšerkessien ja tšetšeenien valtiot, kun taas eteläpuolella olivat antiikin ajoista lähtien eurooppalaiseen sivistyspiiriin kuuluneet kristilliset Georgian ja Armenian valtiot. Kaspianmerellä menee todellinen Euroopan ja Aasian raja, sillä Kaukasia ja Keski-Aasia kuuluvat jo selvästi eri kulttuuripiireihin. Euraasian jakaminen länteen ja itään jossain keskellä Venäjän tai Turkin alueita on sen sijaan sekä maantieteellisesti että kulttuurisesti hankalaa. On kuitenkin päivänselvää, että Turkki ja Venäjä ovat kulttuurihistoriallisesti enemmän Eurooppaa kuin osa Kiinan hallitsemaa aasialaista aluetta.

**Islamin myytti:** Olen useissa aiemmissa kirjoituksissani käsitellyt islamofobiaa ja islamiin yleisesti liitettyjä vääristeleviä myyttejä, joten en palaa niihin tässä yhteydessä. Nyt kysymys on siitä, voiko muslimienemmistöinen valtio, Turkki, olla osa Eurooppaa. Jos vastaus on "ei", silloin meidän on oletettava, että EU:n on tarkoitus olla kristikuntaa uusintava linnake. Tämä on sangen ongelmallista, kun suurin osa kristikunnasta jää joka tapauksessa EU:n ulkopuolelle, sijaiten Amerikoissa, Afrikassa, Australiassa ja myös Aasiassa. Kristinuskon historialliset sydänmaat sijaitsevat sen sijaan Lähi-idässä, Turkissa ja Pohjois-Afrikassa.

Meille on perinteisesti uskoteltu, että kristikunta ja islam muodostavat kaksi täysin eri maailmaa, ja että näiden rajalinjalla kulkee sivilisaatioiden välinen kuilu – ja samalla myös Euroopan etelä- ja itäraja. Koko tämä ajattelutapa on myöhäsyntyisen eurosentrinen ja johtuu siitä, että Euroopan keskiajan historiaa leimasivat kristittyjen ja islamilaisten imperiumien väliset sodat Välimeren alueella ja kaakossa.

Oikeasti kysymys ei siis ole kristikunnan ja islamin levinneisyydestä, vaan historiallisista imperiumeista ja niiden alueista. Kristitythän eivät ole kadonneet mihinkään Lähi-idästä ja Pohjois-Afrikasta, vaikka ovatkin islamin yleistymisen jälkeen muuttuneet vähemmistöiksi useimmissa Orientin maissa. Tästä huolimatta Georgia, Armenia ja Etiopia ovat yhä leimallisesti kristillisiä ja Egyptissä, Libanonissa, Syyriassa, Irakissa ja muissakin alueen maissa on miljoonia kristittyjä.

Islamofobit väittävät taajaan, että kristinusko ja islam edustaisivat jollain tavoin toistensa vastakohtia, täysin erilaisia sivilisaatioita. Näinhän asia ei ole, vaan kyse on toinen toisensa lähimmistä naapureista, joilla on samat kulttuuriset ja uskonnolliset juuret. Itse asiassa kristinusko ja islam muodostavat jatkumon Assyrian, Niilinlaakson, Kreikan, Rooman, Bysantin ja Persian kulttuuriperimälle, joka on aikojen saatossa kietoutunut niin monta kertaa itsensä ja toistensa ympäri, että meidän pitäisi puhua näistä yhdessä "läntisenä sivilisaationa", joka monissa suhteissa poikkeaa Induksen laaksosta itään sijainneista aasialaisista sivilisaatioista ja niiden hindulaisista, buddhalaisista ja kiinalaisista uskonnoista. Jaakko Hämeen-Anttila on tarkastellut ansiokkaasti läntisen sivilisaation yhteisiä mesopotamialaisia juuria ja välimerellistä kehitystä kirjassaan *Mare Nostrum*.

Islam on paitsi vaikuttanut, myös ollut fyysisesti läsnä Euroopassa jo kauan. Iberian niemimaalla *reconquista* ja inkvisitio tuhosivat Andalusian kukoistavan sivistysvaltion ja vieläpä kristinuskoon käännytetyt moriskotkin tapettiin ja pakenivat. Sen sijaan Kaakkois-Euroopassa islamin ja kristinuskon vuorovaikutus säilyi, lähinnä suvaitsevaisen Osmanivaltakunnan ansiosta – Osmanivaltakunta ei, toisin kuin eurooppalaiset aikalaisimperiuminsa, tuhonnut vääräuskoisia hallitsemiltaan alueilta. Turkin lisäksi Balkanilla, Krimillä, Kaukasiassa ja Volgan alueilla on ollut muslimikansoja varhaiskeskiajalta lähtien.

Eurooppalainen islam on ikivanha asia. Osmanivaltakunnan synkretistisistä ja suufilaisista lähtökohdista syntyi Balkanilla ja Mustanmeren ympärillä oma islamilainen perinteensä ja kulttuurinsa, joka monissa suhteissa poikkesi arabimaiden ja myös Persian vastaavista.

**Imperiaalinen myytti:** Jatkaakseni edellisestä kohdasta, Turkki on kaikissa muissa paitsi uskonnon perusteella katsottuna Bysantin perillinen. Arabit valloittivat aikanaan pääosan Bysantin alueista, mutta Turkki valtasi ne takaisin Bysantin imperiaalisesta positiosta käsin. Osmanivaltakunnan perustajat olivat vasta myöhään islamiin kääntyneitä turkkilaisia, Anatolian ja Kaspian ylänköjen ratsastajia, joita arabit olivat vuosisatoja pitäneet barbaareina, vähän kuin kreikkalaiset traakialaisia ja daakialaisia tai roomalaiset germaaneja ja slaaveja. Mutta kun turkkilaiset valloittivat arabien ja bysanttilaisten alueita, he omaksuivat ahnaasti näiden kulttuuriset ja teknologiset saavutukset.

Jo seldžukit olivat aikanaan tehneet saman ja identifioineet itsensä Roomaan (Rum), jolla he tietysti tarkoittivat Itä-Roomaa eli Bysanttia, Konstantinopolin imperiumia. Mutta seldžukkien valtakunta kaatui mongoleihin ja ruttoon ja kesti jonkin aikaa ennen kuin osmanit olivat elvyttäneet imperiumin. Kun tämä lopulta tapahtui, tuloksena oli yksi maailmanhistorian menestyksellisimmistä ja pitkäaikaisimmista imperiumeista. Kuten niin monissa muissa suhteissa, tässäkin suhteessa Osmanivaltakunta kulki Bysantin kunniakkaissa jalanjäljissä.

Kuten Hellas ja Bysantti aiemmin, myös Osmanivaltakunta perusti suuruutensa synteesiin idän ja lännen välillä. Se omaksui aikansa dynaamisimman ja edistyksellisimmän uskonnon Lähi-idästä, runouden ja taiteen perinteet Persiasta, hallinnon ja byrokratian Bysantilta, merenkulun ja laivaston venetsialaisilta, sotilasteknologiaa saksalaisilta ja niin edelleen. Kauppareitit se omaksui kaikista suunnista, yhdistäen silkkitien Välimeren ja Mustanmeren merikauppaan sekä karavaanireitteihin halki Arabian ja Saharan.

Osmanivaltakuntaa ei kiinnostanut, mitä kansallisuutta tai uskontoa kauppiaat edustivat, kunhan maksoivat veronsa sulttaanille. Juutalaiset, armenialaiset ja kreikkalaiset kauppiaat loivatkin omaisuuksia juuri Osmanivaltakunnan suojissa. Konstantinopolin kreikkalainen aateli, fanariootit, siirtyivät sulttaanin uskollisina vasalleina hallintomiehiksi eripuolille imperiumia, Romaniasta Mesopotamiaan ja Egyptiin.

Kun osmanit ensi kerran tulivat taistelemaan Bosporin länsipuolelle, Balkanille, he tulivat sinne Konstantinopolin kristityn keisarin liittolaisina, työntämään takaisin Bysanttia uhanneet barbaariset serbit ja bulgaarit. Tämän jälkeen turkkilaiset toki vähän kerrassaan jäivät kaikkialle, mihin olivat tulleet, ja kampesivat hallintaansa maakunnan toisensa jälkeen Bysantin "sairaalta mieheltä". Keisari Johannes Kantakouzenos myös naitti tyttärensä Turkin sulttaanille, ja tästä uudesta idän ja lännen liitosta syntynyt poika, sulttaani Mehmet II, valloitti Konstantinopolin ollessaan vain 21-vuotias.

Osmanivaltakunta teki oitis Konstantinopolista oman pääkaupunkinsa. Konstantinoksen eli Kostasin kaupungin nimi turkkilaistui vähitellen Kostanpolista Stambuliksi ja Istanbuliksi. Kuten uusi pääkaupunkinsa, myös Turkki seisoi alusta asti jalat tukevasti kahdella mantereella, ja vartioi siitä lähtien Mustanmeren ja Välimeren välistä Bosporinsalmea.

Osmanivaltakunta alkoi muiden monikansallisten ja uskonnollisesti perusteltujen dynastisten imperiumien tavoin ratkeilla nationalismin ja modernisaation paineessa 1800-luvulla, ja sitä nimiteltiin "Euroopan sairaaksi mieheksi". On huomionarvoista, että vielä tuolloinkin se oli nimenomaan *Euroopan* sairas mies. Ei siis Aasian eikä edes Lähi-idän sairas mies. Sairaus oli samaa laatua kuin Bysantilla aiemmin: tukahtumista omaan ähkyiseen suuruuteen, voimien menettämistä monien rintamien sodissa ja putoamista laukkaavan modernisaation tahdista. Siitä huolimatta sekä Bysantin että Osmanivaltakunnan kohdalla merkittävää on niiden menestys ja pitkäikäisyys – ei suinkaan niiden lopulta vääjäämätön hajoaminen.

Moderni nationalismi oli lähtenyt Uudesta maailmasta, rantautunut sitten Länsi-Eurooppaan ja lopulta 1700-luvun lopulla ja 1800-luvulla se saattoi Keski- ja Itä-Euroopan sekä Keski-idän uskonnolliset imperiumit skitsofrenian tilaan. Pienet alusmaat keksivät olevansa kansakuntia ja yrittivät kaikin tavoin irtautua imperiumeistaan, ja kilpailevat imperiumit näitä mielellään avustivat, vaikka samaan aikaan tukahduttivat keinolla millä hyvänsä omien alueidensa sisällä vaikuttavia separatisteja.

Lopulta ensimmäisessä maailmansodassa suuri joukko uusia kansallisvaltioita – Suomesta Balkanille ja Kaukasiaan – irrottautui Itävalta-Unkarin, Venäjän ja Turkin imperiumien savuavilta raunioilta. Venäjä ajautui totalitääriseen kommunismiin, kun taas Turkissa kiistattoman uudistusmielinen joskin vallankäytöltään autoritäärinen Mustafa Kemal Atatürk pelasti mitä pelastettavissa oli ja pelastikin oikein kunnolla.

Atatürkin johdolla sulttaani kaadettiin, kalifaatti lakkautettiin ja Turkista tehtiin sekulaari tasavalta. Turkin tasavallan lainsäädäntö kopioitiin sen ajan edistyksellisimmistä malleista Ranskasta, Saksasta, Italiasta ja Sveitsistä. Arabialaisten ja balkanilaisten siirtomaiden menetyskään ei varmasti tehnyt Turkista vähemmän eurooppalaista.

Pääkaupungin siirtäminen Istanbulista "insinöörien kaupunkiin" Ankaraan oli tietoinen irtiotto Bysantin ja Osmanivaltakunnan imperialismista. Turkista tehtiin eurooppalainen kansallisvaltio, se pysytteli toisen maailmansodan ulkopuolella mutta liittoutui Korean sodassa Lännen leiriin ja Natoon, johon se toi liittouman toiseksi vahvimman armeijan.

Turkki seurasi eurooppalaisten valtioiden modernisaation valtavirtaa, Venäjä ei. Varmasti Turkin eurooppalainen perimä oli siis valtionmuodostuksenkin suhteen vankemmalla pohjalla kuin 80 vuoden mittaiseen punaiseen painajaiseen vajonneella Venäjällä, joka lisäksi ei tehnyt irtiottoa edeltäjiensä imperialismiin.

**Poliittisen kulttuurin myytti:** Turkkia herjataan jatkuvasti epämääräisillä viittauksilla epädemokraattisuuteen, autoritäärisyyteen ja sotilasvaltaan. Taustalla on ennen kaikkea vasemmistolainen kritiikki, joka syntyi kylmän sodan aikana leimaamaan kielteisesti Naton liittolaista ja Neuvostoliiton eteläistä patoajaa. On totta, että Atatürk ja hänen seuraajansa İsmet İnönü olivat "autoritäärisiä modernisaattoreita", joiden aikana Turkkia lännetettiin ja maallistettiin pakolla. He jättivät kuitenkin perinnökseen läpikotaisin uudistetun modernin yhteiskunnan, joka oli sekä demokratia että markkinatalous.

Ne, jotka syyttävät Turkkia autoritariasta, vertaavat yleensä Atatürkin aikaista Turkkia nykypäivän Suomeen ja Ruotsiin. Sellaisessa vertailussa Turkki näyttää tietysti kovin nationalistiselta autoritarialta. Mutta entä omana aikanaan? Moni ei ollenkaan ymmärrä, että demokratia ja markkinatalous ovat myös Euroopassa varsin uusia asioita, ja Turkki oli kehityksessä mukana varsin tiiviisti.

Itse asiassa Turkki on ollut sekä monipuoluedemokratia että markkinatalousmaa kauemmin kuin enemmistö EU:n jäsenmaista. Nimittäin

Espanjan, Portugalin ja Kreikan sotilasdiktatuurit kumottiin vasta 1970- ja 1980-luvuilla, puhumattakaan Itä-Euroopan maista, joista suurin osa ei ollut koskaan nähnyt demokratiaa ennen vuosien 1989—1992 kumouksia. Enemmistö EU:n nykyisistä jäsenmaista on ollut diktatuureja pidempään kuin Turkki.

Turkissa sotilaiden dominoima kansallinen turvallisuusneuvosto hajotti demokraattisesti valittuja hallituksia sotilasvallankaappauksin useaan otteeseen niinä vuosikymmeninä, joina demokratia oli muuallakin Euroopassa varsin hauraissa kantimissa. Turkissa sotilashallinnot kestivät kuitenkin joka kerran korkeintaan yhden vaalikauden, jonka jälkeen palattiin vaaleilla takaisin demokraattiseen järjestykseen. Lisäksi Turkin sotilasväliintulot tapahtuivat suurella kansansuosiolla, kun poliittiset puolueet olivat ryvettyneet korruptiossa tai islamismissa.

Viimeisten 20 vuoden aikana sotilaiden rooli on Turkissa väistynyt selvästi taustalle, mikä sopiikin Turkin eurooppalaistumiseen nyt, kun islamistit ovat Tayyip Erdoğanin johdolla selvästi maltillistuneet Necmettin Erbakanin ajoista.

**Kokoa koskeva myytti:** Turkkia vastustetaan usein sillä perusteella, että se on niin iso. Selvästi yli 70 miljoonalla asukkaallaan Turkki olisi EU:n toiseksi suurin jäsenmaa Saksan jälkeen, ja vaikka Turkissakin väestönkasvu on selvästi hidastunut, arvioidaan, että maa ehtii vielä seuraavina vuosikymmeninä mennä niukasti Saksan ohi väkiluvussa.

Jo nyt EU:n jäsenvaltioiden äänimääriä on tasoitettu sillä tavoin, että Saksa ei suurella koollaan pystyisi liikaa dominoimaan. Saksalaisilla on siis yksilöinä suhteessa vähemmän painoarvoa EU:ssa kuin ranskalaisilla, italialaisilla ja pienempien valtioiden kansalaisilla.

Lisäksi voidaan kysyä lipposlaisesti, että mitä sitten? Turkin väkimäärä ei tee siitä EU:ssa yhtään vahvempaa kuin Saksa, Ranska tai mikään muukaan suuri jäsenmaa, vaan aivan kuten näiden, Turkinkin pitäisi EU:ssa liittoutua joidenkin toisten suurten ja useiden pienten kanssa saadakseen tahtonsa läpi. Tähän asti pienet jäsenmaat ovatkin kärsineet siitä, että Saksa ja Ranska ovat voineet kaksistaan liittoutumalla runnoa läpi itselleen tärkeitä asioita. Ei varmaan ole sattumaa, että Saksassa ja Ranskassa Turkin jäsenyyden vastustus on kaikkein suurinta.

Ei liene sekään sattumaa, että Turkin jäsenyyttä puolustavat eniten kolmanneksi suurin jäsenmaa Britannia sekä pragmaattiset protestanttiset Pohjoismaat. Turkin jäsenyys nimittäin lisäisi kilpailua EU:n suurten joukkoon ja murtaisi Ranskan-Saksan akselin kyvyn kaksistaan dominoida koko EU:ta. Jatkossa siis tarvittaisiin useampi iso jäsenmaa kuin kaksi jonkin asian taakse. Tämä lisää Britannian, Italian, Espanjan ja Puolan liikkumavaraa erilaisten liittojen muodostamisessa – ja isojen keskinäisen kilpailun lisääntyminen on yksinomaan hyödyksi Suomen, Baltian ja Hollannin kaltaisille pienille ja keskisuurille jäsenmaille.

Turkin kokoa koskeviin argumentteihin liitetään usein kaksi uhkakuvaa: Mitä jos Turkki on jostain asiasta täysin eri mieltä muun Euroopan kanssa ja halvaannuttaa koko unionin? Ja mitä jos EU:n laajeneminen uhkaa EU:n tiivistymistä, ja federalistinen kehitys siten hidastuu?

Näihin uhkakuviin voidaan vastata tarkastelemalla epämääräisten mielikuvien sijaan poliittista todellisuutta. Viimeisten vuosikymmenten ajan Turkki on ollut kaikissa suurpoliittisissa kysymyksissä lähempänä EU:n keskiarvoa kuin monet EU:n nykyiset jäsenmaat. Toisin sanoen, EU:n nykyisten jäsenmaiden välillä on suurempia poliittisia eroja kuin näiden ja Turkin välillä. On vaikea kuvitella sellaista todella tärkeää poliittista kysymystä, jossa nimenomaan Turkki olisi niin eri mieltä muiden EU-maiden kanssa, että halvauttaisi systeemin. Ainoat tällaiset kysymykset voisivat olla Kypros ja armenialaisten kansanmurha, joihin palaan tuonnempana, ja kerron myös, miksi EU:n ei niihin tule hirttäytyä. Esimerkiksi Venäjän, arabimaiden, Israelin ja Iranin kohdalla Turkki on pikemminkin ollut matalaprofiilinen, pragmaattinen ja poliittisesti korrekti.

Tähän asti EU:ssa kiukuttelua ovat harjoittaneet lähinnä Kypros, Kreikka, Irlanti ja joissain tapauksissa Puola. Tarkoitan nyt kiukuttelulla sitä, että joku maa asettuu määrätietoisesti ja itsepäisesti Ranskan ja Saksan muiden puolesta sopimaa "yhteistä linjaa" vastaan. Turkki ei ole tällaista erityisesti harrastanut missään niistä kansainvälisistä kokoonpanoista, joissa se on mukana. Niin Natossa, ETYJ:issä, Euroopan neuvostossa, YK:ssa, Mustanmeren yhteisössä kuin Islamilaisten maiden järjestössäkin Turkki on yrittänyt välttää mielikuvia siitä, että se pyrkisi dominoimaan. Turkille arkaluontoisten kysymysten käsittely ei ole johtanut siihen, että Turkki olisi halvauttanut yhteistyön. Esimerkiksi Irakin sodan tapauksessa Turkki oli Saksan ja Ranskan rinnalla Yhdysvaltain linjaa vastaan, mutta kun Yhdysvallat kuitenkin hyökkäsi Irakiin, Turkki tyytyi samanlaisiin vastatoimiin kuin muutkin suuret Euroopan maat, jotka vastustivat Irakin sotaa.

Väite, jonka mukaan Turkin jäsenyys vaarantaisi EU:n syventämisen, on hieman outo. Tämän väitteen esittäjät ovat ilmeisesti tiukan linjan federalisteja, joiden mielestä EU:sta pitäisi kehittää suuri keskusjohdettu Ranska pikemminkin kuin suuri subsidiariteettiperiaatteen Sveitsi. Turkin jäsenyydestä ja sen vastustuksesta tulee tällöin välinearvo ajettaessa omaa EU-poliittista näkemystä – paneurooppalaista tai frankkilaista. Jää täysin epäselväksi, mikä relevanssi nimenomaan Turkilla olisi EU:n kehittämisen esteenä, kun olemme jo todenneet, ettei Turkki ole todennäköinen halvauttaja millekään suurelle poliittiselle kehityshankkeelle EU:ssa. Yhteistyöhön Britannian ja Pohjoismaiden kanssa asettuessaan Turkki voisi tosin pysäyttää monia ranskalais-saksalaisia keskusjohtoa lisääviä hankkeita – jos niin haluaisi, mikä ei ole kirkossa kuulutettu.

Päinvastaisessa asetelmassa voisi päinvastoin kuvitella, että monissa "arvokysymyksissä" AKP:n johtama Turkki löytäisi nopeasti yhteisen sävelen katolisten ja kristillisdemokraattisten puolueiden johtamien keski- ja eteläeurooppalaisten hallitusten kanssa, joten Turkin asemoituminen nimenomaan pohjoisten protestanttien liittolaiseksi ei olisi mikään itsestäänselvyys. Jos taas kemalistit olisivat Turkin hallituksen johdossa, löytäisivät he varmasti yhteisen sävelen huivikieltoja ynnä muita puuhaavien ranskalaisten sekularistien kanssa. Turkki siis todennäköisesti pelaisi liittolaisensa kunkin tilanteen mukaan – aivan kuten tekevät kaikki muutkin EU:n jäsenmaat.

**Talouden ja köyhyyden myytti:** Suurimman osan 1990-lukua ja 2000-luvun alkua, aina uuteen lamaan saakka, Turkki oli yksi Euroopan nopeimmin kasvavista talouksista. 1990-luvulla Turkin talous oli samaa kokoluokkaa kuin Venäjän ja Hollannin – näihin tilastoihin viittasi mm.

ministeri Jyrki Katainen kohua herättäneissä lausunnoissaan vuosi takaperin. Sittemmin öljyn ja maakaasun hinnan nousu nosti Venäjän talouden koon reilusti yli Hollannin ja Turkin, ja jälkimmäiset maat kärsivät myös viimeisimmästä lamasta.

Nämä käyrät kertovat erään olennaisen asian Turkin taloudesta: Turkin talous on eurooppalainen, Venäjän talous ei ole. Venäjän talous on käytännössä täysin riippuvainen energiaraaka-aineiden hintatasosta, joka kartellien avulla asetetaan pysyvästi ylikorkeaksi. Maksumiehinä ovat eurooppalaiset ja pohjoisamerikkalaiset kuluttajat – hyötyjinä Venäjän, Saudi-Arabian ja Iranin autoritääriset hallinnot sekä muutama kansainvälinen suuryhtiö, joilla on hyvät lobbyt länsihallituksissa. Ilman öljypolitiikkaa vallankumous olisi jo kauan sitten iskenyt Moskovaan, Riadiin ja Teheraniin – ennemmin kuin Kiovaan, Beirutiin, Tunisiin ja Kairoon.

Turkilla on monipuolinen vientiteollisuus, valtava pk-yrityssektori sekä mittava palvelusektori. Turkki on eurooppalainen, korkealle kehittynyt palveluyhteiskunta, vaikka sitä vaivaavatkin Itä-Euroopalle tyypilliset taudit: byrokratia, korruptio ja laajat kasvukeskusten ulkopuoliset alikehittyneet alueet.

Siitä on muutama vuosi, kun viimeksi olen opiskellut Turkin talouden indikaattorit, joten minunkin tietoni saattavat nyt vuodesta 2008 alkaneiden mullistusten jälkeen olla vanhentuneita, mutta tuolloin Turkin bruttokansantuote asukasta kohti oli vain hieman alempi kuin Romanian ja Bulgarian, jotka ovat EU:n jäseniä. Turkkilainen oli huomattavasti vauraampi kuin keskiverto venäläinen, ukrainalainen tai serbialainen. Itse asiassa länsiturkkilainen oli rikkaampi kuin suurin osa Balkania, koska Turkin lukuja painaa alas ennen kaikkea väkirikas ja köyhä Itä-Anatolia.

Vielä kylmän sodan aikana kuilu oli kouriintuntuva Länsi- ja Itä-Turkin välillä. Lännessä oli korskeita moderneja kaupunkeja, kuten Istanbul, Izmir, Edirne ja Ankara, idässä taas köyhiä kurdikyliä ja ylipaisuneita konservatiivisia kaupunkeja, kuten Diyarbakir, Erzurum, Antep ja Urfa. Tämä tilanne kuitenkin muuttui jo läpi koko 1990-luvun.

Ensinnäkin, köyhät maalaiset kaakosta muuttivat sankoin joukoin läntisiin kasvukeskuksiin (samoin kuin etelärannikon turistikaupunkeihin), niin että Istanbulista tuli maailman suurin kurdikaupunki (ja Berliinistä toiseksi suurin). Toiseksi, Turkin talouskasvu alkoi viimein todella saavuttaa köyhän Itä-Anatolian ja Kaakkois-Turkin, niin että 1990-luvun puolivälin jälkeen ja 2000-luvun alussa voitiin sanoa, että Euroopan itäraja liikkui Turkissa itää kohti sadan kilometrin vuosivauhtia. Vuonna 2000 se oli saavuttanut ensimmäiset kaakkoiset suurkaupungit. Adana oli jo täysin modernisoitunut ja Urfa alkanut vähitellen eurooppalaistua. Tämä kehitys on edelleen jatkunut, ja talouskasvu on auttanut silminnähtävästi kehitystä myös kaakkoisilla kurdialueilla. Ei ole varmasti sattumaa, että samaa tahtia alue on myös rauhoittunut ja kurdien oikeudet alkaneet parantua.

Itä-Anatolian ja Kurdistanin köyhiä kaupunkeja ja vanhanaikaisia maalaiskyliä on toki helppo leimata epäeurooppalaisiksi jos niitä verrataan Helsinkiin, Tukholmaan tai hollantilaiseen kylään. Ongelma on se, että Turkkia kauhistelevat eurooppalaiset harvoin tuntevat kunnolla omaa Eurooppaansa. He eivät ole käyneet Britannian Midlandsin pakistanilaiskaupungeissa, Marseillen ja Pariisin arabislummeissa, Tšekin ja Slovakian mustalaiskylissä, Itä-Puolan valkovenäläisissä maalaistaajamissa, Narvanmaan teollisuuskaupungeissa eivätkä Kainuun tyhjentyvissä korpikunnissa. Kun on aikansa matkustellut nykyisen EU:n alueen unohdettujen rajamaiden parissa, pystyy näkemään Diyarbakirin ja Malatyan dynaamisina moderneina kaupunkeina, joissa huomiota kiinnittää enemmän taloudellinen vilkkaus kuin kurjuus.

Turkin talous sopii mainiosti Eurooppaan – siihen Eurooppaan, joka jo on rakennettu. Ennen kaikkea Turkin jäsenyydestä on taloudellista hyötyä sekä Turkille että Euroopalle. Ja tavallinen kansalainen voi miettiä vaikka sitä, että jos Espanjan rantakiinteistöt ovat alkaneet käydä liikaa kukkarolle, EU:n lainsäädännön suomin oikeuksin on ihan kiva tehdä yksityisiä sijoituksia itäiselle Välimerelle.

**Maahanmuuttajien myytti:** Nykyisin ehkä kaikkein yleisin ja virheellisin Turkin jäsenyyttä vastaan käytetty myytti koskee maahanmuuttajia. Meille uskotellaan, että jos Turkki liittyy EU:n jäseneksi, miljoonat turkkilaiset ryntäävät heti muuttamaan Suomeen ja Länsi-Eurooppaan. Historiatietoisempi muistaa vielä, että meitä peloteltiin aikoinaan samalla tavoin espanjalaisten, portugalilaisten, kreikkalaisten ja itäeurooppalaisten ryntäyksellä, puolalaisilla putkimiehillä ja saksalaisilla, jotka ostaisivat kaikki Suomen rantatontit.

Itse asiassa Espanjan, Portugalin ja Kreikan jäsenyydet johtivat siihen, että monia Keski-Eurooppaan muuttaneita eteläeurooppalaisia siirtotyöläisiä muutti kotimaidensa vaurastumisen myötä takaisin. En ole myöskään huomannut, että puolalaiset ja baltit olisivat romahduttaneet Länsi-Euroopan talouksia, pikemminkin päinvastoin. Puola taisi olla ainoa Euroopan maa, joka teki viime lamavuosinakin voittoa. Monet puolalaiset lähtivät ylivelkaantuneesta Irlannista takaisin Puolaan. Ja mitä Suomen rantatontteihin tulee, saksalaiset eivät välittäneetkään niitä ostaa, mutta nyt kun venäläiset ostavat, monet ovat kauhuissaan. Eikä Venäjä ole edes EU:ssa.

Itse asiassa jo miljoonia turkkilaisia on muuttanut pysyvästi EU-alueelle, etenkin Saksaan, Itävaltaan, Hollantiin ja Belgiaan, mutta myös Ruotsiin ja joitakin kaukaiseen Suomeenkin. Tämä kaikki on tapahtunut ilman että Turkki olisi EU:n jäsen. Päinvastoin se, että Turkki on EU:n ulkopuolella, on johtanut siihen, että yhteistyö Turkin viranomaisten kanssa on hieman hankalampaa, minkä vuoksi esimerkiksi rikoksiin syyllistyneiden ja ääriliikkeisiin kuuluvien Turkin kansalaisten palauttaminen kotimaahansa on ollut vaikeampaa. Jos Turkki olisi mukana Dublinin sopimuksessa, kaikki Turkin kautta EU-maihin tulleet aiheettomat turvapaikanhakijat voitaisiin palauttaa Turkkiin yhtä helposti kuin heitä nykyisin palautetaan Saksaan, Italiaan ja Ruotsiin.

Toki Turkista voisi tulla ihmisiä muihin Euroopan maihin töihin, opiskelemaan ja yrittäjiksi. Miksei? Ainakaan Suomessa turkkilaiset eivät ole tuottaneet erityisiä ongelmia. Suurin osa on työllistynyt ja monet toimivat yrittäjinä, hyödyttäen Suomen taloutta. EU-jäsenyyden myötä myös esimerkiksi suomalaisten eläkeläisten olisi helpompi halutessaan muuttaa halvemman hintatason Turkkiin nauttimaan ilmastosta ja toimivasta palvelukulttuurista.

Turkin EU-jäsenyyden estäminen ei mitenkään estäisi turkkilaisten maahanmuuttoa EU-maihin, mutta Turkin EU-jäsenyys voisi huomattavasti auttaa kanavoimaan sen taloudellisesti myönteisellä tavalla ja myös tehdä liikkuvuudesta vastavuoroista, molempia osapuolia hyödyttävää. Turkin pitäminen EU:n ulkopuolella lisää lähinnä kielteisen aineksen muuttoa EU-maihin. Turkin äärivasemmisto ja islamistit samoin kuin Turkin järjestäytynyt rikollisuus toimivatkin nykyisin suuressa määrin Länsi-Euroopasta käsin. Tähän ongelmaan vaikuttamisessa Turkin EU-jäsenyys olisi yksinomaan myönteinen asia.

**Islamismin myytti:** Kun Erdoğan perusti vuonna 2001 AKP-puolueen *(Adalet ve Kalkınma Partisi)*, Euroopassa tapahtui yllättävä keikahdus suhtautumisessa Turkkiin. Kylmän sodan aikana vasemmisto oli vihannut Turkkia ja yrittänyt leimata sen fasistiseksi, koska Turkki oli liitossa Amerikan kanssa ja sorti äärivasemmistolaisia terroristeja. Oikeisto sen sijaan oli suhtautunut Turkkiin pragmaattisen myönteisesti, muistellen Atatürkin aikoja ja nähden Turkin tärkeänä liittolaisena Israelille. AKP:n nopea nousu Turkin suurimmaksi puolueeksi – mikä perustui ennen kaikkea Turkin oloissa ainutlaatuiseen panostamiseen kenttätasoon ja maaseutuun – ja puolueen vaalivoitto vuonna 2002 johtivat kuitenkin asennemuutokseen Euroopassa.

Äkkiä kemalistista nationalismia inhonneet vasemmistopuolueet muuttivatkin linjaansa huomattavasti myönteisemmäksi Turkin suhteen, ja vastaavasti kristillinen ja maahanmuuttokriittinen oikeisto äityivät riehumaan Turkkia vastaan, pelotellen islamistien aivan varmalla valtaannousulla. Mutta miten kävikään, ääni Erdoğanin kellossa oli muuttunut. Vielä Istanbulin pormestarina hän oli vaatinut Turkkia irti Natosta, EU-hankkeesta luopumista, diplomaattisuhteiden katkaisemista Israeliin sekä suhteiden avaamista Iraniin ja Hamasiin. Vuonna 1997 hän sai neljän kuukauden vankilatuomion islamistisen runon lukemisesta.

Valtaan noustuaan AKP oli kuitenkin huomattavasti maltillistunut Erbakanin ajoista. Erdoğan linjasi nyt, että puolue oli "eurooppalainen konservatiivipuolue, kuten kristillisdemokraatit Saksassa". Oltiinpa mitä mieltä tahansa AKP:n harjoittamasta politiikasta, johon on kuulunut mm. Irakin sodan vastustaminen, Israelin arvosteleminen ja islamilaisuuden aiempaa suurempi esiin tuominen turkkilaisessa yhteiskunnassa, ainakaan eurooppalaisten julkilausuttuja kauhukuvia se ei toteuttanut. Varkailta ei ryhdytty katkomaan käsiä, turkkilaisnaiset eivät pukeudu burqaan, Turkki ei ole eronnut Natosta, ei haudannut EU-hankettaan eikä katkaissut diplomaattisuhteita Israeliin. Itse asiassa AKP:n irtiotto kemalistien politiikasta on verrattavissa Euroopan suurten valtioiden poliittiseen suhdannevaihteluun.

Turkkilaiset islamistit, kuten Erdoğan ja suufilainen filantrooppi Fethullah Gülen, ovat itse asiassa saattaneet tehdä suuren palveluksen maailmalle näyttämällä, että islamistista politiikkaa voi tehdä myös rauhanomaisilla, demokratiaan sitoutuneilla, koulutukseen ja aluekehitykseen panostavilla keinoilla – ei siis vain räyhäämällä, riehumalla, salaliittoteorioilla ja pommeilla.

**Ihmisoikeuksien myytti:** Turkkia suomitaan paljon ihmisoikeuksista. Tämä johtuu kahdesta asiasta. Ensinnäkään Turkissa kaikki ei ole suinkaan kunnossa ihmisoikeuksien alalla, minkä vuoksi ongelmia on. Toiseksi, Turkki on melko vapaa maa, jossa ovat vallalla sananvapaus ja yhdistysvapaus – tämä tarkoittaa, että yksittäisetkin poliisiasemilla sattuneet tapaukset tulevat raportoiduksi tehokkaasti ja levitetyiksi läntiseen maailmaan.

Jos Turkin ihmisoikeusongelmia tarkastellaan objektiivisesti, joudutaan sen kiusallisen tosiasian eteen, että EU haukkuu Turkkia asioista, jotka eivät ole kunnossa edes EU:n nykyisissä jäsenmaissa. Turkkia haukutaan esimerkiksi siitä, kuinka terrorismirikoksista pidätettyjä ja vangittuja kohdellaan, vaikka samaan aikaan samoja ihmisoikeusrikkomuksia tehdään Britannian ja Ranskan toimesta, puhumattakaan siitä, mitä tapahtuu poliisiasemilla ja turvallisuuspalveluissa monissa entisen Itä-Euroopan maissa.

Turkin ihmisoikeusongelmista ei tietenkään pidä vaieta, mutta voidaanko niitä pitää esteenä EU-jäsenyydelle, jos EU:n nykyiset jäsenvaltiot eivät kunnioita ihmisoikeuksia vastaavissa tapauksissa? Terrorismintorjunta ei aina ole mukavaa kyläpoliisipuuhastelua eivätkä poliisiasemien "asiakkaat" aina suinkaan viattomia ja sinisilmäisiä uhreja.

Kurdien PKK ja Turkin useat pienet äärivasemmistolaiset, äärioikeistolaiset ja pari ääri-islamilaista järjestöä eivät ole mitään puhtaita pulmusia, niin kuin eivät ole myöskään Espanjan baskien ETA, Ranskan korsikalaisjärjestöt tai Pohjois-Irlannin IRA.

Länsi-Euroopassa myös usein ummistetaan silmät siltä, että Turkki itse asiassa on tehnyt todella paljon uudistuksia ja parannuksia oikeuslaitoksessaan, poliisien kouluttamisessa ja erityisesti kurdien asemassa. Muutokset tällaisissa asioissa eivät tapahdu yön yli, mutta Turkissa ne ovat ihan oikeasti tapahtuneet. Nykyinen Turkki ei ole enää sama kuin vaikkapa 1980-luvulla kylmän sodan rintamamaana.

**Naisten myytti:** Eduskunnassa nostettiin taannoin Martti Ahtisaaren Turkki-raporttia vastaan kysymys naisiin kohdistuvasta kotiväkivallasta Turkissa, mutta kun asiaa tutkittiin vähän tarkemmin, kävi ilmi, että Turkissa naisiin kohdistuva kotiväkivalta oli tosiaan huolestuttavan korkealla tasolla – nimittäin samalla tasolla kuin Suomessa. Joviaalina miehenä Ahtisaari ehdottikin, että ehkä Suomen ja Turkin pitäisi muodostaa yhteinen komitea tätä ongelmaa ratkomaan.

Turkin vastustajat ovat nostaneet esille myös naisten lukutaidottomuuden korkean prosentin Turkissa. Totta tosiaan, luku on lähes sama kuin Kreikalla ja Maltalla, ja ottaen huomioon Turkin suuret alueelliset erot, länsiturkkilaiset naiset ovat luultavasti keskimäärin paremmin lukutaitoisia ja paremmin koulutettuja kuin eräiden EU:n jäsenmaiden naiset.

Monet Turkkia vastaan käytetyt argumentit saavat aivan uuden luonteen, jos niitä ryhdytään soveltamaan EU:n nykyisiin jäsenmaihin. Mahtaisiko EU:hun jäädä muita jäseniä kuin Pohjoismaat jos kaikki Turkin vastustajien vaatimukset huomioitaisiin?

**Armenialaisten myytti:** Suomeenkin on rantautunut 2000-luvulla armenialaisen diasporan ja kristillisten piirien suosima vetoaminen sadan vuoden takaisiin armenialaisten joukkovainoihin hajoavassa Osmanivaltakunnassa. Armenialaisten kansanmurhasta pidetään paljon ääntä samalla kun samanaikaisesti tapahtuneet muslimikansojen – erityisesti tšerkessien, krimintataarien, tšetšeenien, adžaarien, Balkanin muslimikansojen mutta myös turkkilaisten ja kurdien – joukkovainoista vaietaan. Tasapainoisemman kuvan 1800-luvun lopun ja 1900-luvun ensimmäisen vuosikymmenen tapahtumista saa tutkimalla laajempia koonteja. Mainittuna aikakautena häädettiin kotiseudultaan viisi miljoonaa muslimia ja vajaat kaksi miljoonaa kristittyä. Me kuulemme vain jälkimmäisistä.

Armenialaisten kansanmurhasta kiehuvat ennen kaikkea ulkoarmenialaiset. Armenian armenialaisille Turkki on lähin länsimaa ja siellä käydään vierastyöläisinä. Ulkoarmenialaiset ovat tehneet kansanmurhan narratiivista osan marttyyri-identiteettiä, josta näyttää nykyisin olevan käsittämättömän vaikeaa irrota.

Olennaista ei ole kuitenkaan pohtia sitä, kenen ja miten pitäisi pyytää anteeksi sadan vuoden takaisia tapahtumia, vaan kysyä, miksi ylipäätään sadan vuoden takainen tapahtuma olisi este nykyisen Turkin jäsenyydelle EU:ssa. Kukaan silloisesta kansanmurhasta vastuussa ollut henkilö – ei käskyjen antaja eikä niiden toteuttaja – ole nykyisin elossa eikä nykyisiltä turkkilaisilta voida vaatia vastuuta siitä, mitä heidän esi-isänsä ovat ehkä tehneet. Ei ainakaan, jos muilta valtioilta ei vaadita vastuun ottamista paljon myöhemmistä kansanmurhista ja vainoista, joihin vastuulliset henkilöt ovat edelleen vallassa.

Vastenmielisintä asiassa on se, että armenialaiset ovat itse tehneet 1980-luvun lopussa ja 1990-luvulla naapureilleen sitä samaa, mistä syyttävät turkkilaisia. Armenia miehittää yhä tänä päivänä Karabahin aluetta, 20 prosenttia Azerbaidžanin pinta-alasta, Satojatuhansia azereja joutui pakenemaan kodeistaan armenialaisjoukkojen toimeenpaneman miehityksen ja etnisen puhdistuksen vuoksi. Armenialaisten puolustajat hyökkäävät kyllä nykyturkkilaisten kimppuun sadan vuoden takaisista tapahtumista, mutta vaikenevat samaan aikaan täydellisesti yhä käynnissä olevasta vääryydestä.

On myös mielenkiintoista, että sadan vuoden takaiset tapahtumat ovat yhtäkkiä este Turkin EU-jäsenyydelle, mutta 1990-luvun tapahtumat eivät ole este Serbian, Makedonian tai Kroatian jäsenyydelle. Kukaan ei kiistä Saksan EU-jäsenyyttä 1940-luvun tapahtumien vuoksi, Espanjan jäsenyyttä Francon aikaisten asioiden vuoksi, eivätkä Ranskan jäsenyyttä hugenottien ja kataarien tuhoamisen tai Algerian sodan vuoksi. Puhumattakaan siitä, mitä kaikkea eurooppalaiset siirtomaavallat tekivät vielä 1900-luvun alkupuoliskolla siirtomaissaan.

**Kurdien myytti:** Turkkia arvostellaan usein ja myös aiheellisesti suurimman etnisen vähemmistönsä, kurdien, kohtelusta. Kun Osmanivaltakunnan maita aikoinaan 1900-luvun alussa jaettiin, kurdit jäivät jaossa osattomiksi. Heidän maansa pilkottiin Turkin, Iranin, Irakin ja Syyrian kesken eikä mikään näistä maista halunnut antaa kurdeille autonomiaa tai erillisoikeuksia. Kaikki neljä maata ovat eri aikoina pyrkineet kurdien assimiloimiseen, mutta kurdit ovat tehokkaasti tätä vastustaneet.

Kylmän sodan aikana kurdikysymys politisoitui, kun Neuvostoliitto ryhtyi kouluttamaan ja tukemaan stalinistista PKK:ta epävakauttaakseen Turkkia. Niin ikään Turkki, Iran, Irak ja Syyria tukivat toistensa alueilla toimineita kurdiliikkeitä salaisessa sodassa. Kurdeilta itseltään puuttui kansallinen yhtenäisyys ja he taistelivat milloin kenenkin tukemina toisiaan vastaan.

Koska äärivasemmistolaiset kurdijärjestöt etabloivat itsensä kylmän sodan aikana Länsi-Eurooppaan, hankkivat osuutensa järjestäytyneen rikollisuuden verkostoista sekä hyödylliset idioottinsa länsieurooppalaisesta älymystöstä, Euroopassa alettiin kuvitella, että PKK edustaa kurdeja ja että se on jonkinlainen ihmisoikeusjärjestö. Todellisuudessa PKK oli ja on yhä äärivasemmistolainen taistelujärjestö, joka ei suvaitse toisinajattelua omassa piirissään, ja jonka tuhansista uhreista useimmat ovat kurdeja.

Samaan aikaan kun Kaakkois-Turkin taloudellinen tilanne parani 1990-luvun mittaan, parani merkittävästi myös kurdien asema. Ei olekaan yllättävää, että samaan aikaan nähtiin PKK:n ja sen bulvaanien kannatuksen heikkeneminen Turkin kurdien keskuudessa – puhumattakaan Irakin ja Syyrian kurdeista, näissä maissa kun PKK:n kilpailija KDP sai Irakin sodan myötä vahvemman aseman.

Useilla matkoillani Turkin Kurdistanissa 2000-luvulla olen huomannut kurdikielen ja kurdien kansallisen identiteetin aseman huomattavan parantumisen. Kurdeilla on nyt omat kanavat ja opetuskin sallitaan, kurdikielistä kirjallisuutta löytyy turkkilaisista kirjakaupoista ja lehtiä lehtikioskeilta. Kurdipuolueiden toimistot ovat avoimesti esillä kurdienemmistöisissä kaupungeissa.

**Kristittyjen myytti:** Turkkia vastaan kampanjoivat aktivistit väittävät usein, että kristityt ovat Turkissa jatkuvasti "mittavan vainon kohteena". Tähän on pakko todeta, että nämä vainot tapahtuivat pääosin jo 1800-luvulla, jolloin Turkin käydessä sotia Venäjää ja muita alueilleen tunkeutuvia vihollisia vastaan, Anatolian paikalliset kristityt väestöt joutuivat maksamaan tästä imperiaalisesta politiikasta karun hinnan: armenialaisten lisäksi myös suurin osa Turkin assyrialaisista ja Pontoksen kreikkalaisista pakeni Lähi-itään ja Eurooppaan.

Kreikka ja Turkki päätyivät rauhansopimuksessaan väestöjen vaihtamiseen, mikä pääsääntöisesti tapahtui ilman, että väestöiltä itseltään kysyttiin. Jako tapahtui uskonnon perusteella. Niinpä sadattuhannet tai jopa miljoonat muslimit joutuivat lähtemään Balkanilta, joka oli ollut heidän kotiseutuaan satojen vuosien ajan, ja vastaavasti sadattuhannet tai pari miljoonaa kristittyä joutuivat lähtemään niin ikään vuosisataisilta kotikonnuiltaan Anatoliasta. Tragikoomisinta tässä oli se, että väestönvaihdon myötä Kreikkaan päätyi turkinkielisiä kristittyjä, ja vastaavasti Turkkiin bulgaareja, valakkeja ja kreikankielisiä muslimeja.

Kreikka asutti näitä evakkoja pohjoisosiinsa, jotka oli tyhjennetty turkkilaisista ja bulgaareista käydyissä sodissa. Kävin itse 1990-luvulla Rodopivuoriston kylissä, joiden väestö puhui äidinkielenään bulgaaria, pomakkia tai turkkia. Emäntänämme toiminut tyttö, joka oli kova makedoniankreikkalainen nationalisti, oli vihainen, kun hänen isoäitinsä kehtasi puhua vieraiden kuullen turkkia; tiuski isoäidille, joka puhkesi tästä kyyneliin, koska oli niin vanha, että pakko-opittu kreikka tahtoi unohtua. Muuan toinen väestönvaihdot kokenut ystäväni on armenialainen, joka syntyi Libanonin passilla Jordaniassa, kasvoi ja eli suurimman osan ikäänsä Kreikassa ja muutti sitten Britanniaan. Hän puhui veljensä kanssa kreikkaa, äitinsä kanssa armeniaa, isoäitinsä kanssa turkkia ja meidän muiden kanssa pääosin englantia, vaikka osasikin myös arabiaa, venäjää, saksaa, persiaa ja ranskaa.

1800-luvun ja 1900-luvun alun traagisten tapahtumien pitkin poikin aluetta heittelemien perheiden jälkeläisistä osa on luonut kansanmurhista ja menneisyyden kauhuista osan nykyistä kansallista identiteettiään. Ehkä se auttaa pitämään armenialaista ja assyrialaista diasporaa koossa, kun perhe on hajallaan pitkin Lähi-itää, Eurooppaa, Amerikkaa ja Australiaa. Tätä ymmärrettävää historiallista nostalgiaa ei kuitenkaan pidä sotkea nykypäivän politiikan valintoihin. Suomalaisillakin on oltava oikeus muistella miehitettyä Karjalaa ja niitä isovanhempiamme, jotka tulivat Laatokan rannoilta tai Viipurista. Sen ei kuitenkaan pidä antaa sumentaa aivoja nykypäivän valinnoilta. Lähikahvilan venäläinen omistaja ei ole vastuussa Stalinin teoista.

Turkki ei ole ollut vain pakolaisten lähtömaa, vaan se on ottanut vastaan ja tarjonnut uuden elämän miljoonille vainoja paenneille ihmisille – turkkilaisille ja monille muille. Espanjan inkvisitiota paenneet juutalaiset ladinon puhujat asettuivat Istanbuliin. Alkaen krimintataareista ja tšerkesseistä, Turkki oli se maa, johon Venäjän imperiumin toimeenpanemia kansanmurhia pakenevat ihmiset tulivat. Turkki otti niin ikään vastaan miljoonia pakolaisia Balkanin sodista.

Monet kurdit pakenivat Saddamin Irakista ja islamistisesta Iranista Turkkiin. Yhä tänä päivänä Turkkiin tulee paljon pakolaisia: kurdeja, afgaaneja, tšetšeenejä ja persialaisia. Myös kristityille maanpakolaisille Turkki tarjosi aikoinaan suojan; Venäjän ja Itävalta-Unkarin hallintoja paenneille liberaaleille. Istanbulissa vaikuttivat eurooppalaisista vapaustaistelijoista mm. puolalainen Adam Mickiewicz ja unkarilainen Lajos Kossuth, puhumattakaan bolševikkeja vastustaneista venäläisistä maanpakolaisista 1900-luvun alkupuolella.

**Venäjän myytti:** Turkkia vertaillaan usein Venäjään. Molemmat ovat entisiä keisarikuntia ja Euroopan itälaidan suurvaltoja, joiden alueella jossain Euroopan itäraja kulkee. Molemmilla on kiistaton sijansa Euroopan historiassa ja kulttuurissa. Molempia on pelätty, kauhisteltu ja ajoittain ihailtukin. Välimeren ja Mustanmeren välissä seisova Istanbul ja

Itämeren pohjukan Pietari ovat hurmanneet kauppiaita ja intellektuelleja. Molemmat kaupungit ovat olleet valtakuntiensa ikkunoita länteen ja päinvastoin länsieurooppalaisten ikkunoita mystiseen itään.

Ei kuitenkaan ole totta väittää, että jos Turkki hyväksyttäisiin EU:hun niin silloin Venäjäkin pitäisi. Miksi pitäisi? EU on ennen kaikkea eurooppalainen demokraattisten markkinatalouksien unioni. Turkki on demokratia ja avoin markkinatalous – Venäjä ei ole kumpaakaan, vaikka sekin on toki kehittynyt paljon verrattuna Neuvostoliiton aikoihin. Koko Neuvostoliiton olemassaolon ajan Turkki on ollut moderni eurooppalaiseen malliin järjestetty valtio, jossa on ollut toimiva demokraattinen monipuoluejärjestelmä ja markkinatalous. Venäjä taas on ollut suljettu totalitäärinen diktatuuri, joka vapautui hetkeksi talouskaaokseen 1990-luvulla, mutta palasi sitten takaisin autoritääriseen ja militaristiseen imperialismiin.

Turkki on halukas sopeutumaan EU:n muiden jäsenmaiden kanssa samanlaisiin pelisääntöihin, ja on itse asiassa sopeutunut jo nykyisin, vaikkei jäsenyys olekaan toteutunut. Venäjä ei missään tapauksessa ole halukas hyväksymään samanarvoista asemaa muihin Euroopan valtioihin nähden. Venäjä haluaa olla suvereeni suurvalta, joka tekee mitä lystää. Venäjä ei ylipäätään edes halua EU:n jäseneksi, joten tässäkin mielessä asialla spekulointi on parasta jättää aikaan, jolloin Venäjä toden teolla muuttaa luonnettaan (ja suhtautumistaan pienempiin naapurimaihinsa).

Turkin ja Venäjän vertailussa on erityisen tärkeää se, minkä luonteinen valtioliitto EU on. EU on eurooppalainen rauhanliike, joka tähtää kansalaisten ja kaupan vapauteen alueellaan. On selvää, että ainoastaan demokraattiset markkinatalousmaat voivat olla tällaisen unionin jäseniä. Sen sijaan uskonnolla ei ole väliä, koska EU:n poliittiseen kulttuuriin kuuluu Turkin tavoin sekularismi – valtiovallan ja uskonnon pitäminen sopivasti erillään toisistaan, vaikka uskonnoista kumpuavat arvot saavat toki näkyä ihmisten normaalissa elämässä ja moraalissa. Sekularismi ei tarkoita ateismia eikä militanttia uskonnon vähättelyä – se tarkoittaa neutraalia suhtautumista uskontoon; politiikkaa ei tule sotkea uskonasioihin.

Näissä suhteissa on paljon vaikeampi kuvitella Serbian kykyä sopeutua EU-jäsenyyteen kuin Turkin kykyä. Uskon tosin, että Serbiakin suhteellisen pienenä maana pääsee vielä eroon historiansa pimeistä varjoista ja liittyy eurooppalaiseen perheeseen.

**Kyproksen myytti:** Viimeisenä kohtana käsittelen EU:n ja Turkin konkreettista kipupistettä, Kyprosta. Tämä on se todennäköisin kysymys, jossa EU:n enemmistön ja Turkin näkökannat voisivat jyrkästi poiketa toisistaan.

Kun Kreikan sotilasjuntta ja sen kyproslaiset agentit masinoivat aikanaan vallankaappauksen Kyproksella vuonna 1974 ja aloittivat etniset puhdistukset turkkilaisväestöä vastaan, Turkki teki sen, mihin sillä oli sekä moraalinen että kansainvälis-oikeudellinen valtuutus: sotilaallisen väliintulon. Asiasta päätti Turkkia tuolloin hallinneen pääministeri Bülent Ecevitin hallitus. Ecevit johti sosiaalidemokraattista puoluetta.

Moraalinen oikeus Turkilla oli siksi, että Kyproksen konfliktin aloittivat kreikkalaiset ja kysymyksessä oli Turkin väliintulon aikaan humanitäärinen kriisi. Turkilla oli asialleen myös kansainvälisen oikeuden mandaatti, sillä Turkki, Kreikka ja Britannia olivat kaikki valtuutettuja Kyproksen suojeluvalloiksi, joilla oli oikeus puuttua Kyproksen tilanteeseen, jos toinen sopimusosapuoli – tässä tapauksessa Kreikan juntta kyproslaisine agentteineen – rikkoi sopimusta.

Turkin sotilasväliintulon ansiosta kyproksenturkkilaiset pelastuivat kansanmurhalta, sotilasjuntan seikkailijat häädettiin maasta ja Kreikan sotilasjuntta kaatui. Kypros jaettiin kahtia kreikkalaiseen etelään ja turkkilaiseen pohjoiseen, mutta Turkki jäi ainoaksi maaksi, joka on tunnustanut Pohjois-Kyproksen. Kuitenkin sekä Etelä- että Pohjois-Kypros demokratisoituivat eikä sotaan enää uudelleen päädytty.

Vuonna 2004 Turkin hallitus oli valmis hyväksymään miehityksestä luopumisen ja Kyproksen saaren yhdistämisen yhteen valtioon. Sekä Turkki että Pohjois-Kypros olivat valmiit pitkin hampain hyväksymään ns. Annanin suunnitelman. Sen sijaan Ranskan ja Venäjän agitoimana kommunistijohdossa ollut Etelä-Kypros torjui suunnitelman. Kyproksenkreikkalaisia kehotettiin torjumaan suunnitelma, jotta Turkki ei pääsisi EU:hun. Samalla Kreikka ilmoitti blokkaavansa kaikkien kahdeksan Itä-Euroopan maan ja Maltan EU-jäsenyydet mikäli Kyprosta ei hyväksyttäisi EU:n jäseneksi.

EU hyväksyi Kyproksen jäsenekseen, vaikka se oli torjunut saaren yhdistämisen rauhanomaisella ratkaisulla ja siten luonut EU:n sisään pysyvän pattitilanteen, jossa Turkkikaan ei tietenkään voinut yksipuolisesti vetäytyä Pohjois-Kyprokselta. EU-jäsenyyden saaneena Etelä-Kyproksella ei ole enää mitään kannustetta ratkaista Kyproksen pattitilannetta. Vastaavasti EU:n ulkopuolelle jätettynä Turkilla ei ole mitään kannustetta hylätä kyproksenturkkilaisia.

Kyproksen jäsenyys oli EU:lta ilmeinen virhe; jäsenyys olisi pitänyt asettaa palkinnoksi oikeasta äänestystuloksesta Annanin suunnitelmaan, mutta nyt Kyprosta käytettiinkin aseena Turkin pitämiseksi EU:sta ulkona. Tämä tarkoittaa *de facto* Pohjois-Kyproksen pysymistä itsenäisenä ja konfliktin pysymistä ratkaisemattomana. Toivottavasti eurooppalaiset eivät toista virhettään Balkanilla, vaan asettavat Kosovon tunnustamisen ehdoksi, että Serbian kanssa neuvotellaan jäsenyydestä.

* * *

**PS:** Uutisten mukaan Libyan oppositio on vapauttanut tänään myös Zawiyan kaupungin ja suuri osa maailmastakin näyttää vihdoin kääntäneen selkänsä Qaddafille. Radio kertoi juuri, että Venäjälle on tullut miljardien tappiot asekaupan menetyksistä Pohjois-Afrikassa ja Lähi-idässä, joilla alueilla Venäjä on tietysti ollut vuosikymmenet diktaattorien tärkein aseistaja. Toisaalta uudet demokratiat tulevat olemaan hauraita vuosikausia ja aseille löytyy varmasti vastedeskin ostajia.

# Kovaa peliä Euroopan etelälaidalla

*14. maaliskuuta 2011*

En ole ehtinyt kirjoittaa ylimääräisiä tekstejä vähään aikaan, koska viime viikot ovat olleet poikkeuksellisen aktiivisia työasioiden ja ulkomaisten vieraiden parissa. Onneksi on meneillään maaliskuun valon lisääntymisen siivittämä hyperaktiivisuuden kausi, jolloin en tarvitse niin paljon unta kuin pimeimpinä kuukausina, vaan voin huoletta riekkua pitkien päivien jälkeen illat ja yöt ravitsemusliikkeissä puhumassa ammattiasioita.

Japanin tsunami on saanut kaikki yhtäkkiä unohtamaan tyystin sen, mitä arabimaissa tapahtuu, ja sen sijaan hamstraamaan joditabletteja ja vastustamaan suomalaista ydinvoimaa. Seuraavaksi tulevat varmaan taas tappajakanit ja valkoposkihanhet. Japanin tragedia on toki paha juttu, mutta sen ei saisi antaa toimia tekosyynä ummistaa silmät Qaddafin tyrannialta.

Nyt jos koskaan olisi aika auttaa Libyan oppositiota, jonka sotilaallinen voima on ehtynyt. Qaddafi on sen sijaan saanut ulkomailta suoraa ja epäsuoraa sotilas- ja tiedustelutukea, rahaa ja palkkasotilaita, ja hänen joukkonsa ovat viime päivinä vallanneet takaisin Tripolin länsipuolisen Zawiyan kaupungin samoin kuin Tripolitaniasta itään Kyrenaikaa kohti sijaitsevat Bin Jawadin, Ras Lanufin ja Bregan. Misrata on viimeinen opposition hallitsema kaupunki Tripolitaniassa ja sen kukistuminen on vain ajan kysymys, ellei oppositio saa jostain apua.

Jos maailma jatkaa Qaddafin epäsuoraa tukemista, mikään ei tule estämään Qaddafin joukkoja valtaamasta seuraavaksi myös Benghazia ja Tobrukia, jonka jälkeen edessä on enää vain kansanmurhaan verrattavia puhdistuksia ja Libyan täysi sulkeutuminen. Tämän jälkeen Libya tulee olemaan entistäkin enemmän Venäjän, Iranin ja Syyrian yksinomainen liittolainen. Länsimaat saavat syyttää tästä itseään, koska ryhtyvät epäröintiin ja toimettomuuteen juuri silloin kun olisi pitänyt toimia, ja turhiin toimiin silloin kun olisi ollut parempi ottaa asioista selvää.

Obaman hallinto on menettänyt jotakuinkin kaiken jäljellä olleen uskottavuutensa arabimaailmassa. Onneksi on tapahtunut se, mitä jokin aika sitten ei enää jaksanut uskoa: Länsi-Euroopasta on sittenkin noussut jonkin verran ryhtiä ja johtajuutta lähinaapuruston asioissa. EU on ollut aivan hyödytön, mutta sen sijaan Ranska ja Iso-Britannia ovat pitkästä aikaa löytäneet itsestään miehekkyyttä. Ranska on ottanut johtoroolin Libyan-politiikassa ja Britannia säestänyt rakentavasti. Molemmat maat ovat tunnustaneet Libyan oppositiohallinnon lailliseksi, mikä on tärkeä symbolinen teko.

Ikävä kyllä länsimailta ei vieläkään ole näkynyt symbolisia tekoja enempää, vaikka sekä Ranska että Britannia lienevätkin ryhtyneet aktiivitoimiin tiedustelupalvelujen ja erikoisjoukkojen alueella. Muut Euroopan maat ovat tukeneet Qaddafia – mukaan lukien Suomi, joka myös rakensi Neuvostoliiton käskystä massiivisia asetehtaita Qaddafin hallinnolle, kuten *Suomen Kuvalehti* jokin aika sitten uutisoi. Toisin sanoen Suomi on osallistunut aktiivisesti terrorismin tukemiseen – onhan Qaddafin hallinto yksi niistä hallituksista maailmassa, jotka ovat jatkuvasti suoraan tukeneet kansainvälistä terrorismia. Vasta viime vuonna Qaddafi julisti myös julkisesti jihadin Sveitsiä vastaan.

Kaikki ne länsijohtajat, jotka vaativat lentokiellon tai vastaiskujen tueksi ensin YK:n turvallisuusneuvoston hyväksyntää, tukevat itse asiassa Qaddafia. He nimittäin tietävät, että Venäjä ja Kiina suojelevat Qaddafia eivätkä sallisi YK:n turvallisuusneuvoston päätöstä Qaddafia vastaan. Libyan paikka YK:ssa on annettu Syyrialle, joka edustaa samaa ideologiaa kuin Qaddafi.

Tilanteen absurdiutta kuvaa se, että Arabiliitto on tänä päivänä edistyksellisempi demokratian puolustamisessa kuin EU, sillä Arabiliitto on suhtautunut myönteisesti lentokiellon toimeenpanemiseen – toisin kuin EU, joka ei ole onnistunut tekemään huippukalliilla vakausjoukoillaan toistaiseksi muuta kuin tukemaan Tšadin diktaattoria, joka siitä huolimatta heitti rauhanturvaajat pois maasta. Siellä pyörivät suomalaisetkin turhissa hommissa diktaattorin "vakautta" turvaamassa, sen sijaan että olisivat olleet historian oikealla puolella esimerkiksi suojelemassa uhanalaisia demokratioita Georgiassa, Libanonissa tai nyt Tunisiassa ja Egyptissä. Länsimaiden tolkuton aneemisuus Libyan ja muun arabimaailman tapahtumien suhteen pistää vihaksi.

Libanonissa on huomenna maanantaina 14. maaliskuuta ja seetrivallankumouksen vuosipäivä. Länsimielinen ja demokraattinen Maalis-14-liittouma on joutunut ajetuksi oppositioon epädemokraattisella masinaatiolla ja Hizbullah liittolaisineen näyttää myös hidastaneen murhatutkimusten etenemisen. Luvattuja syytteitä ei ole edelleenkään julkistettu. Mahdetaanko niitä enää koskaan julkaista?

Sillä välin Hizbullah, Syyria, Iran ja Venäjä ovat aggressiivisesti laajentaneet tiedusteluverkostojaan arabimaailmassa, kuten uutiset Libanonista, Irakista ja Egyptistä kertovat. Kohteina ovat erityisesti matkapuhelin- ja internet-verkot, joiden vakoilua yritetään saada hyvin aggressiivisin keinoin (ml. murhin) haltuun. Sähköistä vakoilua käytetään sitten hyväksi identifioimaan ja likvidoimaan oppositiovoimien aktiivisia yksilöitä. Tällä tavoin voidaan saavuttaa takaisin aiempina vuosina menetetty pelon yliote. Myös Beirutin lentokentällä ja epäilemättä muissakin liikennesolmukohdissa aggressiivinen tiedustelu on lisääntynyt. Asialla eivät ole länsivallat, vaan vastapuoli.

Kaikkien näiden huonojen uutisten keskellä kaksi merkittävintä uutista on jäänyt monilta huomaamatta. Ensimmäinen niistä koskee turvallisuuspalvelujen *(mukhabarat)* lakkauttamista ja uudelleen organisointia Tunisiassa ja Egyptissä. Tämän pitäisi viimeistään osoittaa tarkkailijoille, että kyseessä olivat aidot ja oikeat vallankumoukset. Tunisiassa armeijaa lähellä olevat piirit ovat tällä tavoin onnistuneet saamaan niskalenkin institutionaalisesta vastustajastaan *mukhabaratista.* Egyptissä sen sijaan se järjestelmällinen tapa, jolla kolme eri *mukhabaratin* päämajaa tyhjennettiin samanaikaisesti, on melko huolestuttava, sillä toimintatapa oli niin selvästi Hizbullahin ja Hamasin kaltainen. On kuitenkin myös paljon mahdollista, että asialla oli samoin kuin Tunisiassa sotilastiedustelu.

Tunisian ja Egyptin *mukhabarateja* on tarkoitus uudistaa niin, että ne vastaisuudessa keskittyisivät ainoastaan terrorismin torjuntaan ja vastavakoiluun, jotka ovat päätehtäviä myös länsimaisissa turvallisuuspalveluissa. Jos tämä todella toteutuu lupausten mukaisesti, kyseessä on dramaattinen uudistus arabimaiden hallintokulttuuriin – ja se tarkoittaisi, että demokratia ehkä aivan oikeasti ottaa juurta Tunisiassa ja Egyptissä. Tähän asti nimittäin autoritääristen maiden turvallisuuspalvelut ovat keskittyneet pääasiassa poliittisen opposition vainoamiseen ja kansalaisten vakoilemiseen. Ne ovat olleet vallankäytön likaisia rukkasia, massiivisen korruption pesiä ja rikollisuuden harjoittajia eivätkä sen torjujia. Ne ovat mädättäneet sisältä päin näiden maiden hallintojen moraalin ja oikeusjärjestelmän (koska näiden palvelujen tuhannet työntekijät ovat olleet lain ylä- ja ulkopuolella).

Autoritääristen maiden yhteiskuntia ei voi ymmärtää ymmärtämättä sitä, kuinka totaalisesti turvallisuuspalvelujen valta on turmellut nämä yhteiskunnat. Naapurit ovat voineet hankkiutua eroon toisistaan käyttämällä hyväkseen suhteitaan *mukhabaratiin*. Isät ovat voineet maksusta järjestää tytärtensä ei-toivotut sulhasehdokkaat varuskuntiin, vankiloihin tai kadoksiin. Bisnesmiehet ovat voineet maksaa kilpailijoidensa toiminnan estämisestä ja tarvittaessa kilpailijoidensa eliminoinnista. Jokainen on ennen pitkää tarvinnut "suhteita" *(mukhabaratiin)* oman uransa edistämiseksi, ja tästä on aina pitänyt maksaa hinta, eli urkkia ja pettää omia tuttaviaan. Sellainen ei ole kansakunnan psyykelle terveellistä, kuten me Suomestakin Kekkosen ajoista tiedämme.

Toinen tärkeä uutinen on se, että arabikansannousut eivät ole laantuneet. Päinvastoin, mielenosoitusaalto on levinnyt nyt kaikkiin arabimaihin. Ainoastaan kaksi arabimaata, Arabiemiraatit ja Mauritania, eivät ole vielä päässeet minun kartalleni joukkomielenosoitusten muodossa, mutta niistäkin Arabiemiraateissa on jo verbaalisella tasolla esitetty arabikumousten hengessä protesteja (varsin maltillisia), ja Mauritanian kohdalla saattaa hyvin olla kyse siitä, että uutiset sieltä eivät vain yksinkertaisesti ole kiinnostaneet ketään, niin etten ole niitä nähnyt. Toisin kuin useimmissa muissa arabimaissa, Mauritaniassa minulla ei ole (vielä) naamakirjakavereita.

Egyptissä provokaattorit ovat järjestäneet odotetusti väkivaltaisia yhteenottoja koptilaisten kristittyjen ja muslimikiihkoilijoiden välille. Nämä eivät onnistuneet edes pommi-iskuin keskiluokkaisissa piireissä aiemmin, joten provokaattorit siirtyivät köyhälistön pariin, ja siellä väkivaltaisuudet ottivatkin juurta, niin että ainakin 13 ihmistä kuoli kadun sulkemisesta syntyneissä joukkotappeluissa ja kaksi ihmistä puolestaan kuoli Romeo ja Julia -tyyppisessä tragediassa, jossa nuori kristitty ja muslimi onnistuivat seurustelullaan suututtamaan molempien sukulaiset joukkomellakoiden asteelle.

Sektaarinen väkivalta uhkaa myös Bahrainia, jossa on alettu Iranin ja Hizbullahin tuella muodostaa šiialaista militiaa ja hallituksen lojalistit puolestaan vastakkaista sunnalaista militiaa. Niin ikään väkivalta on jatkunut Jemenissä ja Sudanissa. Monissa muissa arabimaissa on ollut väkivallattomia mielenosoituksia, myös perinteisesti hyvin rauhallisina pidetyissä Omanissa ja Kuwaitissa.

Saudi-Arabiaan perjantaiksi koolle kutsuttu suuttumuksen päivä lässähti hallituksen mittaviin vastatoimiin, joilla ennalta ehkäistiin ja kriminalisoitiin mielenosoitukset etukäteisesti. Saudi-Arabian tilannetta ei myöskään helpota se, että aktivistinen vallankumousmieliala näyttää identifioituvan kymmenen prosentin šiialaiseen vähemmistöön itärannikolla; ja heidän takanaan nähdään säännöllisesti Iranin ja Hizbullahin salahankkeita.

Länsimaat näyttävät yhä olevan hukassa, mutta toivon vapaan maailman puolesta, että se vain näyttää siltä. Toivon, että jossain kulissien takana Yhdysvallat, Britannia, Ranska ja muut johtavat länsivallat olisivat yhtä aktiivisia kuin autoritääriset vastustajansa Venäjä, Kiina, Iran ja näiden vähäisemmät vasallit. Iran ja Syyria ovat viime viikkoina tiivistäneet strategista, poliittista ja tiedusteluyhteistyötään monilla aloilla ja Syyria on myös lähetetty luomaan hajaannusta arabimaailmaan. Syyria on kosiskellut Egyptin uutta johtajaa kenraali Tantawia ja epäilemättä samaa yritetään kulissien takana myös Tunisiassa.

Venäjä, Iran ja Syyria ovat myös tiivistäneet yhteistyötään Turkin kanssa, mitä ovat suuresti helpottaneet EU:n piirissä Turkkia vastaan suunnattu eristys ja agitointi. Venäjän ja Iranin tavoitteena on ns. neljän meren geopoliittinen sulku – neljällä merellä viitataan itäiseen Välimereen, Mustaanmereen, Kaspianmereen ja Persianlahteen. Energiapolitiikka on tämän geopolitiikan oleellinen alalaji, sillä Venäjän ja Iranin yhteinen voimakas intressi on pitää energiaraaka-aineiden hinta mahdollisimman korkealla sekä estää vaihtoehtoisten energiareittien avautuminen eurooppalaisille Pohjois-Afrikasta ja Turkista. *Nordstream*-putki on saman strategian itämerellinen ulottuvuus, jonka tarkoituksena näyttää olevan Baltian ja Puolan geopoliittinen eristäminen sekä EU:n sivuuttaminen Venäjän-Saksan akselilla.

# Uutisia Libyasta, Syyriasta ja Egyptistä

*27. maaliskuuta 2011*

Tänä vuonna blogistani näyttää tulleen arabikevään kommenttikenttä. Olkoon siis niin. Sitten viime kirjoitukseni on taas ehtinyt tapahtua varsin paljon.

**Libya**: Ranskan ja Britannian johdettua vapaan maailman rintamaa Muammar al-Qaddafin diktatuuria vastaan saatiin YK:n turvallisuusneuvostolta ainakin tämän tarkkailijan mielestä yllättävänkin helppo mandaatti Libyan lentokiellolle ja lisäksi ilmaiskuille Qaddafin sotilasinfrastruktuuria ja joukkoja vastaan. Yhdysvallat ja joukko Naton eurooppalaisia jäsenmaita liittyi rintamaan vähän jälkijunassa, mutta autoritäärisiin hallintoihin myönteisimmin suhtautuvat, kuten Saksa, ovat pysyneet jarrumiehinä. Turkki on osallistunut operaatioon laivastosulun osalta, mutta ei taistelutoimin. Muutamat arabimaat, ainakin Arabiemiraatit ja Qatar, ovat lähettäneet hävittäjiä operaatioon, Egypti ilmeisesti myös erikoisjoukkojaan Libyan opposition tueksi.

Libyan oppositio onnistui lopulta valtaamaan Ajdabiyan kaupungin takaisin Qaddafin joukoilta liittouman pommitusten annettua tulitukea Qaddafin tankistoja ilmaan lennättämällä, ja viimeisimmät uutiset kertovat opposition joukkojen etenemisestä kohti Bregaa. Lisäksi Tripolitaniassa opposition hallinnassa oleva Misrata on sinnitellyt Qaddafin joukkojen valtausyrityksiä vastaan.

**Syyria**: Toiseksi tärkeimmät uutiset arabikevään osalta ovat tällä viikolla tulleet Syyriasta. Syyrian oppositio on järjestänyt tietoisesti mielenosoituksia Tunisian vallankumouksesta lähtien, mutta niitä on järjestelmällisesti vähätelty länsimediassa ja qatarilainen *al-Jazeera* on yleensä uutisoinnissaan Syyrian hallitukselle myönteinen, joten se on antanut alusta asti harhaanjohtavan kuvan nimenomaan tämän maan asioista. Kuitenkin Syyriassa on ollut tuhansia mielenosoittajia kaduilla jo koko kevään ajan ja tällä viikolla alkanut väkivaltaisuuksien vyöry Dara'an kaupungissa Syyrian etelärajalla mursi viimein uutispimennon.

Pian sen jälkeen kun Syyrian turvallisuusjoukot olivat avanneet tulen dara'alaisia mielenosoittajia vastaan, surmanneet useita teinejä ja pidättäneet ihmisiä, mielenosoitukset levisivät paljon suuremmiksi. Puoluetoimistoja ja poliisiasemia poltettiin ja tällä viikolla syyrialaiset ovat olleet laskujeni mukaan kymmenin- tai sadointuhansin kaduilla, sillä joukkomielenosoituksia on ollut kaikissa suurissa kaupungeissa ja todella monissa pienemmissä. Dara'an lisäksi ihmisiä on ammuttu kuoliaaksi ainakin Latakiassa, ilmeisesti myös Aleppossa sekä kurdialueen kaupungeissa Qamishlissa ja Hasakassa.

Syyrian diktatuuri on ollut lahjakas illuusion luomisessa vakaudesta monille alueen ulkomaalaisille seuraajille, jotka yleensä seurustelevat vain hallitusta lähellä olevan damaskolaisen eliitin kanssa tai eivät muuten saa tietoonsa syyrialaisten todellisia mielipiteitä. Oman kokemukseni mukaan suurin osa Syyriassa asuvista länsimaalaisista itse asiassa seurustelee lähinnä toistensa kanssa ja tapaa harvakseltaan muutamaa poliittisesti korrektia hoviasiantuntijaa. Itse Syyriassa asuneena tiedän kuitenkin, että Syyriaa hallitseva yksinvaltainen sosialistinen Ba'ath-puolue ja sen rautanyrkki, joka muodostuu turvallisuuspalveluista *(mukhabarat)*, ovat kokonaan pienenä vähemmistönä olevan alaviittilahkon käsissä ja erittäin epäsuosittuja syyrialaisten keskuudessa.

Alaviitit ovat kauan sitten šiialaisuudesta irronnut islamilainen lahko, jonka uskontoon kuuluvat mysteerit ovat salaisia eikä niitä saa kertoa lainkaan naisille eikä vääräuskoisille (joita siis ovat kaikki ei-alaviitit, myös muut muslimit). Lahko on kotoisin Syyrian rannikkokaistaleelta Latakian ja Tartuksen alueilta. Sitä ei pidä sekoittaa Turkin kurdien keskuudessa vaikuttavaan alevien lahkoon, joka tosin sekin on kauan sitten lohjennut irti šiialaisuuden mystisistä suuntauksista. Syyrian lisäksi alaviittejä on ainoastaan pieni määrä pohjoisimmassa Libanonissa sekä tietysti syyrialaisten maastamuuttajien keskuudessa.

Koska alaviitit ovat 10—12 prosentin vähemmistö Syyrian väestöstä, heille on ollut edullista pitää kiinni Ba'ath-puolueen sosialistisen arabismin maallisuudesta. Niinpä Syyrian diktatuurin suurimmat puolestapuhujat ovatkin yleensä joko alaviittejä tai sitten kuuluvat toiseen merkittävään uskonnolliseen vähemmistöön, ortodoksikristittyihin. Erityisesti Damaskoksen kristityt kauppiaat ovat taloudellisten etujen vuoksi myötämielisiä alaviittijohdolle, jonka suopeudesta heidän taloudelliset etuoikeutensa riippuvat. Sama koskee rajallista määrää sunnalaisia perheitä Damaskoksessa ja eräissä muissa kaupungeissa: näiden perheiden liiketoimet ja asema riippuvat alaviittien hallitseman turvallisuuspalvelun myötämielisyydestä, joilla hallitusmielisten perheiden asema ja etuoikeudet turvataan (ja kilpailijat eliminoidaan).

Eniten Syyrian Ba'ath-hallintoa vastustavat maan suurimpaan etniseen vähemmistöön kuuluvat kurdit, joita on 10—15 prosenttia Syyrian väestöstä, keskittyen koilliseen (Qamishli ja Hasaka), Aleppon ympärille ja yhä enemmän myös Damaskoksen esikaupunkeihin. Kurdit ovat pääsääntöisesti maltillisia sunnimuslimeja, mutta alaviittien tavoin poliittisessa elämässään sekulaareja. Ba'ath-puolueen arabistinen ideologia on kuitenkin pyrkinyt kurdien pakkoassimilointiin ja eristänyt kurdit kokonaan valtiollisesta päätöksenteosta. Heihin on kohdistettu maan takavarikointia, näännytystä, kansalaisuuden riistämistä ja muita toimenpiteitä, joiden kaikkien tarkoituksena on ollut kurdiväestön nujertaminen Syyriassa.

Niin ikään alaviittihallintoa vastaan kategorisesti on asettunut Syyrian maanalainen islamistinen oppositio, Muslimiveljeskunta. Ba'ath-puolueen sotilashallinto kukisti Muslimiveljeskunnan 1980-luvulla verisesti Haman verilöylyssä, jossa koko vanhakaupunki hävitettiin ja kymmeniä tuhansia syyrialaisia tapettiin. Haman verilöylyn jälkeen Syyrian Muslimiveljeskunta on vaikuttanut vain maan alla ja maanpaossa – sen johtajat ovat pitäneet majaa Lontoossa, josta käsin järjestö on jo lähes kymmenen vuoden ajan antanut sangen maltillisia kannanottoja. Syyrian Muslimiveljeskuntaa voidaankin pitää selvästi maltillisempana kuin esimerkiksi Egyptin Muslimiveljeskuntaa.

Suurin osa liberaalista ja sekulaarista oppositioliikkeestä Syyriassa koostuu nuoresta koulutetusta keskiluokasta, ja keskittyy suurimpiin kaupunkeihin – Damaskokseen, Aleppoon ja Homsiin – sekä kurdialueille. Kurdien kansallinen liike ja arabioppositio ovat kuitenkin olleet aika ajoin riidoissa keskenään. Sekulaariin ja liberaaliin arabioppositioon kuuluu niin sunnimuslimeja kuin kristittyjäkin – kristityn keskiluokan edustajat ovat olleet siinä hyvin aktiivisia, sillä heitä ärsyttää myös hallituksen vasalleina häärivä erittäin korruptoitunut liikemiesjoukko, johon kuuluu kristittyjä "luopioita". Myös alaviittejä on paljon opposition aktivistien joukossa.

Onkin täysin väärin väittää Syyrian levottomuuksia uskonnollisiksi tai lahkolaisiksi, kuten propagandakoneistojen edustajat länsimaissa ovat viime aikoina tehneet. Syyrian kansannousun takana on vuosikymmenien ajan patoutunut viha ummehtunutta yksipuoluejärjestelmää ja läpeensä korruptoitunutta valtajärjestelmää vastaan; järjestelmää, johon ovat olennaisina kuuluneet kidutus, ihmisten mielivaltainen vangitseminen, uhkailu, indoktrinointi, koululaisiin asti ulottuva salaisen poliisin urkinta ja etuoikeuksien jakeleminen poliittisen kuuliaisuuden ja korruptiosuhteiden mukaan.

Jo yli viiden vuoden ajan Syyriassakin ovat levinneet internetkahvilat, satelliittitelevisioiden vastaanottimet (jotka yhä ovat muodollisesti laittomia), yhteisömedian käyttö ja erilaiset koodisanat ja piiloviestit, joilla syyrialaiset viestivät toisilleen niin, etteivät salaisen poliisin urkkijat ja elektroninen tiedustelu ymmärtäisi, mistä on kyse. Syyrialla on ikivanha perinne runomuotoisen monimielisyyden kulttuurissa, ja niinpä syyrialainen on taitava kätkemään monia vaihtoehtoisia merkityksiä puheeseensa. Vain todella luotettujen ihmisten kanssa puhutaan mielipiteistä suoraan ja avoimessa muodossa.

**Muualla**: Libyan ja Syyrian lisäksi arabikevään mielenosoitukset ovat jatkuneet myös Bahrainissa, Jemenissä ja Algeriassa, joissa kaikissa on nähty väkivaltaa ja yrityksiä kukistaa mielenosoitukset voimatoimin. Bahrainissa hallitus on hakenut apuun isoveljen Saudi-Arabian joukkoja, jotka käyttivät šiialaisiin mielenosoittajiin aivan tarpeettomia kovia otteita ja tekivät todennäköisesti vain haittaa tilanteelle, pelaten šiioja kosiskelevan Iranin pussiin. Jemenissä puolestaan presidentti ja puolustusvoimain komentaja ovat luvanneet erota, joskin vasta jonkinlaisen

siirtymäajan jälkeen. Monessa muussa arabimaassa pienemmän mitta-
kaavan mielenosoitukset ovat jatkuneet - mm. Irakissa.

Tunisian ja **Egyptin** väliaikaishallinnot päättivät lakkauttaa entiset tur-
vallisuuspalvelut sellaisina kuin ne Ben Alin ja Mubarakin aikana toimi-
vat ja urkkivat väestöä massiivisesti. Tällä hetkellä vallankumousten jäl-
kihoito näyttäisi etenevän paremmin Tunisiassa kuin Egyptissä, jossa on
kuluneen viikon aikana ilmennyt monia huolestuttavia merkkejä siitä,
että sotilashallinto on päässyt jonkinlaiseen diiliin Muslimiveljeskunnan
kanssa, mutta nämä yhdessä ovat sivuuttaneet vallankumouksen varsi-
naiset tekijät, suuren joukon liberaaleja puolueita sekä puolueisiin kuu-
lumatonta nuorisoa.

Kansanäänestyksellä hyväksytetty paketti sääti vaalit opposition mie-
lestä liian aikaiseksi ja rikkoi pakettia sotilashallinnon rinnalla tukeneen
Muslimiveljeskunnan välit sekulaareihin oppositiopuolueisiin. Sekulaa-
rit puolueet väittävät, että vaalit tulevat liian aikaisin ja hyödyttävät siksi
Mubarakin vanhaa puoluetta sekä Muslimiveljeskuntaa. Opposition kan-
nan jyrkkyys nimenomaan tässä asiassa ihmetyttää kyllä sikäli, että jos
kerran kokonaisen vallankumouksen masinoiminen kaduille onnistui in-
ternetin ja matkapuhelinten avulla ja viime kädessä niistä huolimatta,
miten ihmeessä olisi täysin mahdotonta mobilisoida kannattajia samalla
tavoin vaaliuurnille? Suurempi ongelma lienee se, että merkittävä osa
vallankumouksen tekijöistä kaduilla ei ole edelleenkään äänioikeutet-
tuja ikänsä puolesta.

Sotilashallinnon julistama uusi poikkeustila, jossa mielenosoitukset on
kielletty, on niin ikään erittäin hälyttävä signaali. Egyptin opposition ja
maan demokratisoitumiseen ystävällisesti suhtautuvien maiden tulisi-
kin kaiken tämän keskellä olla tarkkoina ja puolustaa sitä, että Egyptin
vallankumousta ei varasteta uuden sotilasdiktatuurin perustamiseksi –
jolloin Muslimiveljeskunta jäisi ainoaksi entisen opposition osaksi, joka
olisi tilanteesta päässyt hyötymään.

# Pikahuomioita arabikeväästä

*22. huhtikuuta 2011*

Omiin vaaleihinsa viime aikoina keskittynyt Suomi ei ole ainoa länsimaa, jossa uutisointi arabikevään tapahtumista on hiipunut. Libyassa sisällissota jatkuu, mutta pattitilanteessa. Uutisointi on siirtynyt saarretun Misratan humanitääriseen hätään, joskin Ranska ja Britannia ovat ilmoittaneet lähettävänsä "kouluttajia" (lue: tiedustelutukea) Libyan opposition tueksi. Nämä maat, samoin kuin mm. Qatar, ovat myös tunnustaneet Libyan opposition maan viralliseksi edustajaksi. Tänään uutisoitiin siitä, että oppositio olisi ottanut hallintaansa pienen rajapaikkakunnan Tunisian rajalla.

Maa, jossa viime aikoina on tapahtunut suurimpia, on Syyria, mutta siitä kerrotaan meille vain valittuja huhuja, koska Syyria on onnistunut pitämään ulkomaiset toimittajat visusti maasta poissa, Qatarin rahoittama *al-Jazeera* on syyrialaismielinen, ja koska länsimaissa ja Israelissa elää ihmeellisen vahvana myytti, että Syyrian yksipuoluediktatuurin kukistuminen olisi jotenkin vahingollista niiden alueellisille eduille. Myytti perustunee paitsi irrationaaliseen sunnikammoiseen islamofobiaan, myös siihen kuvitelmaan, että Syyria olisi kammettavissa pois Iranin islamistisen hallinnon vaikutuspiiristä.

Itse asiassa viimeksi mainittu asia pitää paikkansa. Ajattelussa on kuitenkin se virhe, että Syyrian kampeaminen Iranin vaikutusvallasta onnistuisi Syyrian nykyhallinnon pysyessä vallassa. Juuri niin asia ei missään tapauksessa ole. Syyrian nykyhallinto on vallassa pysyäkseen riippuvainen nimenomaan šiialaisen Iranin tuesta. Syyrian vaikutusvalta Libanonissa on riippuvainen šiialaisen Hizbullahin tuesta, joka taas edellyttää tottelevaisuutta Iranille. Syyrian vaikutusvalta hehkuttamassaan Palestiinassa on riippuvainen liitosta Hamasin kanssa. Hamas on Iranin liittolainen. Syyrian nykyhallinto on riippuvainen Iranin nykyhallinnosta – Syyrian väestö taas ei Irania rakasta. Niinpä Syyrian kampeaminen

Iranin vaikutusvallasta edellyttää hallinnon vaihtumista joko Syyriassa tai Iranissa.

Syyriaa hallitseva Ba'ath-puolue, poliittiset tiedustelupalvelut ja sotilasjohto ovat vähemmistöryhmän, šiialaisuudesta irronneen alaviittilahkon, käsissä. Tämän ryhmän pahin kauhukuva on se, että syyrialaiset – siis maan väestön suuri enemmistö – saisivat Syyriassa vallan ja kostaisivat heitä vuosikymmenien ajan tyrannisoineelle, vanginneelle, eristäneelle ja kiduttaneelle alaviittihallinnolle.

Syyrian oppositio ei ole islamistinen eikä sektaarinen, siis lahkolaisuuteen perustuva. Siihen kuuluu niin sunneja, kristittyjä, alaviittejä kuin kurdejakin. Siihen kuuluu konservatiiveja, liberaaleja, vasemmistolaisia ja islamisteja. Syyrian opposition vanhat jupisevat parrat vaikuttavat ulkomailla eikä heillä ole juurikaan vaikutusvaltaa Syyrian kaupunkeihin, joissa kansannousun etulinjassa ovat muiden arabimaiden tavoin koulutetut nuoret syyrialaiset: keskiluokka, pienyrittäjät, opiskelijat, lukiolaiset.

Sen sijaan Syyrian alaviittihallinto *on* sektaarinen, siis lahkolainen. Se ei ole itse islamistinen, mutta kaikki sen pääliittolaiset ovat: Iran, Hizbullah ja Hamas. Syyrian oppositio on barrikadeilla vannonut kansallisen yhtenäisyyden ja suvaitsevuuden nimiin. Syyrian hallinto on puolestaan lietsonut lahkoväkivaltaa sekä propagandassaan että aseellisissa provokaatioissa, joissa on julmasti surmattu uskonnollisten vähemmistöjen edustajia ja sotimisesta kieltäytyneitä sotilaita ja upseereja. Syyrian presidentti joutui tällä viikolla erottamaan erään alueen poliittisen tiedustelun komentajan (alaviitin), koska tämä näkyi maailmalle levinneissä videoissa, joissa "terroristit" (todellisuudessa siis salaisen poliisin provokaattorit) surmasivat erityisen julmalla tavalla ihmisiä.

Syyria ilmoitti jo poikkeustilasta luopumisesta, mikä olisi oppositiolle suuri voitto ja juhlan aihe, mikäli ilmoitukseen voisi luottaa. Se edellyttäisi, että tilalle ei luoda uusia keinotekoisia perusteita diktatuurin, yksipuoluejärjestelmän ja salaisen poliisin mielivallan säilyttämiseksi. Kukaan tuntemani syyrialainen ei tunnu ottavan poikkeustilan lakkauttamista oikein tosissaan, varsinkaan kun samaan aikaan turvallisuuspalveluiden väkivalta, pidätykset ja ihmisten katoamiset jatkuvat. Turvallisuusjoukot ovat tappaneet jo satoja ihmisiä ja tilanne näyttää siltä, että mikäli vallankumous onnistuu, uhrit saatetaan jälkeenpäin laskea nelinumeroisissa luvuissa – Egyptin kansannousun tukahduttamisyrityksen kuolonuhrien määräksi on nimittäin hiljattain ilmoitettu lähes 900 ihmistä.

Monet ystävistäni ovat viime vuosina lähteneet Syyriasta – töihin, opiskelemaan tai avioon. He ovat päätyneet Persianlahden maihin, Libanoniin, Jordaniaan, Eurooppaan ja Amerikkaan. Jotkut ystävistäni ja vielä useampien ystävieni vanhemmat ja sukulaiset ovat sen sijaan yhä Syyriassa ja saan siten varsin kattavasti huhuja ja silminnäkijätietoja kaikista kaupungeista. Mielenosoitukset jatkuvat päivittäin kaikissa yliopistokaupungeissa ja useissa tärkeissä heimokaupungeissakin. Turvallisuuspalvelut käyttävät niitä vastaan tulivoimaa ja hajottavat mielenosoituksia, jotka kuitenkin puhkeavat taas seuraavana päivänä uudelleen.

Moni tilanteen seuraaja, minä mukaan lukien, pelkää, että Syyrian häikäilemätön hallinto ryhtyy sumeilemattomaan verilöylyyn, kuten se teki Hamassa vuonna 1982. Tilanne on kuitenkin nyt aivan toinen. Haman kansannousu oli vain yhden ryhmän, Muslimiveljeskunnan, toteuttama, ja se kulminoitui yhdessä kaupungissa. Nyt Syyrian hallinnolla on vastassaan erittäin heterogeeninen oppositio, joka on valmis kaduille kaikissa Syyrian kaupungeissa paitsi ehkä Palmyran keitaan Tadmurissa (tunnetussa turistipaikassa ja turvallisuuspalvelun keskittymässä, jossa on myös yksi maan pahamaineisimmista poliittisista vankiloista).

Syyrian nykyinen oppositio ei ole islamistinen, ei fanaattinen, se haluaa demokratiaa ja avautumista muuhun maailmaan, sekä arabimaihin että länteen. On vaikea kuvitella, että mikään määrä valheita ja propagandaa pystyy demonisoimaan Syyrian nuoret koulutetut sukupolvet "sionistien agenteiksi ja al-Qa'idan terroristeiksi", kuten propaganda epäloogisesti asioita yhdistelee. Mutta väkivalta on tietysti väkivaltaa ja sitä vastaan siviilien on vaikea puolustautua muulla kuin ulkomaille toimitetuilla amatöörivideoilla.

Oppositiolla aseita ei juuri ole, joten Libyan kaltainen sisällissota vaikuttaa ainakin toistaiseksi epätodennäköiseltä. Maan aavikkoisten laitojen heimot ovat kuitenkin varsin aseistautuneita (tavanomaisin metsästysasein) ja koillisosan kurdit voisivat halutessaan saada suuriakin määriä aseita veljiltään Irakista, joskin yrittänevät viimeiseen saakka välttää tällaisen eskalaation, joka helposti johtaisi kurdivastaisiin toimiin myös naapurimaissa. Syyrian hallinnon syytökset libanonilaista aseistamatonta Tulevaisuusliikettä vastaan Syyrian opposition aseistamisesta lienevät tarkoituksellista sunnivastaista propagandaa.

Tästä pääsemmekin toiseen teemaan, seitsemän tarttolaisen pyöräilijän kidnappaukseen maaliskuun lopussa. Virolaiset kidnapattiin 20 minuuttia sen jälkeen, kun he olivat ylittäneet rajan Masna'asta, Syyriasta. Tämä viittaa siihen, että sieppauskäsky annettiin Syyriasta, johon kidnapatut todennäköisesti myös pian siirrettiin. Sieppauksesta epäiltiin ensin Syyrian tukemaan palestiinalaista terroristiryhmää PFLP-GC:tä, jolla on hampaisiin asti aseistettuja leirejä Syyrian ja Libanonin välisellä leveällä rajavyöhykkeellä. Myöhemmin sieppauksesta vastuulliseksi ilmoittautui kuitenkin tuntematon palestiinalaisryhmä, joka saattaa olla naapurimaan tiedustelupalvelun bulvaani.

Kaksi päivää sitten *YouTubeen* ilmaantui kidnappausvideo, jossa virolaiset olivat elossa mutta pelokkaan ja ahdistuneen oloisia. Tietysti. Heidät oli käsketty vetoamaan joukkoon johtajia ja pyytämään näitä auttamaan, jotta he pääsisivät kotiin perheidensä luo. Mitään erityisiä vaatimuksia ei esitetty, joten on luultavaa, että nämä vaatimukset on toimitettu muuta kautta kiristettävien tietoon. Varsinainen viesti sisältyi siis johtajien nimeämiseen: Libanonin (entinen) pääministeri Saad Hariri, Saudi-Arabian kuningas Abdullah, Jordanian kuningas Abdullah sekä Ranskan presidentti Nicolas Sarkozy.

Mielenkiintoisesti Libanonin tämänhetkistä hallitustunnustelijaa Najib Miqatia ei nimetty, ei myöskään tavanomaisia Israelia ja Yhdysvaltoja. Nimetyistä ja nimeämättä jätetyistä voi tehdä erinäisiä päätelmiä siitä, keitä ja minkä maiden vihollisia virolaisten sieppaajat ovat. Syyria ja Hizbullah ovat toistuvasti hyökkäilleet Haririia vastaan propagandaoperaatioissaan, joissa ne syyttävät Haririia ja hänen Tulevaisuusliikettään liiallisesta läheisyydestä Saudi-Arabian ja Jordanian kanssa (toisin sanoen Syyrian ja Iranin vastustajien). Ranska puolestaan on ollut viime aikoina aktiivinen, aloitteellinen ja profiloitunut länsimaiden moraalisena johtajana arabimaissa. Kaikki mainitut johtajat ovat tärkeitä Libanonin poliittisten murhien erikoistuomioistuimen tukijoita. Tuomioistuimelta on jo kuukausien ajan odotettu Hizbullahiin kohdistuvia syytteitä.

Syyrian lisäksi kansannousu ja väkivalta jatkuvat Jemenissä. Presidentti Saleh on kieltäytynyt eroamasta, vaikka on lupaillut eroavansa vuonna 2013. Bahrain uhkasi karkottaa suuren joukon libanonilaisia šiioja epäiltyinä Hizbullahin agentteina toimimisesta ja maan šiialaisen enemmistön radikalisoimisesta Iranin laskuun. Lopulta Bahrain kuitenkin painostettiin luopumaan libanonilaisten karkotuksesta – ehkä heidät todettiin syyttömiksi, tai sitten joku uhkaili Bahrainia. Arabimaista lähinnä Arabiemiraatit ja Qatar ovat pysyneet rauhallisina ja näköjään kokonaan erossa arabikevään kansannousuista.

# Pääsiäinen Latgalessa

*26. huhtikuuta 2011*

Viime vuosina olen viettänyt useita pääsiäisiäni Libanonissa, mutta tällä kertaa minut rekrytoitiin pääsiäiseksi kulttuurimatkalle Latvian itäiseen maakuntaan Latgaleen. Sattui vieläpä niin, että useimmilla kristityillä kirkkokunnilla pääsiäinen oli tänä vuonna samaan aikaan. Ekumenia kukoisti myös pääsiäisturneellamme Latgalessa.

Latgale (rinnakkaisnimeltään Latgallia) on yksi Latvian kolmesta historiallisesta osasta, joista ne kaksi muuta ovat Kuurinmaa (Kurzeme) ja Liivinmaa (Vidzeme). Nykyisin Latvia on jaettu neljään lääniin, kun Kuurinmaa jakautuu nykyisen Latvian alueella kahteen osaan, Kuurinmaahan ja Zemgaleen (Semigallia). Nämä jakautuvat hallinnollisesti piirikuntiin ja erityisasemallisiin kaupunkeihin.

Latgale poikkeaa historiallisesti ja kulttuurisesti muista Latvian alueista sikäli, että se kuului pitkään Puolan ja Puola-Liettuan valtakuntiin, mikä onkin jättänyt jälkensä Latgalen leimallisesti katoliseen kulttuuriin. Latvian väestö jakautuu protestantteihin, ortodokseihin ja katolisiin ja Latgalessa katoliset ovat latgalleja, lättejä ja puolalaisia, kun taas ortodoksit yleensä venäläisiä, valkovenäläisiä ja ukrainalaisia. Liivinmaassa on myös ortodoksisia lättejä. Läntisellä Liivinmaalla ja Kuurinmaalla lätit ovat pääsääntöisemmin protestantteja.

Latgale on myös etnisesti erilainen kuin muu Latvia. Ensinnäkin latgallit muodostavat oikeastaan oman etnisen ryhmän, jolla on oma kieli ja kulttuuri. Vaikka koko Latvian nimi tuleekin latgallien heimosta, joka oli ensimmäisenä Väinäjoen vartta asuttanut balttiheimo, Liivinmaalla ja Kuurinmaalla on pitkään suhtauduttu latgalleihin alentuvasti, ikään kuin nämä olisivat jotenkin epälatvialaisia, maalaisia ja takapajuisia. Toki Latgale oli monissa asioissa jäljessä muun Latvian kehitystä, mutta se johtui

Venäjän imperiumin sortotoimista. Esimerkiksi maaorjuus lakkautettiin Latgalessa huomattavasti myöhemmin kuin muussa Latviassa.

Muutenkin Latgale on kulttuurisesti erikoista aluetta. Se on etnisesti kirjavampi kuin muu Latvia. Latgalesta löysivät aikoinaan turvapaikan Venäjän imperiumissa vainotut ryhmät, kuten vanhauskoiset ortodoksit ja juutalaiset. Vanhauskoisten yhteisöt ovat edelleenkin Latgalessa moninaiset – heitä on siellä huomattavasti enemmän kuin Virossa, jossa he rajoittuvat lähinnä Peipsijärven rannan sipulivenäläisiin, ja Liettuassa, jossa sielläkin on vanhauskoisten yhteisöjä. Juutalaiset muodostivat aikoinaan merkittävän komponentin Latgalen kaupungeissa, mutta ovat supistuneet menneiden aikojen vainojen ja uudemman emigraation myötä hyvin vähäiseksi ryhmäksi.

Latgalen maisemaa hallitsee sen halki ja lopulta Riianlahteen virtaava Väinäjoki (lätiksi Daugava). Aikoinaan Väinän varsilla oli vahva suomensukuisten liiviläisten asutus, minkä vuoksi sekä joella että Latgalen suurimmalla ja Latvian toiseksi suurimmalla kaupungilla Väinänlinnalla (lätiksi Daugavpils) on myös vanhastaan suomenkieliset nimet. Monilla muillakin paikoilla Latviassa olisi olemassa liivinkielisiä (eli käytännössä suomalaisia) paikannimiä, vaikka ne ovatkin liiviläisten saksalaistumisen ja latvialaistumisen myötä kadonneet unholaan. Nykyisin liiviä puhuu äidinkielenään enää muutama perhe Kuurinmaan rannikolla. Tosin liiviläinen kulttuuri on ollut elpymään päin Latvian itsenäistymisen jälkeen.

Kun saksalainen ritarikunta eli teutonit aikoinaan valloittivat Kuurinmaan ja Liivinmaan, monet liiviläisten ylimystöstä kristinuskoon käännyttyään saksalaistuivat. Tästä kertovat useiden merkittävien baltiansaksalaisten sukujen liiviläiset nimet – esimerkiksi Lieven (Liivi) ja Üxkull (Ykskylä). Ensimmäinen matkakohteemme Riiasta lähdettyämme olikin Līvānin pikkukaupunki, joka on saanut nimensä siellä aikoinaan kartanoa hallinneen Lievenin suvun mukaan. Līvānissa tutustuimme sikäläiseen kulttuurikeskukseen, jossa meille myös esitettiin kansanlauluja ja -tansseja sekä pääsiäisperinteitä. Matkanjärjestäjämme isän ehtymättömistä kotiviinikellareista ammensi retkueemme virvokkeita kulttuurintäyteisen päivän päätteeksi.

Jo matkalla Līvāniin pysähdyimme muuten Liepkalnin leipomolla Väinäjoen varrella, jossa havaitsin Väinää pitkin seuraavan myös perin merellisiä muuttolintuja: pienparvina meriharakoita, merimetsoja ja isokoskeloita. Kattohaikarat olivat jo saapuneet Latviaan ja rakentelivat pesiään, hautoivatkin monin paikoin. Matkamme aikana kevät eteni kohinalla, tuoden kivitaskuja, tiltaltteja ja matkan lopulla jo pajulintujakin.

Līvānista jatkoimme seuraavana päivänä Preiļin pikkukaupunkiin tai kylään, jossa tutustuimme nukkemuseoon, kirkkoon ja juutalaisen herran pitämään hotelliin, jonka pihassa oli Latvian pienin ekumeeninen kappeli. Hotelli oli vanhassa Borchien aatelistalossa, jossa oli välillä toiminut myös sairaala. Borchien komeasta linnasta on nykyisin jäljellä vain julkisivu ja sekin hyvin huonossa kunnossa. Matkalla Preiļistä eteenpäin ilahdutti silmiäni sinisuohaukka.

Seuraava kohteemme oli Latgalen pääkaupungiksi mainittu Rēzeknen kaupunki, jossa tutustuimme sikäläiseen museoon, taidetaloon, linnavuoreen sekä ortodoksiseen, katoliseen ja vanhauskoiseen kirkkoon. Pääsiäismenot olivat täydessä vauhdissa. Kansa siunautti kirkoissa seuraavan aamun aterioitaan ja keskiyöllä katselimme ristisaattoa. Vanhauskoisten kirkolla saattoi havaita senkin seikan, että kaikki vanhauskoisetkaan eivät ole pitäneet kovin tiukasti kiinni tavoistaan, sillä osa kirkkoon saapujista jätti kolminkertaiset ristinmerkit ja kumarrukset tekemättä ja vain lampsi sisään. Rēzeknessä myös söimme ja joimme sekä perehdyimme paikalliseen yökerhoon, joka oli sangen tyhjä, vaikka sinne pyrki mutta käännytettiin ovelta paljon väkeä. Olivat ehkä alaikäisiä.

On mainittava, että linnavuorella oppaamme kertoi tarinan paikallisesta prinsessa Ruususesta, joka oli kirottu kellariin ja ilmestyi yhdeksän vuoden välein keskiyöllä linnavuorelle siltä varalta, että joku nuorukainen voisi rikkoa kirouksen pitelemällä prinsessaa kädestä siitä huolimatta, että tämä muuttui lohikäärmeeksi ynnä muuta hämmentävää. Vain yksi prinsessa ilmestyi paikalle, mutta hänkin nojaili jonkun heilan käsivarteen, joten pelastamatta jäi.

Kolmantena päivänä laskeuduimme alas Grāveriin tutustumaan paikallisiin keramiikkataiteilijoihin. Siellä virtasi Dubna, joka myös Līvānin läpi virtaa. Jatkoimme Grāverista koko Latvian katolisuuden keskukseen Aglonaan, jossa on häikäisevän valkoinen katedraali, Latvian suurin katolinen kirkko. Isä Guntars esitteli meille katedraalia ja Latvian katolisen kirkon sekä pyhimysten historiaa.

Kun olimme Rēzeknessä tutustuneet juuston saloihin, Aglonassa saimme itsensä vihityn leipäruususen opastuksella kuulla leivän ihmeistä. Tulimme samalla syötetyiksi ja juotetuiksi. Syödä piti niin kauan kunnes suoli seisoi ja jos pontikka ei ollut pöydällä kierrossa, alkoholi kuulemma haihtui pois. Se, joka kieltäytyi syömästä, sai kauhasta päähänsä.

Viimeinen kohteemme oli Väinänlinna eli Daugavpils, Latvian toiseksi suurin kaupunki. Historiallisesti tämä Väinäjoen strateginen linnoituspaikka on tunnettu myös nimillä Dünaburg, Dinaburga, Dyneburg, Boriso-Glebsk, Dźwińsk ja Dvinsk. Tämä 130 000 asukkaan kaupunki oli varsin miellyttävä yllätys, sillä sitä oli mittavasti kunnostettu ja siivottu ja oli varsin viihtyisä keskusta-alue sekä vanhakaupunki. Kaupungissa on nykyisin noin puolet venäläisiä ja loput jakautuvat latvialaisiin, puolalaisiin ja muihin.

Pidimme illalla piknikkiä aukiolla Väinänlinnan keskustassa ja aamulla tutustuimme oppaan kera Napoleonin sodissa osaansa näytelleeseen Väinänlinnan linnoitukseen, "Latvian Suomenlinnaan", suureen linnoitusalueeseen, joka oli täysin ruokottomassa kunnossa, mutta paraikaa mittavat restaurointityöt on näemmä aloitettu, osittain EU:n rahoituksella. Tästä alueesta tulee kyllä komea ja Itä-Latvian turismin vetonaula sitten kun kunnostustyöt on saatu päätökseen. Linnoitusalueella sain Latvian listalleni kaksi uutta lintulajia, sinirinnan ja käenpiian.

# Marokko



Matkustin toukokuun alussa Marokkoon, jossa osallistuin merkittävään luonnontieteelliseen tutkimushankkeeseen. Pääasialliset tutkimusalueet olivat Keski-Atlaksen ja Korkea-Atlaksen vuoristoissa, mutta siinä sivussa käytiin myös Anti-Atlaksella ja Draan laaksossa. Lentomme olivat mennen tullen Espanjan kautta, joten tuossa matkan sivu tulimme viettäneeksi illat sekä Madridissa että Barcelonassa.

Olin ollut viimeksi Marokossa joulukuussa 2003, jolloin matkustin varsin laajalti maan rannikkokaistaleella, mukaan lukien luoteisilla kosteikoilla, sekä Keski-Atlaksella ja Draan laaksossa. Osa paikoista, joissa kävimme nyt kesällä, oli siis samoja. Marokko oli jo silloin varsin mukava maa matkustella: matkailuinfrastruktuuri on hyvin kehittynyttä, tieverkosto hyvä, kattava ja liikenne varsin turvallista.

Tämän vuoden arabikevään mullistukset näkyivät Marokossa paljon lievemmin kuin monissa muissa alueen maissa, koska Marokon kuningaskunnan hallitus aloitti jo hyvissä ajoin viisaasti uudistukset ja marokkolaiset nauttivat siis jo monista sellaisista vapauksista ja oikeuksista, joista libyalaiset ja syyrialaiset ovat saattaneet vain unelmoida. Marokon hallitus salli alusta asti mielenosoitusten järjestämisen eikä pamputtanut nuorisojoukkoja, minkä vuoksi Marokon mielenosoitukset ovatkin pysyneet pääsääntöisesti väkivallattomina. Vain eräässä Pohjois-Marokon teollisuuskaupungissa tuli kuolonuhreja.

Vain vähän ennen matkaamme terroristit räjäyttivät pommin turistienkin suosimassa *Café Arganissa,* Marrakeshin vanhankaupungin kuuluisimman aukion laidalla. Tekijöiden epäillään olleen paikallisia ääri-islamisteja, mutta heidän vaikuttimensa oli ilmeisesti pikemminkin Marokon hallituksen vastustaminen kuin kansainvälinen jihadismi. Seurauksena terrori-iskusta näimme matkallamme paljon enemmän poliiseja ja santarmeja kuin matkakumppanini oli nähnyt edelliskesän vastaavalla tutkimusmatkallaan. Muuten Marokossa ei näkynyt mitään turvattomuutta, vaikka näimmekin useissa pikkukaupungeissa pieniä ja rauhallisia, työllisyyteen ja muihin paikallisiin kysymyksiin liittyviä mielenosoituksia.

Marokon arabiankielinen nimi, *Maghreb*, tarkoittaa auringonlaskun maata eli Länttä. Nimi onkin tullut tarkoittamaan Marokon lisäksi koko Pohjois-Afrikan länsiosaa. Sillä viitataan useimmiten Marokkoon, Algeriaan ja Tunisiaan, joskus myös Marokon etelänaapuriin Mauritaniaan, joka sekin on vielä laskettavissa arabimaaksi. Arabit saavuttivat Atlantin rannikon Marokossa ja Mauritaniassa jo 600-luvulla, syrjäyttäen aluetta siihen asti hallinneiden berberien kuningaskunnan. Arabivalta johti berberien laajamittaiseen arabilaistumiseen. Tästä huolimatta merkittävä osa Maghrebin alueen väestöstä etenkin vuoristo- ja aavikkoalueilla on yhä berberejä ja puhuu äidinkielinään useita berberikieliä. Eteläisillä aavikkoalueilla elää lisäksi paljon tuaregeja.

Idrisidien, almoravidien ja almohadien dynastioiden aikana Marokko oli alueellinen suurvalta, joka dominoi Pohjois-Afrikan länsiosia ja myös Iberian niemimaata, jossa islaminuskoiset maurit hallitsivat aina *reconquistaan* saakka. Arabialainen Andalusia, jonka pääkaupunkeina Córdoba ja Granada eri aikoina toimivat, oli merkittävä sivistyksen kehto aina vuoteen 1492, jolloin viimeinen Iberian muslimivaltio, Granadan emiirikunta, hävitettiin. (Granada oli tätä ennen jo lähes 250 vuotta alistettu Kastilian kuningaskunnan vasalliksi.) *Reconquista* ja sittemmin inkvisitio johtivat muslimien, juutalaisten ja myöhemmin kristinuskoon kääntyneiden moriskojenkin kansanmurhaan, vainoihin ja karkotukseen. Monien Marokon ja Mauritanian nykyisten arabien juuret ovat Iberiassa.

Marokossa puhuttava arabian murre on lisäksi varsin kaukana Lähi-idän arabiasta. Siinä on runsaasti vaikutteita berberikielistä sekä tuoreempia vaikutteita ranskasta ja espanjasta muistoina siirtomaavallan ajalta, jolloin Marokon nykyiset alueet olivat Ranskan ja Espanjan jakamia. Nykyinen Marokon kuningaskunta itsenäistyi 1950-luvulla Ranskan siirtomaavallasta ja osa Espanjan hallitsemista alueista liitettiin siihen samoihin aikoihin, tosin Ifni vasta vuonna 1969 ja Länsi-Sahara 70-luvulla. Espanja hallitsee yhä kahta kaupunkia Pohjois-Marokossa, Ceutaa ja Melillaa.

Länsi-Saharassa Marokon valtaa on vastustanut Algerian tukema äärivasemmistolainen taistelujärjestö *Polisario*, mutta nykyisin se toimii lähinnä Algeriassa ja ulkomailla ja Länsi-Sahara on varsin rauhallista ja turvallista aluetta matkustaa. Länsisaharalaiset ovat sahrawiheimoon kuuluvia arabeja, tosin heihin, kuten muihinkin marokkolaisiin, on sekoittunut paljon berberien ja afrikkalaisten orjien jälkeläisten perimää.

Nykyisen kuninkaan Muhammed VI:n tultua valtaan Marokko on pyrkinyt aktiivisesti demokraattisiin uudistuksiin ja se onkin ollut Jordanian ohella esimerkkimaa arabidemokratian kehittämisessä. Marokko on perinteisesti ylläpitänyt läheisiä suhteita Ranskaan ja sen kautta EU:hun, kun taas välejä Espanjaan on hiertänyt Länsi-Saharan kiista. Suurempi itänaapuri Algeria, joka on pyrkinyt alueelliseen valta-asemaan ja käyttänyt *Polisariota* välineenä saavuttaakseen Atlantin ja eristääkseen Marokon, on ollut Marokon merkittävin turvallisuusuhka. Marokon ja Algerian maaraja on edelleen kiinni ja maiden välillä pystyy siis matkustamaan vain kolmannen maan kautta tai lentämällä.

Viime aikoina vastakkainasettelu arabimaailman sisällä – erityisesti Syyrian, Libyan ja Algerian autoritääriset hallitukset vastaan reformistiset ja länsisuuntautuneet maat – on saanut Jordanian ja Marokon kuningaskunnat hakeutumaan yhä tiiviimpään yhteyteen Arabian niemimaan monarkioiden kanssa. Jordanian jäsenyys Persianlahden arabimaiden yhteisössä on vielä ymmärrettävää, mutta nyt jäsenyysputkessa on myös kaukana arabimaailman toisella laidalla sijaitseva Marokko. Näyttää siltä, että GCC:stä on tulossa monarkioiden klubi, jolla on yhteinen vihollinen: Iran.

# Keski-Atlas



*8. kesäkuuta 2011*

Lensimme Madridista Casablancaan, Marokon suurimpaan kaupunkiin, joka on samalla monessa mielessä Marokon taloudellinen pääkaupunki, kun Rabat on poliittinen ja hallinnollinen. Jostain syystä Casablanca on tullut tunnetuksi espanjalaisella nimellään, joka merkitsee valkoista taloa, kuten myös kaupungin arabiankielinen nimi Dar al-Bayda. Kaupungin alkuperäinen nimi oli berberikielinen Anfa, jolla nykyisin viitataan vanhaankaupunkiin.

Emme jääneet tällä kertaa Casablancaan riekkumaan, vaan vuokrasimme auton ja ajoimme kaupungin itäpuolella sijaitsevaan *Carrefouriin*, jossa lastasimme auton täyteen ruokia, muita varusteita ja tietysti juomia: toistakymmentä pulloa marokkolaisia viinejä ja neljä kastia paikallisia oluita. Sillä tulisi selvitä vuoristojen ja aavikon haja-asutusalueilla, joissa alkoholin hankkiminen voisi olla kaupunkeja hankalampaa. Monet Marokon viinitiloista näyttävät olevan maan juutalaisvähemmistön pyörittämiä, etenkin Meknèsin alueella, minkä vuoksi viinipulloja koristavat kosher-maininnat ja kuvat juutalaisista kyntteliköistä. Yksi suosikeistamme oli Rabbi Yaqubin kosherpunaviini.

Marokossa on edelleen varsin suuri juutalaisväestö, josta osa on ilmeisesti ollut siellä siitä lähtien kun juutalaiset hajaantuivat Palestiinasta pitkin poikin Välimeren aluetta ja muutakin maailmaa. Suurin osa Marokon juutalaisista on kuitenkin peräisin Espanjasta, josta he joutuivat pakenemaan katolisten kristittyjen vainoja (samoin kuin mauritkin, Iberian muslimit, joista oli edellisessä blogimerkinnässä jo puhetta). Vaikka Israel onkin perustamisensa jälkeen imenyt itseensä suurimman osan useimpien arabimaiden juutalaisvähemmistöistä, Marokossa heitä näyttää yhä olevan varsin paljon ja näkyvät muissakin asioissa kuin viininvalmistajina.

Ajoimme Casablancasta halki välimerellisten maatalousvoittoisten maisemien, ohittaen lintutieteellisesti kuuluisan Mamouran metsän, jossa elää mm. harvinaisia kannusfrankoliineja. Matkasimme Meknèsin ja Fèsin suuntaan, mutta emme tällä kertaa menneet näihinkään kaupunkeihin vaan Meknèsin kohdalta kaakkoon Ifranin läänin Azrouhun. Lehmähaikaroita ja pikkutuulihaukkoja näkyi parvittain, kattohaikaroita pesi joka kylässä. Ehdimme jo ensimmäisenä päivänä nähdä joitain Marokon eurooppalaisittain eksoottisista lajeista, kuten liitohaukkoja ja kruununokikanoja.

Azroun alueella oli kukkula, joka kasvoi monipuolista ketokasvillisuutta, ja jossa matkatoverini ja bulgaarikollegansa olivat viime vuonna tehneet samaa tutkimushanketta. Siihen pantiin pystyyn ensimmäinen leirimme. Yöllä huutelivat kyläpöllöset ja koirat haukkuivat. Useita kyläläisiä kävi kyselemässä siellä oloamme ja kutsumassa teelle; jopa poliisi kävi kyselemässä – tämä olikin ainoa kerta, kun jouduimme toistuvan huomion kohteeksi missään yöleiripaikoistamme. Poliisin ja kyläläisten huoli näytti lähinnä koskevan mukavuuttamme ja sitä, kestivätkö laitteemme yöllä tullutta pikku sadetta.

Azrou on viehättävä pikkukaupunki Keski-Atlaksen alarinteillä. Ifran sen sijaan on Keski-Atlakselle rakennettu pieni Sveitsi täynnä Marokon rikkaiden ja ylemmän keskiluokan huviloita ja alppimajoja. Jos jonkun eurooppalaisen pudottaisi sinne ummikkona, hän ei takuulla arvaisi olevansa Afrikassa eikä edes Atlasvuorilla, ellei sattuisi kuulemaan ihmisten puhuvan arabiaa. Vietin pari hauskaa päivää Ifranissa myös vuonna 2003. Paikka on suosiossa myös Fèsin yliopiston opiskelijoiden piknik- ja seurustelupaikkana, vuorilla kun tuntuu ilma olevan kevytmielisempää ja vapaampaa kuin jossain määrin konservatiivisena tunnetussa Fèsissä – joka kylläkin on fantastisen kaunis smaragdinvihreiden tiilikattojen kaupunki.

Aamulla kiipesimme kukkulalle, jossa oli paljon harmaasirkkuja, mustapäätaskuja, töyhtökiuruja, hemppoja ja rusotaskuja. Ajoimme Azrousta Keski-Atlakselle kohti Michliffenin kraatteria, jossa on talvisin hiihtokeskus. Tie kulki halki laaksoissa ja rinteillä olevien sekametsien – paljon tammea. Metsälinnut olivat runsaita: peipon erikoisen näköistä pohjoisafrikkalaista alalajia, afrikansinitiaisia sekä kuusitiaisen *atlas*-alalajia oli paljon, samoin pähkinänakkeleita, etelänpuukiipijöitä ja tulipäähippiäisiä, vuoriuunilintuja, atlassieppoja ja peukaloisia.

Ylempänä oli seetrimetsiä, jossa näimme lisää lintuja sekä paljon magotteja, paikallista apinalajia. Lampaita tulvillaan olevilla ylätasangoilla lenteli haarahaukkoja ja korppeja ja siellä eleli yleisenä atlaskivitasku. Etsittiin tutkimushankkeen kohdelajia rinteestä, jossa niitä oli edellisvuonna ollut, mutta niitä oli vain muutama. Edettiin Michliffenin kraatteriin, jossa huusivat atlasvihertikat valtoimenaan ja kymmenet pikkutuulihaukat metsästivät sirkkoja, joita olikin koko kraatteri tulvillaan. Yötä vietettiin leirissä Michliffenissä, seetrimetsässä kraatterin niityn yläpuolella. Siellä huutelivat yöllä lehtopöllöt.

Seuraava päivä vietettiin Ifranin kansallispuiston alueella Michliffenin ja Ifranin välimaastossa, lähinnä niityillä etsien kohdelajia. Keski-Atlaksen korpit kaakattavat kuin hanhet ja näyttävät lisäksi myös pienemmiltä kuin eurooppalaiset korpit – kyseessä on ilmeisesti alalaji *tingitanus*. Nokivaris on Marokossa jonkinlainen pikkurari, mutta näyttäytyy silti silloin tällöin parvittain. Monien mielenkiintoisten paikallisten lintulajien näkeminen jatkui: mm. sepelleppälintu, pensassirkku ja vuorisirkku. Moni suomalaisittainkin tuttu lintulaji, kuten punarinta, peukaloinen, kulorastas ja käpytikka, ovat yleisiä Keski-Atlaksen seetrimetsissä. Atlaksen seetrit ovat säilyneet paljon runsaampina kuin sukulaisensa Libanonissa. Illalla valmistauduimme yöpymään eräällä kukkulalla, mutta tulikin ukonilma ja vaihdoimme paikkaa.

Seuraavakin päivä kului etsiessä kohdelajia pitkin poikin Ifranin ja Michliffenin välimaastoa. Samoja niittyjä koluttiin moneen kertaan. Palatessamme taas Michliffenin kraatterille otimme huoneen Michliffenin hotellista. Aloitimme taas Michliffenin alueelta ja matkustimme sitten etsimään ruostesorsistaan kuuluisaa Afennourir-järveä. Kansallispuiston kartassa näkynyt tie osoittautui surkeassa kunnossa olevaksi kärrypoluksi, josta *Kia*-henkilöautomme vaivoin selvisi. Tie kulki halki karujen ja lammasten puhtaiksi kaluamien tasankojen sekä välillä läpi jyhkeiden seetrimetsien. Lopulta tulimme paremmalle tielle ja pienellä tähyilyllä löysimme järven. Sinne piti tosin tieltä kävellä kallioisen maaston halki, berberiasutusten välistä. Järvellä oli kuin olikin runsaasti vesilintuja – ruostesorsia, sinisorsia, harmaasorsia ja nokikanoja sekä muutamia muita vesilintuja. Siellä oli myös kaksi flamingoa.

# Atlasta, Todraa ja Draata

*12. kesäkuuta 2011*

Marokkoa halkoo neljä pääasiallista vuoriketjua, pohjoisessa Rif, keskellä Keski-Atlas ja Korkea-Atlas ja näiden kaakkoispuolella kuiva Antiatlas. Korkea-Atlas on vuoristoista nimensä mukaisesti korkein, ja siellä sijaitsee Marokon korkein vuori Toubkal, jonka ympäristöstä tulee puhetta myöhemmässä blogimerkinnässä, jahka ehditään Oukaïmedeniin saakka.

Pääsimme viimein yhdeksäs päivä suuntaamaan Keski-Atlakselta etelään. Pysähdyimme Sidi Alin lähteelle muodostuneella lammella, joka oli kauttaaltaan valkoisten vesikasvin kukkien peitossa, ja jossa pulikoivat kruununokikanat näyttävinä. Pariskunta kutakin, ruostesorsia ja sinisorsia, seisoskeli lammen rannalla. Lammen ympärillä oli kuivaa piikkipensaikkoa, jossa lenteli scythridejä.

Jatkoimme Mideltiin, jossa söimme, mutta jossa ärsyttävät matkamuistokauppiaat vainosivat meitä taukoamatta. Ravintolassa kauppias kertoi erikoisia salaliittoteorioitaan maailmanpolitiikasta: hän kertoi, että Marokko oli jo pidättänyt joitain Marrakeshin pommi-iskun tekijöitä, mutta että nämä olivat "tavallisia ihmisiä – hallituksen vastustajia eivätkä mitään *al-Qa'idaa*". Hänen mielestään useimmat terrori-iskut ovat todellisuudessa Yhdysvaltain, Israelin ja Britannian tiedustelupalvelujen tekemiä ja Usama bin Ladin todellisuudessa onkin elossa.

Ostin Mideltistä pakollisia tuliaisia, kaksi mattoa, kun kerran oli pysähdytty. Jatkoimme kohti Richiä, mutta hämärän laskeutuessa poikkesimme tieltä Aït Daud wa Musan kylän liepeillä ja asetuimme yöksi leiriin vanhoja oliivipuita, katajia ja tupasheiniä kasvavaan rinteeseen. Paikan lintulajistoa edustivat kalliovarpuset, mustataskut, kuusitiaiset, harjalintu jne.

Seuraavana päivänä matkustimme ensin Richiin, jossa tiemme kääntyi Korkean-Atlaksen vuoristoon. Ajoimme Amouguèrin ja Outerbaten kautta kulkevaa tietä ylös alpiiniselle Tislit-järvelle. Matkalla seurasimme vehreää poppelia kasvavaa jokilaaksoa, jossa lauloi paljon etelänsatakieltä ja jonkin verran myös taiturikultarintaa. Muita tyyppilintuja näille laaksoille olivat mm. mustarastas, keltahemppo, tikli ja paikalliset tiaiset. Tislit-järvellä oli varsin kylmä, mutta siellä kellui muutamia nokikanoja, silkkiuikkuja ja sinisorsia. Muuten paikka vaikutti muutamaa hemppoa ja yhtä sepelleppälintua lukuun ottamatta lähes linnuttomalta – johtui varmaan kylmyydestä.

Seuraavana päivänä tulimme alas Korkea-Atlakselta pitkin jokilaaksoja ja Todran solaa, jossa alkoi näkyä paljon muuttavia hyönteissyöjälintuja: pajulintuja, harmaasieppoja, iberiankultarintoja, taiturikultarintoja ja mehiläissyöjiä. Alempana solassa laakso kuhisi lintuja. Todran ja Dadèsin rotkolaaksot ovat kuuluisia lintupaljoudestaan, joskin myös harmillisen turistoituneita. Näimme sinirastaita, bulbuleita, paljon kultarintoja ja muuta hauskaa. Joku opiskelijaksi esittäytynyt tyyppi yritti päästä kyytiimme seuraavaan kaupunkiin – olisi epäilemättä sitten yrittänyt myydä meille jotain.

Pysähdyimme syömään *tajinea* Boumalneen, jossa lauloi kyläsirkkuja. Boumalnesta aavikkotaipaleella kohti Warzazatia näimme myös puhelinlangalla punajalkahaukan, joka saattoi olla matkan harvinaisin tunnistettu lintulaji, ainakin mikäli kirjan karttoihin on luottamista (punajalkahaukat muuttavat Marokkoa idempää).

Jatkoimme kohti Warzazatia ja kävimme katselemassa Warzazatin tekojärveä, jossa nähtiin mm. yöhaikaroita, rääkkähaikara, vihermehiläissyöjiä ja aavikkokiuruja. Warzazatissa kävimme nettikahvilassa, jossa omistaja osasi muutaman sanan suomea ja hänen näyttöpäätteidensä taustakuvana oli kuva Tampereen keskustasta.

Jatkoimme Draan keidaslaaksoa pitkin kaakkoon halki Taourirtin ja jäimme yöksi leiriin Taourirtin jälkeen puoliaavikolle, jossa oli vähän vettä sisältävä ja runsaasti oleanteria kasvava wadi. Puropahasessa eli kuitenkin tuhansia meluisia sammakoita ja jopa vesikilpikonna. Näin

wadissa runsaasti lintuja: mehiläissyöjiä ja vihermehiläissyöjiä, har-
maasieppoja, iberiankultarintoja, ruostepyrstöjä, kyläsirkkuja, paljon
aavikkotulkkuja ja aamulla ylitseni lensi myös kolme hietakanaa suris-
ten. Mielenkiintoisena nisäkäshavaintona mainittakoon marokonmaa-
orava, joita pääsin jopa valokuvaamaan. Illalla jalkaani pitkin juoksi iloi-
sesti ylös arolukki ja seuraavana päivänä automme takakontista löytyi
skorpioni.

# Draan laaksossa

*12. kesäkuuta 2011*

L ähdettiin Taourirtin kaakkoispuolella sijainneesta wadista ajamaan edelleen kaakkoon kohti Zagoraa ja pysähdyttiin Agdzissa pizzeriaan, jossa pizza kuitenkin osoittautui törkeän kalliiksi. Ylitimme lohduttoman kuivia Antiatlaksen vuoria. Zagorassa katseltiin tätä valtavaa taatelipalmujen keskittymää, muttei pysähdytty vielä sinne vaan jatkettiin kaakkoa kohti Saharaan. Draan keidaslaakso muodostaa nauhana vihreän vyöhykkeen, joka tunkeutuu muuten kuiville alueille ja päättyy lopulta Saharaan. Olin täällä myös vuonna 2003, jolloin kävin aina etäisimmissä paikoissa, joihin pääsee ylittämättä vahingossa kiistanalaista rajaa Algeriaan.

Matkalla äkkäsimme aavikolla puhelintolpan päältä jotain pikkulintua repivän berberihaukan, jota saimme katsella melko kauan ja valokuvatakin rauhassa. Muuten aavikolla näkyi lähinnä tyyppilintuja, kalottitaskuja ja aavikkokiuruja, wadeissa aavikkotulkkuja. Beduiinien leireissä viihtyvät aavikkovarpuset, mutta itse Draan laakso on yhtä täynnä tavallisia varpusia. Kyyhkyissä riittää, sillä pulujen lisäksi niin turkinkyyhky, palmukyyhky kuin turturikyyhkykin ovat Draan laakson palmulehdoissa tavattoman yleisiä.

Tamegroutessa tiedustelimme taiteilijaparin omistamaksi mainitulla majatalolla, mutta se olikin muuttunut aavemajataloksi – oli suljettu, myynnissä, hiekkadyynit olivat tunkeutuneet kompleksin sisään ja siellä oli vain vartija, joka pyysi meitä teelle. Jatkoimme uuden vuoriharjanteen yli ja saavuimme viimeiseen vehreään osaan Draan laaksoa, Tagouniten laitamille. Löysimme sieltä majatalokyltin ja koska jo hämärsi, ajoimme sinne. Löysimme Tagouniten läheltä Aït Isfoulista viihtyisän ja ystävällisen paikan, jossa hinnatkin olivat kohdallaan.

Savimuurilla istui minervanpöllö, joka näin hämärän laskeutuessa oli lähtenyt liikkeelle, ja siitä saatiin paljon valokuvia. Kun se lähti partnereineen liikkeelle, bulbulit villiintyivät. Olimme Saharan laidalla, hiekkadyyneillä, ympärillä taatelipalmuja ja jotain tupasvillan näköistä heinää. Kun avasin huoneemme oven, sisään ryntäsi iso arolukki. Jaoimme huoneemme kyläsirkun kanssa, joka istui kylpyhuoneen oven päällä tullessamme ja vietti siinä koko yönsä. Aamulla se sirkutti pari kertaa ja lähti sitten kylpyhuoneen ikkunan kautta ulos päivisiin askareisiinsa. Saimme majatalossa hyvän illallisen (*tajinea* taas), joimme *Sahari*-punaviiniä ja keskustelimme majatalon väen kanssa berberikielten diversiteetistä ja muista henkevistä aiheista.

Päivällä löysin keitaalta muitakin eksoottisia lintuja kuin elämöivät bulbulit: mm. mustarastaita ja viherpeippoja. Siellä oli myös ruostepyrstöjä ja runsaasti kyyhkyjä. Mietin, mahtavatko kyyhkyt olla taatelien alkuperäisiä levittäjiä. Mikä tahansa lintu ei taateleita niele. Syötyämme vielä lounaaksi varrasta majatalossa, lähdimme takaisin luoteeseen, ajaen kohti Warzazatia ja edelleen Korkean-Atlaksen vuorille Tizi-n-Tichkan korkealla sijaitsevaan solaan. Siellä riehui kulkukoiria ja huuteli illalla minervanpöllö.

# Korkea-Atlas

*12. kesäkuuta 2011*

Seuraavana päivänä jatkoimme ajamista Tizi-n-Tichkasta Ourika-joen laaksoon ja sieltä kiipesimme tietä ylös Marokon korkeim-man vuoren Toubkalin kupeessa sijaitsevaan Oukaïmedeniin, joka sekin on talvisin hiihtokeskus. Oukaïmedeniin noustessa alppinaakat leijailivat parvina ympärillämme ja kaikenlaisten helyjen, kivien ja fossiilien myyjät kärkkyivät jokaisessa serpentiinitien mutkassa turisteja. Tunturikiurut laulelivat ylätasangolla.

Oukaïmedenin rinteiden niityiltä ei kuitenkaan löytynyt tutkimushankkeen kohdelajia ja vasta pitkän kökkimisen ja palelemisen jälkeen havaittiin, että kyseinen laji olikin läsnä vasta toukkina. Laskeuduimme illalla ukonilman tieltä alas laaksoon ja käännyimme Setti Fatimaan johtavalle tielle, joka seurasi Ourikan kapeaa rotkolaaksoa. Melkein koko sormilaakso oli tiheään asuttu ja joenvarsi täynnä ravintoloita ja kahviloita. Löysimme viimein hiljaisen paikan, johon asetuimme yöksi leiriin.

Saimme olla rauhassa Setti Fatiman laaksossa varsin pitkään puoleenpäivään, ennen kuin ensimmäiset matkamuistojen ja ravintoloiden tarjoajat ilmaantuivat meitä häiritsemään. Lähdimme kylään kahville ja *tajinelle* yhteen lukuisista ravintoloista ja nousimme sitten taas Oukaïmedeniin, jossa työ jatkui. Kävimme myös vuorten huipuilla, jossa oli sepelleppälintuja, mustaleppälintuja, sinirastas, kivikkorastas sekä kisailevia pikkukotkia. Leppäkerttuja ja pimikkökuoriaisia oli runsaasti huipuillakin; siellä myös lenteli keltaperhosia ja naurisperhosia. Illaksi laskeuduimme taas Setti Fatiman sormilaaksoon ja ajoimme sen päähän, jossa oli vesiputouksilla täysi markkinahumu päällä. Löysimme palatessa hiljaisen paikan ja leiriydyimme. Yöllä laaksossa lenteli valtoimenaan valtavan kokoisia marokkolaisia poppelikiitäjiä.

Lähdimme aamulla ajamaan Setti Fatimasta kohti Marrakeshia, jossa tie vei kaupungin uuden osan läpi. Jatkoimme sitten moottoritielle kohti

Casablancaa, tarkoituksena majoittua johonkin hotelliin viimeiseksi Marokon yöksemme, suhteellisen lähelle Casablancan lentokenttää muttei liian ruuhkaiselle alueelle. Valinta osui Settatin kaupunkiin, josta löysimme pienen ajelun jälkeen hotelli Bel Airin. Kävimme suihkussa ja nettikahvilassa. Settat ei ole millään muotoa turistikaupunki, joten siellä kukaan ei tullut myymään mitään, pyytämään ylihintoja tai ahdistelemaan.

Seuraavana päivänä koitti lähtö Marokosta. Ajoimme Casablancan lentokentälle, hoidimme muodollisuudet ja auton palautuksen ja lensimme Barcelonaan. Sinne ehdimme hyvissä ajoin päivällä, joten saimme viettää pitkän illan aamuyön tunteihin asti tuossa viehättävässä kulttuurin ja biletyksen keskuksessa, Katalonian pääkaupungissa.

# Arabiemiraateissa

*13. kesäkuuta 2011*

E hdin olla Suomessa vain kaksi päivää Marokosta palattuani kun
jo lensin Riian kautta Dubaihin viettääkseni viikon Yhdistyneiden
arabiemiraattien liitossa eli tuttavallisemmin Arabiemiraateissa.
*AirBaltic* tarjosi menopaluun Helsingistä Dubaihin ja takaisin alle
kahdensadan euron, joten kiusaus oli liian suuri.

Tarkoitus oli ollut mennä Emiraatteihin jo paljon aiemmin, mutta ensin
hanke talvella venyi vastaanottajieni siellä kohtaamien byrokraattisten
vaikeuksien vuoksi, ja sitten tuli Marokon tutkimusmatka väliin. Huhti-
kuussa olivat lämpötilat Emiraateissa kuulemma yhä olleet hyvin miel-
lyttäviä, mutta toukokuussa putosi sikäläinen kesä kuin kuuma ja kostea,
tukahduttava esirippu koko Persianlahden alueen ylle. Lämpötilat ul-
kona olivatkin jatkuvasti yli 40 asteen, samalla kun sisätiloissa ilmas-
tointi sai ajoittain kananlihalle. Ystäväni sisaren naapurissa, *Mall of the
Emiratesissa*, on jopa ostoskeskuksen sisään rakennettu laskettelukes-
kus, jossa on aina talvi. Yksi näitä Dubain absurditeetteja.

Ensimmäisenä päivänä Dubaissa kävin Jumeiran Palmussa, joka on ko-
konaan keinotekoinen meren päälle rakennettu palmunmuotoinen
niemi. Paitsi lukemattomia luksusasuntoja, Palmuun on rakennettu tie-
tysti myös ostoskeskus, josta löytyy varsin näyttävä meriakvaario. Valo-
kuvauksen kannalta parempi kuin *Dubai Mallin* vastaava. Kävin tietysti
myös katsomassa maailman korkeinta rakennusta *Burj Khalifaa*, ja eri-
näisissä baareissa, kahviloissa ja klubeilla. *Dubai Mallin* kirjamaailma oli
valtava, joten taas tuli kärrättyä kotiin kassillinen kirjoja.

Vaikka vierailuni Emiraatteihin olikin motiiveiltaan ensisijaisesti sosiaa-
linen, ehdin yhtenä Dubain päivistä käydä myös Dubain laguunilla Ras
al-Khorissa, jossa on rakennettu vierailijoita varten neljä katettua lintu-
tornia. Tai eivät ne itse asiassa torneja ole vaan piilokojuja. Jokaisessa on
intialainen palvelija sekä valmiina kaukoputkia ja kiikareita, jotka

järjestetään vierailijoita varten lintujen esittelemiseksi. Lintujen katselua emiraattityyliin siis! Laguunilla oli runsaasti haikaroita ja flamingoja, pitkäjalkoja ja muitakin kahlaajia. Alue on melkein Dubain keskustassa ja olisi muuten helppo ja miellyttävä luontokohde vierailla, mutta sinne pääseminen on todella monimutkaista tiejärjestelyiden vuoksi. Jos missaa yhden liittymän, joutuu ajamaan koko kaupungin ympäri ja takaisin.

Dubain lisäksi toinen kohteeni oli Abu Dhabi, joka on samaan aikaan suurimman emiirikunnan pääkaupunki ja koko Arabiemiraattien poliittinen pääkaupunki. Dubai on kaupunkina suurempi ja ollut pitkään liittovaltion taloudellinen keskus, vaikkakin se kärsi hiljattaisesta lamasta huomattavasti enemmän kuin varovainen ja vähemmän pröystäilevä Abu Dhabi. Abu Dhabi on Dubaita konservatiivisempi kulttuuriltaan. Se on bisneskaupunki ja "perheiden kaupunki", ei niinkään Dubain tapaan sinkkukaupunki.

Arabiemiraatit on monessa suhteessa merkillinen maa. Seitsemän Persianlahden rannikon pientä kaupunkivaltiota – Abu Dhabi, Dubai, Sharqa, Ajman, Ras al-Khaima, Umm al-Quwayn ja Omaninlahden puolella sijaitseva Fujeira – alkoi 1960-luvulta alkaen vaurastua massiivisesti öljyllä ja itsenäistyäkseen brittien alueellisesta hegemoniasta mutta toisaalta välttääkseen ajautumisen isoveljen Saudi-Arabian provinsseiksi emiraatit yhdistyivät liittovaltioon, joka vielä vuosikymmen sitten oli varsin löyhä. Brittien tilalle öljyalaa hallitsemaan ilmaantuivat sittemmin amerikkalaiset ja Emiraatit hyötyivät epäsuorasti vuonna 1975 alkaneesta Libanonin sisällissodasta ja muusta Lähi-idän epävakaudesta, koska niin paljon bisnestä, pankkitoimintaa ja koulutettua väkeä muutti Välimeren rannoilta Persianlahdelle. Kalastajakylistä kasvoi yhtäkkiä ultramoderneja metropoleja pilvenpiirtäjineen ja rahassa rypevine rikkaineen.

Arabiemiraateissa arvioidaan tätä nykyä oleskelevan päälle kahdeksan miljoonaa ihmistä (toiset lähteen mainitsevat asukasluvuksi viisi miljoonaa, joka lienee pysyvämpiä asukkaita), mutta näistä reilusti alle miljoona on oman maan kansalaisia. Reilusti yli puolet Emiraattien asukkaista on eteläaasialaisia – intialaisia, pakistanilaisia, bengalilaisia, filippiiniläisiä, srilankalaisia – ja libanonilaisia, egyptiläisiä ja iranilaisiakin on ilmeisesti enemmän kuin emiraattilaisia.

Emiraateissa näin massiivinen maahanmuutto ja omien kansalaisten jääminen pieneen vähemmistöön ei näytä olleen ongelma, koska kaikki ulkomaalaiset ovat maassa töissä – suomalaisiakin on tuhansia. Ihmiset muuttavat Emiraatteihin töitä tekemään, ja vaikka maassa on olemassa myös varsin hyvä, öljyrahoilla kustannettu sosiaaliturva ja työntekijöiden oikeuksia valvova viranomainen, yhteiskunnan varoilla ei sinne voi tulla elämään. Verot ovat olemattomia ja bisnes on aina tervetullutta rahaa tahkoamaan.

Vaikka Emiraateissa harjoitetaan islamilaisuuden puritaanisinta muotoa, wahhabilaista sunnalaisuutta, maa ei ole mikään Saudi-Arabia, eikä voisikaan olla kun väestä niin suuri osa on muita kuin muslimeja – hinduja, kristittyjä jne. Varsinkin Dubaissa naisten pukeutuminen on vapaata – ainakin itäeurooppalaisten naisten – ja alkoholia tarjoillaan kaikissa niissä ravintoloissa ja baareissa, jotka ovat hotellien yhteydessä. Janossa ei tarvitse elää, kun joka toisessa kompleksissa on hotelli. Ostoskeskuksissa ja kahviloissa pääsee ilmaiseen langattomaan verkkoon ja yhteisöpalvelut kuten *Facebook, Twitter* ja *YouTube* ovat auki.

Tätä kaikkea taustaa vasten on merkittävää todeta, että Arabiemiraatit on yksi niistä maista maailmassa, jossa ei ole tapahtunut ainuttakaan terrori-iskua. Kävimme tapaamassa ystäväni turvallisuusalalla toimivaa kollegaa, joka kertoi, että maassa on Israelin jälkeen koko Lähi-idän robustein elektroninen tiedustelu. Joten sähköposteja, nettisurffausta ja matkapuhelimia seurataan kyllä, vaikkakaan niitä ei esimerkiksi Syyrian ja Saudi-Arabian tavoin blokata. Miten on mahdollista, että Arabiemiraatit tarjoaa näin paljon vapauksia näin diversille ihmismassalle? Eihän voi olla mahdollista, että kaikkia täällä eläviä maahanmuuttajakansojen puhumia kieliä simultaanitulkataan jatkuvasti kaikkien turvallisuusuhkien estämiseksi? Emiraattien tiedustelupalvelulla ei voi olla niin suuria määriä kaikkien Intiassa, Pakistanissa ja Filippiineillä puhuttujen kielten puhujia - puhumattakaan kaikista Euroopan kielistä.

Ajellessa pitkin poikin vuokra-autolla tai Chicagon tapaan korkealla katutason yläpuolella kulkevalla metrolla ei voi välttyä huomaamasta, kuinka valtavan haavoittuvia Dubai tai Abu Dhabi olisivat, jos joku haluaisi siellä räjäytellä pommeja. Silmänkantamattomiin lasitaloja ja pilvenpiirtäjiä täynnä ihmisiä; aamusta iltaan väkeä kuhisevia ostoskeskuksia täynnä kansainvälisiä ketjuja ja ylikansallisia yrityksiä. Yksikin terrori-isku tekisi varsinaista tuhovaikutustaan määrättömästi enemmän tuhoa Emiraattien maineelle bisnes- ja turistimaana, puhumattakaan osakemarkkinoista. Luulisi, että joku haluaisi yrittää. Kontaktimme kertoikin häveliäästi, että yrityksiä on kyllä ollut, mutta ne torjutaan ennen realisoitumista. Ja sitä enempää ei sitten aiheesta voikaan puhua.

Arabikevään mielenosoitukset ovat Emiraateissa jääneet vaatimattomiin ja rauhallisiin mielenilmauksiin, joita ovat järjestäneet – lähinnä virtuaalisesti – jotkin maassa toimivista kansalaisjärjestöistä. Niissä esitetyt demokratiavaatimukset ovat olleet harvinaisen maltillisia. Kuinka demokratia järjestettäisiin maassa, jonka asukkaista suurin osa on ulkomaalaisia ja Emiraateissa vain tahkoamassa rahaa kaukana Intiassa tai Filippiineillä eläville perheilleen? Tällaisilla ihmisillä ei ole turhaa aikaa ja toimettomuutta – eikä intressejäkään – ryhtyä kaikenkarvaisiin salahankkeisiin sitä valtiota vastaan, joka tarjoaa töitä ja bisnestä.

Emiraatit haluaa investoida rahojaan muuhunkin kuin kelluviin golfkenttiin ja keinotekoisiin palmujen ja maailmankartan muotoisiin saariin. Maa on käynnistänyt mittavat investoinnit koulutussektorille, pyrkien nousemaan Lähi-idän yliopistokeskukseksi ja huippuosaamisen mekaksi. Aasialaisista teknologian huippuosaajista ei ole pulaa, eikä eurooppalaisistakaan – tunnen monia Emiraatteihin muuttaneita suomalaisia, jotka vaikka manaavatkin kesäkuukausien ilmastoa, eivät ole aikeissa palata taantuvaan Eurooppaan. Amerikkalaiset ja brittiläiset huippuyliopistot ovat avanneet haaraosastoja ja kampuksia Emiraatteihin.

Dubai on jo pari kertaa elänyt yli varojensa ja joutunut Abu Dhabin pelastettavaksi, mutta mikään ei viittaa ainakaan vielä siihen, että Emiraattien asema maailmantaloudessa olisi kääntymässä laskuun. Päinvastoin, taloudellinen vapaus takaa sen, että aivovuoto vastakin jatkuu tänne niin Lähi-idästä, Euroopasta kuin Aasiastakin.

Kun vielä runsas viisi vuotta sitten puhuttiin arabimaiden taloudellisesta stagnaatiosta, nykyiset luvut kertovat nopeasta suhteellisesta vaurastumisesta. Maailman vaurain maa on nykyisin arabimaa, Qatar, ja Bahrain, Kuwait ja Arabiemiraatit tulevat perässä, kaikki maailman vauraimpien maiden joukossa. Edes Jemen ei enää kuulu maailman köyhimpien maiden joukkoon, jossa nykyisin on lähinnä vain mustan Afrikan maita.

Lähes kaikkien arabimaiden talouskasvu on ollut jo jonkin aikaa varsin nopeaa, samalla kun myös näiden maiden yhteiskunnat ovat nopeasti modernisoituneet ja kehittyneet. Tämä onkin yksi tärkeimmistä makrorakenteellisista syistä arabikevään taustalla, koska se asia, joka arabimaissa on ollut stagnaattinen, jäykkä ja kykenemätön sopeutumaan muutoksiin, on valtio. Arabikeväässä on kyse siitä, että yhteiskunnat murtautuvat esiin loisensa, ylipönäkän valtion, kahleista, kun valtiollisen sääntelyn, autoritäärisen hallinnon ja korruption loistaakka on muodostunut niin raskaaksi, etteivät uudet emansipoituneet sukupolvet enää jaksa ja halua sitä harteillaan kannatella. He eivät halua enempää "vakautta", vaan muutosta.

# Länsirannikkoa

*8. heinäkuuta 2011*

M aanantaina tupsahti kylään amerikkalainen vieras, joka oli tulossa Vilnasta ja jatkamassa torstaiaamuna Turusta Tukholmaa kohti. Koska hänen ensimmäisellä Suomen-vierailullaan oli joulukuu, oli paikallaan esitellä Suomea kesäkuteissa sikäli kuin nyt kolmeen päivään mahtui. Tämä antoi myös blogistille hyvän tekosyyn jättää työpöytänsä hetkeksi ja käydä katsomassa vanhempiaan, joita maantieteellisistä syistä näen turhan harvoin, sekä vierailla Turussa, yhdessä useista kotikaupungeistani ja tämän vuoden jaetussa kulttuuripääkaupungissa.

Maanantai vietettiin kokonaan Helsingissä, lähinnä lounastaen, kahvittaen, päivällistäen ja jatkoilla juoden, tavaten ihmisiä. Seuraavana päivänä menimme lounaan päälle Suomenlinnaan. Sitten vuokrarenkaat alle ja matkaan kohti länsirannikkoa, Porin, Merikarvian ja Kristiinankaupungin kautta Kaskisiin.

Kaskinen oli vuosikymmenet Suomen pienin kaupunki ja ehkä edelleen pienin rakenteeltaan kaupunkimainen kaupunki – en oikein laske kaupungeiksi näitä monista maalaiskunnista yhteen liimattuja yhdistelmäkuntia. Kaksikielinen Kaskinen on kaikilta suunnilta Närpiön saartama, ja vaikka sitä yhdistävät mantereeseen kaksi siltaa ja Eskilsön saareen lossi, se on jotenkin erillinen. Parissa tunnissa kävelee verkkaista tahtia koko kaupungin ympäri ja näkee vielä nähtävyydet päälle.

Suurin osa Kaskisista muodostuu 1700-luvulta periytyvään ruutuasemakaavaan sijoitetuista puutaloista. Taloista suurin oli aiemmin Bladhin talo, joka on vaasalaisen suurporvarin Johan Bladhin rakennuttama, mutta tuli tunnetummaksi hänen pojastaan, Peter Johan Bladhista, joka oli merkittävä porvari, laivanvarustaja, orientalisti ja luonnontieteilijä, Ruotsin Itä-Intian kauppakomppanian palveluksessa ollut Kiinan-kävijä, joka osasi myös mandariinikiinaa. Bladhin talossa toimivat ennen niin koulu, kirkko kuin pappilakin, mutta kirkko siirtyi 1960-luvulla rakennettuun uuteen kirkkoon Kuningas Kustaan puistokadun päähän.

Kaskinen sai kaupunkioikeudet Kustaa III:lta 1700-luvun lopulla, mutta se oli aktiivinen satamapaikka jo pitkään tuota ennen. Aikoinaan, kun suurin osa Suomesta oli läpitunkematonta erämaata ja tavara sekä ihmiset liikkuivat lähinnä vesireittejä pitkin, Kaskisten ja Kristiinankaupungin tapaiset Pohjanlahden rannikon pienet satamat olivat tärkeässä asemassa. Sittemmin kuljetukset siirtyivät maanteille ja nämä kaupungit lopettivat kasvamisen – siitä seurauksena ne ovat säilyneet puukaupunkeina. Satama merenkulkijoineen ja kauppiaineen on aina tehnyt Kaskisista merkillisen kansainvälisen paikan. Moni mies on eksynyt sinne meriltä ja jäänyt kun Kaskisista on löytynyt heila. Sinne on asettunut harhailijoita kaukaa idästä, lännestä ja etelästä. Tämä on mitä kaskislaisin tarina ja löytyy blogistinkin maailmoille tulemisen takaa.

Mieltäni on pitkään askarruttanut se merkillinen seikka, että Kaskisten keskustan krouvin, *Café Kung Gustavin*, ikkunoita koristaa Marokon kuningaskunnan vaakuna. Mielikuvituksessani olen olettanut, että siihen täytyy liittyä jokin tarina – todennäköisesti merellinen. Mutta tällä kertaa tulimme vihdoin kysyneeksi vaakunan taustaa ja kuulimme, että sen on maalannut teuvalainen taiteilija neljätoista vuotta sitten mutta omistajatar ei vaakunan taustaa tuntenut. Arvoitus ei siis vieläkään ratkennut; ehkäpä taiteilija tietää sen, jos on vielä elossa.

Kävimme Sälgrundin majakkasaarella, jossa majakka on toki yhä toiminnassa, mutta luotsiasema sulkenut ovensa. Maisemissa oli paljon lokkeja, lapintiiroja ja haahkoja ja Sälgrundin niemennokassa myös pari merikihua, molemmat tummaa värimuotoa. Tällä vierailulla ei näkynyt merikotkia. Petoviha näyttää yhä riivaavan seutua, koska merikotkia oli ammuttu ainakin kahdessa paikassa Pohjanmaalla ja myös huuhkajien poikasia tapettu raa'asti. Ihmeellisiä näiden ihmisten asennevammat.

Matkustimme Kaskisista Raumalle, joskin saavuimme sinne niin myöhään, että kaikki pikkukaupat olivat kiinni ja vain baarit auki. Viimeiseksi saavuimme Turkuun, jossa yö päätettiin kahdelta *Koulun* sulkiessa. Aurajoen varsilla oli sietämättömän paljon hyttysiä – en muista, että sellaista ongelmaa olisi ollut silloin, kun vielä asuin Turussa, mutta toisaalta, huomaan nykyisin, etten muista monia muitakaan asioita.

# Eskil

*9. heinäkuuta 2011*

Miksi Kaskisissa on Pyhän Eskilin katu ja salmen toisella puolen Eskilsö? Kuka tämä pyhä Eskil oli ja miksi hänen mukaansa on nimetty niin paljon tuolla seudulla? Asia piti oikein tarkistaa *Wikipediasta*, josta löytyikin kyseisestä pyhimyksestä lisää tietoa. Englanninkielinen artikkeli on kattavampi kuin vastaava ruotsinkielinen (suomenkielisessä versiossa on vain vaatimaton maininta).

Näyttää, että Eskil-piispa oli Ruotsissa samanlainen hahmo kuin sata vuotta myöhemmin Henrik-piispa Suomessa. Eskil oli anglosaksinen munkki, josta tuli 1000-luvulla Sörmlannin piispa. Hän vaikutti Sörmlannissa ja Mälarenjärven ympäristössä, perusti piispanistuimen Tunaan (josta myöhemmin tuli Eskilstuna) ja joskus noin vuonna 1080 surmattiin kivittämällä Strängnäsissä, kun hän oli häpäissyt viikinkien pakanamenoja kiivaillen kristinuskon puolesta.

Vajaat sata vuotta myöhemmin, arviolta vuonna 1155, toinen anglosaksinen kirkonmies, Henrik-piispa, saapui Suomeen Ruotsin kuningas Eerikin siunauksella, ristiretkelle kristinuskon vakiinnuttamiseksi suomalaisten pakanain keskuuteen. Hänkin kärsi marttyyrikuoleman, kun Köyliön suurmies, rälssitilallinen Lalli, käytteli kirvestä Köyliönjärven jäällä.

Myöhemmät keskiaikaiset legendat ikuistivat molemmat marttyyrit ja heidän kuolemansa sekä värittivät tarinat lukuisin epäuskottavin yksityiskohdin. Lukemattomia paikallislegendoja sikisi alkuperäisten tarinoiden rönsyistä.

Mutta oliko Eskil-piispa niin tunnettu Suomessa, että hänen mukaansa nimettiin sekä saaria että katuja? Hänestä kertovassa parin rivin suomalaisessa *Wikipedia*-artikkelissa mainitaan ainoastaan, että hänet on kuvattu piispa Henrikin sarkofagin kanteen. Sattumoisin Henrik-piispan ja

Lallin tarina tapahtui pian sen jälkeen, kun piispa Eskilin marttyyri-
kuolemasta kertova kronikka oli tuotu ilmoille Ruotsissa. Sattumaako?

Edellisessä artikkelissani mainitsin Bladhin merkkisuvun, jonka vaasa-
lainen patriarkka hallitsi Benvikin kartanoa Närpiössä, hankki Kaskisille
kaupunginoikeudet ja rakennutti sinne Bladhin talon. Sattuu olemaan
niin, että Bladhin suvun on kerrottu olevan peräisin Sörmlannista,
vaikka suvun vanhin merkkihenkilö onkin jäljitetty 1600-luvun Tur-
kuun. Kumpi johtuu kummasta: johtiko jo olemassa ollut yhteys
Sörmlantiin siihen, että tämänkaltaiset merkkisuvut asettuivat Kaskis-
ten alueelle, vai toivatko he sinne Sörmlannin legendoja, kuten tietoisuu-
den piispa Eskilistä ja hänen marttyroitumisestaan pyhimykseksi?

# Thugokratia

*16. heinäkuuta 2011*

Tapanani ei ole ollut levittää yksittäisiä videoita eikä varsinkaan yksittäisistä tapauksista, mutta tällä kertaa teen poikkeuksen lähinnä siksi, että yksittäistapaus käsittelee havainnollisesti useimmilta toimittajilta ymmärtämättä jäänyttä asiaa autoritäärisissä järjestelmissä: sitä, että autoritääriset järjestelmät itsessään synnyttävät korruptiota ja korruptio taas rosvojen ja gangstereiden valtaa.

Ainakin suomalainen media suojelee edelleen Syyrian Ba'ath-puoluetta. Kun hallituksen thugit hyökkäsivät Ranskan ja Yhdysvaltain suurlähetystöjä vastaan – sen jälkeen kun nämä maat olivat onnistuneet Haman-vierailullaan estämään valmistellun verilöylyn – suomalaismedia antoi sen kuvan, että suurlähetystöihin hyökänneet vandaalit olisivat olleet "mielenosoittajia", siis Syyrian oppositiota. Kyseessä olivat kuitenkin nimenomaan hallituksen thugit, ja tämä tiedettiin muualla maailmassa. Epäilemättä se tiedettiin Suomessakin, mutta täällä uutisointi oli syystä tai toisesta epärehellistä. Samat hallituksen thugit polttivat vuonna 2006 Tanskan ja Norjan suurlähetystöt.

Apteekin valvontavideolla Syyriaa hallitsevan Ba'ath-puolueen Libanonin-osaston Sidonin-päällikkö ryntää useamman thugin kanssa sisään apteekkiin ja alkaa kiroilla, kirota Jumalaa sekä uhkailla apteekkaripariskuntaa, koska nämä eivät olleet aiemmin suostuneet siihen, että puoluejohtajan veljenpoika jättää ostoksensa maksamatta, vaikka tämä oli kertonut kenen veljenpoika oli. Toimittajilla on nykyään tapana kertoa jokaisen "oppositiovideon" yhteydessä, että "väitteitä ei voida vahvistaa". Tämän videon kohdalla ongelmaa ei pitäisi olla, sillä mies kertoo itse videolla sekä nimensä että puolueensa. Videolinkin alla on englanniksi käännetty, mitä puoluejohtaja ja apteekkari sanovat. Baathistit rikkovat paikkoja, puoluejohtaja uhkaa tappaa apteekin väen ja uhoaa kostoa. Muutamat sivulliset, kuten nuori naistyöntekijä ja nuori miesasiakas yrittävät auttaa, mutta koska kaikki tietävät, keitä riehujat ovat, he ovat peloissaan ja naistyöntekijä pyörtyy pelosta tai järkytyksestä.

Mitä tämä video sitten kertoo autoritäärisistä hallinnoista? Hyvin paljon. Omien kokemusteni perusteella tiedän, että videolla esiintyvän puolue-johtajan ja hänen gangsteriensa käytös vastaa sitä, millä tavalla Syyrian, Irakin ja Libanonin Ba'ath-puolueiden, SSNP:n, Hizbullahin ja muiden autoritäärisestä vallasta voimantuntonsa saavien puolueiden edustajat – samoin kuin turvallisuuspalvelujen miehet – käyttäytyvät. Olen todista-nut samaa lukemattomat kerrat. Kimppuuni on myös käyty fyysisesti ja paikallinen avustajani yritetty kidnapata samojen joukkioiden toimesta.

Ei ole tavatonta, että vastaavaa näkee tapahtuvan myös demokraatti-sissa maissa. Silloin kun laki ja järjestys on kadotettu, rikollisjengit ja hu-ligaanit hyppivät helposti silmille ja alkavat kuvitella voivansa tehdä mitä tahansa rangaistuksetta. Sellainen suututtaa tavallisia ihmisiä, jotka sitten usein äänestävät niitä puolueita, jotka lupaavat tuoda poliiseja ka-duille ja palauttaa järjestyksen. Tuskin kukaan normaali ihminen haluaa elää kaupunginosassa, jossa valtaa pitävät thugit, kaiken maailman gangsterit ja räyhääjät.

Outoa kyllä, näiden samojen ihmisten, jotka suuttuvat lähiöissä liikku-vista jengeistä, on usein vaikea ymmärtää, kuinka paljon pahempaa on, kun rikollisten tavoin käyttäytyvät täysin rangaistuksetta vallanpitäjien kätyrit – poliisit, poliisin urkkijat, puoluejäsenet ja nomenklatuuran su-kulaiset. Näihin ihmisiin ei auta valtiollinen kurinpitokampanja, koska he ovat valtio itse. He ovat autoritäärinen valtio – se, mikä sitä pitää koossa. He ovat se pelon ja terrorin käsi, joka pitää autoritääristä järjes-telmää nyrkkinsä puristuksessa.

Demokratia ei ole täydellinen järjestelmä, mutta sen olennaisin ele-mentti on muutoksen mahdollisuus: kansalaiset voivat vaihtaa ajoittain vallanpitäjiään ja nämä tietävät sen. Vallanpitäjät joutuvat siis ottamaan kansalaisten mielipiteet huomioon. Autoritäärisessä järjestelmässä on päinvastoin: Kansalaiset joutuvat kaikessa ottamaan vallanpitäjien ja näiden kätyrien mielipiteet huomioon. Toivoa muutoksesta ei ole.

Ei ole sattumaa, että demokratia korreloi avoimen, vapaan yhteiskunnan ja oikeusvaltion kanssa, ja että autoritaria taas korreloi korruption, tyrannian ja mielivallan kanssa. Autoritäärinen valta nostaa aina, poikkeuksetta, valtaan ihmisistä huonoimpia. Valistunut itsevaltius on typerä myytti.

Moni länsimaalainen kuvittelee yhä, että autoritäärinen järjestelmä edustaisi "vakautta", ja että mielenosoittajat kaduilla edustavat "epävakautta". Että autoritäärinen järjestelmä olisi jotenkin hyväksi tai vieläpä välttämätön "epävakaille alueille", kuten arabimaat tai Venäjä. Jokaisen, joka kuvittelee niin, pitäisi katsoa apteekkivideo uudelleen ja ymmärtää, että *tuolta* se "vakaus" näyttää tavallisten ihmisten näkökulmasta. Tavalliset ihmiset eivät asu viiden tähden hotelleissa ja hienostoalueen muurien suojissa ulkomaalaisen passin antamalla suojalla, kuten ne konsultit, delegaatit, diplomaatit, asiantuntijat ja toimittajat, joiden mielestä Saddam, Assad ja Qaddafi edustivat vakautta.

En ole vieläkään huomannut, että Suomessa olisi ymmärretty, että juuri tuota apteekissa nähtyä "vakautta" vastaan tunisialaiset, egyptiläiset, libyalaiset ja syyrialaiset ovat nousseet kaduille. Juuri tuo vallanpitäjien ja heidän lakeijoidensa häpeilemätön törkeys on se, mikä ihmisiä niin syvästi nöyryyttää ja loukkaa. Se, että sille ei voi mitään. Se, että ei ole ketään, johon vedota – paitsi jos omalta suvulta löytyy kontakteja ja pyssyjä. Autoritäärisessä valtiossa ainoa oikeus, jota voi saada, on omankädenoikeus.

Nämä ongelmat eivät ratkea sillä, että autoritääriset hallinnot pysyvät vallassa ja länsimaat antavat niille kehitysapua – esimerkiksi "oikeusvaltion kehittämiseen". Kenelle luulette, että se raha menee? Videossa esiintyvälle apteekkarille vai siellä riehuvalle puoluejohtajalle?

Arabimaiden väestöt ovat heränneet ymmärtämään, ettei mikään muutu, ennen kuin thugit ja heidän suojelijansa joutuvat pelkäämään. Siksi Misratassa ja Dara'assa kuollaan mieluummin kuin annetaan vanhan vallan palata.

**PS.** Iloinen uutinen on se, että seitsemän virolaista pyöräilijää pääsi ranskalaisten avulla vapaiksi ja ilmeisesti heidät siepanneita thugeja on pidätetty. Uutista synkistävät tosin spekulaatiot siitä, mitä rosvot ja heidän poliittiset toimeksiantajansa ovat saaneet maksuksi, jotta virolaiset saatiin verenvuodatuksetta vapaiksi.

# Tapahtui tuolla jossain

*19. heinäkuuta 2011*

On eri asia nähdä konflikteja ja kärsimystä televisiosta ja lehdistä ja pitää niiden tapahtumapaikkoja itselleen vieraana maailmana, vieraina paikkoina, kuin nähdä konflikteja ja kärsimystä maailmassa, jota pitää yhtenäisenä ja omanaan, ja paikoissa, jotka muistaa hyvin ja yksityiskohtaisesti, koska on asunut siellä. On eri asia nähdä tuntemattomien ihmisten kärsivän, etenkin jos he tuntuvat ulkomaalaisilta ja muutenkin vierailta, kuin nähdä sellaisten ihmisten kärsivän, joihin on tutustunut ystävinä, sukulaisina ja naapureina.

Olen aiemmin kertonut, että suuri osa syyrialaisista ystävistäni on lähtenyt maasta, asuu, opiskelee ja työskentelee nykyään kuka missäkin: Arabiemiraateissa, Qatarissa, Saudi-Arabiassa, Yhdysvalloissa, Kanadassa, Suomessa, Ruotsissa, Ranskassa, Iso-Britanniassa, Jordaniassa, Egyptissä... Mutta eivät kaikki ole lähteneet maasta. Niiltä, jotka ovat yhä Syyriassa, tulee jatkuvasti viestejä joko suoraan tai ystävien ja sukulaisten kautta. Ne eivät ole lainkaan hauskoja viestejä, vaikka niissä olisi mukana vitsejä, sarkasmia ja hymiöitä.

Yksi kertoi juuri kuinka Ranska oli hylännyt hänen viisumihakemuksensa, kun hän olisi mennyt tapaamaan veljeään, joka on ranskalaisen kanssa naimisissa ja asuu Ranskassa. Aiemmin sama henkilö oli ollut tervetullut Länsi-Eurooppaan. Hänellä on akateeminen työpaikka ja asumislupa maailman rikkaimmassa maassa. Nyt häntä tunnutaan kuitenkin rankaisevan siitä, mitä Syyriassa tapahtuu.

Hänen vanhempansa ovat yhä Homsissa, Syyrian kolmanneksi suurimmassa kaupungissa, jossa on merkittävä kristitty vähemmistö. Aikaisemmin salainen poliisi levitti ystäväni äidistä valheita uhkaamistarkoituksessa, ja antoi ymmärtää, että jos poika tekisi tai sanoisi ulkomailla vääriä asioita, äidille voisi "terroristien toimesta" sattua jotain. Viime viikolla tarkk'ampujan luodit lävistivät vanhempien asunnon ikkunat.

Kukaan ei onneksi kuollut. Minä olen ollut siinä asunnossa monta kertaa, katsonut siitä ikkunasta, nähnyt siltä parvekkeelta ympäröiville katoille, moskeijojen minareetteihin ja käynyt katsomassa läheisessä kirkossa säilytettävää neitsyt Marian vyönsolkea.

Toinen syyrialainen ystäväni palasi käymään kotimaahansa, huolestuneena läheistensä turvallisuudesta ja ajatellen, että jos ei sekaantuisi politiikkaan, ei ehkä tulisi ongelmiakaan. Hän meni hiljattain naimisiin ja hänellä on pieni lapsi. Rajalla salainen poliisi pidätti hänet heti ja häntä pidettiin lähes kahden kuukauden ajan vangittuna.

Vangitsemisen aikana salainen poliisi pakotti hänet antamaan kaikki tunnuksensa ja salasanansa eri sosiaalisille sivustoille. Hän joutui istumaan tietämättömänä, mitä kaikkea turvallisuuspalvelu päivien aikana teki hänen tunnuksillaan, kuinka niitä käytettiin hänen ystäviään ja tuttaviaan vastaan, ja mitä kaikkea hänen nimissään lähetettiin, väärennettiin ja urkittiin. Tämä ystävä ei jälkeenpäin halunnut kertoa, mitä kaikkea muuta turvallisuuspalvelun käsissä tapahtui, mutta jotain voi päätellä siitä, kuinka hän lyhyesti asian totesi: "Olen fyysisesti ookoo, hengitän yhä, mutta henkisesti en ole enää entiseni." Hän lakkautti sosiaaliset sivustonsa.

Kolmannen syyrialaisen ystäväni veli, 15-vuotias poika, on ollut nyt kaksi viikkoa vangittuna. Salainen poliisi etsi häntä nimeltä ja sieppasi kadulta, ja sukulaiset saivat vasta pitkän etsinnän jälkeen tietää hänen olevan sotilastiedustelun hallussa, kuulemma tuhannen muun samanikäisen kanssa. Puolue on ilmoittanut, että maassa on kasvanut tietty ikäpolvi, jolta puuttuu kunnioitus, ja että näille ihmisille on tehtävä jotain.

En ole puhunut asiasta, mutta nyt puhun, koska pojan veljet ovat jo kuuluttaneet asian julki netissä eikä yksi suomalainen blogi siis voi enää pahentaa tilannetta. Minua suututtavat länsimaalaisissa hyvinvointivaltioissa elävät ihmiset, joiden mielestä on oikein piestä, vangita ja kiduttaa lapsia, koska nämä huutavat kaduilla iskulauseita ja kirjoittelevat asioita netissä; ihmiset, jotka ajattelevat, että "sitähän ne ovat kerjänneet"; ihmiset, joiden mielestä on oikein toimittaa diktatuureille puhelin- ja internet-verkkojen vakoiluteknologiaa tai rakentaa Qaddafille asetehtaita.

Tapasin tämän pojan, joka nyt on jossain kellarissa lukemattomien samanikäisten kanssa, silloin kun hän oli 12-vuotias. Silloin hän keräsi vanhoja kolikoita ja kirjoitti mystistä skifi-romaania. Hän antoi minulle lahjaksi Irakin kuningaskunnan ja Saddamin aikaisia seteleitä sekä itse tekemänsä puisen taideteoksen, johon hän on maalannut molemmille puolille mystillisiä abstrakteja kuvia, käyttäen mustaa, valkeaa ja punaista väriä. Hänen signeerauksensa löytyy taide-esineestä kolmella eri kirjainjärjestelmällä kirjoitettuna. Ehkä jos sijoitan esineen grönlantilaisen valaanluisen suojelustoteemin viereen, se auttaa poikaa pääsemään vapaaksi. Toivottavasti jotenkuten ehjin nahoin.

Toivon, että hän vapautuu, ja että siihen asti hän jaksaa. Toivo sinäkin! Ja toivon, etteivät hänen isoveljensä joudu samaan tilanteeseen kuin Amirin ja Khalilin sarjakuvan iranilainen päähenkilö *Zahran paratiisissa*.

Olen kyllästynyt ihmisiin, jotka ovat hysteerisiä kaiken maailman asioiden suhteen, ja jotka keksivät mielikuvituksellisia abstrakteja salaliittoteorioita maailman tragedioista tukemaan poliittisia tai uskonnollisia mielipiteitään, mutta joilta puuttuu kokonaan empatia todellisen maailman todellisia ihmisiä kohtaan.

Vain empatiavammaiset ihmiset voivat jatkaa puhumista diktatuurien puolesta. Länsimaalainen, turvallisessa yhteiskunnassa elävä ihminen, joka ryhtyy opettamaan autoritäärisestä maasta tulevaa ihmistä siitä, että autoritaria on tämän parhaaksi, on vastenmielinen. Länsimaalainen ihminen, joka kantelee emigranteista näiden kotimaan turvallisuusviranomaisille, on halveksittava ja ansaitsisi tulla kohdelluksi maanpetturina – länsimaisen demokratian petturina nimittäin. Tällaisia ihmisiä Suomessa riitti neuvostoaikana ja riittää ikävä kyllä edelleen.

# Vihan sato

*24. heinäkuuta 2011*

Kauheudet eivät rajoitu siihen, mitä tapahtuu viikoittain Syyriassa, Libyassa, Iranissa, Meksikossa, Somaliassa ja Pohjois-Kaukasiassa, kuten olemme kaikki saaneet viime päivinä kokea. Utøyan verilöyly ja sitä edeltänyt pommi-isku Oslon keskustassa ovat olleet ykkösaiheina kaikissa tiedotusvälineissä perjantai-illasta alkaen.

Kun uutiset Oslon pommista levisivät maailmalle, ihmiset reagoivat kolmella tavalla. Pieni vähemmistö piti malttinsa, halusi ensin tietää asiasta ja odottaa yksityiskohtien ja alustavan tutkinnan tuloksia ennen kuin ryhtyisivät mässäilemään norjalaisten tragedialla omien poliittisten ja uskonnollisten mielipiteidensä ajamiseksi. Näillä ihmisillä saattoi olla omia epäilyksiä iskun tekijöistä tai taustavoimista, mutta tiedon puuttuessa he tekivät rationaalisen valinnan olla julistamatta mitään ennenaikaista.

Toinen, satakertaisesti laajempi ihmisjoukko, päätti heti ensimmäisistä uutisista alkaen, että asialla täytyi olla "muslimit", koska "onhan se nyt päivänselvää". Nämä ihmiset katsoivat tarpeelliseksi demonstroida järkytystään ja hysteriaansa levottomilla lausunnoilla, huutamisella ja ylipäätään tunnepohjaisilla reaktioilla. Nämä ihmiset hyökkäsivät myös edellä kuvatun rationaalisen, maltillisen suhtautumisen omaksuneita ihmisiä vastaan, syyttäen näitä tunteettomiksi ja mitään ymmärtämättömiksi, myös tavallaan syyllisiksi siihen, miksi tragedia oli tapahtunut, koska rationaalinen ja maltillinen suhtautumistapa on ilmeisesti yhtä kuin kukkahattutätimäinen suvaitsevaisuus "muslimeja" kohtaan.

Kolmas, kaikkein vastenmielisin, ihmisjoukko iloitsi tapahtumasta, koska "ehkä nyt viimein ymmärretään, mihin Pohjoismaiden islamisoituminen johtaa", ja koska "kyllä tässä on jotain hyvääkin, koska sataahan tulos Edistyspuolueen laariin". Edistyspuolue on Norjan vastine

Perussuomalaisille – muukalaisvihamielinen äärioikeistopuolue, joka on muun muassa aiemmin väärentänyt "muslimien" lähettämiksi väitettyjä uhkauskirjeitä lietsoakseen Norjassa islamofobiaa. Kolmannen ryhmän ihmisistä suurin osa löytyi persuista, *Hommaforumilta* tai niiden kannattajajoukoista, nettifoorumien lukuisista väärillä nimillä esiintyvistä islamofobisista tai muuten "kansallismielisiksi" itseään kutsuvista nimimerkeistä, samoin kuin jopa joistain aktiivipoliitikoista.

Pommiuutisia seurasivat pian uutiset Utøyan saaren verilöylystä: poliisina esiintynyt mies oli mennyt demarinuorten kesäleirille ja kutsunut nuoria koolle viitaten Oslon pommi-iskuun. Sitten hän oli avannut tulen puolustuskyvyttömiä teinejä vastaan ja surmannut vähintään 84 heistä. Aluksi puhuttiin paljon alemmista uhriluvuista, mutta lauantaiaamuna järkyttävä totuus oli jo maailman uutisissa.

Samalla levisivät jo tiedot siitä, että Utøyalla oli pidätetty epäilty ampuja, joka oli "pitkä, vaalea norjalaismies, joka puhui Oslon murretta". Hänet pystyttiin heti yhdistämään myös Oslon pommi-iskuun. Kuten on nyttemmin selvinnyt, valtava autopommiräjähdys Norjan pääministerin toimiston ja öljyministeriön läheisyydessä oli ehkä vain diversio, jonka avulla terroristi pääsi toteuttamaan rauhassa hirveän verilöylynsä nuorten kesäleirillä: 84:n pääosin alle 18-vuotiaan teinin kylmäverisen joukkomurhan.

Tekojen tekijäksi vahvistui pian norjalainen 32-vuotias Anders Behring Breivik, joka oli huolellisesti ennen iskuja luonut itsestään verkkoon löydettäväksi tarkoitetun julkisuuskuvan *Facebook*- ja *Twitter*-tileineen ja poliittisine manifesteineen, jotka tihkuvat vainoharhaista maailmankuvaa ja islamofobiaa. Breivik määritteli itsensä "kansallismieliseksi, kristilliskonservatiiviksi ja islamkriitikoksi". Hän oli myös Israelin ystävä ja vapaamuurari, joten perinteisen natsin profiiliin hän ei sovi. Sen sijaan hän vastasi mielipiteiltään ja profiililtaan sitä samaa kolmatta ryhmää, joka Suomessakin iloitsi Norjan iskuista ajatellessaan, että niistä voitaisiin syyttää muslimeja ja suvaitsevaistoa, ja niitä voitavan käyttää hyväksi kannatuksen lisäämiseksi Edistyspuolueen ja Perussuomalaisten kaltaisille poliittisille suuntauksille.

On syytä todeta, että kaikki edistyspuoluelaiset ja persut eivät varmaan-
kaan ajatelleet tuohon tapaan, saati että olisivat valmiita hyväksymään
Norjassa tapahtuneiden kaltaisia terroritekoja. Heidän maailmanku-
vaansa ei varmaan muutenkaan mahdu se, mitä Breivik teki, koska he
kuvittelevat terrorismin ainoastaan muslimien harjoittamaksi ilmiöksi.
Moni varmasti vilpittömästi uskoo vainoharhoihinsa, jotka liittyvät isla-
miin, Euroopan unioniin, maahanmuuttajiin ja vaikkapa suomenruotsa-
laisiin. Sattumoisin suomalaisten aatetoveriensa tavoin myös Breivik oli
julistanut vihaavansa ruotsalaisia.

Vastenmielisyyden tunnetta lisäsi seurata sitä, kuinka diskurssi Suo-
messa muuttui uutisten lisääntyessä. Vaikka Breivikin tiedot ja yksityis-
kohdat Utøyan julmuuksista, molempien operaatioiden häikäilemättö-
mästä suunnitelmallisuudesta ja erityisen inhottavista piirteistä kuten
nuorten valitsemisesta kohteeksi ja poliisina esiintymisestä, tulivat julki,
suomalaiset kohkaajat raivosivat edelleen multikulttuurista ja musli-
meista. Ensin väitettiin, että kyllä Breivik varmasti oli todellisuudessa
muslimikäännynnäinen. Sitten väitettiin, että tiedot ovat varmasti vää-
rennettyjä "kansallismielisten" lavastamiseksi syyllisiksi ja persujen vai-
noamisen aloittamiseksi. Takana olivat kryptomuslimit, illuminaatit,
uusi maailmanjärjestys, CIA tai EU.

Lopuksi samat ihmiset alkoivat väittää, että Breivik oli itse asiassa uhri:
että multikulttuurisuus ja islamisaatio olivat nyt edenneet niin pitkälle,
että "kansallismielisillä" ratkeaisi päässä niin Norjassa kuin Suomessa-
kin. Kun aikaisemmin tekijät olisi pitänyt lynkata siihen paikkaan ja
kaikki heidän viiteryhmänsä karkottaa, nyt pitikin yhtäkkiä ymmärtää
tekijää ja hänen motiivejaan. Samalla kuitenkin muistutettiin, että teki-
jähän oli vain harmiton hullu, ei tästä saisi vetää liian pitkälle meneviä
johtopäätöksiä. Yksittäistapaus. Selvästi mielipuoli. Ei varmaan tiennyt
mitä teki.

Vaikka paatuneimmat islamofobit ovat yleensä niin valheellisia ihmisiä,
että tuskin ottavat opikseen, toivon, että se suuri hysteerinen enem-
mistö, joka lähti perjantai-iltana mukaan muslimikohkaukseen, ottaisi
opikseen. Ensinnäkin siitä, miten hirveisiin asioihin Pohjoismaissa viime
vuosina yhä räikeämmäksi muuttunut vihadiskurssi on äitynyt. Toiseksi

siitä, miten paljon väärät mielikuvat hallitsevat tavallistenkin ihmisten ajattelua, kun niitä on oksetukseen asti toistettu.

Kuvaavasti yksikin järkevä koulutettu suomalainen, joka halusi lauantai-aamuna kuulla mielipiteeni asiasta, kysyi oliko minulle yllätys ettei kyse ollutkaan terrorismista vaan kotimaisesta häiriköstä. Suutuin tästä ja kysyin takaisin, että onko hänen mielestään "terrorismi" ainoastaan sitä, mitä islamistit tekivät, ja jos joku muu ääriliike toteutti terrori-iskuja, se olikin vain "häiriköintiä". Ilmeisesti suomalaisten mielestä on terrorismia jos muslimit osoittavat mieltään maataan miehittäviä vastaan Palestiinassa tai Kashmirissa, tai jos he käyvät sissisotaa vihollisiaan vastaan Tšetšeniassa tai Afganistanissa. Sen sijaan 84 norjalaisnuoren murhaaminen ilmeisen poliittisessa tarkoituksessa on "häiriköintiä".

Miksi tarkkaan ottaen Breivik hyökkäsi Norjan työväenpuoluetta vastaan sekä pommi-iskulla että julmalla nuorten verilöylyllä? Jos hänen pääasiallinen motiivinsa oli islamofobia, miksei hän räjäyttänyt pommia tai ammuskellut esimerkiksi moskeijassa? Olivatko saarelle eristyksiin kootut lapset yksinkertaisesti helpompi kohde? Vai oliko Breivikin mieli niin kieroutunut, että hän näki – suomalaisten aateveljiensä ja -sisartensa tavoin – "hallitsevan suvaitsevaiston" ongelmien alkusyynä? Oliko hän alun perinkin suunnitellut jäävänsä kiinni elävänä, vai tarkoittiko hän jättää jälkeensä salaliittoteorioita, jotka olisivat lietsoneet lisää vihaa eripuolille?

Näistä asioista tiedämme luultavasti jatkossa lisää, sillä Breivik tosiaan saatiin kiinni elävänä ja on tiettävästi jo myöntänyt tekonsa. Hän yrittänee saada itselleen jonkinlaista marttyyrin leimaa aatetovereiltaan. Hän myös yrittänee käyttää hyväkseen kaikki julkisuuden saamisen mahdollisuudet, joita tuleva oikeudenkäyntiprosessi ja valtava mediahuomio tuovat mukanaan.

Tapauksesta tulee lakmustesti pohjoismaisen yhteiskunnan tilasta: Opitaanko siitä jotain ja seuraako siitä jotain myönteistä, vai jatkuuko ja lisääntyykö vainoharhainen vihadiskurssi entisestään? Pystytäänkö näin julmia rikoksia käsittelemään rationaalisesti? Pystyykö yhteiskunta suojelemaan itseään ja lähimpiään – viime kädessä lapsiaan – Breivikin kaltaisilta rikollisilta, vai johtaako tapaus syvenevään pelon ja käpertymisen ilmapiiriin, jossa kansaa riisutaan aseista, eivätkä he saa puolustaa itseään, vaan ympärille rakennetaan yhä ahdistavampaa valvontayhteiskuntaa ja poliisivaltiota?

Voi kuulostaa järkyttävältä, mutta en voi olla toivomatta, että jollain Utøyan leirin järjestäjistä olisi ollut saarella ase. Puolustuskyvyttömyys on vielä kauheampaa kuin se, että ihmiset kuolevat. Puolustuskyvyttömyyden ilmapiiri ruokkii pelkoa ja vainoharhoja, kuten olemme nähneet. Kun laajat ihmisjoukot tuntevat itsensä puolustuskyvyttömiksi ja olevansa ilman vapautta ja vaikutusvaltaa alati holhoavammaksi muuttuvassa yhteiskunnassa, se synnyttää kieroutuneita diskursseja. On syytä muistaa, että jos valtiolta ei saa oikeutta, ihmiset ryhtyvät sitä hakemaan oman käden kautta, ja jos valtiolta ei saa suojelua, kukoistavat pian militiat ja kodinturvajoukot. Ei tarvitse edes mennä kovin kauas Suomen omassa historiassa löytääkseen toiminnassaan lopulta mielivaltaisiksi ryhtyneitä punakaarteja ja suojeluskuntia usein nykysilmään absurdeine vihadiskursseineen.

Joka tapauksessa toivon, että Utøyan ja Oslon iskuissa kuolleet tullaan muistamaan ja että hengissä selvinneet toipuvat sekä fyysisesti että henkisesti; että heidän elämänsä ja ajatuksensa tulevat voittamaan ja murhaajan viha puolestaan vaipumaan häpeään. Tällä en tarkoita puoluepoliittisia mielipiteitä, vaan sitä, että elämän, yhteisyyden ja optimismin arvot voittavat kuoleman, eristyksen ja vainoharhaisuuden arvot.

# Kristillinen al-Qa'ida?



Olen tänään tuhlannut aikaani tuijottamalla pimeyteen – toisin sanoen lukemalla kursorisesti norjalaisen terroristin Anders Breivikin massiiviseen nettilevitykseen toimittamaa 1500-sivuista pamflettia, jonka hän on mahtipontisesti nimennyt "Euroopan itsenäisyysjulistukseksi" ja laittanut temppeliherrojen nimiin. Olen myös katsonut hänen nettiin levitykseen toimittamansa amatöörimäisen videon, jossa on tiivistetty pääosat hänen sanomastaan.

On häkellyttävää huomata, kuinka sekä vihaajat että apologeetat ovat ryhtyneet mystifioimaan Breivikiä. Hänen lapsellisen vuodatuksensa pohjalta näyttää siltä, että häneen sopivat useimmat narsistiseen psykopaattiin liitetyt määreet, mutta mistään erityisen korkeasta älykkyydestä tai menestyksestä elämässä ei pamfletti anna kuvaa.

Pikemminkin kyse on itsestään kohtuuttomia kuvittelevan, varhaisteinitasolle kehityksessään jääneen, maailmankuvaltaan läpeensä vainoharhaisen yksilön sairaalloisesta huomionhalusta. Halusta olla jotain tosi tärkeää. Kuvitelmasta, että hänellä on muka oikeasti jotain tosi tärkeää sanottavaa koko Euroopalle, ja että hänen yläastetasoinen loputtoman irrelevantti vuodatuksensa olisi jotain niin omaperäistä ja käänteentekevää, että se nostattaisi tuhansia ellei miljoonia hurmahenkisiä opetuslapsia sotaan muslimeja ja eurooppalaisia "pettureita", siis suvaitsevaistoa, vastaan.

Vuodatuksen kylmäävin osuus tulee heti alussa, ja se on ainoa, mitä aion suoraan siteerata, koska Breivikin pamfletti ei ansaitse laajempaa levitystä:

> *I've spent a total of 9 years of my life working on this project. The first five years were spent studying and creating a financial base, and the last three years was spent working*

*full time with research, compilation and writing. Creating
this compendium has personally cost me a total of 317 000
Euros (130 000 Euros spent from my own pocket and 187
500 Euros for loss of income during three years). All that,
however, is barely noticeable compared to the sacrifices
made in relation to the distribution of this book, the actual
marketing operation;)*

Kuten koko pamfletissa, tässäkään kappaleessa Breivik ei näytä kykenevän erottamaan toisistaan omaa itsetehostustaan ja sanomaa, jonka haluaa esittää. Mutta kaksi asiaa kiinnittää huomiota:

Ensinnäkin se, että hänelle lähes sadan lapsen murhaaminen ja pommi-isku olivat ainoastaan "markkinointioperaatio", jonka tarkoitus oli saada hänen tökerö pamflettinsa levitettyä maailman – tai ainakin omien kannattajien – tietoisuuteen.

Toiseksi, se häkellyttävä kysymys, kuinka ihmeessä hän on saanut yhdeksän vuotta ja 300 000 euroa tuhlattua huonoon pamflettiin, lapselliseen *YouTube*-videoon ja lannoitteiden ostamiseen. Joku Samir Khan olisi tehnyt saman kuukaudessa ja muutamalla tuhannella.

Itse pamfletissa ei ole mitään omaperäistä, paitsi loppupuolen käsittävä päiväkirja, jossa terroristi kertoo milloin valmistautumisestaan suureen tehtäväänsä, milloin epäolennaisista arkielämän pikku ongelmista, jotka kaikki tuntuvat vain palvelevan sitä tarkoitusta, että esittäisivät kirjoittajansa uskomattomia koettelemuksia – kuten tietokoneen hajoamisen – kohdanneena marttyyrina.

Suurin osa pamfletista on plagiaattia, joka koostuu Breivikin aatteellisen viiteryhmän – vainoharhaisen islamofobisen äärioikeiston – nettilevitteisten tekstien, opinkappaleiden ja myyttien toistamisesta. Vaikka Breivikin viiteryhmä kutsuu itseään "konservatiiviseksi vallankumoukseksi" ja "islamkriittiseksi vastarinnaksi", mitään vallankumouksellisesti uutta teksteissä ei ole. Niitä yhdistää lähinnä yksi metodi: kootaan netistä ja eri poliittisten liikkeiden propagandasta kaikki se, mikä todistelee muslimien ja islamin pahuutta, ja sivuutetaan kaikki muu.

Koko maailmanhistoria väärennetään palvelemaan vihanlietsontaa. Muslimeihin kohdistuneista kansanmurhista tulee sankarillisia maa-alueiden vapauttamisia muslimisaastasta. Jos jossain muslimimaassa kristitty vähemmistö on kokenut kovia, se paisutetaan eeppiseksi kansanmurhaksi. Massamurhaajista tulee sankareita ja suvaitsevaisista, idän ja lännen yhdistäjistä roistoja ja pettureita. Jopa Draculan esikuvana tunnettu Vlad Ţepeş esitellään kristikunnan sankarina, vaikka hän itse asiassa petti Valakian ylimystön ja toimi Osmanivaltakunnan vasallina, kuten muuten myös Aleksanteri Nevski Mongolivaltakunnan.

On syytä painottaa, että Breivikin esittämistä "faktoista" suuri osa on täydellisen virheellisiä ja suoranaisia valheita – tosin yleisesti kierrätettyjä islamofobisessa genressä. Niin ikään hänen historiatietonsa eivät ole ainoastaan räikeän puolueellisia vaan myös vääriä. On huvittavaa esimerkiksi kuinka itseään antimarxistiksi tituleeraavalle terroristille kelpaavat lähteiksi kommunistien ja äärivasemmiston levittämät valheet Serbiasta, Kosovosta, Turkista ja Kaukasiasta, milloin ne vain palvelevat muslimivastaista agendaa. Merkillisesti ristiretkeläinen myös on omaksunut Intian äärihindujen myytit "Hindukushin" islamilaistumisesta.

Breivikin pamfletti yhdessä hänen terroritekojensa kanssa on tarkoitettu sodanjulistukseksi. Se on sodanjulistus toisaalta länsimaista avointa yhteiskuntaa vastaan, ja toisaalta kehotus muslimien kansanmurhaamiseen ja muslimimaiden valloittamiseen. Breivik vaatii ensin tappamaan ja syöksemään vallasta "petturit", joita siis ovat tavalliset eurooppalaiset, ja nostamaan kaikkialla valtaan "konservatiivisia vallankumouksia" ja "kansallismielisiä" regiimejä. Vasta tämän jälkeen voi hänen "ristiretkensä" muslimien tuhoamiseksi alkaa.

Breivik on tyypillinen terroristi, samanlainen kuin Usama bin Ladin. *Al-Qa'idan* jihadistit katsoivat olevansa oikeutettuja julistamaan sodan koko muulle maailmalle kaikkien muslimien puolesta, ja islamilaisen maailman sisällä julistamaan sodan "pettureille" koko kansainvälisen islamistiliikkeen puolesta. Samoin Breivik katsoi olevansa oikeutettu julistamaan sodan avoimelle yhteiskunnalle ja muslimeille koko kansainvälisen radikaalikonservatiivisen, islamkriittisen liikkeen puolesta, ellei peräti koko Euroopan puolesta.

Kuten terroristeille on tyypillistä, he eivät todellisuudessa edusta lainkaan omien viiteryhmiensä valtavirtaa, saati kaikkia muslimeja tai kristittyjä. Heillä ei ole oikeutta julistaa sotaa kenenkään nimissä. Heillä ei ole minkään kansan eikä uskonnon mandaattia eikä heidän teoistaan niin ollen pidä myöskään syyllistää muita kuin ne, jotka jatkavat heidän aatteidensa ja toimintatapojensa tukemista.

Se, mitä Breivik näyttää halunneen luoda, on itse asiassa eurooppalainen, kristillinen versio *al-Qa'idasta*. Hän on suorastaan plagioinut retoriikkaa ja opinkappaleita suoraan *al-Qa'idan* teoreetikoilta – samoin kuin pitkät pätkät marxilais-ekoradikaalilta terroristilta Theodor Kaczynskiltä, joka tunnetaan paremmin Unabomberina.

Paljon vakavammin otettava asia kuin Breivikin vuodatus on se laajalle levinnyt ideologia, jota hän edustaa. Breivikillä on paljon aatetovereita myös Suomessa, kymmenet näistä aktiivisia nettipalstoilla, usein monilla nimimerkeillä. On järkyttävää havaita, kuinka monet persu-homma-profiilin keskustelijat Suomessa ovat viime päivien aikana jatkaneet Breivikin ja hänen ideologiansa puolustamista. Breivik itse mainostaa pamfletissaan Euroopan-laajuista aateveljien verkostoaan, mainiten myös Suomen, jossa hän kertoo olleen avustajia taustatyölleen.

Mikä tämä ideologinen viiteryhmä sitten on? Se ei ole perinteinen uusnatsismi eikä mikään muukaan 1900-luvulla toimineista tyypillisistä ääriliikkeistä. Kysymys on uudesta fasisminkaltaisen radikaalin oikeiston versiosta, joka sai alkunsa Neuvostoliiton hajoamisen jälkeen, vahvalla venäläis-serbialaisella panostuksella, mutta leviten nopeasti 1990-luvulla Länsi-Euroopassa. Liike on kutsunut itseään milloin "uudeksi oikeistoksi", milloin "kolmanneksi oikeistoksi" ja milloin "konservatiiviseksi vallankumoukseksi". Se on esiintynyt tai esitetty lukuisilla muillakin nimikkeillä, kuten *Synergon*-verkosto, sakraalinen geopolitiikka, metapolitiikka ja eurasianismi (Venäjällä).

Ainakin Pohjois- ja Luoteis-Euroopassa aatteen kannattajat ovat esiintyneet pääasiassa "kansallismielisinä". Tämä on paradoksaalista, koska he ovat internationalisteja, joilla on tiiviit kansainväliset verkostot Euroopassa, Venäjällä ja Pohjois-Amerikassa sekä yhtenäinen poliittinen agenda. Pohjois- ja Luoteis-Euroopassa liike on keskittynyt ensisijaisesti ja usein lähes yksinomaan islamofobiaan, joka tosin usein naamioidaan "maahanmuuttokriittisyydeksi". Toinen yhdistävä asia on vainoharhainen suhtautuminen Euroopan unioniin, vaikkakin ainakin vielä 2000-luvun alussa jotkut liikkeen suuntauksista tuntuivat näkevän EU:n askeleena eurooppalaisen kristillisen imperiumin muodostamiseen.

Kuten edellä todettiin, Venäjän ja Serbian äärioikeiston ideologinen panos (ja väkivalta-, jopa kansanmurhavalmius) erottaa tämän ideologisen viiteryhmän radikaaleja perinteisestä eurooppalaisesta äärioikeistosta, joka yhä kantaa (aiheesta) Hitlerin taakkaa. Uudenlaisen äärioikeiston suomalaiset kannattajat ovat koko 2000-luvun ajan markkinoineet kuvaa Serbian sotarikollisista, kuten Miloševićistä, Karadžićista ja Mladićista, vainottuina marttyyreina, levittäneet iljettävää disinformaatiota ja vihanlietsontaa bosnialaisia ja kosovolaisia vastaan sekä tukeneet silmiinpistävästi Venäjän imperialismia Kaukasiassa. Nämä eivät ole kovin tyypillisiä ideologisia elementtejä perinteisille uusnatseille.

Toinen tuntomerkki, joka erottaa mytologista islamofobista oikeistoa yleensä perinteisestä äärioikeistosta, on Israel-myönteisyys. Koska vanha juutalaisviha on korvautunut muslimivihalla, Israel onkin yhtäkkiä ihannoitu ja sankarillinen esitaistelija muslimeja vastaan. Israel-myönteisyys näyttää kuitenkin kyseissä skenessä olevan lähinnä pohjoismainen, hollantilainen ja amerikkalainen ilmiö – siis korreloi vahvasti protestanttisen kiihkoilun kanssa. Saman aatesuuntauksen katoliset salaseurat tuntuvat pitäytyvän voimakkaassa juutalais- ja vapaamuurarivastaisuudessa, joten heidän näkökulmastaan ei varmaankaan ollut ilouutinen, että Breivik nimesi itsensä ristiritariksi ja samalla vapaamuurariksi.

Viehtymys konspiratiiviseen maailmankuvaan, salaliittoteorioihin ja perverssi kiinnostus muinaisiin salaseuroihin tuntuvat yhdistävän harvinaisen monia eurooppalaisia ääriliikkeitä. Merkillistä kyllä islamviha tuntuu myös yhdistäneen samoihin vihadiskursseihin sekä demokratiaa ja avointa yhteiskuntaa avoimesti halveksivia autoritarian kannattajia että "yksilönvapautta" ja "yksilön suvereenisuutta" mielestään puolustavia anarkokapitalistisia hurmahenkiä.

Breivik näyttää kuuluneen uusoikeistolaisen radikaaliliikkeen leimallisesti kristilliseen siipeen, joskin tämä kristillisyys näyttää usein jäävän symboleihin ja islamin vihaamiseen. Breivik kertoo päiväkirjassaan rukoilleensa ensimmäistä kertaa pitkään aikaan, kun tietokone hajosi ja hän joutui olemaan päivän ilman nettiä. Silloin hän vaati Jumalaa korjaamaan tilanteen, koska muuten Eurooppa aivan varmasti muuttuisi sadassa vuodessa islamilaiseksi.

Saman liikkeen aatetovereihin ympäri Eurooppaa, mm. Suomessa, kuuluu kuitenkin myös militantteja ateisteja. Yhdistävät tekijät löytyvät yleensä islamofobiasta, EU-vastaisuudesta ja demokratian halveksumisesta. Tässä vainoharhaisessa diskurssissa demokratia nähdään yleensä nurinkurisessa valossa poliittisen korrektiuden tyranniaksi ja länsimaista kulttuuria rappeuttaneeksi asiaksi. Islamilaisen maailman epädemokraattisuutta jaksetaan kauhistella ja vääristellä loputtomiin, mutta ilmeisesti liike kuitenkin haluaisi Euroopan olevan samalla lailla "vahva" tyrannia kuin joku Qaddafin Libya.

Islamofobinen diskurssi on kauttaaltaan oppimaton, yllätyksettömän kapea-alainen, läpeensä demagoginen ja dogmaattisen fundamentalistinen. Toisinajattelijat ovat pettureita, jotka Breivikin näkemyksen mukaan tulee surmata – tarvittaessa ennalta ehkäisevästi jo ennen kuin he pääsevät yhteiskunnallisiin vaikutusasemiin, kuten Utøyassa murhatut demarinuoret. Sekä maailmankuvaa että argumentaatiotapaa leimaavat tunteenomaisuus (vaikkakin vailla empatian kykyä väärin ajattelevia kohtaan) ja hämmentävä vainoharhaisuus.

Breivikin edustama ideologia edustaa kaikkea sitä, mitä se näkee omassa karikatyyrissään islamista: uskonkiihkoa, vihaa, fundamentalismia, takapajuisuutta, keskiaikaisuutta ja militanttisuutta – jopa naisvastaisuutta. Se ei juuri tarjoa sivistyneitä vaihtoehtoja ja toimintamalleja, joten on pakko tulla johtopäätökseen, että sen päämääränä on viime kädessä Euroopan-laajuinen muslimien kansanmurha. Breivikin pamfletti on yhtä sekava ja vainoharhainen kuin Hitlerin *Mein Kampf*, ja yhtä häikäilemätön provokaation ja sisällissodan ajamisessaan kuin Ayman az-Zawahirin *Ritarit profeetan lippujen alla*. Liike kierrättää ilman tunnontuskia marxilaisen ääriliikehdinnän ja kaupunkisodankäynnin organisaatio-oppeja ja taktiikkoja, ja ottaa mallia jihadistisesta liikkeestä, jonka se samalla tulee tunnustaneeksi kieroutuneen ihailunsa kohteeksi.

Liike ei pysty puhumaan muslimeista normaalisti. Muslimeja solvataan, pilkataan, väheksytään ja herjataan lukemattomilla aateryhmän foorumeilla, myös Suomessa, päivittäin, ja asialla ovat niin parikymppiset opiskelijat kuin eläkeläissedät. Ja tytöt ja tädit. Samalla, kun muslimeille nauretaan ja heitä väheksytään, heitä pelätään silmittömästi. Heidän uskotaan vakaasti olevan aivan näinä hetkinä valloittamassa koko maailman, jos ei äkkiä tehdä jotain: karkoteta tai tapeta kaikkia, pommiteta Mekkaa, vaihdeta omia hallituksia äärioikeistolaisiksi.

Diskurssi muistuttaa – usein pelottavasti sanasta sanaan – sitä, mikä vallitsi Euroopassa 1800-luvun lopulla ja 1900-luvun alkuvuosikymmeninä. Juutalaiset vain ovat vaihtuneet uuteen myyttiseen mörköön, muslimeihin.

Omassa megalomaanisessa mielessään Breivik halusi nähdä itsensä uuden aikakauden profeettana. Hän oli keksinyt itselleen kuvitteellisen ritariarvonimen ja univormun, ja tuntuu uskovan vakaasti, että hänen pamflettinsa kaataisi kaikki Euroopan hallitukset, jolloin hän pääsisi vankilasta ja tulisi juhlituksi Euroopan vapahtajana, kristikunnan pelastajana.

Jokainen todellinen kristitty tietää, mitä Raamattu kertoo vääristä profeetoista. Ja Raamattu kertoo myös, mistä väärät profeetat tunnistaa: teoistaan.

# Viestinnän politiikasta

*25. elokuuta 2011*

Kaikkeen politiikkaan kuuluu olennaisena osana teatteri. Vaikuttaminen on yhdistelmä viestintätaitoja ja vallankäyttöä – suostuttelua ja pakottamista. Mitä vähemmän itsellä on valtaa ja siis pakottavia keinoja, sitä enemmän pitää toimia viestinnällisin keinoin: vakuuttaa, tehdä vaikutus ja muokata mielipiteitä. Pitää kannustaa kannattajiaan ja lannistaa vastustajiaan, ja saada välinpitämättömän enemmistön mielipiteet omalle puolelle.

Diktatuureissa retoriikka ja teatteri ovat lumetta, jolla pönkitetään henkilökulttia ja aivopestään massoja. Demokratiassa ne ovat sen sijaan keskeisin tapa, jolla politiikkaa todellisuudessa tehdään. Eiväthän äänestäjät saa juuri koskaan äänestää varsinaisista asioista – Suomessa heille on suotu tämä mahdollisuus vain kaksi kertaa: kieltolaista ja EU-jäsenyydestä. Sen sijaan he äänestävät puolueista ja henkilöistä. Retoriikkaa ja teatteria tarvitaan, jotta tiedettäisiin, mitä äänestetään, kun äänestetään puoluetta X tai henkilöä Y.

Legendaarisimmat poliitit ja opportunistit Alkibiadeesta aina Walid Jumblattiin saakka pystyvät villitsemään väkijoukkoja värikkäillä palopuheillaan vaikka olisivat vaihtaneet monta kertaa puolta ja kääntäneet takkia. Alkibiades puhui silkoilla väittelylahjoillaan ja näyttävällä esiintymisellä järkipolitiikkaa ajaneet vanhemmat valtiomiehet suohon ja lietsoi Ateenan järjettömään sotaretkeen Syrakusaa vastaan, minkä jälkeen Alkibiades itse jätti armeijansa sotakentälle ja loikkasi Persiaan.

Mitä Jumblattiin tulee, hän oli aikoinaan Neuvostoliiton ja Syyrian leirissä, mutta loikkasi Progressiivisine sosialistipuolueineen seetrivallankumouksen aattona oppositioon. Muistan yhä kuinka hän villitsi satatuhatpäiset nuorisojoukot puoluekantaan ja uskontokuntaan katsomatta hurmioon syyttämällä Syyrian presidenttiä aasiksi, koiraksi ja valtameren rannalle sylkemäksi valaaksi. Kun vastapuolen media sitten hyökkäsi häntä vastaan, häneltä kysyttiin, oliko hän kenties mennyt puheessaan hieman liian pitkälle, mihin hän vastasi Syyrian eläinsuojeluyhdistyksen olevan huolissaan viattomien luontokappaleiden herjauksesta.

Pari vuotta myöhemmin Jumblattin palopuheet ja paljastukset johtivat puolentoista viikon sisällissotaan Länsi-Beirutissa ja Shufissa. Siitä runsaan vuoden kuluttua taas Jumblatt loikkasi jälleen Hizbullahin ja Syyrian leiriin, riistäen siten seetrivallankumouksen tekijöiltä heidän parlamenttienemmistönsä ja mahdollistaen ilman vaaleja toteutetun vallankaappauksen.

* * *

En voi kyllin korostaa, kuinka tärkeää vallankumouksia tehdessä on näyttää hyvältä. Vallankumoukset ovat valtavia demonstratiivisia tapahtumia, joissa pitää toki myös ottaa haltuun katuja, aukioita ja loikkareiden avulla vallankäytön välineitä, mutta niissä pitää myös ottaa haltuun yleisön mieliä ja sydämiä. Näyttävät performanssit ovat ehdottomasti tarpeen median huomion kiinnittämiseksi, katsojien koukuttamiseksi ja lopulta yleisen mielipiteen vakuuttamiseksi.

Jos kyse on pelkästä hulinoinnissa, polttopulloista ja kauppojen ryöstelystä, silloin kyseessä ei ole mikään vallankumous, vaan kuten Kreikan ja Britannian tapahtumissa, anarkistien ja äärivasemmiston riehuminen. Samaa vaikuttamisen tasoa edustavat islamistien pommit ja risupartaisten nuortenmiesten harrastamat Amerikan lippujen polttajaiset. Onkin nyt arabikevään kääntyessä syksyksi erittäin tärkeää huomioida, ettei mikään islamistien pommi ole viime vuosikymmenten aikana innostanut arabinuorisoa samanlaisiin saavutuksiin kuin tämän vuoden tapahtumat.

Miten tämä on ollut mahdollista? Kynä on taas osoittanut joskus olevansa miekkaa mahtavampi. Modernisoituna: *Facebook* ja *YouTube* ovat osoittautuneet mahtavammiksi kuin al-Qa'idan pommit ja jopa Qaddafin tankit. Kulttuuritaistelussa musiikkivideot ja yhteisöviestimet ovatkin toimineet bin Ladenin ja kumppanien sanomaa vastaan paremmin kuin mikään pompöösi huippukokous tai abstrakti ylätason dialogi.

Mediatekoina Neda Aghasoltanin ja Muhammad Bouazizin kuolemat ovat voittaneet Khomeinin kuuluisan Rushdie-fatwan. Jos jokin niin Tahrir-aukion tapahtumat ja viime päivien Tripolin vapautus voivat sysätä kymmenen vuoden takaisen 9/11-iskun historian reunamerkintöjen joukkoon.

Taistelu ei tietenkään ole vielä voitettu. Egyptistä kuuluu paljon huolestuttavaa; olin aina sitä mieltä, että vaalit olisi pitänyt järjestää mahdollisimman pian, ja että liberaali oppositio teki virheen vaatiessaan niiden lykkäämistä, tehden siten mahdollisesti tilaa sotilaseliitin ja Muslimiveljeskunnan kytkyille. Syyriassa hallitus jatkaa sotaansa kokonaista sukupolvea vastaan – tuhansia on kuollut ja lukemattomia enemmän vangittu ympäri maata mitä kammottavimpiin pidätyskeskuksiin, joissa ihmiset kuolevat tukehtumiseen ja lämpöhalvaukseen. Aiemmassa blogiviestissäni mainittu tuttu poika sentään saatiin suhteilla haettua kotiin – kidutuksen ja yli kuukauden painajaismaisen vankeuden jälkeen, jonka aikana hän näki samanikäisten poikien kuolevan.

Tätä suuremmalla syyllä on kiinnitettävä huomiota siihen, kuinka aseeton voi kukistaa sen, jolla on kaikki aseet. Ainoa tie tähän on performatiivinen. Mielenosoittajista tulee näyttelijöitä suuressa tositeeveeshowssa, ja televisiokuvaa, videoita, kuvia ja twiittejä maailmalle välittävistä kannattajista taas tuottajia ja markkinoijia. Tätä työtä ja siihen puolen vuosikymmenen aikana kertyneitä taitoja ja kykyjä ei tule väheksyä. Ylipäätään maailman ei kannattaisi väheksyä sitä sukupolvea, joka nyt on 15—30-vuotiaita. Nämä ihmiset ovat jo puhtaasti teknologisten innovaatioiden vuoksi tottuneempia ja osaavampia viestinnällisessä vaikuttamisessa kuin heitä vanhemmat. He ovat myös kielitaitoisempia ja kansainvälisempiä kuin mikään aiempi sukupolvi maailmassa.

Kilpailu alalla on tänä päivänä kovaa, joten perinteinen rytmikäs huutelu ja lippujen polttaminen ei enää riitä. On mobilisoitava kaikki performatiivinen potentiaali. Libyalaiset näyttävät kyllä osaavan kiitettävästi patsastelun erilaisten amatöörimäisten asevärkkien kanssa sekä perinteisten joukkojuhlimisten alati tunteisiin vetoavan voiman. Yhdessä suhteessa on kuitenkin paljon korjaamisen varaa: nuoret naiset puuttuvat mediasodan eturintamasta. Tässä suhteessa libyalaiset ja jemeniläiset eivät ole pärjänneet edes iranilaisille, tunisialaisille ja egyptiläisille, puhumattakaan georgialaisista, ukrainalaisista ja libanonilaisista.

Oltiinpa Julia Tymošenkon menestyksestä poliitikkona mitä mieltä tahansa, hän niitti mainetta maailman kauneimpana pääministerinä. Libanonin seetrivallankumous muistutti ajoittain muotinäytöstä, kun yliopistojen sosiaaliset huippusuorittajat toivat kaduille, usein seetrilippuihin verhottuina, kiistattomat argumenttinsa, jotka kyllä kääntävät päitä aivan erilailla kuin *Hizbullahin* parransänget ja huivipäiset matamit.

Jos mielenosoituksiin vastataan väkivallalla, kuten Tiananmenin aukiolla, Iranissa ja viimeksi Libyassa ja Syyriassa, myös marttyyrien estetiikka nousee uuteen arvoon. Suomessa lauletaan *Ateenalaisten laulussa*:

> *Nuorukaiselle kuolla kuuluu, kun hällä vielä*
> *kutrissa tuoksuavat, nuorteat kukkaset on.*
> *Naisista kaunein, miehistä uljain aina hän olkoon:*
> *taistossa kaatuen hän – kaunis on kuolossa myös!*

Silti komeinkaan nuorukainen ei marttyyrina lietso ihmisiä pyhään vihaan niin kuin Iranin vihreän vallankumouksen sateeseen hukkuneiden kyyneleiden ikoni Neda, jonka kuoleman kaiut tuntuivat kantavan kauemmas kuin koko muu veriorgia yhteensä.

Jos ei marttyyriksi nosteta nuorta naista niin lapsi ajaa myös asian tunteiden nostattajana, tästä esimerkkinä Syyrian *mukhabaratin* kuoliaaksi kiduttama 13-vuotias Hamza-poika, jonka rikos oli maalata Dara'assa tuntemattomaan seinään tai muurinpätkään Tunisian ja Egyptin vallankumouksia tukeva graffiti. Syyrialaiset ystäväni totesivat viime viikon pitkällisessä *Pyhän Urhon* pyöreän pöydän istunnossamme, että ilman Dara'aa ja järjettömiä lastenmurhia syyrialaiset eivät olisi ehkä vieläkään raivostuneet tarpeeksi.

Arabikevään tekijät ovat kasvaneet visuaalisessa mediaympäristössä: internetin, yhteisöviestimien, elokuvan, musiikkivideoiden ja jokamiehen kannettavan multimediavarustuksen maailmassa. Niinpä tämä sukupolvi on ymmärtänyt myös vallankumousten esteettisyyden tärkeyden – ja sen, kuinka olennaista on tavoittaa mielet ja sydämet yli valtioiden, puolueiden ja uskontojen rajojen. Laajalevikkiset kielet kuten englanti ja arabia toki auttavat laajojen yleisöjen tavoittamisessa, mutta vielä enemmän siinä auttaa sanaton, visuaalinen viestintä. Se jos mikä on tänä vuonna osoittanut yli kulttuurirajojen ihmisten yhteiset unelmat ja tunteet.

Vain tällainen viestintä pystyy kunnolla vastaamaan totalitäärisen ja monomaanisen vihanlietsonnan haasteisiin, joista islamistit ja islamofobit esimerkkeinä. En voi kylliksi painottaa sitä, ettei vihapuhetta voiteta sensuurilla ja uusilla kielloilla, vaan niillä keinoilla, joita arabikevään tekijät ovat käyttäneet.

*Det kostar att vara cool*, luki ruotsalaisen opiskelija-asuntolani yhteistilojen seinällä, mutta ei se välttämättä rahaa vaadi vaan poseerausta, liehuvia lippuja, liekehtiviä tyrannin kuvia, patsaiden naamojen polkemista kengillä ja muuta mukavaa. Jos tilanne menee pahemmaksi, on hyvä patsastella erilaisten aseiden kanssa ja harjoittaa poliittista kruisailua eli ajella autolla kannattajat ikkunoista ulkona ja lippuja liehuttaen sekä huutaa iskulauseita tai vaihtoehtoisesti soittaa teeman mukaista musiikkia.

Jos tilanne on suhteellisen turvallinen, kannattaa marssittaa ulos naiset, lapset ja lemmikkieläimet, kuten vaikkapa syyrialainen papukaija, joka osaa sanoa "kansa vaatii regiimiä alas", tai Kreikan mellakkakoira.

Vanhukset ovat oikein hyviä taiteellisiin kuviin (varsinkin mustavalkoisiin). Sydäntä lämmittää nähdä vanha pappa rynkyn kanssa toivomassa lapsenlapsenlapsilleen parempaa maailmaa, joka on vapaa veljellisen everstin kaltaisista syöpäläisistä, tai vanha mummo huutamassa tyranniaa alas.

Paremman puutteessa käyvät tavanomaiset nuoret miehet, mutta keski-ikäiset sopivat videokuvaa paremmin syventäviin ihmisprofiilijuttuihin, joissa lihakauppias Mahmud kertoo molempien poikiensa kaatuneen vapauden puolesta, tai suurperheellinen huivitettu siivooja Fatima unelmoi tyttärelleen hyvän avioliiton lisäksi myös koulutusta. Isät ja äidit, joilla on ns. rehellinen työpaikka, vetoavat keskivertokatsojiin paremmin kuin kuumapäiset opiskelijat, jotka tenttien tekemisen sijaan polttavat lippuja ja autonrenkaita.

* * *

Kaikki tämä liittyy kysymykseen, jota olen nuoruuden päivinäni usein pohtinut, eli mistä johtuu, että totalitäärit osaavat tunteisiin vetoavan massaviestinnän paremmin kuin liberaalit. Ovatko jälkimmäiset liian individualistisia? Argumentti ei ole oikein koskaan vakuuttanut minua, koska vapauden kannattajat ovat kuitenkin yleensä sosiaalisia ihmisiä ja sosiaalisilta taidoiltaan vieläpä kehittyneempiä kuin putkiaivoiset dogmaatikot. Kuitenkin natsit, kommunistit ja islamistit tuntuvat aina porskuttavan propagandallaan, symboleillaan, mahtipontisella musiikillaan ja marttyyrivideoillaan.

Enemmän kuin individualismin ja kollektivismin erosta, se johtuu mielestäni siitä, että ihminen on sittenkin emotionaalinen otus: tunteisiin vaikuttaminen ohittaa suoraan rationaalisen viestinnän pelisäännöt, ja siksi se menee härskisti jonon ohi suoraan hypotalamukseen.

Minulla oli kerran ystävä Jumalanpuolueessa, tai ei hän oikeastaan ystävä ollut eikä varmaan edes puolueen jäsen, vaan satunnainen tuttava ja wannabe. Tapahtui nimittäin kerran Beirutin keskustan telttaleirin aikaan että yritin päästä oikaisemaan erään laita-alueen läpi, jolloin minut pysäytti noin 17-vuotias poika – aseeton ja aivan tavallisen näköinen, mutta kontekstin huomioiden todennäköisesti noita vapaaehtoisia, joita šiiapuolueet olivat värvänneet pysäyttelemään ohikulkijoita ja ”vartioimaan” valtaamiaan katuosuuksia piikkilankabarrikadeilla.

Tilanne ei ollut mitenkään uhkaava – sellaisissa olen ollut paljon vanhempien ja aseistettujen henkilöiden kanssa samoilla nurkilla – mutta tietysti jossain määrin kiusallinen, koska eihän tällaisilla nulikoilla pitäisi olla mitään oikeutta esiintyä auktoriteetteina julkisilla paikoilla. Osoitin kuitenkin tapani mukaan täydellistä normaaliutta ja poika oli hämmentynyt eikä tuntunut keksivän mitä muuta oudon läpikulkijan kohdalla tehdä, joten hän kyseli millaista Suomessa on, voiko sinne saada viisumin ja lähetti minulle *Facebookiin* frendipyynnön.

Muutaman kuukauden "Kamikaze-Hasan" oli rajoitetun listan kaverini ja linkitti jatkuvalla syötöllä Jumalanpuolueen ikonografiaa, marttyyriuden ihannointia, *ahl al-baytin* seikkailuja jumalaisessa voitossa ja marssimusiikin säestyksellä liehuvia keltaisia lippuja. Hän oli vieläpä tehnyt itsestään *Photoshopilla* melko kitšisen sankarikollaasin, jossa esiintyi valkokasvoisena taustalla kukkia, minareetteja ja ohjuksia. Lopulta hän katosi yhtä mystisesti kuin oli tullut. Ehkä en likettänyt tarpeeksi hänen kuuluisamman kaimansa puheita tai sitten Kamikaze eteni vakavampiin puuhiin, niin ettei hänellä voinut enää olla yhteyksiä länsimaisiin toimittajiin tai muihin sionistiagentteihin.

Poliittisen spektrin toisessa päässä minulla oli kaverina myös muuan falangistinen hurmahenki, joka puolestaan jakoi marssimusiikkivideoita palestiinalaisten puhdistamisesta, vaikka kiisti Sabraa ja Shatilaa koskaan tapahtuneen. Hänkin katosi kummasti sen myötä kun ihailemansa kenraali loikkasi lopullisesti samaan leiriin Jumalanpuolueen kanssa.

Kerran tarkkaillessani Karachin vaaleja yksi sympaattisimmista kollegoistani ja ainoa samanikäinen sillä äänestyspaikalla oli nuori poika sikäläisestä islamistipuolueesta, jolla on paljon omasta mielestäni varsin vastenmielisiä ja kummallisia kantoja. Hänellä ei ollut partaa eikä kummallista kaapua vaan lähinnä amerikkalaista mustaihoista muistuttavat hiphopvaatteet, joihin nähden paradoksaalisesti hän vaikutti varsin ujolta ja vaatimattomalta nuoreltamieheltä. Puhuimme lopulta myös politiikkaa ja hän tuntui olevan sekä hämmentynyt että vaikuttunut siitä, että ylipäätään puhuin hänen kanssaan niin kuin normaalin ihmisen kanssa puhutaan.

Minua on aina hämmästyttänyt se, että näiden kolmen nuoren tavoin lukemattomat heidän kaltaisensa erilaisia ääriliikkeitä tai ainakin hyvin kyseenalaista ääriajattelua kannattamaan päätyneet nuoret – niin Euroopassa kuin arabimaissa – eivät ole mitään hulluja ja psykopaatteja, joiden kanssa olisi mahdotonta keskustella mistään. Sen sijaan he ovat hyvin usein juuri niin kutsuttuja "tavallisia nuoria", joiden kanssa voi keskustella melkein kaikesta muusta paitsi niistä joistain fiksaatioista, joista heidän kanssaan ei saa olla eri mieltä. Ei ainakaan aluksi. Mutta jos on ensin keskustellut heidän kanssaan jalkapallosta, naisista tai mistä tahansa tavallisesta asiasta, saattaa voida niin hankkimansa normaaliuden tilan kautta keskustella myös politiikasta.

Täysin väärä tapa toimia näiden ihmisten kanssa on heittää ensimmäiseksi kaikki loukkaukset heidän silmilleen, solvata heidän kirjojaan ja profeettojaan ja pilkata heitä ihmisinä. Tunteisiin vetoavaan totalitääriseen propagandaan ei auta tunteisiin vetoava totalitäärinen vastapropaganda. Ikävä kyllä siihen ei yleensä auta myöskään rationaalinen argumentaatio, koska kuten todettua, emotionaalinen propaganda menee jonon ohi, pelisäännöistä piittaamatta.

Tämän vuoden tapahtumat ovat osoittaneet, mikä kahden raiteen viestintä todella auttaa: Ensinnäkin, on tuotava keskusteluun normaali taso, jolla voidaan puhua kaikesta muusta paitsi niistä pahimmista kipupisteistä, joita varten on ensin kerättävä normaalisuuden viestinnällistä pääomaa. Toiseksi, on annettava tunteisiin vetoava vaihtoehto, joka *ei* ole totalitäärinen. Siitä arabikevät on erinomainen esimerkki.

Totalitääristen aatteiden valtavirtaistuminen on paljon suurempi uhka kuin terrorismi, joka olisi melko irrelevantti asia, ellei siitä oltaisi jatkuvasti niin hysteerisiä. Polarisaatio ääripäihin ja sivilisaatioiden sodan lietsominen pahentavat vain asioita. Sen sijaan arabikevään kaltaiset tapahtumat, jotka ovat yhdistäneet ihmisiä yli poliittisten ja uskonnollisten raja-aitojen, ovat parasta vastalääkettä al-Qa'idan ja muiden totalitäärien tarjoilemille vainoharhaisille diskursseille.

# Kaksi tornia



*17. lokakuuta 2011*

Edessä on enää vajaat kaksi viikkoa ennen paluuta vakituisen lei-
pätyön ääreen. Vuosi poissa oravanpyörästä on vierähtänyt kau-
histuttavalla vauhdilla. Haluaisin kovasti mennä Tunisiaan, jossa
pidetään arabikevään ensimmäiset demokraattiset vaalit 23. lo-
kakuuta, mutta tuntuu, ettei kukaan tällä hetkellä myy kohtuuhintaisia
lentoja Tunisiaan, eikä minulla olisi aikaakaan kuin muutaman päivän
pyrähdykseen, koska nämä viikot ovat täynnä vuoden vieneen projektin
valmistumiseen liittyviä tapahtumia, Helsingin kirjamessuja ja luentoja.

Tutustuin sattumalta pariin nuoreen tunisialaiseen enkä voi olla ihaile-
matta heidän intoaan ja henkeään. Vuoden 2005 kevään jälkeen arabi-
maailman vapauden majakka oli Libanon, mutta samana vuonna, jona
arabikevät haastoi autoritäärisiä regiimejä muualla arabimaailmassa, Li-
banon vajosi palatsikaappauksen kautta nykyiseen ahdistuneeseen odo-
tukseensa, jossa vilkuillaan lähinnä siihen, mitä Syyriassa ja Iranissa ta-
pahtuu.

Jos Damaskoksen hallinto kukistuu ja Teheranin kuristusote alueella
heikkenee, alkaa Libanonin majakka taas automaattisesti loistaa kirk-
kaammin, mutta jos Assad pysyttelee vallassa, tankkien annetaan jyrätä
urheat syyrialaiset ja irvipersialainen pimeys laskeutuu alueen ylle, Li-
banonissa koittavat yhä kireämmät ajat. Libanonin yhteiskunnan ohi-
molla on Hizbullahin pyssy, jota pitelee Iran. Arabimaailman vapauden
soihtu näyttää nyt olevan toisen pienen maan, Tunisian, käsissä.

Kuten syyskuussa kerroin, lähdin Libanoniin ja vietin siellä pari viikkoa
viime kuunvaihteen molemmin puolin. Kiersin maan lähes kokonaan ja
esittelin ihmisiä kahdelle uudelle suomalaiskaverille, jotka halusivat
nähdä tuon kiehtovan maan. Tapasin tietysti Habibia ja muita libanoni-
laisia ystäviä.

Vietimme aikaa Beirutin baareissa ja kahviloissa. Kummallista kyllä, niiden määrä on ainoastaan kasvanut. Samaan aikaan kun Hamra on täyttynyt kymmenistä ellei sadoista uusista paikoista, jotka ovat levittäytyneet kaikkiin suuntiin Hamran sivukaduille, myös Gemmayzén baarikanta on entisestään kasvanut. Eikä vanha klubikatu Monot ole sekään kuollut. Vanhan klišeen mukaisesti libanonilaiset bailaavat kuin viimeistä päivää, koska se päivä voi aina olla viimeinen. Kirjakaupat pullistelivat arabikevättä käsittelevistä kirjoista kolmella kielellä. Englanniksi julkaistut kirjat keskittyvät lähes kaikki Egyptiin, kun taas ranskankieliset korostavat enemmän Tunisiaa.

Libanonistakin on viime vuosina julkaistu lukuisia uusia kirjoja, joista voin suositella toimittajaystävieni kirjoittamia, kuten Michael Youngin *The Ghosts of Martyrs Square* ja Michael Tottenin *The Road to Fatima Gate*. Molemmat Michaelit tietävät mistä puhuvat – ensin mainittu asuu pysyvästi Libanonissa ja jälkimmäinen asui siellä samoihin aikoihin kanssani. Tottenilta on juuri tullut ulos myös Irakia käsittelevä kirja.

Vietimme aikaa myös pohjoisen Kourassa, oliivilehtojen keskellä, kävimme Tripolin Minan baarikadulla ”Pikku-Monot’lla”, ylhäällä vuorilla Doumassa ja kaksikin kertaa Libanonin tunnetuimman kirjailijan Khalil Gibranin synnyinkaupungissa Bsharréssä. Kävimme sunnalaisessa Sidonissa ja šiialaisessa Baalbekissa, katsomassa Tyroksen vanhankaupungin kristittyä saareketta Fanaria ja tietysti myös samannimisessä pikkukaupungissa Beirutin pohjoispuolella. Kävimme Durzistanin sydämessä Shufvuorilla ja ajoimme vuorten yli Kefrayan, Musarin ja Ksaran viinitarhoille.

Aikamme politiikkaa Euroopassa ja Lähi-idässä voi verrata Tolkienin klassikkotrilogiaan *Taru sormusten herrasta*. *Sormusten herran* elokuvaversio alkaa pahaenteisillä havainnoilla: ”Maailma on muuttumassa. Tunnen sen. Pimeys leviää. Synkässä Mordorin maassa musta torni on rakennettu uudelleen. Ja sen huipulla kauhistuttava, luometon, kaikkinäkevä punainen silmä.”

Liikkuipa näinä aikoina Suomessa, Virossa, Libanonissa tai Georgiassa, kaikkialla voi aistia saman ahdistuneen huolen. Mordor on rakentamassa uudelleen pahuuden imperiumia. Torni on pystytetty ja armeijoja kootaan. Ei liene sattumaa, että *Sormusten herran* synkeä musta torni näytti samalta kuin niin kutsutut Stalinin hampaat – stalinistiset mahtitornit, joita Neuvostoliitto pystytti alistamiensa maiden pääkaupunkeihin: Varsovaan, Riikaan, Bukarestiin ja niin edelleen. Sauronin punainen silmä näyttää samalta kuin Stalinin hampaiden huipuille pystytetyt punatähdet. Mutta nyt punatähden, Puolueen, tilalla huipulla on todellakin "kaikkinäkevä silmä", salainen poliisi, jolla ei tunnu olevan jäljellä muuta aatetta kuin alaston ja kyltymätön vallanhimo.

Maailma on kahta suuremman uhan alla. Mordorin tornilla on liittolainen etelässä. Sarumanin torni sijaitsee tänä päivänä Teheranissa, jossa valkopartainen velho mylvii kauhistuksia ilmoille ja kasvattaa maan povesta parransänkisiä örkkiarmeijoita. Ympäröivien maiden autoritäärisistä vallananastajista tulee Sauronin ja Sarumanin kätyreitä, joiden mailla örkit kelta- ja hakaristilippuineen alkavat riehua estoitta ja rangaistuksetta.

Kärmekielet toimittavat Sarumanin uhkaavia viestejä kyynisellä brutaalisuudella milloin Qatarin emiirille, milloin Saudi-Arabian suurlähettiläille ja milloin Turkin presidentille. Salamurhista, attentaateista ja uusien asejoukkojen kokoamisista on jo vaikea pitää lukua. Syyrian valtapuolueen nimittämä uskonnollinen nukkejohtaja, suurmufti Ahmad Hassoun, uhkasi puolestaan Eurooppaa itsemurhaiskuilla, jos Syyrian demokratia-aktivistit saisivat tukea. Qaddafin tyyliin Syyrian valtapuolue kutsuu nyt oppositiota torakoiksi, rotiksi ja syöpäsoluiksi, ja on ilmoittanut, että Syyria pärjää vallan mainiosti vaikka pyyhkäisisi pois viisi miljoonaa "turhaa" ihmistä.

Muinoin oli todella olemassa Rautaportiksi kutsuttu paikka, jonka persialainen nimi oli Derbent ja turkkilainen nimi Demirkapi. Derbent on nykyisessä Dagestanissa ja siten Mordorin hallussa – entisen Neuvostoliiton vanhin kaupunki. Aikoinaan se kuitenkin muodosti sivistyneen Persian pohjoisen rajapyykin, jossa valtava muuri, Rautaportti, vartioi etelässä avautuvaa sivistyksen maailmaa pohjoisesta uhkaavilta barbaarilaumoilta. Noina aikoina Persian ja Georgian läpi matkustanut Marco Polo luonnehti pohjoisen pimeää valtakuntaa kuin Mordoria ikään.

Tätä nykyä Mordorissa on taas kaikkivaltias punainen silmä. Valtakun-
nalla ei ole salaista poliisia, vaan salaisella poliisilla on oma valtakunta.
Ja vuodesta 1979 on Rautaportin eteläpuolista imperiumia johtanut val-
kopartainen Saruman, nyt järjestyksessä jo toinen. Voiko arabikevät olla
meidän maailmamme Gandalf, joka vapauttaa Damaskoksen riivauksos-
taan ja tuo lopulta vallankumouksen myös Teheraniin? Missä on se epä-
todennäköinen armeija, joka *Sormuksen herrassa* löytyi metsien enteistä,
ja joka marssisi Rautaportille?

En ole päässyt vuosiin käymään entisessä kotikaupungissani Damaskok-
sessa, mutta sen sijaan Damaskos on tullut luokseni. Moni Damaskoksen
aikainen ystäväni on paennut Syyriasta, jotkut heistä Suomeen. Lähes
kaikki ovat joutuneet pidätetyiksi, hakatuiksi, monet kidutetuiksi. Tun-
temiani ihmisiä on tapettu viime viikkojen aikana useita, vielä useampia
on kateissa, kuten kymmeniätuhansia muitakin ihmisiä Syyriassa.

Ba'ath-puolueen edustajat ja salaisen poliisin miehet keräävät ihmisiltä
heidän rahansa maksuksi perheenjäsenten lahjomisesta vapaiksi. Tosin
rahat antaessaan ihmiset eivät tiedä, palautetaanko heidän omaisensa
jotenkuten elossa vai pilkottuna palasiksi, kuten eräs ystäväni ystävä. Sa-
laisen poliisin miehet keräävät lahjuksia kidnappaamistaan ihmisistä
kuin viimeistä päivää. Ja täytyy toivoa, että se todella on heidän viimei-
nen päivänsä. En halua kuvailla kaikkea sitä, mitä olen viime viikkoina
kuullut.

Viikonloppuna hankimme erään ystäväni kanssa auton ja poimimme mukaan syyrialaisen ystäväni ja hänen 16-vuotiaan pikkuveljensä, joka oli kuusi viikkoa vangittuna pidätyskeskuksessa, hakattiin, kidutettiin sähköllä ja polttamalla, herätettiin lääkäreiden toimesta henkiin ruumishuoneella, näki kahden samanikäisen toverinsa kuolevan, ja lahjottiin lopulta monimutkaisesti ulos salaisen poliisin örkkien käsistä. Hän on nyt pakolaisena Suomessa. Ajoimme yhdessä keskelle Itä-Suomen korpimaita vastaanottokeskukseen, entiseen mielisairaalaan, tapaamaan hänen toista veljeään ja sisartaan, jotka ovat pitkän turvataloissa piilottelun jälkeen onnistuneet pakenemaan maasta ja tulleet Suomeen. Söimme loistavan aterian ja veljekset kertoivat mustan huumorin keinoin tapahtumista Syyriassa.

Olen päättänyt, etten enää yritä keskustella Syyrian tapahtumista sellaisten ihmisten kanssa, joilla ei ole edellytyksiä asioiden ymmärtämiseen. Katkaisen välini niihin suomalaisiin, jotka puolustavat Assadin regiimiä tai ylistävät vakautta Qaddafin Libyassa ja Saddamin Irakissa. Tervemenoa. Tähän radikalisoituminen johtaa. Tulkoot takaisin sitten kun ovat oppineet jotain tai eläneet itse diktatuurin ihanuudessa. Suomi on toki vapaa maa ja kaiken maailman diletantit saavat puhua läpiä päähänsä ja oksentaa typeriä aivopieruja blogeihinsa tai öyhöttää *Hommalla*, mutta vapaassa maassa olemme Luojan kiitos vapaita myös halveksimaan heitä ja katkaisemaan heihin välimme.

Vastaanottokeskuksessa oli paljon syyrialaisia. Siellä oli myös sekalaisia afrikkalaisia ja Kaukasian kauhuista pakenevia inguušeja, joiden asiasta ei yksikään toimittaja välitä. Paluumatkalla öisen Itä-Suomen halki pakolaisten Suomessa asuva isoveli lauloi vanhoja arabialaisia ja kurdilaisia lauluja kaipauksesta, kuolemasta ja muusta.

Tapasin kuluneella viikolla myös romanialaisen historioitsijan, jonka kanssa muistelimme Itä-Euroopan tapahtumia 90-luvulla, ja erään nykyisin valvontaoptiikan alalla toimivan vanhan tutun Ruotsin ajoiltani. Suomalaiset ja muut länsieurooppalaiset ovat auliisti toimittaneet Sarumanille kätyreineen kaiken sen, mitä nyt käytetään nuorison nujertamiseksi. Lopun aktiivisen avun Sarumanin kätyrit saavat suurimmalta tukijaltaan Mordorilta.

Venäjällä on viime vuosien aikana kirjoitettu *Sormusten herrasta* piraattiversio, jossa koko Tolkienin saaga on käännetty ylösalaisin, Mordorin ylistykseksi ja marttyyritarinaksi, jossa Mordor yrittää uudistaa ja pelastaa maailman, mutta Lännen tukemat mitättömät hobitit, haltiat, kääpiöt ja muut monikulttuuriset kiusanhenget riivaavat suurta ja mahtavaa. Koska venäläisversio tuskin yllättävästi sai vastustuksen Tolkienin perikunnalta, mordorilaisversio leviää nyt internetissä, jossa se epäilemättä inspiroi venäläisiä ja serbialaisia äärioikeistolaisia, Sarumanin kannattajia Persian vallananastaja-suurkuninkaan valtakunnassa, ja niitä kymmeniä vääräin temppeliherrain taistelusoluja, joiden joukkomurhaaja Anders Breivik on väittänyt lymyilevän pitkin Eurooppaa valmiina palvelemaan Mordorin asiaa.

# Arabimaiden tapahtumista

*25. lokakuuta 2011*

Arabikevään käynnistämät tapahtumat jatkuvat. Libyassa uusi hallinto vapautti Qaddafin kannattajien viimeisen pesäkkeen, diktaattorin kotikaupungin Syrtin (Sirten). Muammar al-Qaddafi saatiin kiinni, mahdollisesti piileskelemästä viemäriputkesta, jonka viereen joku pian maalasi graffitin "rotan viimeinen lymypaikka". Qaddafin kiinniottoa seurasivat pian uutiset hänen kuolemastaan. Vaikka se tapahtui sekavissa olosuhteissa ja siitä on sittemmin liikkunut lukuisia eri versioita, todennäköiseltä näyttää, että Qaddafi joko kuoli kiinniottotaisteluissa saamiinsa vammoihin tai vielä todennäköisemmin tavalla tai toisella lynkattiin.

Qaddafin ottivat kiinni Syrtin länsipuolella sijaitsevan Misratan taistelijat, joiden käsissä hän myös kuoli. Qaddafi oli elossa vielä kun häntä retuutettiin Syrtistä ja vietiin autolla kohti Misrataa, joten hän kuoli joko matkalla sinne tai sitten väkijoukkojen käsissä Misratassa, kaupungissa, jonka hän oli uhonnut puhdistaa "rotista, torakoista ja syöpäläisistä", ja jota hän piti pitkään terrorin ja näännytystaktiikan vallassa. Näyttää siltä, että vaikka Saif-al-Islam on yhä karkuteillä, Qaddafin helmikuussa tilaama syöpäläispuhdistus on lopulta saatettu päätepisteeseensä.

Länsimaissa heräsi lapsellinen hurskastelu ja käsittämätön propaganda Qaddafin kuolemasta, vaikka hänelle ei tapahtunut mitään sen kummempaa kuin mitä tapahtui häntä ennen Mussolinille, Ceauşesculle ja lukuisille muille tyranneille. Näyttävä sotaoikeus kameroiden edessä ja sen jälkeen teloitus olisi tämän kirjoittajan mielestä ollut parempi kuin nyt tapahtunut sekava lynkkaus tai muuten vain onneton kuolema haavoittuneena. Tästä huolimatta olen vankasti sitä mieltä, että tämä oli libyalaisten parasta hoitaa itse. Paljon parempi kuin että olisi nähty vuosia kestävä tekopyhä farssi jossain kansainvälisessä oikeusistuimessa. Kuvitelkaa propaganda-arvo kaikille länsimaiden vihaajille, että arabidiktaattori olisi tuomittu kansainvälisessä – lue: länsimaisessa – oikeusprosessissa ja pidetty Miloševićin tavoin kultaisessa häkissä julistamassa kannattajineen maailmalle sotapropagandaansa ja valheitaan.

Sillä välin Tunisiassa pidettiin arabikevään ensimmäiset demokraattiset vaalit, jotka sujuivatkin kaikkien lukemieni raporttien mukaan ongelmitta. Lopulliset tulokset julkaistaneen vasta huomenna, mutta jo nyt näyttää selvältä, että vaalivoittajaksi nousi odotetusti maltillinen islamistipuolue *Hizb an-Nahda* (Renessanssipuolue). Renessanssipuolue, jonka johtaja Rashid Ghannushi vietti Zayn-al-Abidin Ben Alin valtakauden maanpaossa Länsi-Euroopassa, on julkilausutuilta näkemyksiltään maltillisempi kuin vaikkapa Egyptin Muslimiveljeskunta, vaikkakin jälkimmäinen on toisaalta huomattavasti heterogeenisempi. Renessanssipuolue on julkisuudessa kertonut seuraavansa Turkin AKP:n mallia sekä kannattavansa monipuoluejärjestelmää ja sekularismia. Kampanjoinnissaan Renessanssipuolue on kiinnittänyt erityisen paljon huomiota naisten oikeuksiin ja näkyvyyteen, mikä lienee harkittua mediastrategiaa.

Seuraava vaihe on uuden perustuslain luominen. Oleellisinta ei suinkaan ole, mitä perustuslaki sanoo islamista, vaan se, luodaanko perustuslakiin riittävän hyvät suojaukset vallan väärinkäyttöä ja monopolisointia vastaan. Arabidemokratian ongelma ei ennenkään ole ollut se, etteikö olisi puolueita, vaaleja ja sekulaareja hallintoja, vaan se, että valtaapitävät puolueet ja klikit eivät suostu kunnioittamaan demokratiaan olennaisesti kuuluvia pluralismia ja vallan vaihtuvuutta. Ei ole demokratiaa, että jos saa vaalivoiton, saa ryhtyä diktaattoriksi – vaikka hämmästyttävän monet tuntuvat näin kuvittelevan. Perustuslain tehtävänä on ennen kaikkea suojella yhteiskuntaa vallanpitäjiltä – asettaa rajat vallankäytölle, varmistaa että valta voidaan vaihtaa laillisin keinoin ja siten ehkäistä mielivaltaa, autoritariaa ja korruptiota.

Renessanssipuolue ei ole koskaan ollut tässä tilanteessa, joten sillä ei toisaalta ole vanhan valtapuolueen taakkaa, muttei toisaalta kokemusta myöskään demokraattisesta hallinnosta. Toivottavasti se osoittautuu uskolliseksi monille lupauksilleen. Joka tapauksessa demokratiaan kuuluu, että sen kuuluu saada tämä mahdollisuus. Osa sekulaaripuolueita äänestäneistä tunisialaisista tutuistani, jotka olivat mukana alkuvuoden vallankumouksessa, purkivat pettymystään naamakirjaan muun muassa uhkaamalla muuttaa maasta pois ja peräänkuuluttamalla pian uutta vallankumousta. Ikävää jos niin todella tapahtuisi – siis että kaupunkien ja rannikon koulutettu nuoriso jättäisi maansa tai kieltäytyisi vaikuttamasta sen asioihin vain siksi, että sisämaassa ja köyhemmällä väestöllä on konservatiivisemmat arvot. Mutta Tunisian tie demokraattisena valtiona onkin vasta aivan alussa. Jos odotukset ovat ylimitoitettuja ja liian kärsimättömiä, tulee vain pettymyksiä – hyvänä esimerkkinä ne tunisialaiset, jotka haastatteluissa vaativat, että heti vaalien jälkeen pitää taikoa työpaikkoja, ikään kuin niitä syntyisi perustuslakiin kirjaamalla tai hallituksen päätöksin.

Libyassa ja Tunisiassa siis mennään eteenpäin. Egyptissä tilanne näyttää hankalammalta, sillä uusi sotilashallinto on osoittanut kaikki elkeet juuttumisesta valtaan Mubarakin hallinnon tapaan. Lisäksi Muslimiveljeskunta veljeilee nyt sotilashallinnon kanssa yhdessä liberaalia oppositiota vastaan. Heti vallankumouksen jälkeen Muslimiveljeskunnan kannatus putosi alemmas kuin vuosiin, liberaalin Wafd-puolueen alapuolelle, kahdesta syystä: ensinnäkään Muslimiveljeskunta ei ollut Mubarakin kukistaneen vallankumouksen eturintamassa, ja toiseksi, Mubarakin kukistuttua Muslimiveljeskunta lakkasi olemasta pääsääntöinen protestikanava. Nyt se onkin, kuten eräs arabistituttavani totesi, "konservatiivinen vaihtoehto sotilashallinnolle".

Syyriassa jatkuvat tappaminen, kiduttaminen ja vangitseminen. Tukiessaan armottomasti Syyrian horjuvaa hallintoa, Venäjä ja Iran pelaavat kovimmilla mahdollisilla korteilla, ja toivovat siten pelottavansa länsimaat, Turkin ja ympärillä olevat arabimaat passiivisiksi.

# Hallava hevonen

*30. lokakuuta 2011*

Ensimmäisen kerran tänä syksynä näin tilhiä Vantaalla 15. lokakuuta. Myöhemmin niitä pyöri useampaan kertaan Helsingissä. Muuten linturintamalla merkittävämpiä asioita ovat tänä viikonloppuna olleet sepelhanhien ja allien muutto Suomenlahtea pitkin. Puut ovat keltaisenaan ja talvesta on taas kerran ennustettu ennätysmäisen kylmää. Ilmastonmuutos tuo Suomeen Siperian säätä: kuumia kesiä ja sitäkin kylmempiä talvia.

Kävin Virossa mielenkiintoisella seminaarimatkalla, jonka aiheena oli vapaus Euroopassa ja sen ympäristössä. Muuan pitkän linjan virolainen parlamentaarikko ja kaksinkertainen presidenttiehdokas puhui meille Euroopan arvoista tänä vuonna edesmenneen Otto von Habsburgin hengessä ja viittasi tämän kauan sitten esittämään varoitukseen, joka näyttää kaikki toteutuneen. Eurooppalaiset elävät törkeästi yli varojensa ja sälyttävät laskunsa ja velkansa lastensa ja lastenlastensa maksettaviksi.

Meno on siitä vain pahentunut. Vaikka yhä useammilla tavallisillakin kansalaisilla alkaa olla vähitellen käsitys siitä, miten huonosti länsimaiden taloudella menee, harva edelleenkään ymmärtää – tai suostuu ymmärtämään – kuinka kauhea tilanne oikeastaan on. Hyvinvointivaltioksi kutsuttu pyramidihuijaus pitää yhä uskovaisiaan vallassaan. Kansalaiset ovat oppineet vaatimaan lisää, lisää ja lisää, ja aina jonkun muun kustannuksella. Kaikki haluavat lisää ja taatusti, mutta kukaan ei suostu ottamaan vastuuta.

Kävin myös Helsingin kirjamessuilla ja kannoin kotiin viisi kassillista kirjoja, koska sopiihan sitä aina omaa sivistystään kasvattaa – päänsisäinen tieto on viimeinen, mikä meille jää, vaikka ulosottomiehet kantaisivat kaiken muun ulos. Sillä tiedolla voi tehdä jotain, vaikka viettäisi vanhuuden päiviään vankileirillä Siperiassa tai pakolaisena Patagoniassa. Kirjamessuilla muuan kirjailija-toimittaja otti esille mielenkiintoisen tilaston, jonka mukaan samaan aikaan kun Suomi on olevinaan turvallisempi kuin koskaan ja rikollisuuskin on pitkästä aikaa vähentynyt, suomalaiset ihmisinä pelkäävät yhä enemmän ja yhä useampia asioita.

Minulle tämä ei ollut yllättävää. Ihmiset pelkäävät sitä, mikä on heidän oman vaikutuksensa ulottumattomissa. Mitä puolustuskyvyttömämpiä ja avuttomampia ihmiset ovat, sitä enemmän he pelkäävät. Mitä enemmän he pelkäävät, sitä enemmän he myös vihaavat ja purkavat pelkojaan irrationaalisiin uhkakuviin, kuten muslimeihin, illuminaatteihin, vampyyreihin ja ufoihin. Lampaita raadellutta ilvestä kauhistellaan. Karhua ei sen sijaan uskalleta ääneen lausua, koska sen ääneen sanominenhan manaisi sen metsästä esiin.

Ihmiset pelkäävät, koska he ovat kyvyttömiä itseään puolustamaan ja tietävät sen. Sankaruus syntyy pelottomuudesta – tai pikemminkin pelon voittamisesta. Soturi ryntää päin mahdollista ja jopa todennäköistäkin kuolemaa, koska hän tietää, että juuri sillä hetkellä hänen kohtalonsa on hänen omissa käsissään – ja kenties Jumalan, johon nykypelkääjät eivät enää usko. Nykyisin sen sijaan lukemattomat uudet kauhuelokuvat tuottavat nykyihmisen mielentilan mukaista maailmaa, jossa kauheimpia asioita ovat "se" ja "jokin". Kauhuelokuvissa toistuu aina hetki, jona joku sanoo: "Olen varma, että näin... *jotain!*" Se "jokin" onkin kauheampaa kuin mikään konkreettinen, mitä ihminen voi kuvitella, koska siitä ei edes tiedetä, mikä se on.

Tänä päivänä kauhistelemme Kreikkaa, ensi vuonna ehkä paljon suurempia Espanjaa ja Italiaa. Kaupat, pankit ja kadut roihuavat liekeissä. Paljon pahempaa on tiedossa, koska yli varojensa eläneiden hyvinvointiyhteiskuntien polttorovio ei tule jäämään Välimeren-maihin. Länsi-Euroopan vahvimmat taloudet Britannia ja Ranska ovat lähes yhtä konkurssikypsiä kuin Välimeren-maat, ja mikä pahempaa, Italian perikato tulee suoraan vaikuttamaan Ranskaan ja Britanniaan. Puhumattakaan Yhdysvalloista, jonka suuri lupaus Kalifornia on käytännössä konkurssissa, eikä itärannikolla mene yhtään paremmin.

Läntisen maailman toivo on tällä hetkellä Saksassa, Kanadassa ja Australiassa, joiden lisäksi muutama pikkuvaltio, kuten Ruotsi ja Viro, ovat hoitaneet asiansa hammasta purren kuntoon, mutta eihän se auta jos kaikki niiden asiakkaat menettävät maksukykynsä. Kuka enää ostaa, jos kellään ei ole varaa? Ei kiinalaisten tarvitse ostaa tuotteitamme, kun he voivat ostaa suoraan tehtaamme ja pankkimme. On mielenkiintoista nähdä, luulevatko eurooppalaiset vielä sen jälkeen, että riehuminen pankin edessä saa pankkiautomaatin suoltamaan ilmaista rahaa. Kiinalaiset ja venäläiset pankkiirit panostanevat enemmän aseistettuihin turvajoukkoihin kuin asiakaspalveluun.

Yhdysvallat on ilmoittanut vetävänsä kaikki joukkonsa Irakista jo tänä vuonna – eurooppalaiset riemuitsevat ja Iran hieroo käsiään, mutta irakilaiset ovat kauhuissaan. Seuraavaksi Yhdysvallat tulee vetäytymään Euroopasta. Kun se tapahtuu – ja se tapahtuu hyvin pian – Euroopassa on jäljellä tasan yksi iso hyökkäysarmeija, ja se on Venäjän. Venäjä on panostanut määrättömiä summia öljystä ja maakaasusta tienaamaansa ja Moskovaan keskittämäänsä rahaa hyökkäyksellisen sotilas- ja tiedustelukyvyn kehittämiseen. Venäjän armeija ei ole alamaissa, kuten meille on uskoteltu. Se on täydessä valmiudessa erikoisoperaatioihin, kuten hallitusten vaihtamiseen.

Venäjä panostaa aseisiin, koska se on ainoa varma ratkaisu maailmassa, jossa sillä ei ole juuri mitään muuta. Väkilukunsa ja taloutensa puolesta Venäjä on Pakistanin ja Turkin luokkaa, mutta sen talous pohjaa yksinomaan energiaraaka-aineiden ylikorkeaan hintaan, josta taas huolehtivat kartellit ja konfliktit. Jos Eurooppa menee konkurssiin, kuka maksaa Venäjän öljystä ja kaasusta? Ainoastaan aseet varmistavat, että maksuksi tulee sitten vaikka maa-alueita, infrastruktuuria ja poliittisia myönnytyksiä.

Mutta entä tavallinen kansa? Se pelkää "jotain", mutta ajalle on tyypillistä, että se "jokin" ei koskaan löydy itsestä ja omasta käyttäytymisestä, vaan siitä ovat vastuussa mystiset vapaamuurarit, reptiliaanit, ihmissudet ja nuo jokapäiväisen elämämme muukalaiset, maahanmuuttajat.

Takavuosina oli joskus aika, jolloin Eurooppa oli samassa tilassa. Useampaankin kertaan. Kun Venäjän keisarikunta oli siinä tilassa 1800-luvun lopulla ja tsaari ryhtyi toteuttamaan välttämättömiä liberaaleja uudistuksia, salaisen poliisin slaavimytologit kauhistuivat. Vakuuttaakseen tsaarin ja hoviväen siitä, että liberalismi ja kaikenlaiset uudistukset olivat todellisuudessa juutalaisten salaliitto valtakunnan heikentämiseksi ja kristinuskon tuhoamiseksi he väärennyttivät alun perin bonapartisteja vastaan suunnatusta pamfletista uuden version, jossa kaikki todisteltiin juutalaisten salaliiton tekosiksi. Ohranan konspiraattori Pjotr Ratškovski laittoi asialle todisteiden väärentämisessä näytösoikeudenkäynteihin kunnostautuneen agenttinsa Matvei Golovinskin, jonka kyhäelmä tuli sittemmin maailmankuuluksi nimellä *Siionin viisaiden pöytäkirjat.*

Myöhemmin, kun tsaarinvalta oli kukistunut kommunistiseen vallankumoukseen, Ratškovski, Golovinski ja lukemattomat muut konspiraattorit siirtyivät joko suoraan KGB:n palvelukseen tai soluttautuivat Euroopan yläluokkaisiin emigranttipiireihin. *Siionin viisaiden pöytäkirjat* villitsivät muutenkin antisemiittisessä kuumeessa kieriskelevän Euroopan intelligentsiaa, joka riensi innolla syyttämään juutalaisia kaikesta pahasta: sosialismista, kapitalismista, pankkien vallasta ja koronkiskonnasta. Juutalaiset muka juonittelivat salaa maailmanvalloitusta, vaikka todellisuudessa eurooppalaiset elivät itsepetoksessa ja elivät riemulla yli varojensa.

Kun painajaiset sitten tulivat toteen ja pahimmat pelot toteutuivat, eurooppalaiset kieltäytyivät yhä uskomasta omaan vastuuseensa. Kukaan ei tietenkään ollut koskaan kannattanut natseja, ei Vichyä eikä juutalaisvainoja. Sen kaiken täytyi olla saatanan tekosia, ja saatana oli räjähtänyt Hitlerin bunkkerin mukana. Itä-Eurooppa voitiin unohtaa – ehkä sitä ei koskaan ollutkaan olemassa. Rautaesiripun toisella puolella oli vain eläimellisiä petoja, eihän heille demokratia edes sopinut, olivat eri kulttuuria.

Tämän päivän Eurooppa on jälleen unohtanut opetuksensa ja elänyt yli varojensa. Ihmetteleekö vielä joku, miksi lapset ja nuoret käyttäytyvät törkeästi, jos kukaan ei uskalla edes katsoa heitä silmiin ja sanoa, että sori, perintösi on jo tuhlattu ja olisi yksi pikkujuttu, nimittäin tämä kasa velkoja. Ei tietenkään, syyn täytyy olla jossain muualla. Tämän päivän *Siionin viisaiden pöytäkirjoja* ovat *Gates of Vienna, Scripta* ja lukemattomat muut nykypäivän slaavimytologien islamofobiset sivustot, joilla levitetään väärennöksiä ja propagandaa muslimien demonisoimiseksi samoin keinoin ja usein sanasta sanaan samoin kuin juutalaisia demonisoitiin aiemmin.

Slaavimytologit ja heidän eurooppalaiset antisemiittiliittolaisensa uskoivat, että juutalaisten demonisoiminen myös likaisilla tempuilla oli oikeutettua, koska juutalaiset "oikeasti" kuitenkin olivat pahoja, ja koska "jos jotain ei tehtäisi, edessä olisi aivan varmasti tuho". Samoin perustelevat nykyistä propagandaansa ja valheitaan islamofobiset vihanlietsojat.

Myös islamilaisessa maailmassa vanhat salaliittoteoriat elävät. Radikaali-islamistien parissa vallitsee yhä pelottavan usein sellainen käsitys, että *Siionin viisaiden pöytäkirjat* sisältäisivät arvokasta ja paljastavaa tietoa juutalaisista ja heidän "todellisista" tarkoitusperistään, jotka tietysti on salattu poliittisella korrektiudella ja valtaapitävän eliitin salaliitolla. Näiden *Siionin viisaita* lukevien islamistien mielestä on myös aivan ilmeistä, että Atatürk, Pahlavi, Musharraf ja Mubarak olivat juutalaisia.

Eurooppa elää jälleen aikaa, jona kuume nousee ja hulluus leviää. Ei ole sattumaa, että aikamme tuottaa sen kaltaisia ilmestyskirjan ennustuksia kuin Dominic Sandbrookin *The Daily Mailiin* kirjoittama skenaario, jossa talouskriisi aiheuttaa eurooppalaisten levottomuuksien aallon ja lopulta Venäjän miehityksen.

Mutta jos eurooppalaiset oikeasti haluaisivat pelastaa kristinuskon, he voisivat mennä kirkkoon. Jos he haluaisivat oikeasti pelastaa taloutensa, he ryhtyisivät tekemään työtä ja yrittämään sen sijaan että ottavat lisää lainoja ja vaativat valtiota kustantamaan itselleen yhä lisää, mikä taas tarkoittaa yhä korkeampia veroja, yhä vähemmän yrittämistä ja yhä enemmän orjatyötä. Mutta sehän ei toki sovi eikä ole edes ajateltavissa. On helpompi syyttää myyttisiä ulkopuolisia vihollisia. Syyhän on tietysti siinä, että muslimit vievät meidän naiset ja työt ja mystinen finanssieliitti juonittelee. Viha on paljon helpompi kohdistaa lähimpään näyteikkunaan, bussikuskiin tai naapurin mamuperheeseen kuin koota itsensä, olla vastuullinen ja samalla valmistautua puolustamaan kotia, uskontoa ja isänmaata.

# Uhrijuhlat

*14. marraskuuta 2011*

Tämä marraskuu on merkillinen. Ilma on syksyisen kuulas ja kirpeäkin, mutta tähän asti lämpötilat ovat olleet jotain sellaista, mitä normaalisti odottaisi syys-lokakuun vaihteelta.

Kuin reaktiona kesän ja alkusyksyn vampyroituneelle vuorokausirytmille, alati erraattinen kehoni ja mieleni ovat nyt kehittäneet uuden rytmin, johon kuuluu herääminen aamuisin varhain ja viimeistään kuuden maissa kyvyttömyys ajatellakaan nukkumista. Vaihtelu on tervetullutta siirryttyäni jälleen kuun alusta säännöllisen päivätyön piiriin.

Se on toteutunut myös viikonloppuisin, jolloin olen käyttänyt nukkumiseen sen ajan, jolloin kesällä olisin sosialiseerannut ja juonut epäterveellisiä juomia, ja silloin kun olisin kesällä ollut umpiunessa, olen kirjoittanut, lukenut ja tehnyt pitkiä kävelyitä raikkaassa syysilmassa, tyhjässä uinuvassa kaupungissa. Olen katsellut pulujen perään syöksyviä varpushaukkoja ja niitä räkättejä ja mustarastaita, jotka näyttävät tehneen määrätietoisen päätöksen jäädä tänne, kun pääparvet lensivät lounaaseen.

Männä viikoilla käytiin läpi sarja vuoden pimeintä aikaa esihistoriallisista ajoista lähtien täplittäneitä juhlia. Suomalais-ugrilaisen kekrin ja kelttiläisen *samhainin* lisäksi on juhlittu intialaisten *diwalia* eli valojen juhlaa, kristittyjen pyhäinpäivää, puolipakanallisessa muodossaan *halloweeniä*, ja muslimien *adha*-juhlaa eli uhrijuhlaa.

Muutama sana tästä juhlarupeamasta: muinaisten uskontojen juhlat liittyivät yleensä vuodenkiertoon ja olivat siten suoraan sidoksissa aurinkoon ja sadonkorjuuseen. Niinpä kekri oli sadonkorjuun juhla, mutta varautui samalla pimeyden tuloon. Noihin aikoihin uskottiin portin tuonpuoleiseen olevan hetkellisesti auki, minkä vuoksi hengetkin olivat pidoissa tai ainakin niiden jatkoilla vahvasti läsnä. Näkyjä nähtiin, pirut menivät ihmisiin ja lopulta lapsiakin sikisi pyhästä hengestä.

Pimeyden maailman uhkaa torjuttiin valoilla, mikä näkyy sekä hindulaisessa diwalissa että pohjoisten kansojen kokkojen polttamisessa. Sadonkorjuun jälkilöylyissä pahoja henkiä kannattikin torjua. Kristinusko ja islam eivät koskaan olisi levinneet niin menestyksellisesti, elleivät ne olisi adoptoineet pakanallisia tapoja, vaikutteita ja juhlia. Jos ne olisivat yrittäneet kieltää nämä, kansa olisi torjunut uudet uskonnot kuin Lalli kirveineen, mutta sen sijaan uusien kristillisten ja islamilaisten merkitysten antaminen vanhoille menoille meni paremmin läpi ja tuli sitten osaksi inhimillisen uskonnollisuuden ikiaikaista jatkumoa.

Henkien kanssa pelehditään yhä, mutta Jumala tuntuu katselevan sitä hymy kasvoillaan. Vaikka hurskaat kristityt ovat yrittäneet muuttaa kummitukset ja henget pyhimysten muistelemiseksi, halloween jatkaa pakanallisia perinteitä kuin ei mitään. Muslimien adha rituaaliteurastuksineen taas muistelee kaikkien kristittyjenkin tuntemaa tapausta: sitä kuinka Abraham (Ibrahim) aikoi uhrata poikansa Ismailin, mutta Jumala tulikin väliin ja käski armahtaa pojan. Tilalla uhrattiin lammas. Adhan teologinen sisältö on siis erittäin samanlainen kuin kristittyjen pääsiäisessä.

Uhraaminen ylipäätään kuului olennaisena osana kekreihin ja muihin pakanallisiin sadonkorjuujuhliin. Henkien ja jumalten piti saada osansa, ja niinpä karjaa, viljaa, olutta ja viiniä uhrattiin suuria määriä. Ei se toki onneksi hukkaan mennyt, vaan väki toimi itse henkien välikappaleena. Kun uhrilahjoja riittävästi mässäiltiin ja ryypättiin, hengetkin tulivat pitoihin. Dionysoksen ja Kalin maailmassa ero viinin ja veren välillä katosi; ihmisten humaltuessa viinistä jumalat humaltuivat ihmisverestä. Kristinuskon ja islamin unholaan jäänyt perusvire olikin ihmishenkien armahtaminen. Ei enää veriorgioita eikä ihmissyöntiä – sellaisesta ei Jumala pitänyt. Uusi sivistyneempi aika olisi koittava. Ja koittikin.

Nykymaailman menoa katsellessa tulee kuitenkin usein aavemainen tunne, että kun pintaa vähän raaputtaa, siellä irvistelevät kentaurit ja kalinpalvojat. Lapset pukeutuvat luurangoiksi, zombeiksi ja vampyyreiksi ja kiertävät ovelta ovelle vaatimassa perinteisiä uhrilahjoja. Jossain pimeässä ihmiset kuolevat, vaikka heidän tappamisensa on ulkoistettu kaukaisille armeijoille ja miehittämättömille lennokeille, ja me katselemme maailmantasapainomme ihmisuhreja televisiosta, veren tahrimia nuorukaisia ja luurankolapsia. Uhraamme ehkä lantin sinne tänne ja vaadimme hurskaasti, että jonkun on tehtävä jotain. Jonkun, muttei meidän.

Tällaisina maailmantalouden aikoina kekri saa erityisen irvokkaita sävyjä. On alkanut valjeta, että pankkiholvit ammottavat tyhjyyttään tai ovat täynnä pelkkiä velkakirjoja. Suuri pimeä velkoja koputtelee porstuassa. Muinaiset keltit kasasivat syntinsä yhden pukin niskaan ja viskasivat sitten syntipukin mereen tai polttivat sen kaikkien tähden. Meidän syntipukkejamme ovat Papandreout ja Berlusconit, jotka tuskin ovat eronneet, kun väki jo puhuu siihen malliin, että nyt kulutusjuhla voi taas jatkua. Juopukaamme kaikki älkäkäämme murehtiko huomista. Mutta krapula on jo alkanut. Pian sirotellaan tuhkaa päälle ja pukeudutaan säkkiin, koska jossain muodossa Jumalan ruoska vielä muistuttaa meitä siitä, ettei ihan mikä tahansa peli vetele.

# Jordaniassa ja Istanbulissa

*30. marraskuuta 2011*

Olen taas matkoilla. Istanbulin lentokentällä olin kuulevinani takaani suomenkielistä puhetta ja kun katsoin, siellä oli ryhmä sekä vaaleudeltaan että kasvonpiirteiltään suomalaisen näköisiä ihmisiä. Joukko ryhmittyi Rostoviin lähdössä olevalle portille, joka oli oman porttini naapurissa, ja vasta silloin kuulin tarkemmin, että he puhuivatkin tataaria. Geneettisesti suomalaiset ja Anatolian turkkilaiset lienevät varsin kaukana toisistaan, mutta Idel-Uralin alueella elävät suomalais-ugrilaiset ja turkkilais-tataarilaiset kansat ilmentävät kasvonpiirteissään läheistä geneettistä sukulaisuutta.

Turkin kielen rakenteista ja vanhimmasta sanastosta huomaa turkinsukuisten kansojen olevan alkuperältään suomalais-ugrilaisten sukulaisia myös kielellisesti. Asia olisi päivänselvä, ellei olisi ollut Venäjän ja Turkin imperiumeja, jotka sekoittivat kieliä, geenejä ja uskontoja uusiin yhdistelmiin. Nimittäin nykyturkkilaisethan ovat geneettisesti eteläisempien kansojen jälkeläisiä – turkkilaistuneita kurdeja, assyrialaisia, armenialaisia, kreikkalaisia jne. – mihin soppaan on heitetty Balkanin ja Kaukasian kansoja, krimintataareja, juutalaisia, arabeja ja monenlaista muuta. Vastaavasti Venäjän imperiumin herrakansassa on vain osittainen slaavilainen perimä, kun todellisuudessa suuri osa isovenäläisistä on kiovalaisen kieli- ja uskontokuorrutuksen saaneita finnougreja ja turkotataareja. Ja on siinäkin sopassa tietysti kosolti muita aineksia viikingeistä ja balteista kaukasialaisiin ja keskiaasialaisiin.

Imperiaalinen historia erehdyttää meitä kuvittelemaan, että anatolianturkkilaiset olisivat alkuperäisiä turkkeja ja isovenäläiset alkuperäisiä slaaveja, vaikka nämä ovat nimenomaan imperiaalisia uusturkkeja ja uusslaaveja, myöhäisiä tulokkaita sekä ortodoksiseen kristinuskoon että islamiin. Kaikkien käännynnäisten tavoin ovat nämä imperiaaliset keskuskansat olleet varsin fanaattisia kansallismielisyydessään. Jos halutaan kuitenkin etsiä syviä kansanluonteita ennen imperiumeja, alkuslaavilaiset kulttuurilähteet sijaitsevat Länsi-Ukrainassa, alkuturkkilaiset Kaspianmeren pohjoispuolisilla aroilla ja Volgalla, alkuortodoksisten jäljittämiseksi kannattaa tutustua vaikkapa Irakin, Pohjois-Syyrian ja Kaakkois-Turkin assyrialaisiin, ja alkuislamilaiset kulttuurilähteet tietysti löytyvät kahden pyhäkön Hijazista.

Kulttuurit eivät kuitenkaan koskaan matkusta ihmisistä ja kansoista toisiin muuttumattomina, vaan omaksuvat kaikkialta matkan varrelta vaikutteita ja tulevat sekoitetuiksi yhä uusiksi yhdistelmiksi, synnyttäen uusia kansoja ja kulttuureja. Luonnon suunta on aina diversifioituva. Jos jokin on epäluonnollista niin monokulttuuri, oli se sitten geenimaissiviljelmä, tasamittainen puupelto tai kansalliskiihkoinen tai muuten totalitäärinen valtio, jonka ihanteena ovat persoonattomina marssivat klooniarmeijat.

Se Istanbulin tataareista. Lensin Jordaniaan, jossa minulle jäi viikonloppu omaa aikaa ennen maanantain ja tiistain konferenssia. Vuokrasin auton Ammanista ja ajoin lauantain kuluessa Madaban kautta Kuninkaan valtatielle. Wadi Mujibin alueella näin runsaasti Jordanian kuiville alueille luonteenomaisia lintulajeja, kuten aavikkokiuruja, surutaskuja, mustapyrstöjä, aavikkokerttuja, sinirastaita ja lyhytpyrstökorppeja. Muutamia aavikkopyitä pörähti lentoon suristen ja kaklattaen.

Jatkoin Wadi Mujibin jälkeen edelleen etelään, ensin Tafilan kaupunkiin ja sieltä edelleen Danan kylään, jossa majoituspaikkani sijaitsi, tarkoituksena tehdä pitkiä kävelyretkiä Danan kansallispuiston henkeäsalpaavissa kanjonimaisemissa. Minulla oli siellä kohdelajikin, pitkäaikainen nemesikseni aavikkopöllö, jota en edelleenkään ole onnistunut näkemään, vaikka olen liikkunut sen tiedetyissä esiintymispaikoissa vuosien ajan. Yöllä laakson jyrkänteillä huuteli sentään aavikkohuuhkaja, mikä voi selittää, miksi laakson tässä päässä ei aavikkopöllöjä esiinny. Huuhkajat ovat tunnettuja muiden pöllöjen eliminoinnista reviireiltään. Kontaktini kertoi aavikkopöllöjä löytyvän tällä hetkellä parhaiten Danan kansallispuiston leirialueen ympäristöstä, mutta se on talvikauden ajan suljettu.

Toinen paikka löytää aavikkopöllö on Petran eräs kanjoni, Pikku-Petra, mutta tällä matkalla halusin mennä johonkin muuhun kohteeseen kuin Petraan, jossa olen käynyt kymmeniä kertoja, ja joka on ympäri vuoden täynnä turisteja. Danassa sain sentään vaellella näkemättä juuri muita ihmisiä – ja turisteja sitäkin vähemmän. Koko Danan kylässä oli lisäkseni vain viitisen matkailijaa, pari lomailevaa brittisotilasta ilmeisesti Irakista ja vanhempi ruotsalaispariskunta pitkällä automatkalla.

Danassa tuli yöllä todella kylmä. Yötaivas oli pilvetön ja siellä näkyi tähdenlentoja. No, aavikkopöllöä ei edelleenkään löytynyt, mutta aavikkohuuhkaja oli ihan kiva laji sekin. Danan suojelualueella esiintyy kuulemma kuusi pöllölajia, joista neljä on selviä tapauksia (aavikkopöllö, aavikkohuuhkaja, minervanpöllö ja kyläpöllönen), mutta ne kaksi muuta vaikeammin arvattavissa (ehdokkaita ainakin sarvipöllö, persianpöllönen ja varsinaisen huuhkajan Libanoniin asti esiintyvä alalaji).

Näin myös aina ilahduttavan vuorikotkan sekä kaksitoista hanhikorppikotkaa – ilmeisesti talveksi jättäytyneitä yksilöitä Danassa pesivästä yhdyskunnasta, jonka pesäpaikat näkyivät jyrkänteiltä pitkälle valkeiksi paskottujen kohtien vuoksi. Tavanomaisia kanjonilajeja oli myös paljon, kuten rotkorakkeleita, aavikkokiuruja, aavikkokerttuja, mustapyrstöjä, arabianbulbuleita, arabiantimaleita, kalliopääskyjä ja sadoittain vuoripyitä, jotka kuuluttivat itseään kaikkialta ja pyrähtelivät edestä lentoon aamuvarhain. Talvivieraista ilahduttivat erityisesti valkoselkätasku ja laulava syyrianhemppo.

Kaikilla retkilläni Jordanian erämaihin on aina ollut jokin lintuhavainto, joka on täysin poissa omasta elementistään ja paikassa, jossa sitä ei odottaisi. Tällainen oli aivan ensimmäisellä Jordanian-matkallani yksinäinen naaraspeippo, joka liikkui syvällä kallioisessa autiomaassa aavikkokiurujen löyhässä parvessa. Wadi Mujibissa sellainen oli erään karurantaisen patolammen rannalta lentoon pölähtänyt taivaanvuohi. Wadi Danassa sellainen oli kylän liepeiltä oliivilehdosta lentoon noussut lehtokurppa.

Jordaniassa arabikevään mielenosoitukset ovat jääneet varsin pieniksi eikä niitä ole tukahdutettu väkivaltaisesti. Päinvastoin Jordanian kuningas vaihtoi nopeasti pääministeriä ja hallitusta ja uusi hallitus on pikemminkin mielistellyt kansaa kuin piessyt heitä. Julkisen sektorin palkkoja on nostettu ja poliiseja kehotettu olemaan sakottamatta ylinopeutta ajavia, etteivät ihmiset suuttuisi suotta. Jordaniassa ajokulttuuri on muuten huomattavasti sivistyneempi kuin Syyriassa ja Libanonissa. Samoin kuin aiemmin tässä blogissa puheena ollut Marokko, myös Jordania on jo viimeisten yli kymmenen vuoden aikana toteuttanut monia niistä uudistuksista, joista kansa on autoritäärisimmissä arabimaissa saanut vain unelmoida. Kuninkaalla on viimeinen sana lähes kaikkeen, mutta hän ei näitä valtaoikeuksia välttämättä aina käytä, joten Jordaniaa samoin kuin Marokkoakin voi luonnehtia varsin vakaiksi ja vapaiksi puolidemokratioiksi. Muslimiveljeskunnan täkäläinen sisarpuolue, Islamilainen toimintapuolue, toimii laillisesti, mutta on pidetty vaaliteknisillä kikkailuilla ikuisessa oppositiossa.

Runsas puolet jordanialaisista on palestiinalaistaustaisia, ns. länsirantalaisia, ja toinen puolisko (vajaa sellainen) ns. itärantalaisia eli kantajordanialaisia. Palestiinalaisväestö keskittyy kaupunkeihin ja jakautuu rikkaaseen liikemies- ja kauppiasluokkaan sekä köyhään pakolaisväestöön. Kantajordanialaiset taas ovat jakautuneet perinteisesti konservatiiviseen keskiluokkaan ja maaseudun beduiineihin.

Nykyinen kuningas Abdullah II on länsikoulutettu ja hänen vaimonsa on palestiinalainen. Heitä kohtaan on esiintynyt huomattavasti runsaampaa tyytymättömyyttä kuin ennen, syinä erityisesti Jordanian huono taloustilanne – maa on ajautunut riippuvaisuuteen Saudi-Arabian taloudellisesta tuesta – ja arabimaiden yleinen vitsaus, nuorisotyöttömyys. Levantin vakaimmassa maassa on siis sielläkin kytevää pinnanalaista painetta, joka voi purkautua ikävillä tavoilla, jos alueen yleisempi kehitys ja maailmantalous eivät helpotu lähiaikoina. Lisäksi vaarana on, että Syyria, Iran, radikaalit palestiinalaisryhmät sekä mahdollisesti vielä Egyptin Muslimiveljeskunta masinoivat Jordaniaa vastaan poliittista ääriliikehdintää. Viimeksi mainitusta syystä Jordanialla ei olekaan varaa laiminlyödä sisäisen turvallisuuden sektoria.

# Vetinen joulukuu

*29. joulukuuta 2011*

Joulukuu on ollut poikkeuksellisen lämmin mutta vetinen ja tuulinen. Ensimmäisellä viikolla olin Genevessä, jossa satoi kaatamalla. Muuten olen ollut tiiviisti kotimaassa, jossa täälläkin on lähinnä satanut.

Arabikevät on saanut jatkokseen valkonauhaisen liikkeen Venäjällä, jossa koulutettu keskiluokka on viimeinkin saanut tarpeekseen Putinin ja valtapuoluetta edustavien polit-teknologien ja oligarkkien öykkäröinnistä. Valtapuolueen ylimielinen propaganda, presidentin ja pääministerin avoimesti osoittama kansan halveksunta sekä vaalitulosten räikeä väärentäminen käänsivät mielialat regiimiä vastaan. Ensimmäistä kertaa sen jälkeen, kun putinistiset sekurokraatit kaappasivat provokaatioiden, masinaatioiden ja Kaukasian sotien avulla vallan vuonna 1999, Venäjä näyttää olevan ottamassa jälleen edistysaskelta. Ehkä valo sittenkin kajastaa pimeyteen ja Mordoriin voi koittaa valkea joulu. Ortodoksien jouluhan on vasta tammikuun alussa.

Olisi hienoa nähdä venäläisten jälleen lunastavan paikkansa sivistyskansojen joukossa, jossa he tietysti ihmisinä ovat koko ajan olleet, mutta kärsineet siitä, että politiikan ja liike-elämän huiput on kansoitettu mafiosoilla ja sekurokraateilla, joiden barbaariset örkkiarmeijat ovat terrorisoineet venäläisiä ja siinä sivussa monia naapurikansojakin. Venäjän opposition johdossa on esiintynyt monia tunnettuja kulttuurihenkilöitä kuten suosikkikirjailijoihini lukeutuva Boris Akunin sekä rokkari ja kulttuurivaikuttaja Artemi Troitski. Opposition keulakuvaksi ja sankariksi näyttää nyt nousseen bloggari Aleksei Navalnyi, jonka letkautus *Jedinaja Rossijasta* "huijareiden ja varkaiden puolueena" on muodostunut valkoisen vallankumouksen tunnuslauseeksi.

Kuten arabikevään tapahtumissa, myös Venäjällä korruptio ja vallanpitäjien mielivalta ovat se fiksun kansan kärsivällisyyden viime kädessä tuhonnut epäkohta. Länsimaalaisten näyttää kuitenkin yhä olevan yllättävän vaikeaa ymmärtää, miksi juuri korruptio, joka aina yhdistyy autoritääristen järjestelmien harhaiseen "vakauteen", on niin suuri piikki kansan lihassa. Heidän on vaikea ymmärtää sitä, koska elävät itse yhteiskunnissa, joissa suurin osa korruptiosta rajoittuu ylätasolle eikä siten näy yhtä räikeänä kansalaisten jokapäiväisessä elämässä kuin Venäjällä ja useimmissa arabimaissa.

Venäjällä ja arabimaissa kansalaisten mitta on täyttynyt siihen, että vallanpitäjät ja heidän suosikkiliikemiehensä pysäyttävät muun liikenteen ajellessaan mustissa limusiineissaan ja polkiessaan sikailuillaan ja mafiaslangillaan normi-ihmisten oikeustajua. Mitta on täyttynyt siihen, että poliisit ja tiedustelupalvelujen urkkijat, jotka muka vastaavat yhteiskunnan turvallisuudesta, ovat itse jatkuvasti suurin uhka sille turvallisuudelle – varkaita, huijareita, murhaajia. Suomalaisten on vaikea ymmärtää, koska Suomi on yksi maailman vähiten korruptoituneista maista. Venäjä taas on yksi maailman eniten korruptoituneista maista.

Voidaan vain toivoa, että Moskovaan ja Pietariin keskittyvä liberaali oppositio onnistuisi muuttamaan Venäjän suunnan. Ikävä kyllä pahoin pelkään, että Mordor vastaa omaan tapaansa, lähettää kaduille örkkinsä, mielenosoittajia pieksevät šabihat, našistit ja molgvardijat, provokaattorit ja tankit, ja joulun valkeat nauhat värjäytyvät hurmeisiksi sankarimarttyyrien verestä.

Verinen on joulu myös Syyriassa, jossa roistohallitus pitää pilkkanaan niin Arabiliittoa kuin länsimaitakin, lahdaten syyrialaisia vallankumouksen pääkaupungissa Homsissa ja muissa osissa Syyriaa. Arabiliiton ihmisoikeustarkkailijoiden johdossa kekkuloi Sudanin pahamaineisten janjawidien perustajana kunnostautunut kenraali ja heti tarkkailijoiden saavuttua räjähti kaksi autopommia, jotka toiselle puolelle maailmaa saakka haisivat *mukhabaratin* provokaatioilta.

Myös Egyptissä on vuodatettu verta. Egyptissä sotilashallinto on palannut Mubarakin aikaisiin menetelmiin nuorten mielenosoittajien pieksemisessä ja demokratian halveksimisessa. Taustalla Muslimiveljeskunnan änkyrät paiskovat myhäillen kättä kenraalien kanssa. Ei ihme, että nuoret pieksemisen uhallakin palaavat yhä uudelleen Tahrir-aukiolle vaatimaan takaisin varastettua vallankumoustaan.

Loputkin Yhdysvaltain joukot vetäytyivät Irakista ja sitä juhlistaakseen paikallisten terroristien piti tietysti ensimmäiseksi räjäytellä kasa pommeja, joissa sai surmansa kymmeniä viattomia irakilaisia muslimeja. Sunnalaisen varapresidentin väitetty osuus šiialaisvastaisissa kuolemanpartioissa ja Iranin väitetty kasvava vaikutusvalta hallitusvaltaan takertuviin šiiapoliitikkoihin kiristävät kansanryhmien välejä. Kurdeillakin on vaikeaa, kun turkinkurdien kommunistinen ääriliike PKK on ryhtynyt toimimaan Syyrian ja Iranin diktatuurien käsikassarana kurdeja vastaan.

Tunisiassa ja Marokossa on mennyt vähän paremmin. Niissä parlamenttivaaleissa kohtuullisesti menestyneet maltilliset islamistit oireilevat siihen suuntaan, että islamismi ideologiana voisi olla kesytettävissä normaaliksi parlamentaariseksi vaihtoehdoksi, vaikka sen ääri-ilmiöt epäilemättä vielä pitkään aiheuttavatkin vakavaa harmia muslimimaille ja niiden liberaalimmalle koulutetulle väestölle.

Euroopassa on jatkunut talousapokalypsi ja käsittämätön suhmurointi velkojen siirtämiseksi pankkien ja nykyisten poliittisten eliittien vastuulta tulevien eurooppalaissukupolvien harteille. On sääli, että suurin osa euroskeptikoista on hörhöjä, salaliittoteoreetikkoja, äärioikeistolaisia tai -vasemmistolaisia tai muuten vain pihalla kuin lumiukot taloudesta, kun kerrankin pitäisi megafonilla ja mieluiten myös tomaattien heittämisellä tehdä selväksi, etteivät eurooppalaiset voi sulattaa ihan mitä tahansa. Mutta ei, onhan paljon helpompaa suoltaa ilmoille populistista höttöä, viitata Bilderbergiin, Rothschildeihin ja uuteen maailmanjärjestykseen kuin pakottaa nykyiset hallitukset ja pankit vastuuseen edesvastuuttomuudestaan.

Suomen presidentinvaalit ovat nurkan takana ja kaikki ehdokkaat yrittävät päästä maaliviivalle asti keskustelematta lainkaan niistä asioista, jotka itse asiassa ovat presidentin tärkeimpiä valtaoikeuksia, kuten EU:n ulkopuolinen ulkopolitiikka, turvallisuuspolitiikka ja avainnimityspolitiikka. Ehdokkaiden esikunnissa tiedettäneen vanha viisaus, ettei

Suomen vaaleja voi voittaa, vaan voi ainoastaan hävitä ulkopolitiikalla. Sääli, koska nyt kansalaiskeskustelusta saa sen kuvan, että presidentin-vaaleissa onkin kyse eurosta, maahanmuutosta, aborteista ja homoista.

Sisäpolitiikassa ei nykyisin näytä kuluvan päivääkään ilman persujen perseilyä. Milloin vouhotetaan mamuista ja musuista, milloin muista vä-hemmistöistä, pöyristellään kirkollislehden pilakuvia, ryvetään marttyy-reina, neuvotaan naisia synnyttämisessä ja ihmissuhteissa, ylistetään Pohjois-Korean johtajia ja toivotetaan paskaa joulua. Tälle irvokkaalle freakshowlle ei näytä olevan mitään loppua eikä rajaa eikä tässä enää tiedä pitäisikö lollottaa, vollottaa vai naamakämmentää. Persut kun tun-netusti halveksivat myös demokratiaa niin ilmeisesti heidän ihanne-Suo-mensa olisi impivaaralainen Pohjois-Korea, jossa edustuksellinen demo-kratia voitaisiin korvata mölinä-äänestyksillä. Kansa voisi mölistä Teu-von presidentiksi ja Tuksun pääministeriksi ja Hallis voisi toimia propa-ganda- ei kun viestintävisiirinä, jolloin koko turhan median voisi lak-kauttaa ja redusoida *Scriptaan* ja *Hommaan.* Niissähän on jo kaikki to-tuus, eikö kansa jo tajua.

Samaan aikaan kun norjalaiset ovat poliittisesti korrektisti vaikkakin il-meisen kyseenalaisesti julistaneet Anders Breivikin syyntakeettomaksi ilmeisen harkittuihin, vuosia valmisteltuihin ja täysin ideologisesti moti-voituneisiin terroritekoihinsa, Euroopassa sattui kaksi joukkomurhaa li-sää. Liègessä marokkolaissyntyinen Belgian kansalainen, shkupollimai-sen taparikollisprofiilin omaava Noureddin Amrani ampui kaksi teini-poikaa (joista toinen tunisialaissyntyinen), pikkulapsen, siivoojattaren ja itsensä, ilmeisesti koska poliisit eivät tykänneet hänen hamppuviljel-mistään ja asekokoelmistaan ja siveys- ja väkivaltarikoksistakin hän oli käräjillä. Firenzessä taas Breivikin italialainen aatetoveri, Eurabia-sala-liittoteoreetikko Gianluca Casscri ampui kaksi senegalilaista katukaup-piasta ja itsensä.

Vietin vetistä joulua Pohjanmaan rannikolla ja koin myös tapaninpäivän talvimyrskyn Suomen sen hetken tuulisimmassa paikassa. Sähköt meni-vät aamupäiväksi ja kattopeltejä lenteli mutta huomioiden sen, kuinka pois tolaltaan Suomi taas meni pienistä säävaihteluista, aika vähällähän tuosta selvittiin. Yhteiskunta vain on muuttunut sellaiseksi, että satoipa talvella lunta tai vettä, kaikki on järkyttävää ja saa pasmat aivan sekaisin.

Pian koittaakin sitten uusivuosi ja minun on jälleen aika kaivaa esille edellisen uudenvuoden ennustukseni ja katsoa kuinka hyvin se ennakoi tämän vaiherikkaan vuoden tapahtumia, sekä luonnostella ennusteeni ilmeisen vaiherikkaalta vaikuttavalle ensi vuodelle.

# Maailmanennusteita 2012

*12. tammikuuta 2012*

Lupailin, että palaisin vielä ennustuksiin maailmanpolitiikan suhteen. Nyt on hyvä aika tehdä niin, sillä kävin suorittamassa kansalaisvelvollisuuteni ja äänestämässä ehdokastani Sauli Niinistöä presidentiksi. Uskon pääseväni äänestämään häntä vielä toistamiseen. Sen sijaan minusta alkaa tuntua, että hänen todennäköinen toisen kierroksen vastaehdokkaansa Väyrynen on ulkoavaruudesta ihmisruumiiseen siirtynyt reptiliaani. Liskot tuijottavat tietyllä tavalla ja osaavat luoda nahkansa. On myös mahdollista, että Keskustalla on jossain Lapissa jalasmökiksi naamioitu salainen laboratorio, jossa epäonnistuneiden kekkoskokeiden jälkeen on onnistuttu kloonaamaan väyrysiä tuleville kin sukupolville.

Tämä vuosi tulee olemaan mielenkiintoinen, suurten mahdollisuuksien ja uhkien vuosi. Suurvaltapolitiikassa tulee tapahtumaan paljon ainakin Yhdysvalloissa, Venäjällä, Lähi-idässä, Etelä-Aasiassa ja ehkä myös Kiinan ympärillä Tyynenmeren-Aasiassa.

Yhdysvaltain presidentinvaalit lähestyvät ja paraikaa republikaanien taisto Obaman haastajasta sakenee, kun osa ehdokkaista jo pudottautuu pois. Massachusettsin konservatiivinen kuvernööri Mitt Romney on voittanut Iowan ja New Hampshiren esivaalit. Hänen pääsemisensä presidentiksi asti olisi amerikkalaisenkin uskonnollisen suvaitsevaisuuden mittapuulla merkittävä tapahtuma, sillä Romney on mormoni ja siten monen fundamentalistikristityn mielestä kerettiläinen. Hänen niskaansa hönkii libertaristinen pasifisti Ron Paul, joka edustaisi hyvin suurta muutosta jo läpi sodanjälkeisen ajan valtiota ja suurvalta-asemaa paisuttaneisiin presidentteihin.

Sitä luulisi, että juuri nyt elettäisiin aikaa, jolloin Paulin kaltaisella periaatteiden miehellä voisi olla mahdollisuuksia, kun talous pitkästä aikaa on ihmisten mielissä paljon keskeisemmällä sijalla kuin terroristit, armeija tai Israel. On eri asia kuinka hänen edustamansa isolationismi käytännössä vaikuttaisi Yhdysvaltain suurvalta-asemaan, koska Yhdysvalloista on yhä paljon kiinni vapaan maailman puolustamisessa. Eurooppa, Japani, Etelä-Korea ja muut sekalaiset vapaan maailman maat ovat nyt jos mahdollista vieläkin vähemmän valmiita vapauden ja demokratian puolustamiseen kuin aiempina aikoina. Yhdysvaltain yleinen vetäytyminen siis pelaa helposti ainoastaan Venäjän, Kiinan ja Iranin pusseihin. Paulin lisäksi Romneyn perässä on myös täysin päinvastainen tapaus, katolinen kristilliskonservatiivi Rick Santorum, jonka mielestä palestiinalaisalueet kuuluvat Israeliin.

Venäjällä kansalaiset ovat heränneet ja olleet kaduilla valkoisine nauhoineen. Venäjälle kuitenkaan tuskin tulee kovin helposti arabikevättä, koska kaikki valta on Putinin ja entisen KGB:n sekä heidän suosikkioligarkkiensa rakentamassa vallan vertikaalissa, joka muistuttaa tsaarinaikoja tai ehkä Mussolinin korporatismia. Suomessa toimivista Venäjän-tutkijoista Arto Luukkanen on ennustanut järjestelmän muutosta, kun taas Arkadi Mošes on sitä mieltä, että Putin valitaan vaikka väkisin vielä kahdeksitoista vuodeksi eteenpäin johtajaksi. Luukkaselle pisteet siitä, että hän lähes ainoana asiantuntijana nosti presidentinvaalien keskusteluun sen asian, joka Suomen presidentin aseman ja valtaoikeuksien kannalta on hänen keskeisin haasteensa: Venäjän-suhteet. Lipposen koneiston primitiivireaktio Luukkasen puheenvuoroon kertoi kalikan kalahtaneen, ja taisi paitsi osua myös upota, sillä Lipposen kannatuskäyrä putosi kuin lehmän häntä.

Sekä Luukkanen että Mošes ovat kuitenkin sitä mieltä, että džinni on tullut ulos pullosta, eikä sitä ihan helpolla saa sinne takaisin, vaikka salainen poliisi hallitsisi kaikkia valtion instituutioita, suuryrityksiä ja mediaa. Kansalaiset ovat uhmanneet pelkoaan ja apatiaansa – ja nimenomaan venäläisistä parhaimmat, rohkeimmat, koulutetuimmat ja aktiivisimmat. Jos Putin päätyy vyöryttämään tankit kaduille ja heittää kansakuntansa parhaat vankiloihin, katoaa keskeisin tietotaito nopeasti ulkomaille ja Venäjä taantuu pelkäksi öljyn ja kaasun hinnalla porskuttavaksi kehitysmaaksi.

Arabikevät ei ole edelleenkään päättynyt, vaan jatkuu kaduilla sekä Syyriassa että Jemenissä. Marokossa ja Tunisiassa uudistukset näyttävät vakiintuvan kohti tasapainoista eräänlaista demokratiaa, vaikka kovin pitkälle meneviä johtopäätöksiä ei tietenkään vielä voi tehdä Tunisiastakaan. Algeriassa vallankumous ei jostain syystä ole ottanut tuulta alleen, vaikka maa on pian jäämässä Pohjois-Afrikan viimeiseksi yksipuoluediktatuuriksi. Libya on toipunut humanitäärisestä kriisistä mutta poliittinen kriisi on vasta alkamassa, kun uusi järjestelmä rakennetaan aivan puhtaalle pöydälle.

Toisin on Egyptissä, jossa kaikki vanhat valtarakenteet syrjäytettyä Mubarakia ja hänen välittömintä lähipiiriään lukuun ottamatta takertuvat kynsin hampain valtaan ja pieksevät kaduilla urheasti mieltään osoittavia äänestysiän alle jääviä teinejä, samalla kun äänestäjien masinointiin kenttäverkostollaan pystyvä Muslimiveljeskunta hieroo käsiään. Toisaalta islamistit ovat hajoamassa riitaisiin leireihin, kun salafilaiset saivat yllättävän suuren äänisaaliin ja Muslimiveljeskunnassa on hyvinkin eriäviä näkemyksiä politiikan tekemisen keinoista, suhteista sotilashallintoon ja sellaisista pikku asioista kuin ulkopolitiikka.

Näillä näkymin siis Pohjois-Afrikka on uusiutunut. Lähi-itä sen sijaan on yhä jämähtänyt, ja siinä tilassa todennäköisesti pysyykin kunnes Assadin diktatuuri Syyriassa kaatuu. Se tukeutuu Iraniin ja Venäjään, jotka puolestaan uskovat, ettei länsimailla ole rahkeita sen enempää kuin haluakaan puuttua Syyrian tilanteeseen siinä määrin, että voisi kallistaa vaa'an opposition hyväksi. Syyrian oppositio jakautuu osapuilleen kuuteen kuppikuntaan: kahteen eri neuvostoon, entisiin ba'athisteihin, vapaiden sotilaiden liikkeeseen, kurdeihin ja kaduilla mieltään osoittavaan epäpoliittiseen nuorisoon, jota ulkomaailmassa edustaa virtuaalinen eskadroona nettiaktivisteja, transfyysisiä avattaria ja peilitalon jatkuvassa liikkeessä olevia spontaaneja verkostoja, jotka liukenevat eetteriin kuin vesi salaisen poliisin ja sen soluttautujien kourista.

Maanpaossa pitkään olleiden vanhempien sukupolvien aktivistit ovat nuorten silmissä pyrkyreitä, joita kiinnostavat diplomaattinen pönötys, länsimaiset rahahanat ja tulevan hallinnon suojavirkojen jakeleminen etukäteen. Lisäksi heihin ei täysin luoteta. Jokainen yli 25-vuotias on voinut kompromettoitua yhteyksistä entisiin ja nykyisiin ba'athisteihin, salaiseen poliisiin, ulkomaisiin tiedustelupalveluihin ja korruptoituneisiin liikemiehiin, koska niin diktatuuri toimii. Kukaan ei pärjää ilman että käyttää jossain vaiheessa korruptiosuhteita. Kun niitä kerran joutuu käyttämään esimerkiksi jonkin byrokraattisen luvan saamiseksi tai sukulaisen pelastamiseksi kidutussellistä, tulee helposti antaneeksi Mordorin kätyreille ruuveja myöhempään kiristykseen. Siksi moni syyrialainen esiintyy ulkomailla vähintään hieman toisella nimellä kuin kotimaassa.

Monet ovat hämmästelleet sitä, miksi Iran uhoaa uhoamistaan, ikään kuin se tahallisesti yrittäisi provosoida Israelia ja Yhdysvaltoja sotilaalliseen interventioon. Luulen, että sitä se juuri yrittääkin. Mahmud Ahmadinejadin hallinto on omassa maassaan jo erittäin epäsuosittu ja Syyrian hallinnon kukistuminen kansannousussa herpaannuttaisi Sarumanin otteen lopuistakin arabiliittolaisistaan, lähinnä Libanonissa (Hizbullah), Palestiinassa (Hamas), Irakissa (šiialaiset islamistit) ja myös Egyptin ja Jordanian Muslimiveljeskuntien syyrialaismielisillä laidoilla. Kärmekieli sihisee ja sähisee nyt siksi, että Saruman tarvitsee epätoivoisesti pientä ja maailmalla epäsuosittua länsimaista interventiota, joka ei kuitenkaan riittäisi islamistihallinnon kumoamiseen.

Ydinaseen valmistumisella ja pienellä mutta huonosti toimivalla interventiolla olisi jotakuinkin samat vaikutukset: Iranin hallinto siirtyisi Venäjän takuiden alle, länsimaat joutuisivat vetäytymään laajalti Lähiidästä Pakistaniin ulottuvalla vyöhykkeellä, vihreä vallankumous tuhottaisiin ja arabikevät pysäytettäisiin. Venäjän ja Kiinan asema vahvistuisi samoin kuin niiden liittolaisena toimivan Iranin nykyhallinnon. Juuri tähän nämä pelurit todennäköisesti tällä hetkellä tähtäävät, laskien, että Israelin ja Yhdysvaltain rahkeet ja poliittinen tahto eivät riittäisi kyllin koviin toimiin Irania vastaan. Samalla peli pyritään siirtämään Syyriasta, jossa se on käynyt Mordorin ja Sarumanin kannalta vaaralliseksi, Persianlahdelle ja Pakistaniin, joissa voidaan uhata suoraan länsimaiden elintärkeitä energia- ja turvallisuusintressejä.

Ennustan siis että Iranin aggressiivisuus tulee herättämään paljon huolta ja huomiota vähintäänkin koko sen ajan kun Yhdysvaltoja hallitsevat presidentinvaalikampanja sekä maailmanlaajuinen vetäytymisvimma. Iran pyrkii ekspansioon juuri nyt, koska se itse asiassa on heikompi kuin pitkiin aikoihin. Arabikevään jatkeeksi vihreä vallankumous olisi voinut onnistuakin, joten imperiumin vastaisku pyrkii hinnalla millä hyvänsä pysäyttämään arabikevään. Venäjän valkonauhaliike on tässä mielessä avainasemassa, koska mikäli Venäjä joutuukin keskittymään sisäisiin asioihinsa, Iranille jää jäljelle härski ja aggressiivinen bluffi – ja suunnaton riskinotto. On todettava, että maa on toistuvasti sellaiseen ryhtynyt ja siitä hyvin pienin kolhuin selvinnyt.

Pakistanin vajoaminen kaaokseen voi tänä vuonna olla merkittävämpi uhka kuin kaikkina niinä aiempina vuosina, joina sitä on manattu kuin sutta Aisopoksen sadussa. Yhdysvallat on Irakin jälkeen vetäytymässä myös Afganistanista eikä *Talibanin* sotilaalliseen murskaamiseen enää pyritä. Tämä merkitsee tappiota niille voimille Pakistanissa, jotka ovat argumentoineet *Talibanin* olevan rasite ja suurempi uhka kuin maan perinteiset geopoliittiset viholliset Intiassa, Iranissa ja Afganistanissa, jotka nyt koordinoivat toimintaansa Pakistania vastaan yhä avoimemmin.

Obaman hallinto on ulkoministerinsä johdolla jatkanut tämän aviomiehen presidenttikauden melko yksisilmäistä politiikkaa Etelä-Aasiassa, mikä on johtanut mittaviin tappioihin ja vetäytymiseen Pakistanissa. Pakistan tulee tukeutumaan saarrettuna yhä enemmän viimeiseen liittolaiseensa, Kiinaan. Tämä saattaa toisaalta lisätä geopoliittisia jännitteitä Kiinan ja Venäjän välille. Ei kuitenkaan niin paljon että ne luopuisivat pitämästä länsimaita ja demokraattisia vallankumouksia ensisijaisesti torjuttavina vihollisinaan. Molotovin-Ribbentropin yhteisymmärrys murtuu vasta kun välistä loppuu jaettava.

Yhdysvallat joutuu yhä enemmän myös sen tosiasian eteen, että vasemmistodiktatuurien määrä Latinalaisessa Amerikassa on sen kuin lisääntynyt, kun taas kaaos lisääntynyt Meksikossa ja nyt uudelleen Kolumbiassakin. Iran ja Kiina vahvistavat asemiaan Venezuelan ystävällisellä myötävaikutuksella. Tämä ilmansuunta tulee sitomaan Yhdysvaltojen huomiota pois Euraasiasta.

Eurooppa elää taantumisen aikaa. Luulen, että tämä vuosi tulee näyttäytymään melko ankeana ja stagnaattisena Euroopan maiden näkökulmasta. Venäjän tummat varjot taivaalla tihenevät samalla kun Euroopan maat painivat velkakierteissään ja kyvyttömyydessään uudistua. Kun lopulta on pakko kajota julkiseen tuhlaamiseen, kansa tulee olemaan kaduilla ja kadut liekeissä, eikä vain Kreikassa. Eurooppalaiset äänestäjät halveksivat demokratiaa yhä avoimemmin, fasismi ja kenties muutkin jo kuolleiksi luullut totalitarismin pedot nousevat ja parantavat kuolinhaavansa. Unkarin poliittinen elämä alkaa jo olla pelottavaa menoa eikä siitä olla kuin parin jytkyn päässä monissa muissa maissa.

Uskon kuitenkin läntisen maailman, Amerikan ja Euroopan, uusiutumiskykyyn ja niiden yhteiskunnalliseen voimaan. Kuilun reunalla nössökin yleensä ryhdistäytyy ja uusia kirkasotsaisia sukupolvia nousee kaikkialla, ilman menneiden saavutettujen etujen liiallista painolastia. Kokemattomat säntäilevät ensin sinne tänne vähän päämäärättömän näköisesti, mutta tosipaikan tullen toimivat sittenkin oikeansuuntaisesti, koska heillä, heidän lapsillaan ja lapsenlapsillaan on tulevaisuus, josta pitää kantaa huolta.

Jos pahuus kerran voittaakin, mikään yö ei jatku ikuisesti, vaan koittaa jälleen aamu, jona lapset kaatavat heidän patsaansa, polttavat heidän lippunsa ja nauravat heidän iskulauseilleen. Ja niin historia ei koskaan pääty.

# Arabiliiton kevät

*29. tammikuuta 2012*

Taas pari viikkoa on vierähtänyt. Presidentinvaalien ensimmäinen kierros meni, ja Niiniston haastajaksi toiselle kierrokselle tuli kuin tulikin Pekka Haavisto. Väyrynen ja Soini neutraloivat toinen toisensa – jos jompikumpi olisi jättäytynyt kisasta ajoissa, Niiniston haastajaksi olisi noussut toinen heistä ja toisen kierroksen peli käyty olennaisesti erilaisilla sävyillä. Nyt olen ilahtuneena havainnut, että viimeinkin vaaliväittelyissä puhutaan ulko- ja turvallisuuspolitiikasta.

Olin kolmen päivän reissulla Istanbulissa, jossa tapasin vanhoja tuttujani lähinnä Syyrian tilanteen merkeissä. Olin saanut suorat lennot Helsingistä Istanbuliin ja samaan pakettiin vielä edullisesti hyvän hotellin Sirkecistä aivan vanhankaupungin kupeesta. Vietin libanonilaisen ystäväni kanssa yhden pitkän illan ja yön Istiklalin ravintoloissa ja lopulta aamuyöstä vahingossa löytämässämme boheemibaarissa, jossa oli jordanialainen baarimies ja puhuttiin Lähi-idän politiikkaa.

Istanbulin jälkeen menin Tukholmaan, jossa puitiin lähinnä Afrikan sarvea. Sielläkin Turkki on nostanut profiiliaan huomattavasti, avaten Mogadishuun niin suurlähetyston, kehitysyhteistyötoimiston kuin firmojenkin investointeja, ja käyttäen Somalian avustamiseen satoja miljoonia euroja. Toisin kuin eurooppalaiset, jotka kuluttavat rahansa lähinnä kallispalkkaisten länsimaalaisten puuhailuun Nairobissa sekä ilmaisen rahan jakamiseen parempiosaisille somaleille, turkkilaiset ovat käärineet hihansa ja ajelevat ilman aseistettuja vartijoita pitkin Somalian syrjäseutuja.

Kaikki tapaamamme somalit kertoivat meille arvostavansa turkkilaisten touhuja enemmän kuin Nairobin rahasirkusta. Muutamat toivoivat jopa Turkin lähettävän Somaliaan joukkoja, koska paikalliset eivät lainkaan luota etiopialaisiin, kenialaisiin ja ugandalaisiin "miehittäjiin", joiden kerrotaan ryöstelevän, raiskaavan ja öykkäröivän.

Arabikevät tuntuu vakuuttaneen Turkin siitä, että sen on oltava oikealla puolella historiaa. Mikä vielä parempaa, sama mieliala tuntuu vallitsevan myös useimpien arabimaiden johdoissa. Ensimmäistä kertaa historiansa aikana Arabiliitosta on tullut oikeasti relevantti alueellinen järjestö, jolla on aktiivinen rooli arabimaailman politiikan ja turvallisuuden suhteen. Alkutekijöissä oleva ja hapuilevan varovainen vielä, mutta nyt viimein oleellinen.

Ensimmäiseksi tämä nähtiin Libyan kohdalla, jossa Arabiliiton pyyntö saada Libyaan kansainvälinen interventio ratkaisi pelin Libyan opposition ja kansan hyväksi Qaddafin julmaa diktatuuria vastaan. Syyria ja Algeria nikottelivat, mutta jäivät yksin. Vaikka Libyan vapauttivatkin ensisijaisesti libyalaiset, se ei olisi ollut mahdollista ilman Naton sotilaallista tukea ja Qaddafin raskaan aseylivoiman möyhentämistä.

Seuraavaksi Jemenin kohdalla Arabiliitto loi ratkaisuehdotuksen, jossa presidentti Saleh painostettiin luovuttamaan valtansa varapresidentille ja aloittamaan poliittinen neuvotteluprosessi. Arabiliiton päätökselle saatiin YK:n siunaus. Syyrian kohdalla yritetään nyt samaa ja Arabiliitto alkaa olla lopullisesti kypsynyt Assadin verilöylyyn omaa kansaansa vastaan.

Arabiliiton poliittinen yhtenäisyys oli vuosikymmenten ajan fiktio, jonka ainoaksi sisällöksi jäi vastustaa kaikkea *status quon* muuttamista sekä esittää verbaalisesti mahtipontisia mutta sisällöllisesti tyhjiä julistuksia Palestiinasta, ilman että mitään todellisuudessa tehtiin palestiinalaisten hyväksi. Tilanne alkoi muuttua monien arabimaiden uudistumisen myötä 1990-luvulla, kunnes lopulta 2000-luvulla ja Saddamin syrjäyttämisen jälkeen Arabiliitosta olisi voinutkin alkaa tulla EU:n kaltainen relevantti yhteisö, elleivät Qaddafin Libya ja Assadin Syyria olisi olleet tiellä.

Qaddafin Libya on nyt kukistettu ja Assadin Syyria horjuu. Syyria on viimeinen Iranin valtiollinen liittolainen arabimaailmassa. Sen muut liittolaiset, Hizbullah, Hamas, Mahdi-armeija jne. ovat vain aseellisia taisteluryhmiä, joiden voima kumpuaa Iranin ja Syyrian toimittamasta aseistuksesta ja erikoisoperationaalisesta tuesta. Jos Assadin hallinto Syyriassa kaatuu, Iran menettää otteensa arabimaailmasta, millä on dramaattisen myönteisiä vaikutuksia koko alueen geopolitiikkaan. Algeria on jo löytänyt pragmaattisen lähestymistavan. Se on joutunut avaamaan ovet monipuoluejärjestelmälle ja luopunut Assadin puolustamisesta Arabiliitossa. Irakin ja Libanonin sisäiset olot rauhoittuisivat huomattavasti jos Iranin ja Syyrian liittolaiset menettävät ulkomaisen selkänojansa.

Koska myös Kiina suhtautuu tilanteeseen ensisijaisesti taloudellisista näkökohdista käsin, ovat Iran ja Venäjä nyt jäämässä yksin Syyrian diktatuurin ja Lähi-idän autoritäärisen *status quon* puolustajiksi sekä arabikevään vihollisiksi. Ne pyrkivät epätoivoisesti siirtämään peliä Syyriasta johonkin muualle ja ryhtynevät sitä tarkoitusta varten vielä yllättäviinkin vetoihin, kuten provokaatioihin tai terrori-iskuihin. Myös umpikujassa olevaa Palestiinaa yritetään tuputtaa esteeksi Syyrian muutoksen tielle.

Jos arabikeväästä alkanut kehitys johtaa siihen, että Arabiliitosta tulee merkittävä alueellinen toimija, alueen valtioiden poliittinen ja taloudellinen integraatio voisi hyvinkin ottaa mallia EU:sta. Tämä voisi myös tuoda aivan uudenlaista vakautta ja pariteettia Välimeren alueelle. Arabimaiden ulkopuolisista merkittävistä valtioista alueella Turkki suhtautuisi tällaiseen todennäköisesti myönteisesti, Israel ja Iran taas kielteisesti.

Asia voisi kuitenkin merkittävästi muuttua jos Iranissa oppositio onnistuisi kumoamaan islamistiregiimin vallasta. Iran on 76 miljoonan asukasluvultaan samaa kokoluokkaa kuin Turkki ja Egypti. Sillä on nuorekas, kulttuurisesti itsetietoinen ja varsin hyvin koulutettu väestö sekä valtava historiallinen ja kulttuurinen potentiaali yhtenä Euraasian perinteisistä suurvalloista. Esteenä Iranin kehityksen tiellä onkin lähinnä vuodesta 1979 vallassa ollut islamistinen hallinto, joka on erittäin epäsuosittu varsinkin nuoren koulutetun kaupunkiväestön keskuudessa.

Myös Israel on kysymysmerkki. Jo jonkin aikaa jatkunut fanaattisuuteen taipuvainen oikeistosuuntaus on käytännössä tuhonnut Israelin välit entiseen läheisimpään alueelliseen liittolaiseensa Turkkiin, menettänyt ainakin toistaiseksi pelin Egyptissä ja kovaa vauhtia vieraannuttamassa myös Jordanian. Se on keskittynyt islamofobisen, arabimaiden ja Turkin vastaisen propagandan levittämiseen Euroopassa ja Amerikassa, sen sijaan että olisi pyrkinyt yhteenkään olemassaoloaan ympäröiville kansoille perustelevaan sydänten ja mielten kampanjaan.

Se on värvännyt väärän lipun taktiikalla terroristeja – kommunistista PKK:ta ja sunni-islamistista Jundullahia myöten – johtaen kasvavaan ärtymykseen myös Yhdysvalloissa, jonka tuesta Israel on syvästi riippuvainen. Se on jatkanut palestiinalaispolitiikassaan maan ja uskottavuuden ryöstämistä Fatahilta, kun taas Hamasia on epäsuorasti oikeastaan autettu mm. Gazan saarron ja syyrialaismyönteisen geopolitiikan avulla. Näillä näkymin Israelin aluepolitiikka jatkaa kyynistä hajottamisen ja hallitsemisen strategiaa, kylväen epävakautta pikemminkin kuin vakautta. On vaikea nähdä kuinka se palvelisi juutalaisvaltion pidemmän tähtäimen tulevaisuutta muuttuvassa ja kehittyvässä Lähi-idässä.

# Zarathustran uni



*1. helmikuuta 2012*

M inussa on merkillisyyksiä, jotka voisi kai laittaa osittain luovan hulluuden, osittain sattumusten pekuliaarisen tulkinnan ja osittain omituisesti toimivan muistini piikkiin. Muistini on aina ollut visuaalinen ja hyvin nuorena se oli joskus valokuvantarkka, joskus elokuvamainen. Kohtaus sieltä ja symboli täältä saattoivat nousta mieleeni vuosikausien unhoituksen jälkeen, ja saattavat vieläkin.

En muista juuri mitään suurimmasta osasta lapsuuttani, vaikkakin ajoittain merkityksellisiä välähdyksiä palautuu suurempina erinä kuin toisina aikoina. Kunkin viidestä seitsemään vuoteen kestävän syklin aikana luon uuden version itsestäni, jossa on jotain vanhaa ja siihen yhdistyvää täysin uutta. Tuon ajanjakson tapahtumat saatan muistaa erittäin tarkasti, kun taas sitä edeltävät muistuttavat elokuvia tai vanhanaikaisella suomifilmin äänellä selostettuja dokumentteja jonkun muun elämästä. Jonkun, joka on minulle läheinen ja merkityksellinen, mutta sittenkin jollain oudolla tavalla vieras; joku, joka jäi sinne hämärään, kun minä jatkoin eteenpäin.

Minut tosielämässä tuntevat tietävät minut tieteellisen maailmankuvan haltijaksi, mutta minulla on aina ollut suurista mysteereistä viehättynyt sivupersoona, joka näkee asioita täysin toisin, vaihtoehtoisesti. Joskus tarkastelen katua, näkymää, henkilöä tai tekstiä rationaalisin silmin, joskus taiteilijan näkökulmasta ja joskus sille päälle sattuessani mystikon.

Minut syvällisemmin tuntevat tietävät myös, että näen ajoittain kummallisia unia; aina hyvin visuaalisia. Usein ne myös sisältävät kuvitteellisten informanttien minulle sanallisesti kertomia hyvinkin yksityiskohtaisia selostuksia taikka henkilöitä, jotka vaikuttavat niin uskottavilta ja todentuntuisilta, että odotan heidän yhtäkkiä ilmaantuvan jostain todelliseen elämääni. Mutta kun sitten joskus niin tapahtuu, en voi enää olla varma, mikä on muistikuvaa ja mikä projektiota.

Jokin aika sitten sain tietää, että runsaan puolen vuoden päästä edessäni on jälleen maiseman ja mantereen vaihto vähän pidemmäksi aikaa. Sain viitteitä tästä jo aiemmin ja varmistuksen hankkeen toteutumisesta runsas viikko sitten. Vähän ennen varmistusta näin merkillisen unen. Itse asiassa kyse oli metaunesta, koska se oli uni useasta unesta, joiden pohjalta olin unessa laatimassa merkittäviä viisauksia sisältävää kirjaa nimeltä *Zarathustran uni*.

Suureksi harmikseni uni sattui ennen kiireistä aamua ja lisäksi suurta kylmyyden aaltoa, joka Suomea kohtasi, joten kului kokonainen päivä ennen kuin kirjoitin muistiin unessa oletettavasti nähtyjen unten sisältöjä. Ne olivat eräänlaisessa runomuodossa, joskin luultavasti päivän mittaan ajattelemieni ajatusten korruptoimia. Kuten aina, ne esiintyvät kirkkaimmillaan kävellessäni katujen, aukioiden ja maisemien halki, ja minun pitäisi aina heti kirjoittaa ne ylös joko herättyäni tai käveltyäni. Jos en sitä tee, ne katoavat, joskus ikuisiksi ajoiksi.

Muinaisen persialaisen profeetan nimi kiehtoi sen verran mieltäni, että kaivoin esille erään omistamani kirjan. Tämä muuten on toinen merkillinen asia minussa: täysin tuntemattomat ihmiset ovat eri aikoina katsoneet asiakseen luovuttaa haltuuni erilaisia esineitä. Jos olisin tosimystikko, pitäisin niitä ehkä maagisina. Nyt lähinnä mielenkiintoisina kuriositeetteina, joista muutama tosin on tahattomasti tai tahallisesti hukkunut, kuten se buddhalaisen munkin minulle antama seteli, johon hän piirsi koukeroita, ja joka tuli käytetyksi hätäratkaisuna kun piti kerran päästä Burman rajan yli Karenmaahan.

Mainitsemani kirja on pieni kirjanen, jonka olen saanut tuntemattomalta henkilöltä kadulla joskus myöhäisteini-iässä, mahdollisesti 19-vuotiaana (vaikka ensin muistelin saaneeni sen jo aiemmin). Kyseessä on Intian Madrasissa painettu kokoelma Zarathustran ajatuksia jonkun Surtinimisen kokoomina, sisältäen myös Zarathustraa ja hänen ajatteluaan sangen mystisessä ja synkretistisessä valossa esittelevän esipuheen. Kirjalla on sama nimi kuin Friedrich Nietzschen paremmin tunnetulla teoksella, mutta muuta yhteyttä Nietzscheen ei ole, vaan kirja ainakin esittää kokoavansa aitoja Zarathustran ajatuksia. Luultavasti se kuitenkin on jonkun intialaisvaikutteisen mystikkolahkon tuotosta.

Olin kuitenkin jälleen kiireinen ja pakkasen henkisesti löylynlyömä, joten jätin kirjan taas sikseen, ja palasin siihen tänään kahden sattumuksen vuoksi. Ensimmäinen niistä koski mustarastaita. Ritarihuoneen edustalla olevan lumen verhoaman pikkupuiston läpi kävellessäni tuli eteeni kuin näky japanilaisesta puhtaiden värien estetiikasta. Kaksi pikimustaa urosmustarastasta ajoi toisiaan takaa pyörien jalkojeni ympäri, ja toinen niistä laskeutui aivan eteeni parin metrin päähän, leväytti pyrstöään, ja lauloi. Lauloi – tammikuun lopulla!

Toinen sattumus koski historioitsijaystävää, joka samana päivänä ilmoitti paraikaa juovansa inkivääriteetä ja tutkivansa kirjastossa zarathustralaisten rituaaleja. Tämä toi mieleeni kysymyksen siitä, onko Avestaa, zarathustralaisten pyhää kirjaa ja ensimmäisen monoteistisen kirjauskonnon "raamattua", missään saatavilla suomeksi, jotta pystyisin vertailemaan sitä toisaalta uneeni ja toisaalta tarkistamaan missä määrin intialainen kirjaseni vastaa todellista Avestaa.

Kotiin palattuani otin taas kirjasen esille ja avasin sen satunnaisesta kohdasta. Kuten joskus teen, kokeilin, mitä sieltä tulisi ensimmäisenä, ja tulos oli seuraava jae:

> *Kun poislähdön aika lähestyy, pojan olemassaolo antaa uuden jatkoajan elämälle.*

Toisella yrityksellä vastaavanlaisella satunnaisavauksella eteen tuli seuraava jae:

> *Parempi on kuolla kunniassa, itsekunnioitus vaurioitumattomana, kuin elää häpeässä sen menettäneenä.*

Ja kolmannella yrityksellä seuraava:

*Surut ja kärsimykset, koettelemukset ja ahdistukset, ovat
suuria kurinpitäjiä, jotka johtavat hengellisen valaistuk-
sen lähteille.*

Asiayhteyden tultua näin harvinaisen selväksi, vietin jonkin aikaa pereh-
tyen muihin asioihin, kunnes ryhdyin kirjoittamaan tätä blogimerkintää,
ja otin kirjasen taas käteeni, avasin sen, ja sain eteeni täsmälleen saman
jakeen lähdön lähestymisestä ja pojan olemassaolosta kuin ensimmäi-
sellä yrittämällä. Kyseessä on varmaan aukeama, joka kirjan nidonnasta
johtuen aukeaa todennäköisemmin kuin toiset, mutta silti.

Voi hyvin olla, että ehdin käymään Induksen alkulähteille vielä ennen ku-
luvan vuoden loppua, johon kaikenlaiset intialaiset liikkeet samoin kuin
mayojen kalenteri väitetysti sijoittavat yhden maailmansyklin lopun ja
uuden aikakauden alkamisen. Pienikin nettiselaus osoittaa new age -liik-
keiden riehaantuneen asiasta ja kaikesta siihen liittyvästä symboliikasta.
Tosiasia kuitenkin on, että suurin osa sellaisista hahmoista kuin Helena
Blavatsky, Carlos Castañeda jne. on varsin aukottomasti osoitettu sepit-
täjiksi.

En muutenkaan usko, että ihmisten kannattaa etsiä opastusta elämäänsä
ennustajilta ja selvänäkijöiltä. Minua ärsyttää suuresti, että minua lähes
päivittäin pyydetään käytännössä ennustamaan ja profetoimaan, kun
taas historiaan pohjaava analyysi, toimijoiden taustojen arviointi ja muu
sellainen, missä olisi järkeä, on niin kauhean eilispäivää eikä kiinnosta
ketään. Kaikki sen sijaan kysyvät, mitä tulee tapahtumaan Iranissa, kuka
voittaa ne-ja-ne vaalit, mitä taloudessa tapahtuu ja entäs Venäjä. Ihan
kuin tietäisin.

Menneisyyttä voimme tutkia, nykyisyyttä havainnoida, mutta tulevai-
suutta vain arvailla. Siksi menneisyyteen kannattaa suhtautua vilpittö-
mällä totuuden etsimisellä, nykyisyyteen tarkalla havainnoinnilla, kun
taas tulevaisuuteen kannattaa suhtautua lähinnä uteliaalla mielenkiin-
nolla. Samalla kannattaa muistaa, että tulevaisuus on näistä se, mihin
voimme itse vaikuttaa, joten keskittykäämme vaikuttamaan tulevaisuu-
teen ja ottamaan menneisyys sen sijaan niin totena kuin pystymme sen
esiin penkomaan. Ikävä kyllä monet tekevät päinvastoin, yrittävät

ennustaa tulevan todeksi ja sen sijaan vääristelevät historiaa ja nykyhetken tulkintaa sopimaan ennustukseensa.

Ihmiset, jotka minulta kyselevät ennustuksia, saavat minut ymmärtämään ennustajina esiintyviä henkilöitä ja sitä miksi he usein päätyvät huijaamaan: Kuinka helppoa olisikaan antaa vaikutelma, että minulla on jotain salattua tietoa – tulipa se sitten unista, näkyjen näkemisestä, pyhistä kirjoituksista, huippusalaisista neuvonpidoista suurten viisasten kanssa tai nimettömiksi jääviltä informanteilta. Kunhan se on jotenkin mystifioitua ja kunhan sanon sen henkilön persoonaan sopivalla karismaattisuudella: insinöörille insinöörikielellä, sotilaalle sotilastermein, uskovaiselle pyhällä paatoksella ja nuorisoaktivistille katu-uskottavalla sarkasmilla. Syötettävä asia pitää tarjoilla muutamilla sellaisilla mausteilla, joita kukin haluaa kuulla – kunhan ne ovat mukana täkyinä, mikä tahansa menee läpi siinä sivussa. Useimmat ihmiset uskovat sen mukaan *miten* sanotaan eikä *mitä* sanotaan. Ja se on pelottavaa.

Niinpä luulen, että myös *Zarathustran uni* saa jäädä muistikirjani kätköihin ja jaettavaksi vain niiden kanssa, joilla viisaus on sellaisen tutkimiseen, mitä tutkimattomista korpimaista suurin, ihmismieli, voi tuottaa. Tuotos on nimittäin osin sellaista tekstiä, että vaikka itse selittäisin sen kumpuavan maailman tietoa, tuskaa ja salaisuuksia täyteen ahdetusta mielestäni eikä miltään ihmeellisiltä astraalitasoilta, joku tuntematon lukija jossain voisi kuitenkin ottaa ja sekoittaa sillä päänsä, enkä sitä vastuuta halua ottaa.

# Syyrian tilanteesta

*12. helmikuuta 2012*

Entisessä kotimaassani Syyriassa massamurhaaminen jatkuu. Syyrian hallinnon tärkeimmät tukijat Venäjä ja Iran juoksuttavat kansainvälistä yhteisöä miten haluavat ja sillä välin rosvohallinnolle annetaan vapaat kädet kansakuntansa parhaimmiston murhaamiseen.

Sen jälkeen, kun armeijan operaatiot murskasivat opposition haltuunsa ottamat suoja-alueet Damaskoksen esikaupungeissa ja Zabadanissa, regiimi hyökkäsi täydellä voimalla opposition pääkaupunkiin Homsiin. Homs on Syyrian kolmanneksi suurin kaupunki, merkittävä yliopistokeskus ja yksi Syyrian monikulttuurisimpia kaupunkeja, sillä siellä on vahva kristitty vähemmistö sunnalaisen enemmistön ja alaviittivähemmistön lisäksi. Homsin hallintoalueella sijaitsevat myös useiden omaleimaisten lahkojen kuten Salamiyan ismailiittien asuinalueet. Homs on pitkään ollut Damaskoksen ohella liberaalin liikehdinnän keskuksia Syyriassa.

Hyökkäysten alettua oppositio näyttää keskittäneen asemansa Bab Amrin kaupunginosaan. Monet julkisuudessa esiintyneistä opposition puhemiehistä ja -naisista edustavat homsilaisia kristittyjä. Toisin kuin Syyrian hallituksen propaganda ja sitä myötäilevät muutamat suomalaiset "asiantuntijat" väittävät, Syyrian kristityt eivät tue Assadin hallintoa, vaan heitä on molemmilla puolilla rintamaa. Assadin tukijat tietysti keskittyvät Damaskoksen hienostoalueille, koska he ovat olleet hallituksen suosikkeja ja siitä hyötyneitä. Juuri näitä ihmisiä monet "asiantuntijat" keskittyvät tapailemaan.

Muita viime päivien uutisia ovat olleet Ba'ath-hallinnon kenraalin ja sairaalanjohtajan murha Damaskoksen Rukneddinin kaupunginosassa sekä kaksi pommi-iskua Aleppossa. Aleppon pommit toistivat melkein identtisesti Arabiliiton vierailun alkuun ajoitettujen Damaskoksen pommien kaavaa. Ne haisevat voimakkaasti hallituksen provokaatioille, jollaiset ovat olleet Syyrian turvallisuuspalvelun tavaramerkkinä jo takavuosina.

Oli ilahduttavaa eilen havaita suomensyyrialaisten nuorten aktivistien avoin mielenosoitus Kiasman edessä Helsingissä, vaikka samalla kannankin huolta omilla nimillään ja kasvoillaan esiintyneiden nuorten turvallisuudesta, sillä Suomen viranomaisten kyky suojella maahanmuuttajataustaisia ihmisiä omien kotimaidensa saati Venäjän tiedustelupalveluilta Suomessa on osoittautunut sangen rajoittuneeksi. Onneksi Syyrian tiedustelupalvelun häiriö- ja uhkailutoiminta Pohjoismaissa tuntuu keskittyvän Ruotsiin, jossa Syyrian suurlähetystö sijaitsee.

Yksi mielenosoittajista otti kantaa tilanteeseen ja myös Aleppon provokaatioon, ja se ansaitsee tulla tässä siteeratuksi:

> *"Hänet [Assad] on saatava pois vallasta. Syyriassa tapetaan kaikkea, mikä liikkuu: lapsia, aikuisia", sanoi helsinkiläinen abiturientti Wafa Saloum Kiasman edustalla.*
>
> *Saloumin mukaan Assadin hallitus yrittää provosoida eri uskontokuntia kääntymään toisiaan vastaan tappamalla jonkin uskontokunnan edustajia ja sitten syyttämällä teosta toiseen uskontoon kuuluvia "terroristeja".*
>
> *"Uskonnot ovat eläneet Syyriassa rinta rinnan tuhansia vuosia. Nyt hallitus pyrkii saamaan heidät vastakkain."*
>
> *Suomen valtiojohdolta Saloum toivoo nykyistä jyrkempää väkivallan tuomitsemista.*
>
> *"Niinistö oli yllättävän vaitonainen Syyriaa koskevassa kannanotossaan. Pitäisi olla rohkeampi, sillä ihmisiä tapetaan joka päivä. Kyse on ihmisoikeuksista."*

Mielenkiintoista Syyrian tilanteessa on se, että vaikka Syyrian hallituksen tukijat yrittävät levittää käsitystä sunnalaisesta konfliktista ei-sunnalaisten vähemmistöjen tukemaa alaviittihallintoa vastaan, kansannousun aikana kaikkein rauhallisimpia paikkoja Syyriassa ovat olleet sunni-islamistien tärkeimmät keskittymät, kuten Aleppon esikaupungit, Tadmur, Dayr az-Zawr sekä Eufratin laakson eteläosat. Samoin on syytä havaita Syyrian hallinnon lähentyminen kaikkein väkivaltaisimpiin sunni-islamistisiin ryhmittymiin, mm. al-Qa'idaan, ilmeisesti sunnalaisten rivien hajottamiseksi.

Kaikkein aktiivisin kansannousu on puolestaan ollut kahdenlaisissa kaupungeissa: Ensinnäkin, tärkeimmissä liberaalien ja opiskelijaliikkeen keskittymissä, kuten Damaskoksen esikaupungit ja kansannousun pääkaupungiksi tituleerattu Homs. Näillä alueilla on paljon keskiluokkaa, sekulaaria väestöä, uskonnollisten vähemmistöjen edustajia sekä koillisesta töiden takia pois muuttamaan joutunutta kurdien koulutettua luokkaa.

Toiseksi, kansannousu on ollut erityisen aktiivinen myös rajakaupungeissa lähellä Turkin, Libanonin ja Jordanian rajoja – mutta mielenkiintoisesti ei Irakin rajojen lähettyvillä. Eräällä tavalla kansannousu alkoi lähellä Jordanian rajaa sijaitsevasta Dara'asta ja siellä tehdyistä julmista lastenmurhista. Dara'a on vahvasti heimopohjaista aluetta, jossa sukusidokset ovat tärkeitä ja taloissa on aseita. Salakuljetus on ruokkinut korruptiota ja alaviittiupseerien sikailua, kun taas monet paikalliset ovat olleet töissä Saudi-Arabiassa, Arabiemiraateissa, Qatarissa, Kuwaitissa ja Bahrainissa.

Myös Idlib, Jisr ash-Shughur, Zabadani, Ariha ja Antiokian kaistaleeseen rajoittuvat syyrialaisalueet ovat rajaseutuja, joissa heimot ovat vahvoja, ihmiset omistavat aseita ja joista käsin on pidetty yhteyksiä rajojen yli Pohjois-Libanoniin ja Kaakkois-Turkkiin. Monet suvut jakautuvat rajojen yli. Homsin ja Idlibin läänien syyrialaisperheillä on melkein aina sukulaisia tai juuria Tripolin alueella Libanonissa sekä Antiokian ja Iskenderunin alueilla Turkissa. Antiokian ja Iskenderunin alueille sijoittuu merkittävä osa Turkin arabiankielisestä vähemmistöstä (josta monet kristittyjä ja alaviittejä).

Latakia, Banyas ja Rastan, jossa käytiin kansannousun alkuvaiheissa kaikkein raaimmat ja väkivaltaisimmat yhteenotot, ovat puolestaan sellaisia kaupunkeja, joissa sunnalainen tai kristitty väestö on kaikkein lähimpänä alaviittien ydinalueita. Esimerkiksi Latakiassa on vankka sunnalainen enemmistö, vaikka kaupunkia ympäröivä maaseutu on Syyrian alaviittien ja siten myös turvallisuuspalvelujen rekrytoinnin nimenomainen ydinalue.

Latakian ja Tartuksen rannikkokaistaleilla sijaitsee suuria määriä alaviittieliitin huviloita ja lomapaikkoja, vaikka alaviittien varsinainen kotiseutu on rannikkokaistaletta Aleppposta ja Oronteksen laaksosta erottava vuoristo, jota kutsutaan Alawivuoriksi, Nusairivuoriksi tai neutraalimmin Rannikkovuoriksi.

Vuorten itäpuolen rinteet, jotka viettävät alas maatalousvaltaiseen Oronteksen laaksoon – Homsiin ja Hamaan – ovat puolestaan Syyrian kristittyjen varsinainen alkukoti. Se jätettiin pois Libanonista arabikristittyjen omaa valtiota luotaessa, koska katoliset maroniitit halusivat minimoida syyrialaisortodoksien suhteellisen osuuden ja säilyttää siten hegemonian Libanonin kristittyjen keskuudessa. Vastaavasti he kuitenkin vaativat liittämään Libanoniin šiialaisenemmistöisiä alueita Bekaan laaksosta ja etelästä. Tällä piti tasapainottaa Beirutin, Tripolin ja Sidonin sunnalaisia kauppiaseliittejä sekä hankkia köyhää maataloustyövoimaa, mutta tuloksina olivat Libanonin muuttuminen muslimienemmistöiseksi maaksi ja nykyinen Hizbullah.

Mutta nyt olen taas yhden kirjoituksen osalta aivan riittävän pitkästi kirjoitellut Syyrian asioista. On mielenkiintoista, mikäli Yhdysvallat nyt ryhtyy yhdessä Britannian, Ranskan, Marokon ja Jordanian kanssa konsultaatioihin interventioiden mahdollistamiseksi Syyrian kansan hyväksi ilman Venäjän ja Kiinan hyväksyntää. Suurin haaste tällä tiellä lienee vakuuttaa varovainen Turkki, jonka apu lienee välttämätöntä.

Turkki puolestaan pelkää oman vakautensa puolesta, sillä se on vihollisten kaikilta puolilta saartama: Iran ja Syyria ovat jo aktivoineet PKK:n toimintaan Turkkia vastaan ja toiselta puolelta Turkkia puolestaan uhkaa Venäjä, joka pystyy myös tukeutumaan Armenian avoimeen ja Kreikan ja Kyproksen salaiseen avunantoon. Toisaalta juuri tämä saartotilanne on tärkeimpänä geopoliittisena syynä siihen, että Turkki pyrkii avaamaan itselleen turvallisemman väylän muuttuvaan arabimaailmaan. Tämän väylän tiellä on nimenomaan Syyrian nykyhallitus.

Kun Eurooppa on tukkinut Turkin tien länteen, sen on käytännössä sekä taloudellisesti että poliittisesti välttämätöntä luoda itselleen edullinen kolmikantatasapaino Euroopan, Venäjän ja arabimaailman välille. Ainakin niin kauan kuin Iranissa ei ole näköpiirissä onnistunutta vallankumousta.

# Liberian terveisiä

*26. helmikuuta 2012*

Vietin viikon Liberiassa. Kyseessä oli ensimmäinen matkani Länsi-Afrikkaan, joten tästä tuli uuden maantieteellisen alueen korkkaus, vaikka laskeskelinkin käyneeni tähän mennessä jo kahdessatoista Afrikan maassa. Pohjois- ja Itä-Afrikkaa olen kattanut matkoillani varsin hyvin, vaikka kyllä niissäkin vielä aukkoja on.

Liberia on valtiona omalaatuinen luomus. Nimi viittaa tietysti vapauteen, mutta vähän kuin Israel, se vapaus on rakennettu yksille luomalla valtio toisten siellä jo asuneiden maille. Liberian tapauksessa kyse on amerikkalaisille neekeriorjille näiden vapautumisen ja emansipaation myötä luodusta valtiosta. Lähes kaikki poliittinen ja taloudellinen valta maassa on yhä näiden amerikkalaisperäisten mustien jälkeläisten hallussa, vaikka he muodostavat vain kolmisen prosenttia Liberian väestöstä. Totta kai Liberiassa oli alkuperäiskansoja, kun Monrovia perustettiin vuonna 1822 nykyiseen Montserradon maakuntaan, jonka ympärille sitten luotiin Liberia valtaamalla maat niitä asuttaneiden afrikkalaiskansojen hallinnasta. Ensimmäinen sota natiiveja, tässä tapauksessa dey- ja golakansoja vastaan, käytiin jo vuonna 1832.

Etiopian ohella Liberia oli ainoa mustan Afrikan valtio, joka onnistui välttämään valkoisen siirtomaavallan, mutta tietyllä tavalla se on taustoiltaan aivan yhtä kolonialistinen, kolonistit vain olivat ihonväriltään mustia. Liberia on myös tietyllä tavalla perustuslaillisesti rasistinen, sillä perustuslaki määrää, ettei maata tai yrityksiä voi omistaa kuin mustaihoinen. Tästä huolimatta Liberiassa, niin kuin niin monessa Afrikan maassa, bisneksiä pyörittävät libanonilaiset, intialaiset, kiinalaiset ja nigerialaiset.

Kuten varmaan monille muillekin, minulle Liberia herätti ennen matkaa mielikuvia Charles Taylorin ajasta ja sisällissodista, joissa kalašnikoveja kanniskelevat huumepäiset teinisoturit silpoivat ihmisiltä raajoja viidakkoveitsillä. Nykyisessä Liberiassa sisällissotien muistot muhivat yhä pinnan alla, mutta pinnalla on seesteinen vehreä maa, jossa on jotenkuten demokraattisesti valittu Afrikan ensimmäinen naispresidentti Ellen Johnson Sirleaf. Yhdessä toisen liberialaisnaisen ja jemeniläisnaisen kanssa hän sai viime vuonna Nobelin rauhanpalkinnon.

Ihmisten mielikuvissa Länsi-Afrikka on loputtomien ongelmien alue, eikä käsitys nyt ihan vääräkään ole, sillä sekä köyhyystilastoissa että inhimillisen kehityksen mittareilla useimmat pahnanpohjimmaiset kuuluvat juuri Länsi-Afrikan ja läntisen Sahelvyöhykkeen maihin. Liberia taitaa olla maailman neljänneksi tai viidenneksi köyhin maa, kilpaillen samassa sarjassa Nigerin, Burkina Fason, Sierra Leonen, Eritrean ja Kongon kanssa.

Liberiassa on vain kolme ja puoli miljoonaa ihmistä, joista kolmannes asuu Monroviassa sekä sen ympärille Montserradon maakuntaan nousseissa lähiöissä ja slummeissa. Muu osa maata on suurimmaksi osaksi trooppista metsää ja viidakkoa, jossa risteilee *highwayksi* nimettyjä liejuisia ja päällystämättömiä maanteitä sekä kohoaa uljaasti kaupungeiksi kutsuttuja hökkelikyliä. Kuitenkin Liberialla olisi monta etua verrattuna suurimpaan osaan Afrikkaa: siellä ei ole vielä liikakansoitusta, ei vesipulaa, ei aavikoitumista, ei totaalista metsäkatoa eikä nyttemmin enää edes aseellista konfliktia.

Suurin osa liberialaisista kuuluu paikallisiin kansoihin, joilla on kullakin omat kielensä, mutta yhdistävänä kielenä maassa on liberialainen englanti, kreolikieli, josta saa selvän vain vaivoin. Se vilisee hauskoja ilmaisuja kuten "Jumala siunatkoon iloista kättäsi" ja "hyviä toimistojasi". Niin tosiaan, kuten afrikkalaiset yleensä, myös liberialaiset ovat hyvin uskonnollisia, suurin osa heistä kristittyjä ja vain noin 15 prosenttia muslimeja, jotka keskittyvät kaupunkeihin ja kaupan alalle.

Olemme tottuneet ajattelemaan, että Länsi-Afrikan maista nimenomaan Liberia, Sierra Leone ja Guinea olisivat ikuisesti epävakaita. Nyt nuo maat tuntuvat kuitenkin vähäksi aikaa kuluttaneen verilöylypotentiaaliaan loppuun ja sen sijaan viime ja tänä vuonna ovat räjähdelleet tai räjähtämässä juuri ne maat, joita Länsi-Afrikassa on totuttu pitämään vakauden tyyssijoina: Norsunluurannikko, Mali ja Senegal.

Myös Liberian vakaus saattaa olla ohimenevää, sillä Norsunluurannikon poliittinen kuohunta läikkyy rajan yli. Huhujen mukaan viime vuonna vaalit hävinneen, eroamisesta kieltäytyneen, verilöylyn aloittaneen ja lopulta Ranskan sotilaallisen intervention avulla vallasta syössyn presidentin Laurent Gbagbon kannattajat värväävät palkkasotilaita järjestäytyäkseen uudelleen Liberian ja Norsunluurannikon välisellä viidakkoisella rajaseudulla. Heitä risoo, että vaalit voitti ja valtaan nousi pohjoisten islaminuskoisten burkinakansojen suosikki Alassan Wattara.

Matkustin Monroviasta koilliseen Grand Gedeh'n maakuntaan, jonka pääpaikkakunnasta Zwedrusta käsin teimme vierailuja kohteisiin. Zwedru on vähän laajentunut kylä, joka hädin tuskin ansaitsee kaupungiksi luonnehdinnan. Illalla majatalon terassilla Afrikka esitteli biodiversiteettiään hyönteismassoina, joita lamput vetivät paikalle. Nyrkin kokoiset sarvikuonokkaat rysähtelivät taivaalta kaataen tyhjiä laseja ja kottaraisen kokoinen keltainen riikinkukkokehrääjä läpisi isoine siipineen pöydillä. Seurueen valkoiset naiset kirkuivat milloin mitäkin otusta.

Sekä Grand Gedeh'ssä että pohjoisessa maakunnassa Nimbassa, johon seuraavaksi matkustin, riitti metsiä, mutta suurin osa näkemistäni metsistä oli sekundäärimetsää, johtuen ilmeisesti siitä, että liikkuminen oli mahdollista vain maanteitä pitkin. Paikalliset ovat köyhiä, proteiinin puutteessa ja kaikilla on pyssyjä, joten nisäkkäät sekä isot, näkyvät linnut on pääosin metsästetty, lukuun ottamatta joitain kaikkialla näkyviä puhtaanapitäjiä kuten afrikanvariksia ja afrikanhaarahaukkoja. Metsäteillä näkyi kuitenkin varsin usein sarvinokkia ylittämässä tietä yksin tai pareittain.

Yksi syy metsien säilymiseen Liberiassa on se, että liberialaiset eivät kuulemma välitä erityisesti viljelystä. Missä tahansa kyläbasaarissa melkein kaikki tuotteet on tuotu Norsunluurannikolta tai Guineasta ja esineet tehty Kiinassa. Infrastruktuuri on aina kiinalaisten, bangladeshilaisten tai turkkilaisten rakentamaa. Ehkä tämä on taustalla siihen, miksi suomalaisessa koulukirjassa taannoin luki, että "Afrikassa, jossa herkullisia hedelmiä roikkuu puissa yllin kyllin, ei ole ihmisen tarvinnut tehdä työtä elääkseen". Sellaisen mielikuvan ulkopuolinen matkailija on ehkä helposti saanut katsoessaan paikallisten huoletonta ja yksinkertaista elämää, vaikkakin köyhää ja erilaisten tautien täyteistä.

Matkalla Zwedrusta keskellä Nimbaa sijaitsevaan Saclepeaan kävin myös Poo Townissa ja Toe Townissa. Jälkimmäisen yllä kaarteli kongonkäärmehaukka. Näissäkin puuhökkelijoukkojen muodostamissa epämääräisissä asutuskeskuksissa paikalliset olivat varsin iloista ja hassuttelevaa joukkoa. Erilaiset kirkot, seurakunnat ja mustanpörssin kauppa kukoistivat. Samoin pienimmissäkin kylissä oli aina muutama länsimainen kehitysyhteistyöhanke tai kansainvälinen järjestö paikalla.

Merkillisissä paikoissa tapaa merkillisiä ihmisiä. Sekä Zwedrussa että Saclepeassa tapasin ekspättien terassikutsuilla eri puolilta maailmaa tänne päätyneitä ihmisiä, joiden elämäntarinoista kustakin saisi bestsellerin. Oli lääkäreitä, antropologeja, entisiä sotilaita tai virkamiehiä, nuoria idealisteja, jotkut kotoisin vielä Liberiaakin eksoottisemmista paikoista kuten Džibutista ja Kap Verden saarilta.

Liberiaan matkustamista harkitsevan kannattaa huolehtia, että malarialääkitys on kunnossa, sekä varmistaa suojautumisensa hyttysiltä sekä karkottein että hyttysverkoin, sillä Länsi-Afrikan kuumankostea Guineanlahden rannikkoalue on maailman pahinta malaria-aluetta ja sikäläinen malaria myös usein pahinta laatua.

# Kevättä rinnoissa

*15. maaliskuuta 2012*

Täällä Genevessä kevät on yhtäkkiä puolitoista kuukautta edellä Suomesta, jossa oli täystalvi, kun lähdin. Täälläkin oli tänä talvena kunnon talvi: lumi hautasi kaupungin ja cappuccinot jäätyivät terasseille -20 asteen pakkasessa. Nyt aurinko on paistellut päivisin, genevettäret paljastavat säärensä ja paljon muutakin, peipposet laulavat, lokit kaartelevat Genevejärven yllä, terassikausi on jo pitkällä, jokin eksoottinen havupuu Pâquis'n kirkon kulmalla pössäyttelee ilmoille siitepölyään ja kirkon kulmalla notkuvat marokkolaiset pössyttelevät jotain muuta keväistä vaikkakin genevettärein takapuolten tuijottelusta päätellen heilläkin on siitepölyt mielessä.

Olen jo aiemmin kirjoittanut blogissani siitä, kuinka Sveitsi on maailman täydellisin valtio, ja kuinka Euroopan unionin pitäisi muistuttaa enemmän suurta Sveitsiä kuin suurta Ranskaa, jollaiseksi se toisen maailmansodan jälkeisessä tynkä-Euroopassa rakennettiin. Kaikilla kantoneilla on omat vahvat identiteettinsä ja erityispiirteensä, maassa puhutaan neljää kieltä ja sitä halkovat vuoriketjujen lisäksi uskonto- ja kulttuurirajat, mutta siitä huolimatta sveitsiläisillä on vahva yhteinen kansallistunto.

Kaikki toimii. Ihmiset tekevät töitä, myös sadattuhannet maahanmuuttajat, eikä lähiöissä ylläpidetä toimettomia ihmismassoja, ei kotimaisia eikä ulkomaisia, millään älyttömillä sosiaalituilla. Niinpä lähiöissä eivät autot pala. Sveitsissä on kuitenkin huomattavasti paremmat terveyspalvelut kuin Suomessa. Niihin jää varaa kun kaikkea rahaa ei tuhlata. Koulujen pihoilla monenväriset lapset leikkivät iloisina yhdessä, mutta aikuisille he ovat poikkeuksetta kohteliaita ja kunnioittavia, koska lapsetkin kasvatetaan täällä vastuullisesti. Juopot eivät pilaa katukuvaa ja miksi pilaisivat, kun voivat naukkailla halvalla hyviä viinejä tai oluita ravintoloissa, joissa on ystävällinen palvelu ja sosiaalinen ilmapiiri.

Asun aina Genevessä ollessani yhdessä koko Sveitsin pahamaineisimmista kaupunginosista, jossa enemmän kuin joka toinen vastaantulija on maahanmuuttaja – milloin Afrikasta, milloin Lähi-idästä, milloin Itä-Euroopasta, Italiasta tai Iberian niemimaalta – ja jossa on suuri keskittymä baareja, yökerhoja, punaisten lyhtyjen paikkoja ja kaukaisten maailmankolkkien politiikkaa tai jalkapalloa puivia etnisiä pikkuravintoloita. Minua ei ole vielä koskaan uhannut kukaan väkivaltaisella käytöksellä eikä edes tullut örisemään.

On helppo väittää, että Sveitsissä menee hyvin, koska se on rikas, mutta syy-seuraus-suhde on kyllä toisin päin. Kun Valaliitto muinoin muodostettiin, Sveitsi oli vuoristolainen maatalousvaltainen alue, josta tuli palkkasotilaita Italian ja Saksan imperiumien ja vauraiden kaupunkivaltioiden hoveihin.

Sveitsi on yksi Euroopan etnisesti monimuotoisimmista maista. Samalla se on pieni maa, jota ovat ympäröineet neljä historiallisesti sotaisaa imperiumia Saksan, Ranskan, Italian ja Itävallan suunnilla. Joka iikalla on kotona rynkky. Naapurilaakson ei suvaita puuttuvan oman laakson asioihin. Samalla Sveitsi on Euroopassa se maa, jossa on vallinnut pitkäjaksoisin rauha.

Sveitsiläiset ovat aina arvostaneet korkeaa laatua ja pikkutarkkuutta, oli kyse kellosepistä, suklaasta, pankeista tai miniatyyreistä. Sveitsiläiset ovat kunniantuntoista väkeä, jotka huolehtivat itsestä ja omasta perheestä. Ei tulisi kysymykseenkään, että roskat jätetään lojumaan, tai että ruoka ei olisi tehty oikein.

Tässä alppiseesteisyyden keskellä on onneksi helppo unohtaa konferenssista ulos kävellessä, kuinka on juuri tuijottanut ihmisyyden pimeyteen, Syyrian massamurhaamiseen, Qaddafin palkkasotilaiden riehumiseen Malissa, monenlaisten diktatuurien ja ääriliikkeiden toimeenpanemiin julmuuksiin pitkin Afrikkaa, Aasiaa ja Keski-Amerikkaa.

Pahinta on se, että monet mukavuuksissa elävät ihmiset tietäessään, etteivät oikein voi mitään sille kaikelle pahalle, mitä jossain muualla maailmassa tapahtuu, valehtelevat tehdäkseen asiat itselleen helpoksi. Siis

koska esimerkiksi emme pysty tai halua tällä hetkellä tehdä mitään soti-
laallista väliintuloa, uskotellaan itselle ja muille, että tilanne on "moni-
mutkainen", tai että "molemmat osapuolet ovat syyllistyneet vääryyk-
siin".

On käsittämätöntä kuinka monet ihmiset onnistuvat valehtelemaan niin
törkeästi vain tehdäkseen asioista jotenkin helpompia. Aivan kuin todel-
lisuuden toteaminen automaattisesti johtaisi siihen, että joku pakottaa
heidät – juuri heidät – luopumaan mukavuuksistaan ja tekemään jotain.
Se olisi ilmeisesti ajatuksenakin niin kauheaa, että on helpompi tarttua
jokaiseen epämääräisyyteen valhemaailmassa elääkseen, ja sitten puhu-
maan keveää smalltalkia yhdentekevistä asioista cocktail-lasi kädessä.

Itse kävin baarikierroksella hämärissä paikallisravintoloissa, joissa saa
raskaita ja rasvaisia ruokia, talon omia viinejä ja talon omia panimotuot-
teita. Tapasin sattumoisin virolaisen opiskelukaverini, joka on päätynyt
samalle alalle. Toimialallamme ihmiset päätyvät aina vähän väliä Gene-
ven tapaisiin paikkoihin, jossa kaikki kohtaavat, ennen kuin taas jatkavat
yhä uusiin maailmankolkkiin. Keskustelimme murhista, mikrofoneista,
kaupunkisotatilanteista, Smolenskin lentoturmasta ja paljosta muusta.

# Turkista Tunisiin

*2. huhtikuuta 2012*

Lähdin syyrialaisen ystäväni kanssa tutustumaan arabikevään alkulähteisiin ja kuulemaan tunisialaisten itsensä suusta, missä Tunisiassa mennään. Matkan varrella kävimme Istanbulissa. Kontaktillemme Istanbulissa oli sattunut saapumisyönämme erityisen rankka työrupeama, minkä vuoksi majoituimme aksaraylaiseen hotelliin.

Hotellin naapurissa olevassa kaupassa satuimme kuulemaan asiakkaina olevien nuortenmiesten aksentista, että ovat syyrialaisia, ja heti perään törmäsimme heihin hotellimme aulassa. Kävi ilmi, että he olivat syyrialaisia, muutama Damaskoksesta ja yksi Latakiasta. He olivat koulutettua väkeä, juuri niitä, jotka ovat olleet Assadin koneiston ykköskohteina kaupunkien puhdistuksissa.

Suuri osa Syyrian tulevaisuuden toivoista on joutunut lähtemään maasta – jos vain on pystynyt, ja jos perheellä on ollut riittävästi rahaa lahjomaan heidät ulos. Nuoret aikuiset eivät tällä hetkellä voi matkustaa Syyriasta ulos ja laittomat maarajojen ylitykset ovat vaarallisia, sillä hallituksen militiat ampuvat tavattaessa kaikki tietynlaisen profiilin omaavat ihmiset, kuten yliopisto-opiskelijat. Latakiassa ja koko rannikkoalueella käynnissä on ollut syksystä lähtien käytännössä etninen puhdistus, jossa alaviittien militiat hyökkäävät ei-alaviittien ja etenkin sunnien kaupunginosia ja kyliä vastaan, pyrkien puhdistamaan rannikon sunnalaisesta enemmistöstään, etenkin profiililtaan opposition kannattajiksi sopivista nuorista miehistä.

Suurin osa näistä Syyrian pakolaisista ei tule huomioiduiksi missään tilastoissa, sillä he eivät mene leireille eivätkä YK:n puheille, vaan yrittävät parhaansa mukaan joko majoittua ulkomailla olevien sukulaistensa tai kontaktiensa luo, turvataloihin tai kuten nämä nuoret, halpoihin hotelleihin. Antiokian ja Kilisin leireillä on lähinnä Jisr ash-Shugurista ja lähialueilta olevaa maalaisväestöä, vanhuksia, naisia ja lapsia, joskin yksi leiri on erityisesti loikanneiden sotilaiden käytössä. Nuoret ja aktivistit eivät halua leireille vaan käyttävät omia ja perheidensä viimeisiä säästöjä sijoittuakseen sinne, missä voi tehdä jotain Syyrian hyväksi.

Istanbul on sellainen kaupunki. Eilen pidettiin Istanbulissa järjestyksessä toinen Syyrian kansan ystävien huippukokous. Tuntui muutenkin, että kaupungissa vilisi syyrialaisia ja pohjoisafrikkalaisia. Istanbul, kuten koko Turkki, on osoittanut poikkeuksellista sympatiaa ja vieraanvaraisuutta syyrialaisille. Tuntuu, että turkkilaiset ovat aidosti ottaneet Syyrian kansan asian omakseen. Monia ratikka- ja metroasemia korostivat julisteet, joissa julistettiin solidaarisuutta Syyrian kansalle ja haettiin lahjoituksia humanitääriseen apuun.

Ylipäätään turkkilaiset ovat alkaneet nähdä Lähi-idän aivan erilaisin silmin kuin ennen, jolloin he usein katsoivat arabeja nenänvartta pitkin ja halusivat vain Eurooppaan. Kun Eurooppa on vuosikymmenet katsellut Turkkia nenänvartta pitkin ja osoittanut lähinnä ynseyttä ja arvostuksen puutetta, tuloksena ei pelkästään Turkin hallitus vaan turkkilaiset kansana ovat kääntäneet katseensa Lähi-itään ja löytäneet aivan uudella tavalla Osmanivaltakunnan perintönsä. Arabikevät on ollut tässä erityisen ratkaiseva, sillä se on muuttanut dramaattisesti ihmisten käsityksiä arabimaiden yhteiskunnista ja tulevaisuudesta.

Tunisiin saapuessamme näimme ensimmäistä kertaa jasmiinivallankumouksen jälkeen paikkoja, joissa kaikki tapahtui: entisen valtapuolueen rakennuksia ja mielenosoitusten aukioita. Syyrialainen ystäväni on näyttelijä ja monilahjakas runoilija-taiteilija-dokumentaristi, ja meidät vastaanottanut tunisialainen on puolestaan ohjaaja ja valokuvaaja. Hän totesi, että vaikka monet vallankumouksen vaatimista asioista eivät ole edelleenkään toteutuneet, yksi asia on selvästi muuttunut: pelko on poissa. Ihmiset puhuvat ja tekevät nyt mitä haluavat, pukeutuvat miten haluavat. Yhden aukion laidalla oleva puisto on nyt Ihmisoikeuksien puisto ja siellä vapautuneet nuoretparit harjoittivat ihmisoikeuksiaan romanttisen halailun ja pussailun merkeissä.

Istuimme *Café L'Universissä*, joka on yksi Habib Bourguiban bulevardin lukuisista kahvilaterasseista, ja tapasimme virtana Tunisin tunnettuja boheemeja, taiteilijoita, kirjailijoita, elokuvaihmisiä, toimittajia... Oli ilmeistä, että kontaktimme tuntee täällä kaikki. Muutenkin tuntuu, että Tunis on nyt "se paikka", sillä tapasin sattumalta ravintolassa viimeksi Beirutissa tapaamani kaksi kirjaa kirjoittaneen amerikkalaistoimittajan, ja omassa hotellissamme taas tuli vastaan Libyaan menossa olevia norjalaisia ja sieltä tulossa olevia brittejä, toimittajia ja valokuvaajia.

Suurimmaksi puolueeksi noussut islamistipuolue *an-Nahda* ei ole lisännyt islamilaista konservatiivisuutta pääkaupungissa, vaan pikemminkin päinvastoin, nuoriso on pitänyt tiukasti kiinni sekulaarista elämäntavastaan. On kuin kaikki boheemit, rokkarit ja hipsterit olisivat arabikevään myötä puhjenneet kukkaan ja täyttäneet kahvilat ja kadut. Nahda ei ollut saanut läpi aluksi ajamaansa islamilaista lainsäädäntöä ja huolimatta suurimman puolueen asemastaan Tunisian uusi perustuslaki määrittelee maan sekulaariksi tasavallaksi. Varjopuolena Nahdan liberaalisuudesta on ollut jyrkemmän linjan islamistien, joita usein yleistäen niputetaan salafilaisiksi, irtisanoutuminen Nahdasta. Tunisiassa pelätään, että osa salafilaisten sirpaleryhmistä pyrkii väkivaltaan, esimerkiksi terrori-iskuihin.

Verrattuna Irakiin, Egyptiin ja Syyriaan Tunisia on uskonnollisesti huomattavan yhtenäinen. Melkein koko väestö on sunnimuslimeja. Uskonnollisista vähemmistöistä aktiivisin on ollut Tunisian pieni juutalaisväestö, joka puolestaan oli aktiivisesti mukana jasmiinivallankumouksessa, joten kukaan ei heidän lojaalisuuttaan vallankumoukselle aseta kyseenalaiseksi. Etnisesti maa on hieman kirjavampi, sillä osa väestöstä on berberejä.

Vietimme iltaa syömällä kalaa ja juomalla tunisialaisia viinejä, ensin Tunisissa, mutta sitten lähdimme viiden hengen kesken herätematkalle Hammametiin. Siellä juotiin lisää viinejä, katseltiin öistä merta ja laulettiin arabialaisen runouden helmiä rakkaudesta, kaipauksesta ja muusta. Tietysti myös puhuttiin loputtomasti kulttuuria ja politiikkaa, vallankumouksista ja paljon muustakin mitä alueella on tekeillä. Tunisialaisten solidaarisuus Syyrian oppositiota kohtaan on liikuttavaa. Nämäkin olivat ottaneet tavaksi tervehtiä toisiaan ja muita "häivy Bashar" *(yalla erhal ya Bashar)* -iskulauseella.

# Tunis on uusi Beirut

*6. huhtikuuta 2012*

Otsikko on tahallinen klišee, mutta tältä ajatukselta ei ole voinut kuluneen Tunisissa viettämäni viikon aikana välttyä. Näiden paikkojen välillä on toki merkittäviä erojakin, mutta yhtäläisyydet Beirutiin joskus noin vuosi kevään 2005 seetrivallankumouksen jälkeen ovat pelottavankin ilmeisiä, sekä hyvässä että pahassa.

Eräällä tavalla Tunisia on oman alueensa Libanon. Se on naapureihinsa verrattuna suhteellisen pieni maa, joka on tottunut olemaan myös naapurimaitansa huomattavasti vapaampi. Ben Alin hallinto oli kyllä autoritäärinen, mutta ei silti mitenkään verrattavissa Qaddafin Libyaan eikä edes Bouteflikan Algeriaan. Tunisia on arabimaa ja arabia sen pääkieli, mutta maassa on päällekkäin lukuisia historiallisesti muodostuneita kulttuurikerrostumia foinikialaisten Karthagosta roomalaisiin, berbereihin, arabidynastioihin, osmaneihin ja ranskalaisiin. Kuten Libanonissa, myös Tunisiassa yhdistyvät arabialaisuus, islamilaisuus, välimerellisyys ja ranskalaisvaikutus.

Libanonista poiketen Tunisiasta puuttuu vahva kristitty väestö – maassa on vain pieni kristitty yhteisö ja sekin muodostuu pääosin siirtomaa-aikana tai myöhempinä maahanmuuttajina tänne asettuneista ranskalaisista ja italialaisista sekä länsiafrikkalaisista siirtolaisista. Sen sijaan Tunisiassa on säilynyt verrattain vahva, joskin nykyisin määrällisesti pieni, juutalaisyhteisö, joka alun perin pakeni Italiasta ja Andalusiasta katolisten toimeenpanemia juutalaisvainoja. Libanonissa juutalaisia on jäljellä vain muutama hyvin matalalla profiililla elävä perhe, mikä on ymmärrettävää huomioiden Libanonin ja Israelin sotaisat välit. Tunisiasta katsoen Israel on kaukana eikä siksi samanlainen ongelma, jota koko ajan märehdittäisiin.

Kuten Libanonissa, myös Tunisiassa on pääkaupunki, jossa näkyy voimakas ranskalaisvaikutus, ja jossa on erittäin monipuolinen, ehkä jopa skitsofreeninen, älyllinen elämä. Kuten libanonilaiset, myös tunisialaiset ovat naapureihinsa verrattuna hyvin koulutettuja, mutta myös hedonistisia, narsistisia ja kärsimättömiä. He valittavat herkästi, kun kovat odotukset eivät toteudukaan. Juuri näin on käynyt ja käymässä kun Tunisiasta alkaneesta arabikeväästä on kulunut yli vuosi.

Aikoinaan kevään 2005 jälkeen Libanon oli arabimaailmassa poliittinen pioneeri ja vapauden majakka, jonka kulttuurivaikutus varsinkin nuorisoon oli populaarikulttuurin, musiikin ja tv-sarjojen myötä paljon suurempi kuin maan koko olisi antanut olettaa. Tunisiassa voi aistia saman tunnelman ja ylpeyden siitä, että juuri tunisialaiset olivat arabikevään pioneereja. Tunisissa on, kuten Beirutissa, edelleen voimakkaana puhaltava vapauden tuuli. Kaikkialla mihin menemme, ihmiset puhuvat politiikkaa: täpötäysissä kahviloissa, ravintoloissa, baareissa, kaduilla, ratikkapysäkeillä, kirjakaupassa, teatterissa, graffiteja maalatessaan, taksia ajaessaan, postissa asioidessaan. Tämä kaikki tuo asioista kiinnostuneelle ulkomaalaisille elävästi mieleen takavuosien Beirutin.

Vuosien 2005—2011 ajan arabikevään tehnyt sukupolvi piti seminaarejaan, kokouksiaan ja työpajojaan Beirutissa. Siitä lähtien kun Tunisiassa tehtiin vallankumous ja Beirutissa puolestaan valta vaihtui Maalis-8-liittoumalle, näitä seminaareja ja kokouksia on alettu pitää Tunisissa. Tässäkin mielessä Tunisista on siis alkanut tulla uusi Beirut. Jos Tunisin yliopistot ja muut maan opinahjot käyttävät tilaisuuden hyväkseen, Tunisiasta voisi tulla arabimaailman tulevaisuuden aatteellinen hautomo, joka vetää puoleensa muiden arabimaiden nuoria lupauksia kuten Beirutin yliopistot ja ajatushautomot tähän asti. Erona on tosin se, että kun Beirutin kansainväliset piirit ovat kovaa vauhtia englanninkielistyneet, Tunis on yhä erittäin voimakkaasti frankofoninen ja Ranskan rooli massiivinen.

Myönteisen vapauden ilmapiirin kääntöpuolena on toinen asia, joka elävästi muistuttaa Beirutista: väestön yhä jyrkempi poliittinen jakautuminen ja polarisaatio islamisteihin ja näitä sydämensä pohjasta vihaaviin sekulaareihin. Molemmat leirit jakautuvat lisäksi sisäisesti. Salafilaiset eivät voi sietää Nahdaa ja jakautuvat itsekin kuppikuntiin. Sekulaarissa leirissä jyrkän linjan vasemmisto ja arabinationalistit elävät yhä ranskalaistraumaa kun taas liberaalimpi vasemmisto ja oikeisto haluaisivat avata kaikki ovet Eurooppaan. Osa haluaisi tehdä yhteistyötä Nahdan kanssa, osan mielestä taas Nahda pelaa likaista peliä käyttäen salafilaisia keppinään ja esiintyen itse maltillisina vaikka taustalla on salaliitto Tunisian pukemiseksi burqaan.

Kielitaidollisista syistä olen asettunut taka-alalle hiljaiseksi matkakumppaniksi, kun syyrialainen ystäväni on toteuttanut arabiaksi dokumenttiaineiston keruuta. Olemme tavanneet joka päivä lukuisia erilaisia tunisialaisia elämän eri alueilta, eri poliittisista mielipiteistä ja uskontonäkemyksistä, ja ystäväni on pienellä alustuksella filmannut heidän monologinsa. Osa tapaamisistamme on ollut järjestettyjä, mutta suuri osa tullut vastaan sattumalta. Ihmiset ovat alkaneet avautua politiikasta ja olemme tiedustelleet, haluaisivatko he käydä asiasta ihan kunnon keskustelun ja mahdollisesti suostua puhumaan myös videolle. Kaikki ovat halunneet keskustella, mutta muutama on kieltäytynyt videoinnista – esimerkiksi taksikuski, joka oli äänestänyt Nahdaa mutta sitten pettynyt siihen ja päättänyt olla äänestämättä enää ketään; ja salafilaisen madrasan johtaja, aito fundamentalisti, joka oli viettänyt elämästään 17 vuotta Saksassa ja sitten palannut Tunisian pyhään kaupunkiin Kairouaniin johtamaan madrasaa.

Kuten Libanon, myös Tunisia on nyt paikka, jossa voi yhdessä ja samassa maassa ja kaupungissa tavata kaikki arabimaailman poliittiset ja yhteiskunnalliset suuntaukset lävistyksillä naamansa täyttäneistä ja piikkitukkaisista alakulttuurinuorista kaavuissa ja pitkissä parroissa kulkeviin salafiitteihin, vanhakantaisista kommunisteista libertaristeihin ja nationalisteihin. Suurin osa vanhemmista naisista käyttää huivia, kun taas suurin osa nuorista naisista kulkee hiukset paljaina, meikattuina ja tiukoissa farkuissa – jopa konservatiivisessa Kairouanissa. Ne harvat, joilla on näkynyt hijabia rankempia, kaiken peittäviä huivivarustuksia, ovat ehkä olleet ulkomaalaisia tai sitten kuuluneet paikallisiin salafilaisyhteisöihin.

Poliittinen polarisaatio on kuitenkin varsin huolestuttavalla tasolla. Osapuolten välillä tuntuu olevan syvenevä luottamuspula, jota jokainen uusi välikohtaus syventää. Sellainen tapahtui esimerkiksi 25. maaliskuuta Bourguiban kadulla teatterin edessä – tapaus, josta olemme kuulleet matkan aikana paljon. Sekulaari älymystö oli järjestänyt mielenosoituksen sekularismin puolesta ja islamismia vastaan teatterin edessä ja salafilaiset puolestaan oman mielenosoituksensa bulevardin päähän kellotornille. Hallituksen tarkoitus oli ollut pitää nämä toisistaan erillään, mutta salafilaiset olivat – sekularistien mukaan poliisin puuttumatta – virranneet teatterin eteen ja oli syntynyt yhteenotto, jossa oli piesty mm. eräitä tunnettuja taiteilijoita.

Molemmin puolin liikkuu salaliittoteorioita siitä, mikä hallitusta dominoivan Nahda-puolueen "todellinen" agenda on. Sekularistien mielestä se vain esittää maltillista ja tosiasiallisesti suojelee salafiittejä. Jyrkempien islamistien mielestä taas se on vain esittänyt islamilaista ja todellisuudessa ajaa länsimaista agendaa.

Poliittinen polarisaatio tuo kovasti mieleen sen, mitä Libanonissa tapahtui vuoden 2005 vallankumouksen jälkeen, kun maan poliittinen kenttä jakautui Maalis-14- ja Maalis-8-leireihin, ja näiden välinen vastakkainasettelu ajoi maan lopulta kriisistä toiseen. Libanon päästi vapauden soihdun putoamaan; Hizbullahin ja Israelin välinen sota, hallituskriisit, salamurhat ja Hizbullahin dominaatio viime vuonna vallan keikauttaneessa hallituksessa ovat vieneet Libanonin uskottavuuden arabidemokratian soihdunkantajana.

Egypti on erittäin ongelmallinen, koska sotilasvalta ja Muslimiveljeskunta veljeilevät keskenään liberaalia nuorta väkeä vastaan. Libyassa erilaiset kuppikunnat kiistelevät vallasta ja sen jakamisesta, eikä totalitarismin jäljiltä ole helppoa polkaista nopeasti pystyyn demokraattista yhteiskuntaa. Tunisiaan kohdistuu siis erittäin suuria odotuksia. Se, mitä Tunisiassa tapahtuu, määrittää suuresti, mihin suuntaan arabikevät etenee, ja vallitseeko arabidemokratian suhteen toivo vai turhautuminen.

Arabikevään jälkeiset ongelmat eivät saisi harhauttaa ajattelemaan, että vallankumoukset "eivät muuttaneet mitään" tai että kaikki oli "tuomittu epäonnistumaan". Sellaiset mielialat ovat normaaleja vallankumousten jälkeisissä tilanteissa kaikkialla maailmassa. Olen itse todistanut aivan samoja mielialoja Itä-Euroopassa ja Libanonissa.

Moni alkaa pian vallankumouksen jälkeen valittaa, ettei mikään ole muuttunut, koska on asioita, jotka eivät ole muuttuneet. Nahda lupasi luoda puoli miljoonaa uutta työpaikkaa ja nyt väki on turhautunut, kun niitä ei näy eikä kuulu. Mutta ei mikään hallitus missään koskaan "luo" työpaikkoja – niitä luo toimiva markkinatalous, ja se vie aikaa.

Moni alkaa pian vallankumouksen jälkeen valittaa, että aivan väärät elementit pääsevät valtaan, ja että yksien vallanpitäjien syökseminen vallasta ainoastaan raivasi tietä toisille yhtä ongelmallisille tai vielä ongelmallisemmille. Mutta ei demokratia ole sama kuin vallanvaihdos yhdeltä toiselle. Se on sitä, että vaihtoehtoja on monia, ja että valta voi vaihtua muullakin keinoin kuin väkivallalla tai vallankumouksella. Tärkeintä demokratian suhteen ei ole se, kuka on vallassa, vaan poliittinen pluralismi. Pluralismiin taas pitää tottua, ja se vie 10—15 vuotta, vaatien useampia vaaleissa tapahtuneita hallitusvaihdoksia ja puoluekentän jonkinlaista vakiintumista kyseiseen yhteiskuntaan sopivaksi.

Islamistien kesyttämisen kannalta keskeistä on heidän integroimisensa pluralistiseen poliittiseen järjestelmään: yhdeksi vaihtoehdoksi monen joukkoon. Heillä on aito kysyntä, sillä minkään muslimimaan väestöstä enemmistö ei ole – eikä voi olla – koulutettuja nuoria kaupunkilaisliberaaleja, vaan pohjimmiltaan konservatiivista tavallista kansaa kylissä ja lähiöissä.

Silti kysymys ei saa olla myöskään enemmistövallalla legitimoidusta poliittisesta monokulttuurista. Vaalivoitto ei anna oikeutta diktatuuriin. On aina olemassa väestönosia, jotka ovat aktiivisempia kuin toiset, soihdunkantajia ja suunnannäyttäjiä, jotka luovat muotivirtauksia ja tulevaisuuden trendejä. Ystäväni kuvasi tätä hyvällä metaforalla: nuori sukupolvi on kuin jugurtti – kun se lisätään isoon määrään maitoa, lopulta koko maito muuttuu jugurtiksi.

Arabikevään tärkeys on sen antamassa vastatarinassa, vaihtoehdoissa. Koko islamilaisen maailman nuorisolle se on väkevä vaihtoehto islamistien tarjoilemalle konfrontatiiviselle narratiiville, mahdollisuus ylpeyteen ja arvokkuuteen ilman uskonnollista kiihkoilua. Toisaalta se on myös väkevä vaihtoehto länsimaissa vallinneelle kielteiselle mielikuvalle arabimaista ja koko islamilaisesta maailmasta. Arabikevät on todistanut monet mielikuvat vääriksi, ja tästä on pidettävä kiinni, vaikka ylisuuret odotukset aina kohtaavatkin turhautumista ja pettymyksiä.

Ollessamme viime yönä nuorison liberaaleimpien kerrostumien suosimassa *Underground*-baarissa, joka hilpeästi yhdistelee repertuaarissaan elävää rokkia, jazzia, Che Guevaraa ja amerikkalaista punaniskamusiikkia, eräs tunisialainen ystävämme, kiivas sekularisti ja islamistien inhoaja, osoitti meille ympärillä tanssivia ja laulavia nuoria miehiä ja emansipoituneita nuoria naisia, ja julisti: *"Tämä* on Tunisia!" Tähän totesin hetken mielijohteesta, mielessäni kaikki viime päivinä nähty ja kuultu: "Totta, mutta pitäisi sanoa: tämä*kin* on Tunisia."

Avoin yhteiskunta ja pluralismi edellyttävät ennen kaikkea sitä, että tämä ja tuo Tunisia voivat elää rinnakkain, samassa yhteiskunnassa. Beirutissa se on onnistunut, vaikka ei koskaan ilman kitkaa eikä ilman ajoittaista väkivaltaa. Kuitenkin. Ei ole mitään syytä olettaa, ettei se *voisi* onnistua Tunisiassakin, mutta se edellyttää molemminpuolista kunnioitusta ja toleranssia poliittisesti ja uskonnollisesti eri mieltä olevia kohtaan. Tämä on vakava testi islamisteille. Mutta tämä on myös vakava testi niille, joiden mielestä uskovaisilla ei saisi olla mitään sijaa modernissa yhteiskunnassa.

# Kyynelkaasua ja palmuja

*7. huhtikuuta 2012*

Tänään aamupäivällä ollessamme pakkaamassa tavaroitamme autoon ja tekemässä lähtöä Tunisista, pääsimme maistamaan kyynelkaasua. Sitä alkoi virrata yllättäen kadullemme ja ihmiset alkoivat juosta hädissään pois kirvelevän kaasun tieltä. Pakkauduimme autoon neljän tunisialaisen kontaktimme kanssa ja ajoimme tiehemme. Pienen kyselyn jälkeen selvisi, että kaasu tuli Bourguiban bulevardin Medinan-puoleisessa päässä olevalta aukiolta, jossa oli järjestetty suuri mielenosoitus työttömyyden vuoksi.

Kävi mielessä, mitähän suomalaismediat olisivat voineet kirjoittaa, jos olisimme ottaneet pari kännykkäkuvaa ja soittaneet iltapäivälehtiin, että "suomalais-syyrialaiset dokumentaristit pakenivat Tunisin tulihelvettiä". Suomen suurlähetystöllä Berges du Lacin hienostoalueella olisivat puhelimet soineet turhaan, sillä kaikki ovat pääsiäislomilla.

Joka tapauksessa dokumenttiprojektissa alkoi jo olla aineistoa niin paljon, että siitä riittää töitä kuukausikausiksi. Matkakumppanini lähti Istanbuliin ja minä puolestani ajoin etelään Tunisian kolmanneksi suurimpaan kaupunkiin, jota kutsutaan ranskaksi nimellä Sousse ja arabiaksi Susa.

Cornichella vallitsee aivan raouchémainen tunnelma ja aina välillä unohdan olevani Beirutista katsoen aivan toisella puolella arabimaailmaa. Parin talon päässä majapaikasta on sitä paitsi *Beirutin yöt* -niminen baari. Pitänee käväistä yhdellä, kahdella tai kymmenellä tai sitten pullo *Magonia* pöytään. Kontaktini Soussessa on tänä iltana kiireinen opintojensa kanssa ja ehtii tavata vasta huomisaamuna, joten koko ilta ja yö on aikaa perehtyä tähän vilkkaaseen kaupunkiin, jossa olen viimeksi käynyt 14 vuotta sitten.

Kävellessäni kohti Medinan porttia havaitsin pyörätuolissa istuvan jalattoman vanhuksen, joka yritti itsemurhameiningillä ylittää vilkasta tietä. Pysäytin liikenteen ja autoin miehen yli, ja vielä katukivetyksen yli aukiolle. Kuten puolet Soussen asukkaista, mies osasi muutaman lauseen kaikilla turistikielillä ja yritti arvuutella kansallisuuttani. Lopulta kävi ilmi, että hän puhuu täydellistä ja sujuvaa ruotsia, mikä suuresti hämmästytti minua koska ukko näytti lähinnä kerjäläiseltä ja itse asiassa olikin sitä. Hänellä oli kuitenkin ollut ilmeisen värikäs elämä, joka oli sisältänyt vuosien elämän Uppsalassa ja Lundissa, Ruotsin johtavissa yliopistokaupungeissa. Sitten oli kuulemma tupakointi tuhonnut kaiken: mieheltä oli amputoitu jalka ja kaikki, ja nyt olivat sekä tupakka että liharuoat kielletty. Annoin vanhukselle puoli dinaaria.

Aion viipyä Soussessa vain huomiseen ja sitten palata Tunisiin, koska siellä on sunnuntai-iltana merkittävä kulttuuritapahtuma ja maanantaiksi taas odotetaan marttyyrien päivän mielenosoituksia. Tunisialaisilla on sekin yhteinen piirre libanonilaisten kanssa, että ovat ylenpalttisen huolehtivaisia. Ihmiset, joihin olen tutustunut vasta kuluneella viikolla, soittelevat koko ajan perään kyselläkseen, onko kaikki varmasti hyvin. Ja kuten Libanonissa, täälläkin pitää tapella laskuista, jotta saisi maksaa jotain itse. Ironista kyllä samaan aikaan suurin osa turisteista joutuu tinkimään ja vänkäämään naurettavimmistakin asioista. Tuli sekin mieleen, kun hotellin muuten mukava ja polyglotti manageri oli aivan käsittämätön häsläri.

# Vallankumouksen henki

*11. huhtikuuta 2012*

Tunisian ja Libanonin väliset *déjà vu* -kokemukset sen kuin jatkuvat. Tunisiassa tuntuu olevan jokseenkin yhtä helppoa hankkia paljon uusia ystäviä monenlaisista piireistä kuin Libanonissa. Libanonissa pärjää millä tahansa kolmesta kielestä – arabiaksi, englanniksi tai ranskaksi – kun taas Tunisiassa pitäisi joko arabian tai ranskan olla vahva; hyvää englantia osaavia on harvassa ja he ovat pääasiallisesti turistialalla toimivia häsläreitä tai sitten teinejä, mikä kertoo siitä, että englannin asema on täälläkin nousussa koulujen ja internetin kautta.

Niin kauan kuin matkustin syyrialaisen kanssa, puhuttiin tietysti pääasiassa arabiaa, mutta nyt kun olen omillani, olen alkanut kompensoida heikon arabiani ja heikon ranskani yhdistämällä niistä kummallisen sekakielen, joka sujuu ajoittain varsin hyvin. Tunisiassa ja ehkä muissakin Maghrebin maissa sillä varmaankin pärjää varsin hyvin, ja ehkä myös joissain Pariisin ja Marseillen maahanmuuttajalähiöissä ja Itä-Beirutissa, mutta muualla maailmassa lauseeni olisivat käsittämättömiä. Hämmästyttävän hyvin tulen ymmärretyksi ja se, että ihmiset vastaavat täysin vakavalla naamalla, on selitettävissä ainoastaan sillä, että monet paikallisetkin puhuvat tämäntapaista sekakieltä.

Sunnuntaina tapasin sousselaisen kontaktini, joka osoittautui taloustieteiden opiskelijaksi ja oli sen näköinen kuin ei olisi nukkunut moneen päivään. Monen nettiaktivistin tavoin hän oli livenä ujo ja hermoileva, ikään kuin viihtyisi avattaressaan paremmin kuin oikeassa kehossaan. Pian tapaamisen jälkeen kaasutin taas jo pohjoista kohti. Tein kuitenkin sellaisen kiertolenkin, että ajoin käytännössä Cap Bonin ympäri ja pysähdyin matkalla moneen paikkaan Korban laguuneille, joissa olikin kosolti flamingoja, haikaroita, marmorisorsia, kaitanokkalokkeja, hietatiiroja, pitkäjalkoja, pääskykahlaajia ja muuta mukavaa. Illaksi ehdin takaisin

Tunisiin, josta olikin jo soiteltu perään, kun olin melkein kaksi päivää poissa boheemipiirien riennoista.

* * *

Maanantaiaamuni alkoi kyynelkaasulla ja pampuilla. Olin varautunut marttyyrien päivän mielenosoituksiin ja niistä leimahtaviin mellakoihin hyvin hankkimalla itselleni huoneen parvekkeella, joka toimi optimaalisena kuvauspaikkana suoraan Avenue Habib Bourguiban keskipaikkeille, jossa mielenosoittajat ottivat yhteen mellakkapoliisin kanssa. Useaan otteeseen jouduin suojautumaan sisätiloihin ja pesemään kyynelkaasua silmistäni, mutta tulipahan hyviä kuvia. Tunisialaisen ystävän ehdittyä paikalle lähdimme kiertämään autolla keskustaa ja jouduimme useaan otteeseen keskelle mellakkapoliiseja pakenevia mielenosoittajia tai kivien peitossa olevia katuja.

Lopulta tapasimme kahvilassa älykkö-toimittajattaren, jolta on juuri ilmestynyt useita islamismia käsitteleviä artikkeleja yhdessä Tunisian politiikkaa ja yhteiskuntaa käsittelevistä intellektuellilehdistä. Suomessa sellaisia ei taida olla kuin *Ny Tid* ja *Kanava*. Tapasimme myös nuoren valokuvaajattaren, joka hänkin on aktivisti.

En enää muista niin tarkkaan, mikä oli Tunisian huivitilanne matkustellessani maassa ensimmäisen kerran, mutta nyt huomiotani kiinnittää se, että kaikesta islamistivalituksesta huolimatta Tunisian nuorista naisista suurin osa kulkee hiukset paljaina ja länsimaisissa vaatteissa. Vanhemmista naisista enemmistöllä on sen sijaan erilaisia huiveja. Tilanne ei ole tämä pelkästään Tunisissa, vaan suunnilleen samat suhdeluvut näyttävät vallitsevan myös Soussessa, Hammametissa, Bizertessä ja provinssien pikkukaupungeissa – jopa islamilaisen konservatiivisuuden keskuksessa Kairouanissa.

Tätä taustaa vasten kävin maanantaina iltapäivällä jälleen yhden monista erittäin pessimistisistä keskusteluistani tunisialaisten kanssa, tällä kertaa al-Manarin alueen nuorison suosimassa *Brooklyn*-kahvilaravintolassa, seuranani kaksi mitä viehättävintä korkeasti koulutettua nuorta naista, joista toinen opettaa tilastollista analyysiä kahdessa eri yliopistossa ja toinen on yksityissektorin töissä. Heidän äärimmäistä pessimismiään ja islamistikammoaan kuunnellessa ei voinut välttää surullisia mielleyhtymiä Libanoniin.

Tuo keskustelu olisi hyvin voitu käydä falangistien kanssa habitukseltaan identtisessä kahvilassa Achrafiyéssä, ja tytötkin olisivat saattaneet näyttää tyylikästä pukeutumista ja aurinkolaseja myöten samoilta. Nyt vain kyseessä olivat muslimitytöt, joista toinen vieläpä muistutti siitä, että hän on oikeasti hyvin uskonnollinen, muttei voi sietää islamisteja, jotka yrittävät monopolisoida sen, mitä islam mukamas on, ja käyttää uskontoa hallitsemisen välineenä.

Ymmärrän heitä ja heidän pelkojaan islamisteja kohtaan. Samalla juuri tämä syvä pessimismi, maailmanlopun maalailu ja ääretön epäluottamus ovat niitä tekijöitä, jotka ovat repimässä yhteiskuntaa kahtia. Tunisiassa lähes kaikki nuoret, joiden kanssa puhun, toistavat identtisiä kauhutarinoita islamisteista. Voisi ihmetellä, mistä kaikki ne äänet Nahdalle sitten tulivat, ellei ottaisi huomioon sitä, että koulutettu kaupunkilaisnuoriso on kuitenkin aina vähemmistö väestöstä, kun taas pohjimmiltaan konservatiiviset epäpoliittiset ihmiset (ml. Nahdan äänestäjät) ovat enemmistö.

Lisäksi tunisialaista keskustelua vaivaa lähes patologinen usko salaliittoteorioihin. Se on tyypillistä kaikkialla arabimaailmassa, mutta Tunisian hyvin koulutetussa ja kulttuurisesti länsimaisessa keskusteluilmapiirissä se jotenkin absurdisoituu entisestään. Esimerkiksi nämä kaksi äärimmäisen länsimaista, korkeasti koulutettua ja hyvin toimeentulevaa tyttöä insistoivat salaliittoteoriaa, jonka mukaan koko arabimaailman islamisointi Saudi-Arabian malliin on itse asiassa Yhdysvaltain ja Euroopan hanke, jota hoitamaan on värvätty Qatar ja Turkki, ja jonka äänitorvena toimii "CIA:n ohjailema" *al-Jazeera*.

Motiivit kuulemma ovat, että islamistien hallinnassa saadaan vakautta ja öljyä, kuten Saudi-Arabiasta, johon kaikki länsimaat ovat tyttöjen mielestä täysin ihastuneet, ja jahka arabimaat ovat kaikki islamistien hallinnassa, länsimaat voivat karkottaa islamistit takaisin niihin. Lisäksi islamistien tukeminen on Israelin salajuoni, koska se haluaa polarisoida kaikki arabimaat ja ajaa ne Irakin kaltaiseen sisällissotaan. Yhdysvallat ajaa aina ja kaikkialla Israelin asiaa, vaikka esittäisi muuta.

Mielenkiintoisempaa on se, että neitosten mukaan – kuten monien aiemmin tapaamiemme intellektuellien ja teatterilaisten – salafilaiset ovat "Nahdan varjopoliiseja", jotka toimivat sisäministeriön siunauksella ja tarkoituksena rakentaa maahan uusi islamistinen pelon ilmapiiri Saudi-Arabian uskonnollisen moraalimiliisin tapaan. Olin aamulla nähnyt Bourguiban kadulla keppien kanssa huitovia siviilejä, mutta eivät he salafilaisia olleet, vaan ravintoloiden palkkaamia omaisuuden suojelijoita. Itse asiassa, en nähnyt aamun mielenosoituksissa yhtään islamisteja. Ei ihme, tytöt totesivat, koska islamistithan ovat nykyään hallitus.

Maanantai-illaksi ajoin pohjoiseen Bizerteen ja asetuin sinne taloksi. Tutustuin sekä iltaiseen että aamuiseen vanhaan satamaan ja medinaan. Tänään jatkoin sitten Ichkeuljärven kansallispuistoon. Valitettavasti kevät on vienyt vesilintumassat Eurooppaan ja jäljellä oli lähinnä loputtomasti nokikanoja, silkkiuikkuja ja muutamia haikaralajeja. Kaikenlaista pientä kivaa tuli kuitenkin nähtyä.

Ichkeuljärvi on kärsinyt pahasti siitä, että jokien patoamisen myötä suolatasapaino on muuttunut, mikä taas on johtanut siihen, että suolapitoisempaan veteen sopeutunut mutta linnuille ravinnoksi kelpaamaton kasvi on vallannut Ichkeuljärven ja tuhonnut sen alkuperäisen makeavetisen vesikasvin, jota linnut söivät, lähes sukupuuttoon. Sorsien, hanhien ja muun linnuston määrät ovat pudonneet murto-osaan menneistä ajoista.

* * *

Edellisessä kirjoituksessa kerroin Soussessa tapaamastani jalattomasta vanhuksesta. Nyt kerron nuoresta pojasta, joka liftasi autossani Béjan ulkopuolisesta liikenneympyrästä noin 27 kilometrin päähän Bou Salemin kaupunkiin.

Ajaessani ulos Béjasta ja tullessani liikenneympyrään jouduin hidastamaan lukeakseni oikein kyltit, koska olin matkalla El Kéfiin, ja tänne päästäkseni minun oli suunnattava Jendouban suuntaan. Kyltin alla poika viittilöi minulle, joten avasin oikean puolen ikkunan ja sanoin olevani menossa Jendoubaan ja sieltä El Kéfiin. Hän sanoi sen olevan täydellistä itselleen, koska oli menossa Bou Salemiin, joka oli matkan varrella. Päästin hänet sisään ja hän pyyteli anteeksi ikään kuin olisi kovastikin vaivannut minua.

Poika oli jotain välillä 18—21, tavallisen näköinen, päässä lippalakki, yllä huppari ja farkut. Hän näytti kuitenkin vakavalta ja ensin ajellessamme vihreän kukkulamaaston halki, jota siellä täällä täplittivät oliiviviljelmät tai mäntymetsiköt, hän oli täysin vaiti. Suomessa se olisi ollut normaalia, mutta tässä osassa maailmaa tuollainen hiljaisuus on aivan tavatonta. Auton levysoittimesta tuli Amr Diabia ja poika nyökytti päätään sen tahdissa, katse tiiviisti eteen tielle suunnattuna.

Yhtäkkiä hiljaisuus katkesi hänen kysyessään puhunko englantia. Sanoin osaavani englantia, mutta arvelin tähänastisen kokemukseni perusteella, että hänelle on parempi puhua edellä kuvaamaani arabian ja ranskan seosta. Hän kuitenkin yllätti minut puhumalla erinomaista englantia, parempaa kuin kukaan tähän asti tapaamani tunisialainen. Hän ei missään vaiheessa kysynyt nimeäni eikä mistä maasta olen kotoisin, mikä sekin on täysin tavatonta täälläpäin maailmaa, vaan sen sijaan piti minulle pitkän luennon Tunisian politiikasta, kulttuurista ja "vallankumouksen hengestä", sekä siitä kuinka tuo henki on menetetty, ja tulevaisuus sen mukana.

Tämä luento ei ollut monologi, vaan pikemminkin yksipuolisesti etenevä dialogi. Se alkoi muutamalla kysymyksellä, jotka hän esitti minulle, ja kun vastasin melko kliseisesti pitäväni Tunisiasta, pitäväni vallankumouksesta ja sen jälkeisestä ilmapiiristä ja tietysti tunisialaisista ihmisinä, hän nyökytteli hieman ylimielisen tietäväisesti, ja tuntui äänettömästi sanovan: "Niin, niin, taas yksi ulkomaalainen." Hän oli päättänyt valistaa minua, joten alkukysymystensä jälkeen osakseni tuli lähinnä noteerata se, mitä hän sanoi. Ja hän oli erinomainen puhuja, monien arabien tavoin erittäin lahjakas ja suorastaan runollinen retoriikassaan.

Käytännössä hän kertoi olevansa pettynyt aivan kaikkeen ja kaikkiin. Bourguiba oli ollut varas, Ben Ali oli ollut varas ja roisto, ja vallankumouksen jälkeen kaikki puolueet ovat osoittautuneet samanlaisiksi. He repivät kansansa kappaleiksi, luovat toisistaan viholliskuvia. Islamistit yhtäällä, vasemmisto toisaalla ja niin edelleen. Nuorukainen ei tietenkään tiennyt, että olin runsaan viikon kuluessa kuullut tämän pessimistisen näkemyksen ja yleisen pettymyksen kymmeniltä erilaisilta tunisialaisilta.

Kun poika puhui vallankumouksesta, hän puhui "meistä". Nuo "me", jotka olivat tehneet vallankumouksen, käsittivät hänen mielestään lähinnä kolme ryhmää: "ultrat", jotka olivat jalkapallofaneja; opiskelijat ja nuoriso; sekä työttömät, jotka vaativat töitä ja leipää. Nämä kolme ryhmää tekivät vallankumouksen, koska heidän intressinsä olivat hetkellisesti yheneviä, mutta aivan muut tahot – ulkomailta tulleet ja rahoitetut poliitikot – varastivat sen jälkeen vallan. Poliisit ovat varkaita. Poliiseja ohittaessamme poika kiroili ja esitti halveksuntansa. Armeijakaan ei kuulemma tee mitään.

Tapa, jolla poika puhui minulle, oli kohteliaan alun jälkeen merkillisen autoritatiivinen ja luennoiva. Vaikka hän näytti enemmän teiniltä tai jalkapallon katselijalta ja puhui kadun metaforilla – käyttäen erittäin rankkaa kieltä maansa johtajista sekä ennen että jälkeen vallankumouksen, samoin kuin viranomaisista ja muista auktoriteeteista – hänen puheissaan oli koulutetun tuntuinen ja analyyttinen rakenne. Hän myös käytti sofistikoituneesti käsitteitä ja vertauskuvia selittäessään yhteiskuntaa ja politiikkaa. Keskimääräinen samanikäinen suomalainen ei puhuisi tuolla tavalla.

Keskustelun alussa, kun hän kysyi minulta mitä mieltä olin tunisialaisista, ja annoin kohteliaan kehuvan vastauksen, hän julisti, että oikeasti tunisialaiset ovat ymmärtämätöntä roskajoukkoa, joka ei ansaitse mitään muuta kuin diktatuurin, ja päästyään yhdestä, sen he tulevat myös saamaan uudelleen, mutta sitä ennen nähdään Irakin kaltainen valtataistelu. Reagoidessani tähän, että hänen näkemyksensä oli kovin synkkä, hän vastasi: "Minä olen arabi ja jos minä joudun sanomaan näin omasta kansastani, sinun on parasta vain uskoa."

Oletan ymmärtäväni miksi joku niin nuori puhuu tuntemattomalle ulkomaalaiselle tuohon sävyyn. Hän on poika, joka on niin lyhyessä ajassa nähnyt, kokenut ja tehnyt niin paljon ja niin suuria asioita, että hänestä on tullut liian nopeasti aikamies. Sen näkee katseesta ja kuulee äänestä.

Hän ei ollut kyynikko. Kyynikot eivät pety, koska he eivät alun perinkään uskoneet mihinkään. Sen sijaan tämä poika oli idealisti, joka on pettynyt ja disillusoitunut. Idealisti ottaa sellaisen paljon raskaammin kuin kyynikko. Siinäkin suhteessa hän inkarnoi varsin hyvin vallankumouksen henkeä.

Eräässä kohdassa hän huokasi: "Et tiedä yhtään, mitä tässä maassa tapahtuu", ja pehmensi sitten sanomaansa toteamalla puhuvansa sinä-passiivissa, ja ettei hänkään tiedä, mitä tässä maassa tapahtuu. Poliisit käyttävät kyynelkaasua ja pamppuja aseettomiin mielenosoittajiin. Kaikki on takaisin lähtöruudussa, Ben Alin ajat ovat jo palanneet. Tähän totesin olleeni maanantaina paikalla Tunisissa ja kuvanneeni mitä siellä tapahtui. "Ihanko totta?" hän sanoi, ja se tuntui muuttavan hänen käsitystään turistista, jolle oli pitänyt pitkää luentoa.

Runsaat parikymmentä kilometriä kukkulaista ja mutkaista tietä kuluivat joka tapauksessa kuin siivillä ja yhtäkkiä olimme Bou Salemin laidalla. Hän pysäytti minut, kiitti hyvin kohteliaasti hymyillen ja kätellen, ja sanoi ulos autosta noustessaan: "Muista kertoa ihmisille Euroopassa, mitä sanoin, ja varmista, että ihmiset näkevät ne kuvat, joita otit mellakoista. Älä unohda tätä vallankumousta."

Olin pari sekuntia liian häkeltynyt, koska kun mieleeni tuli kysyä, mikä hänen nimensä oli, häntä ei näkynyt enää missään. Hän oli kadonnut yhtä äkkiä kuin oli ilmaantunut auton ikkunaani Béjassa. Oli kuin häntä ei olisi ollutkaan. Minusta tuntui pian tuon jälkeen kuin olisin tosiasiassa puhunut džinnille, jonkinlaiselle vallankumouksen hengelle, joka typifioi yhden kokonaisen sukupolven kokemusta, hetkellistä historiallista suuruutta ja sen jälkeistä disilluusiota.

On ehkä tarkoitettu, että joidenkin ihmisten tiet risteävät tällä tavoin, ja samalla kuitenkin tarkoitettu, etteivät edes heidän nimensä tule toisilleen tunnetuiksi. Ehkä osanani on aina oleva tavata mielenkiintoisia ihmisiä, tai sitten tavalliset ihmiset ovat mielenkiintoisia, kunhan heitä vain kuuntelee.

Saapuessani El Kéfiin joku oli kirjoittanut spraymaalilla rotkoa reunustavaan muuriin: "Älä unohda tätä vallankumousta!"

# El Kéf

*16. huhtikuuta 2012*

**E**l Kéf on Länsi-Tunisian kukkulaisessa maisemassa vuorella sijaitseva kaupunki, jossa on näyttävä medina ja joka siirtomaa-aikana toimi ranskalaisten kukkula-asemana. Korkeamman ilmanalan viileys miellytti koloniaaleja erityisesti kesäkuumuuden aikaan, ja sen huomasi iltaisin auringon laskiessa, sillä terasseilla tuli kylmä ja piti vetää liiviä ja takkia päälle.

Tunisilaiset kontaktimme ylistivät meille El Kéfiä ja luonnehtivat sen asukkaita mitä ystävällisimmiksi ja taiteellisimmiksi. Ilmeisesti tällainen maine kéfiläisillä Tunisiassa on, sillä se oli kirjattu opaskirjaanikin. Ensimmäisenä iltanani sain kuitenkin huonon ensivaikutelman eräältä kolmikymppisten miesten seurueelta, joka esitteli minulle henkitoreissaan verisenä kuolevaa siiliä. Kun ihmettelin, oliko se jäänyt auton alle vai mitä oli tapahtunut, ilmeisen humalainen tai ehkä hampputuotteita poltellut piknikporukka julisti löytäneensä siilin ja viiltäneensä siltä kurkun auki, koska halusivat grillata sen, sehän oli ilmeinen porsas, ja he olivat muslimeja, jotka syövät sianlihaa. Ilmaisin heille, että minusta touhu oli julmaa eläinrääkkäystä eikä uskonnon rienauskaan ollenkaan hauskaa.

Jos tämä välikohtaus jätetään laskuista, sain kéfiläisistä myönteisen vaikutelman. En tiedä olivatko he keskimäärin ystävällisempiä tai taiteellisempia kuin muut tunisialaiset – jotka kaikki ovat minusta olleet ystävällisiä ja taiteellisia – mutta ainakin he ovat ylpeää ja omanarvontuntoista porukkaa. El Kéf on ollut monta kertaa vastarinnan keskus, myös itsenäisyysliikkeessä Ranskan siirtomaavaltaa vastaan ja viime vuonna kansannousussa Ben Alin hallintoa vastaan. Lukemattomat graffitit muistuttivatkin Kéfissä vallankumouksesta kolmella kielellä.

Kuten Soussessa ja Bizertessä, maksoin myös Kéfissä naurettavan edullisia hintoja kaikesta, niin hotelleista kuin aterioistakin. Olin ainakin neljä tähteä ansaitsevassa alppihotellissa ja maksoin siitä 40 dinaaria

(20 euroa) yöltä. Bizertessä olin 20 dinaarin hotellissa ja Soussessa maksoin 30 dinaaria Cornichella olleesta rantahotellista. Joten juuri nyt on mitä erinomaisin aika matkustaa Tunisiaan ja varsinkin matkustella siellä pääkaupungin ulkopuolella; maahan on erittäin turvallinen ja siellä on lähes koko maan kattava länsimainen infrastruktuuri hyvine teineen, huoltoasemineen, kauppoineen ja palveluineen.

En ehtinyt olla El Kéfissä paria tuntia pidempään kun minulla jo oli paikallisia ystäviä, jotka olivat paljon mukavampaa väkeä kuin siilintappajajoukkio. Tutustuin pariin paikalliseen opiskelijaan, joista yksi oli ollut maanantain mielenosoituksissa Tunisissa ja osoitti minulle valokuvistani tuttujaan, mm. kéfiläisen mielenosoittajaporukan organisoineen opettajansa. Opiskelija itse oli joutunut poliisin pieksemäksi ja tilapäisesti pidättämäksi ilman syytä, mutta vapautettu pian, ja opettaja oli kotona Kéfissä tehnyt asiasta suuren numeron – opiskelijansa kunniaksi tietysti.

Uusien tuttavieni toimesta kehkeytyi varsin kaoottinen viimeinen matkapäivä Kéfissä. Poukkoilimme kahvilasta ja baarista toiseen. Illalla kaksi tunisialaista jalkapalloklubia otti yhteen ja nuoriso oli villinä siitä ilosta, raahaten esiin koko repertuaarin hoilotuksineen, lippuineen, heimotunnuksineen ja autontorvensoittoineen, eräänlaista sijaistoimintaa vallankumouksen tekemiseen. Ottelua seurattiin kahvilaterassin televisioista ja poltettiin vesipiippua. Täyspäiväisen päämäärättömän lonnimisen vuoksi peruuntui suunnitelmani käydä viimeisenä päivänä sotahistoriasta tunnetussa Kasserinen solassa. Vallankumouksen hengestä oppimisen kannalta päivä varmaan kuitenkin tuli käytetyksi paremmin. Illalla ajoin Kéfistä Tunisiin ja seuraavana päivänä palautin vuokra-autoni ja lensin Istanbuliin.

Istanbulissa kevät oli edennyt jo siihen pisteeseen, että ihmiset kulkivat Sultanahmetin ja Sirkecin terasseilla teepaidoissa, vaikka illalla tuli viileämpää. Söin köfteä, join Efesiä ja kokosin kasaan Tunisian aineistoja. Käyn Istanbulissa varsin usein, yleensä läpikulkumatkoilla, mutta siellä voisi useamminkin viettää vaikka viikonloppuja, etenkin kun Suomesta on päivittäiset suorat lennot tähän Euroopan toiseksi tai kolmanneksi suurimpaan kaupunkiin, jolla on uskomattoman värikäs useamman tuhannen vuoden kulttuurihistoria. Suurista turistimääristä huolimatta Istanbul ei ole ylihinnoiteltu ja kaupungin valtava koko ja monimuotoisuus takaavat uutta löydettävää vaikka kuinka monelle matkalle.

Suomeen saapuessani vastassa oli tihkusadetta ja kylmää viimaa, mutta näin silti jo matkalla lentokentältä kaupunkiin neljä töyhtöhyyppää. Ehkäpä se kevät vähitellen tännekin.

# Papukaijoja ja jalkapalloa

*15. toukokuuta 2012*

Palattuani kuukausi sitten Tunisiasta olen viettänyt aikaani tiiviisti Suomen etelärannikolla, kunnes viime perjantaina lennähdin viikonlopunviettoon Istanbuliin. Siellä olikin jo täyskesä. Lokit parveilivat kalastusalusten vanavedessä Bosporin välkehtivillä aalloilla ja alppikiitäjät kirkuivat Sultanahmetin ja Aksarayn taivaalla sekä hyörivät yhdessä vaatimattomampien pikkuserkkujensa tervapääskyjen kanssa Galatan tornin ympäri. Eksoottisempaa kaupunkilinnustoa edustivat Gülhanen puiston isokauluskaijat, jotka ovat kotiutuneet Istanbuliin pienempien kauluskaijojen ja Euroopan portille saakka ehtineiden pihamainojen seuraksi.

Söimme ja joimme kylliksemme. Kebabia *Hamdissa* ja tuoretta doradoa Kultaisen sarven rannalla, meribassia ja punamulloja Nevizadella ja pitkien Istiklalin sivukaduilla vietettyjen öiden jälkeen aamiaiseksi perinteistä linssikeittoa.

Galatan tornilla taivaalta iskeytyi äkkiä Nokian kännykkä katukiveykseen vain muutaman sekunnin päähän minusta ja ystävästäni ja pirstoutui kadulle. Jos se tuolta korkeudelta olisi pudonnut jommankumman päähän, siinä olisi voinut tulla kuhmua pahempaa jälkeä. Hasardit eivät jääneet taivaalta putoileviin kännyköihin vaan niitä aiheuttivat myös jalkapallofanien polttamat valosoihdut, joiden savu täytti Nevizaden ja Kalabasaarin baari- ja ravintolakadut ajoittain niin sakeana, että ravintoloitsijat joutuivat evakuoimaan väen terasseilta yläkertoihin.

On syytä valistaa tässä yhteydessä lukijaa siitä seikasta, että turkkilaiset ovat jalkapallohulluja. Tuona lauantaina sattui istanbulilainen *Galatasaray* voittamaan jonkin tärkeän matsin niin ikään istanbulilaista *Fenerbahçea* vastaan. Niinpä ollessamme kahvilla Taksimin laidalla havaitsimme äkkiä aukion ja koko Istiklalin muuttuvan jonkinlaisiksi sotatantereiksi, kunnes liput ja joukkueiden tunnukset paljastivat kyseen olevan tietysti jalkapallosta. Ei mikään politiikkaan tai uskontoon liittyvä olisikaan saanut Istanbulin katuja yhtä sekaisin. Poliisi joutui varmistamaan, että joukkueiden kannattajat pysyvät erossa toisistaan ja niinpä Istiklalin alue jätettiin *Galatasarayn* yksinoikeudeksi. Juhlinta jatkui aamuyöhön. Sunnuntaiaamuna olikin kaupungissa kovin vaisua.

# Maailma kylässä ja muuta

*28. toukokuuta 2012*

Viikonloppuna oli taas maailma kylässä Kaisaniemen puistossa ja Rautatientorilla. Ohjelmassa oli tällä kertaa paljon mielenkiintoista mm. arabikeväästä ja Afganistanista. Lisäksi oli tietysti teltoittain ja kojuittain erilaisia kansalaisjärjestöjä, etnisiä ruokakioskeja, punaisen ja vihreän eri sävyjä edustavia poliittisia järjestöjä, kristillisyyttä eri paketeissa sekä muitakin uskontoja krishnalaisista erisukuisiin joogalentäjiin.

Bongasin myös Vapaan Syyrian lipuilla ja pinsseillä liputtaneen kioskin, jossa syyrialaissyntyinen perhe myi kahvia ja suklaakakkuja eikä kovin paljon puhunut politiikkaa, mutta kojun ulkopuolella syyrialainen nuorimies sitten hehkutti heidän puolestaan. Ja myös Ogadenin kansallinen vapautusrintama näytti olevan edustettuna, samoin kuin joku Sierra Leonen alue tai puolue, jolla on identtinen lippu Liivinmaan kanssa.

Edellisessä kirjoituksessani kerroin Istanbulin jalkapallohuumasta ja suunnitelmastani aloittaa helatorstaiaamu lintutornista. Tuona aamuna kuitenkin satoi kaatamalla, joten käänsin kylkeä ja vääntäydyin sitten päivällä laiskoteltuani iltapäiväksi *Zinnkelleriin. Bruuverissa* pääsin todistamaan suomalaista jääkiekkohulluutta. Valitettavasti suomalaisuho vähän myöhemmin luhistui noloon nelossijaan ja slaavit veivät kolmoisvoiton.

Asioita, joita olen saanut aikaan: Olen juonut kahvia ja syönyt taateleita. Olen kuunnellut Meiko Kajin lauluja. Olen arvostellut liian kauan mukanani raahaamani tutkielman, jotta en olisi vastuussa siitä, että kyseinen opiskelija ei saakaan tarvitsemiaan papereita ajallaan. Käteeni juuttui myös eurolla Henri Lhoten kirja Saharan kalliopiirroksista sekä Boris Akuninin toisen maailmansodan aikaan sijoittuva vakoiluseikkailu *Spiooniromaan.* Akuninin tuotannon virontaminen on jatkunut ilmeisesti yhtä kiihkeällä tahdilla kuin mies ehtii kirjoittaa lisää – Venäjän opposition ideoinnin lomassa. Hänen tuotteliaisuutensa on ihailtavaa, tai sitten huhut siitä, että hänellä olisi jo oppipoika työnsä jatkajaksi, pitävät paikkansa. Suomeksi Akuninia ei edelleenkään ole käännetty enää *Patasotilaan* jälkeen, mikä on sääli.

Olen lukenut nimimerkki Peter Wingen tuotantoa, joka ei ole mitään maailmankirjallisuuden helmiluokkaa, mutta josta kiinnostuin huomatessani, että Winge oli todellisuudessa senaattorin poika Åke Frey, diplomaatti, joka toimi muun muassa Suomen suurlähettiläänä Ankarassa. Muistin silloin, että kirjastoni jäämistöperukoilla oli Wingen tuotantoa ja niin totisesti olikin. Winge – samaan tapaan kuin toinen useimmilta unohtunut suomalainen vaikuttaja, joka kirjoitti 50-luvulle sijoittuvia dekkareita, nimittäin Vilho Helanen – on kirjoissaan moralistisen oikeamielinen ja Suomi näyttäytyy muutenkin hieman lapsekkaana mutta kirkasotsaisena nuorukaisena (tai neitona) suuren maailman konspiraatioiden keskellä.

Jatkoksi saatoinkin sitten siirtyä 2000-luvulle ja lukea Andres Herkelin muistelmia Azerbaidžanista ja Marko Mihkelsonin analyysiä Venäjästä valkeudessa ja varjossa. Suomalaisista idän ymmärtäjistä paras hiljattain lukemani oli Anna-Lena Laurénin *Vuorilla ei ole herroja*, alun perin ruotsiksi ilmestynyt Kaukasian kansoja käsittelevä matkakuvaus, joka on suomalaisen kirjoittamaksi harvinaisen hyvin perillä alueesta. Tuo onkin ainoa aluetta kohtuullisesti ymmärtävä 2000-luvun suomalaisteos, sillä edes Venäjä-tutkija Arto Luukkanen ei ole kirjassaan *Georgian sota* onnistunut juurikaan ymmärtämään Georgiaa, vaan käsittelee aluetta venäläisittäin ehdollistuneesti, ottaen kontrastiksi vain amerikkalaistyyppistä "läntistä" näkökulmaa.

# Kissojen virne

*3. kesäkuuta 2012*

S yyriassa Venäjän ja Iranin tukema raakalaishallinto jatkaa ihmisten julmaa tappamista maailman katsellessa vierestä, väännellessä käsiään kiusaantuneena ja löpistessä talouden trendeistä Bilderberg-kokouksessa, johon Suomesta on kutsuttu kolme Jorma Ollilan kaveria ja Ollila itse. Hyvinkäällä jälleen yksi seonnut nuorukainen päästeli höyryjä ammuskelemalla katolta, eikä takuulla jää viimeiseksi, ainakaan päätellen siitä, mitä fasistisilla foorumeilla päivittäin kirjoitellaan. Euroopan kuume on yhä vain nousussa.

Sillä välin vietin viikon Shropshiren kreivikunnan idyllisellä maaseudulla Englannin ja Walesin rajaseudulla. Matkalla oli tietysti vakava opiskelutarkoitus, mutta opetusjaksojen ulkopuolella ehdin myös tutustua useisiin viehättäviin maalaispubeihin sekä nähdä uusina Iso-Britannian maapinnoina puukiipijän ja kirjosiepon. Yhtä sateista päivää lukuun ottamatta ilmoja piteli varsin miellyttävästi. Aurinko paistoi, Cheshiren kissat virnuilivat, tammet viheriöivät ja lukemattomien mustarastaiden, punarintojen ja peukaloisten riemukas laulu sekä sepelkyyhkyjen huhuilu sekoittuivat pyssyjen ja kaasukranaattien paukkeeseen.

Kuningatar Elisabethin 60-vuotisen hallintokauden juhlallisuudet ovat tuoneet katujuhlia pienimpiinkin brittikyliin ja isänmaalliset alamaiset ovat koristelleet talojaan ja puutarhojaan miljoonin pienin unionijaskoin. Muistelin nostalgisesti teinivuosiani, jolloin olin suuri anglofiili ja brittiläisen imperialismin ihailija. Kuvittelin silloin, että Englanti olisi ollut jotenkin oleellisesti parempi siirtomaavalta kuin kilpailijansa. Silloin en ollut vielä lukenut kunnolla sepoy-kapinasta enkä lukemattomista muista brittien sikailuista maailmalla. Ei se toki heistä tee keskimäärin suurvaltakilpailijoitaan pahempia, muttei kyllä erityisemmin parempiakaan.

Minun pitäisi olla yhtä aikaa seminaarissa Romaniassa ja vuosittaisella kesäretkellä Libanonissa. Molemmista kysellään perään, mutta minä istunkin sateisessa Helsingissä, keräilen kokoon pikkutietoja minua vastaan tehdyistä tietomurtohyökkäyksistä ja uppoudun välillä Akuninin vuoteen 1941 sijoittuvan vakoiluromaanin vironnokseen. Koko ajan ei voi matkustaa. Mutta pian taas.

# Keidas nimeltä Sininen

*21. kesäkuuta 2012*

Jordaniassa on ainakin kaksi paikkaa, joiden nimet merkitsevät sinistä. Ensinnäkin Ammanin koillispuolella sijaitseva kaupunki Zarqa, jonka nimi merkitsee sinistä feminiinissä. Toiseksi kaukana itäisessä autiomaassa sijaitseva Azraqin keidas, jonka nimi merkitsee sinistä maskuliinissa. Samalla lailla *Hamra* ja *Ahmar* merkitsisivät punaista, *Sawda* ja *Aswad* mustaa ja *Bayda* ja *Abyad* valkeaa.

Azraq ei välttämättä paista useimmille paikkana, joka olisi jotenkin merkityksellinen matkailukohde, ainakaan sellainen, johon varta vasten lähdettäisiin. Azraqin keidas sijaitsee keskellä Jordanian itäistä autiomaata paikassa, jossa tie Jordaniasta haarautuu kahtia Irakiin ja Saudi-Arabiaan. Monille kauppiaille, rekkakuskeille ja pyhiinvaeltajille, jotka ovat matkustamassa itään kohti Irakia ja Saudi-Arabiaa tai sieltä takaisin länteen, Azraqin keidas tarjoaa levähdys-, ruokailu- ja tankkauspaikan. Joka suuntaan sieltä on satoja kilometrejä rutikuivaa aavikkoa, jota vain piikkipensaat paikoin täplittävät, autiomaan kiurut, liskot ja džinnit kansoittavat.

On kuitenkin useita muitakin syitä, joiden vuoksi Azraq on ilmiasuaan mielenkiintoisempi paikka. Ensinnäkin luonto: keitaassa sijaitsi aikoinaan yksi aavikkoalueen tärkeimmistä kosteikoista. Ikävä kyllä veden liikakäyttö keidasalueen paisuneeseen maatalouteen on johtanut kosteikon pienenemiseen vuosi vuodelta, kunnes nykyisin jäljellä on enää muutama keskuslampi ja niiden ympärillä sijaitsevat viimeiset ruovikot. Moni kerttuslaji on jo alueelta kadonnut kuivumisen myötä, mutta ruttikerttusia ja silkkikerttusia on vielä joukoittain. Samoin keitaalle on levinnyt uudislajeja: valkoposkibulbuleita Irakista ja naamiokyyhkyjä Afrikan hautavajoamalaaksosta. Kumpikin tuntuu nykyisin olevan Azraqissa yleinen. Monille haikaroille ja kahlaajille Azraq tarjoaa yhä ainoan suojapaikan satojen kilometrien säteellä, ja elääpä keitaassa myös useita endeemisiä kalalajeja.

Jordanian länsiosissa yleisen arabianbulbulin valkoposkinen sukulainen, valkoposkibulbuli, elää normaalisti Irakista Intiaan ulottuvalla alueella. Muuan jordanialainen ystäväni on kertonut minulle, että Azraqin valkoposkibulbulit saivat alkunsa siitä, kun viranomaiset takavarikoivat lintujen salakuljettajien kuorman, johon kuului häkkikaupalla bulbuleita ja hietakanoja, ja kun eivät paikallispoliisit parempaakaan keksineet, vapauttivat kaikki linnut keitaalle. Siitä asti Azraqiin on kehkeytynyt vahva valkoposkibulbulikanta – alkuperäistä bulbulilajia ei keitaalla nimittäin ollut, sillä autiomaa eristää keidasta arabianbulbulin levinneisyysalueesta. Naamiokyyhkyt ovat sen sijaan lentäneet keitaalle ihan itse. Nykyisin niitä tavataan jo Palmyrassa ja Keski-Irakissa asti joka vuosi.

Azraqin kosteikon suojelualueen lisäksi keitaan laitamilla on myös Shaumarin luonnonsuojelualue, jossa voi havainnoida alueen alkuperäistä aroa, *badiaa*, siinä muodossa kuin se oli ennen kuin liialliset määrät vuohia ja lampaita jyystivät sen kaikkialta muualta aavikoksi. Shaumarissa laiduntavat keihäsantiloopit ja muut uudelleenistutetut alkuperäiseläimet. Suojelualueen aidalla huomaa kouriintuntuvasti, mikä vaikutus vuosikymmenten ylilaidunnuksella on badialle ollut. Shaumarin puolella aitaa viheriöivät mitä moninaisimmat arokasvit, ruohokasvit ja pensaat, kun taas sen ulkopuolella tulevat toimeen vain myrkyllisimmät ja vuohille kelpaamattomimmat kasvit. Shaumarissa näin myös jyrsijöiden koloissa pesiviä laulutaskuja, elegantteja kirjosiipikiuruja ja sarvikiuruja sekä aamuvarhain piilopaikastaan pakenevan hietaketun.

Azraq ei ole mielenkiintoinen paikka vain luontonsa puolesta, vaan myös kulttuurihistoriallisesti. Ensinnäkin Azraqissa ja sen ympärillä autiomaassa kohoaa viisi keskiaikaista kivilinnaa, jotka luovat maisemalle oman taianomaisen leimansa. Toiseksi, Azraqin väestöllä on varsin poikkeavia ja mielenkiintoisia alkuperiä.

Azraqin keidas jakautuu kahteen pikkukaupunkiin tai kylään. Pohjois-Azraq (Azraq ash-Shamali) tunnetaan nimellä Azraq ad-Druz, druusien Azraq. Etelä-Azraq (Azraq al-Janubi) taas tunnetaan nimellä Azraq ash-

Shishan eli tšetšeenien Azraq. Nämä nimet kertovat keitaan väestön erikoisista taustoista. Pohjois-Azraqin druusiväestö tuli aikoinaan Syyriasta, jonka druusialue, Jabal ad-Druz, ei ole kovinkaan kaukana Jordanian rajasta ja sijaitsee Azraqista jotakuinkin suoraan pohjoista kohti lohduttoman mustan laava-autiomaan halki. Pohjois-Azraq on nykyisin Azraqin suurempi osa; siellä sijaitsevat myös Azraqin linna, pankki, valtion majatalo ja muita fasiliteetteja.

Etelä-Azraqin väestöstä suuri osa on tšetšeenejä, jotka pakenivat Venäjän imperiumin toimeenpanemista kaukasialaisten kansanmurhista 1800-luvun loppupuoliskolla, päätyen turvaan silloisen Osmanivaltakunnan alueille, joihin nykyinen Jordaniakin kuului. Jordanian tšetšeenit, samoin kuin vielä suurempi kaukasialaisdiaspora, tšerkessit, ovat säilyttäneet hyvin kaukasialaiset perinteensä ja ylläpitävät niitä aktiivisesti, tuntien kunniaa alkuperästään. Monet ovat myös ulkonäöltään selvästi keskivertoarabeja vaaleampia, ja heillä on usein siniset tai vihreät silmät. Etelä-Azraqissa paikalliset pojat ovat maalanneet Tšetšeniaa ja sen kansallista vapaustaistelua muistavia graffiteja kylän keskusaukiota ympäröiviin muureihin. Niissä lukee nyt *Noxchi* (Nooan kansa) ja *Marsho* (vapaus), jotka ovat keskeisiä tšetšenialaisen kansallisliikkeen käsitteitä.

Maailma on totisesti myös pieni, koska yksi tšetšeeneistä, joka työskentelee biologisena tutkijana suojelualueilla, Jordanian kuninkaallisen luonnonsuojeluyhdistyksen palveluksessa, osoittautui jo entuudestaan tuntemani jordaniantšetšenialaisen toimittajan ja tutkijan nuoremmaksi serkuksi. Päädyinkin sitten lounastamaan koko kuninkaallisen luontoyhdistyksen väen kanssa vesimeloneja, naania ja kahvia, ja keskustelemaan sekä kansojen vaiheista että Jordanian ympäristönsuojelun ja ekoturismin tulevaisuudesta.

Hoidettuani asioitani Azraqin keitaalla siirryin toisenlaisten työasioiden pariin Kuolleellemerelle. Siellä oli yli 50 astetta lämmintä varjossakin, mutta siitä huolimatta arabianbulbulit, isopurppuramedestäjät ja palmukyyhkyt riehuivat iloisina palmulehdoissa ja akaasiapensaissa. Kuolleenmeren maisemat ovat perin afrikkalaisia, erilaisia kuin ylängöllä, jossa Amman sijaitsee. Ei ihmekään, koska ovathan Jordanin laakso ja Kuollutmeri jatketta Afrikan suurelle Hautavajoamalaaksolle, jonka osa myös Arabiaa ja Afrikkaa erottava Punainenmeri on. Oli siellä myös vatsatanssia ja vesipiippua tarjolla.

# Geishan hymy

*4. heinäkuuta 2012*

Yli neljä vuotta olen tässä blogistanin varjoisessa poukamassa elähdyttänyt pientä mutta uskollista lukijakuntaani kirjallisilla lahjoillani. Avasin koko blogin aikanaan lähinnä siksi, että Suomessa olevat ystävät ja sukulaiset voisivat seurata niitä maailmoja ja paikkoja, joiden kautta elämäni polveilee kuin henkeäsalpaava vuoristotie, serpentiinisine mutkineen, vaihtuvine näkymineen, vauhdikkaine rinteineen ja ajoittain jyrkkine nousuineen. Minut tuntevat tietävät, kuinka mielelläni ajelen juuri sellaisia vuoritaipaleita.

Jätin blogin pois hakusysteemeistä enkä käytä tägejä, koska en koskaan tähdännyt suureen yleisöön. Laatu korvaa määrän. Useimmat lukijoistani joko tuntevat minut livenä tai ovat löytäneet blogin sattumalta ja sitten jääneet. Aika harva vaivautuu lähettämään juttuihini kommentteja, useammatkin olisivat tervetulleita, niin tietäisin paremmin, mistä ihmiset haluaisivat lukea.

Aloittaessani kotikaupunkini oli Beirut, jota edelsi useita orientaalisia ja vielä useampia länsimaisia kotikaupunkeja, ja jota ovat sitten seuranneet lyhyempi- ja pidempiaikaiset tukikohdat ja turvatalot useammalla eri mantereella. Nomadinen elämä antaa paljon perspektiiviä, mutta vaatii myös veronsa. Mietin joskus, millaista olisi elää sellaisena ihmisenä, jolle on jotenkin itsestään selvää, mistä hän tulee, kuka hän on, ja mihin on menossa. Minulla ei ole yksiselitteisiä vastauksia mihinkään noista kysymyksistä. Moniselitteisiä kyllä.

Tänä aamuna heräsin taas havaintoon, että elämäni on sitä, mitä geelipurkkini lupaa: *"cool mess"*. Ovikello pirisi, mikä oli niin varhain aamulla tavatonta, sillä se edelsi herätyskelloani useammalla minuutilla. Olin juuri uneksinut sankarillisesta puolustustaistelusta hyökkääviä leijonia ja tiikereitä vastaan ja sekavassa mielentilassa kapusin alas portaita, rämmin halki kirjapinojen ja saavuin ovea avaamaan hädin tuskin säädyllisesti verkkareissa ja tukka pystyssä sekaisin. Ovella seisoi viehko tyttö, joka ojensi minulle henkilökohtaista allekirjoitusta vastaan toimitettavan paketin Japanista.

Allekirjoitin ja kiitin, mutta epäluuloinen mieleni kamppaili jo sariinilahkojen parissa, koska en tiennyt odottavani mitään pakettia Japanista. Paketin päällä ei ollut postin lisäämää osoitelappua lukuun ottamatta mitään tekstiä niillä kuudella aakkosjärjestelmällä, joita osaan jotenkuten sujuvasti lukea. Häpeäkseni tunnustan, että ne harvat käsitteet ja lauseet, joita olen japaniksi opiskellut, olen opiskellut translitteroituina latinalaisille aakkosille. Japanilaiset, edes tuntemani japanilaiset, eivät tee yllätyksellisiä asioita, maailman parhaiten ennakoitava ja johdonmukaisin kansakunta kun ovat. Mistä siis oli kyse?

Vasta laatikkoa avatessani asia alkoi valjeta ja huulilleni levisi suopea hymy, sillä kääreiden alta minulle hymyilivät hurmaavan laulajattaren Meiko Kajin viehkeät kasvot. Kuinka olin saattanutkaan unohtaa? "Jätin sinulle jäähyväiset kauan sitten" ja niin edelleen. Odottakaapas kun ilta saa ja Meiko Kajin tuotanto alkaa soida taustallani, niin ehkä kirjoittaminenkin lähtee taas aivan uuteen vauhtiin! Siihen on minua jo muutama ystävällisimmistä ystävistäni ystävällisesti painostanut.

Yksi niistä ystävistäni, jotka nykyisin asuvat Istanbulissa (heitä on siellä jo useita), on kokoamassa sivustoa neuvomaan kidutusta ja itselle tai läheisille tapahtuneita kauheuksia kokeneita tunnistamaan ja hyväksymään itsessään ilmeneviä posttraumaattisten stressireaktioiden oireita. Hän on huomannut, kuinka suurin osa tuntemistamme syyrialaisista oireilee näillä tavoilla. Se on tietysti enemmän kuin ymmärrettävää. Yksi oireista on unohtelu. Elämä alkaa muodostua katkeilevista elokuvanpätkistä, oma persoona vieraantuu siitä, mitä vasta viime kuussa tai jopa viime viikolla teki, ikään kuin se olisi jonkun muun elämää. Sitä unohtaa, mistä oli puhunut jopa saman lauseen keskellä.

Kun tämä ystäväni kertoi asiasta, mieleeni tuli, että tunnistin monia noista oireista myös itsessäni. Minäkin unohdan toisinaan kokonaan asioita, joita sanoin tai tein vasta vähän aikaa sitten. Toki muistan ne sitten, kun joku, kuten Meiko Kajin hymy, minua muistuttaa, mutta en muuten.

Huolestuttavaa. Mieleni on kehittynyt liian hyväksi sietämään ja käsittelemään pahoja asioita ja painajaisia, joten nykyisin painajaisenikin muuttuvat sellaisiksi, että surmaan saatanan tai ammun hyökkäävät pedot. Olisiko niin, että mieleni tarvitsisi edes unessa sellaisen tilan, jossa voisi olla hysteerinen ja kauhun vallassa, eikä hallitse tilannetta? Jonkinlaisen metaunen, unen unessa?

Niin, ne leijonat ja tiikerit. Unessani olin jossain mukanani joukko tuntemiani ystäviä, ja kuten tavallista, taistelimme pahuutta vastaan, mitä se nyt milloinkin tarkoittaa. Oltiin joen varressa ja joen toisella puolen oli pieni lapsi yksin ja avuttomana. Pedot lähestyivät häntä ja meillä ei ollut kunnon aseita. Minulla oli vain pistooli, jonka kantama riitti siihen, että osuin melko huonosti lähestyviin petoihin ja pystyin pitämään ne loitolla, mutta en eliminoimaan lapseen kohdistuvaa ilmeisen fataalia uhkaa. Lopulta joku joukostamme löysi kunnon hirvikiväärin ja työnsi käteeni, ja johan alkoi lyyti kirjoittaa. Leijonaa ja tiikeriä kaatui ketoon. Jokikin oli nyt ylitettävissä (unissa asiat eivät ole niin loogisia) ja lapsi haettavissa turvaan.

Juuri kun oletimme, että pedot olivat poissa ja voisimme lähteä paikalta, pusikosta hyökkäsi valtava urosleijona hurjana kohti syöksyen. Pääni ollessa varma kuolemasta käteni toimi automaattisesti ja kohotti kiväärin, tähtäsi ja ampui kohti syöksyvän leijonan, joka kaatui hengettömänä varsin lähelle meitä. Tunsin hyvää oloa siitä, että tilanne oli hallinnassa, ja jonkinmoista ylpeyttä toimintakyvyn säilyttämisestä läpi koko episodin. Ja sitten ovikello soi. [2]

---

[2] Lienee tarpeen muistuttaa kyseen olleen unesta. Tosielämässä en kannata uhanalaisten kissapetojen ampumista, ellei kyse tosiaan ole unen kaltaisesta hätätilanteesta. Olen ollut elämässäni onnekas, kun olen nähnyt sekä leijonia että tiikereitä villeinä myös luonnossa.

# Pyhän Yrjänän maasta

*5. heinäkuuta 2012*

Kesällä kaksi vuotta sitten kävin Georgiassa ja Armeniassa, pyörien amerikanlibanonilaisen ystäväni kanssa Tbilisissä, Mtskhetassa, Jerevanissa ja Kazbekilla. Tällä kertaa puolestaan meitä oli peräti neljän nuorenmiehen seurue. Vain yksi kolmesta matkakumppanistani oli käynyt Kaukasiassa aiemmin, hänen äitinsä juuret kun ovat siellä.

Lensimme Virosta Tbilisiin ja vuokrasimme auton, jolla ajelimme lähes koko Georgian ympäri. Minä ja yksi matkakumppaneistani jouduimme muiden sitoumusten vuoksi palaamaan jo vähän aiemmin pohjoiseen, kun taas kaksi ystäväämme jatkoi vielä matkantekoa, ehtien käydä myös Abhasiassa ja Karabahissa.

Tällä kertaa käymättä jäivät ajanpuutteen vuoksi luoteinen Svanetia, lounainen Džavahetia sekä itäinen Kahetia, jossa seikkailin ennen blogiaikakauteni alkua nykyisin Itä-Afrikassa vaikuttavan ystäväni kanssa aina kuuluisaa Pankisin solaa myöten. Olimme silloin vielä hilpeitä pikku perusopiskelijoita ja kävimme samalla pitkäksi venähtäneellä matkalla perehtymässä myös Itä-Anatolian kulttuuriseen diversiteettiin, Qamishlin kevääseen sekä Hawlerin, Suleimaniyan, Kirkukin ja Mosulin basaareihin ja nettikahviloihin. "Päämäärää kyllin matkallamme lie, vaan vaivan arvoinen on itse tie", kuten ruotsalaiskirjailija Karin Boye runoili.

Myös tämänkertainen matkailu sujui erinomaisen hyvissä tunnelmissa. Sitä luulisi, että kun otetaan neljä itsevarmaa, kosmopoliittista ja verbaalisesti lahjakasta nuormiestä, joiden yhteenlaskettu älykkyysosamäärä menee varmaan yli kuudensadan, ja suljetaan heidät runsaaksi viikoksi *Renault Méganeen* keskelle kaukasialaista kunniakulttuuria, heitetään sekaan muutama hatšapurilainen ja pari pulloa saperavia mieheen, voisi syntyä ylipääsemättömiä egojen yhteentörmäyksiä. Mutta ei, matkaseurueemme selvisi hankalistakin kansainvälispoliittisista kiistakysymyksistä ja kulttuurikläsheistä sivistyneissä ja ylen henkevissä tunnelmissa. Kaikki kolme matkakumppaniani ovat kunnioitettavan laajan yleissivistyksen omaavia ja yhteiskunnallisesti aktiivisia taustavaikuttajia, kansainvälistyvän isänmaamme toivoja, kaksi heistä aktiivisia nettikeskustelijoita ja yksi muuten vain keskeinen harmaa eminenssi.

Kahden vuoden takaiseen nähden Georgia on oikeastaan vain lisännyt viehätystään matkailumaana. Uusrikkaille markkinoitua Batumia ja Tbilisin ydinkeskustaa lukuun ottamatta hintataso on pysynyt erittäin edullisena, laatu sen sijaan tasaisesti kehittynyt mittavan infrastruktuurin kunnostamisen, kaupunkien ehostamisen ja uuden sukupolven kansainvälistymisen myötä. Georgia on turvallinen matkailumaa. Tiet ovat hyvässä kunnossa, joskin kartta kannattaa pitää mukana, koska viitoitus on usein puutteellista tai epäloogisesti sijoiteltua, vaikka osaisi lukea georgialaisia aakkosia.

Ensinnäkin Tbilisi: Georgian pääkaupunki, joka sijaitsee Kartlissa, Kaspianmeren suuntaan laskevan Kurajoen rotkossa, on ehostunut entisestään. Kaksi vuotta sitten Vapaudenaukiolle johtava Rustavelin bulevardi ja Vanhakaupunki olivat jo hienosti kunnostettuja ja kerroin kuinka Vanhaankaupunkiin oli syntynyt muutamien baari- ja kahvilakatujen muodostama varsin beirutilaistyyppinen keskittymä. Myös Metekhin puolella restauraatio on edennyt vauhdilla ja tällä kertaa saatoimme havaita, kuinka myös Mardžanišvilin alue on nyt kunnostettu imperiaalisine 1800-luvun taloriveineen, suihkulähteineen ja puistoineen. Taisin pari vuotta sitten ennakoidakin, että myös Mardžanišviliin voisi syntyä vapaa-ajan hengailun keskittymää, ja niin näyttää tapahtuneen.

Venäjän neljän vuoden takaisesta hyökkäyksestä ja sen jälkeen jatkuneista taloussaarrosta ja poliittisista epävakautusyrityksistä huolimatta Georgia on, hämmästyttävää kyllä, jatkanut kehitystään. Venäjän toiminta ja maailmanlama ovat vaikuttaneet lähinnä georgialaisten mielialoihin. Niissä on säilynyt jo kaksi vuotta sitten havaitsemani jossain määrin katkeroitunut, disillusoitunut ja turhautunut sävynsä. Talouslama on iskenyt maahan pahemmin kuin Venäjän hyökkäys, jonka lopputulemana oli lopulta vain parin rajalaakson menetys siihen verrattuna, mitä Venäjä oli miehittänyt jo 1990-luvun alussa.

Georgia on vastannut varsin mielenkiintoisesti Venäjän jatkuvaan kiusantekoon. Georgia on esimerkiksi yksipuolisesti avannut Venäjän-vastaiset rajansa ja antanut kaikille Venäjän kansalaisille yksipuolisen viisumivapauden Georgiaan. Georgia sallii myös Venäjän laittomasti miehittämien Abhasian ja Etelä-Ossetian alueiden asukkaiden matkustaa Georgian puolelle. Venäjä ei sen sijaan salli georgialaisille minkäänlaista pääsyä sen enempää omalle alueelleen kuin miehittämiinsä osiin Georgiaa.

Kaukasusvuorilla, Kazbekiin vievän maantien varsilla näimmekin, kuinka lukemattomat venäläisperheet olivat tulleet omilla autoillaan lomailemaan ja katselemaan Georgiaa, aistimaan siellä vallitsevan suuremman vapauden ja toteamaan omilla silmillään ja korvillaan, kuinka valheellista kuvaa naapurimaasta Venäjän propagandistinen media välittää. Tältä kantilta katsoen Georgian yksipuoliset myönnytykset siis oikeastaan ovat menestyksellinen hurmausoffensiivi, sillä moni tavallinen venäläinen pääsee tutustumaan todellisuuteen, josta Venäjällä saisi aivan toisenlaisen kuvan.

Sen jälkeen, kun Venäjä miehitti Suhumin ja pommitti tuusannuuskaksi Potin, Georgia on panostanut erityisesti kolmanneksi suurimman kaupunkinsa, Adžarian autonomisen alueen pääkaupungin Batumin kehittämiseen. Batumi on Mustanmeren rannikolla lähellä Turkin rajaa. Kaksi vuotta sitten en käynyt siellä, joten en ollut todistamassa, mitä siihen mennessä oli ehditty rakentaa, mutta vielä kahdeksan vuotta sitten siellä käydessäni se oli melko rapistuneessa ja itäisessä kunnossa.

Nyt Batumiin on hämmästyttävän lyhyessä ajassa rakennettu uskomaton kitšilandia, jonkinlainen Mustanmeren Dubai täynnä suureellisia marmoripalatseja, neonvaloissa hehkuvia lasitorneja, toinen toistaan pompöösimpiä ravintoloita, kasinoita ja loistohuviloita, kullattuja patsaita, serafeja, kerubeja, tanssivia nymfejä ja suihkulähteitä. Vieläkin paremmaksi Batumi aikoo panna, sillä uusia mahtipontisia rakennusprojekteja oli kaikkialla, loistokiinteistöjen myyntitarjouksia samoin, ja suunnitteilla on seuraavaksi mm. Georgian kansallisviinaa tšatšaa ruiskiva suihkulähde. Vetää takuulla puoleensa venäläisturisteja ja voisi olla myös hyvä markkinointivaltti Suomeen.

En tiedä, mistä kaikki alkuinvestoinnit ovat peräisin, mutta tyhjillään paikka ei suinkaan ole, vaan sinne on myös saatu maksukykyinen lomanviettäjäkuntansa. Osa on epäilemättä rikastuneita ulkogeorgialaisia mutta ympäriltä kuuluvista venäjän-, ukrainan- ja turkinkielisistä puheenkatkelmista päätellen suurin osa on azerbaidžanilaisia, ukrainalaisia ja venäläisiä uusrikkaita, öljyllä vaurastuneen Bakun ylempää keskiluokkaa, kaukasialaisjuuria omaavia turkkilaisia sekä hämmästyttävää kyllä, paljon israelilaisia ja iranilaisia. Tapaamamme virolainen kontakti vitsailikin, että Batumin yökerhoissa aamu koittaa siten, että tanssilattialla ovat viimeisinä jäljellä israelilaiset ja iranilaiset, joilla riittää keskenään juteltavaa.

Vähän Batumin pohjoispuolella on toinen lomakaupunki, paljon vaatimattomampi Kobuleti, joka on täynnä pienempiä ja edullisempia perhehotelleja. Siellä suurin osa lomanviettäjistä näytti olevan kotimaanmatkailijoita. Hyvä että tavallisilla georgialaisillakin on Mustanmeren rantakohde niin lähellä hintatasoltaan välimerelliseksi muuttunutta Batumia. Kävimme myös satamakaupunki Potissa, joka vaikutti eteläisempiin rantakaupunkeihin verrattuna varsin uinuvalta, joskin Venäjän pommitusten tuhot oli nopeasti korjattu ja kauppasatama saatu toimintaan.

Georgian toiseksi suurimmassa kaupungissa ja keskeisessä kulttuurikeskuksessa Kutaisissa, jossa muinoin sijaitsi Imeretian kuningaskunnan pääkaupunki, asuimme naurettavan edullisella 40 larin hinnalla joen toisella puolen kukkulanrinteessä, lähellä katedraalia sijaitsevassa valkeassa marmorihuvilassa, josta avautui näyttävä näköala yli kaupungin. Huvilaan oli perustettu perhehotelli, jonka terassilla näköalan ääressä saatoimme nauttia viiden litran saperavikanisteriamme, joka juuttui mukaan matkalla ohitetulta viinitilalta.

Itä-Georgian karttien asuttamien Kartlin ja Kahetian ilmasto on mantereisempi, kesällä kuuma ja itään päin siirryttäessä myös kuivempi. Välissä on vedenjakajana toimiva metsäinen vuoriketju, jossa Gori ja Surami sijaitsevat. Sen länsipuolella alkaa kuuma ja kostea subtrooppinen Mustanmeren ilmasto, ja vuoret laskeutuvat Kutaisia kohti Rionin jokilaakson tasangoiksi. Rioni laskee Mustaanmereen Potin kohdalla, jossa sijaitsee myös Kolkhetin suojeltu suistoalue. Batumista palasimme Gurian ja Supsan laakson kautta Keski-Georgiaan.

Länsi-Georgian ja Itä-Georgian välillä on myös etninen ero: idässä elää maan enemmistöväestö kartit, kun taas lännessä länsigeorgialaisia kieliä puhuvat megrelit (mingrelit), svanit, adžaarit ja lazit, viime mainitut osittain Turkin puolella. Historiallisesti enemmistö adžaareista ja lazeista on ollut muslimeja, kun taas kartit, megrelit ja svanit kristittyjä.

Kävimme myös luoteisessa Zugdidissa ja Engurijoen rannalla Abhasian rajalla. Meininki oli yllättävän flegmaattista ja uneliasta, sotilaat antoivat meille myös luvan käydä kääntymässä miehitetyn Abhasian puolella ja palata sitten takaisin. Kun vielä 2000-luvun alussa Zugdidi oli georgialaisten radikaalin kansallismielisten Abhasian palauttajien tukikohta, jossa höyrysi evakkojen katkeruus Venäjän miehityksestä Abhasiassa, nyt se oli kuin mikä tahansa normaali georgialainen kaupunki. Zviad Gamsahurdian patsas ja muistomerkki koristivat keskuspuistoa, mutta muuten Abhasian konflikti ei näkynyt juuri millään lailla Zugdidin katukuvassa.

Ei voi sanoa käyneensä Kaukasuksella, ellei ole käynyt Kaukasusvuorilla. Siellä sijaitsee myös alueen kulttuurinen sielu. Jos aikaa olisi ollut enemmän, olisimme voineet tällä kertaa käydä Svanetiassa tai jollain muulla hieman vaikeapääsyisemmällä vuoristoalueella, mutta ajanpuutteen vuoksi valitsimme tälläkin kertaa yksinkertaisimman ratkaisun ja ajoimme Ananurin, Pasanaurin ja Gudaurin kautta Georgian sotilastietä ylös Stepantsmindaan, Kazbekin juurelle.

Kävimme Venäjän Pohjois-Ossetiaan johtavalla rajalla katsomassa kuningatar Tamaran linnan raunioita ja ylhäällä vuorella Tsminda Sameban kirkolla, jonne isänmaalliset georgialaisnuoret tekevät henkeviä retkiä kantaen mukanaan Georgian ristilippuja (poseerausta varten) ja laulaen isänmaallisia lauluja, kuten *Tšamovuqrolebiä*. Ja kävimme toki myös Darialin solassa ihastelemassa Lermontovia ja Puškinia elähdyttäneitä henkeäsalpaavia maisemia. Korppikotkat kaartelivat Gveletin vuoripolkujen yllä, alppinaakat taas sen matkan varrella ennen Džvarisolaa olevan betonisen neuvostohirvityksen ympärillä, joka on rakennettu

"Georgian ja Venäjän kansojen ystävyyden" juhlistamiseksi keskelle mitä jylhimpiä rotkomaisemia.

Suosittelen kovasti myös lukijoilleni matkustamista Georgiaan niin kauan kuin maa vielä on siellä, ja kun se vielä on vapaa. Auton vuokraaminen on erinomainen tapa tutustua tuohon kiehtovaan, alueellisesti ja kulttuurisesti monipuoliseen maahan, jossa jokaisella laaksolla ja alueella on omaleimaisuutensa. Georgiassa matkustaminen on vaivatonta ja turvallista. Kaupungeista on helppo löytää edullisia hotelleja ja majataloja, pienemmiltä paikoilta usein niin kutsuttua mummomajoitusta. Suomalaisetkaan eivät tarvitse Georgiaan viisumia eikä maa muutenkaan ole enää vuoden 2003 ruusuvallankumouksen jälkeen harrastanut ulkomaalaisten valvomista, passejakin halusi vilkaista vain yksi niistä hotelleista, joita koko matkan aikana käytimme.

Niille, joilla ei ole mahdollisuutta matkustaa, suosittelen vaikkapa nojatuolimatkaa 1200-luvun ritariromantiikkaan Georgian kansalliseepoksen *Pantterintaljaisen* tunnelmissa. Se löytyy suomennettuna ainakin *Tiedekirjasta*. *Wikipediaa* lainatakseni:

> *Eepokseen heijastuu vahvasti Georgian sijainti kulttuurien ja kauppareittien yhtymäkohdassa. Rustavelin aikaan maa oli kuulunut jo lähes tuhannen vuoden ajan kristittyyn maailmaan, mutta se sijaitsi voimistuvan, kukoistuskauttaan elävän islamilaisen kulttuurin reunalla. Tarinan hahmotkin edustavat eri kulttuureja ja perinteitä eläen kuitenkin suvaitsevassa yhteisymmärryksessä. Vaikka Pantterintaljainen on kirjoitettu keskiajalla ja siinä on runsaasti yhtymäkohtia eurooppalaiseen ritariromantiikkaan, se enteilee kuitenkin renessanssia humanistisuudessaan ja vapaamielisyydessään. [...]*

> *Rustaveli nostaa eepoksensa keskeisiksi teemoiksi henkilökohtaisen vapauden, puhtaan rakkauden ja oikeudenmukaisuuden. Tarinan hahmot ovat puhdassydämisiä, rohkeita taistelijoita oikeuden ja onnellisuuden puolesta. Perussävyltään eepos on optimistinen. Vaikka Rustavelin*

*isänmaallinen, poliittinen näkemys vahvasta, valaistuneen itsevaltiaan ohjaamasta keskusvaltiosta onkin teoksessa vahvasti läsnä, se ei kuitenkaan ole kansallisuuteensa rajoittunut vaan sen sanoma on yleisinhimillinen. Lisäksi Pantterintaljaisessa on nähtävissä ajatus miehen ja naisen välisestä älyllisestä ja moraalisesta tasa-arvosta.*

Toisin kuin edellä mainittu irvokas neuvostomonumentti, runoilijan ja hovimiehen Šota Rustavelin sulkakynästä lähtenyt sankarieepos on aito kulttuurinen monumentti sivilisaatioiden rauhanomaisen rinnakkaiselon puolesta, Georgian tavoin sijaiten välivyöhykkeellä, josta käsin vartioi idän ja lännen välisiä portteja ja kultivoi noita portinpieliä ympäröiviä kukoistavia ruusutarhoja; Georgian kansallispyhimyksen tavoin suojellen ajoittain epätoivoisen tuntuisesti sivistystä ärjyvien lohikäärmeiden tulta syökseviltä kidoilta.

# Istanbulin iftareita [3]



*29. heinäkuuta 2012*

Olen juossut kilpaa ajan kanssa viime viikot. Hengissä olen kyllä selvinnyt ja päässyt Istanbuliin saakka viikon kestävällä muuttomatkallani seuraavien vuosien asuinpaikkaani, mutta aika on päässyt näykkimään kaikenlaisin tavoin. Esimerkiksi ranteeni ovat venähtäneet laatikkojen ja tavarakuormien kanniskelusta, koska Suomihan on itsepalveluyhteiskunta eli ei palvelua lainkaan. Siitä huolimatta maksan tuhansia euroja siitä, että muutama kenttäkassillinen vaatteita, laatikollinen kirjoja, muutama tietokone ja muu vempele rehataan puolen Euraasian halki.

Toinen viimeisinä Suomen-päivinä tekemäni asia oli se, että murheellisin sydämin silppusin laatikko- ja kansiokaupalla historiaa. Sen säilyttäminen vain olisi käynyt liian vaikeaksi ja turvattomaksi alati muuttaessani ja siirtyessäni, joten parempi oli sekin tehdä nyt kun pää vielä toimii monien asioiden varastona. Ehtiihän sitä sitten vanhempana kirjoittaa muistelmia, ellei dementia iske sitä ennen. Tai niskalaukaus.

Olen joka tapauksessa hankkiutunut Istanbuliin asti vajaaksi viikoksi "lepäämään", tai no, sosialiseeraamaan ja tapailemaan ihmisiä. Täällä Euroopan ja Orientin portilla on kuuma, kesä parhaimmillaan, Bospori välkehtii ja terassit tulvivat väkeä huolimatta siitä, että on muslimien paastokuukausi ramadan.

Asun libanonilaisen ystäväni luona boheemissa mutta kovaa vauhtia keskiluokkaistuvassa Cihangirin kaupunginosassa, jolla on värikäs menneisyys sekä hyvässä että pahassa. Osmanivaltakunnan aikaan Cihangiriin keskittyi paljon kaupungin kristittyä keskiluokkaa, kreikkalaisia, armenialaisia ja italialaisia, kauppiaita ja käsityöläisiä. Kun sitten

---

[3] *Iftar* on auringon laskettua syötävä yhteisateria, jolla ramadania viettävät murtavat päivän aikana kestäneen paastonsa.

ympärillä kaartelevat korppikotkat pääsivät kunnolla Euroopan sairaan miehen kimppuun ja repivät sulttaanikunnan alueita kappaleiksi, seurauksena olivat huonot ajat Turkin kristityille vähemmistöille. Kreikan ja Turkin sopimat väestönvaihdot merkitsivät pakkolähtöä sadoilletuhansille, jopa miljoonille: kristityille Turkin tasavallan alueilta ja muslimeille Kreikan alueilta.

Ramadanin huomaa joistain asioista, kuten aamuyöstä perinteisiä kaupunginosia kiertävästä rumpalista, joka tämän vanhan perinteen mukaisesti muistuttaa uskovia siitä, että kannattaa nousta syömään ja juomaan ennen päivännousun ja siten paaston alkua. Muuten turkkilaiset eivät tunnu juuri paastosta piittaavan, kuten eivät Istanbulin monet muutkaan muslimikansallisuudet, kurdit, syyrialaispakolaiset, irakilaiset, muut arabit, kaukasialaiset ja balkanilaiset.

Cihangirin naapureidemme kanssa juhlistimme jo perjantai-iltana ramadania lemmikkieläinkaupan bileisiin kutsuttuina perin merkillisellä iftarilla: se nimittäin sisälsi runsain mitoin punaviiniä ja muiden lihatuotteiden joukossa myös sianlihasta tehtyä andalusialaistyyppistä kinkkua. Yö jatkui läheisen kahvilaravintolan terassilla runsaalla viinillä ja asiaan kuuluvalla laskutappelulla - siis kiistelyllä siitä, kuka saa kunnian maksaa.

Lauantaina šoppailimme kuin teinitytöt pitkin Istiklalin poikkikatuja, kauluspaitoja ja troopillisiin olosuhteisiin sopivia housuja. Sitten tšillailtiin Nevizadella, jossa syyrialaisasioiden parissa aktiivinen suomalainen ystävättäremme liittyi seuraan. Myöhemmin illalla juhlistettiin kreikkalaisessa ravintolassa erään turkkilaisen kirjailijan kolmannen novellin ilmestymistä kirjallisuusantologiassa. Juhlistaminen edellytti runsaasti rakia ja kymmeniä alku- ja pääruokalajeja mustekaloja ja kalmareita myöten. Osa seurueesta jatkoi klubijatkoilla aamunkoittoon, me sentään vetäydyimme jo kahden aikaan takaisin Cihangiriin. Tänään söimme brunssia tutussa kahvilassa ja kas, taas suuri osa samasta porukasta sattui paikalle ja liittyi seuraan.

Moskovan ja Lontoon ohella Istanbul on Euroopan suurin kaupunki ja sen huomaa monipuolisuudessa ja monimuotoisuudessa. Vaikka

kaupunki onkin kesäkuukausina tulvillaan turisteja, suurin osa heistä ra-
joittuu vain muutamalle tyypillisimmälle turistialueelle, joissa sitten
myös turismin epäkohdat kuten hinnoissa huijaaminen ja taskuvarkau-
det ovat eniten kuvassa mukana. Niin ihmeitä täynnä kahdella mante-
reella seisova jättiläinen kuitenkin on, että soisi useampienkin suoma-
laisten omatoimisesti käyttävän mahdollisuuden käydä itämaiden por-
tilla, johon on joka päivä edulliset suorat lennot ja viisumivapaus.

Itse tulen onneksi vastakin vierailemaan täällä säännöllisesti, koska par-
haat lentoyhteydet Suomesta Lähi-itään, Afrikkaan ja Keski-Aasiaan ja
takaisin kulkevat Istanbulin kautta, ja koska minulla on alati kasvava
joukko ystäviä kaupungissa, suurelta osin seurauksena Syyrian tilan-
teesta. Suuret määrät Syyriasta paenneita ovat tehneet Istanbulista yh-
den tärkeimmistä Syyrian opposition keskuksista, eräänlaisen syyria-
laisten tilapäisen pääkaupungin, kunnes Damaskos, Aleppo tai Homs va-
pautettaisiin. Istanbulissa toimii nyt myös opposition apukoordinaatio-
toimisto, joka koordinoi ja linkittää ulkomaisia ja diasporaan kuuluvia
auttajia ja tukijoita vastarintaan Syyrian sisällä.

* * *

Syyriassa on eletty taistelun kannalta hyvin kriittisiä aikoja viimeisten
viikkojen ajan. Se on yksi syy, miksi olen vältellyt kirjoittamasta Syyri-
asta blogiini tai muualle julkisuuteen. Tunnen myös itsessäni sen monia
ystäviäni vaivaavan turhautumisen, joka seuraa siitä, että toisaalta saa
joka päivä tietoja uusista ruumiskasoista, kivikaudelle pommitetuista
asuinalueista ja tuttujen ihmisten murhista, kidutuksista ja katoamisista,
mutta toisaalta joutuu suomalaisten ja usein muidenkin länsimaalaisten
kanssa keskustellessa silti lähtemään aivan perusasioista. Torjumaan
toinen toistaan lapsellisempia valheita, hölmöyksiä, vääristelyjä, yksisil-
mäisyyksiä ja salaliittoteorioita. Suomalaismedia tuntuu kuvittelevan,
että saman uskottavuuden antaminen tosiasioille ja sotapropagandalle
olisi muka puolueettomuutta, vaikka se itse asiassa johtaa propagandan,
myyttien ja niiden tuputtajien myötäilyyn.

Syyrian oppositio on tehnyt monia merkittäviä siirtoja kesän aikana, ja monet näistä ovat itse asiassa reaktioita tapaan, jolla kansainvälinen yhteisö Syyrian oppositioon suhtautuu.

Oppositio vaihtoi johtajaansa nimittämällä Ranskassa asuvan akateemikon Burhan Ghaliounin tilalle Uppsalassa asuvan akateemikon Abdulbasit Saydan. Johtajan vaihtaminen tapahtui enemmänkin sen periaatteen vaalimiseksi, että johtajaa tulisi ajoittain vaihtaa, ja henkilöön keskittymisen välttämiseksi, kuin siksi että Ghalioun olisi ollut erityisen epäsopiva. Kansainvälinen yhteisö oli jatkuvasti urputtanut yhtenäisyyden puuttumisesta ja tuijotti toistuvasti johtohenkilöihin, yrittäen ilmeisesti löytää jonkinlaisen vasta-Assadin, vaikka juuri sellaista Syyrian poliittiseen pluralismiin ja demokratiaan pyrkivä oppositio ei halua.

Ghaliounin aikana maailmalla rääyttiin koko ajan siitä, että oppositio edustaisi vain syyrialaisten enemmistönä olevia sunnalaisia arabeja. Lisäksi valitettiin siitä, että Ghalioun oli liian läheisissä väleissä maanpaossa elävän Syyrian Muslimiveljeskunnan kanssa. Hänen väitettiin sivuuttavan vähemmistöt eli kurdit, arabi- ja assyrialaiskristityt sekä alaviitit. Vaikka osa Ghaliounia vastaan esitetystä kritiikistä olikin kohtuutonta ja liioittelevaa, hän otti kentän (ja erityisesti nuorison) kritiikistä vaarin ja väistyi tehtävästä.

Tilalle valittiin Sayda, Ruotsissa pitkään asunut ja vaikuttanut sekulaari ja liberaali kurdi. Nyt sitten maailmalla rääyttiin siitä, että Saydan valinta muka tarkoittaisi opposition edustavan "vain" vähemmistöjä ja syrjivän enemmistönä olevia sunniarabeja. Teki Syyrian oppositio niin tai näin, tietyille tahoille se on aina väärinpäin. Tämä olisi "puolueettomasti suhtautuvien" syytä ymmärtää, jotta olisivat kirjoittelussaan oikeasti puolueettomia eivätkä vain hallinnon ja sen tukijoiden myötäilijöitä yrityksissä diskreditoida ja vähätellä Syyrian oppositiota ja jopa leimata sitä perättömästi islamistiseksi.

Myös Damaskoksen offensiivi oli osittain vastaus kansainvälisen yhteisön asenteisiin. Syyrian oppositio oli aikansa katsonut Annanin suunnitelmaa ja kansainvälistä diplomatiaa, vakuuttuen lopulta siitä, että kukaan ei tekisi mitään Assadin hallinnon hillitsemiseksi. Samaan aikaan

Venäjä ja Iran jatkoivat Assadin hallinnon täysimittaista aseistamista ja tukemista. Näyttävä isku suoraan hallinnon ytimeen ja samalla toteutettu voimannäyttö pääkaupungissa olivat tärkeä askel sodassa mielistä ja sydämistä. Syyriassa, kuten useimmissa pitkään autoritarismin ikeessä olleissa yhteiskunnissa, suurin osa väestöstä on odottavalla passiivisella kannalla ja uskaltautuu aidalta jompaankumpaan suuntaan vasta kun sille on osoitettu, että sen periaatteessa sympatisoimalla puolella on reaaliset mahdollisuudet voittoon.

Juuri siihen Syyrian vastarinnan Damaskoksen offensiivi tähtäsi. Vastarinnalla on pitkään ollut runsaasti yhteyksiä ja tukijoita hallinnon sisällä, niin armeijassa, tiedustelupalveluissa kuin alaviittienkin keskuudessa. Monet ovat loikanneet jos siihen on tarjoutunut turvallinen tilaisuus tai jos maa on alkanut polttaa jalkojen alla. On muistettava, että Syyria on hyvin perhe- ja sukukeskeinen yhteiskunta, jossa vaikka oma rohkeus johonkin riittäisikin, on ajateltava lukemattomia sukulaisia. Assadin hallinto tukijoineen kostaa varmasti sukulaisille ja omaisille, jos vain pystyy.

Niinpä monessa avainasemassa aikaisemmin ollut kenraali Manaf Tlas loikkasi Turkin kautta Ranskaan vasta, kun oli saattanut loppuun pitkän operaationsa sukulaistensa siirtämiseksi yksi kerrallaan turvaan. Mukanaan hän vei toistakymmentä tiedustelu-upseeria ja Assadin hallinnon kannalta keskeistä tietoa. Opposition suopeuden Tlas oli varmistanut jo viime vuodesta alkaen auttaen kulissien takana monia pakenemaan Syyriasta. Tlas ei ole ainoa viime kuukausien keskeisistä loikkareista, joihin on kuulunut niin korkeita sotilasupseereita kuin suurlähettiläitäkin.

Henkivartiokaartissa toimineet ja lojaalisuuttaan vaihtaneet henkilöt toteuttivat sitten kohdistettuja erikoisoperaatioita Assadin hallinnon keskeisimpiä sekurokraatteja vastaan, surmaten näistä useita. Suomessakin eräät tiedotusvälineet ovat virheellisesti myötäilleet Syyrian, Iranin ja Venäjän uutistoimistojen väitteitä, joiden mukaan kyse olisi ollut "itsemurhaterrorismista". Hieman ristiriitaisesti tähän nähden Syyrian hallinto tosin myöhemmin väitti pidättäneensä iskun tekijän. Jos nyt ketään ylipäätään pidätettiin niin tuskinpa sentään ruumista.

Vaikka 20 000 ihmisen kuolema tähän asti on jo kauhea luku itsessään, vielä pelottavampia ovat itse asiassa kadonneiden ja vangittujen luvut, jotka yltävät useampaan sataan tuhanteen. Syyrian nykyistä tilannetta tarkasteltaessa ei voi välttyä oletukselta, että näistä suuri osa on todennäköisesti surmattu – osa tosin varmaan paossa ja piilottelee.

Viime päivinä tiedotusvälineiden huomio on kohdistunut erityisesti Aleppoon, vaikka samaan aikaan Homsin hävittäminen betonimurskaksi on jatkunut ja hyökkäykset moniin pienempiin kaupunkeihin, kylien puhdistukset jne. ovat välttäneet kansainvälisen huomion. Aleppo on merkittävä kaupunki sekä taloudellisesti että strategisesti, vaikkei se olekaan tiedotusvälineiden väitteistä huolimatta Syyrian väkirikkain kaupunki. (Harhaanjohtavan ilmauksen taustalla lienee jokin tilastollinen asia, kuten se, että Damaskos on jaettu ydinkaupunkiin ja esikaupungit kattavaan Rif Dimashqiin, kun taas Aleppoon on saatettu laskea mukaan koko lääni.)

Aleppo on yksi niistä kaupungeista Syyriassa, johon sunnalaiset islamistit ovat keskittyneet, ja tämä onkin yksi syy, miksi se oli pitkään varsin passiivinen vastarinnassa. Suurin osa syyrialaisaktivisteista on pitkin sisällissotaa valittanut siitä, että islamistit eivät ole olleet ratkaisevassa asemassa valtaa haastamassa, mutta pitävät sitäkin enemmän ääntä Syyrian ulkopuolella.

Tästä äänestä on pääosin haittaa koko muulle oppositiolle, jonka parissa tiedetään jo, että jos Assadin hallinto saadaan kaadettua, edessä on seuraavaksi ideologinen vastakkainasettelu islamistien ja kaikkien muiden välillä. Toisaalta tuo vastakkainasettelu tulee sitä pahemmaksi ja vaikeammaksi, mitä kauemmin Assadin kaatamisessa kestää ja mitä enemmän nuorta verta valutetaan kaduille. Toisaalta useimmat syyrialaisaktivistit tuntuvat uskovan, että maltillisten islamistien kanssa otetaan yhteen rauhanomaisin keinoin uurnilla ja politiikassa eikä barrikadeilla, ja radikaalit hihhulit kuten Irakin al-Qa'idan tukijat, marginalisoidaan tarvittaessa helposti.

Helposti arvattavan al-Qa'ida-kortin lisäksi Syyrian hallinto tukijoineen on pelannut myös joukkotuhoasekortin, mahdollisesti Venäjän tai Iranin neuvomana, ja ennakoiden sitä, että amerikkalaiset tai joku muu olisi muuten vetänyt tuon kortin esiin ennemmin tai myöhemmin. Tosiasia on, että sekä Saddamin Irakilla oli että Assadin Syyrialla on kemiallisia ja biologisia joukkotuhoaseita; Saddamin hallinto niitä käyttikin surullisenkuuluisan kemikaali-Alin johdolla kurdeja ja iranilaisia vastaan. Assadin motiiveina joukkotuhoasekortin käyttämiseen lienevät ensisijaisesti yhtäältä perinteinen kiristys ja toisaalta arabikevään vastustajien propagandan ruokkiminen huhuilla "hallitsemattomuudesta" ja joukkotuhoaseiden päätymisestä "kaaoksessa" terroristeille.

Todellisuudessa varteenotettavin terroristijärjestö, jolle Syyrian joukkotuhoaseet voisivat päätyä, on sen läheinen liittolainen Hizbullah, jolla tuollaiset aseet olisivat pelottava lisä Israelia vastaan suunnattuun ohjusarsenaaliin. Voisi tosin Hizbullahkin olla haluton sellaisia hankkimaan, se kun todennäköistäisi Israelin täysimittaisen sotilaallisen intervention vaaraa. Syyrian hallinto voisi tietysti teoriassa myös antaa kemiallisia aseitaan Irakia vastaan tukemilleen jihadisteille, mutta tällaiset muutamien kymmenien tai korkeintaan satojen henkilöiden ääriryhmät eivät todennäköisesti pystyisi aseitaan tehokkaasti käyttämään, ennen kuin jo löytäisivät itsensä tuhottuina.

Sen sijaan on vaikea kuvitella, mitä motiivia Syyrian oppositiolla voisi olla vallanvaihdon onnistuessa antaa kemiallisia tai yhtään mitään aseita millekään ääriryhmälle. Mahdollisimman nopea vallanvaihdos olisi todennäköisesti turvallisin ratkaisu kaikille joukkotuhoaseita pelkääville, mutta se on tietysti helpommin sanottu kuin tehty.

Vaikka Syyrian oppositio on tasaisesti vahvistunut, pätevöitynyt ja järjestäytynyt, sillä on edelleen edessään sisyfolainen tehtävä. Sisua ei puutu, mutta muskelit ovat kuukausien punttisalilla käymisen jälkeen edelleen vielä heikkoja suurvaltatason asetoimittajien tukemaan vastustajaan nähden. Oppositio saa toki apua ulkomailta, mutta suuri osa tuosta avusta on vaikea muuttaa nopeasti tuloksiksi kentällä. Pitkällä tähtäimellä sillä toki olisi merkitystä, mutta kun juuri konfliktin pitkä kesto on se, mikä tuottaa eniten tuhoa ja kuolemaa.

Lisäksi onnistuessaankin Syyrian oppositiolla on edessä vielä yksi pelottava skenaario: varastettu vallankumous. Assadin tukijat, Iran ja Venäjä, ovat varmasti jo valmistelleet erilaisia skenaarioita vallan vaihtamiseksi siten, että arabikevään henkiset esitaistelijat ja tukijat, länsimieliset ja liberaalit nuoret, saataisiin syrjäytetyiksi ja jonkinlainen autoritäärinen järjestelmä palautetuksi valtaan. Silloin johtajat olisivat ehkä kaatuneet, mutta järjestelmä ei.

# Baabel



Olen tehnyt monia arkisia asioita: pessyt pyykkiä, kopioinut ja faksannut dokumentteja Suomeen... Sekin osoittautui hankalaksi operaatioksi, koska minulla oli vain yksi ystävä käsillä ja tarvitsin joihinkin dokumentteihin kaksi todistajaa. Kukaan ventovieras, esimerkiksi kopioliikkeen väki, ei suostunut allekirjoittamaan tuntemattomia ulkomaalaisia dokumentteja todistajan ominaisuudessa, ja epäilemättä tuo on useimmissa olosuhteissa ihan tervettä epäluuloisuutta. Piti siis nähdä erikseen vaivaa toisen tuntemamme ihmisen saamiseksi todistajaksi.

Istuimme eilen illalla iltaa oluiden parissa Liva-kadun ja Ağa Hamamın kulmassa sijaitsevassa *Café Unicornissa* ja kulman takana, Livan jatkuessa Turnacı Baçı -katuna aina Istiklalille saakka, *Babel Caféssa*, jonka omistaja puhuu arabiaa, koska on kotoisin Antiokian kaistaleelta, jossa monet paikallisista ovat arabiankielisiä, osa näistä alaviittejä ja kristittyjä mutta puolet kaiketi sunneja. Puhuin ystäväni turkkilaisen kollegan kanssa Sadri Maksudin yhteyksistä Suomeen ja Grigori Petrovin *Valkoliljojen maasta*. En herännyt aamuyöstä, vaikka rummunlyöjä kuulemma taas paukutti kovasti uskovaisia hereille.

Palasin Babel-kahvilaan vielä aamullakin syömään runsasta aamiaista. Täkäläiseen aamiaiseen kuuluu kaikenlaista kivaa, kuten vuohenjuustoa, chiliä, villikirsikoita, hunajaa voilla, pinaattipiirakoita, sitä maustelientä, jota Libanonissa laitetaan läbnen kanssa rieskan päälle, ja tietysti turkkilaista kahvia. Sain kirjoitettua joitain rästissä olleita asioita. Pyörin kirjakaupoissa.

Naapurin kiinteistönvälittäjätär pyysi kahville ja kertoili neljästä eri työpaikasta – hän toimii osan vuotta opettajana, minkä lisäksi hänellä on kiinteistönvälityksen lisäksi myös ravintola ja joku kolmas yritys, jonka olen unohtanut. Kävin myös marketissa ja ostin ystäväni kaapit täyteen kiitokseksi siitä, että asun luonaan ja lähden taas epäinhimilliseen aikaan aamuyöstä lentokentälle. Hän tekee pitkää työpäivää, yleensä pitkälle iltaan ja usein viikonloppuisinkin.

Istanbulissa pesii ja kirkuu parvittain alppikiitäjiä. Ne kai luulevat Istanbulin vanhoja kivitaloja vuoristoiksi.

# Kabulin päiväkirjat

*13. elokuuta 2012*

Kuultuaan, että olin muuttamassa Afganistaniin, professorini ehdotti, että minun olisi täältä käsin kirjoitettava *Kabulin päiväkirjoja*, joissa kerron, mitä kertoa voi. Elämänmenosta maassa, joka on yksi maailman köyhimmistä – tasolla, jolta muuten löytyy lähinnä vain mustan Afrikan maita – yksi maailman konservatiivisimmista muslimimaista, ellei konservatiivisin, ja ehkäpä myös yksi maailman pelätyimmistä paikoista, ainakin mikäli uutisiin on uskomista. Eihän niihin aina ole. Mutta ei Kabul nyt aivan idyllinen lomakohdekaan ole.

Tänne muuttamisessa oli nostalgian tuntua. Täältä nimittäin oikeastaan alkoi kansainvälinen urani kymmenen vuotta sitten, vuonna 2002, jolloin Talibanin seitsemän vuotta kestänyt hirmuvalta Afganistanissa kukistui ja alkoi viimeisin monista toisiaan seuranneiden sotien ja valtakamppailujen jaksoista tämän keskiaasialaisen maan historiassa.

Silloin olin intoa täynnä oleva opiskelijapoikanen ja utelias kuin Marsluotain, lompakko tyhjää täynnä, mutta mukana sitäkin enemmän luovuutta kulloinkin halvimpien matkakeinojen ja majapaikkojen löytämiseksi. Silloinen kotikaupunkini oli naapurimaan pääkaupunki Islamabad, jossa asuin kansalaisjärjestöaktivistin ullakkohuoneessa rottien ja torakoiden kanssa, lentävätkoirat roikkuivat puussa ikkunani takana. Islamabad oli viihtyisä paikka luonnonystävälle, puutarhojen, vihreiden Margallakukkuloiden ja Rawaljärven kosteikoiden ympäröimä. Mutta levottomalle sielulle Pakistan oli kovin rauhallinen. En voinut vastustaa saadessani ensimmäisen tehtäväni Afganistanissa.

Muistan vielä eläväisesti ensimmäisen kerran, kun lentokone kaartoi vuorten ympäröimään laaksoon, jossa Kabul sijaitsee. Kabulin lentokentällä yksi kiitorata oli raivattu puhtaaksi siviilikoneiden käyttöön, mutta kaikkialla sen ympärillä näkyi räjähtäneiden lentokoneiden jäänteitä pitkin ja poikin. Osa kentästä oli vielä miinoitettua.

Muutenkin Kabul on muuttunut paljon kymmenen vuoden takaisesta. Silloin vasta yksi tie oli asfaltoitu – se, joka johtaa Kabulista yhdentoista kilometrin päähän Pul-i Charkhiin, jossa kansainvälisten joukkojen leirit sijaitsivat. Silloin suurin osa Kabulin rakennuskannasta oli tuusan nuuskana raunioina. Puolityhjänä kaikuva neuvostotyylinen *Intercontinental* majoitti suurimman osan ulkomaalaisista, mutta minä köyhänä asuin mieluummin keskustan hotelli *Mustafassa* lähellä Kanakatua, jonka näkeminen viime viikolla herätti aavemaisen tuttuuden tunteen.

Muuten ei Kabulia enää tunnista entisekseen. Kadut on asfaltoitu. Keskusta on täynnä moderneja liikerakennuksia, kauppoja ja ostoskeskuksia, risteyksissä loistavat valomainokset ja kaikkialla matelevat liikenneruuhkat, koska paluumuuton ansiosta Kabul on paisunut viiden miljoonan asukkaan metropoliksi. Ikävä kyllä se tuntuu myös kaupungin saastetasossa, joka yhdessä ylängöillä puhaltavien tomumyrskyjen kanssa saa silmät kirvelemään ja nenän tukkoiseksi.

Elämänmeno on nykyisessä työssäni varsin toisenlaista kuin kymmenen vuotta sitten. Vaikka silloin Afganistan oli raunioina ja paljon epävakaampi kuin nyt, liikuin kaupungilla kävellen, takseilla ja minibusseilla. Tulkkini oli Pakistanista pakolaiskoulusta palannut lukiolainen, koska hän osasi englantia paremmin kuin juuri kukaan Afganistanin aikuisväestössä.

Nyt täällä on kaupunki täynnä erilaisia kansainvälisiä organisaatioita, YK-järjestöjä, rauhanturvaajia, edustustoja, avustusjärjestöjä, kansalaisjärjestöjä, yrittäjiä, turvafirmoja ja delegaatioita. Kaikki liikkuvat ristiin rastiin panssariautoilla aseistettujen rambojen kera, jaellen rahaa sinne ja rahaa tuonne, mutta eristäytyen afgaaneista ja heidän yhteiskunnastaan omiin kompoundeihinsa, suljetuille kaduilleen, vartioituihin kortteleihinsa ja ekspättiskeneensä, jossa länkkärit seurustelevat länkkärien kanssa. Kaikki on tullut niin paljon raskaammaksi, kalliimmaksi ja hankalammaksi. Turvallisuushysteria on suoranaisesti absurdilla tasolla.

Olen siis ainakin ensimmäisten kahden viikon aikana joutunut unohtamaan käyskentelyn Bāburin puutarhoissa ja näkymät Balahisarista. Sen sijaan olen taistellut päiväkausia saadakseni elektroniikan toimimaan ja käyttänyt luovat lahjani järjestääkseni asiat niin, että nyt nettiyhteydet jotenkuten toimivat (kuten tästä blogista näette) ja pystyn myös katselemaan iltaisin intialaisia ja arabialaisia satelliittikanavia, joista tulee amerikkalaisia elokuvia ja saippuasarjoja ja japanilaisia piirrettyjä, niin kuin miltä tahansa televisiokanavilta missä tahansa maailmassa.

Lintuharrastuksen joudun toistaiseksi unohtamaan, kunnes löydän keinot uhmata turvasääntöjä ja käydä maaseudulla, mutta pienen toimistokoppini yhteydessä olevalla pihalla näkee pikkuvarpusia, palmukyyhkyjä, pihamainoja ja bramiinikottaraisia. Illan hämärtyessä ja korttelin *chawkidarien* valmistautuessa *iftarille* kaupungissa yleiset pihamainat ja kauluskaijat lentävät kiljuen yöpymäpuilleen. Kaupunkien puutarhat ovatkin niitä harvoja paikkoja, joissa puut ovat Afganistanissa säilyneet – Nuristanissa saattaa vielä jossain olla vuoristometsiä jäljellä, mutta keskialueen ylängöt ovat lohduttoman paljaiksi kaluttuja.

Ensi viikonloppuna on ramadanin päättävä pyhä, *eid al-fitr,* ja Talibanin johtaja mulla Omar on sentään ilmoittanut iskujen siviilikohteisiin olevan silloin *harām* ja islaminvastaisia. Ikävä kyllä toisen ääriryhmän, Haqqani-verkoston, johtaja on puolestaan luvannut paratiisia niille, jotka iskevät pyhien aikana ulkomaalaisia vastaan. Vaikka päivittäin jossain päin Afganistania milloin räjähtää tienvarsipommi, milloin ammuskellaan, ovat kuolonuhrit vähentyneet viisitoista prosenttia viime vuoden alkupuoliskon vastaavista luvuista. Näyttääkin selvältä, että ääriryhmät ovat siirtyneet yhä enemmän sissitaktiikoista kohdennettuihin iskuihin.

# Täysikuu ja gekko

*31. elokuuta 2012*

Toiset kaksi viikkoa Kabulissa ovat kuluneet ja ensimmäinen kuukauteni täällä tulossa päätökseen. Vielä en ole koko aikana päässyt poistumaan pääkaupungista kentälle. On päiviä, jolloin verkkoyhteydet eivät toimi lainkaan, ja sitten niitä, jolloin ne toimivat auttavasti. Nettiin mennessäni otan mukaan kirjan – tällä hetkellä 1800-luvun viipurilaisesta kauppiassuvusta polveutuvan hämeenlinnalaisen historioitsijan Andrei Sergejeffin kirjoittaman *Afganistanin historian* – koska sivujen latautumiset kestävät väliin viisi minuuttia. On aikaa siemailla mustaa kahvia ja vetää syvään henkeä ennen seuraavan virheilmoituksen kuittaamista.

Viime yönä oli täysikuu. Minulla on nyt muutama rottinkituoli kuistillani, jossa voin katsella taloa ympäröivää muuria, puutarhani muutamaa ruusua sekä muurin takana näkyviä puita, joihin kauluskaijat, palmukyyhkyt ja pihamainat kerääntyvät auringonlaskun aikaan yöpymään. Taivaalla näkyy toisinaan pääskyjen läpimuuttoa: haara-, ruoste-, kallio- ja räystäspääskyjä. Kävin yöhön asti mielenkiintoisia keskusteluja Afganistanin ympäristön tilasta vieraideni kanssa, jotka tekevät kenttätyötä Bamiyanin läänissä.

Tällaiseen verkkaiseen tahtiin elämä täällä sujuu. Yksi suurimmista haittapuolista on jatkuvasti lisääntyvä hajamielisyyteni. En tiedä, johtuuko se ilmastosta, ilmassa leijuvasta tomusta vai mistä, mutta kun jokainen yksinkertainenkin toimenpide edellyttää jatkuvasti niin monien asioiden muistamista ja pitämistä mielessä. Esimerkiksi kaupassa käynti on operaatio, joka pitää valmistella etukäteen, samoin ostosten siirtäminen riittävän nopeasti johonkin jääkaapilliseen paikkaan. Alitajunnan on jatkuvasti työskenneltävä erilaisten pikkuasioiden valvomiseksi: onko vettä varastossa riittävä määrä, toimivatko virransäätelijät, onko boileri jäänyt päälle, koska sen-ja-sen taas pitikään tulla käymään.

Olen hankkinut huonekaluja. Nyt minulla on ryhmä kauniita puisia pöytiä ja tuoleja, sohva, pari nojatuolia ja tavaroiden säilytykseen itämainen matka-arkku salalokeroineen. Olen hankkinut myös ylimääräisen sängyn vierashuoneeseen, jotta kaverit voisivat tulla käymään Suomesta, Turkista, Syyriasta, Libanonista ja kuka mistäkin. Suurin osa huonekaluista on pakistanilaisia ja varsin koristeellisia. Toivon, ettei niiden vuoksi ole tuhottu Himalajan arvokkaimpia metsiä.

Huonekalubasaarissa käyminen oli muutenkin mielenkiintoinen, tuntikausia kestävän kaupanteon ja tinkimisen harjoitus. Kuljettaessaan kalusteet tänne pienellä kuorma-autolla, huonekalukauppias vahingossa unohti olohuoneen pöytään kuuluvat pikkupöydät ja sen, että kuitissa luki kuljetuksen sisältyneen hintaan, mutta kun kuittia käytiin uudelleen basaarissa heiluttelemassa, löytyivät puuttuvat kalusteet ja kuljetuksen sisältyminenkin muistui taas mieleen.

Afgaanit eivät sano asioita suoraan, koska sellaista pidetään epäkohteliaana. Kohteliaampana pidetään sitä, että asioita vain unohtuu ja ne pitää päätellä vihjailusta. Koska kielteisen vastauksen antaminen koetaan epäkohteliaaksi, afgaani esimerkiksi sanoo, että kyllä tämä asia hoidetaan, mutta samalla antaa ilmeillään ja useilla vihjeillä ymmärtää, että ei hoideta. Tällaista ei pidetä valehteluna, vaan kunnioittavana tapana ilmaista se ikävä asia, että asiaa ei ole tarkoitus hoitaa. Jos sellaisen sanoisi suoraan, sitä pidettäisiin loukkaavana. Se, jolle sanotaan, menettäisi kasvot.

Tänään näin asunnossani ensimmäisen gekkoliskon. Se oli hädin tuskin torakan kokoinen, mutta toivotan sille silti mahdollisimman hyvää metsästysonnea talon hyttys- ja muurahaiskantojen harventamisessa. Hyttyset ovat sen verran häiritseviä, että olen joutunut hankkimaan karkottimia eri huoneisiin. Hyttyset ovat väriltään oranssinruskeita, eivät inise, ja liikkuvat niin nopeasti, että niitä hädin tuskin huomaa.

Afganistanin politiikassa eletään myrskyisiä aikoja, sillä presidentti haluaa keskittää entistä enemmän valtaa itselleen pysyäkseen vallassa, kun länsimaat vetäytyvät. Hän on erottanut kaksi ministeriä, viskannut kolmannen korruptioskandaalien kouriin ja vaihtanut tiedustelupäällikön ja yleisen syyttäjän. Vastapuolella Talibanilla ei tietystikään ole aikomustakaan laskea aseitaan nyt kun kaikki länsimaat kilvan kiiruhtavat Afganistanista pois. Niinpä järjestö kiihdyttää järjettömiä murhaiskujaan tavallisia afgaaneja vastaan, viimeksi seitsemäntoista juhliin osallistuneen, musiikkia kuunnelleen ja naisten kanssa tanssineen murhat Helmandissa.

Sen verran kuin pystyn, seuraan tietysti myös Syyrian tapahtumia. Maailma vaan ei tajua, jauhaa roskaa irrelevanteista asioista kuten Syyrian joukkotuhoaseista ja islamisteista, vaikka juuri nämä samat asiat ovat niiden syiden joukossa, joiden pitäisi kannustaa auttamaan Syyrian oppositiota mahdollisimman nopeasti kukistamaan Syyrian kansaa joka päivä joukkomurhaava roistohallinto.

# Lintutieteilijän kuolema

*3. syyskuuta 2012*

Postinkantaja toi minulle tänään Lähi-idän ornitologisen seuran julkaisun. Luettuani ensin suurartikkelin Syyrian Eufratin linnustosta, selonteon Meyghanin kosteikoista Iranissa, turturikyyhkyjen pesinnästä Bahrainissa ja isotrappipoikueesta Karsin läänissä Itä-Turkissa, kohtasi minua pikku-uutisten osastolla surullinen tieto.

Uutisessa kerrottiin varsin koruttomasti, että muuan syyrialainen lintutieteilijä oli tapettu kotikaupungissaan Dara'assa, ja että hän oli sitä ennen kontributoinut Yarmukin laakson ja Hawranin autiomaiden tutkimukseen, toiminut neuvojana ja paikallisoppaana lukuisille ulkomailta tulleille tutkijoille ja ympäristönsuojelijoille sekä osallistunut kantavana voimana pöllölajien levinneisyyden ja pesimäbiologian selvittämiseen.

Tunsin tämän miehen, en kovin läheisenä ystävänä, mutta hyvänä ja asialleen omistautuneena kollegana ja tärkeänä kirjeenvaihtajana sellaisesta Syyrian kolkasta, jossa harva luonnontieteilijä kävi tai vaikutti. Olin ollut hänen vieraanaan, keskustellut hänen kanssaan monet kerrat lounaisen ja eteläisen Syyrian luonnosta, kartoista ja maantieteestä. Hänen kanssaan kävin Yarmukin rotkossa ja näin unohtumattoman visuaalisen näyn, kun hän näytti meille valtavan mehiläissyöjäyhdyskunnan, jonka keskellä pesi lisäksi pari sininärhiä.

Dara'a on Syyrian eteläisellä rajaseudulla, lähellä Jordanian rajaa ja autiomaiden ympäröimää seutua, jossa suuri osa väestöstä on konservatiivista, ja jossa heimot vielä elävät vahvana osana yhteisöllisyyttä. Eräässä mielessä Syyrian kansannousu alkoi Dara'asta, sillä siellä Syyrian salainen poliisi pidätti hallitusvastaisten graffitien maalaamisesta ja kidutti hengiltä 13-vuotiaan Hamza-pojan ja useita hänen kavereitaan, laukaisten lopulta kansan pitkään kyteneen raivon liekkeihin, jotka ensimmäiseksi nielivät Dara'an salaisen poliisin aseman. Syyrian hallitus vastasi dara'alaisten mielenosoituksiin lähettämällä kaupunkiin tankit ja pommittamalla sen tuusannuuskaksi. Sillä seurauksella, että muutamaa viikkoa myöhemmin liekeissä oli koko Syyria.

Yhtenä opposition keskeisistä tukialueista, josta oli lisäksi yhteydet ja salakuljetusreitit Jordaniaan, Dara'a joutui hallituksen joukkojen julman väkivallan ja puhdistusten kohteeksi. En tiedä vielä, kuinka lintutieteilijä tarkalleen sai surmansa – murhasiko hänet salainen poliisi, hallitusmieliset shabihat vai joutuiko hän tykistötulen, pommituksen tai tarkk'ampujan uhriksi. Tulen sen epäilemättä lähipäivinä tietämään.

Tuntuu pahalta, etten ollut pitkään aikaan ollut tähän mieheen yhteydessä, vaikka tiesin hänen olevan yhä Dara'assa. Olen välttänyt suoraa yhteydenpitoa hankalissa paikoissa Syyriassa oleviin tuttaviini heidän oman turvallisuutensa tähden, sillä kaikkia linjoja seurataan ja ulkomaalaisten kanssa yhteydessä olevia vastaan hyökätään, elleivät he auta levittämään hallituksen mieleistä propagandaa. Saan päivittäin tietoni Syyrian sisältä muutaman aktivistiystävän kautta, jotka joka tapauksessa ottavat riskin, ja jotka hallitsevat näppärät tietotekniset kikat urkinnan välttämiseksi.

Sellainen kikkailija ei surmattu lintutieteilijä ollut. Hän oli vanhanaikainen herra, todennäköisesti kotikylänsä akateemisin henkilö. Ammatiltaan hän oli opettaja. Kun kysyin häneltä kylässä, mitä suurin osa ihmisistä siellä teki elääkseen, hän kertoi: "No, väki viljelee vähän omiin tarpeisiinsa, mutta varsinaisesti kylä elää sillä, että joka perheestä joku lähtee töihin Saudi-Arabiaan tai Emiraatteihin." Lintutieteilijä oli itsekin ollut aiemmin töissä Saudi-Arabiassa ja niillä rahoilla rakentanut itselleen talon ja kohtuullisen mukavan elämän. Mutta kotikylästään hän ei muuttanut pois, sillä halusi olla lähellä sitä karua ja kallioista luontoa, jota rakasti.

Lintutieteilijä oli jo keski-ikään ehtinyt mies, hänellä oli huivia käyttävä vaimo ja lapsia. Hän oli sunnimuslimi ja maaseudulla asuvana käytökseltään ja tavoiltaan paljon konservatiivisempi kuin suurin osa siitä koulutetusta urbaanista tuttavapiiristä, jonka parissa liikuin Damaskoksessa, Homsissa ja Aleppossa. Hänellä oli kotonaan mittava kokoelma luonnontieteellistä kirjallisuutta ja hän oli lukenut mies, mutta viihtyi enemmän kentällä beduiinien ja aavikkohuuhkajien maailmassa.

Näin jälkeenpäin ajatellen en hämmästele sitä, että lintutieteilijä surmattiin. Hänellä oli aina suoraselkäiset ja lahjomattomat arvot. Kerrankin kun ihmettelin, mitä olivat keskelle ei-mitään lähelle Jordanian rajaa kohonneet mauttomat uusrikkaat palatsit, hän tuhahti ja kertoi, että ne kuuluivat salakuljetusta ja järjestäytynyttä rikollisuutta johtaville raja-alueen salaisen poliisin ja tullin komentajille.

Dara'an "yhden miehen yhdistys" oli väsymätön syrjäseutujen kartoittaja. Hän vietti öitä ja päiviä lohduttoman mustalla laava-aavikolla kameransa kanssa, joka taltioi jälkipolville niin paljon katoavaa autiomaiden luontoa. Jos joskus luette tai kuulette Dara'an läänin pöllöjen tai kehrääjien esiintymistä ja pesintää koskevista tutkimuksista, tiedätte niiden olevan mitä suurimmalla todennäköisyydellä joko häneltä, tai sitten tutkijoilta, jotka turvautuivat häneen oikeiden paikkojen löytämiseksi. Ainakin tiede tulee säilyttämään hänen muistonsa.

# Sadetta ja hämähäkin pisto

*7. syyskuuta 2012*

Tänään on satanut. Afganistanin karu luonto varmaankin iloitsee. Sen huomaa myös portinvartijoista, jotka sateinen sää on saanut kovaäänisesti keskustelemaan aamuyöstä alkaen. He soittivat myös persian- tai därinkielistä poppia. Däri on toinen Afganistanin pääkielistä ja oikeastaan persian afgaaniversio. Olen sitä jo jonkin verran saanut opeteltua. Portinvartijat antoivat myös vettyneitä leipiään pikkuvarpusille, jotka ahmivat mahansa täyteen.

Oleminen muurien ympäröimällä pihalla sateen ropistessa ja paikallisten pölistessä kovaäänisesti tuo mieleeni Etiopian. Muutenkin Afganistanissa ja Etiopiassa on paljon yhteistä, enemmän yhteistä kuin esimerkiksi Afganistanin ja Syyrian välillä. Sekä Etiopia että Afganistan kuuluvat maailman köyhimpiin maihin. Afgaanit ja etiopialaiset ovat kulttuurisesti konservatiivisia ja äärimmäisen ylpeitä. Konfliktit naapurimaiden kanssa samoin kuin maansisäiset etniset jännitteet ovat molemmissa arkipäivää. Molemmissa maissa hallitsevat eliitit, joita eivät tunnu hirveästi häiritsevän kansalaistensa ahdinko ja köyhyys, jotka täyttävät mieluummin omat taskunsa ulkomaisilta auttajilta ja lähettävät omat lapsensa hienoihin ulkomaisiin kouluihin, samalla kun suurin osa väestöstä on luku- ja kirjoitustaidottomia.

Minua puri eilen jokin. Kädensyrjään tuli kaksi symmetristä reikää aivan vierekkäin, käsi turposi, muuttui tulikuumaksi ja reiät muuttuivat ruskeiksi. En nähnyt mikä minua pisti - täällä on niin paljon hyttysiä - mutta rei'istä päätellen otaksun sen olleen hämähäkki. Onneksi kyseessä ei kuitenkaan tainnut olla suppilohämähäkki eikä mustaleski, koska siihen mennessä, kun lääkelaukku oli löytynyt, oli turvotus jo laskenut. Myrkky ei ollut ainakaan kovin tyjyä tavaraa.

Viime viikkoina Kabulin yli on mennyt jonkin verran lisää pääskyjen muuttoa, pääasiassa haara- ja ruostepääskyjä, sekä parina päivänä vihermehiläissyöjiä. Lisäksi olen nähnyt muutaman vuorihernekertun. Paikallisina esiintyviä palmukyyhkyjä, kauluskaijoja, pihamainoja ja harakoita näkee joka päivä. Harakka on samaa lajia kuin Suomessa, nuo papukaijat ja mainat vähän eksoottisempia.

# Marttyyripäivä ja veriteko

*8. syyskuuta 2012*

Kävin kukkuloilla Shakardaran piirikunnassa Kabulin maakunnan pohjoisosassa. Sieltä avautuivat näkymät Shomalin laaksoon, joka yhdistää Kabulia pohjoiseen Parwaniin ja Panjshiriin. Täällä kulkivat aikoinaan neuvostomiehittäjien ja heidän tukemansa kommunistihallinnon rintamalinjat miehitystä vastaan taistelleita mujāhideja vastaan, ja myöhemmin mujāhidien rintamalinja Kabulin vallanneita talibaneja vastaan.

Näin kukkuloilla kaksi arovarpushaukkaa, kaksi tuulihaukkaa ja alhaalla laakson puutarhoissa parven sepelkyyhkyjä. Viimeksi mainitut yllättivät minua läsnäolollaan, kunnes muistin, että niitä pelmahti talvella parvittain myös Rawaljärveä ympäröiviin lehtoihin Islamabadissa.

Afganistanissa on tänään vietetty pyhäpäivää marttyyri Ahmad Shah Masudin murhan muistoksi. Al-Qa'ida murhasi Masudin 9.9.2001 etumaksuksi Talibanille siitä, että kahta päivää myöhemmin, kun al-Qa'ida tekisi syyskuun 11. päivän iskut Yhdysvalloissa, Talibanilta odotettiin suojelusta al-Qa'idalle. Tämä osoittautuikin varsinaiseksi kuolemansuudelmaksi Talibanille, sillä kun ulkovallat olivat ensin vuosikaudet vähät välittäneet Talibanin riehumisesta ja massamurhista Afganistanissa, paheksuen Bamiyanin buddhankuvien tuhoamista enemmän kuin hazarojen joukkotuhontaa, nyt al-Qa'ida onnistui provosoimaan amerikkalaisjohtoisen liittouman takaisin jo kertaalleen vuonna 1989 hylättyyn Afganistaniin. Se taas johti voimatasapainon muutokseen ja Talibanin kukistumiseen. Masud itse ei päässyt enää toistamiseen vapauttamaan Kabulia, mutta hänen seuraajansa tekivät sen.

Masudin muistopäivän kunniaksi hänen kannattajansa ja yleisesti ottaen tadžikkiväestö on ajellut autoilla pitkin kaupunkia heilutellen Masudin kuvia, mustia surulippuja sekä Rabbanin tasavallan aikaisia vihervalkomustia lippuja. Vastapuolella olleet pataanit eivät ole tästä ollenkaan tykänneet, ja pieniä yhteenottojakin syntyi. Virallinen Afganistan käyttää nykyään pataanijohtoisen kuningasvallan aikaista lippua.

Sillä välin kun olin Shakardaran kukkuloilla, Kabulissa tapahtui traaginen terrori-isku, joka sai ulkomaiset tiedotusvälineet taas vaihteeksi riehaantumaan ja muistamaan Afganistania. Vaikka maassa paukkuu joka päivä jossain, tämä pommi-isku tapahtui ulkomaalaisten suosimalla alueella, kadulla melko lähellä paria suurlähetystöä ja kansainvälisten joukkojen leirin porttia. Silläkin spekuloitiin, että kohteena olisi ollut läheinen afgaanilainen elokuvafirma.

Joka tapauksessa pommi räjähti keskellä jotakuinkin ei mitään kadulla, ja sen kymmenestä uhrista kahdeksan oli afgaanilapsia. Ilmeisesti niitä samoja vaatteidenkaupustelijapoikia, jotka yleensä kansoittavat tuota kadunpätkää. Myös pommin kantajan kerrottiin olleen 14-vuotias poika. Ei ole ainakaan vielä selvillä, tekikö hän niin kutsutun itsemurhaiskun vai oliko hän tietämätön kantamuksestaan. Vähän iskun jälkeen nähtiin kadulla pari burqapukuista naista huutamassa amerikkalaisvastaisia iskulauseita.

Epäilykset kohdistuvat kolmeen ääriryhmään, Talibaniin, Haqqani-ryhmään ja Hizb-i Islamiin. Talibaniin viittaisi se, että joku heidän edustajansa uutisten mukaan ehti jo ottaa iskusta vastuun. Haqqaneihin taas viittaisi se, että Taliban on keskittynyt lähinnä maakuntiin, kun taas Kabulissa tehdyt iskut ovat olleet useammin joko (viime aikoina) Haqqaniryhmän tai (aikaisemmin) Hizb-i Islamin tekemiä. On surullista, että tänä päivänä eräät ääriryhmät katsovat olevan oikeutettua taistella "amerikkalaista imperialismia" ja milloin mitäkin vastaan murhaamalla julmasti viattomia muslimilapsia.

# Bamiyan ja Koh-i Baba



Vietin kolme päivää Afganistanin keskiylängöillä sijaitsevassa Bamiyanin maakunnassa; Bamiyanin kaupungissa sekä Koh-i Baba -vuorten laaksoissa, kylissä ja ylängöillä. Oli erittäin hyvä päästä välillä pois Kabulin saasteisesta, turvatoimista ja liikkumisrajoitteista kyllästetystä ilmanalasta.

Koh-i Baba, "Isoisävuoristo", on osa mahtavaa Hindukushia ja toimii Afganistanin merkittävimpänä vedenjakajana, josta joet virtaavat eri suuntiin: länteen Parwanin ja Wardakin kautta Kabuliin, etelään Panjabin ja Helmandin alajuoksua kohti, ja pohjoiseen Samanganiin ja Balkhiin, kohti Amudarjaa. Koh-i Baban korkein huippu, Shah-i Foladi eli "Rautašaahi", kohoaa yli 5000 metrin korkeuteen, tosin jo Bamiyanin kaupungissa ollaan yli 2000 metrin korkeudessa.

Bamiyanin kaupunki on luultavasti tunnetuin valtavista buddhankuvista, jotka oli muinaisina aikoina kaiverrettu kaupungin liepeillä kohoavaan äkkijyrkkään kallioseinämään, ja jotka uskonkiihkoiset talibanit ampuivat tykeillä tuusannuuskaksi, pitäen niitä epäjumalankuvina. Useamman tuhatta vuotta olivat Bamiyanin muinaisen uskonnon muistomerkit seisoneet paikoillaan ilman, että sittemmin islamiin kääntyneille asukkaille olisi tullut mieleenkään hävittää niitä, ja sitten yhdessä ainoassa päivässä nuoret ja hurmahenkiset talibanit, joista suurin osa eteläafganistanilaisia paštuja, tuhosivat nuo kulttuurimonumentit. Buddhankuvien tyhjät aukot samoin kuin kallionseinämän sisään rakennetut luolatemppelit ja käytävät ovat kuitenkin yhä jäljellä, ja uskonnollisesti motivoitunut japanilainen järjestö suunnittelee patsaiden uudelleenrakentamista palasistaan modernia tietokonemallinnusta käyttäen.

Paikka, jossa buddhat seisoivat, on selvästi ollut silkkitien aikaan kokonainen uskonnollinen keskus. Bamiyanin kohdalla ristesivät useammat silkkitien reitit etelästä pohjoiseen ja idästä länteen, ja Bamiyan olikin kerran kukoistava kauppakeskus. Nyt se on melko hiljainen provinssi-pääkaupunki, ja buddhalaisen sivilisaation monumentit uinuvat ikiaikaista untaan vieri vieressä suufilaisten ja šiialaisten pyhättöjen ja muslimihautojen kanssa. Ympärillä leviävät Bamiyanin laakson viljavat pellot, ja niiden takana kaikissa suunnissa karut ja kallioiset vuoret.

Toinen Bamiyanin nähtävyyksistä on "Huutojen kaupunki" eli Shahr-i Gholghola, luolia ja raunioita täynnä oleva lohduton kukkula kaupungin ulkopuolella. Sen nimi juontaa Bamiyanissa aikoinaan hallinneen ghorilaisen dynastian lopun hetkistä. Tšingis-kaani oli joukkoineen vyörynyt Afganistaniin ja vallannut koko alueen, jolloin bamiyanilaiset vetäytyivät viimeiseen puolustusasemaansa kyseiselle kukkulalle. Kuninkaan tytär kuitenkin petti hyvän avioliiton toivossa linnoitusten puolustajat ja mongolit valtasivat kukkulan, surmaten miehet ja pojat. Petturiprinsessaakaan ei säästetty, vaan kaani teloitti hänet miekalla.

Sittemmin mongolit jättivät alueen väestöön geneettisen jälkensä, josta muodostui nykyinen hazarakansa. He poikkeavat muista afgaaneista mongolipiirteidensä vuoksi, minkä lisäksi hazarat ovat nykyisin šiialaisia, kun taas suurin osa afgaaneista edustaa islamin sunnalaista suuntausta. Mongolien kieli ei kuitenkaan jäänyt elämään, vaan nykyiset hazarat puhuvat persian afgaaniversiota däriä, joskin vielä voimakkaammalla omintakeisella aksentilla kuin Kabulin ja Koillis-Afganistanin tadžikit.

Matkustin Bamiyanissa ja Koh-i Baban vuorilla suurimmaksi osaksi ryhmässä, johon kuului kolme irlantilaista (ympäristöasiantuntija, botanisti ja lintutieteilijä), yksi Mainesta kotoisin oleva amerikkalainen, yksi puoliksi britti ja puoliksi iranilainen, yksi tadžikki ja muutama hazara. Monien hyönteissyöjälintujen syysmuutto oli parhaassa vauhdissa; erityisesti metsäkirvisiä, keltavästäräkkejä, sepeltaskuja, nokitaskuja, hernekerttuja, pikkukultarintoja ja ruosteperälepinkäisiä näkyi runsaasti. Myös ruskopääsirkkuja ja sinirintoja oli liikkeellä.

Ylhäällä vuorilla näkyi mielenkiintoisia paikallisia lajeja, kuten kivikkosirkkuja, persiantaskuja, mustaleppälinnun punavatsaista alalajia ja alppivariksia. Ensimmäisenä päivänä meidät myös ylitti yli 2000 kurkea, ilmeisesti matkallaan Siperiasta kohti Pakistanissa ja Intiassa sijaitsevia talvehtimisalueita.

Koska vietimme paljon aikaa Koh-i Baban kylissä ja vuorilla, meitä ei koskettanut se pieni levottomuus, joka yhtenä päivistä valtasi Bamiyanin kaupungin, kun paikallisväestö oli raivostunut kuvernöörille ja poliittiselle eliitille kahdesta aluetta kuohuttaneesta murhatapauksesta, joihin yksi keskeisistä hazarajohtajista ja maakunnan kuvernööri oli yhdistetty. Sotapäällikön henkivartijan tytär oli ammuttu rynnäkkökiväärillä selkään, mutta sotapäällikkö väitti tämän tehneen itsemurhan. Ja joltakulta paikalliselta mieheltä oli viilletty kostoksi kurkku auki.

Lisäksi talibanit olivat riehuneet Kabulin ja Bamiyanin välisellä maantiellä surmaten pikkubussilla matkustaneita opiskelijoita, ja Ghorbandin laaksossa paikalliset rosvot olivat ryöstelleet ja tappaneet matkustavaisia. Tällaisista asioista ei kuitenkaan näkynyt jälkeäkään niissä kylissä, joissa vierailimme, vaan paikalliset olivat mitä ystävällisimpiä, ja tämän tästä tuli heidän kanssaan aterioida tai juoda teetä.

Bamiyanin basaari on melko hyvin varustettu ja siellä voi myös syödä ruokaloissa ja teehuoneissa. Alkoholia sieltä on tosin turha kuvitella löytävänsä, kaupoissa myytävä olut on alkoholitonta. Markkinoilla oli erinomaisen makeita ja pehmeitä iranilaisia taateleita ja eteläisistä maakunnista tuotuja meloneja.

Kabulissa on tänään seesteistä ja lämmintä. Puut ja pensaat ovat täynnä läpimuutolla olevia hernekerttuja. Kaikki jännittävät, lietsotaanko perjantaisaarnoissa tänään vihaa maailmaa kuohuttaneen Muhammedia halventavan filmin vuoksi, mikä johti hyökkäyksiin Yhdysvaltain konsulaatteja vastaan Kairossa ja Benghazissa sekä neljän amerikkalaisdiplomaatin ja libyalaisten työntekijöiden kuolemaan jälkimmäisessä. Sittemmin libyalaiset ovat mielenosoittaneet tuhopolttoja ja terrorismia vastaan, etenkin kun surmansa saanut amerikkalaislähettiläs tunnettiin Libyan vallankumouksen ystävänä.

# Pilkkavideomellakoista

*24. syyskuuta 2012*

Kuten uutisista on voinut lukea, Kabulissa mielenosoitukset islaminvastaisen pilkkavideon ja ranskalaislehden pilakuvien vuoksi (tai ainakin näennäisesti niiden vuoksi) ovat jatkuneet toista viikkoa. Se, mitä uutisissa pääsääntöisesti ei ole kerrottu, on että suurin osa mielenosoituksista on sujunut rauhallisesti. Vaikka Afganistan on eräs islaminuskoisen maailman sekä konservatiivisimmista että epävakaimmista kolkista, täällä ei ole tuhopoltettu kuluneilla viikoilla ainuttakaan lähetystöä, konsulaattia, länsimaista firmaa eikä pikaruokalaa.

*Taliban* ja muut ääriryhmät ovat toki tehneet iskuja, joita olisivat muutenkin tehneet. Lähes joka päivä jossain päin Afganistania räjähtää tienvarsipommi tai joku ammuskelee toisia. Tämän hetken trendeissä kiinni pysyäkseen talibanit ja kumppanit ovat sitten julistaneet iskujensa olevan kostoja profeettaa ja muslimeja loukkaavasta videosta.

Pienten ääriryhmien väkivallanteot, joita on oikeutettu sijoittamalla ne yksiin niin ikään vähemmistöä edustavien mutta ymmärrettävien mielenosoitusten kanssa, ovat jälleen kerran herättäneet maailmalla mielikuvan muslimeista yleisesti raivoavina ja mellakoivina mielensäpahoittajina. Asiaa eivät luonnollisesti ole lainkaan parantaneet egyptiläinen televisiosaarnaaja ja pakistanilainen rautatieministeri, jotka ovat avautuneet suoraan väkivaltaan yllyttävillä tavoilla, vaikka maidensa hallitukset ja lähestulkoon kaikki sialliset muslimijärjestöt sekä oppineet al-Azharin yliopistoa myöten ovat tuominneet väkivallan käytön vastauksena sinänsä paheksuttavaan videoon.

Monet asiantuntevammat tarkkailijat ovatkin havainneet, kuinka kummankin puolen provokaattorit ovat ottaneet tilanteesta kaiken ilon irti. Videon tekijät ja levittäjät pyrkivät tahallisesti muslimien demonisointiin ja provosointiin, yleistäen kaikki muslimit väkivaltaisiksi riehujiksi.

Islamistikiihkoilijat taas pyrkivät kiihottamaan kannattajansa uskomaan, että video oli osa tahallista salaliittoa ja kampanjaa muslimeja vastaan, ja että Yhdysvaltain hallitus ja kaikki amerikkalaiset (tai kaikki länsimaalaiset) ovat sen takana. Molemmat ääripäät onnistuivat omiensa parissa herättämään juuri niitä vihaa ja kahtiajakoa lietsovia mielikuvia, joihin pyrkivät.

Ikään kuin korostaakseen vihaa lietsovia tarkoitusperiään, videon tekijät esiintyivät ensin amerikanjuutalaisina ja israelilaisina, vaikka myöhemmin paljastuikin, että videon takana olivat muuan aiemmista rikoksista tuomittu egyptiläistaustainen herännäiskristitty, muuan pahamaineinen uskontoa väärinkäyttävä pastori sekä aikuisviihdeteollisuudessa kunnostautunut vanhempi amerikkalaissetä, joka on tunnettu monella eri nimimerkillä islamofobisessa nettiliikehdinnässä. Vihan lietsomiseksi Egyptin uskontokuntien välille videon tekijä on myös esiintynyt koptina, vaikka lienee todennäköisemmin jonkin amerikkalaisen herännäislahkon kannattaja. Egyptin koptikirkko on jyrkästi tuominnut pilkkavideon, ja sunnalaisen islamin tunnustetuin opinahjo al-Azhar on puolestaan jyrkästi tuominnut pilkkavideota seuranneen väkivallan.

Islamilaisen maailman asiantuntijana kunnostautunut suomalaistutkija Antero Leitzinger kirjoitti mellakoista seuraavaa:

> *Maamme terävänäköisimpiin islam-tuntijoihin kuuluva Husein Muhammed moitti (HS 22.9.) akateemikkoja siitä, että islamistien mellakointia yritetään ymmärtää ja selittää uskovaisten kokeman kollektiivisen pahanolon kautta. Todellisuudessa valtaosa muslimeista ei viitsi riehua sen vuoksi, että jossain muualla maailmassa islamia pilkataan.*

> *Islam ei ole mikään posttraumaattinen joukkopsykoosi, joka kostaisi ristiretkien tai kolonialismin nöyryytyksiä. Myöskään tämän päivän kansainvälisessä politiikassa ei ole yhtä kaikkia muslimeja yhdistävää teemaa. Varsinkaan Bosnian muslimit, Kosovon albaanit, Irakin kurdit ja*

*Afganistanin hazarat eivät paheksu länsimaiden puuttumista heitä aikoinaan uhanneisiin kansanmurhiin.*

*Jotakin yhteistä on kuitenkin viime aikojen mellakoilla ja alkuvuoden 2006 pilapiirroskohulla. Seitsemän vuotta sitten Syyrian hallintoa horjutti naapurimaan Libanonin pääministerin murhan kansainvälinen rikostutkinta, jonka jäljet olivat johtaneet Syyrian sotilastiedusteluun. Todistajana kuullun Syyrian sisäministerin Ghazi Kanaanin kerrottiin ampuneen itsensä 12.10.2005, minkä jälkeen tutkinta alkoi hyytyä. Tammikuussa 2006 entinen varapresidentti Abdulhalim Khaddam syytti presidenttiä puheliaan sisäministerin murhauttamisesta ja muodosti maanpakolaishallituksen. Kolme viikkoa sen jälkeen "raivostuneet" mielenosoittajat polttivat Damaskoksessa useita suurlähetystöjä ja moni länsimaalainen päätti sittenkin uskoa hallitusta, jonka mukaan sitä tarvitaan ääriryhmien hillitsemiseen Lähi-idässä.*

*Syyskuussa 2012 ensimmäinen hyökkäys kohdistui Yhdysvaltain suurlähettilääseen Libyassa, joka ensimmäisenä maana tunnusti Syyrian opposition maan lailliseksi edustajaksi. Jälleen moni länsimaalainen uskoo, että muslimit ovat demokratiaan epäkypsiä luonnonlapsia, jotka ilman diktatuurin lujaa otetta riehaantuvat milloin mistäkin pikkujutusta.*

*Islamistit eivät edusta muslimien enemmistöä, eivätkä toimi spontaanisti. He palvelevat tiettyjen hallitusten poliittisia intressejä ja saavat kaipaamaansa kaikupohjaa islamofobeilta, joille "muslimien viha" on kaivattu todiste islamin perimmäisestä väkivaltaisuudesta. Vastakkaiset ääriryhmät ruokkivat toistensa propagandaa ja kriittisen journalismin kannattaisikin tutkia tahallisen provokaation mahdollisuutta. Aina ei pitäisi ensimmäiseksi selailla Koraanin suuria tai uppoutua Palestiinan ongelmiin, sillä syyt voivat löytyä lähempääkin. Norjan tragediassa*

Lainauksessa mainittu Husein Muhammed on kirjoittanut myös *Uuteen-Suomeen* kritiikkiä videon vuoksi riehumista vastaan:

*Vaikka mitä syitä mellakoille etsittäisiin, mellakoitsijoiden omasta mielestä kyse on nimenomaan siitä, että pilkkaa-vaa videota ei olisi saanut julkaista. Esimerkiksi Syyrian ul-kopuolella mellakoita ei ole järjestetty sen vastusta-miseksi, että maassa on kuollut jo kymmeniätuhansia mus-limeja. Sen sijaan mellakoitsijat raivoavat siitä, että net-tiin on ladattu typerä videopätkä. Tätä tutkija ei voi ohit-taa esittämällä mellakoille "jalompia" syitä.*

*Osa muslimeista kuvittelee, että heidän uskontonsa pilk-kaaminen loppuu, kunhan he esittävät olevansa riittävästi loukkaantuneita. Tämän suhteen he ovat täysin väärässä.*

*Profeetta Muhammedia pilkkaavaa materiaalia tulee jat-kossakin, koska hänen puolestaan jaksetaan loukkaantua. Jeesusta ei enää jakseta vaivata, koska hänen puolestaan ei enää juuri kukaan loukkaannu. Jos siis me muslimit emme halua, että uskontoamme pilkataan, meidän ei kan-nattaisi niin paljon kiinnostua meihin kohdistuvasta type-rästä pilailusta.*

*Itse asiassa muslimien enemmistö ei välitäkään koko pi-lasta. Heitä ärsyttää ja heidän suhteitaan länsimaalaisiin heikentää merkittävästi äärimuslimien riehuminen. Vä-hintä, mitä muslimienemmistö tarvitsee, on se, että kult-tuurirelativistiset länsimaiset tutkijat puolustavat ääri-muslimeja ja esittävät, että heidän raivonsa taustalla olisi muka jaloja syitä.*

Syyrian osalta Husein ei onneksi ole aivan oikeassa, sillä kyllä Syyrian roistohallinnon väestöönsä kohdistamaa sortoa ja väkivaltaa vastaan on nähty mielenosoituksia useissa arabimaissa sekä kurdialueilla. Libanonissa myös väkivaltaisia mellakoita.

Mielestäni yksi terävänäköisimmistä kokonaisanalyyseistä tilanteen suhteen löytyy *Avaaz*-lehdeltä. *Avaaz* tuo esille seitsemän faktaa, jotka auttavat asettamaan pilkkavideokohun oikeisiin suhteisiinsa:

1) *Mielenosoituksiin osallistui arviolta 0,001—0,007 % maailman puolestatoista miljardista muslimista, ja tämä on murto-osa siitä, kuinka monet osallistuivat mielenosoituksiin demokratian puolesta arabikeväässä.*

2) *Suuri enemmistö mielenosoittajista on ollut rauhallisia. Hyökkäykset edustustoihin olivat kansainvälisen salafilaisliikkeen organisoimia; liike pelkää menettävänsä kannatuksensa maltillisemmille islamistiliikkeille, jotka saivat tilaa arabikevään myötä.*

3) *Libyan ja Yhdysvaltain viranomaisten mukaan suurlähettilään murha Benghazissa saattoi olla etukäteen suunniteltu osumaan 9/11:n vuosipäivään, eikä siis edes yhteydessä pilkkavideoon.*

4) *Lukuun ottamatta aseellisten militanttiryhmien Libyassa ja Afganistanissa toteuttamia hyökkäyksiä mellakoijat eivät tappaneet 20.9.12 ketään, vaan kaikki kuolonuhrit olivat itse asiassa turvallisuusviranomaisten surmaamia mielenosoittajia.*

5) *Sekä video että sitä vastaan esitetty väkivalta on tuomittu laajalti niin länsimaisten kuin muslimijohtajienkin piirissä.*

6) *Paavin vieraillessa Libanonissa jopa militanttiryhmä Hizbullahin jäsenet osallistuivat jumalanpalvelukseen, pidättäytyivät filmiprotesteista ja vetosivat uskonnolliseen suvaitsevaisuuteen.*

7) *Benghazin konsulaattihyökkäyksen jälkeen tavalliset libyalaiset osoittivat joukoittain mieltään sekä Benghazissa että Tripolissa terrorismia ja islamin sekä profeetta Muhammedin väärinkäyttöä vastaan, julistaen, ettei hyökkäys edusta muslimeja eikä libyalaisia, ja että suurlähettiläs Stevens oli Libyan kansan ystävä.*

Mitä seitsemänteen kohtaan tulee, vähän myöhemmin Libyan vallankumouksen toteuttaneet aktivistit myös hyökkäsivät salafilaisjärjestö *Ansar ash-Shari'an* toimistolle, polttivat sen ja ajoivat militantit ulos Benghazista. Maailmalle levinneet kuvat kuolevaa Christopher Stevensiä retuuttavista libyalaisista uutisoitiin valheellisesti niin, että siinä muka olisivat olleet terroristit lähettilään kimpussa – ja islamofobinen liike levitti valheita lähettilään raiskauksesta. Todellisuudessa kuvissa ja videolla esiintyvät libyalaiset pelastivat Stevensin palavasta rakennuksesta ja toimittivat hänet sairaalaan, valitettavasti liian myöhään. Videolla olevat libyalaiset sanovat *Allahu akbar* huomatessaan, että mies on yhä elossa. Maailmalle tietysti valehdeltiin, että he olisivat muka riemuinneet hänen kuolemastaan.

*Avaazin* artikkelin yhteydestä löytyvät myös linkit useisiin muihin hyviin viime aikojen artikkeleihin samasta aiheesta. Hisham Matarin artikkeli *New Yorkerissa* käsittelee mainittua suurlähettiläs Stevensin kuolemaa Benghazin konsulaatilla. Sarah Kendziorin osuva artikkeli *al-Jazeerassa* puolestaan käsittelee yleistämisen ja edustavuuden ongelmaa kohun käsittelyssä. Kendzior tiivistää jupakan seuraavasti:

> *The Innocence of Muslims -filmin teki muslimeja vihaava amerikanegyptiläinen Nakula Basili Nakula. Sen löysi YouTubesta ja esitti Egyptin televisiossa šeikki Khaled Abdullah – mies, joka yrittää vakuuttaa maailman siitä, että amerikkalaiset vihaavat muslimeja. Se oli törkeiden ja valheellisten osapuolten yhteenotto, jossa ne pyrkivät esittämään toisensa mahdollisimman halpamaisesti ja sitten toteuttivat toistensa pahimmat odotukset.*

Pilkkavideokohun ja sitä seuranneen suurlähettiläs Stevensin murhan kaltaisia tunteita kiihdyttäviä aiheita käytetään poliittisten masinaatioiden välineenä juuri siksi, että ne kiihdyttävät tunteita. Kaukaisissa maailmankolkissa kuten Afganistanissa ja Suomessa kiihdytään milloin mistäkin yksittäistapauksesta, ja unohdetaan, että videon tehneellä ja sitä levittäneellä islamofobisella liikkeellä ja videota keppihevosenaan käyttäneellä radikaali-islamistisella liikkeellä on itse asiassa täsmälleen samat päämäärät: ajaa kaksi maailman suurinta uskontokuntaa järjettömään vihanpitoon toisiaan vastaan. "Sivilisaatioiden yhteentörmäykseen", kuten Samuel Huntington virheellisessä teoriassaan asiaa nimitti.

Vihan lietsomiseen pyrkivät liikkeet ovat sivistyksen vihollisia, sillä sivistys edellyttää erilaisuuden, myös eriuskoisuuden, suvaitsemista ja muiden ihmisten, heidän historiansa, kulttuuriensa ja uskontojensa kunnioittamista. Ei ole mitään "sivilisaatioiden sotaa", vaan vihantäyteisten ääriliikkeiden sota ihmiskunnan yhteistä sivilisaatiota vastaan.

# Yksinäinen ruusu

*9. lokakuuta 2012*

Syksy on tullut Kabuliin. Yöt alkavat olla kylmiä ja lehtipuut saada keltaista ja ruskeaa väriä. Hernekerttujen massiivinen läpimuutto näyttää lokakuun alkaessa lakanneen; niiden joukossa meni yksittäisiä kirkasäänisiä fyllareita, lähinnä ilmeisesti kashmirinuunilintuja. Nyt jäljellä on sitten ilmeisesti tyypillisiä kabulilaisia talvilintuja: pikkuvarpusia, palmukyyhkyjä, harakoita ja – hämmästyttävää kyllä – papukaijoja.

Aamuauringon ollessa yhä viileämpi on epätodellista kuunnella kauluskaijojen kiljahtelua robinioiden latvoissa, joissa ne puiden vähitellen kellastuessa menettävät suojavärinsä ja loistavat kirkkaanvihreinä. Olen aina tiennyt, että kauluskaija on karaistunut otus, eläähän se melko korkealle saakka myös Himalajalla sekä selviää talvet Brysselissä, Lontoossa, Innsbruckissa ja Wiesbadenissa. Ei ole sattumaa, että juuri tämä papukaijalaji on kotiutunut moneen eurooppalaiseen kaupunkiin kerran niihin villiinnyttyään. Toinen talvenkestävä papukaija on eteläamerikkalainen munkkiaratti, joita elelee runsaasti ainakin Chicagossa ja Madridissa. Ne kuitenkin selviävät lämmittämällä joukkovoimalla suuria katettuja yhteispesiään. Kauluskaija taas pesii puunkoloissa pareittain.

Afganistanissa kauluskaijat lienevät luonnonvaraisia eikä villiintyneitä. Onhan laji yleinen kaikkialla Intiassa ja Pakistanissa, ja Afganistan on luontaisen levinneisyyden reunaa. Tulee olemaan mielenkiintoista seurata, jäävätkö ne tänne tosiaan koko talveksi vai muuttavatko pakkasten ja lumihankien tullessa jonnekin etelämmäs, kuten bramiinikottaraiset tekivät jo elokuun lopussa. Viime talvena täällä oli kuulemma ollut kaksikymmentä pakkasastetta ja putket olivat jäätyneet. Kabul on sen verran korkealla ylängöllä, että talvet ovat todellisia. Bamiyanissa oli jo tullut lunta vuorille.

Iltojen kylmenemisestä huolimatta näin viimeksi sunnuntaina pikkuruisen kotigekkoni juoksemassa keittiössä. Oletan, että se jossain vaiheessa vetäytyy talvihorrokseen, koska taloa on talvella lämmitettävä kaminoilla ja takalla. Talot eivät ole kovin hyväkuntoisia eivätkä hyvin rakennettuja täällä. Kylpyhuoneesta on suora tuuletusaukko ulos pihalle, joten suihkussa käymisestä tulee ainakin lämpötilan laskiessa nollan alapuolelle mielenkiintoista. Viime viikolla varauduin syksyn lankeamiseen hankkimalla huopia ja hamstraamalla kaappeihin energiapitoisia ja säilyviä elintarvikkeita.

Eilen tein myös varustehankintoja kaupungin ulkopuolella ja näin suuren parven haarahaukkoja ja arohiirihaukkoja paikalla, johon oli ilmeisesti dumpattu jotain niiden ruoaksi kelpaavaa. Kumma kyllä, korppeja ja variksia ei Kabulin alueella näy, vaikka Bamiyanissa ne olivat tavattoman yleisiä. Kabulissa näkee lähinnä harakoita, eikä niitäkään kovin paljon. Veikkaan, että isot ja näkyvät linnut on sotavuosina ammuttu ja syöty. Haukat ovat muuttolintuja, joten ne ehtivät lentää kauempaakin. Puutkin katosivat polttopuiksi sotavuosina, ja nyt on sitten joka paikkaan istutettu nopeakasvuista amerikkalaista vieraslajia robiniaa. Monissa osissa maailmaa siitä on tullut yhtä suuri vitsaus kuin eukalyptuksesta. Euroopassa robinia uhkaa tammea.

Oman asuintaloni *chawkidarit* kastelevat siellä olevaa minipuutarhaa ylenpalttisesti - niin, että usein siinä on pikemminkin suo kuin nurmikko. Jatkuva veden tuhlaaminen autojen, betonin ja katukiveyksen pesemiseen (pölyn sitomiseksi) tuntuu harmittavalta maassa, joka kärsii kroonisesta vesipulasta. Se hyöty *chawkidarien* mielipuuhasta kuitenkin on, että kotipihani miniatyyrinen *gulistan,* ruusutarha, kukoistaa edelleen kukkeana. Sen sijaan toimiston pihalla ikkunakaltereideni ulkopuolella kasvava yksinäinen ruusu näyttää riutuvan.

Tavoitteeni on ollut siivittää persian kielen opiskeluani sillä, että kirjoitan säännöllisesti runon persiaksi tuolle yksinäiselle ruusulle, jota päivittäin kaltereiden läpi katselen. Olen aloittanut äärimmäisestä yksinkertaisuudesta ja toivoakseni kuukausien ja vuosien vieriessä ajatus ja ilmaisu vähitellen syvenevät.

# Venäjän varjo

*9. lokakuuta 2012*

Sunnuntaina tapasin venäläisiä kollegoita ja myös erään kuuluisan kirjoittajan, Jaroslav Trofimovin, joka nykyisin työskentelee suurelle länsimaiselle lehdelle. En tiennytkään, että hänkin on päätynyt tänne Afganistaniin. Mainitsin tietysti lukeneeni ja suuresti arvostaneeni hänen tunnetuimman kirjansa *The Siege of Mecca*, joka kertoo vuoden 1979 tapahtumista, mahdilaisen messiaanisen liikkeen noususta ja tuhosta Mekassa.

Siinä venäläisiä perinnesnäksejä syödessä ja maljaa nostellessa tuli mieleeni, että nykyinen nuori suomalainen sukupolvi on ensimmäinen, joka yleisesti ottaen suhtautuu Venäjään neutraalisti, kuin mihin tahansa isoon maahan. Isoisovanhempieni sukupolvi vihasi ryssiä. Isovanhempieni sukupolvi pelkäsi Venäjää ja miehityksen vaara häilyi vielä alitajunnassaan. Vanhempieni sukupolvi taas kaunisteli sitä, luoden valheellisen YYA-todellisuuden, johon osa vielä täysin punarinnoin uskoi.

Minun ikäpolveni on rajatapaus, jolla on lapsuuden hämäriä muistikuvia Neuvostoliiton olemassaolosta, mutta joka kasvoi 90-luvun Venäjän kanssa. Mielikuvissa ovat vahvoina kaoottisuus, mafia sekä Balkanin ja Kaukasian sodat. Minua nuoremmat, 2000-luvulla aikuisiksi kasvaneet, sen sijaan eivät oikeastaan ole sisäistäneet lainkaan sitä, että Neuvostoliitto oli kerran olemassa. Se on heille vitsi, jota ei missään tapauksessa pidä ottaa vakavasti. He eivät vihaa eivätkä ihannoi Venäjää, eivät pelkää eivätkä nöyristele. Heille Venäjä, sikäli kuin sitä on olemassa, on lähinnä neutraalisti ymmärretty hassu "toinen", josta joku Viro ja Georgia ovat syyttä suotta huolissaan.

Georgiasta puheen ollen siellä oli vaalit ja oligarkki Bidzina Ivanišvilin johtama oppositiopuolue *Georgialainen unelma*, jonka siniliput loppukesällä siellä matkustellessamme liehuivat joka paikassa, voitti vaalit. Presidentti Mihail Saakašvili ja hänen puolueensa *Yhdistynyt kansallisliike* myönsivät mukisematta vaalitappionsa ja uusi hallitus on jo muodostettu. Tämän pitäisi viimeistään osoittaa, että jos ei Venäjä jatkaisi maan jatkuvaa vainoamista sekä Georgiaan kuuluvien Abhasian ja Etelä-Ossetian miehittämistä, maa olisi valmis liittymään Baltian maiden ja Moldovan jatkoksi demokratisoitumisen suhteen transitiokoulunsa päättäneiden entisten neuvostotasavaltojen joukkoon.

Ukraina kävi tuossa joukossa, mutta luisui oranssikoalition tappion jälkeen takaisin autoritariaan Venäjään tukeutuvien oligarkkien kammettua vallan takaisin vanhan vallan edustajille, politrukeille ja turvallisuuspalvelulle. Toivottavasti Georgiassa ei käy näin, vaan Ivanišvili lunastaa lupauksensa ja pitää maan demokratian, avoimen yhteiskunnan ja länsiintegraation linjoilla. Saakašvili oletettavasti jatkaa presidenttinä vielä kautensa loppuun, jolloin presidentinvaalit taas vuorostaan testaavat puolueiden kansalaisluottamusta.

Saakašvilin flambojantille tyylille on naurettu, samoin kuin hänen tempauksilleen kuten viinipullojen jakaminen turisteille, kaupunkiaukioiden ehostaminen hellenistisillä patsailla ja poliisiasemien rakentaminen läpinäkyviksi (symboliksi korruptionvastaiselle taistelulle). Kuitenkin tosiasia on, että Saakašvili jää historiaan yhtenä suhteellisesti merkittävimmistä uudistajista, joka vajaassa vuosikymmenessä onnistui kitkemään alatason korruption, avaamaan vahvoihin miehiin tottuneen yhteiskunnan aidolle demokratialle ja tekemään Georgiasta kansainvälisesti houkuttelevan turistimaan.

On ymmärrettävää, että kuten kaikilla demokraattisilla johtajilla, myös Saakašvilillä on aikansa, jonka jälkeen hänen on omankin perintönsä kannalta viisainta väistyä. Johtajien vaihtuminen kuuluu olennaisesti pluralistiseen demokratiaan, heidän korvaamattomuutensa ei. Vasta kun sekä kansa että johtajat tottuvat siihen, että johtajat tosiaan vähän väliä vaihtuvat normaaleilla vaaleilla, alkaa demokratia olla kypsää. Turvattua se ei toki silloinkaan ole. Riippuu sekä Ivanišvilistä että hänen liittolaisistaan ja kannattajistaan, pystyykö hänen puolueensa jatkamaan uhanalaisen demokratian suojelemista, vai taantuuko Georgia ukrainalaiselle tielle. Varmaa on, että Venäjä ei tule jättämään Georgiaa rauhaan, vaan

käyttää monia keinoja pienen naapurimaansa itsenäisyyden heikentä-
miseksi.

# Omanista



Etelä-Arabian auringossa, Intian valtameren lämpimien aaltojen huuhtomana sijaitseva Omanin sulttaanikunta tarjoaa matkailijalle erinomaisen pehmeän laskun eksoottiseen itään, sillä se ei ole yhtä moderni kuin Arabiemiraatit, siellä on edelleen perinteinen kulttuuri, vaatetus ja rakennustyyli, mutta se on kuitenkin vauras ja tarjoaa turvallisen länsimaisen infrastruktuurin Emiraattien tapaan.

Oman on rauhallinen ja varsin rento maa ja erittäin turvallinen. Arabikevät jäi melko rauhallisesti sujuneisiin mielenosoituksiin työpaikkojen tarpeesta ja demokratiavajeesta sulttaanin johtamassa perustuslaillisessa monarkiassa. Maassa ei ole ollut varsinaista konfliktia sen jälkeen, kun kylmän sodan aikana Neuvostoliiton satelliittina toiminut kommunistinen Etelä-Jemen yritti soluttaa maahan kommunistista taistelujärjestöä Dhofarin kapinana tunnetussa konfliktissa, jossa vaikutti myös Saudi-Arabian tukema irredentistiliike. Sulttaanikunta joutui kukistamaan aseelliset salahankkeet Persian, Pakistanin ja Britannian aseellisella tuella. Terrorismia ei Omanissa ole esiintynyt miesmuistiin.

Voisi sanoa, että matkailijan näkökulmassa Omanissa yhdistyvät hyvät puolet kahdesta täysin erilaisesta naapurimaasta, Arabiemiraateista ja Jemenistä, mutta sieltä puuttuvat kummankin huonot puolet. Omanissa on turvallista ja korkea elintaso kuten Emiraateissa, mutta toisaalta siellä on Jemenin tavoin enemmän eksoottista kulttuuria ja luontoa. Sieltä puuttuvat Emiraattien hypermoderni kitšisyys ja tietynlainen historiattomuus ja toisaalta sieltä puuttuvat myös Jemenin epävakaus, turvattomuus, köyhyys ja qatinpureskelu.

Omanissa on toimiva infrastruktuuri ja erittäin hyväkuntoiset tiet, joita rakennetaan jatkuvasti lisää. Jostain syystä tieinfrastruktuuri on ollut sulttaani Qabusin suosikkikohteita Omanin öljyvarojen investoimiseksi. Onneksi hän on kantanut huolta myös koulutustasosta ja ympäristönsuojelusta. Sulttaani Qabus on yksi maailman kahdesta viimeisestä vallassa olevasta sulttaanista – toinen on kaakkoisaasialaisessa Bruneissa Borneon saarella.

Omanin sulttaanikunta oli aikoinaan alueellinen suurvalta, joka hallitsi koko Intian valtameren länsiosan kauppaa, Itä-Afrikan rannikoita aina nykyisiin Tansaniaan ja Mosambikiin saakka sekä nykyisin Pakistaniin kuuluvaa Makranin rannikkoa ja sen satamakaupunkia Gwadaria. Manner-Omanin lisäksi Itä-Afrikan rannikolla sijaitseva Sansibarin saari oli omanilaisen meri- ja kauppavallan tärkein keskus ja sulttaanikunnan pääkaupunki sijaitsi kulta-aikoina siellä. Sansibar toimi aikanaan myös itsenäisenä Sansibarin sulttaanikuntana.

Omanin imperiaalinen suuruus alkoi kuihtua brittien kaapattua itselleen Intian valtameren hegemonian, alistettuaan Adenin siirtomaakseen ja vallattuaan Intian. Eurooppalaiset siirtomaavallat jakoivat keskenään myös Omanin vanhat afrikkalaiset hallintoalueet. Myöhemmin Tansanian itsenäistyessä Sansibar liitettiin Tanganjikaan ja tansanialaiset kansallismieliset sosialistit toteuttivat Sansibarilla kansanmurhan arabi- ja intialaissyntyistä omanilaisväestöä vastaan. Monet pakenivat nyky-Omaniin, minkä vuoksi maan väestössä onkin paljon geneettistä vaikutusta sekä Afrikan että Intian suunnilta. Nykyisin Omanilla ei ole enää siirtomaita, mutta sille kuuluu yhä Hormuzinsalmea valvova Musandamin eksklaavi, jonka pääkaupunki on Khasab.

Omanissa on nykyisin kolme ja puoli miljoonaa asukasta, joista noin 2,8 miljoonaa omia kansalaisia. Silmämääräisesti katsoen valtava osa väestöstä Omanissa on Persianlahden rantavaltioiden tapaan maahanmuuttajia. Bengalin, hindin, urdun ja tagalogin kielillä olisi Omanissa pärjännyt paremmin kuin arabialla, koska melkein kaikki palvelualoja, kauppoja, huoltoasemia, ravintoloita jne. pyörittävät ihmiset olivat työperäisiä maahanmuuttajia Aasiasta, varsinkin Intiasta, Bangladeshista, Pakistanista ja Filippiineiltä.

Uskonnollisesti Oman on varsin omaleimainen, sillä siellä harjoitetaan omaa islamin suuntausta, ibadilaisuutta, joka poikkeaa sekä sunnalaisuudesta että šiialaisuudesta. Omanilaiset moskeijat näyttävät erilaisilta kuin naapurimaissa ja miehillä on muista arabimaista poikkeavia fetsejä ja turbaaneja, joista syntyperäiset omanilaiset tunnistaa. Vaikka ibadiittinen islam onkin teologisesti varsin konservatiivista, Oman on varsin rento ja vapaamielinen maa verrattuna sisämaanaapuriinsa Saudi-Arabiaan.

Omanissa matkustaminen on antoisaa luonnonystävälle. Maan pohjoisosien luonto on samankaltaisempaa Arabiemiraattien kanssa, joskin vihreämpää ja vähemmän aavikkoista, sisältäen lisäksi runsaasti persialaisia ja eteläaasialaisia vaikutteita niin elinympäristöissä, kasvistossa kuin eläimistössäkin. Maan keskiosissa on laaja aavikkoalue, joka muodostaa kaakkoisen ulokkeen pääasiassa Saudi-Arabiassa sijaitsevaan Rubb al-Khalin autiomaahan. Aavikon takana etelässä, Dhofarvuorten eteläpuolella sijaitseva Dhofarin lääni on puolestaan hyvin erilainen, edustaen samanlaisia habitaatteja ja eläimistöä kuin Jemenissä ja Afrikan sarvessa. Myös kulttuurisesti pohjoinen on lähempänä Persianlahtea ja etelä taas lähempänä Jemeniä.

Omanin pohjoisella Batinan rannikolla elää lukuisia tyypillisesti intialaisia lintulajeja, vaikkakin osa niistä villiytyneitä tai itse laivojen mukana levinneitä, jotka ovat sitten suotuisissa habitaateissa nopeasti levinneet. Dhofarissa ja rannikkokaistaleella Salalasta molempiin suuntiin tavataan taas lukuisia sellaisia lintulajeja, jotka ovat tyypillisiä Etiopiassa ja Jemenissä. Kaikkialla Omanissa näkee myös lukuisia muuttolintuja, mukaan lukien monia tuttuja palearktisia lajeja, Lähi-idän sisäisiä muuttajia sekä huomattavia määriä mielenkiintoisia lajeja, jotka saapuvat Keski-Aasiasta ja tavallisesti Intiassa sijaitsevien talvehtimisalueidensa sijaan ylittävätkin Pakistanin ja Iranin ja päätyvät Arabianmeren yli Omaniin.

Vietin osan lokakuusta Omanissa, joka osoittautuikin erittäin miellyttäväksi matkailumaaksi. Varasin netitse edulliset *Air Arabian* lennot Shariqan kautta Omanin pääkaupunkiin Masqatiin, josta muskotti on saanut nimensä, ja samaan syssyyn netitse myös edullisen vuokra-auton koko ajaksi. Lentojen ja autonvuokran yhteiskustannukset nousivat noin 500 euroon, mihin voi lisätä päälle varsin edulliset majoituskustannukset vaihdellen 15 rialin (30 euron) motellihinnoista 75 rialin (150 euron) viiden tähden hotelliin. Majoitusvaihtoehtoja on kaikissa kaupungeissa ja monissa kylissäkin.

Matkani aikana minun ei tarvinnut kertaakaan varata mitään etukäteen, vaan hotelleissa ja majataloissa oli aina tilaa. Omanin turismikausi oli vasta alkamassa, ja maan matkailu on sitä paitsi kärsinyt matkanjärjestäjien ja länsituristien pelokkaasta suhtautumisesta arabikevään tapahtumiin, vaikka Omanissa on ollut täysin rauhallista. Tapasin kyllä matkani varrella sekä Omanissa ja Emiraateissa asuvia länsimaisia ekspättejä että nimenomaisesti Omaniin tulleita matkailijoita, joista monet lintuharrastajia ja sukeltajia. Näille kahdelle harrasteryhmälle Oman onkin melkoinen paratiisi.

Ennen Omaniin saapumista vietin useita tunteja Shariqassa yrittäen ratkaista yhtä läpi matkan vaikuttaneista ongelmistani, nimittäin saada uuden laturin kamerani akkua varten kadonneen tilalle. Vierailin kolmessa eri hyvin varustetussa ostoskeskuksessa enkä silti löytänyt tarvittavaa laturia enkä edes varapatteria. Niinpä suurimman osan matkaa jouduin käyttämään varakameraa, jossa on paljon lyhyempi fokus.

Ajellessani pitkin poikin kamerakauppoja koskevien vihjeiden perässä tulin myös nähneeksi joitain Persianlahden maiden kaupunkiympäristöjen, kuten nurmikoiden, palmurivistöjen ja puutarhojen tyyppilintuja: pihamainoja, intianvariksia, palmu- ja turkinkyyhkyjä, puluja, varpusia, valkoposki- ja punaperäbulbuleja, purppuramedestäjiä ja kenttähyyppiä. Illalla saavuin Masqatiin, vastaanotin vuokra-autoni, tapasin Masqatissa asuvan brittiläisen ympäristöekspertin ja sain häneltä runsaasti hyödyllistä tietoa, joka auttoi minua suunnittelemaan tulevan viikon matkaohjelmaa.

# Ras as-Sawadi



Omanin pohjoisrannikko, jota huuhtova meri tunnetaankin Omaninlahtena, ja jota Hajarvuoristo erottaa kuivasta sisämaasta, jakautuu karkeasti kahteen osaan, pääkaupungin Masqatin sijaitessa keskellä. Masqatista länteen sijoittuva rannikko, joka ulottuu Barkasta Shinasiin ja Arabiemiraattien Omaninlahden puolella sijaitsevan emiirikunnan Fujeiran rajalle, tunnetaan nimellä Batina, "vatsa".
Masqatista itään tai oikeastaan kaakkoon viettävä rannikko Sifasta aina
Ras al-Haddin niemelle tunnetaan puolestaan nimellä Sharqiyya, "itämaa". Hallinnolliset Batinan ja Sharqiyyan läänit eivät mene aivan yksiin
maantieteellisten nimitysten kanssa.

Batinassa tuntuu myös ajan patina, sillä alueen pääkaupunki Sohar tunnettiin muinoin Omanin kaupunkina, josta koko maa on saanut nimensä,
ja joka aikoinaan toimi valtakunnan pääkaupunkina. Kuten monen historiallisen imperiumin, myös Omanin pääkaupunki vaihtoi paikkaa
monta kertaa historian saatossa. Sohar on tunnettu paitsi tärkeänä kauppasatamana, myös tarunomaisen merenkävijä Sindbadin syntymäpaikkana. Nimi Sindbad vaikuttaa indoiraaniselta ja viitannee nykyisen Pakistanin eteläisimpään osavaltioon Sindiin, josta tarinat ovat saattaneet
Persian kautta kulkeutua Arabiaan. Tarut Sindbadin matkoista tunnetaan kuitenkin alun perin arabiankielisinä, muodostavat osan *Tuhannen
ja yhden yön tarinoista (Alif layla wa layla,)* ja ne on sijoitettu abbasidien
kalifaatin kulta-aikaan, kalifi Harun ar-Rashidin valtakaudelle.

Tarkoitukseni oli ajaa Masqatista ensin Ras as-Sawadin niemelle, jonka
edustalla olevalla Sawadin saarella on keskiaikainen linnoitus ja pesii
nokihaukka, ja jonka laguuneilla tavataan runsain määrin erilaisia kahlaajia. Tarkoitukseni oli jatkaa illaksi Sohariin. Suunnitelmani sekoitti
kuitenkin sulttaani Qabusin hallinnon intohimoinen harrastus rakentaa

yhä uusia valtateitä, mutta puutteellinen panostus niiden viitoittamiseen.

Tässä vaiheessa minun on mainittava ne kaksi asiaa, joista en Omanissa ensinkään pitänyt: ensinnäkin kaikkialla salakavalina ja varoituksitta esiintyvät hidastetöyssyt, jotka ovat omiaan tuhoamaan minkä tahansa pikkuauton, ja toiseksi tietöiden runsaus, jonka seurauksena maassa risteilee kaikkialle upouusia mutta puutteellisesti viitoitettuja teitä, jotka johtavat ei-mihinkään. Pahimmillaan ne päättyvät pimeässä kesken betoniporsaisiin ja joutuu palaamaan kymmeniä kilometrejä tehdäkseen u-käännöksen.

Länttä kohti ajellessani pysähdyin lyhyesti Barkassa, mutta sen jälkeen en löytänyt kylttiä Sawadiin. Lopulta tulin liikenneympyrään, josta oli kyltti Musanan linnaan, ja tajusin ajaneeni liian pitkälle. Käännyin sieltä oikealle ja löysin vaiston varassa pikkuteitä pitkin rannikolle, jossa käyskenteli hietaisilla laguuneilla paljon karikukkoja, pikkusirrejä ja mustajalkatyllejä sekä lepäili laumoina idänselkälokkeja, aroselkälokkeja, nokilokkeja ja töyhtötiiroja.

Rannikolta näin itäisessä horisontissa Sawadin saaren ja siellä kohoavan vartiotornin ja lähdin sitten rantateitä myöten kohti tuota päämäärää. Päädyin ajamaan upouudelle suureelliselle tielle, jossa ei näkynyt lainkaan muuta liikennettä eikä tietenkään mitään viitoitusta. Lopulta edessä oli esteitä ja tie osoittautui tästä päästä suljetuksi liikenteeltä. Jouduin omavaltaisesti siirtämään esteet päästäkseni ajamaan vanhemmalle tielle, joka lopulta vei minut näkymättömän käden ohjaamana suoraan Ras as-Sawadiin.

Ras as-Sawadi on kuitenkin suosittu viikonloppuretkien paikka masqatilaisille ja olin paikalla perjantaina, joka on muslimien sunnuntai. Paikka oli tupaten täynnä väkeä: Perheitä, joiden pikkupenskat pitivät hauskaa juoksemalla rantoja pitkin karkottamassa lentoon satapäisiä lokki-, tiira- ja kahlaajaparvia. Isiä vesipiippuineen ja äitejä huiveineen. Intialaisia siirtotyöläisiä piknikoimassa todennäköisesti viikon ainoana vapaana iltapäivänään. Arabiteinejä esittelemässä merkkivaatteitaan, aurinkolasejaan, hienoja autojaan ja soittamalla kovalla musiikkia autoista tai ghettoblästereistä. Kuten kuvitella saattaa, en tällaisen tilanteen vallitessa nähnyt niemen molemmin puolin olevilla laguuneilla kovinkaan paljon lintuja, vaikka rannoilla kipittikin mustajalka-, ylänkö- ja aavikkotyllejä, ja vähän kauempana kahlaili pitkäjalkoja, pikkukuoveja ja punakuireja. Selkä- ja harmaalokkiryhmän siperialaisia ja keskiaasialaisia alalajeja oli paljon, samoin kuin paikallisia nokilokkeja ja töyhtötiiroja.

Sawadin saari on laskuveden aikaan mahdollista saavuttaa niemeltä käsin kahlaamalla ja nousuveden aikaan veneellä, mutta saarikin oli tupaten täynnä väkeä ja nokihaukka todennäköisesti lähtenyt talvehtimissijoilleen Itä-Afrikan ja Madagaskarin suunnalle. Näin kuitenkin matkan ensimmäisen kalasääksen. Sääksiä olikin sitten matkan varrella hämmästyttävän paljon kaikkialla Omanin rannikoilla ja ne antoivat usein kuvata itseään varsin läheltä, mikä ei tämän lajin kohdalla useimmiten ole niin helppoa. Ajoin väen eniten suosimilta rannoilta ja laguuneilta hieman etäämmäs dyynien laitaa pitkin ja löysin rauhallisemmilta paikoilta suurempia lokki-, tiira- ja kahlaajaparvia, samoin kuin dyyneiltä töyhtökiuruja, aavikko- ja arotaskuja. Nämä kolme olivat tulevinakin päivinä matkan yleisimpien lintulajien joukossa.

Auringon alkaessa painua mailleen suuntasin takaisin niemelle, mutta seuratessani petollisia autonjälkiä onnistuin juututtamaan *Toyota Yarikseni* pehmeään hiekkaiseen maaperään. Tapakulttuurisyistä minulla on kuitenkin aina ollut korkeampien voimien siunaus matkassani vahvempana musulmaanien alueilla liikuttaessa kuin Euroopassa, eikä pienissä käytännön pulmissa koskaan jää pulaan. Nytkin paikalla oli onneksi vanha setä kahden pienen lapsen kanssa ja heidän avullaan sain auton irti renkaista ilmaa vähentämällä, laudanpätkiä käyttämällä ja sedän kanssa autoa työntämällä pikkupojan kiertäessä virtakytkintä. Vanhus kertoi minun olleen jo viides auto sinä päivänä, joka juuttui samoja renkaanjälkiä seuratessaan. Miksi ihmiset eivät ymmärtäneet ajaa kyseistä pätkää kosteamman rannan puolelta? Hän kieltäytyi ehdottomasti kaikista raha- ja jopa limsapalkkiotarjouksistani ja olisi päinvastoin itse halunnut tarjota teetä, mutta minä halusin ennen pimeän tuloa Sohariin.

Sawadin kylässä täytin renkaat uudelleen ja tankkasin. Sohariin ajaminen moottoritietä pitkin ei ollut hankalaa, mutta Arabian niemimaan kaupunkien tavoin Sohar on levinnyt laajalle alueelle, muodostaen useita erillisiä keskustoja ostoskeskusten ympärille, ja sinne päästessäni oli jo pimeää, joten hotellin löytäminen osoittautui haasteeksi. Kyltit johtivat minut ensin harhaan ja sama tulos oli kysyessäni useaan kertaan kauppoja ja grillejä pyörittäviltä aasialaisilta siirtotyöläisiltä, jotka kasvot säilyttääkseen eivät voi sanoa "en tiedä", vaan osoittavat johonkin suuntaan. Lopulta kaksi paikallista nuormiestä *Porschen* ratissa lupasi ajaa edelläni, ja ajoivatkin, vaikka aikamoista rallia, kaupungin toiselle puolelle ja hienon rantahotellin porteista sisään.

Vähän turhan fiini yhden yön majoitukseksi, mutta kun oli jo myöhä, se palveli tarkoitustaan. Söin *shish tawukia* oluen kera, järjestelin muistiinpanojani ja valokuviani. Satoja kauluskaijoja ja pihamainoja oli kokoontunut viereisen puiston puunlatvoihin yöpuulle ja meteli oli aamulla sen mukainen. Kenttähyypät huutelivat yössä nurmialueilta. Merinäköala oli hieno jo ennen auringon nousua horisontin yläpuolelle.

# Muntasarista Mughsayliin



Söin aamiaista ennen ensivaloa ja valon kajastaessa kävin läpi Qatbitin puutarhat ja pienen "savannin". Oli läsnä runsaasti pikkuhernekerttuja, jotka kuulostivat sinitiaisilta, hyvin erilaisilta kuin tavalliset hernekertut. Toinen runsaana esiintynyt laji oli punapyrstölepinkäinen. Kaunis sininärhi lehahteli hyönteisjahdissa, samoin kuin kaksi harjalintua. Ryteiköistä löytyi varpushaukka, pikkukultarinta, vaaleakultarinta, pajulintu, punavarpunen sekä runsaasti harmaasieppoja ja pienempiä määriä pikkusieppoja.

Majatalonpitäjä selitti minulle vaihtoehtoisen hiekkatien Muntasarin keitaalle. Ajoin sinne enkä nähnyt ristin sielua koko aavikkotaipaleella vaalean beesin maiseman halki, paitsi arokorpin, aavikkotaskun ja aavikkokiurun. Koko näkymä oli samaa vaalea aavikkoa ja tien pintaan piirtyneistä jäljistä saatoin nähdä, että olin ainoa, joka oli ajanut koko alueelle sinä aamuna. Tai ehkä muutamaan päivään.

Aloin jo vakavasti epäillä eksyneeni, koska mitään ei näkynyt, ei palmun palmua, kunnes äkkiä näin edessäni ilmassa leijuvan sudenkorennon. Hiljensin vauhtia ja sudenkorento syöksähti vasemman suuntaan. Sudenkorento, keskellä autiomaata! Pysäytin ja astuin ulos autosta, kuumeneva ilma tuulahteli huiviani heilutellen, ja luodessani katseeni suuntaan, johon sudenkorento oli syöksähtänyt, näin kaukaisessa horisontissa jotain tummaa, joka väreili kohoavassa lämmössä. Voisiko siellä tosiaan olla puita? Ajoin hieman edemmäs ja löysin pehmeähiekkaisen ajojäljen, joka johti puiden suuntaan.

Parkkeerasin tänne, koska en voinut täysin luottaa autoni selviytyvän mainitusta ajourasta, ja lähdin kävelemään kohti etäällä häämöttäviä puita, toivoen, etteivät ne osoittautuisi kangastukseksi. Afgaanihuivi ja vesipullo seuralaisinani kuljin tyhjän maiseman halki, ja jalanjäljistä näin, ettei lisäkseni kukaan kameleita lukuun ottamatta ollut kulkenut siellä pariin päivään. Polun päästä löytyi kuin löytyikin keidas: paksuja ruovikkoja ympärillään puskeva *ayn,* jonka oikealla puolella oli ryhmä vesilammikoita. Tämä se siis oli, olin saapunut tarunhohtoiselle Muntasarin keitaalle.

Muntasar on asumaton, mutta faabeloitu tarinoilla valtavista hietakanaparvista, joiden pitäisi saapua sinne juomaan yhdeksän ja yhdentoista välillä aamupäivällä, lentäen kymmenien ellei satojen kilometrien päästä ympäröivältä aavikolta, sekä keitaalla talvehtivista hopeatilhistä, joka on yksi Lähi-idän mystisimmistä lintulajeista.

Olin paikalla kahdeksalta, hyvissä ajoin ennen kuin hietakanojen piti kirjojen mukaan saapua, mutta yhtään hietakanaa ei ollut näköpiirissä tullessani, joten kiersin keitaan muodostaakseni siitä kokonaiskuvan. Näytti siltä, että useimmat puut etäällä keitaasta olivat kuolevia, joten ilmeisesti täälläkin veden määrä on tasaisesti vähentynyt, ja se olisi huono uutinen keitaalle. Joku oli myös polttanut osan arvokkaista puista ja ruovikosta. Tunsin lievää pettymystä, sillä siihen nähden, kuinka paljon vaivaa olin nähnyt löytääkseni paikan, näin vain harvoja lintuja ja nekin yleisiä lajeja: västäräkkejä ja keltavästäräkkejä, harmaasieppoja, punapyrstölepinkäisiä, hernekerttuja, parvi varpusia.

Yhtä äkkiä kuin sudenkorento oli ilmaantunut, kuin joku olisi lukenut ajatukseni, kuulin kuitenkin hietakanamaista pörpötystä ja katsoessani suuntaansa näin yhdeksän täplähietakanan parven saapuvan lammikoille. Olin kuitenkin liian lähellä, eivätkä ne uskaltaneet tulla juomaan, vaan laskeutuivat aavikolle jonkin matkan päähän, kuikuillen sieltä ahnaan näköisinä lammikoille. Vetäydyin pois lammikoilta, jotta ne pääsisivät juomaan ja kävelin jälleen keitaan ympäri, ajatellen, että palatessani lammikoille löytäisin sieltä ehkä suuria parvia juomaan tulleita hietakanoja. Keidaskierroksellani löysin komean vanhan arosuohaukkauroksen, varpushaukan, metsäkirvisen, lapinkirvisen ja matkan ensimmäisen ja ainoan virtavästäräkin, sekä lisää punapyrstö- ja ruostepäälepinkäisiä.

Palatessani lammikoille näin kolmetoista hietakanaa lähdössä pois, useimmat täplähietakanoja, mutta joukossa ainakin kaksi kruunuhietakanaa, jotka pysyttelivät jäljessä muusta ryhmästä. Alussa näkemäni parven lisäksi nämä jäivät ainoiksi näkemikseni hietakanoiksi, sillä vaikka viivyin keitaalla yhteentoista, en nähnyt enää enempää hietakanaparvia. Nuo parikymmentä, jotka näin, olivat arkoja ja pysyttelivät etäällä, liian etäällä valokuvattaviksi jäljellä olevilla laitteillani. Lohdutukseksi löysin kuitenkin lammikoilta rääkkähaikaran ja pelästytin hämmästyksekseni lentoon luhtahuitin. Lisäksi juomassa kävi yksinäinen lyhytvarvaskiuru ja joitakin saharanvarpuskiuruja.

Pitkällä paluukävelyllä autolle, seuratessani kirjaimellisesti omia jalanjälkiäni, afgaanihuivi ja vesipullo osoittautuivat kelpo ystäviksi, sillä aurinko oli armottomampi kuin aamuvarhain.

Sitten ajoin halki loputtomien autiomaatasankojen kohti Dhofaria. Matkalla näin muutamia kirjosiipikiuruja, arokorppeja ja aavikkotaskuja sekä pieniä parvia kallio- ja turkinkyyhkyjä. Auto alkoi aavikkotaipaleella hajota kappaleiksi. Keskellä ei mitään osia pohjalevyistä alkoi putoilla ja kiljua. Yritin korjata niitä useaan otteeseen, kunnes lopulta kaukaisella aavikkohuoltoasemalla sitä hoitava apulainen löysi jostain metallilankaa, jonka avulla saimme auton pohjalevyt sidottua paikoilleen, vaikkakin provisorisesti, kestämään lopuksi matkaa.

On otettava huomioon, että oli alkamassa muslimien pyhä *eid al-adha*, enkä halunnut tuhlata jäljellä olevia päiviäni seisoskeluun ja odotteluun jossain autokorjaamolla. Sitä paitsi vaikka ongelman olivatkin todennäköisesti aiheuttaneet jatkuvana riesana esiintyvät hidastetöyssyt, se oli selvästi kroonista laatua. Joten oikeastaan minä tein vuokraamolle palveluksen korjaamalla pohjalevynsä, ja heidän pitäisi maksaa siitä minulle eikä päinvastoin. (Lopputulos matkan jälkeen olikin, että en maksanut rikkoutuneista pohjalevyistä mitään. Mahtoivatko edes huomata, että ne on kiinnitetty rautalangalla.)

Dhofarvuorilla maisema muuttui dramaattisesti mielenkiintoisempaan suuntaan, kun suhteellisen luonnontilaisilta vaikuttavia wadeja peittivät monipuoliset macchiamaiset pensaikot, nummet ja puusavannihabitaatit. Alemmissa wadeissa oli runsaasti avointa akaasiapuustoa, joka muistutti monia Etiopiassa näkemiäni habitaatteja. Korkeammalla vuorilla oli sen sijaan kovasti välimerenkasvillisuudelta vaikuttavaa macchiaa ja gariguea. Nähdessäni kaiken tämän ja tajutessani Dhofarin maakunnan luonnonympäristöllisen rikkauden kaduin, että minulla oli jäljellä enää puolitoista operationaalista päivää ennen kuin olisi palattava Masqatiin.

Tein pysähdyksen noin 38 kilometrin päässä Dhofarin pääkaupungista Salalasta lintuisalta näyttävään vuoristomaisemaan, jonka lähellä oli vuorenhuipulla sää- tai vakoiluasema. Paikalla oli monipuolista pensaikkoa ja ruohostomaata. Jo lyhyehkö kävelylenkki parin wadin ympäri tuotti runsaasti mielenkiintoisia lintuja: käärmekotkan, mustalakkipyyn, paljon afrikansirkkuja, jemenintaskun, sinirastaan, kivikkorastaan, mustaleppälinnun, kalliokirvisiä, aavikkopääskyjä, mustapyrstöjä, arotaskuja, harmaakultarinnan ja lyhytpyrstökorpin, vain muutamia mainitakseni.

Saapuessani Salalaan yritin ensin seurata kylttejä Niili-hotellille, mutta kyltit johtivat taas harhaan, turhauduin ja ajoin kaupungista ulos ja länteen. Matkalla huomasin, että Salalassa sellaiset kaupunkilinnut kuin intianvaris, pihamaina ja kauluskaija palasivat taas lintumaisemaan. Ajoin aina Mughsayliin saakka, joka on tunnettu rannikon vesipurkauksistaan näyttävien jyrkänteiden alla. Myös rannikot ja niiden takana olevat wadit ovat jylhiä ja maisemat kauniit.

Oli iltapäivä ja erinomainen aika meristaijaukseen jyrkänteen varjosta. Tällä kertaa staijaus olikin mitä produktiivisinta. Näin useita ruskosuulia syöksymässä mereen kalanpyynnissään, myös naamiosuulan ja arabianmerimetson. Sekä persianliitäjiä että sokotrantyrskyliitäjiä meni merellä kaikkialla mihin katsoi. Muutamia merikihuja ja sysiliitäjiä näkyi myös, samoin yksinäinen ruskotiira. Yleisempiä lokkeja ja tiiroja meni tietysti tuhansia. Sen sijaan täällä usein nähtävät etelänkeijut ja pikkukeijut jäivät näkemättä; ehkä aika oli väärä. Staijauksen ohessa joukko moniäänisiä rotkorakkeleita tuli jyrkänteen puolelta tervehtimään ja rupattelemaan siinä merelle katsellessani. Rakkeleille ominaiseen tapaan ne olivat uteliaita ja kesyjä.

Khor al-Mughsayl oli redusoitunut pieneksi lammeksi, jota ruovikko ympäröi, kun taas suurin osa entistä laguunia oli nyt kuivunut töyhtökiurulle sopivaksi habitaatiksi, ja olihan niitä siellä. Yhdessä khorin ja meren välissä olevista saastuneista lammikoista lojui hiljattain kuollut harmaahaikara, jonka ympärillä haikarat ja pitkäjalat kahlailivat varsin epäterveellisen näköisessä öljyisessä vedessä. Ruovikossa oli paljon arabianbulbuleita ja priinioita, joiden lisäksi pelästytin lentoon yöhaikaran. Paikalla pitäisi olla pikkuhaikaroita ja kiinanpikkuhaikaroita, mutta niitä ei näkynyt. Muutama liejukana, nokikana, jouhisorsa ja tavi uiskentelivat lammessa, joukossaan tukkasotka, joka oli uusi matkapinna.

Yksi tai kaksi papyruskerttusta teki aneemisia laulualoitteita, ja pelästytin myös lentoon kanalinnun, joka näytti harmaafrankoliinilta, mutta kun sen levinneisyyden ei pitäisi Dhofariin saakka ulottua, kyseessä saattoi olla mustalakkipyy, joiden ääniä kuulin aika ajoin ylemmiltä kallioilta. Jyrkänteillä oli myös varpusia, jotka kuulostivat kalliovarpusilta, mutta lienevät olleet arovarpusia.

Hämärän laskeutuessa ajoin ylös kallioiseen wadiin kuulostellakseni, kuuluisiko siellä pöllöjä, kehrääjiä tai paksujalkoja, mutta lukuun ottamatta kaukaista hieman minervanpöllöltä kuulostavaa huutoa en kuullut sinä yönä yölintuja. Ajoin takaisin Salalaan ja etsiskelin ensin aikani hotellia, kunnes lopulta huomasin *Darbat*-hotellin ja otin huoneen sieltä. Heillä on alakerrassaan hyvä turkkilainen ravintola. Otin myös hiustenleikkuun ja parranajon läheisessä parturissa, jotta näyttäisin paluumatkallani Dubaissa urbaanilta ja chiciltä enkä siltä, mitä todellisuudessa olin, suoraan erämaasta tulleelta friikiltä.

# Dhofar

*26. marraskuuta 2012*

Edellisenä iltapäivänä olin ajanut Salalasta länteen Mughsayliin. Viimeisenä operatiivisena päivänäni Omanissa tutustuin puolestaan Salalan itäpuolisiin kohteisiin. Jo aamun varhaisina tunteina ajaessani läpi Salalan reunamien banaani- ja öljypalmuplantaasien näin lentäviä kauluskaijoja ja yhtä vihreitä viikunakyyhkyjä. Erilaiset kiurut ja kirviset parveilivat kaupungin ulkopuolella olevien farmien liepeillä.

Aamun ensimmäinen kohteeni oli kuitenkin eräässä vehreässä wadissa sijaitseva Ayn Hamran, joka osoittautuikin suurenmoisen kauniiksi lintuparatiisiksi. Sekä kasvillisuus että linnusto muistuttivat minua Etiopiasta, sillä lajistossa oli paljon tuttavuuksia tuolta ajalta. Jo lähestyttäessä Ayn Hamranin parkkipaikkaa lähteen lähellä tuli vastaan suuria määriä kukkivia puita, joissa hyöri hohtomedestäjiä ja isopurppuramedestäjiä. Kaikkialla oli parvittain äänekkäästi narisevia ja kirskuvia oliivikutojia, joiden roikkuvat pesät koristivat jyhkeänkoukeroisia viikunoita ja baobabpuita.

Hedelmöivissä viikunapuissa parveili suurin määrin viikunoilla mässäileviä arabianbulbuleja, rotkorakkeleita ja viikunakyyhkyjä satojen turkinkyyhkyjen ja palmukyyhkyjen joukossa. Myös oliivikutojat, oliivirillit ja afrikanparatiisimonarkit viihtyivät viikunapuissa. Purojen ja kastelukanavien varsilla harmaapääkalastajat kiekuivat ja esittelivät turkoosinhohtoisia siipilaikkujaan. Lukemattomia afrikansirkkuja ja hopeanokkia kerääntyi juomaan. Myös pari rantasipiä ja metsäviklo juoksentelivat kanavien reunoilla. Ojanpohjalta läheltä tietä löysin kaksi mystisesti kuollutta harmaahaikaraa, jotka saivat epäilemään myrkytystä tai mahdollisesti sähköiskua tien vartta seuraavista johdoista.

Viikunapuut ja akaasioista rehevämmät olivat täynnänsä lintuja. Oli suuria parvia oliivirillejä ja iloisina kisailevia, koreasti lehahtelevia afrikanparatiisimonarkkeja wadien varjoisissa osissa. Myös sieponsukuisten monarkkilintujen perhoskaimoja, monarkkiperhosia, lenteli Ayn Hamranissa, kuten lukuisia muitakin näyttäviä suurperhosia. Akaasioissa liikuskeli myös paljon oliivikutojia, hopeanokkia, arabiankerttuja ja hohtomedestäjiä, joista monet laulaen. Olin myös riittävän onnekas löytämään wadista nukkuvan arabianpöllösen sekä piilottelevan pensaslepinkäisen. Kaksi kultasiipihemppoa vaihtoi latvusta lentäen ylitseni. Olisin mielelläni viipynyt Ayn Hamranissa vaikka koko päivän ja leiriytyä yöksikin kuulostellakseni laaksossa pesivää arabianhuuhkajaa, mutta koska oli viimeinen operationaalinen päiväni Omanissa, oli jatkettava itään.

Seuraavaksi katsastin kolme khoria: Khor Sawlin, Khor Taqan ja Khor Rawrin. Kaikki kohteet oli helppo löytää, mutta kaksi ensin mainittua olivat varsin kuivia ja melkein linnuttomia. Käytännössä hyödyttömästi kävelin Khor Sawlin koko itälaidan pituudelta porottavassa kuumuudessa, löytääkseni vain kalasääksen ja ruskosuohaukan. Muutama punapyrstölepinkäinen, kerttu ja varpunen näyttäytyi akaasiapensaissa tai ruovikossa ja merenrannalta löytyi peruslokkeja ja -tiiroja.

Khor Taqa oli joutunut kehittämisen kohteeksi ja osa siitä oli kesytetty jonkinlaiseksi virkistyspuistoksi, kun taas toinen puolisko oli kuivillaan. Tuloksena paikka oli lähes linnuton, mutta näin siellä arosuohaukan, intianriisihaikaran ja ruskohaikaran. Rotkorakkeleita parveili lasten leikkipaikalla ja kauluskaijoja lenteli viereisessä palmulehdossa. Joku priinia taisi ruovikossa laulella.

Kolmas khor toden sanoi, sillä Khor Rawri osoittautui huomattavasti tuloksellisemmaksi kuin kaksi edellistä paikkaa, ei vähiten siksi, että siellä vettä ainakin riitti; laguuni oli laaja ja siksi se olisi pitänyt myös katsastaa monelta suunnalta, jos aikoi nähdä kaiken, mitä siellä oli. Khor Rawri on arkeologisen kohteen yhteydessä ja portilla maksettava pieni sisäänpääsymaksu antaa pääsyn autolla molempiin. Laguunilla kahlaili flamingoja, lukuisia harmaa-, silkki- ja riuttahaikaroita sekä kaksi kapustahaikaraa. Jonkin verran lapasorsia ja muita sorsia oli läsnä. Kahlaajia oli varsin paljon, mukana siperiankurmitsoja ja mustapyrstökuireja. Ainakin kaksi kalasääkseä saalisteli laguunilla.

Khorien jälkeen tunsin pakottavaa tarvetta ajaa ylös vuorille Tawi At-tairiin, joten ajoin halki idyllisen kauniiden vuoristomaisemien niittyineen, lehmineen ja aaseineen suurelle vajoamareiälle, jossa elää Omanin tunnettu populaatio arabianhemppoja. Onneksi kaivatut hempot olivat yhteistyöhaluisella tuulella ja poseerasivat lyhyen mutta riittävän hetken ylempää näköalapaikkaa reunustavissa pensaissa. Ne lähtivät pian enkä nähnyt niitä enää uudelleen, mutta onneksi kaikenlaista muuta kiinnostavaa ilmaantui.

Paikalla oli muutama hedelmöivä viikunapuu, jotka olivat täynnä oliivirillejä, oliivikutojia ja arabianbulbuleja. Itse vajoamareiässä näytti elävän yhdyskuntina rotkorakkeleita ja kalliokyyhkyjä. Jemenintasku ja mustapyrstö esittelivät itseään mukavasti parkkipaikalla. Kaiken kruunasi kolmen kotkan ilmaantuminen yhtäaikaisesti taivaalle: kaksi arokotkaa ja vuorikotka näyttäytyivät kaikki suhteellisen läheltä lentäen. Myöhemmin paikan ylitti vielä kiljukotkakin.

Ikävä kyllä aikani alkoi kulua umpeen, joten jouduin raskain sydämin ohittamaan Wadi Darbatiin johtavan tienristeyksen, luvaten itselleni palata vielä Omaniin joku päivä. Kello oli kolme iltapäivällä, kun ajoin läpi Salalan ja takaisin Dhofarvuoret ylittävälle tielle ja yli suuren autiomaan kohti pohjoista. Tein pari minimalistista pysähdystä, joilla poimin vielä muutaman lajin matkalistalle: kattohaikaran Salalan farmeilta ja pikku-aavikkokiurun autiomaassa, jossa se esitteli mustaa pyrstövyötään yhtä innokkaasti kuin mustapyrstökuirit olivat tehneet Khor Rawrissa. Onnistuin pääsemään Qatbitin keitaalle ennen pimeää ja tarkastamaan vielä kerran keitaan puutarhat.

Siellä minua odottikin matkan viimeinen raripommi: nokitasku. Olin ehtinyt nähdä useita harmaasieppoja, punapyrstölepinkäisiä, jokusen leppälinnun ja pikkusiepon, kun yhtäkkiä huomioni kiinnittyi selkä minuun päin oksalla istuvaan mustaan pikkulintuun, jolla oli leveät valkeat siipijuovat. Juovat saivat minut ensin ajattelemaan, että olin törmännyt kirjosieppoon tai balkaninsieppoon. Pian lintu kuitenkin kääntyi, jolloin näin, että sen koko pää ja rinta olivat mustat. Urospuolinen vanha nokitasku; laji on Omanissa harvinainen syys- ja talvivieras.

Kun pimeys oli langennut, oli vuorossa matkan viimeinen suuri urheilu-
suoritukseni, ajaminen koko maan halki Masqatiin lennolleni, joka lähtisi
aamulla. Selviydyin urakasta sikspäkillä *Red Bullia* ja kasetillisella ara-
bipoppia, jonka olin löytänyt huoltoasemalta Salalasta. Kaikki laulut ker-
toivat tietysti habibista. Yhdeksän tuntia ja tuhat kilometriä myöhem-
min, vältettyäni aavikon yössä autoja vaanivat kamelikolarit, löysin it-
seni Masqatin lentokentältä neljältä aamuyöstä. Minulla oli vielä pari
tuntia aikaa lepoon ja suihkuun kalliinpuoleisessa lentokenttähotellissa,
ennen kuin palautin vuokra-autoni ja lensin tästä kauniista ja ikimuistoi-
sesta maasta Shariqaan.

Minulla oli vielä iltapäivä, ilta ja yö vapaa-aikaa Dubaissa, jossa vietettiin
*eid al-adhan* ostoshumua. Hankin runsaasti tarpeellisia varustetäyden-
nyksiä Kabuliin, palautin itseni viestiyhteyksiin Dubaissa asuvien tuttu-
jen kanssa ja kävin katsomassa *Skyfallin*.

# Istalif



*3. joulukuuta 2012*

Marraskuussa tein kaksi matkaa pois Kabulista. Ensimmäinen niistä oli päiväretki Istalifin vuoristokylään Koh-i Damanin kupeessa, kuutisenkymmentä kilometriä Kabulin pohjoispuolella. Toinen oli viikon matka Qatariin, jossa tapasin homsilaista ystävääni ja siinä sivussa kaikenlaista muutakin.

Tie Istalifiin kulkee ensin Shomalin laaksoa pitkin, jonne paisuva Kabul on levittäytynyt kovaa vauhtia miinanraivauksen vapautettua tuon sodissa autioituneen mutta aikanaan Kabulin ruoka-aittana tunnetun hedelmällisen laakson. Shomalin laakson jälkeen kiivetään pikkuteitä pitkin Damanvuorille, jossa Istalifin pittoreski kylä sijaitsee.

Istalifissa on kaunis sininen ja raidallinen moskeija, käsitöitä, karvahattuja ja keramiikkaa myyvä basaari, pari kauppaa ja koulu. Vuoristopuro virtaa kylän laidan läpi – keväällä lumien sulaessa vuorilta ilmeisen paljon vuolaampana kuin nyt syksyllä. Poppelit ja muu puusto hehkuivat ruskan väreissä oranssia, punaista, keltaista ja ruskeaa. Puronvarren tiheissä pensaissa ja rinteen mäntymetsikössä liikuskeli mustatöyhtötiaisia ja mustarastaskin vilahti.

Ylitimme puron siltaa pitkin ja kiipesimme mäntyä kasvavan kukkulan huipulla sijaitsevalle, nykyisin raunioituneelle Afganistanin viimeisen kuninkaan Zahir Shahin rakennuttamalle palatsille. Taliban pommitti palatsin tuusannuuskaksi vallatessaan kylän. Nyt paikalla toimii poliisiasema, poliisien oma ruusutarha *(gulistan)* ja jonkun suufin tai muun merkkihenkilön hauta, joka suufilaiseen tapaan on koristettu vanhoihin plataaneihin sidotuin, tuulessa lepattavin kangasviirein.

Paikalliset kumppanimme olivat neuvotelleet meille pääsyn poliisien terassille piknikkiä viettämään, ja sieltä aukenivatkin erinomaisen värikkäät maisemat ruskaiseen laaksoon. Kylän takana kukkulalla oli väki kokoontunut hautajaisiin. Ostin basaarista aidon karvaisen piippalakin talvipakkasilta suojaamaan. Lämpötila laskee nykyään Kabulissakin öisin pakkasen puolelle, mutta lunta ei ole vielä näkynyt.

# Korruptio ja yhteiskunnallinen epä-luottamus

*6. joulukuuta 2012*

Toivotan lukijoilleni hyvää itsenäisyyspäivää! Sen perusteella, mitä olen somesta nähnyt, Suomessa on kylmää ja paljon lunta. No, kylmä on täälläkin, mutta lunta ei näy. Suomalaisilla on itsenäisyyspäiväjuhla illalla, mutta jo sitä ennen virittäydyin isänmaallisiin tunnelmiin lukemalla *Transparencyn* korruptiokatsausta. Vuonna 2012 Suomi on jälleen maailman vähiten korruptoitunut maa, jaetulla ykkössijalla Tanskan ja Uuden-Seelannin kanssa. Se, mitä indeksi kertoo suomalaisesta yhteiskunnasta, on yksi suurimmista ylpeydenaiheista Suomen ja sen itsenäisyyden suhteen. Itsenäisyyspäivänä meidän on totisesti syytä kunnioittaa sitä, että yhä olemme säällisyyden saari korruption valtameressä.

Suomi kuuluu harvaan joukkoon maailman valtioita, joissa valtio on kohtuullisen inhimillinen kansalaisiaan kohtaan. On helppo keksiä lukuisia asioita, joissa Suomenkin valtio kohtelee kansalaisiaan epäinhimillisesti, alamaisina ja hallinnollisina subjekteina, riistoverottaa ja puuttuu kaikenlaiseen, mihin voisi jättää puuttumatta. On myös helppo keksiä esimerkkejä korruptiosta Suomessa, puhuttiinpa sitten politiikasta, kunnallisasioista tai liike-elämästä. Indeksit eivät todistakaan Suomea korruptoitumattomaksi – ne osoittavat vain sen, että useimmissa muissa maailman maissa asiat ovat vielä huonommin. Niissä valtio ja virkavalta ovat lähtökohtaisesti niin korruptoituneita, että kansalaiset pyrkivät kaikin tavoin välttämään joutumasta tekemisiin valtion riistävän käden kanssa.

Kohtuullisen vapaasta, demokraattisesta ja avoimesta poliittisesta järjestelmästään Suomen on kiittäminen itsenäisyyttään, ja sitä oikeamielistä, moralistista ja isänmaallista henkeä, joka Suomen valtiojärjestystä luotaessa vallitsi. Jos Suomi olisi jäänyt osaksi Venäjän keisarikuntaa tai muuttunut kommunistiseksi neuvostotasavallaksi, on päivänselvää, ettei Suomi nauttisi nykyisenlaisesta suhteellisesta korruptoitumattomuudesta. Tämä näkyy tilastoissakin mm. siinä, että vapautumisestaan huolimatta koko Itä-Eurooppa tulee korruptiotilastoissa kaukana Suomen ja muiden Pohjoismaiden takana, vaikka esimerkiksi taloudellisen vapauden suhteen moni niistä on mennyt Suomen ohi. Menneisyyden taakkaa on vaikea nopeasti karistaa, vaikka poliittinen järjestelmä muuttuisikin. Korruptio on kuin syöpä; vaikka leikkauksella poistettaisiin kasvain, etäpesäkkeet uusiutuvat ja leviävät nopeasti uudelleen.

Venäjä on sijalla 133, Euroopan kolmanneksi korruptoitunein maa Ukrainan ja Azerbaidžanin jälkeen. On erityisen surullista, että Ukraina on romahtanut Euroopan korruptoituneimmaksi maaksi sen jälkeen, kun venäläismielinen Viktor Janukovitš voitti vaaleissa oranssikoalition ja ryhtyi palauttamaan autoritääristä järjestelmää. Viktor Juštšenkon oranssina aikana Ukraina kuitenkin yritti tosissaan kitkeä korruptiota, mitä mekin todistimme Ukrainan-matkallamme kesällä 2009. Tällä tavoin kirjoitin asiasta 7.7.2009:

> *Eurooppalaistuminen eteni nopeasti kaikilla aloilla heti oranssivallankumouksesta 2004 lähtien. Silloin aloitettiin myös monia korruptionvastaisia kampanjoita ja siitä asti on vaikkapa suomalainen päässyt Ukrainaan helposti ja ilman viisumia. Kohtelu rajalla oli kaikin puolin eurooppalaista ja sivistynyttä. Ei tietoakaan Venäjälle ja Valko-Venäjälle ominaisesta kiusanteosta ja vainoharhaisuudesta. Valtaan tultuaan Juštšenko laati esimerkiksi säännöt, joiden mukaan poliisien palkat 10-kertaistettiin mutta samalla tehtiin rangaistavaksi potkuilla ja vankilalla se, että poliisi tavattiin virantoimituksesta mukanaan enemmän kuin tietty määrä rahaa. Paitsi poliisin toiminnassa, edistys on silminnähtävää myös kaupunkien ja pienempienkin paikkojen ulkoasussa.*

*Transparencyn* indeksin korruptiokartasta näkyy hyvin, että korruptio korreloi erittäin vahvasti autoritarian ja vapauden puutteen kanssa. Ne maat, joissa taloudellinen ja yhteiskunnallinen vapaus sekä demokratia ovat parhaalla tolalla, ovat samalla myös korruptoitumattomimpia, kun taas korruptiotilaston synkiltä hänniltä löytyy autoritäärisiä maita. Maailman korruptoituneimman maan tittelin jakavat sotatilasta kärsivät Afganistan ja Somalia sekä maailman autoritäärisin maa Pohjois-Korea.

Toki mielenkiintoisia poikkeuksiakin on, ja niillä tarinansa: Poliittisesti ja yhteiskunnallisesti autoritäärinen, mutta taloudellisesti vapaa Singapore on onnistunut kukistamaan korruption yhdellä maailman tehokkaimmista kampanjoista ja on yksi maailman vähiten korruptoituneista maista. Arabimaista vapaimpiin kuuluva Libanon roikkuu sen sijaan yhä korruptiotilastoissa paljon kehittymättömämpien ja autoritäärisempien maiden joukossa.

Kehityshypetyksen kannalta on murheellista, että paljon kehitysapua saavat valtiot ovat samalla korruptoituneimpien joukossa. Helpon rahan kaataminen köyhään maahan synnyttää samanlaisia korruptiosuhteita kuin esimerkiksi huumetalous. Se kääntyy helposti vahingoittamaan yrittäjyyttä ja taloudellisen vastuullisuuden kulttuuria, jotka ovat omiaan edesauttamaan korruptoitumattoman yhteiskunnan kehitystä.

On toki muistettava, että indeksi kuvaa *korruptioperseptiota* eli sitä, kokevatko ihmiset sekä Suomessa että ulkomailla valtionsa korruptoituneeksi. Se siis indikoi myös yhteiskunnallisen luottamuksen määrää. Mikään ei syö yhteiskunnallista luottamusta yhtä tehokkaasti kuin kansalaisten arkipäivään koko ajan vaikuttava, nöyryyttävä ja turhauttava viranomaiskorruptio. Se oli yksi tärkeimmistä sytykkeistä arabikevään kumousliikehdinnälle. Tällä hetkellä Egyptissä vapautta ja omanarvontuntoa maistaneet egyptiläiset näyttävät Muslimiveljeskunnalle ja presidentti Muhammad Mursille, etteivät aio sulattaa entisenlaisen menon jatkumista. Arabikevään ehkä tärkein saavutus onkin se, että emansipoitunut ja keskiluokkaistunut nuori väestö vaatii aktiivisesti omistajuutta valtioistaan, korruptoituneilta eliiteiltä.

Valitettavan vähän huomioitu sivujuonne arabikevään jälkimainingeissa on se, että kansa on noussut aktiivisesti ja kaduille pannakseen stopin myös islamistien riehumiselle ja vallanhimolle. Tästä antaa hyvässä mielipidekirjoituksessaan tunnustusta jopa israelilainen diplomaatti. Libyan

Benghazissa nuoret aktivistit hyökkäsivät salafilaista ääriryhmää vastaan, karkottivat heidät kaupungistaan ja polttivat heidän toimistonsa, ja Tripolissa libyalaiset osoittivat mieltä islamistikiihkoilijoita vastaan. Syyrian oppositio on avoimesti varoitellut jihadistien soluttautumisesta rintamalle sotkemaan asioita.

Egyptissä nuorisoaktivistit tuikkasivat raivoissaan Muslimiveljeskunnan toimiston liekkeihin ja piirittävät paraikaa Mursin presidentinpalatsia, samalla kun mielenosoitukset ovat muuttuneet yhä väkivaltaisemmiksi islamistien ja heidän vastustajiensa välillä. Näinköhän käy, että Mursi saa maistaa Mubarakin kohtaloa, vai tuleeko Muslimiveljeskunta ajoissa järkiinsä. Sekin on tietysti mahdollista, että Muslimiveljeskunta tekee Khomeinit, murskaa armeijaan tukeutuen väkivallalla liberaalin ja sekulaarin opposition, mutta toivottavasti egyptiläiset saavat vähintään sen kansainvälisen solidaarisuuden kuin kevään 2011 vallankumouksessa, jottei niin voisi tapahtua.

# Qatarista

*19. joulukuuta 2012*

Aika rientää ja viimeksi kirjoittaessani oli jo itsenäisyyspäivä, jonka teemat menivät väliin niin, etten ehtinyt kirjoittaa marraskuun lopun matkastani Qatariin. Arabian niemimaasta erottuvalla niemellä sijaitseva Qatar on varsin pieni maa, jonka väestöstä nykyisin vain 20 prosenttia on omia kansalaisia ja kaikki muut maahanmuuttajia, joita on erityisesti Etelä-Aasian suunnalta. Qatarilla ei ole kovin suuria öljyvaroja, mutta sen sijaan maailman suurimpiin kuuluvat maakaasuvarat, joiden turvin Qatar on nykyisin maailman rikkain maa.

Nopeasti saavutettu vauraus näkyykin kaikilla mahdollisilla tavoilla. Vielä pari vuosikymmentä sitten uinunut pikkukaupunki Doha on muuttunut yhtäkkiä ultramoderniksi metropoliksi, johon on rakennettu Manhattania muistuttava pilvenpiirtäjäkeskusta ja toinen toistaan mielikuvituksellisempia uusimman arkkitehtuurin näytteitä. Juuri mitään vanhaa ei Dohasta löydä, 70-luvulla rakennettuja taloja pidetään muinaismuistoina ja nykyisin Dohassa puretaan kovalla vauhdilla 90-luvun rakennuskantaa "liian vanhana" uusien ja entistä korskeampien talohankkeiden tieltä.

Dohassa asuva ystäväni on kotoisin Syyrian Homsista, jossa olin taannoin usein hänen ja perheensä vieraana. Syyrian armeija tuhosi heidän talonsa siinä sivussa, kun pommitti ja "puhdisti" suurimman osan koko alueesta, Homsin historiallisesta kristitystä asuinalueesta. Onneksi jo ennen sitä alue oli autioitunut; suurin osa väestä lähtenyt pakoon muualle Syyriaan tai ulkomaille. Ystäväni veli työskentelee nykyään lääkärinä Ranskassa, vanhemmat ovat yhä Syyriassa mutta eri paikkakunnalla. Isoäiti, jonka luona niin ikään ehdin käydä, ja joka halusi puhua kanssani ranskaa nuoruudenmuistojaan verestääkseen, ehti nähdä kansannousun ennen kuin kuoli sen aikana.

Oli selvää, että Homsista ja Syyriasta oli puhuttava Qatarin-matkallani useaan otteeseen, vaikka se usein toikin kyyneliä ystäväni ja toisten Qatarin syyrialaisten silmiin. Tapasin myös toisen homsilaisen kristityn, joka nyt opettaa Qatarissa. Hänen siskonsa mies oli ensin viety kotoaan hallituksen toimesta ja pakotettu armeijaan sotimaan oppositiota vastaan. Sitten hän oli joutunut taistelussa Vapaan Syyrian armeijan vangiksi, ja epäonnekseen poikaparalla oli ollut lipas niin käytetty, että vastapuolen soturit olivat uskoneet hänen ampuneen muita innokkaammin omia poikiaan. Nuorukainen on nyt yksi Syyrian lukemattomista sotavangeista, joista on tullut pelinappuloita isommassa kuviossa. Traagista tilanteessa on se, että kaikki asianomaiset tuntevat toisensa Homsista. Sota on rikkonut perheitä ja kääntänyt naapureita toisiaan vastaan, vaikka tämänkin nuormiehen tapauksessa hänen päätymisensä hallituksen joukkoihin ei ollut omasta tahdosta kiinni vaan pakottamisesta.

Kristityt muodostavat vain kymmenisen prosenttia Syyrian väestöstä ja jakautuvat puolestaan moneen eri kirkkokuntaan. Mutta niinkin pieni joukko kuin homsilaiset syyrialaisortodoksit Qatarissa ovat onnistuneet jakautumaan poliittisesti. Yksi vanhemman sukupolven edustaja on ryhtynyt kovan linjan baathistiksi, joka kuulemma julistaa joka välissä hallituksen propagandaa, ja toiset eivät enää puhu hänen kanssaan. Kaikki ovat alun perin samasta korttelista kotoisin, tuntevat toisensa, ja koska naimisiin mennään vain oman kirkkokunnan jäsenten kanssa, ovat myös avioliittojen kautta sukulaisia. Nyt he ovat yhtäkkiä maailmanpoliittisten voimien pelinappuloita ja pahimpia vihamiehiä. Mutta ei tässä mitään ihmeellistä ole; samalla tavoin Suomen sisällissota jakoi sukuja, perheitä ja kyläkuntia toisiaan tappaviin leireihin, joilla usein oli vain hämärä mielikuva heidän elämiään ohjaavista kansallisen ja kansainvälisen politiikan voimista.

Teimme myös kaksi matkaa Dohan ulkopuolelle. Qatarin sisämaa on lähinnä karua aavikkoa, jota täplittävät muutamat keitaat. Rannikoilla sen sijaan on laguuneja ja kalavesiä, jotka ovat saaneet rannoilleen muutamia pikkukaupunkeja ja kyliä. Muutenhan lähes kaikki asutus Qatarissa keskittyy suur-Dohan alueelle.

Ensin teimme päiväretken al-Khoriin ja sen kaksoiskaupunkiin, jonka nimen olen unohtanut. Näiden kahden pikkukaupungin rannikolla Dohan pohjoispuolella, Qatarin itärannikolla, on mangrovemetsän peittämiä laguuneja. Tosin täkäläiset mangrovemetsät ovat hyvin matalakasvuista, vain miehenkorkuista puulajia, joten suomalaisittain ne ovat pikemminkin mangrovepensaikkoja. Näimme al-Khorissa runsaasti kahlaajia, jonkin verran tiiroja, lokkeja, merimetsoja ja riuttahaikaroita. Maalintuja mangrovepensaikoissa tuntuivat edustavan turkinkyyhkyt ja valkoposkibulbulit, jotka kummatkin olivat runsaita.

Eräänä toisena päivänä ajoimme niemimaan halki Qatarin itärannikolle Umm Babiin ja tulimme sieltä Dukhanin ja Zikritin kautta takaisin. Tietooni oli saatettu, että Umm Babissa talvehtii hopeatilhiä. Rannikolle saavuttaessa tie kuitenkin päättyi Umm Babissa suolanpoistolaitokselle eikä ympärillä ollut kuin muutama palmurypäs ja pari pensasta. Pysähdyimme kuitenkin ja hiljaisella rannalla oli yksinäinen flamingo ja pari karikukkoa. Palmuista löytyi parvittain varpusia, palmukyyhkyjä ja valkoposkibulbuleita. Ihmisiä ei näkynyt mailla halmeilla, ei edes Umm Babin eikä Zikritin biitseillä.

Onnistuin kuitenkin lähes sattumalta huomaamaan hopeatilhiä bulbulien joukossa palmuissa ja pienellä etsimisellä ne löytyivätkin uudestaan. Yhteensä kuusi hopeatilheä. Olin tietysti varsin innoissani, kun kyseessä oli uusi laji ja monta kertaa turhaan etsitty – mystinen laji, jonka olin missannut Omanissakin. Mutta päivä Umm Babissa oli tuova mukanaan vielä jotain erikoisempaa: onnistuin löytämään sieltä Qatarin toisen, kolmannen ja neljännen vihervarpusen. Edellisestä havainnosta maassa oli kulunut jo 19 vuotta. Koska olin rikkonut Omanissa kauko-objektiivini, en saanut niistä kuvia, mutta onneksi pari päivää myöhemmin havaintojani epäillyt britti meni itse paikan päälle katsomaan, löysi ja valokuvasi samaiset vihervarpuset.

Dohassa tutustuimme syyrialais- ja libanonilaisporukassa myös uuteen valtavaan kirkkokeskukseen, joka on rakennettu säädyllisesti kaupungin esikaupunkialueelle. Qatarin emiiri on laupeudessaan lahjoittanut kristityille ison maaläntin mutta sitä vastaan vaatinut, että kaikki kirkot pitää rakentaa samaan paikkaan, eivätkä tornit saa kohota häiritsevän korkeiksi. Siellä ovat nyt sitten vieri vieressä ja yhtä moderneina katolinen, ortodoksinen, protestanttinen ja maroniittinen kirkko. Kaikki eivät kuitenkaan ole vielä valmiita, joten ekumenian nimissä kirkot ovat antaneet toisilleen aikaa omissa tiloissaan.

Vaikka seurueesta suurin osa oli syyrialaisortodokseja, päädyimme valitsemaan maroniittisen jumalanpalveluksen, koska libanonilaiskristittyjä on Qatarissa niin paljon, että heillä on omat säännölliset arabiankieliset jumalanpalveluksensa. Suurin osa Qatarin kristityistähän ei ole seemejä, vaan filippiiniläisiä, eurooppalaisia ja amerikkalaisia. Jouduimme odottelemaan jonkin aikaa filippiiniläisten katolisen jumalanpalveluksen loppumista ennen kuin pääsimme maroniittiseen palvelukseen. Tulipa sekin nyt sitten koettua, kirkossakäynti vanhoillisessa wahhabilaismaassa. Qatarissa ei ole omia kristittyjä, vaan kaikki ovat maahanmuuttajia tai vierastyöläisiä.

Qatar ei ole mikään turistiparatiisi. Se on Emiraatteja selvästi kalliimpi eikä siellä ole panostettu samalla lailla matkailijoihin tai ylipäätään muihin kuin töissä oleviin ulkomaalaisiin. Siellä konferenssi- tai työmatkalla käyville voin kuitenkin suositella lämpimästi Dohassa näyttävässä modernissa rakennuksessa sijaitsevaa Islamilaisen taiteen museota, jonka kokoelmat antavat edustavan käsityksen islamilaisen sivilisaation monimuotoisuudesta ja sen lukuisista kukoistuskausista eri puolilla Lähi-itää, Pohjois-Afrikkaa, Persiaa, Intian niemimaata, Keski-Aasiaa, Espanjaa, Länsi-Afrikkaa ja Kaakkois-Aasiaa. Onhan Dohassa myös "vanhaksi" kutsuttu *suq*, varsin uusi basaari, jonka kauppiaista huomattava osa tuntuu olevan Iranista kotoisin, vaikkakin osaa arabiaa. Suq Waqifista löytyy myös erillinen lintubasaari, jossa on kaupan kaikkea papukaijoista ja viiriäisistä kissoihin, koiriin ja kaneihin.

Qatar tukee Syyrian oppositiota sekä rahallisesti että kulttuurisesti, ja johtuen lähinnä mediatalo *al-Jazeeran* sijainnista siellä, Dohasta on tullut paikka, jossa ei voi välttyä arabikevään poliittiselta puheelta. Myös yksi seurueemme homsilaisista työskenteli siellä, mutta tämä henkilö oli muslimi. Kansainvälisenä mediatalona *al-Jazeeran* toimittajakunta on kotoisin ympäri maailmaa, joten se on myös varsin heterogeenistä. Vaikka yksityiselämässään kaikki tapaamani jazeeralaiset näyttäisivät kannattavan arabikevättä ja Syyrian oppositiota, riitoja ja väittelyitä saa silti heidänkin välillään aikaan esimerkiksi suhtautumisesta Muslimiveljeskuntaan tai Hamasiin.

Toiset ovat myös varovaisempia kuin toiset isäntämaansa asioiden arvostelemisessa. Qatarin hallitsijasuku on ainoa kielletty tabu muuten varsin vapaasti ja moniäänisesti puhuvalla *al-Jazeeralla.* Ironista kyllä, samaan aikaan kun Qatarin emiiri esiintyy suurena arabikevään ja vapaan kulttuurin rahoittajana, heitettiin muuan qatarilainen runoilija vankilaan. Hän kun oli erehtynyt pilkkaamaan hallitsijaa eräässä runossaan. Ilmeisesti hernettä oli vedetty nenään erityisesti kohdasta, jossa hän kirjoitti: "Olemme kaikki tunisialaisia sortavien eliittien edessä."

# Valkovaippa

*20. joulukuuta 2012*

Maanantaina Kabul viimein peittyi valkeaan lumivaippaan, joka enteilee tänne valkeaa joulua. Ulkoista harmautta ja lehdettömiä puita lumi kaunistaa, mutta ikävä kyllä Afganistanissa ei rakenneta taloja suomalaiseen tyyliin, vaan mieluummin väestö palelee kylmässä, tuhlaa järjettömiä määriä romahtelevien sähköverkkojen tuottamaa sähköä ja kärvistelee bensakamiinoineen taatusti epäterveellisessä ja karsinogeenejä tupruavassa ilmassa, joka tuhoaa keuhkot jo vuodessa.

Toimistoni on tätä nykyä miellyttävämpi paikka kuin asuntoni, sillä yksi sähköpatteri riittää lämmittämään pienen toimistokoppini varsin mukavasti. Asunnossani on sen sijaan liian isot huoneet, eikä pattereita voi pitää kuin yhden kerrallaan päällä, koska muuten sulake heti posahtaa. On siis pakko täyttää olohuoneen ilma takasta tulevalla häkäkaasulla ja muu asunto kahden kamiinan bensiininkatkulla. Tämä ei ole taatusti terveellistä, mutta vaihtoehtoja ei oikein enää ole, sillä muuten huoneilman lämpötila laskee nopeasti miinusmerkkiseksi.

Kabulin troopillista lintumaailmaa, palmukyyhkyjä, kauluskaijoja ja pihamainoja, pieni pakkanen ei tunnu hetkauttavan. Päivisin aurinko lämmittääkin ulkotiloja, jättäen purevan koleuden talojen sisään.

Maanantai-iltana olin tilaisuudessa, joka järjestettiin suuren runoilijan ja mystikon mawlana Jalaluddin Rumin muistoksi, tarkemmin sanoen sen muistoksi, että hän oman ilmaisunsa mukaan lähti häihinsä yön kanssa. Minua häiritsivät hieman muutamat yritykset kääntää monimielisyyksiä hölmön yksinkertaisilla tavoilla englanniksi. Eräs kaukonäköinen opettaja antoi minulle ensimmäiset persialaisten suufirunoilijoiden suomennokset jo ollessani koululainen, mutta kesti hieman pidempään, ennen kuin ne varsinaisesti kolahtivat.

Afganistanissa Rumi tunnetaan Jalaluddin Balkhina, sillä hän oli alun perin kotoisin Pohjois-Afganistanin Balkhista, muinaisesta Baktriasta. Elämänsä loppuaikoina hän vaikutti ennen kaikkea Konyassa, nykyisessä Turkissa, ja Konyasta tuli myös mevleviläisten suufilaisen veljeskunnan keskuspaikka. Nimi "Rumi" merkitsee roomalaista eli tässä tapauksessa viittaa Itä-Roomaan – Konstantinopoliin ja siis Turkin valtakuntaan, jossa Rumi eli ja vaikutti suurimman osan elämäänsä. Persialaiset pitävät tietysti Rumia omanaan siitä syystä, että hän oli persiankielinen. Hänen tarkaksi synnyinpaikakseen on arvioitu silloiseen Balkhiin kuulunut Wakhshin kylä nykyisen Tadžikistanin puolella – tadžikit ovat Keski-Aasian persiankielisiä.

Jalaluddin Rumin kaltainen suurmies ja vertauskuvien nero ei ole turkkilaisten, persialaisten, afgaanien tai tadžikkien yksityisomaisuutta, arabeista puhumattakaan, vaan jo suoraan kirjoitustensa ja aatteensa kosmopoliittisesta universalismista seuraten ihmiskunnan kansallisomaisuutta. Ei ihme, että hän on yhä tänä päivänä myydyimpiä runoilijoita jopa kaukaisessa Amerikassa asti.

# Keniasta



*23. joulukuuta 2012*

Maailmanloppua ei sitten tullut, tai sitten se tuli ja meni huomaamatta. Joulun aika sen sijaan tuntuu elämässäni miellyttävänä rauhana, joka johtuu pääosin siitä, että kollegat, asiakkaat ja muut työperäiset kontaktit ovat vetäytyneet hetkeksi yksityiselämäänsä eivätkä pommita minua kysymyksillä, kutsuilla ja pyynnöillä. Osasyynsä voi olla silläkin, että ainakin osa puhelin- ja tietoliikennelinjoista näyttäisi olevan jatkuvasti kaatuneessa tilassa.

Onneksi offline-tilassa voi tehdä kaikenlaista, minkä robotit sitten lähettävät matkaan, kun mahdollisuuden ikkuna jossain avautuu. *Matrixin* seuraavassa vaiheessa robotit epäilemättä myös kirjoittavat ja jättävät ääniviestejä puolestamme, päivittävät somestatuksiamme meiltä kysymättä ja tiedottavat kavereillemme, minkä merkkisiä tuotteita paraikaa käytämme. Osittain näin jo tapahtuukin; koneet tiedottavat koneille siitä, missä liikumme, missä ravintolassa istumme ja kenen kanssa, mitä musiikkia kuuntelemme ja minkä videon viimeksi katsoimme.

Mutta minun piti kirjoittaa lukijoilleni Keniasta. Olin siellä joulukuun alkupuoliskolla talvimatkalla sekä tapaamassa kummitytärtäni, jonka monikielisyys ja afrikkalaisen luonnon tuntemus ovatkin jo kolmivuotiaaksi hämmästyttävän kunnioitusta herättävällä tasolla. Korjasin samalla merkittävän puutteen, sillä vaikka olen käynyt Keniassa kahdesti aiemminkin, en niillä matkoilla ehtinyt nähdä mitään muuta kuin Nairobin kaupunkia. Kenia tarjoaa kuitenkin ikimuistoisia Afrikka-elämyksiä, ollen Etelä-Afrikan ohella Afrikan maista parhaiten turismiin ja etenkin luontomatkailuun orientoitunut.

Kansallispuistojen infrastruktuuri toimii ja matkailupalvelut samoin. Kääntöpuolena ovat kalliit hinnat sekä se tietty liian hyvästä organisoinnista johtuva autenttisuuden puute, villit savannit kun vaikuttavat kansallispuistojen tiukkoine sääntöineen, oppaineen ja autokyyteineen ajoittain turhankin puistomaisilta. Toista oli Etiopiassa, jossa useimmissa kansallispuistoissa ei ollut minkäänlaista hallinnointia, mutta niinpä niissä kohtasikin villien savannieläinten sijaan lehmiä, vuohia, aaseja ja rynkkyjä kantavia heimomiehiä.

Kävimme ensin Nairobin kansallispuistossa eli *Kifaru Arkissa* ("sarvikuonojen arkissa"), joka avautuu aivan pääkaupungin kupeessa erityyppisine savanneineen ja akaasiametsämaineen. Nairobin kansallispuiston tyyppiruohonsyöjä näytti olevan topi, iso ja rujonoloinen antilooppi, joita oli suurina laumoina. Myös impaloita, pikku- ja isogaselleja, seeproja ja hirviantilooppeja näkyi. Löysimme niin ikään sarvikuonoja.

Nairobin kansallispuiston lintumaailma on rikas. Varsinkin monenlaisia savannilajeja näkyi paljon: erilajisia kiuruja, kirvisiä, piispoja ja herttuja. Loistokottaraisia, drongoja, sininärhiä ja mehiläissyöjiä oli samaan tapaan kuin Etiopian savanneilla, mutta jostain syystä erilajisia kutojia ja tokoja näkyi paljon vähemmän. Kutojien kohdalla syy lienee vuodenajassa, koska niiden pesiä kyllä roikkui joka puolella. Pesimäaikojen ulkopuolella useimmat kutojat muuttuvat epämääräisen kellanruskeankirjaviksi ja huomaamattomiksi, kun taas pesimä- ja soidinnusaikoina niitä ei voi olla huomaamatta.

Afrikan savanniekosysteemit ovat termiittiperustaisia – termiitit hoitavat merkittävän osan kasviperäisen aineksen hajottamisesta, koska ilmasto ei ole suosiollinen sienille. Niinpä afrikkalainen ekosysteemi onkin tyypillisesti erittäin hyönteiskeskeinen, mikä taas tuottaa valtavan ja monipuolisen lintumaailman; käyttäähän suurin osa linnuista ravintonaan juuri erilaisia hyönteisiä.

Vietimme kaksi päivää ja niiden välisen yön Nakurun kansallispuistossa samannimisen järven ympärillä. Nakurujärven rannat ovat väärällään vesi- ja rantalintuja, joita lisäksi pääsi usein erittäin lähelle. Myös nisäkäslajisto oli runsasta; impaloita, seeproja, kafferipuhveleita ja pahkasikoja oli joka paikassa, eivätkä nekään lainkaan pelokkaita. Monia muita antilooppeja, kuten kahta gasellilajia ja vesiantilooppeja, näkyi pienempinä määrinä tuon tuosta, samoin kirahveja ja virtahepoja. Sarvikuonoja onnistuimme näkemään yhteensä ainakin kaksikymmentä, ja vielä molempia lajeja, mikä surullista kyllä muodostaa jo merkittävän otoksen niiden jäljellä olevista maailmankannoista. Totesimmekin matkalla surumielisesti, että olemme todennäköisesti viimeinen sukupolvi, joka pääsee katselemaan näitä valtavia eläimiä villeinä.

Petoeläimiäkin onnistuimme näkemään varsin kiitettävästi: leijonia kahdesti, vaippašakaaleja useasti, juovahyeenan kerran. Kädellisiä edustivat runsaina esiintyvät oliivipaviaanit ja vervettimarakatit. Petolinnustoa oli maisemissa niin ikään varsin runsaasti, afrikanhiirihaukka yleisimpänä lajina, mutta korppikotkat huusivat poissaolollaan. Afrikkaa on viime vuosina kohdannut suunnaton korppikotkien joukkotuho, joka johtuu eläinlääkinnässä käytettävästä diklofenaakista ja suoranaisesta myrkyttämisestä. Korppikotkien tyyssijaa Afrikkaa uhkaakin nyt Intian kohtalo, majesteetillisten puhtaanapitäjien massatuho. Olemme ehkä viimeinen sukupolvi, joka on päässyt ihailemaan valtavia korppikotkaparvia ja niiden keskeistä merkitystä savanniluonnon kiertokulussa.

Suurimmassa osassa Kenian kansallispuistoja on ajoneuvosta poistuminen ehdottomasti kielletty, koska villieläimet ovat aidosti vaarallisia ja koska ihmiset myös autoista poistuessaan aiheuttavat kaikenlaista haittaa, kuten roskaamista, tulipaloja ja eläinten ruokkimista. Todistimme kuitenkin pariinkin otteeseen Nakurussa piittaamattomuutta säännöistä. Muuan kiinalais-porukka hätyytteli lintuparvia järven rannoilla kameroineen, ja yksi autollinen mzunguja oli ajanut polulta ulos ja metsänreunaan nähdäkseen kirahveja lähempää. Yksi autollinen kikattavia kenialaisia teinityttöjä antoi auton ikkunasta ruokaa paviaaneille, mikä on vaarallista touhua, sillä se opettaa paviaanit yhdistämään ihmiset ruoansaantiin, ja ne voivat laumaeläiminä olla aggressiivisia ja vaarallisia.

Idioottimaisimmasta kohtauksesta vastasi kuitenkin intialainen lapsiperhe, joka oli liikkeellä ilmeisesti omalla tai vuokratulla pikkubussillaan. Intialaismies oli pysähtynyt savannille keskelle valtavaa kafferipuhvelien laumaa ja päästänyt koko suuren lapsikatraansa autostaan kirmailemaan ja puhveleita pällistelemään. Mainittakoon, että kafferipuhveli on virtahevon ohella Afrikan vaarallisin villieläin ja tappaa vuosittain enemmän ihmisiä kuin leijonat tai norsut.

Ei tässä kuitenkaan kaikki. Ihmettelimme juuri ääneen intialaisperheen tyhmyyttä etäältä, josta näimme heidät, kun äkkiä parikymmentä metriä intialaisten takana nousi pensaikosta urosleijona ja loikkasi hölkkään kohti intialaisia lapsia. Kenialainen oppaamme hätääntyi ja kaasutti autollamme paikalle niin, että automme asettui leijonan ja intialaisten väliin. Hän huitoi ja huusi swahiliksi intialaisille, jotka vain keikuttivat päätään ja perheenisä selitti intianenglanniksi: "Eivät nuo ole vaarallisia, me pidämme noita kotona ihan kuin lehmiä." Kun selitimme, että kafferipuhveli ei ole ihan sama asia kuin intialainen vesipuhveli, ja että huomasiko mies ollenkaan että hänen lapsikatraansa takana oli juuri äsken leijona (joka yhä oli kivenheiton päässä, mutta nyt toisella puolella), miehen naama vihdoin venähti ja hän alkoi haalia lapsukaisiaan takaisin autoon.

Naivashan alueella tapasin myös Etiopiasta tutun amerikkalaisen ystävättären, jonka kanssa kävimme seuraavina päivinä linturetkillä pitkin Naivashaa ympäröivää maaseutua. Vaikka hän on valkoinen amerikkalainen, hän on syntynyt ja kasvanut Keniassa lähetyssaarnaajan tyttärenä ja suuri osa hänen suvustaan näyttää asuvan ja työskentelevän siellä erilaisissa kristillisissä hankkeissa. Niinpä hän on aina tuntenut itsensä afrikkalaiseksi ja Kenian kotimaakseen.

Eräänä illoista olimme fondue-illallisilla toisen amerikkalaisen saarnamiesperheen luona. He olivat asuneet tätä ennen vuosia Sudanissa, Eritreassa ja Somaliassa, joten Kenia lienee ollut noihin verrattuna levottomimpinakin vuosinaan jonkinlainen suojaisa lepopaikka. He olivat rakentaneet viidakkoon joen töyräälle komean hirsihuvilan ja järjestäneet elämänsä uudessa kotimaassa, odotellen kovasti Kenian uutta kansalaislakia, joka saattaisi antaa maassa iät ajat asuneille valkoisillekin oikeuden kansalaisuuteen. Perheenisä intoutui sen viikon ikävien uutistapahtumien kirvoittamana keskustelemaan aseista ja siitä, kuinka aseenkanto on Amerikassa ihmisoikeus. Kylässä puhvelit olivat tappaneet neljä miestä sinä vuonna.

Keniassa erityisen vaikuttavaa on se, että suuria savannieläimiä ei näe ainoastaan kansallispuistoissa, vaan myös tavallisella maaseudulla. Marakatit ryöstelivät banaaneja ikkunasta käsin ystävättäreni vanhempien kotitalosta ja yöllä kuului hyeenojen ölinää, joka kuulosti kodikkaan perussuomalaiselta. Seeproja, antilooppeja ja puhveleita näkee tuon tuosta laiduntamassa kaikenlaisilla ruohostomailla. Salametsästäjien eniten vainoamat lajit, kuten sarvikuonot ja norsut, ovat jäljellä enää vain suojelualueilla.

Tällä matkalla onni oli myötä myös pöllöjen suhteen, sillä matka tuotti kolme huuhkajalajia, kaikki hyvin nähtyinä. Nakurussa löytyi suuresta akaasiasta päiväunilla oleva valtavan kokoinen savannihuuhkaja. Naivashan lähellä puolestaan näimme yöllä aidantolpalla istuskelleen täplähuuhkajan – tämän lajin olen aiemmin nähnyt Sambiassa, jossa se käveli ja pällisteli maassa. Lopulta kun retkeilimme rinnemetsissä Kijabessa, Hautavajoamalaakson kupeessa, sieltä löytyi lepäilevä afrikanhuuhkaja, jonka ympärillä puissa hyöri kanelimehiläissyöjiä, pikkuvuorimedestäjiä, ruostemetsäkerttusia, keltaviiksibulbuleja, hopeasieppoja ja afrikanharmaakäpinkäisiä.

En vielä ota kantaa, kirjoitanko kenties jotain blogiini joulupyhinä, mutta siltä varalta että en niin tee, toivotan lukijoille – ja varsinkin tätä Suomen pakkasissa lukeville sukulaisille ja läheisille – hyvyyden ja rauhan täyteistä joulua. Kaiken hömpän ja stressin keskellä jokaisen olisi hyvä kristillisyytensä tai muun uskonnollisuutensa tai uskottomuutensa asteesta riippumatta muistella hetki myös joulun varsinaista sanomaa ja jakaa siitä tarkoitusta lähimmäisilleen, varsinkin niille, kuten lapsille ja vanhuksille, joiden elämään voi pienelläkin vaivalla vaikuttaa niin myönteisesti.

Pikkuveljeni innoittamana olen parina vuonna hankkinut joululahjoiksi maata *World Land Trustista*. Mikä onkaan parempi lahja lapsillemme ja lapsenlapsillemme kuin säilyttää edes pieniä kaistaleita Maapallostamme jälkipolville? Tulevaisuuteen investoiminen kannattaa taas, kun maailmanloppukin peruutettiin. Ei siis pitäisi olla metafyysistä tekosyytä olla välittämättä ja vaikuttamatta maailmaan ympärillään. Jokainen on ihan itse vastuussa siitä, mihin elämänsä tässä maailmassa käyttää.

# Kabulin joulu

*29. joulukuuta 2012*

K abuliin tuli kuin tulikin valkea joulu. Lumentulo oli joulupyhinä niin kovaa, että lentokenttä ei toiminut ja moni palaamassa ollut jäi joulunjälkeispäivinä jumiin välilaskupaikkoihin, kuten Istanbuliin, Dubaihin ja Delhiin. Nyt maassa on paksu kerros lunta ja ulkona viitisen pakkasastetta. Ikävä kyllä sisätiloissa ei ole juuri sen lämpimämpää. Sähköverkot kaatuilevat jatkuvasti, lumi antenneilla katkoo viestiyhteyksiä.

Luihin käyvää kylmyyttäkin pahempi asia Kabulin talvessa on ilmanlaatu. Olen puolessa vuodessa kehittänyt itselleni täkäläisittäin Kabulin yskäksi kutsutun kroonisen yskän, joka johtuu pääasiassa saasteista ja sisätiloissa vallitsevasta kerosiinin tai muiden polttoaineiden katkusta. Olisi sääli jos koko elämäni jatkunut tupakoimattomuus (orientaalisessa seurassa silloin tällöin harrastettua vesipiippua lukuun ottamatta) valuisi nyt hukkaan keuhkojen tuhoutuessa vuodessa parissa Kabulin myrkkyilmaan. Varsinkin Kiinan suurkaupungeissa työn puolesta asuvat tutut sanovat samaa sikäläisen saastetason detrimentaalisesta vaikutuksesta terveyteen.

Afgaanit eivät vietä joulua, koska maassa ei ole käytännössä ollenkaan kotoperäisiä kristittyjä eikä kaupallinenkaan versio tästä pyhästä tunnu herättävän vastakaikua. Afganistanin väestön prosentin luokkaa oleva osuus ei-muslimeja koostuu lähinnä suurten kaupunkien pienistä sikhiläisistä ja hindulaisista vähemmistöistä. Vietimme kuitenkin joulua lukuisain ulkomaalaisten kesken, länsimaalaisten ja muiden kristittyjen tai nimelliskristittyjen lisäksi turkkilaiset, arabit ja intialaiset mukaan lukien. Muuan jordanialainen taikoi muutamassa tunnissa libanonilaisia mezzejä ja muuan intiatar lammaspaistia ja kanaa niin, että niistä olisi voinut ruokkia parisataa vierasta ilmaantuneiden kahdenkymmenen lisäksi.

Myöskään uuttavuotta ei Afganistanissa juhlita länsimaisen kalenterin mukaan – toisin sanoen, länsiroomalaisen kalenterin ja kristillisen vuosienlaskun. Idän kirkkojen joulu on vasta tulossa. Islamilaista kalenteria seuraavassa Afganistanissa on tällä hetkellä jadikuun 9. päivä vuonna 1391 jälkeen hijran.

# Vuotten vierimä



Taas yksi on vuosi vierinyt, valunut murheellisesti läpi sormien kuin tiimalasin hieno hiekka, josta ei saa otetta. Jokin on muuttunut, jokin ei. Variaatiot samoista teemoista seuraavat toistaan. Mieleeni palasi Eino Leinon runo vierivistä vuosista, mutta etsiessäni sitä (jotten siteeraisi väärin, ulkomuistini kun ei ole mitä se joskus oli) löysinkin monta. Leinokin on palannut varioimaan samoja teemoja yhä uudelleen, uudelleen ja uudelleen.

> *Ja vuodet ne käy yhä vaikeammiks*
> *ja haaveet ne käy yhä haikeammiks,*
> *ne polttaa, ne hehkuu, ne halaa.*
> *Joka ilta ma mietin: Kai huominen uus*
> *tuo lohdun ja loppuvi rauhattomuus!*
> *Yö loppuu, mut murheet ne palaa.*
>
> *Ne tulevat niinkuin kotihin,*
> *ne tuovat uusia vieraitakin,*
> *jotka nimeltä tunnen ma juuri.*
> *Se murhe, mi eilen mun murtaa oli,*
> *suli hymyks, kun tänään suurempi tuli –*
> *koska tulee se suurin, se suurin?*

Ja sitten hän kaipailee kadotettua rakkauttaan:

> *Lien paljon ma lauluja tehnyt,*
> *mut yks oli kaunehin,*
> *oli mulla niin armas aihe –*
> *polo, kuinka sen unhotin!*
>
> *Se oli mun onneni laulu,*
> *sävel säihkyvä, voitollinen.*
> *Yöt päivät yhä ma etsin*

*sitä pohjasta sydämen.*

*Ja vuodet ne vierii ja vierii,*
*tuli silmien sammuu pois.*
*Mitä siitä, jos löytyä kerran*
*elon kauneus kadonnut vois!*

*Jo ystävät ympäri väistyy,*
*ovat hapseni harmenneet.*
*Mitä siitä, jos löytäisin kerran*
*ens-lempeni säveleet!*

Mutta tässä hän kaipailee jo ikuista onnea:

*Meill' on niin kiire, niin kiire,*
*emme ehdi uottamaan.*
*Maa kukkivi vuodesta vuoteen,*
*meillä yksin on elämä vaan,*
*ja yksi on elämän kevät,*
*ikä ihmisen lyhyt on,*
*päivä yks' kun lehteä tekee,*
*jo toinen on marjaton.*

*Ja vuodet ne vierii ja vierii,*
*tuli silmien sammuu pois –.*
*Mitä siitä, jos löytyä kerran*
*elon kauneus kadonnut vois,*
*jos tullessa suuren rauhan*
*ja vaipuissa unheeseen*
*vois löytää, löytää kerran*
*ikionnensa säveleen.*

Tapani mukaan tutustuin siihen, mitä viime vuonna uuden vuoden ai-
kaan ennustin tulevaksi. Minusta tuntuu, että kaiken voisi kirjoittaa uu-
delleen. Vuosi 2011 oli dramaattisten muutosten vuosi, jonka kenties
tärkein ilmiö inkarnoitui arabikevään hahmossa. Vuosi 2012 on sen si-
jaan ollut paikoillaan junnaamista ja stagnaatiota niin Euroopassa, Lähi-

idässä ja Pohjois-Afrikassa kuin myös Iranissa, Afganistanissa, Venäjällä ja Amerikassa. Poimitaanpa joitain kohtia kommentoitaviksi.

*Näillä näkymin siis Pohjois-Afrikka on uusiutunut. Lähi-itä sen sijaan on yhä jämähtänyt, ja siinä tilassa todennäköisesti pysyykin kunnes Assadin diktatuuri Syyriassa kaatuu. Se tukeutuu Iraniin ja Venäjään, jotka puolestaan uskovat, ettei länsimailla ole rahkeita sen enempää kuin haluakaan puuttua Syyrian tilanteeseen siinä määrin, että voisi kallistaa vaa'an opposition hyväksi.*

Ennakoin vuosi sitten, että Venäjän ja Iranin pyrkimykset pysäyttää arabikevät ja estää muutokset omissa maissa olisivat ratkaisevia vuoden 2012 kehitykselle. Näin epäilemättä olikin. Venäjän valkonauhaliike ei onnistunut saamaan aikaan muutoksia Venäjällä, vaikka onkin luultavasti vaikuttanut henkiseen ilmapiiriin maassa. Samoin Iranin opposition yritykset nousta uudelleen aallonharjalle arabikevään vanavedessä kuivuivat kokoon. Tyytymättömyys ei suinkaan kadonnut, mutta väkivalta- ja propagandakoneisto on onnistunut pitämään vastarinnan nujerrettuna, lähinnä Venäjän tuella.

*Venäjällä kansalaiset ovat heränneet ja olleet kaduilla valkoisine nauhoineen. Venäjälle kuitenkaan tuskin tulee kovin helposti arabikevättä, koska kaikki valta on Putinin ja entisen KGB:n sekä heidän suosikkioligarkkiensa rakentamassa vallan vertikaalissa, joka muistuttaa tsaarinaikoja tai ehkä Mussolinin korporatismia. (...)*

*Kansalaiset ovat uhmanneet pelkoaan ja apatiaansa, ja nimenomaan ne venäläisistä parhaimmat, rohkeimmat, koulutetuimmat ja aktiivisimmat. Jos Putin päätyy vyöryttämään tankit kaduille ja heittää kansakuntansa parhaat vankiloihin, katoaa keskeisin tietotaito nopeasti ulkomaille ja Venäjä taantuu pelkäksi öljyn ja kaasun hinnalla porskuttavaksi kehitysmaaksi.*

Arabikevättä Venäjä ja Iran eivät kuitenkaan onnistuneet pysäyttämään. Niiden sumeilematon tuki Syyrian roistohallinnolle kansansa kukistamiseen keinolla millä hyvänsä ei ole onnistunut pysäyttämään eikä lannistamaan Syyrian vallankumousta. Sekä Moskovassa että Teheranissa mietitään jo kuumeisesti B-suunnitelmia siltä varalta, että Assad ja hänen klaaninsa olisi uhrattava. Demokratiaa ja avointa yhteiskuntaa Venäjä ja Iran eivät Syyriaan halua suurin surminkaan, kuten eivät mihinkään muuhunkaan arabimaahan. Sotilasvalta, islamistinen diktatuuri tai sisällissota kelpaavat niille mieluummin.

Venäjä ja Iran eivät ole myöskään onnistuneet kuin osittain propagandasodassaan arabikevään diskreditoimiseksi sekä poliittista pluralismia ja liberaalia demokratiaa kannattavien epäpoliittisten vallankumouksellisten demonisoimiseksi islamistisiksi terroristeiksi. Tämä propagandanarratiivi, jota syötettiin länsimaihin voimalla heti arabikevään alusta alkaen, näyttää pikemminkin väsyneen samaa tahtia kuin vallankumouksensa jo suorittaneissa maissa – Tunisiassa, Egyptissä, Libyassa ja Jemenissä – tulisi oikeasti alkaa huolehtia islamistiongelmasta. Kriittisin tilanne on Egyptissä, jossa vallankumouksessa passiivisessa osassa ollut Muslimiveljeskunta on osoittanut kaikki taipumukset halusta jatkaa Mubarakin linjoilla keskusjohtoisen yksipuoluevallan tiellä. Oheisen vuosi sitten kirjoittamani olisin hyvin voinut kirjoittaa vaikka kuukausi sitten:

> *Toisin on Egyptissä, jossa kaikki vanhat valtarakenteet syrjäytettyä Mubarakia ja hänen välittömintä lähipiiriään lukuun ottamatta takertuvat kynsin hampain valtaan ja pieksevät kaduilla urheasti mieltään osoittavia äänestysiän alle jääviä teinejä, samalla kun äänestäjien masinointiin kenttäverkostollaan pystyvä Muslimiveljeskunta hieroo käsiään.*

Arabian niemimaan rikkaat öljymonarkiat mobilisoivat rahansa varsin onnistuneesti suojelemaan Jordanian, Marokon ja Omanin monarkioita kumousaallolta, mutta mainitut kolme maata ovatkin oikeasti uudistaneet itseään jo vuosien ajan. Niiden on täytynyt. Ne eivät ole ökyrikkaita öljymaita. Päinvastaisesta propagandasta huolimatta arabikevään tapahtumat eivät koskaan olleet Saudi-Arabian tai Qatarin rahoittamia, vaan päinvastoin nämä maat ovat yrittäneet parhaansa mukaan arabikevättä jarruttaa. Toki yrittäen samalla asettua oikealle puolelle historiaa hyväksymällä nopeasti ne vallankumoukset, jotka jo ehtivät tapahtua, sekä jättämällä puolustamatta perinteisen vihollisensa Iranin vasallihallintoa Syyriassa.

Myös Turkin etsikkoaika historian oikealla puolella olemiseksi jatkuu. Kurdirintamalla tapahtui viime vuoden aikana paljon, muttei mitään pysyvää, mikä ei voisi jälleen muuttua kuukausissa, jopa viikoissa. Irakin uudelleen kasvanut levottomuus tulee vaikuttamaan Syyrian ja Turkin kurdialueiden tällä hetkellä toimivaan mutta epämukavaan linnarauhaan. Monessa muussakin osassa levotonta aluetta vakaudeksi tulkittu hiljaisuus merkitsee vain sitä, että tietyt sotakirveet on taktisista syistä haudattu joksikin aikaa, koska odotetaan lopputulemaa tärkeämmistä taisteluista, jotka on käytävä ensin. Haudatut sotakirveet eivät ruostu kelvottomiksi, elleivät pysy haudattuina ainakin sukupolven verran.

Dynaamisuus on koko vuoden ajan ollut muualla kuin Euroopassa, joten on soveliasta käsitellä Eurooppaa vasta Orientin jälkeen. Kirjoitin vuosi sitten Euroopan osalle seuraavanlaisen ennusteen:

> *Eurooppa elää taantumisen aikaa. Luulen, että tämä vuosi tulee näyttäytymään melko ankeana ja stagnaattisena Euroopan maiden näkökulmasta. Venäjän tummat varjot taivaalla tihenevät samalla kun Euroopan maat painivat velkakierteissään ja kyvyttömyydessään uudistua. Kun lopulta on pakko kajota julkiseen tuhlaamiseen, kansa tulee olemaan kaduilla ja kadut liekeissä, eikä vain Kreikassa. Eurooppalaiset äänestäjät halveksivat demokratiaa yhä avoimemmin, fasismi ja kenties muutkin jo kuolleiksi luullut totalitarismin pedot nousevat ja parantavat kuolinhaavansa. Unkarin poliittinen elämä alkaa jo olla pelottavaa menoa eikä siitä olla kuin parin jytkyn päässä monissa muissa maissa.*

Vaikka olisin toivonut mieluummin olleeni väärässä, näyttää siltä, että ennustamani trendit ainoastaan jatkuivat. Niin Suomessa kuin suurimmassa osassa Eurooppaa mikään ei olennaisesti muuttunut. Velanottoon ja julkiseen tuhlaukseen perustuva kuplan pumppaaminen jatkui. Eurooppalaisiin ei ole sattunut vielä tarpeeksi kipeästi, että he ymmärtäisivät muuttaa kestämätöntä politiikkaansa, jota he kaikesta pahoinvoinnista huolimatta insistoivat kutsua hyvinvointivaltioksi. Rakennevikoja korjataan rakenteiden purkamisen ja uudistamisen sijaan edelleen luomalla yhä uusia rakenteita ja kuluautomaatteja. Tästä maksettava hinta voi olla erittäin korkea.

Varovaisemmillekin pitäisi tähän mennessä olla selvää, etteivät uhkakuvat fasismin noususta ole olleet pelkkää vainoharhaa. Kreikan ja Unkarin meno on pelottavalla tasolla. Vaikka kuinka marginaalista, on oireilevaa, että Suomessakin perustetaan jälleen kuin sieniä sateella uusia avoimesti fasistisia ja kansallissosialistisia puolueita, joiden sivuilta löytyy hakaristejä, rotuoppeja ja likaisessa polttoöljyssä tirisevää vihaa milloin maahanmuuttajia, milloin muslimeja, milloin suomenruotsalaisia ja milloin ylipäätään "herroja" ja "eliittiä" vastaan.

Aggressiivisin ja samalla vainoharhaisin osa kohoavaa fasistista kuumetta on 1900-luvun alkupuoliskon juutalaisvihan 2000-luvulla korvannut muslimiviha, islamofobia, joka ei ole laantunut sen enempää Euroopassa kuin Atlantin toisella puolellakaan, vaikka sille on toisaalta alkanut ilmaantua varovaista kriittistä vastapainoa.

> *Tapaus Anders Breivik osoitti heinäkuussa kouriintuntuvasti, kuinka pelot islamofobisen liikkeen väkivaltaistumisesta eivät olleet aiheetonta paranoiaa, vaan totisinta totta. Tapaus on saanut pienimuotoisempaa jatkoa pitkin Eurooppaa, Venäjää ja Yhdysvaltoja; kaikkialla on raportoitu hyökkäyksiä ja järjettömiä ilkivallantekoja, jotka suuntautuvat muslimeja ju maahanmuuttajia vastaan.*

Minunlaiseni suvakit muistuttavat yleensä islamofobeja ja muita niin kutsuttuja maahanmuuttokriitikoita siitä, etteivät heidän pöyristelemänsä yksittäistapaukset kelpaa kuvaamaan yleisiä trendejä saati todistamaan rasistisia yleistyksiä, vaan perustuvat niin kutsuttuun vahvistusharhaan: siihen, että uutisvirrasta poimitaan vain niitä asioita ja tapauksia, jotka tuntuvat sopivan omiin obsessioihin, ja sivuutetaan puolestaan omien ennakkokäsitysten vastaiset tapaukset.

Voidaan siis myös suhtautua kriittisesti siihen, missä määrin joka päivä suvaitsevaisista lähteistä lukemani rasistiset ja fasistiset yksittäistapaukset kuvaavat koko yhteiskunnan ilmapiiriä. Ääriliikkeet ja niiden teot eivät yleensä anna edustavaa kuvaa omista yhteiskunnistaan. Se, miten ympäröivä yhteiskunta niihin suhtautuu, sen sijaan antaa.

Tällä hetkellä huomiota kiinnittää se, että esimerkiksi Pakistanissa, Afganistanissa ja Intiassa syntyy maanlaajuisia kohuja ja kansalaissuuttumuksen purkauksia huomiota herättäneistä terrorismi- tai raiskaustapauksista. Libyassa ja Egyptissä väki osoittaa raivolla mieltään islamistien vallanhimoisia pyrintöjä vastaan. Sen sijaan vapauden ja monikulttuurisuuden puolesta liputtaneissa Yhdysvalloissa, Ranskassa ja Britanniassa menevät muslimivastaiset vihapuheet, väkivallanteot ja ilkivalta läpi jo suorastaan rutiininomaisilla olankohautuksilla. Yksittäistapaus, ei pidä huolestua.

Olen sitä mieltä, että Umayya Abu-Hannan paljon kohua Suomessa herättänyt mielipidekirjoitus Suomen kamaluudesta ja Hollannin ihanuudesta oli hysteerinen ja yleistävä, mutta ehkä sen oli syytä ollakin, jotta se pysäytti edes muutaman lukijansa ajattelemaan, mihin oikein on tultu. Abu-Hannan artikkelia kuvaavampaa olikin se, kuinka suomalainen yhteiskunta siihen reagoi. Osa tuomitsi Abu-Hannan täysin – hänellä ei olisi saanut olla oikeutta arvostella Suomea yhtään mistään, koska ei ole oikea suomalainen. Nämä ihmiset tyypillisesti essentialisoivat Abu-Hannan ulkomaalaiseksi ja arabiksi. Kuitenkin vaikka Abu-Hanna on taustaltaan palestiinalainen (tarkemmin sanottuna Israelissa syntynyt kristitty arabi), hänen kritiikkinsä oli mitä suomalaisinta itseruoskintaa. Sitä vain, että joidenkin mielestä Abu-Hanna ei olisi saanut tuota suomalaista itseruoskintaa harjoittaa, vaan se kuuluu vain etnisille kantasuomalaisille.

Minusta erityisen pysäyttävä kohta Abu-Hannan artikkelissa oli tämä:

*Amsterdamilaiset tuntee kuulemma kahdesta sanonnasta. Ensimmäinen on "Why not (miksei?)" ja toinen on "Says who (väittää kuka)?" Amsterdamilaislapsilla on tutkitusti parempi itsetunto kuin vaikkapa madridilaisilla.*

*Tämä tasa-arvoisuus syntyy siitä, että erilaiset ihmiset – köyhät, rikkaat, maalaiset, työttömät ja miljonäärit – näyttäytyvät yhteiskunnallisesti samankokoisina. Fyysisen työn tekijät eivät ole katkeria. Täällä jokainen pitää itsestään selvänä, että on kunnioituksensa ansainnut.*

*Suomalainen yhteiskunta taas lähtee siitä, että erilaisuus on automaattisesti hierarkkista. Tämä synnyttää herravihaa, Helsinki-kateutta ja katkeruutta ulkomaalaisia kohtaan. Suomessa ajatellaan, että erilaisuutta vastaan pitää taistella, koska erilaisuus luo eri-arvoisuutta. Tasa-arvo taas syntyy samanlaisuudesta.*

Tuossa nimittäin ei enää puhuta yksittäistapauksista vaan kulttuurirakenteista. Jokainen on varmasti joutunut kokemaan ikäviä yksittäistapauksia rasististen tai muuten vain ääliömäisten kansalaisten taholta sekä Suomessa että ulkomailla. Ainakin minä olen, ja mitä kansainvälisempi läheisten ja ystävien piiristä on tullut, sitä enemmän se on alkanut pistää silmään, johtuen tietysti osittain vahvistusharhasta.

Kuitenkin tuo omituisen suomalainen tasapäistämisvimma, jonka mukaan tasa-arvoa luo vain samanlaistaminen, on oikeastaan paljon syvemmin monimuotoisuutta vastaan asettuva voima kuin äärimmäisesti ajattelevat ja huonosti käyttäytyvät yksilöt. Tai jopa ohjelmalliset fasistijärjestöt, kunhan jälkimmäiset eivät pääse valtaan.

Perin suomalaista on myös ajatella, että hyvä itsetunto on jotenkin tasa-arvolle ja yhteisölliselle vakaudelle vaarallinen ja haitallinen asia. Se kitketään suomalaisista jo lapsena. Tuloksena on syvälle sydämeen istutettu heikkouden ja avuttomuuden tunne, joka estää suhtautumasta muihin ihmisiin, etenkin vahvoihin ja/tai erilaisiin, mutkattomalla normaaliudella. Suomalainen muistuttaa yhä venäläistä siinä suhteessa, että hänen on vaikea katsoa toista ihmistä silmistä silmiin tasa-arvoisena. Hänen on aina tunnettava joko ylemmyyttä tai alemmuutta. Ja voi sitä, joka ei ymmärrä pysyä roolissaan suomalaisen olettamalla tavalla.

Kaikesta synkästä huolimatta olen edelleen valmis toistamaan myös viimevuotisen vuodatukseni optimistisen loppukaneetin:

> *Uskon kuitenkin läntisen maailman, Amerikan ja Euroopan, uusiutumiskykyyn ja niiden yhteiskunnalliseen voimaan. Kuilun reunalla nössökin yleensä ryhdistäytyy ja uusia kirkasotsaisia sukupolvia nousee kaikkialla, ilman menneiden saavutettujen etujen liiallista painolastia.*

Varovainen optimismini johtuu lähinnä siitä, että vuoden 2011 henki tuntuu yhä olevan elossa ainakin osassa nuorempia sukupolvia. Tuo henki on uhmakas sikäli, että se on herännyt pitkän apatian jälkeen vaatimaan omistajuutta valtiosta ja yhteiskunnasta – ihmisille itselleen, ei rakenteille ja komiteoille. Se on myös löytänyt keinoja paeta tukahdutetuista ja kontrolloiduista muodollisen vaikuttamisen keinoista takaisin kohti jollain tasolla aitoa yhteisöllisyyttä, joka viis veisaa virallisista koneistoista.

Henki vaatii tilaa sekä eetterissä että kaduilla, ja vaikka autoritääristen valtioiden vanavedessä myös demokraattisten valtioiden pöhöttyneet autoritääriset elementit yrittävät päästä sääntelemään yhä enemmän kaikkea, se ei tule olemaan helppoa. Ei ainakaan niin kauan kuin valtarakenteet ovat epäpätevämmissä ja flegmaattisemmissa käsissä kuin niitä haastava kansalaisaktivismi.

Kaikki mikä lisää osaamisen ja aktiivisuuden painoarvoa ignoranssiin ja pysähdykseen verrattuna, on yhteiskunnan pitkän tähtäimen kehityksen kannalta myönteistä. Se vie kulttuuria eteenpäin. Innovaatiot motivoituvat yhdestä asiasta ja leviävät sitten toisiin. Ylhäältä ojennetut teknologiset ratkaisut ovat pelkkiä heliseviä vaskia, kunnes niihin on puhallettu ihmisyyden intohimon henki. Siellä missä tuo henki puhaltaa, banaaleimmissakin arkiasioissa, siellä on elämää ja kehitystä. Mistä tuo liekki

tukahdutetaan sammuksiin, siellä alkaa lähtölaskenta historian unho-
laan.

# Natseja ja jezidejä



Joulupyhinä olin vielä osallinen kutsuihin ja biletyksiin, joskin osan sosiaalisista velvollisuuksista hyvänä isäntänä tai vieraana hoitavat tilanteiden ja väsymystilan mukaan aktivoituvat autopilottiohjelmat. Pyhien jälkeen tulin kuitenkin liian raskautetuksi pälleni kasautuvista huonoista uutisista ja huolesta pulassa olevia ystäviä kohtaan, että olisin jaksanut ottaa osaa uudenvuoden rientoihin.

Jätin kutsut lojumaan loppuun käytetyn kalenterin viereen ja sen sijaan lukaisin puolalaisen kirjailijan Marek Krajewskin historialliseen saksalaiseen Breslauhun, nykyiseen puolalaiseen Wrocławiin, sijoittuvan sarjan ensimmäisen kirjan, *Kuolema Breslaussa* (löytyy ainakin puolaksi, saksaksi ja englanniksi, ei tietääkseni suomeksi). Krajewski tuli tietoisuuteeni jo viime kesänä, kun muuan ystäväni katsoi hänen tuotantonsa olevan juuri minulle ehdottoman tärkeää lukea, verraten Krajewskia ironiassaan ja aikakausitajussaan Boris Akuniniin ja Umberto Ecoon. Ymmärrän nyt, mitä asioita hän tarkoitti. Jossain määrin minua harmittaa, etten ole saanut omaa tuotantoani julkaisukuntoon, kun tällaisia helmiä nyt pulpahtelee eripuolilta ja niille tuntuu suuressa maailmassa olevan suurempi tilaus kuin Suomessa, vaikka suomalaiset ovat tilastoissa niin kovia lukijoita.

Ensimmäinen kirja ei tosiaan tuottanut pettymystä, joskin Akuniniin ja Ecoon verrattuna Krajewski edustaa huomattavasti mustempaa huumorintajua ja pessimistisempää ihmiskuvaa. Hänen kirjasarjansa päähenkilö, Breslaun rikospoliisin johtoon lukeutuva Eberhard Mock, on kaikkea muuta kuin Akuninin kirkasotsainen, hyveellinen, ehdoton ja japanilaisiin sankari-ihanteisiin risteytetty Erast Fandorin. Fandorinin tullessa kuvatuksi sekä ulkoiselta olemukseltaan komeaksi että henkisesti aina nerokkaaksi ja ihanteelliseksi, Mock on tanakka, mukavuudenhaluinen, laiskanpuoleinen ja loputtoman kyyninen. Fandorin on romantikko ja naistenmies, joskin ainaisesti vakiintumaton, kun taas Mock on epätoivoisesti vakiintumista ja perhettä kaipaava epäonnistuneiden avioliittojen ja naissuhteiden haavoittama hahmo, joka käy huorissa, mutta toisaalta osoittaa ajoittaista myötätuntoa niitä harvoja henkilöitä kohtaan, joista välittää.

Fandorin heittäytyy riemumielin kuolemanvaaraan jos katsoo sen olevan joko oikein tai vain fatalistisesti tilanteeseen sopivaa. Mock taas suojelee itseään jatkuvasti sekä vaaralta että poliittiselta epäsuosiolta, käyttäen usein epäeettisiä keinoja, kuten valehtelua, fabrikointia, juonittelua tai apulaisensa lähettämistä tuleen. Toisaalta Mock potee jatkuvasti huonoa omaatuntoa toimistaan ja joutuu tasapainoilemaan moraalisesti, kun Fandorinille asiat aina ratkeavat kohtalon tai onnen oikusta niin, että pahimmilta moraalisilta solmuilta vältytään.

Fandorinin seikkailut sijoittuvat 1800-luvulle, keisarillisen Venäjän viimeisiin vuosikymmeniin, ja hän joutuu painiskelemaan patriotismissaan korruptoituneen poliisivaltion valtakoneiston kanssa, kunnes tekee sen kanssa (muttei Venäjän valtakunnan kanssa) lopullisen välirikon. Tästä huolimatta Akuninin maailma on aina romanttisen hyvä. Pahuuden voimat näkyvät taustalla, mutteivät murskaa alleen kaikkea, edes myöhemmissä neuvostoaikaan ja nyky-Venäjälle sijoittuvissa kirjoissa.

Mockissa, joka elää 1930-luvun Breslaussa, ei puolestaan näy minkäänlaista patrioottisuutta Saksan valtakuntaa kohtaan, vaan lähinnä opportunismia selvitä itse hengissä natsien kaapattua vallan ja ajaessa läpi puhdistuksiaan poliisi- ja tiedusteluhallinnossa. Mock halveksii natseja, mutta joutuu kuitenkin luovimaan heidän kanssaan. Hän suojelee yhtä alaistaan juutalaisvainoilta, mutta uhraa syyttömän epäillyn paholaismaisen valehtelukoneiston louskuttaviin leukoihin.

Pahempaakin on edessä; Mock ei todellakaan paista erityisen hyveellisenä hahmona. Siinä suhteessa hän tosin ei suuresti eroa Krajewskin muista henkilöhahmoista. Poliisit ovat toinen toistaan häikäilemättömämpiä ja julmempia, akateemikot omahyväisiä narsisteja, aateliset elävät kuin Sodomassa ja Gomorrassa ja tarinan lähes ainoa puhtaalta ja hyvältä vaikuttava hahmo päätyy prostituoiduksi ja narkomaaniksi.

Mockin apulaisista yksi osoittautuu natsiksi ja homoseksuaaliksi, toinen puolestaan mielenterveysongelmaiseksi alkoholistiksi.

Toisaalta, vaikka useimmat arvioijat näyttävät korostavan Krajewskin tuotannon *noir*-ulottuvuutta, Mock ei ole myöskään tyypillinen antisankari. Hänestä löytyy paljon hyvääkin. Pikemminkin hän on pelottavan uskottava ihmishahmo vallan ja totalitarismin kauhistuttavien voimien puristuksissa. Lukija on tuskallisen tietoinen siitä, ettei natsivallan romahdusta Breslaussa seurannut vapauden kajastus, vaan yhtä painajaista seurasi toinen, kommunistinen totalitarismi, jota väläytellään kirjan alussa ja lopussa.

Ensimmäisen kirjan aiheena olevaan julmaan rikokseen ja sen tutkimuksiin on yhdistetty monia poikkeuksellisia sivujuonteita: natsihallinnon sisäpoliittista öykkäröintiä, Gestapon likaisia suhdeverkostoja ja moraalista korruptiota, seksuaalisia perversioita, maailmanlopun profetioita hepreaksi esitettyinä sekä kurdien jezidilahkon omaperäistä heretiikkaa, jossa Luciferia pidettiin lankeemustaan katuneena ja syntisiä sittemmin auttavana hahmona. Koston ja hyvityksen kohtalomaiset voimat jylläävät, mutta toisaalta kirja osoittaa kyynisesti, kuinka kohtaloa voi huijata ja sen kulkuun puuttua.

Krajewski on tehnyt kotiläksynsä tarinan orientalististen juonteiden suhteen, joskin syriakkia lukemaan kykenevä akateemikko ei olisi erehtynyt luulemaan persiankielistä tekstiä seemiläiseksi, muuan uzbekki olisi juonen kannalta otollisemmin kannattanut kuvata azeriksi ja paikka paikoin ristiretkeläisten ja saraseenien romantiikka jää kovin pinnalliseksi. Maltenin suvun menneisyys olisi tarjonnut ainekset parempaankin.

Lopussa kirja heittäytyy kauas sovinnaisista ja totunnaisista ratkaisuista ja vyöryttää esiin kasan ajallisia ja maantieteellisiä irtiottoja, joiden oletan valmistelevan sarjan seuraavia osia. Joka tapauksessa, Krajewski *on* mielenkiintoinen ja sarjan muut osat odottavatkin nyt, koska minulla on aikaa paneutua niihin.

# Maailmankuvan murroksista



Joissain asioissa ei ole ilmennyt mitään uutta. Odottelen vain ja odottelen, että jonain päivänä tulisi jokin uusi tieto. Tyhjänpanttina oleminen ilman mahdollisuutta tehdä asioiden hyväksi mitään on kuluttavaa. Sillä välin eräs toinen ystäväni onnistui lopulta saamaan loput perheestään Syyriasta ensin Libanoniin ja sieltä Turkkiin. Suoranainen hengenvaara on siten heidän osaltaan ohi, mutta säästöt hupenevat Turkissa nopeasti ilman töitä, YK:n pakolaisjärjestö ei avusta ja Turkki avustaa vain niitä pakolaisia, jotka asuvat leireillä. Suurin osa ei kuitenkaan leireille halua, vaan sinne jäävät vain köyhimmät ja kouluttamattomimmat. Muut yrittävät asua kaupungeissa kontaktiensa kautta tai vuokraa maksaen.

Elämän on kuitenkin jatkuttava, ja niinpä lopetin boikottini kaikenlaisia bileitä ja kutsuja kohtaan ja ryhdyin taas käymään onnentunneilla ja kissanristiäisissä. Muuan meksikolainen kehitteli yrttiliköörin pohjalta uuden drinkin ja siinä lasin ääressä erään itävallattaren kanssa notkuessani kehittelimme sille nimen, sillä hyvästä nimiehdotuksesta meksikolainen drinkitti meidät maksutta. (Kabulissa juomat ovat siinä määrin kortilla, että ilmaisia drinkkejä tai lounaita ei yleensä ole.) Nimi, johon päädyimme, oli utuinen päivänkakkara *(Hazy Daisy)*. Englanniksi se rimmaa.

Keskustelimme myös kirjallisuudesta. Itävallatar oli kiinnostunut sellaisista suomalaiskirjailijoista, joiden teokset välittäisivät väkeviä tunnelmia, sisältäisivät syvää filosofiaa ja olisivat myös olemassa saksaksi käännettyinä. Ryhdyin aluksi puhumaan Mika Waltarin *Sinuhesta*, *Karvajalasta*, *Hakimista* ja *Johannes Angeloksesta*, mutta kävi melko pian ilmi, ettei itävallatar ollut historiallisen romaanin ystävä. Hän kaipaili taianomaista todellisuutta, jossa on luotu maailmoja, ja tiesin silloin heti, ketä minun pitäisi suositteleman, Pohjolan Tolkienhan ei ole kukaan muu kuin Tove Jansson.

Waltarista ja Janssonista puheen ollen tulimme keskustelleeksi siitäkin, mitkä kirjat ovat oikeasti muuttaneet maailmankuvaamme ja suhtautumistamme ympäröivään todellisuuteen. Moni kaunis ja lyyrinen kirja on ollut elämys, mutta ovatko ne muuttaneet suhtautumistamme ympäröivään todellisuuteen? Enemmänkin ne ovat antaneet uusia metaforia, allegorioita ja muita välineitä ympäröivän todellisuuden jäsentämiseksi ja maagisten versioiden maalaamiseksi siitä.

Tolkien on mitä merkittävin esimerkki tällaisesta; *Sormusten herra* on niin käyttökelpoinen puheenaihe Kabulissa saakka juuri siitä syystä, että niin monet ovat sen jo nuorena lukeneet, ja nyt viimeistään elokuvatrilogian jälkeen monet sellaisetkin, jotka nuoruudessaan jäivät osattomiksi Tolkienin ihmeistä, ovat alkaneet viljellä puheissaan viittauksia Mordoriin, Klonkkuun, örkkeihin ja hobitteihin, ikään kuin kaikki tietäisivät itsestään selvästi, mistä on kyse.

Itse luin *Sormusten herran* hieman liian vanhana, jotta siitä olisi tullut jonkin lapsuudenkauden kaikenkattava vinge ja hurmio. Luin sen mieli täynnä historiaan, politiikkaan ja uskontoihin liittyviä mielikuvia, ja siinä tarkoituksessa Tolkien-metaforat tietysti kabulilaisissakin kahvipöytäkeskusteluissa usein esiintyvät. Ikävän harvassa vain ovat sellaiset ihmiset ja sellaiset hetket, joina keskustelut noille syvyysasteille täällä menevät. Yleensä puhutaan rahasta ja reviireistä, valitetaan lämmityksen, sähköjärjestelmien ja putkistojen surkeutta, uusimpia korruptioskandaaleja tai kuka on viimeksi ammuttu, räjäytetty tai siepattu.

Itselläni on kyllä yksi kirja, joka oikeasti laajensi mieltäni ja muutti maailmankuvaani, ja jonka lukemista suosittelen mitä lämpimimmin kaikille. Kyseessä on brittiläis-espanjalaista syntyperää olevan ja Oxfordissa suurimman osan uraansa tehneen historioitsijan Felipe Fernández-Armeston mestariteos *Millennium*, maailmanhistorian tiivistys vuodesta 1000 vuoteen 2000. Hän kirjoitti kirjansa 1990-luvun puolivälissä, joten viimeiset vuodet hän joutui arvaamaan. *Millennium* on julkaistu myös suomeksi ja sen käänsi neuvostovastaisuudesta vankilaan kylmän sodan Suomessa joutunut kulttuurisuuruutemme Heikki Eskelinen.

Fernández-Armesto on erinomainen kirjoittaja, joka osaa tehdä historiasta elävää. Tästä syystä *Millennium* sopii erinomaisesti sellaisellekin, joka ei ole erityisen akateeminen tai historiaan perehtynyt lukija. Parhaiten kirjasta saa kuitenkin irti tajunnanlaajennuksen sellainen lukija, jonka yleistiedot maailmanhistoriasta ovat jo valmiiksi hyvät. Fernández-Armesto nimittäin käsittelee kokonaisen vuosituhannen verran maailmanhistoriaa uusista näkökulmista, sivuuttaen ne asiat, kuten suuret sodat, hallitsijat ja suurvaltakeskukset, jotka ovat historiansa lukeneelle jo valmiiksi tuttuja, ja keskittyen siihen, miltä historia on näyttänyt muualta maailmasta katsottuna, huomioiden entistä enemmän rajamaita ja kulttuurien risteyskohtia.

*Millennium* etenee siten, että maailmanhistoriaa tarkastellaan innovaatioiden kautta, niiltä alueilta käsin, joissa jokin uusi sarastaa, ja niin maailmankäsitys muuttuu. Fernández-Armesto onnistuu myös erinomaisesti välttämään eurosentrisen historiallisen teleologian ja antamaan huomiota melko tasapuolisesti maailman eri kolkille, mikä kokonaisuutena luo paljon tasapainoisemman kuvan maailmanhistoriasta ja siitä "miten tähän on tultu" kuin mikään toinen lukemani saman mittakaavan kirja. Uudemmista teoksista tosin Ian Morrisin hiljattainen merkkiteos *Why the West Rules – for Now?* tavoittelee samaa, joskin on ehkä tietyiltä osin lähempänä Fernández-Armeston muuta tuotantoa kuin *Millenniumia*.

Miettiessäni muutoin kirjojen vaikutusta maailmankuvaani, joudun toteamaan, että ne ovat useimmiten antaneet enemmän välineitä, sanoja ja käsitteitä kuin varsinaisesti mullistaneet maailmankuvani. Ehkä se johtuu siitä, että useimmissa tapauksissa tarttuessani johonkin kirjaan olen jo mielessäni kypsynyt sen sisällölle vastaanottavaiseksi ja siksi siihen tarttunut. Ihmiset ja elämäni varrelle sijoittuneet tapahtumasarjat ovat vaikuttaneet maailmankuvaani paljon mullistavammin.

Olen jo aiemminkin viitannut siihen, kuinka suuri merkitys oli Itä-Euroopan vapautumisella ja Neuvostoliiton hajoamisella iässä, jolloin juuri aloin tiedostaa yhteiskunnallisia ja poliittisia voimia ympäröivässä maailmassa. Vaikuttavimmista ihmisistä en yksityisyyden suojelemiseksi halua kertoa kovin yksityiskohtaisesti, mutta todettakoon, että on ollut niitä, jotka ovat vaikuttaneet valtavilla tietomäärillään tai syvällä viisaudellaan, ja sitten on ollut niitä, jotka ovat vaikuttaneet esimerkillään tai suoralla osallisuudellaan historian ja sukupolvikokemusten tekemiseen.

Ei pidä myöskään unohtaa välineiden vaikutusta olosuhteisiin. Koululaitos ja media ovat maailmankuvien muodostumisen keskeisiä kenttiä, ja molempia mullisti nuoruuteni aikana muuan hämmästyttävä innovaatio. Olen ensimmäistä sukupolvea, joka kasvoi aikuiseksi enemmän internetin kuin television vaikutuksessa. Jälkeenpäin asioita katsellen vaikuttaa ilmeiseltä, että netin tulo maailmankuvaansa muodostavien nuorten ihmisten arkielämän osaksi muodosti erään keskeisen maailmankulttuurisen murroskohdan. Ehkä tuon murroksen vuoksi kulttuurikuilu minun ja itseäni vanhempien välillä on leveämpi kuin minun ja itseäni nuorempien välillä.

Netti universalisoi kaikkea vielä voimakkaammin kuin television uutiset ja massaviihde. Netti nimittäin on interaktiivinen ja tässä suhteessa poikkesi dramaattisesti edeltäneistä viestimistä. Se merkitsi todellista globaalin kanssakäymisen murroskohtaa. Se vapautti tavalliset ihmiset viestimään ajatuksistaan yli maantieteellisten, kulttuuristen ja valtiollisten etäisyyksien. Nettiä tiukasti sensuroivissa diktatuureissa tämä oli tietysti hieman vaikeampaa kuin vapaissa tai puolivapaissa maissa, mutta diktatuureissakin nuoriso osasi hyödyntää netin alkuaikojen anarkian ja senkin jälkeen on kyennyt pysyttelemään aina hieman kontrollifriikkien viranomaisten edellä kissa ja hiiri -leikissä.

Tässä yhteydessä en malta olla mainitsematta surun sanaa Aaron Swartzin muistoksi. Eräs viestinnän vapauden eturivin aktivisteista riisti hengen itseltään, kun häntä vastaan oli kasattu hysteerisen absurdit syytteet. Niin moni tuttavani on kuitenkin jo kirjoittanut Swartzin kuolemasta ja siihen johtaneista tapahtumista palstametreittäin, ettei minulla ole siihen lisättävää. Murheellista.

Joka tapauksessa netti on vaikuttanut maailmankulttuuriin siten, että minun ikäiseni muodostavat rajapaalun, jonka nuoremmalla puolella olevat ovat kulttuuriarvoiltaan ja kokemuksiltaan samanlaisempia yli maantieteellisten, valtiollisten ja kulttuuristen rajojen kuin vanhemmalla puolella olevat. Mistään massakulttuurisesta yksipuolistumisesta ei kuitenkaan ole kyse, sillä sekoittumisen lisäksi myös diversiteetti on levinnyt valtoimenaan yli rajojen. Kysymys onkin enemmän siitä, että kulttuurivaikutteiden leviämisestä on tullut hierarkkisen ja vertikaalisen asemesta horisontaalisempaa. Kaikkialla on limittäin ja päällekkäin kulttuurivaikutteita, identiteettejä, kokemusmaailmoja ja puheenaiheita, jotka horisontaalisella tasolla ulottuvat maailman ääriin.

Tällä kaikella on ollut suuri vaikutus siihen, kuinka ihmiset näkevät maailmansa. Kosmopoliittisuus on toki lisääntynyt, mutta samanaikaisesti on lisääntynyt myös rajat ylittävä ahdasmielisyys, ääriajattelu. Molemmat ovat globaalin kulttuurin ilmiöitä. Ihmisten kasvaessa keskustellen, väitellen ja vängäten kaikenlaisilla listoilla, foorumeilla ja somessa, he ovat toisaalta linnoittaneet poteroitaan ja juoksuhautojaan, mutta toisaalta oppineet pluraliteetin olemassaolosta mittakaavassa, jota aiemmin eivät olisi tiedostaneet ollessaan lähinnä valtiollisten tai valtiollisluontoisten tiedotusvälineiden vastaanottavana osapuolena. Pluraliteetin lisäksi nykynuoret ovat, uskokaa tai älkää, oppineet yhden jos toisenkin asian lähdekritiikistä, huhuihin uskomisesta ja siitä, kannattaako kaikkea aina ottaa vakavasti.

Nykyteini on nokkelampi tiedonetsijä ja ehkä myös lähdekriittisempi vastaanottamaansa tietoa kohtaan kuin aiemmat sukupolvet. Kääntöpuolena on kuitenkin se, että hän on puolestaan heikompi tiedon varastoinnissa ja muistamisessa, nämä asiat kun on nykyisin ulkoistettu aivoista nettiin. Oikeinkirjoituksen heikkenemisen ja englanninkielisen aineiston dominanssin ihmisten tiedonetsinnässä voi havaita teinien lisäksi jo kaksi- ja kolmikymppisten ammattitoimittajienkin tuotoksista. Ehkä se on hinta, joka maksetaan siitä, että huonosta englannista on tullut yhä globaalimpi *lingua franca* ja ihmiset ymmärtävät toisiaan, tietävät elokuvien kautta Tolkienin hahmot ja maailman, ovat pakosta kuulleet ja nähneet *Gangnam Stylen* (vaikka "Aasian nousulta" ehkä odotettiin jotain muuta) ja hallitsevat globaalin potpurrin kulloisetkin villitykset, kunnes ne tietysti unohtuvat nopeasti. Kuka enää muistaa *Dragostea din Teitä* tai *Macarenaa?*

# Baabelin ullakolla

*19. tammikuuta 2013*

Lensin eilen aamulla afganistanilaisella lentoyhtiö *Arianalla* Ankaran kautta Istanbuliin. Ankaran ympäristössä oli lunta, Istanbulissa sen sijaan vallitsee leuto suomalaista lokakuuta muistuttava sää, jonkin verran sateinen mutta yleisesti ottaen miellyttävä. Tuntuu hyvältä olla jälleen Istanbulissa, kävellä kaduilla kuin vapaa kansalainen, käydä kaupassa tai kahvilla silloin kun haluaa.

Ystäväni on edelleen kaukana kaakossa Antepissa, jonne on virrannut kymmeniätuhansia pakolaisia Syyriasta. Hän antoi kuitenkin käyttööni studionsa, joka on nyt eri paikassa kuin kesällä, mutta edelleenkin viehättävän boheemissa Cihangirin kaupunginosassa Peran puolella, lyhyen kävelyn päässä Istiklalilta. Itse asiassa olemme nyt aiemmin käsitellyn, antiokialaisen pitämän *Babel Cafén* yläpuolella kattohuoneistossa, josta näkee yli Istanbulin punatiilisten kattojen ja piippujen, pyykkinarujen ja katoille järjestettyjen terassien. Lokit kiljahtelevat taivaalla.

Turnacı Baçı -katu kiemurtelee tästä pikkukauppojen, kahviloiden, antikvariaattien ja ravintoloiden kautta aina Istiklalille saakka. Kulman takana on *Café Unicorn* ja Cihangirin ytimeen johtava Ağa Hamamı -katu, jonka varrelle sijoittuu suuri määrä antiikkikauppoja. Asunnon antaminen käyttööni tuo mieleeni nostalgisia mielikuvia ajasta, josta nyt tuntuu olevan jo ikuisuus, jolloin puolestaan minun asuntoni toimi tilapäisenä turvapaikkana hänelle ja muutamalle muulle senkertaisen sodan jaloista paenneelle.

Kattohuoneisto on juuri sellainen, jollaisessa olisin itse aina halunnut asua, sellaisessa kaupungissa, jollaisessa olisin aina halunnut asua. Istanbul on 90-luvulta asti ollut minulle yksi niistä kaupungeista, jotka ovat niin kutsutusti kolahtaneet, kuten esimerkiksi Granada ja Beirut. Kuusi kuukautta Afganistanissa asuttuani huomaan taas, kuinka paljon Istanbulia rakastankaan.

On mahtavaa olla välillä taas kuin ihminen, kulkea yksityisenä ilman, että joku kyttää joka hetki ja haluaa tietää tarkan sijaintini. Ihan kuin se tieto estäisi tuhmia setiä tai ilkeitä parrakkaita poikia räjäyttämästä minut kappaleiksi tai sieppaamasta minut lunnaiden toivossa, joita olisi kyllä turha toivoa. Sen sijaan joku todellisista ystävistäni voisi kyllä retalioida ikävästi heti kun iskun tekijät olisi identifioitu. Voisi viedä jonkin verran aikaa, mutta kuten afgaanit tietävät, hätiköity kosto ei ole kaunis laisinkaan, eikä elämästä kuitenkaan selviä hengissä, joten tulkohon kuolo silloin kun määrätty on.

Bistron naapuripöydässä teini-ikäinen poika keskusteli intohimoisen syvällisesti vanhan parrakkaan sedän kanssa Lev Trotskin ajatuksista ja elämänvaiheista. Vanhempi mies saattoi olla pojan isoisä. Kuulosti siltä kuin kyseessä olisi ollut jokin virallisen koulujärjestelmän ulkopuolinen oppitunti. Puhuivat Rosa Luxemburgistakin. Poika kaivoi referenssejään älypuhelimella *Wikipediasta,* vanhus taas ulkomuististaan. Eurooppa on hulluuksien vallassa ja niin on Lähi-itäkin, eikä ole ihme, että kaikki se näkyy Turkissakin: on äärivasemmistoa, äärioikeistoa, islamisteja, kristillisiä sionisteja, anarkisteja, libertaristeja ja kaikenlaista uusnationalistista mystiikkaa. Mutta olkoon mieluummin aina hulluuksia pluraalissa kuin vain yksi sallittu totuus.

Jonkin aikaa ehdin tänään ihmetellä, mikä täällä on muuttunut, kunnes tajusin mahdottoman tapahtuneen: Turkissakin ravintolat ovat muuttuneet savuttomiksi. Yllättävän nopeasti muuttuvat muutoskyvyttömiksikin luullut "ikuiset" kulttuuripiirteet, kun ne vain muutetaan. Kuka enää muistaa parin vuoden kuluttua sitä, kuinka tukahduttava savupilvi olisi automaattisesti kuulunut osaksi tunnelmaa paikassa, jossa juodaan punaviiniä ja olutta ja joku keskustelee marxilaisesta teoriasta.

Siitäkin huomasin, että puoli vuotta Afganistanissa on ollut pitkä aika, että jo aamiaisella tilasin *Efesin,* ja tietysti siitä, että aamiainen oli vasta puolelta päivin. Heräsin tosin jo varhain, suvaitsin vain ensin nauttia vapaan ihmisen oikeuksistani tässä suurenmoisessa kaupungissa ja luin Umberto Econ *Prahan kalmistoa,* joka mainiosti sopiikin nykyiseen mielentilaani.

Ajauduin aamiaisen ja lounaan välillä katselemaan paria kirjakauppaa ja mukaan juuttui muun muassa suufilaisten ajattelijoiden Bahauddin Naqshbandin ja Abdulqadir Jilanin elämäkerrat ja oppien selitykset, sulttaanin amiraalin Khayreddinin alias Barbarossan elämäkerta, nuoren turkkilaisen tutkijattaren Birgül Açıkyıldızin suurteos jezidien uskonnosta, kulttuurista ja historiasta sekä kokoelma Grimmin veljesten satuja.

Muuan romaniatar totesi naamakirjassani, että kaikki tuntuvat nykyään menevän Istanbuliin. En ihmettele sitä ollenkaan. Istanbul on monessa suhteessa täydellinen kaupunki, ja siitä on tullut viime aikoina yksi parhaita paikkoja tarkkailla, mitä tapahtuu laajalla alueella Balkanilta, Välimereltä ja Mustaltamereltä Pohjois-Afrikkaan, Lähi-itään, Persiaan, Kaukasiaan ja Keski-Aasiaan. Istanbulista on vähitellen tulossa uudelleen yhä kansainvälisempi, mihin kaupungin tuhansien vuosien historia oikeuttaakin.

Viiden aikaan aamulla, kun naapurit vasta alkoivat valua baareista ja yökerhoista asuntoihinsa, lueskelin erään beirutilaisrunoilijan pysäyttäviä psykedeelisiä tajunnanvirtoja toisesta julkaisemastaan kokoelmasta.

# Istanbulista ja kirjoista

*21. tammikuuta 2013*

I stanbulin suuruus ja monimuotoisuus eivät lakkaa hämmästyttämästä pientä kulkijaa. Useimmissa kaupungeissa on yksi tai muutama sellainen keskusta, jonka kävelee läpi muutamassa tunnissa tai ainakin muutamassa päivässä, ja tuon alueen ulkopuolella on paljon vähemmän mitään. Istanbulissa jokaisesta kadunkulmasta kääntyessä löytyy uutta, ja yleensä vielä jotain, mitä ei odottanut löytävänsä.

Tässä kaupungissa voisi viettää vuosia pelkästään kävelemällä loputtomasti ja tekemällä merkintöjä ihmiselämän, kaupan ja yrittämisen, taiteen ja kulttuurin moninaisuudesta. Jos tuntuu, että alue on siltä kerralta kävelty, voi mennä metrolla, sporalla tai vesibussilla toiseen kaupunginosaan ja jatkaa kävelyä siellä. Jokaisella kaupunginosalla on oma luonteensa, ja luonteeltaan Istanbulin osat ovat hyvin erilaisia. Joskus ne tuntuvat suorastaan kuuluvan eri maailmoihin.

Turistien suosima Sultanahmet, jonka ympärille sijoittuvat monet Istanbulin historiallisista nähtävyyksistä, on luonteeltaan erittäin itämainen. Se on myös habitukseltaan islamilaisempi kuin monet muut osat kaupungista, mutta eksotiikkaahan länsituristit ovat täältä yleensä tulleet hakemaan. Nykyisin vietän vain vähän aikaani Sultanahmetissa. Hagia Sofia, Topkapi ja Sininen moskeija on nähty jo hamassa nuoruudessa, ja kun en asu Istanbulissa, minun ei tarvitse esitellä kaupunkia yhä uusille vierailijoille, mikä seikka on edesauttanut nähtävyyksien näkemistä yhä uudelleen ja uudelleen monessa niistä paikoista, joissa olen asunut.

Beyoğlu, Cihangir ja Galatasaray ovat luonteeltaan kosmopoliittisempia ja boheemimpia. Täälläkin kuulee joka puolella vieraita kieliä; turkin ja kurmandžin lisäksi usein esimerkiksi englantia, venäjää, arabiaa, ranskaa, puolaa, hollantia ja milloin mitäkin. Toisin kuin vanhankaupungin turistit, täällä oleilevat ulkomaalaiset ovat toisenlaisia; he eivät ole vain käymässä, vaan asuvat, työskentelevät tai vain tšillailevat pidempiä aikoja, asuvat osan vuodesta täällä. On taiteilijoita, toimittajia, kirjailijoita, tutkijoita, opiskelijoita, valokuvaajia, dokumentaristeja, restauraattoreita ja esteetikkoja. On eläkkeelle jääneitä diplomaatteja, tiedustelumiehiä ja konsultteja. En ihmettele, että moni eksentrinen ulkomaalainen on valinnut Istanbulin asuinpaikakseen. Tämä on epäilemättä yksi maailman inspiroivimmista kaupungeista.

Ennen kielitaito asetti rajoituksia Istanbulin ammentamiselle, koska turkkilaiset eivät usein puhuneet hyvin vieraita kieliä ja pitäytyivät omiin porukoihinsa. Nykyisin täällä pärjää jo kaikenlaisilla kielillä. Istanbul on selvästi kosmopolitisoitunut viimeisten kymmenen vuoden aikana. Hyvä niin, sillä turkkini on aika ruosteessa, etenkin nykyisin, kun olen yrittänyt panostaa persiaan.

Suomalaisiin en ole tällä kertaa vielä törmännyt, vaikka Helsingistä on Istanbuliin edulliset suorat lennot joka päivä, ja vaikka Istanbul on sekä kohtuullisen edullinen että turvallinen matkailuvaihtoehto suomalaisille. Turvallinen siinä mielessä, että palvelut ja yleinen elintaso ovat länsimaisia, joskin Istanbulin turistialueilla kuulemma on paljon taskuvarkauksia, huijauksia ja muuta tyypillistä turistirikollisuutta. Itse en siihen ole törmännyt, mutta kaverit kertoneet. No, ehkä suomalaiset ovat kaikki Sultanahmetissa. Tosin yksi amerikatar esitteli minulle suomalaisia sukujuuriaan, ei tosin osannut kuin yksinumeroisen luvun suomen kielen sanoja.

Tänäänkin erehdyin viettämään aikaa eräässä viihtyisässä kirjakaupassa sillä tuloksella, että sain taas kassillisen lisää kannettavaa Kabuliin. Giancarlo Casalen kirja osmaniaikaisista turkkilaisista tutkimusmatkailijoista ja heidän löytöretkistään vaikuttaa erittäin mielenkiintoiselta. Tiesittekö, että osmanit tekivät keskiajalla omia löytöretkiä Intiaan, Indonesiaan, Afrikan ympäri, etelämerille ja Brasilian rannikolle?

Niin ikään mielenkiintoiselta vaikuttaa Aydın Osman Erkanin kirjoittama Osman Ferid Paşan elämäkerta. Osman Ferid oli 1800-luvulla kaukasialainen vapaustaistelija, joka päätyi Venäjän toimeenpaneman kansanmurhan jaloista Osmanivaltakuntaan ja teki siellä monipuolisen ja seikkailurikkaan uran.

Hankin myös Şerif Mardinin kirjan nuorosmanilaisen aatteen kehityksestä ja kehittäjistä, kokoelman 1500-luvun Osmanivaltakunnan eroottista kirjallisuutta *(Shehzaden kirja)* ja eläkkeelle jääneen ruotsalaisen suurlähettilään muistelmat, jotka kattavat mielenkiintoisia vaiheita kylmän sodan juonitteluista itäisen Välimeren ympäristössä ja Itä-Berliinissä aina Baltian maiden vapautumiseen ja moderniin Turkkiin. Kirjailija on päätynyt eläkepäiviään asumaan Turkkiin. Ehkä siksi, että hän näyttää kirjoittavan varsin avoimesti myös Olof Palmesta ja ruotsalaisesta Venäjän-politiikasta.

Kunnon divarikierrosta en ole vielä edes tällä matkalla tehnyt. Yleensä Istanbulin antikvariaatit tarjoavat suoranaisia helmiä, mm. kirjoja, jotka Euroopassa ovat kadonneet tai kadotettu, kuten Istanbuliin asettuneiden venäläisten emigranttien ja monien Balkanin, Kaukasian ja Volgan vähemmistökansojen edustajien kirjat menneiltä vuosikymmeniltä.

Ai niin, juutuin myös keskustelemaan erään kirja- ja musiikkikauppiaan kanssa turkkilaisista dekkari- ja vakoiluromaanien kirjailijoista ja yritin muistella taannoin lukemaani turkkilaista Sherlock Holmes -pastissien kirjoittajaa, mutta nimi ei muistunut mieleeni. Hän tosin saattoi olla bulgarianturkkilainen kuten vastikään murhayrityksen kohteeksi joutunut Ahmet Doğan, Bulgarian turkkilaispuolueen johtaja ja entinen kommunisti. Sen sijaan keskustelukumppanini suositteli minulle toista, niin ikään englanniksi käännettyä antepilaissyntyistä turkkilaiskirjailijaa. Hänen historialliseen Istanbuliin ja muinaiseen Bysanttiin sijoittuva murha- ja mysteeriromaaninsa vaikuttaa lupaavalta. Jos se osoittautuu Akuninin, Econ ja Krajewskin veroiseksi, siitä tultaneen lukijoita informoimaan.

Tuohon liittyen, en ole tainnut blogissa missään vaiheessa kirjoittaa historialliseen Istanbuliin sijoittuvia salapoliisitarinoita kirjoittavasta englantilaisesta Jason Goodwinista, jonka kirjat olen kaikki yhtä lukuun ottamatta lukenut. Goodwin on ilmeisesti siviiliammatiltaan Bysantin historioitsija, mikä näkyy kirjoissa yksityiskohtien runsautena. Valitettavasti henkilökuvien rakentaminen ei ole yhtä hyvin toteutettua ja monet pikkuvirheet, alkaen päähenkilön nimestä, paljastavat kirjailijan puutteellisen turkin kielen tuntemuksen. Viihdyttäviä johdatuksia osmaniaikaiseen Istanbuliin Goodwinin suomeksikin käännetyt romaanit toki antavat, siinä määrin että olen valmis suosittelemaan niitä lukijalle, jos tulevat kirjakaupassa vastaan.

Jotkut ystävistäni ovat kysyneet minulta, ehdinkö milloinkaan lukea kaikkia hankkimiani kirjoja. Vastaus on: en. Kirjastoni ei perustu siihen, että lukisin jokaisen kirjan kannesta kanteen heti hankittuani, vaan muodostan aluksi yleiskäsityksen siitä, mitä kirja pitää sisällään, selaamalla nopeasti sisällysluettelon, otsikon ja tietokirjojen ollessa kyseessä pläräten niitä kattavasti. Tämän jälkeen kirja liittyy osaksi käsikirjastoani ja palaan siihen silloin, kun vastaani tulee tiedontarve jostain sellaisesta, mistä tiedän kyseisen kirjan sisältävän tietoa. Järjestelmä toimii erittäin hyvin niin kauan kuin muistini toimii edes jotenkuten ennallaan. Tiedän, että se on iän myötä heikentynyt - teininä pystyin pläräämään kirjan läpi ja absorboimaan suurin piirtein kaiken mitä siellä oli, koska muistini toimi niin visuaalisesti. Nykyisin vaatii vähän enemmän.

Mutta nyt aion jättäytyä eilisenkaltaisilta raki- ja simpukkarupeamilta (ravintola oli oikein hyvä, Beyoğlussa) ja kerrankin lukea ja kirjoittaa rauhassa yksityisen *Angora*-pullon ääressä, koska on sunnuntai-ilta. Istanbul ei koskaan nuku, mutta tiedän, että huomisesta alkaen en minäkään nuku, koska syy siihen, miksi Istanbul on nykyään minunkin adoptoitu kotikaupunkini, palaa Antepista ja edessämme tulee epäilemättä olemaan vilkas viikko.

# Kabulia rattaisiin

*26. tammikuuta 2013*

Saavuin varhain lauantaiaamuna takaisin Kabuliin. On huono merkki, että päivän aikana tuli itselleni ensi kerran täysin selväksi, että en lainkaan pidä tästä kaupungista. En nyt voi tietenkään sanoa, että tänne alun pitäenkään olisi tultu viihtymään, mutta pitkään pidin työstäni täällä; ikävä kyllä sitten korkeat voimat ryhtyivät muuttamaan asioita kaikin puolin huonompaan suuntaan.

Ikävä kyllä minulla on tällaisissa asioissa erittäin hyvä vaisto, ja tiedän milloin tulevaisuudelta ei ole odotettavissa mitään hyvää. Tiesin sen Addis Abebassa, ja nyt viime merkit nähtyäni tiedän sen myös Kabulin kohdalla, sillä kaikki huonot merkit ovat ilmassa.

Yhden, kaksi tai kymmenenkin huonoa asiaa ja olosuhdehaittaa sietää kyllä, jos on olemassa jotakin hyvää ja mielekästä, joka kantaa kaiken vaivannäön. Tuon mielekkyyden kadotessa jokainen uusi huono asia on ainoastaan uusi lukema lähtölaskentaan. Tänään löysin vastastani noita huonoja uutisia kokonaisen pinon, odottamasta minua ja toivottamasta tervetuloa maailman takapuoleen, jonka hengitysilmassa leijuu enemmän ihmisulostetta kuin missään muualla maailmassa.

Ahdistus tosin alkoi jo laskeutuessani Kabulin harmaalle kentälle ja astuessani ulos koneesta suoraan keskelle jälleen yhtä salakuljetusskeemaa ja puoliavoimesti näkyvillä rehottavaa korruptiota. Teeskentelin taas kerran, etten muka näe mitään, koska olisi niin kurjaa, ikävää ja epärakentavaa huomioida asioita. Katselin auton ikkunasta harmaata kaupunkia, jossa köyhät ja tulevaisuudettomat afgaanit kulkevat sandaaleissaan ja rikkinäisissä kengissään nolla-asteisessa loskassa, yskien ja köhien myrkkykaasuja ja tervaisen tahmeaa limaa keuhkoistaan.

Harmaan kadun suurin väriläiskä oli ylellisesti toteutettu tienvarsimainos huumeidenvastaisen tietoisuuden levittämisestä. Tienvarsimainokset ovat varmasti maksaneet eurooppalaisille ja amerikkalaisille veronmaksajille miljoonia. Samaan aikaan maailman korruptoituneimman maan turvallisuusviranomaiset ja hallinnon sukulaiset rakennuttavat huumerahoilla uusia palatseja Dubaihin ja muualle, jonne ovat valmiita muuttamaan itselleen ja sukulaisilleen hankkimiensa länsimaisten passien turvin heti jos Taliban uhkaa palata valtaan tai rahahanat Afganistanissa muuten tyrehtyä. Afganistanista vietiin viime vuonna ulkomaisille tileille sattumoisin sama määrä pääomia, jonka länsimaat ovat kaataneet sinne kehitysavun eri muotoina.

Kotona asunnossani lämpötila oli sentään vähän plussan puolella, mutta vastapainoksi sain heti kaasumyrkytyksen lämmitykseen käytettävän polttoaineen kaasuista, jotka olivat ilmeisesti hiljalleen täyttäneet yläkerran. Myrkkykaasut täyttävät koko asuntoni ja turvallisuusmääräysten vuoksi se on toimiston ohella ainoa paikka, jossa minun on käytännössä vuorokauden ympäri oleiltava. Ulkoilmassa näyttäytyminen olisi vaarallista. Aina voi yrittää nukkua, mutta joko sähkö, kaasu, vesi tai jokin muu kuitenkin räjähtää ja aamulla on krooninen päänsärky myrkkyjen hengittämisestä. Onneksi Afganistanin talvi on jo puolimatkassa.

Epäinhimillisiä olosuhteita kestäisi vielä, kestäväthän afgaanitkin, jos voisi uskoa täällä työskentelyn oikeasti jotenkin auttavan kovia kokenutta kansaa. Ikävä kyllä tänäänkin kävi selväksi, että kaukana rahavirtojen hermokeskuksissa vallitsevat ainoastaan järjetön rahantuhlausvimma, edesvastuuttomuus, piittaamattomuus, byrokraattinen vieraantuneisuus ja turvallisuushysterialla kuorrutettu täydellinen arvostelukyvyn puute. Joten lähtölaskenta alkakoon virallisesti tästä päivästä.

Voi kestää pitkäänkin ennen kuin löydän taas jonkin toimivamman projektin, mutta tästä alkaen silmät ovat taas auki ja etsivät. Johan tätä on puoli vuotta katseltu, mikä Afganistanissa olevien länsimaalaisten osalta on yleensä maksimiaika, joka täällä vietetään. Kaikki ovat juuri tulleet tai juuri lähdössä.

Puhutaanpa kuitenkin välillä jostain kivemmasta. Kuten arvelin, loput viisi päivää Istanbulissa olivat varsin vilkkaita. Maanantaina kävelin Karaköyssä ja Eminönüssä, katselin Bosporilla ja Kultaisella sarvella lukuisina talvehtivia lokkeja, merimetsoja, nokikanoja ja silkkiuikkuja. Libanonilainen ystäväni palasi rintamalta Gaziantepista ja teimme pitkän ravintolakierroksen Cihangirissa ja *Fransız Sokağılla* eli Ranskankadulla. Armenialaisten kansanmurhasta käydyn jupakan aikana Erdoğanin hallitus nimesi Ranskankadun uudelleen Algeriankaduksi *(Cezayir Sokağı)* – viitaten Ranskan sikailuihin Algeriassa – mutta ainakin toistaiseksi turkkilaiset yhä tuntevat tuon viehättävän ravintolakadun Ranskankatuna.

Ystäväni oli tuohtunut siitä, mihin tilaan Libanon on vajonnut. Erään yhteisen ystävämme passi oli takavarikoitu hänen vieraillessaan kotimaassaan, koska hän on tunnettu arabikevään aktivisti ja työskentelee nykyisin Tunisiassa. Kun hän oli valittanut asiasta blogissaan, sen sijaan, että viranomaiset olisivat asianmukaisesti vastanneet passiaan koskeviin tiedusteluihinsa, oli lopulta ilmestynyt kokonainen artikkeli syyrialaismielisessä lehdessä ilmoittaen, että nimeltä mainittu bloggari voisi nyt noutaa passinsa yleisen turvallisuuden virastosta. Tämä on Syyrian hallinnon ja sitä tukevan Hizbullahin tapa kertoa, että he voivat tehdä Libanonissa mitä haluavat, eivätkä lait koske heitä.

Koneessa Beirutista Istanbuliin oli istunut joukoittain libanonilaisia šiioja, ja kun kone joutui jonkin aikaa odottamaan laskeutumislupaa ilmassa, yksi näistä nosti suuren metelin ilmoittaen salaliittoteoriasta, että Syyrian oppositiota tukeva Turkki on tämänkin takana, pakottaen heidät odottamaan ilmassa, koska ovat šiioja. Levantin vajottua tämänkaltaiseen joukkopsykoosiin, joka ilmenee ainakin toisella puolella poliittista jakolinjaa (hieman lievempänä toisella puolella), en ihmettele, että suurin osa koulutetuista ja lahjakkaista ystävistäni on lähtenyt muualle töihin ja opiskelemaan.

Istanbul ei ole siinä mielessä lainkaan hullumpi paikka. Kaikki siellä on mennyt eteenpäin. Turkin vaurastuminen näkyy kaduilla, vilkkaana taloudellisena aktiivisuutena, jollaista ei Suomesta löydä. Istanbulissa kaikki kadut ja korttelit ovat elossa. Katutason kerrokset ovat täynnä pieniä kauppoja, yrityksiä, ravintoloita ja kahviloita, ja kaikkiin tuntuu riittävän asiakkaita. Kaupunki työskentelee, ostaa ja myy, pitää hauskaa ja kuhisee kellon ympäri, pyhäpäivät mukaan lukien.

Myös lähiöt ovat elossa, täynnä yrityksiä, edullisia kauppoja ja palveluja. Turkissa ei lorvita ostareilla sosiaaliturvan varassa. Talouskasvu liikkuu kahdeksan ja kymmenen prosentin välillä, mikä on suhteellisen vauraaksi teollisuusmaaksi erinomaista. Turkki on jo mennyt bruttokansantuotteessa asukasta kohti köyhimpien EU-maiden ohi, ja tämä siitä huolimatta, että luvuissa on mukana köyhä ja väkirikas Kaakkois-Turkki.

Turkilla on maana nousujohteinen tulevaisuus ja Istanbulilla kaupunkina näyttäisi olevan edessään loistava tulevaisuus, jollaisen kaupungin historia ansaitseekin. Kunpa vain keksisin jonkin kuvion, jossa voisin asua ja työskennellä siellä. Toisin kuin kulttuuripessimismin sumuisessa iltahämärässä kohti uusfasistista *götterdämmerungia* tarpova Eurooppa, Turkki tuntuu elävän kohtuullisen realistista ja jos hullua niin ainakin monipuolisesti hullua, maanis-depressiivistä ja hieman ylidramatisoitua keskipäivää.

Vietimme pari vuorokautta oikeastaan kokonaan Cihangirin ja Beyoğlun kaduilla, ravintoloissa, kahviloissa ja yöelämässä, mutta meillä olikin puolen vuoden verran puhuttavaa sitten heinäkuun lopun yhteisten päiviemme. Hengästytimme toisemme kunnes lopulta huomasimme nukkuvamme istualtaan tai seisoskellen ja aamun kajastavan Bosporin horisontissa, jossa Neidontorni sojottaa kuin ylivilkkaiden öiden synneistä syyttävä sormi, laivojen lipuessa siitä piittaamatta matkaansa Mustanmeren ja Välimeren väliä.

Aamiaisissa vuorottelimme kantapaikkojen vanilaisen *Van Kahvaltı Sofrasın* ja antiokialaisen *Babel Cafén* välillä. Keskiviikkona tutustuimme Ortaköyn rantakatujen tarjontaan ja päädyimme lopulta pitkälle šoppailukierrokselle Maslakiin, *İstinye Parkin* valtavaan ostoskeskukseen ja Istanbulin muotimaailman syövereihin. Libanonin päivistämme alkaen ystäväni on ottanut asiakseen olla pääasiallinen tyylineuvojani ja päätti, että garderobini oli uudistettava kerralla. Hän tuntuu yhä uskovan, kuten ennen, että kaikenlainen materiaalinen ja esteettinen hyvä, pienet kivat asiat elämänlaadun parantamiseksi, toisivat oleellista piristystä harmaisiin päiviini myös jossakin kaukana ollessani. Tässä kuten muissakin asioissa toivon hänen olevan oikeassa.

Torstaina otimme Kabataşista vesibussin Bosporin yli Anatolian puolelle Üsküdariin (Skutariin) ja menimme sieltä iltapäivää ja iltaa viettämään Kadıköyhin, koska ajattelimme olevan paikallaan laajentaa tajuntaamme Peran ulkopuolelle. Kadıköy, "Tuomarinkylä", osoittautuikin viihtyisäksi alueeksi, jossa oli eräänlainen pienempi versio Istiklalista sivukatuineen, kirjakauppoineen, ravintoloineen, baareineen ja kahviloineen. Muutama Kadıköyn kaduista mainostikin itseään Aasian puolen Nevizadena ja Balıkpazarına.

Kadıköyn Nevizadella välimerellisten kala- ja katkarapuaterioiden, rakin, valkoviinin ja vesipiipun lomassa tapasimme joukon australialaisia ja saksalaisia Sabancı-yliopiston kansainvälisen politiikan opiskelijoita, jotka olivat lähdössä parin kuukauden sisään käymään myös Suomessa, jossa ohjelmassa olivat ainakin Oulu ja Helsinki. Kävi ilmi, että Sabancı-yliopisto tarjoaa nykyään kursseja kokonaan englanniksi, joten enää ei tarvitse osata turkin kieltä opiskellakseen menestyksellisesti Istanbulissa.

Perjantaina suunnitelmissamme oli ollut mennä käymään Bosporinsalmen Prinsseinsaarille *(Prens Adaları)*, joihin useimmiten viitataan vain "Saarina" *(Adalar)*. Aamun aikana nopeasti alta hoidettavat byrokraattiset velvollisuudet, jotka liittyivät oleskelulupa- ja veroasioihin, venähtivät kuitenkin monessa eri virastossa juoksemiseksi, ja niinpä päädyimme viettämään perjantaimme kokonaan Perassa.

Lentoni oli puoli kahdeltatoista yöllä, mutta taksi juuttui matkalla ruuhkiin sillä seurauksella, että menetin todennäköisesti satoja liiroja tai ehkä jopa euroja, kun en ehtinyt asioida garderobin uudistamisineni veronpalautustoimistossa. No, ehkä pahaa mieltäni Kabulissa lievittää tietoisuus siitä, että olenpahan sittenkin, Istanbulin edullisista hinnoista huolimatta, pukeutunut talvigarderobini osalta kalliimmin kuin olisin voinut. Ainakin tämä ostoskuorma auttaa palelemiseen. On huomioitava, että tulin Afganistaniin heinä-elokuun vaihteessa kevyen kesägarderobin kera enkä ole sen koommin käynyt Suomessa, jossa talvigarderobini olisi ollut odottamassa.

# Valkeuden paluu



*6. helmikuuta 2013*

Vesikelien jälkeen lumipeite palasi Kabuliin. Viikonloppuna lunta tuli taivaalta solkenaan, muuttaen maiseman suomalaiseksi. Pääkaupunkia pohjoisiin maakuntiin yhdistävä Salangin tunneli oli tukossa pitkään. Näin pihamainojen piehtaroivan lumessa.

Huoneeni solkenaan vuotanut katto on korjattu ja toistaiseksi taas pitänyt. Veto sammuttaa silloin tällöin polttoöljykamiinan ja tuottaa asunnon täydeltä bensankäryä. Mikroaaltouuni ja leivänpaahdin eivät toimi ilman generaattoria, koska sähkövirta on liian heikko.

Hiljattainen terroristiepäiltyjen pidätys Taimanin kaupunginosassa sijaitsevassa hotellissa sai seurakseen pari päivää jatkuneen *Googlen* palvelujen blokkauksen, mutta eilen onnistuin lataamaan Istanbulin kuvat nettialbumeihini, joten ne, joilla pääsy on, voivat sieltä nyt katsella. Video- ja audiomateriaalin käyttö netistä ei näillä linjoilla onnistu.

Olen lukenut uutisia muualta maailmasta. Hizbullahia epäillään Burgasin terrori-iskusta israelilaisia turisteja vastaan Bulgariassa, äärivasemmistolaista DHKP/C:tä puolestaan Ankaran iskusta Yhdysvaltain suurlähetystöä vastaan Turkissa.

Ukrainassa tutkivan toimittajan Georgi Gongadzen murhan henkilökohtaisesti toteuttanut poliisipäällikkö on viimein yli kahdentoista vuoden jälkeen saanut elinkautisen tuomion, mutta murhan tilanneet silloinen presidentti ja hänen kansliapäällikkönsä, nykyinen vaikutusvaltainen venäläismielinen poliitikko, eivät ole saaneet rangaistuksia. Nauhoitus heidän keskustelustaan on hylätty laittomasti hankittuna todistusaineistona ja silloiselle sisäministerille sattui itsemurha, tosin kahdella laukauksella päähän.

# Helmikuisessa Helsingissä



*23. helmikuuta 2013*

Helmikuinen Helsinki tervehti minua äkillisellä työmatkallani Dubain ja Istanbulin kautta koto-Suomemme pääkaupunkiin. Maa on lumen peitossa, on pakkasta, katujen liukastuksen estoon käytetty kivimurska takertuu kenkien pohjiin, mutta aurinkokin on ajoittain pilkahtanut taivaalta.

Viimeisinä iltoinani Kabulissa satelliittitelevisiosta tuli kaksi elokuvaa, jotka sopivat erinomaisesti omaan tilanteeseeni. Ensimmäinen niistä oli *Harry Potter ja Feeniksin veljeskunta*, jossa Potterin kimppuun käy kaksi kauhistuttavaa kummitusta ja hän puolustautuu niitä vastaan taikavoimilla, mutta joutuu sitten oikeuteen, jossa häntä syytetään puolustautumisestansa kuolevaisen läsnä ollessa. Elokuvan hahmo Dolores Umbridge muistuttaa erehdyttävästi erästä korkeassa asemassa olevaa työtoveriani. Toinen tunnelmaan sopiva elokuva oli *Jason Bourne* -sarjan ensimmäinen osa.

Suomessa erehdyin avaamaan television ja totesin, että jok'ikiseltä kanavalta tuli silkkaa paskaa. Kulttuuri on vajonnut käsittämättömään alennustilaan. Muutoin vanhassa kotikaupungissa on ollut hauskaa kävellä kaduilla, tuntemattomana ja vapaana miehenä. Tosin täällä on kylmä ja talvivaatetukseni on puutteellista. Minua huvitti myös syödä hyvin italialaisessa ravintolassa ja juoda suomalaista olutta.

Kävin kirjakaupoissa ja löysin kolmen vasemmistolaisen kirjoittaman *Äärioikeisto Suomessa* -kirjan, joka näyttää olevan yllättävän objektiivinen ja hyvin lähteistetty. Äärioikeisto teki kirjoittajille suuren palveluksen hyökkäämällä kirjaa vastaan massiivisella defenssireaktiolla ennen kuin kukaan oli sitä ehtinyt edes lukea. Puhumattakaan siitä kolmen natsin hyökkäyksestä kirjan esittelytilaisuuteen Jyväskylän kirjastossa. Niinpä *Akateemisesta* kirja oli loppuunmyyty, *Suomalaisesta kirjakaupasta* onnistuin sen saamaan.

Muita erinomaisen kiinnostavia löytöjäni olivat Hannu Rajaniemen *Fraktaaliruhtinas*, jatko-osa ylistetylle *Kvanttivarkaalle*, sekä Anna-Leena Siikalan fantastisen kiehtova teos *Itämerensuomalaisten mytologiasta*. Sen alkua tavatessani minua elähdytti myös, että Siikala on käyttänyt myyttisyyden määrittämisessä muiden muassa Mircea Eliadea.

Eilen illalla olin juomassa Helsingissä omistamassani turvatalossa. Hienoa, että vuokralaiseni on pitänyt yllä asunnossa sijaitsevan kirjastoni hyödyntämistä suuren tietoisuuden kasvattamiseksi ja turvatalon henkeä, joka vaatii oikeamielisten ihmisten ajatusenergian emittoitumista jugendtalon paksuihin seiniin, kirjahyllyihin, ulkomaailman katseilta suojaaviin verhoihin ja kalusteisiin. Ikävä kyllä tänä viikonloppuna, jona satuin olemaan Helsingissä, moni ystävistäni oli Tampereella, Oulussa, Tukholmassa ja muualla.

# Asioiden suhteista

*28. helmikuuta 2013*

Aloitetaanpa Helsingistä, jossa olin tiistaiaamupäivään saakka. Tosin useamman päivän päähän ulottuvien tapahtumien muistaminen alkaa näin vanhoilla päivillä jo tuottaa vaikeuksia. Vanhat päivät on toki kuvaannollinen metafora, joka viittaa siihen, että olen viime kuukausina vanhentunut henkisesti vuosilla.

Maanantaina söin lounaaksi lohta - sen muistan. Ja suuren osan iltaa vietin *Kaislassa,* ensin yhden, sitten toisen, kolmannen ja neljännen ystävän kanssa. Vierailuni Suomeen oli vain viikon mittainen ja siitäkin ajasta vain illat ja viikonloppu vapaata, joten saan olla iloinen siitäkin vähästä, mitä kunkin tärkeän ystävän tai kontaktin kanssa sain viettää.

Tiistaina lensin Istanbuliin. Kone oli tupaten täysi ja tapasin siellä tuttuja matkalla kuka minnekin, jatkamassa Istanbulista samana tai seuraavana päivänä Antalyaan, Tbilisiin, Tel Aviviin... *Turkish Airlines* on nykyään kätevin ja laadukkain yhteys Suomesta laajalle alueelle, joka ulottuu itäiseltä Välimereltä Kaukasiaan, Lähi-itään, Itä-Afrikkaan ja Keski-Aasiaan. Istanbul on toki myös itsessään tärkeä nousevana alueellisena keskuksena, parinkymmenen miljoonan ihmisen mikrokosmoksena. En ole yllättynyt siitä, että Istanbulin-koneissa näkyy yhä enemmän suomalaisia kauppamiehiä.

Istanbulissa kävin lounaalla *Babel Caféssa,* jonne jouduin ruuhkien ja yhteistyöhaluttoman taksikuskin vuoksi matkustamaan monimutkaisesti Beyazitista sporalla Tophaneen ja sieltä taksilla saksalaiselle sairaalalle. Vanhankaupungin puolella olevilla hotelleilla on taipumus imagosyistä ilmoittaa osoitteensa Sultanahmetiin, mutta taksikuskin mielestä oli kohtuutonta, että kun paikka oli lähempänä Beyazitia, osoitteeksi ilmoitettiin Sultanahmet. Asia meni jotenkin yli hänen hermojensa. Toiset viimeaikaiset taksikuskini olivat paljon mukavampia. Sitä paitsi puheliailta taksikuskeilta kuulee kaikenlaista kiinnostavaa elämänmenosta.

Esimerkiksi Helsinki-Vantaan lentoasemalta keskustaan ottamani taksin kuljettaja kertoili pitkästi seikkailuistaan ympäri Venäjää, Kiinaa ja Mongoliaa. Hänen pietarilaissyntyinen vaimonsa toimii ulkomaankaupan alalla. Paluumatkalla Helsingistä lentokentälle taksikuski puolestaan fanitti kovasti Turkkia ja kertoi eläköityneen isänsä muuttaneen pysyvästi Alanyan seudulle Turkin rannikolle. Ilmasto ja sosiaalinen ilmapiiri ovat kaikkialla parempia kuin Suomessa, kuljettaja manasi, mutta Turkissa erityisesti. Cihangiristä ottamani taksi Atatürk-kentälle puhui saksaa ja oli asunut neljätoista vuotta Stuttgartissa. Edellisen Istanbulin-matkani kuski Cihangiristä kentälle oli puolestaan kotoisin Mardinin läheltä kristitystä kylästä ja puhui arabiaa. Stuttgartilainen ihmetteli kentälle käännyttäessä, ovatko kaikki suomalaiset yhtä hiljaisia kuin minä. Kun tietäisikin! Mutta minä nyt satuin vain olemaan väsynyt ja valmiiksi turhautunut palaamisestani toimistoon.

Tiistai-iltana söin illallista yhdessä Nevizaden kalaravintoloista. Mustekalaa, kalmaria ja katkarapuja eri muodoissa, juomaksi Bazbuğin valkoviiniä ja rakia. Illallistin kolmen suomalaisen ja yhden libanonilaisen kanssa. Eilen illalla saapuessani Kabuliin olin rättiväsynyt sekä henkisesti että fyysisesti. Palohälytin piipitti asunnossani patterin loppumista, viemäri löyhkäsi mutta lämpötila oli sentään plussan puolella. Koko Kabul on lumen peitossa, vaikka kevään lähestyminen näkyykin pidempänä päivänä ja sen aikana auringon paisteena.

Tänään bongasin *Ulkopolitistin* mainiosta blogista Britti-imperiumia käsittelevän kirjoituksen, josta kolahti erityisesti seuraava kohta (korjasin pari kirjoitusvirhettä):

> *John Darwinin teoksen luettuaan ymmärtää miksi niin moni lukee historiallisia narratiiveja – toisin kuin IR-teorioita – vapaa-ajallaan. Kertomalla tutun tarinan erilaisesta näkökulmasta historioitsija voi parhaassa tapauksessa auttaa lukijaansa kyseenalaistamaan nykyhetken itsestäänselvyyksiä; kuten tässä tapauksessa sen, että maailma koostuu ja on koostunut valtioista. Kuten esimerkiksi kurdit, tiibetiläiset ja tšetšeenit hyvin tietävät.*

Toivoisin tosiaan, että useammat ihmiset – varsinkin koulutetut ja akateemiset – vaivautuisivat lukemaan enemmän tosiasioista eli historiasta, eivätkä tuhlaisi kaikkea aikaansa epämääräisiin mutuiluihin, kuten IR-teorioihin ja henkilöstöresurssien johtamisen oppaisiin.

Maailman ymmärtäminen nimittäin vääjäämättä laajentaa ymmärtäjiensä tajuntaa oman emotionaalisen olon ulkopuolelle, auttaen myös käsittelemään tuota ulkomaailmaa paljon paremmin kuin mielen ollessa pelkästään omien hyllyvien ja aaltoilevien tunnetilojen ohjaama denialismin ja projektioiden leikkikenttä. Maailman ymmärtäminen myös auttaa asettamaan itsestäänselvyyksinä pidettyjä asioita oikeisiin mitta- ja muihin suhteisiinsa, kenties jopa ymmärtämään omaksuttujen kategorioiden ulkopuolelle jääviä ilmiöitä.

# Mazarissa



Olin vajaan viikon reissussa pohjoisen Mazar-i Sharifissa, nykyisen Balkhin maakunnan pääkaupungissa, josta on samalla tullut koko Pohjois-Afganistanin keskus. Lähtiessäni Kabulissa oli vielä yölämpötila miinusmerkkinen ja maa lumen peitossa, Mazarissa sen sijaan kevät oli huomattavasti pidemmällä, toppatakkia ei tarvittu, aurinko paistoi ja hedelmäpuut kukkivat valkeina puutarhoissa. Palatessani eilen oli kevät alkanut Kabulissakin. Kuten kevään etenemisestä voi päätellä, korkealla ylängöllä sijaitseva Kabul on eteläisemmästä sijainnistaan huolimatta ilmastollisesti kylmempi paikka kuin Turkestanin arotasangoilla, Amudarjan laaksossa sijaitseva Mazar-i Sharif.

Mazar sijaitsee keskiössä alueella, joka muinoin muodosti Baktrian kukoistavan valtakunnan. Tuon muinaisen valtakunnan pääkaupunki oli Baktra, joka muistetaan yhtenä muinaisen persialaisen maailman kulttuurikeskuksista ja profeetta Zarathustran syntysijana. Aleksanteri Suuri löysi sieltä vaimonsa Roxanan. Muinainen Baktran kaupunki on nykyinen Balkhin kaupunki, josta koko maakunta on saanut nimensä.

Sen merkitys alkoi keskiajalla hiipua ja tuon paikan otti Mazar-i Sharif, joka syntyi 1100-luvulta alkaen sinisen pyhätön ympärille. Tapahtui nimittäin, että 1100-luvulla profeetan vävy Ali, yksi islamin merkittävimmistä hahmoista, ilmestyi unessa samana yönä neljällesadalle balkhilaiselle ylimykselle ja kertoi oikean hautapaikkansa olevan täällä kaukaisessa Keski-Aasiassa, eikä marttyroitumisensa sijoilla Irakin Najafissa, antiikin Kuufassa, kuten arabit ja ylipäätään muslimien valtavirta uskovat.

Unennäkönsä ohjaamina balkhilaiset kaivoivat osoitettua kukkulaa ja katso – juuri sieltä, mihin haamu oli osoittanut, löytyi hautakammio teräsoven takaa sekä Alin ruumis tuoreena kuin eilispäivä kuolinhaavoineen. Väliäkö tuolla, että Ali marttyroitui jo vuonna 661 – puoli vuosituhatta myöhemmin todistettu ihme ja sen paikalle rakennettu Hazrat Alin pyhäkkö tekivät pyhäkön mukaan nimetystä Mazar-i Sharifista suositun pyhiinvaelluspaikan ja tietysti kaupungin ylimystöstä upporikkaita. Tosin Tšingis-kaanin sotajoukot tuhosivat alkuperäisen seldžukkisulttaanin rakennuttaman pyhäkön, ja se rakennettiin uudelleen nykyiseen asuunsa timuridien kaudella 1400-luvulla.

Mazarista tuli keskiaasialainen vastine Najafille, sekä šiiojen että suufien pyhä paikka, ja lisäksi newrozin vieton afganistanilainen keskus. Newroz on erityisesti iraanisten eli arjalaisten kansojen viettämä uudenvuoden ja samalla kevään alkamisen juhla, joka muodostaa yhden vuoden tärkeimmistä tapahtumista Kurdistanista Iranin kautta Afganistaniin ja Turkestaniin ulottuvalla alueella. Keski-Aasiassa sitä viettävät myös turkkilaiset kansat, kun taas Turkissa se on profiloitunut erityisesti kurdien juhlaksi. Kuuluisa suufilainen runoilija ja mystikko Jalaluddin Rumi vaikutti myös aikanaan Balkhissa, kuten aiemmin kirjoitin.

Mazar-i Sharif sijaitsee Pohjois-Afganistanin kahden valtakansan, persialaisten tadžikkien ja turkinsukuisten uzbekkien, rajaseudulla, ja Mazarin hallinnasta ovatkin viime vuosikymmeninä kamppailleet kommunistitaustainen uzbekkisotapäällikkö Dostum ja edesmenneen presidentti Rabbanin puolueeseen *Jami'at-i Islamiin* kuuluva tadžikki, maakunnan nykyinen kuvernööri Atta. Yhtenä Afganistanin nykyisen keskushallinnon tärkeimmistä haastajista kuvernööri Atta ylpeilee sillä merkittävällä vakaudella, rauhallisuudella ja taloudellisella kehityksellä, joista Balkh ja erityisesti sen pääkaupunki Mazar ovat saaneet nauttia kuluneena vuosikymmenenä.

Kehitystä ei sovikaan väheksyä. Mazar-i Sharif on paisunut nopeasti 300 000 asukkaan provinssikaupungista miljoonan asukkaan alueelliseksi keskukseksi. Tunnelma on hyvin erilainen kuin Kabulissa: vapaampi, modernimpi ja turvallisempi. Vilkas raja Amudarjan toiselle puolelle Uzbekistaniin samoin kuin Sheberghanin maakaasukentät ovat tuoneet vaurautta pohjoisen keskukselle. Pohjoinen aroalue on myös Afganistanin ruoka-aitta – muukin maataloustuotanto kuin unikon ja hampun viljely kukoistaa – sekä arvokkaista turkiksistaan tunnettujen karakul-lampaiden kasvatusalue.

Mazarissa on tadžikkienemmistö, mutta myös runsaasti uzbekkeja ja šiialaisia hazaroja. Kaupungissa on niin ikään jonkin verran paštuja, joskin sisällissodan ajan verilöylyt ovat saaneet aikaan sen, että pohjoisessa nykyisin syrjitään paštuja vähintään yhtä paljon kuin paštut etelässä syrjivät kaikkia ei-paštuja. Taliban järjesti kaupungissa aikanaan pahamaineisen viidentuhannen hazaran joukkomurhan, ja Dostumin joukot puolestaan tukehduttivat kolmetuhatta vangeiksi saatua talibia tukahduttavaan aurinkoon jätettyihin kontteihin.

Suomalaisten kannalta Balkh on Afganistanin tärkeimpiä alueita kahdesta syystä. Ensinnäkin alueen karakul-tuotanto on vuosikymmeniä ollut Afganistanin tärkein ja lähes ainoa ulkomaankauppa-asia Suomen kanssa. Toiseksi, suomalaiset rauhanturvaajat, nykyisellään 145 miestä ja naista, ovat keskittyneet Mazar-i Sharifiin. Alueen vakaus on edesauttanut sitä, että myös vajaa neljännes suomalaisesta kehitysyhteistyöstä tehdään neljässä pohjoisessa maakunnassa.

Mazarin alueen lintumaailma on aromaisempaa kuin Kabulissa, vaikkakin pihamainat, palmukyyhkyt ja harakat löytyvät Mazarinkin puutarhoista. Kaikkialla lauleskelee töyhtökiuruja, lauhkeiden avomaiden tunnuslintuja, ja lisäksi näin Mazarissa myös kevään ensimmäiset kolme haarapääskyä. Mazarin alueella kasvatetaan perinteisesti paljon puluja ja niistä huomattava osa on valkeita. Tämä johtuu legendasta, jonka mukaan Hazrat Alin pyhättö on niin pyhä, että harmaat kyyhkyt muuttuvat siellä tietyn ajan lenneltyään valkeiksi. Kyyhkyjen sanotaan myös kantavan kuolleiden sieluja.

Minäkin olen viime kuukaudet tuntenut itseni kuolleeksi sieluksi, maan päällä taivaltavaksi zombiksi vailla tarkoitusta. Suoritan elämääni ja töitäni kuin mekaaninen vieterinukke. Kärsin hengitystie- ja univaikeuksista, mutta sitäkin enemmän kaikesta siitä juonittelusta, selkäänpuukotuksesta ja selkärangattomuudesta, joka suomalaisia ja muita kansainvälisiä vaivaa. Suomalaisten kohdalla toiminta on erityisen kömpelöä ja tekopyhää johtuen kansamme yleisestä sinisilmäisyydestä ja johtamistaitojen puuttumisesta. Vaikka teknistä osaamista olisi muillekin jakaa, suomalaiset heiluvat maailmalla usein kuin päättömät kanalaumat kotkotuksineen.

Jostain syystä nykyään aina avatessani television näen jonkin sellaisen elokuvan, joka kuvastaa omaa elämääni. Eilen sellainen oli *Fair Game,* joka kertoo Irakin sotaan johtaneista masinaatioista, poliittisen loanheiton ja selkäänpuukotuksen uhreiksi joutuneista entisestä suurlähettiläästä Joseph Wilsonista ja hänen CIA:n agenttina toimineesta vaimostaan Valerie Plamesta. Elokuvassa on kohta, jossa Wilson ottaa taksin ja sierraleonelainen taksikuski alkaa arvostella entisen kotimaansa korruptoituneisuutta ja vallanpitäjien häikäilemättömyyttä, todeten sitten, että sellaista ei voisi tapahtua Amerikassa. Wilson toteaa siihen, että kunpa voisikin sanoa samaa. Minulla on nykyään usein samanlainen tunne.

Wilsonin ja Plamen tapaus johti Yhdysvalloissa lopulta Valkoisen talon politrukin Lewis Libbyn vankilatuomioon. Libby tuhosi pariskunnan elämän ja Plamen uran tahallisella vuotamisella kostoksi Wilsonin Irakin joukkotuhoasetodisteita kohtaan esittämästä kritiikistä. Elokuva muistuttaa myös Plamen irakilaisista kontakteista, jotka Washingtonin vuotamisen ja masinoinnin vuoksi menettivät henkensä. Yhdysvalloissa voimakas lehdistö, kansalaisyhteiskunta ja oppositio sentään pitävät huolen, että skandaalöösit perseilyt puidaan viimeistään seuraavan hallinnon aikana. Suomessa vallanpitäjien ja hännystelijöidensä konsensus ei sen sijaan salli veneenkeikuttamista. Tiitisen listakin pysynee ikuisesti kassakaapissaan, puhumattakaan kaikista niistä muista kaappeihin tungetuista luurangoista.

# Hanskoista ja hipeistä

*14. maaliskuuta 2013*

Muutama viime viikko olivat sangen hektisiä työasioiden merkeissä ja henkisesti rasittavia kaikenlaisen yleisen idiotian, epäammattimaisuuden, juonittelun, henkilökohtaisista tunnetiloista ja emotionaalisista impulsseista kumpuavien prioriteettien ja obsessioiden ja muun sellaisen merkeissä.

Sitä koettaa motivoida itseään, että omalla työllä on osuutensa jossain suuremmassa, jolla keskipitkän tai pitkän aikajänteen perspektiivissä edesautetaan jotakin hyvää, pelastetaan maailmaa ja voimaannutetaan sorrettuja. Sitten avaa lehden ja taas joku asioista mitään ymmärtämätön diletantti on päättänyt vuotaa, valehdella ja masinoida julkisia tunnekuohuja. Ilmeisesti jos pää on liian täynnä ureaa, aivojen synapsit eivät enää toimi kunnolla, moraalisista synapseista puhumattakaan.

Näille ihmisille on ominaista, että vaikka heidän toimiensa seuraukset levitettäisiin eteensä valokuvina silpoutuneista ruumiista, he kieltäytyisivät ymmärtämästä kausaalista vastuutaan ja syyttäisivät kaikesta niitä, jotka kehtasivat aiheuttaa heille huonoja öunia. Tosin pahoin pelkään, että huonoista öunista kärsivät lähinnä ne kunnolliset ihmiset, jotka yrittävät tehdä oikein ja vaalia ammattiylpeyttään, kun taas vastuuvammaiset valehtelijat ja aivottomat kiipijät nukkuvat aina yönsä hyvin ja autuaan ymmärtämättöminä tekojensa tosimaailman seurauksista.

Oli parempi heittää hanskat joksikin aikaa tiskille. Mieluummin olisin läiskinyt ne päin rikollisella tavalla vastuuttomien henkilöiden kasvoja, sillä tokihan minä heidän todelliset kasvonsa ja nimensä tiedän, vaikka haluaisivatkin pysytellä kasvottomina eikä heissä ole miestä tahi naista ottamaan valheistaan ja masinaatioistaan vastuuta. Ikävä kyllä kunnialliset kaksintaisteluhaasteet kunniattomia vastaan on kielletty ajassamme, jossa ainoastaan paaville sallitaan vielä ripaus konservatiivisuutta, ja hädin tuskin hänellekään. Ei kulunut päivääkään progressiivisen jesuiitan valinnasta, kun jo alettiin riekkua Argentiinan juntalla sekä vaatia abortteja ja homoliittoja kanoniseen lakiin.

Aion nyt pysytellä troopillisissa maisemissa niin kauan, että kun palaan takaisin, hanskojani ei enää tarvita, sillä lämpötilat lienevät Keski-Aasian ylängöilläkin silloin kivunneet kesälukemiin. Missä muuallakaan sitä etsisi itseään ja erilaisten asioiden tarkoitusta tai tarkoituksettomuutta kuin mystisessä Intiassa. On nimittäin aivan liian kauan siitä, kun viimeksi Intiassa kävin. Asiassa on kuitenkin jotain nostalgista, sillä Intia oli ensimmäinen Euroopan ulkopuolinen paikka, jossa kävin – silloin vastikään täysikäistyneenä nuorukaisena. Istanbulia ja Pietaria en laske Euroopan ulkopuolisiksi.

Asiaan kuuluu unennäkö. Pitkän univelan jälkeen kaatuessani viimeiseksi yöksi vuoteeseeni Kabulissa näin unen, jossa esiintyi satunnaisia ystäviäni eri puolilta, mm. Suomesta, Britanniasta ja Kaukasiasta, mutta he olivat muuttuneet hippiversioiksi itsestään. Lisäksi unessani esiintyi Mannerheimin sadan vuoden takaisen tutkimusmatkan käynti Labrangissa, jossa Mannerheim joutui lamalaisten buddhalaismunkkien kivittämäksi. Kivitetty oli siis Mannerheimkin aikanaan. Hippeytyneet ystäväni kulkivat unessa vuoristoista ylätasankoa pitkin tiellä ja seurasin heitä, katsoen välillä mustavalkoisia videopätkiä siihenastisen elämäni seikkailuista. Osa videoista oli oikein, osa täyttä fiktiota, mutta kaikesta en viitsinyt huomauttaa. Edessä kiemurteli pitkä tie tasangoilta vuoristoon. Aion nyt seurata tietä Delhin, Uttarin ja Rajasthanin tasangoilta ylös Himalajan vuorille.

Tänään lensin Kabulista Delhiin ja ehdin nähdä lentokoneesta tasangon ja Yamunajoen laskevan auringon valossa. Kentältä ulos päästessäni oli aurinko kuitenkin laskenut, jolloin kaikki kadut, basaarit ja kauppojen rivit näyttävät samanlaisilta. Autojen ja moottoripyörien torvet soivat ja ympärillä hyörivät Delhin viisitoista miljoonaa asukasta, puhumattakaan kaikesta siitä ihmismassasta, joka sijaitsee metropolialueen ulkopuolelle Haryanan ja Uttarin osavaltioiden puolelle levinneissä lähiöissä, tai siitä ihmismassasta, josta väestönlaskentoja tekevät viranomaiset eivät tiedä.

Päädyin illaksi majoittumaan Gurgaoniin, erääseen niistä kaupungeista, jotka ovat sulautuneet Suur-Delhiin ja muuttuneet sen satelliiteiksi. Teknisesti olen nyt Delhin metropolialueen ulkopuolella Haryanan osavaltiossa, mutta käytännössä Gurgaon on Delhin satelliitti New Delhin ja lentokentän tuolla puolen, miljoonakaupunki itsessään ja tornitalojen täplittämä. Gurgaon on vauras bisneskeskittymä, Intian modernin yrityselämän keskuksia. Tänne tulin kuitenkin päästäkseni huomisen koittaessa mahdollisimman kätevästi jompaankumpaan Gurgaonin molemmin puolin sijaitsevista kansallispuistoista, joko Sultanpurin kosteikkoparatiisiin tai Asolan suojelualueelle.

Huomenna suuri henkistyminen ja ihmeellinen Intia saavat vähentää viimeaikaista negatiivisuuttani. Om.

# Palattuani

*9. huhtikuuta 2013*

Palattuani pitkältä matkaltani, joka vei minut Haryanan ja Rajast-hanin tasangoilta, kosteikoilta ja aavikoilta Uttarakhandin alarin-teiden viidakkometsiin ja lopulta Himalajan kupeeseen Nepaliin, löysin Kabulin harmaana ja tihkusateisena. Siitä huolimatta kevät on tullut tännekin. Taivaalla lentelee haarapääskyjä ja pensaissa pääste-levät kashmirinuunilinnut västäräkkimäisiä kutsuääniään. Keskeneräi-set mahtipontiset betonikolossit kohoavat harmaina piikkilankojen ja suojamuurien takana. Puihin ovat ilmaantuneet nuoret vihreät lehdet. Sotilashelikoptereita pörisee taivaalla, suuria mustia kärpäsiä ikku-noilla.

Idän uskontojen kannattajat – hindut, buddhalaiset, jainalaiset, taolaiset, kungfutselaiset, shintolaiset ynnä muut – tavoittelevat lukuisin erilaisin harjoituksin ja mietiskelyin mielen tyhjyyden saavuttamista, vapautu-mista kärsimyksenä pitämästään elämän ja uudelleensyntymisen kier-teestä ja sulautumista lopulta yhteyteen jumalisten voimien kanssa nir-vanaan. Noiden eri uskontojen menetelmät ja tiet päämääränsä saavut-tamiseksi ovat erilaisia kuin yö ja päivä, mutta tasapainoa joka tapauk-sessa tavoitellaan jonkinlaisen mielen tyhjyyden ja sitä kautta keskitty-miskyvyn kautta.

Oma mieleni on palattuani ollut tyhjä, välinpitämätön ja voimaton kaiken sen edessä, mikä ei toimi, ja mihin ei näemmä voi millään rationaalisilla keinoilla vaikuttaa. En ole kuitenkaan huomannut, että tällainen tyhjyys toisi mitään erityistä mielenrauhaa. Päinvastoin, tyhjiöillä on vaarallinen taipumus täyttyä hallitsemattomasti sisään vyöryvistä aineksista tai vaihtoehtoisesti kokea imploosio, sisäänpäin luhistuminen. Tasapaino ja keskittymiskyky ovat erittäin tavoittelemisen arvoisia asioita, mutta ni-hilistisellä tyhjyydentavoittelulla niitä ei saavuteta. Siddhartakin koki lopulta askeesin hyödyttömäksi keinoksi valaistumisen tavoittelussa, vaikka kokeili sitä.

Sydän ja mieli on hyvä täyttää kaikenlaisilla asioilla luhistumista vastaan. Toki noiden asioiden suhteen kannattaa olla valikoiva. Koetella kaikki, ottaa sisään mikä hyvää on, ja karttaa kaikenlaista pahaa. Millä hyvällä täyttäisin sydämeni ja mieleni, kun ympärillä rehottavat petos, pahansuopuus, väkivalta ja välinpitämättömyys? Tämä on askarruttanut mieltäni viime aikoina. Olen Afganistanissa pahasti eristyksissä jopa kaikista niistä ystävistäni, jotka koettavat tehdä jotain Syyrian hyväksi, joskin näen nettiyhteyksistäni heidän olevan ahdistuneita, vihaisia, pettyneitä ja turhautuneita, usein samoihin asioihin, jotka jo vuosikymmenen ovat rehottaneet kansainvälisissä toimissa Afganistanin suhteen, ja tietysti afgaanien itsensä keskuudessa.

Niinpä Intiassa ja Nepalissa täytin pääni lähinnä linnuilla ja muilla eläimillä, hienoilla luontopaikoilla, jotka ainakin vielä ovat olemassa. Intia ja Nepal ottavat niiden suojelun paljon vakavammin kuin moni muu maa omiensa. Jos esimerkiksi Etiopiassa joka kansallispuistokäyntiä ahdisti tietoisuus siitä, että seuraavalla käynnillä ei ole enää näitäkään puita pystyssä, Intiassa ja Nepalissa luontomatkailu tuo niin paljon rahaa kukkaroihin, ettei kaikkien puiden kaatamista polttopuuksi yksinkertaisesti sallita. Tosin näin ainakin Sultanpurissa kylän naisten tulevan laittomasti suojelualueen muurin yli katkomaan puita ja oksia polttopuuksi ja aiheuttavan yhä uusien kotoperäisten akaasioiden kuoleman, koska heille on annettu lupa kerätä valmiiksi kuolleita puita. Oppaani yritti huutaa heille tuloksetta.

Jos moni asia hindulaisuudessa onkin epäilyttävää ja veristä, hyvää hindulaisella alueella on eläinten ja lintujen yleinen kunnioittaminen. Metsästys on Intiassa ollut parikymmentä vuotta kokonaan kielletty, ja tulokset näkyvät. Lintuja on paljon ja niitä on helppo lähestyä.

Buddhalaisissa maissa kaikki linnut pyydystetään joko vapautettaviksi uudelleen karmanparantamisen toivossa tai ne syödään, erityisesti kiinalaisen kulttuurin vaikutusalueilla, Kiinan lisäksi mm. Vietnamissa, Laosissa ja Kambodžassa. Jok'ikinen itäaasialainen sorsalintu on sukupuuton partaalla, koska kiinalaiset syövät ne kaikki. Kahlaajat ja pikkulinnut pyydetään verkolla, liimalla, myrkyillä ja syödään. Ongelma on suurempi kuin Välimeren-maissa konsanaan, sillä niissä lintuja pyydetään todellisuudessa vain huvin vuoksi, vaikka viikunapuiden linnut (lue: kaikki pikkulinnut) ovatkin muka suurta kulttuurista herkkua. Ikävä kyllä kiinalaiset ovat rahoineen vyöryneet myös Intiaan, jossa rahoittavat salametsästystä. He haluaisivat syödä kaikki tiikeritkin taikauskojensa tähden.

Lähi-idän ja Etelä-Aasian muslimimaissa metsästys kuuluu muka kulttuuriin ja siksi siihen ei kajota, vaikka lähes kaikki alkaa olla uhanalaista. Luonnonvaraisia antilooppeja ja gaselleja löytyy enää tarkoin vartioiduilta suojelualueilta, samoin haukat katoavat rikkaiden saudien loputtomiin kokoelmiin ja niitä rahdataan Afganistanistakin lähtevillä koneilla häkkikaupalla Arabiaan. Kaikki ammutaan, mikä lentää tai juoksee. Köyhiin maihin, kuten Pakistaniin, Intiaan tai ennen sotaa Syyriaan lähdetään luksusleireille paukuttelemaan taivaalta kaikki. Jos seudulla on nähty suuria parvia hietakanoja tai arohyyppiä, ne ammutaan kasoiksi, otetaan valokuva ja jätetään mätänemään.

Kristityille ja muslimeille on, huolimatta kaiken maallisen yleisestä halveksunnasta taivaalliseen verrattuna, ominaista ihmisten pitäminen periaatteellisesti arvokkaina ja tasa-arvoisina. Heidän sielujensa toivotaan pelastuvan Jumalan valtakuntaan. Sen sijaan luontoa kohtaan kristittyjen ja muslimien ajattelu on perinteisesti lähtenyt raadollisista ihmisen ylivallan, luomakunnan kruunun, villipetojen vastaisen taistelun ja maan täyttämisen ajatuksista.

Hindujen suhtautuminen tuntuu olevan päinvastaista. Luontoa kunnioitetaan kohtalonvoimina ja lukuisain jumalain tyyssijoina, mutta ihmisiä kohtaan vallitsee armoton raadollisuus: periaatteellinen epätasa-arvo ja huono-osaisten aseman muuttumattomuus.

# Šikran enteet

*10. huhtikuuta 2013*

Tänään seisoskellessani odottelemassa erään tapaamisen alkua samalle asialle tulleiden kahden norjalaisen kanssa, maitoteen höyrytessä kupeissamme ja mantelipuiden jo karistettua kukkansa, korvaten ne vaaleanvihreillä uuden kevään lehdillä, koettiin silmiemme edessä muuan luonnon jokapäiväisistä tragedioista, joskin meille harvinainen ja ihmeellinen luonnonnäytelmä.

Näytelmän pääosassa oli suomalaisen varpushaukan sukulaislaji, halki eteläisten metsä- ja puutarhaseutujen, Azerbaidžanista kauas Malesiaan asti levittäytynyt šikra, uudelta suomalaiselta nimeltään arovarpushaukka (joka nimi on harhaanjohtava, koska kyseessä ei ole arolintu). Toisessa pääroolissa oli eteläisen Aasian omnipresentti rääkyjä, pihamaina, yksi yleisimmistä kaupunkilinnuista. Tämä itsestään paljon ääntä pitävä ja sopeutuvainen kottaraisten sukulainen keltaisine nokkineen ja siipitäplineen on minkä tahansa eteläisen Aasian kaupungin tai kylän peruslintu, ja on laivojen mukana levittäytynyt alkuperäisiltä asuinseuduiltaan ympäri Intian valtameren satamakaupunkeja, vallannut Persianlahden rakennetut ja keinokastellut ympäristöt, Australian ja jopa kylmien talvien Keski-Aasian.

Tapahtui, että šikra jahtasi ensin mainaa mantelipuiden lomitse, silmiemme editse ja sai sen kynsiinsä koristepensaiden alla, muhvoen mainaa koukkunokallaan ja terävillä kynsillään sydäntäraastavan rääkymisen säestyksellä, joka lähti paitsi saaliiksi joutuneesta mainasta, myös sen lukuisista kauhistuneista lajitovereista pitkin samaista puutarhaa. Lopulta haukka lähti kantamaan hengettömältä vaikuttavaa mainaa, mutta sen voimat olivatkin taistelussa ehtyneet, joten se läsähti maahan muutaman metrin päähän meistä, tuli sitten tietoiseksi ihmisyleisöstä ja hämmentyi niin, että maina putosi nurmikolle ja haukka lähti pakoon.

Hämmästyneinä todistimme, kuinka pahasti ruhjotun näköinen maina hetken tajuttomuuden jälkeen alkoi liikkua, nousi sitten ja räpisteli siivilleen, putosi ensin vähän matkan päähän, mutta nousi sitten uudelleen siivilleen ja katosi johonkin puutarhan kätköihin lajitoveriensa mekastuksen säestämänä. Hetkeä myöhemmin haukka kaarsi uudelleen paikalle, pällisteli tyhjää nurmikkoa, johon maina oli pudonnut, ja jäi sitten nähtemme istuskelemaan pitkäksi toviksi mantelipuuhun.

Tapaus olisi jäänyt yhdeksi luonnonnäytelmäksi muiden joukkoon ja unohtunut oitis, ellen olisi sattunut todistamaan kolmea viikkoa aiemmin lähes samanlaista tapausta eräällä Hasanpurin hindulaisella temppelillä Haryanan osavaltiossa Intiassa. Sielläkin olin juuri suostunut teetarjoukseen ja astunut temppelin puutarhaan, muinaisen pyhimyksen haudan ja temppelin pyhän lammen väliin, kun šikra iski suoraan silmiemme edessä - minun ja muutaman intialaisen kumppanini.

Sillä kertaa šikran kohteena oli palmukyyhky, pihamainan tavoin yksi Etelä-Aasian yleisimmistä kaupunki- ja puutarhalinnuista. Se on pieni ruskea kyyhky, jonka siivistä löytyy sinertävää, ja jonka naurahteleva huhuilu on antanut englantilaisille aiheen kutsua sitä nauravaksi kyyhkyksi. Haukka iski kyyhkyyn lammen laidalla ja yritti kantaa sen mukanaan pusikkoon, mutta syystä tai toisesta pudotti saaliinsa, joka putosi lammen keskelle, räpiköi voimattomasti, mutta ilmeisen haavoitettuna hukkui sitten silmiemme edessä pyhään lampeen. Haukka katseli voimattomasti rantapuista, kuinka hyvä saalis meni sivu suun.

Tapauksesta jäi hieman huono maku kaikille: haukalle, meille katselijoille, jotka emme voineet tehdä mitään kyyhkyparan hyväksi, ja epäilemättä kaikista eniten kyyhkylle, joka säästyi haukan kynsistä vain hukkuakseen naurettavan matalaan temppelilampeen. Mitä elämän turhuutta, hukkaan heitettyjä ponnistuksia ja turhia kuolemia! No, kyyhkyparka kuoli, mutta kabulilaisen mantelipuutarhan mainan lopullisesta kohtalosta emme tiedä. Ehkä se tokeni ja pelastui kokemusta viisaampana – ehkä kuoli myöhemmin haavoihinsa tai joutui heikentyneenä jonkin muun pedon saaliiksi.

Palatessamme hasanpurilaisesta temppelistä sattui vielä kolmaskin ennusmerkiksi kelpaava tapaus. Mainan ja palmukyyhkyn tavoin eteläisessä Aasiassa tolkuttoman yleinen intianvaris oli yrittänyt tunkeutua autoomme sisään raolleen jätetystä ikkunasta, mutta juuttunut sitten kaulastaan kiinni ikkunan väliin. Se raakkui surkeasti autolla sinne palatessamme. Tällä kertaa kuljettaja kuitenkin ehti ajoissa hätiin ja pelasti varisparan laittamalla autoon virran ja avaamalla ikkunaa niin, että varis sai päänsä ulos ja lensi opetuksen saaneena tiehensä. Sillä kertaa ei tarvinnut nähdä epäonnistuneiden ponnistelujen johtavan turhaan tragediaan.

# Sultanpur

*10. huhtikuuta 2013*

Sultanpurin kansallispuisto, aiemmalta nimeltään Sultanpurin linnustonsuojelualue, sijaitsee samannimisen kylän lähellä Gurgaonista syvemmälle Haryanan maaseudulle ajettaessa. Sinne on hieman hankala päästä julkisilla kulkuneuvoilla, joten otin Gurgaonista aamulla auton suoraan kansallispuiston portille ja majoituin sen naapurissa sijaitsevaan *Ruusuisen Pelikaanin* majataloon, jonka pihalla plakaatit esittelivät troopillisen Amerikan asukkia ruusukapustahaikaraa, ja jonka sisätilojen seinillä riippui vanhoja koulumaalauksia tyypillisistä brittiläisistä lintulajeista.

Intiassa yksityiset toimijat yrittävät toki aina saada kaiken mahdollisen rahan irti ulkomaalaisesta, mutta ovat sentään avuliaita, hymyileviä ja palvelualttiita, voitontavoittelu mielessään. Valtiollisten toimijoiden edustajat ovat sen sijaan asemastaan tietoisia turhantärkeitä byrokraatteja, joiden asenteena asiakasta kohtaan ovat ylimielisyys, koppavuus ja asiakkaan saaminen tuntemaan itsensä pieneksi, mahtavien hallinnollisten voimien armoilla olevaksi subjektiksi. Hinnat tosin ovat valtiollisilla toimijoilla usein fiksattuja ja pysyvät siten jotenkuten aisoissa. Näin oli asioiden laita myös *Ruusuisen Pelikaanin* majatalossa, joka mitä ilmeisimmin on valtiollisesti ylläpidetty, "virallinen" Sultanpurin kansallispuiston majatalo. Sen yhteydessä on ravintola, jossa ruoka oli hyvää ja huokeaa, mutta palvelu edellä mainittuun tapaan valtiollista.

Varsinainen kansallispuistoalue on varsin pieni. Se koostuu tekojärvenä alkunsa saaneesta monipuolisesta kosteikkojärvestä sekä sen ympärillä olevista lehdoista, toisella puolen järveä myös kuivista ruohostomaista. Portilta katsoen vasemmanpuoleinen järvenpuolisko on auringon suunnan huomioiden parhaimmillaan aamulla, oikeanpuoleinen iltapäivällä. Keskipäivällä on tropiikissa tavallinen kuuma siestajakso, jolloin monet linnutkin ovat hiljaisia ja ylipäätään näkee paljon vähemmän kuin aamulla tai loppuiltapäivällä.

Aamukierroksellani tapasin järven rantapolulla erinomaisen oppaan, sultanpurilaisen Sanjayn, joka oli erikoistunut lintuihin. Intiassa on tavallista, että minkä tahansa suojelualueen portilla tai viimeistään luontopoluilla kärkkyy matkailijoita koko joukko oppaita, mutta osa näistä ei todellisuudessa tunne kovin paljon luontoa tai lajistoa eikä välttämättä edes osaa kieliä, vaan väijyy helppoa rahaa. Sanjay oli kuitenkin yksi matkani parhaista oppaista. Huomasin kykynsä nopeasti hänen etsiessään minulle järven rannalla pesivän induksenvarpusen ja useita harvinaisia uunilintulajeja, joita olisi ollut vaikea löytää omin päin, kun en edes tiennyt niiden olevan siellä. Niinpä värväsin muutoin melko toimettomana olleen Sanjayn oppaakseni useammaksi päiväksi ja kävimme Sultanpurin lisäksi myös useissa Haryanan tuntemattomammissa lintukohteissa.

Sultanpur on parhaimmillaan talvikaudella, sillä se on erinomaisen merkittävä vesilintujen ja kahlaajien talvehtimisalue. Niiden kolmen päivän ja kahden yön aikana, jotka alueella oleilin, oli kevät jo edennyt pitkälle. Suurimmat palearktiset vesilintu- ja kahlaajamassat olivat jo lähteneet liikkeelle ja muuttaneet pohjoiseen, mutta järvellä kellui yhä suurina lauttoina sorsia ja rannoilla vilisi kahlaajaparvia.

Sorsista runsaimpana järvellä olivat lapasorsat, joiden urokset olivat täysissä paraatipuvuissaan. Myös taveja, heinätaveja ja harmaasorsia oli varsin paljon, haapanoitakin, vaikka ne yleensä varhain ilmaantuvat pohjoiseen. Joukosta löytyi myös muutamia ruskosotkia ja runsaasti yleistä paikallista sorsalajia, täplänokkasorsaa. Kahlaajista runsaimpia olivat paikallisinakin pesivät pitkäjalat samoin kuin palearktisina talvehtijoina ja läpimuuttajina esiintyvät suokukot, mustapyrstökuirit, monenlajiset viklot ja sirreistä erityisesti lapinsirrit. Rannoilta voi kuitenkin löytää lähes minkä tahansa palearktisen kahlaajan ja joskus kauempaakin tulleita vieraita, kuten samoihin aikoihin järvellä hengaillut tundrakurppelo osoitti.

Sultanpur on tärkeä myös haikaralinnuille, joiden monimuotoisuus olikin suuri. Yleisten silkki-, jalo-, pikkujalo-, harmaa-, rusko-, intianriisi- ja lehmähaikaroiden seurana oli paljon aasianiibishaikaroita, kapustahaikaroita, aasianiibiksiä ja pronssi-iibiksiä. Suurinta kahlailevien lintujen sarjaa edustavat aasiansatulahaikara ja saruskurki, joista jälkimmäisiä pesii järvellä pariskunta ja liikuskelee lisäksi pesimätöntä esiaikuista jälkikasvua.

Myös petolintujen kirjo on Sultanpurissa varsin merkittävä. Järvi toimii talvehtimisalueena lintumassoja metsästeleville kotkille, erityisesti kilju- ja pikkukotkille, joita oli edelleenkin järvellä useita kumpaakin lajia, mutta myös nisäkkäitä metsästäville kotkille, kuten keisari- ja arokotkille. Myös monenlaiset haukat käyvät metsästelemässä järveä ympäröivillä alueilla.

Alkuperäisten puulajien muodostamat lehdot, mm. järven vasemman rannan akaasialehdot, muodostavat erinomaisen paikan talvehtivien ja läpimuuttavien kerttujen ja sieppojen havaitsemiseen. Sultanpur on tunnettu mm. harvinaisen afganistaninuunilinnun talvehtimispaikkana ja niitä olikin akaasioissa useita, joskin vielä runsaampina esiintyivät siellä kashmirin-, idän- ja karakoruminuunilintu. Muitakin uunilintulajeja lehdoista löytyy, tiltalteista levinneisyytensä perusteella erikoisesti nimettyyn indokiinanuunilintuun. Sekä pikkusieppo että sen itäinen vastine idänpikkusieppo näyttivät kuuluvan Sultanpurin yleisimpien talvehtijain tai läpimuuttajain joukkoon, joten niitä pääsi parhaimmillaan vertailemaan vierekkäin. Harvinaisempia sieppolajeja edustivat sinikirjosieppo ja turkoosisieppo.

Lintujen lisäksi Sultanpurin kosteikkoalueella elää vankka kanta Intian suurinta antilooppia, nilgaita, jota paikalliset kutsuvat sinilehmäksi. Tämä on ollut lajille onnekasta, koska hindut ovat yhdistäneet nilgain lehmään ja pitäneet siksi pyhänä, joten jo ennen metsästyskieltoja tämä laji vältti monen muun suurnisäkkään osaksi tulleen joukkotuhon. Nilgaita näkikin Haryanan ja Rajasthanin vehreämmissä osissa usein käyskentelemässä teiden yli tai ruokailemassa aamukasteessa riisipelloilla.

Myös apinat olivat yleisiä niin Sultanpurissa kuin lukuisilla muillakin käymillämme alueilla. Yleisin on reesusmakaki, joita näkee usein kaupunkien keskustoissakin – ryöstelevä kiusankappale, jota kannattaa varoa, sillä se on ihmisten suhteen usein peloton ja joskus aggressiivinenkin. Toinen yleinen apinalaji on elegantin näköinen languri eli hanumaani, jolla on osansa yhtenä hindujen lukuisista eläinjumalista. Kaikkein näkyvin ja kuuluvin nisäkäs kaikkialla tuntui kuitenkin olevan palmuorava, jonka tirskunta kuulostaa linnulta.

Sultanpurin suojelualueen takana, pikkuteitä pitkin ja parin kylän läpi, on laaja alue maatalousmaita ja kuivia ketoja, jotka tarjosivat mielenkiintoisen lisänsä suoalueen linnustoon. Esimerkiksi kiurut ja kirviset olivat yleisiä – kirvisistä suurin osa paikallisia riisikirvisiä ja talvehtivia nummikirvisiä, mutta kiurut sen sijaan useaa eteläaasialaista lajia, aasiankiuruja, intianpensaskiuruja ja intianvarpuskiuruja. Myös intianaavikkojuoksija ja intianhyyppä ovat tämän kuivan ruohomaaston yleisiä lajeja. Pensaissa lauloivat intiantaskut, nokitaskut ja muutama priinialaji, taivaalla kaarteli arohiirihaukka, pelloilla riekkui musta- ja harmaafrankoliinejä, ja puissa huhuili pikkuturturikyyhkyjä. Tämä kuivempi maasto pienen ajomatkan päässä kannattaa Sultanpurissa vieraillessa ehdottomasti käydä katsastamassa, koska se tarjoaa hyvin erilaisen lajiston kuin järven rehevä ympäristö.

Muutama sananen on paikallaan niistä yleisistä linnuista, joihin törmäsimme Intiassa lähes kaikissa kohteissa, kunhan ympärillä oli edes jonkin verran puustoa. Näistä jotkut, kuten intianvaris, turkinkyyhky, palmukyyhky, pihamaina, intianmaina ja kauluskaija, esiintyvät runsaina myös kaupungeissa eikä niitä voi välttää näkemästä Luoteis-Intiassa matkustellessa. Samoin ovat taivaalla kaartelevat suuret haarahaukat yleinen näky kaikkialla asutuksen piirissä. Surullista kyllä ennen niin yleiset korppikotkat ovat sen sijaan hävinneet lähes koko Intiasta lehmien lääkeaineena käytetyn mutta korppikotkille myrkyllisen diklofenaakin vaikutuksesta. Etelä-Aasian korppikotkakannat romahtivat yli 99 % parissa vuosikymmenessä ja korppikotkien näkeminen rajoittuukin nykyisin jäljellä oleviin pikkukorppikotkiin sekä syrjäisillä alueilla sinnitteleviin jäljellä oleviin suurkorppikotkakantoihin.

Puissa ja pensaissa elää runsaasti palearktiseen alueeseen tottuneiden näkökulmasta eksoottisia lintuja, joista jotkut huomaa ensimmäiseksi äänistään: aasiankukaalit kumeasta huhuilustaan, kilkkusepät ja rusohuppusepät taukoamattomasta kilkutuksestaan, pitkäpyrstöräätälit ja aasianrillit terävistä vihellyksistään ja harakkataskut kauniista ja monipuolisista laulunsäkeistään. Yleiset ja parvina liikkuvat timalit, erityisesti metsä-, pensas- ja isopensastimalit, kiinnittävät helposti huomiota äänekkyydellään, uteliaisuudellaan ja laumasieluisuudellaan. Intialaiset kutsuvat niitä "seitsemäksi sisareksi", koska niitä tuntuu olevan aina kerrallaan jäkättämässä vähintään seitsemän ja nalkuttavat ne vieläpä lakkaamatta. Englanniksi nämä linnut ovat nimeltään pälpättäjiä *(babblers)*.

Toiset linnut kiinnittävät huomiota ulkonäöllään. Väriloistoa riittää smyrnankalastajien lehahdellessa hyönteis- ja liskojahdissa, tai pikkumehiläissyöjien syöksähdellessä smaragdinvihreinä sudenkorentojen ja pistiäisten perään. Huppu- ja intiankuhankeittäjät loistavat puiden välejä lentäessään kirkkaankeltaisina, mutta sen sijaan päältä vihreät ja alta keltaiset huiluviherkyyhkyt samoin kuin kauluskaijat sulautuvat yllättävän hyvin puiden lehvästöihin. Pieni metallinsininen purppuramedestäjä kiinnittää usein ensiksi huomion pajulintumaisella laulullaan, ennen kuin linnun huomaa puikkimassa kukkivissa puissa ja pensaissa. Sarvinokkiin kuuluva intiantoko kiinnittää huomion nokkavärkillään.

Linnuston kruunaa Intian kansallislintu, riikinkukko, joka on alueella tavattoman yleinen sekä erämaaseuduilla että keskellä kyliä ja peltomaisemia. Sen naukuva huutelu ansaitsee myös tulla kutsutuksi "Intian ääneksi" samaan tapaan kuin kiljumerikotka on saanut lisänimensä "Afrikan ääni". Missä tahansa muualla olisi riikinkukko loistavine väreineen ja pyrstösulkineen tullut ensimmäisenä metsästetyksi sukupuuttoon ja pantu lihoiksi, mutta onneksi lajilla on Intiassa aina ollut niin vahva asema mytologiassa ja uskonnossa samoin kuin ylhäisten yksityisenä metsästyskohteena että se on säilynyt hämmästyttävän yleisenä kaikkialla, missä kuljimme.

Riikinkukko on muutenkin darwinistinen paradoksi. Uroksen suunnaton pyrstövärkki ei mitenkään edistä sen eloonjääntiä, päinvastoin. Laji onkin oiva osoitus siitä, että primitiivisen evoluutioteorian eloonjääntioppi tarvitsi rinnalleen monisyisemmän luonnonvalintaopin selittääkseen lajien synnyn. Riikinkukkojen kohdalla riikinkanojen miljoonain vuotten varrella kumuloitunut viehtymys kukkojen yhä koreampiin pyrstöihin ja

soidinmenoihin on suosinut urosten kehittymistä yhä pröystäileväm-
miksi. Naaraat vastaavat ulkonäöltään paljon enemmän isoa fasaania,
jollainen riikinkukko toki onkin.

# Basai, Baland, Bhindawas

*11. huhtikuuta 2013*

Niinä päivinä, joina pidin tukikohtaani Sultanpurissa, kävin sieltä palkkaamani oppaan ja kuskin kanssa tutustumassa myös muihin mielenkiintoisiin lintupaikkoihin Haryanan osavaltiossa.

Oli varhainen aamuhämärä, kun saavuimme moottoripyörillä Basain kosteikko- ja peltoalueelle Gurgaonin piirikunnassa. Kastehelmet täplittivät vielä korkeita heinikoita, joissa vilisi parvina punatiikeripeippoja ja lauloi korsissa kultasilmätimaleja. Pelloilta löytyi hyyppien, kiurujen ja kirvisten lisäksi myös suuria parvia talvehtivia tiibetinhanhia ja ruostesorsia, jotka kaakattaen laidunsivat. Kosteikoiksi muuttuneissa osissa kahlaili runsain määrin haikaralintuja, kahlaajia ja sulttaanikanoja.

Toisen aamun mielenkiintoinen kohde olivat Balandin kylälammet, jonne tultaessa meitä tervehti kokonainen tienpätkällinen intialaisia bongareita putket suurimmalle lammelle suunnattuina. Kaikki olivat tulleet katsomaan siellä lukuisain muiden sorsien, sotkien ja narskujen joukossa talvehtivaa yksittäistä marmorisorsaa, joka on alueella rariteetti. Muutenkin oli matkan varrella ilahduttavaa huomata, että Intiassa näyttää olevan varsin suuri kotimaisten lintuharrastajien, luontovalokuvaajien ja bongareiden joukko, sillä asiansa tuntevia ja asianmukaisin laittein varustautuneita paikallisia tapasi useimmissa vierailemissamme luontokohteissa, kun taas länsimaisia turisteja oli lähinnä vain tunnetuimmissa kansallispuistoissa ja kaupunkikohteissa.

Kolmantena haryanalaisena luontokohteena, jossa noina päivinä vierailin, mainittakoon Bhindawasin linnustonsuojelualue, joka muodostuu kosteikkojärvestä ja sitä ympäröivistä rehevistä metsistä. Järveen johtaa pitkä kanava, joka on alueella pesivän bengalinhuuhkajan suosiossa ja löysimmekin päivän aikana peräti kolme yksilöä bengalinhuuhkajia pienellä haulla, niillä kun on tapana lepäillä aina samoilla kanavan pätkillä.

Kanava ja sen myötä järvi ovat pahoin tulokaslaji vesihyasintin valtaamia ja yritykset ruopata tukahduttavaa vesikasvia pois ovat tuoneet vain tilapäistä helpotusta, sillä kasvi leviää aina kanavia myöten heti uudelleen järville. Se ei ilmeisesti kelpaa edes kotieläinten rehuksi. Pitkillä varpaillaan vesikasvien päällä astelevat jassanat ja ojasuokanat lienevät harvoja vesihyasintin maailmanvalloituksesta hyötyneitä lajeja ja Bhindawasista löytyivätkin yleisinä molemmat alueen jassanalajit, pronssijassana ja pitkäpyrstöjassana.

Bhindawasissa oli runsain määrin haikaralintuja ja jaavanmerimetsoja, mutta talvehtivia sorsia vain pieninä määrinä, lähinnä taveja ja lapasorsia. Ympäröivistä metsistä löytyi paljon kaikenlaista mielenkiintoista, kuten brahmanpöllöjä, arovarpushaukkoja, kiljukotkia, intiantokoja, huppuviidakkoharakoita ja monen sorttisia pikkulintuja.

Seurattaessa kanavaa Bhindawasista Hasanpurin kylän maille löydettiin vielä yksi bengalinhuuhkajan reviiri kanavan varresta, samoin kuin paksujalkojen yleisenä hengailupaikkana toimiva navetankatto. Tällaisten paikkojen tietämisessä asiansa tuntevien oppaiden paikallistuntemuksesta on suurta hyötyä ja se säästää aikaa, mutta joskus tuntuu, kuin ajettaessa linnun luota toiselle kyseessä on kuin nähtävyyksien bongailu: piispahaikaran vakioniitty (tik), puu jossa huuhkaja yleensä lepäilee päivällä (tik), katolla lonnivat paksujalat (tik), ja kierroksen päätteeksi Hasanpurin kylän lähellä oleva temppeli, jonka puutarhasta löytyvät vakiolajeina esimerkiksi tarhavarpunen, joukko talvehtivia kerttuja ja uunilintuja.

Mainitun temppelin alueella sattuivat myös aiemmassa postauksessani kuvailemani šikran ja palmukyyhkyn murheellinen välikohtaus sekä auton sisälle ikkunanraosta pyrkineen intianvariksen tapaus. Temppelissä olivat kyläläiset joukolla juomassa teetä ja polttamassa vesipiippua ja nähtyään kameralaitteeni ja vakuututtuaan yleisestä professionalismistani halusivat he minun ottavan kuvia sinne haudatun pyhimyksen patsaasta ja lähettävän kuvat myöhemmin sähköpostitse temppeliä koskevan esitteen laatimiseksi. Tapahtui tuon kuvausepisodin aikana pyhimyksen haudan ja pyhän lammen luona, että šikra iski nähtemme palmukyyhkyyn.

# Agra

*13. huhtikuuta 2013*

Haryanan lintupaikkojen kierrokselta tulin alkuillaksi Delhiin. Tapasin hotellillani brittiläisen lintuporukan, joka oli ollut samana päivänä Sultanpurissa (mutta missannut monta minun näkemistäni lajeista) ja lentämässä seuraavana aamuna Assamiin. Aamulla saapui lentäen Suomesta pikkuveljeni, niin ikään pitkän linjan luontoharrastaja, ja meidän oli määrä viettää seuraavat pari viikkoa tutustuen varsinkin Rajasthanin osavaltion luontokohteisiin.

Olin alustavasti sopinut hyvin palvelleen oppaani ja autokuskin kanssa, että nämä veisivät meidät Bharatpuriin, ja matkalla voitaisiin pysähtyä muissa luontokohteissa. Oppaan virallinen työnantaja (kansallispuisto-hallinto tai vastaava) ei kuitenkaan sulattanut yksityistä rahantekoa, joten jouduimme turvautumaan julkiseen liikenteeseen. Bharatpuriin ei mennyt sinä päivänä busseja, joten pitkän asemalla kuumuudessa odottelun jälkeen otimme bussin Agraan, Uttar Pradeshin puolelle.

Agra on paitsi miljoonakaupunki, myös turistikaupunki, sillä siellä sijaitsee kuuluisa Taj Mahal ja koko joukko muitakin merkittäviä nähtävyyksiä, olihan Agra Mogulivaltakunnan pääkaupunkina silloin kun tuon Intian muslimi-imperiumin pääkaupunki ei ollut Delhissä tai keisari Akbarin aikana Sikrissä, joka ei sekään ole Agrasta kaukana.

Toki Taj Mahal, Agran linnoitus ja muut moguliarkkitehtuurin helmet ovat vaikuttavia, mutta niistä iloitsemisesta vie kyllä terää Agran pahamaineinen häsläys, joka on, jos mahdollista, vielä pahempaa laatua kuin Delhissä. Pahinta on saapua paikalle julkisilla kulkuneuvoilla, sillä heti junasta tai linja-autosta ulos astuttaessa kimpussa on kymmeniä häsläreitä tarjoamassa huijarikyytejä riksoilla, takseilla ja milloin milläkin välineellä, joka ei suinkaan vie matkalaista pyydettyyn paikkaan vaan johonkin, mistä kuski saa komissioita.

Jos on oikeutettua pitää vaikkapa Egyptiä rasittavan turistihäsläyksen tyyssijana, on Intia sitä potenssiin kymmenen. Pahempaa saa hakea eikä minunkaan kokemuksella kovin helposti tule mieleen. Lähi-idän taksikuskit ja kauppiaat ovat intialaisiin verrattuina rehellisyyden ja avuliaisuuden perikuvia, sillä intialaiset eivät kaihda edes törkeimpiä valheita muutaman lisärupian tähden. Tämä vaikeuttaa elämää huomattavasti, sillä se merkitsee, ettei ihmisiltä voi tai kannata yleensä kysyä neuvoa.

Vaikka olisi kulman takana etsitystä paikasta, neuvot johtavat harhaan tai väittävät paikan olevan kymmenen kilometrin päässä, jotta joutuisi ottamaan sinne kulkuneuvon ja maksamaan. Ja tuo kulkuneuvo ei siis välttämättä vie haluttuun paikkaan vaan mahdollisimman kauas sieltä ylihintaiseen hotelliin, kauppaan tai ravintolaan, josta pois päästäkseen olisi taas maksettava. Töykeys auttaa jonkin verran, kunhan se on vakuuttavaa. Vaikka se tuntuisi pahalta, se ennemmin tai myöhemmin käy välttämättömäksi, sillä vasta suoraa kehotusta lähteä pois tuntuvat häslärit ja riksakuskit ymmärtävän (yleensä vasta useamman toiston jälkeen).

Agra oli näissä suhteissa pahinta luokkaa - tietysti juuri siksi, että niin suuri osa Intiaan saapuvista turisteista suuntaa juuri sinne ja haluaa suhteellisen lyhyessä ajassa (hinnasta viis) nähdä tietyt paikat, ottaa valokuvat, ostaa pakollisen rihkaman ja palata takaisin turvattuihin oloihinsa. Hotellien ja krääsäkauppojen loputtomia rivejä täplittävät Taj Mahalin tuolla puolen myös hippiashramit, joihin intialaisiin asuihin pukeutuvat länsimaiset nuoret naiset tulevat etsimään itseään ja joogaamaan, kunnes yleensä nopeasti huomaavat, että lattia on kylmä, huoneessa on torakoita, mestari ei kohtele riittävän sensitiivisesti (miettii ensisijaisesti lompakkoaan) ja kasvisruokakaan ei ole tarpeeksi gurmeeta.

Iltaisin ja aamuisin Taj Mahalin läheiset pätkät Yamunajoen vartta olivat sangen tunnelmallisia ja myös lintuja oli paljon, esimerkiksi jokihyyppiä, pitkäjalkoja, ruostesorsia ja muuttohaukkakin kävi hätyyttelemässä kyyhkyjä. Temppelien ja moskeijojen puutarhat ovat niin ikään lintujen täyteisiä ja Taj Mahalin toisella puolen on myös pieni luonnonsuojelualue polkuineen, joissa näkee paljon ja läheltä monia yleisiä lajeja, joita

on houkuteltu ruokinnoilla ja vesipaikoilla. Ei toki vastaa aitoa kansallis-
puistoa, mutta tarjoaa kaupunkimatkailijalle hyvän mahdollisuuden
vaikkapa valokuvata. Sekä luontopuistosta että sitä vastapäätä olevasta
puistosta, jossa on hautausmaa, avautuu myös kuvauksellisia näkymiä
Taj Mahaliin.

Taj Mahalin ja joen välissä Krishnan temppelillä on oltava varuillaan ma-
kakien suhteen, sillä ne käyttäytyvät sangen röyhkeästi ja yksi ilmeisesti
pentuja suojeleva naaras puraisi veljeäni nilkkaan. Hänellä oli onneksi
raivotauti- ja jäykkäkouristusrokotukset voimassa. Apinoiden lisäksi vii-
sijuovaoravia ja riikinkukkoja on runsain mitoin.

Nelisenkymmentä kilometriä Agran ulkopuolella sijaitsee aavekaupun-
giksi muuttunut Fatehpur Sikri, jonne keisari Akbar, suurmoguleista
kuuluisin, siirsi joksikin aikaa pääkaupungin, kunnes Sikrin luona ollut
järvi kuivui ja mogulihovi joutui muuttamaan takaisin Agraan ja Delhiin.
Sikrin palatsialue on varsin vaikuttava ja sinne kannattaa Agrasta tehdä
retki, etenkin jos mogulien historia ja Akbarin synkretistiset ideat kiin-
nostavat. Matkalukemiseksi sopii mainiosti Salman Rushdien *Firenzen
lumoojatar*, josta merkittävä osa tapahtuu keisari Akbarin aikana Si-
krissä.

Kävimme Sikrissä myös keisari Akbarin suuresti kunnioittaman suufilai-
sen šeikin Salim Chistin haudalla, johon tietysti piti maksaa uhrilahjoja
ja esittää salaisia toiveita. Odottelen mielenkiinnolla, kallistaako muinai-
sen suufin henki korvaansa esittämälleni toiveelle, jonka tulisi auttaa
erästä kovia kokenutta ystävääni.

Vaikka Akbar muslimina oli tiukasti yksijumalainen, hän katsoi, että Yh-
den luo johti lukuisia polkuja, minkä vuoksi hän myös kunnioitti impe-
riuminsa muita uskovaisia, hinduja, sikhejä, kristittyjä, parsilaisia,
jainalaisia ja juutalaisia, ja järjesti myöhemmin surullisenkuuluisiksi tul-
leita yrityksiään teologisin keskusteluin saavuttaa yhteisymmärrys kaik-
kien uskontojen välille. Hän kutsui niin eri islamin suuntausten kuin
myös muiden alueella vaikuttaneiden uskontojen oppineita palatsiinsa
(jossa tiettävästi ensimmäinen norsunluutorni sijaitsi) käymään sivisty-
neitä hengellisiä keskusteluja, mutta oppineet päätyivätkin eeppisiin

fleimeihin, suuttumisiin ja puhumattomuuksiin, heidän debattinsa vieraantuivat ympäröivästä todellisuudesta akateemisiin ja teologisiin hiustenhalkomisiin ja lahkosotien puhkeamisen ehkäisemiseksi Akbar joutui turvautumaan keskustelujen moderointiin.

Synkreettisyyttään Akbar demonstroi myös ottamalla vaimoikseen soveliaita naisia niin islamin, hindulaisuuden kuin kristinuskonkin piiristä. Turkkilaisen prinsessa Ruqayyan naiminen oli poliittinen peliliike suuren läntisen imperiumin suuntaan, portugalilaisesta Goasta naitu kristitty neito avasi yhteyksiä merentakaisiin länsimaalaisiin, ja radžputien hallitsemasta Rajasthanista naitu hinduprinsessa loi imperiumin vakauden kannalta keskeisen liiton Akbarin vasalleina sittemmin toimineisiin hinduruhtinaisiin. Amberin maharadžan tytär Mariam olikin synnyttävä Akbarin kaivatun esikoispojan – legendan mukaan šeikki Salim Chistin siunauksesta – Salimin, josta oli tuleva keisari Jahangir.

# Bharatpur

*13. huhtikuuta 2013*

Rajasthanin osavaltion Bharatpurissa sijaitsee Keoladeon kansallispuisto, joka luetaan yhdeksi pohjoisen Intian tärkeimmistä kosteikkoalueista. Suuret määrät sorsia, kahlaajia ja kurkia talvehtii siellä, nilgait ja aksishirvet vaeltelevat sen metsissä ja aluetta ympäröivät lehdot ja kuivat pensaikkomaat elättävät monimuotoista linnustoa ja muuta eläimistöä.

Suosituin tapa liikkua Keoladeossa näyttää olevan polkupyöräriksoilla tai vuokratuilla polkupyörillä. Lintuharrastajien suosiossa oleva rivi majataloja reunustaa sitä tietä, joka johtaa myös kansallispuiston portille. Tie kosteikkoalueelle vie ensin kuivan pensaikkoalueen ja puuston halki, jossa viihtyy esimerkiksi pensastimaleja, intiantaskuja ja bramiinikottaraisia.

Paikassa, jossa on vartijoiden koppi ja haarautuu kaksi tietä kosteikkoalueelle, talvehtii rubiinisatakieli, toinen yksilö talvehtii kosteikon halki vievän tien varrella. Aamuna, jona etsimme rubiinisatakieltä pensaikostaan, oli siellä intialaisia lintuharrastajia suurine kameroinaan lintua odottelemassa. Huvittavaa kyllä, kaikkien odotellessa laitteet valmiina vakiopaikassa käveleskelin pensaikon ympäri, kurkistin sisään erääseen aukkoon tiheässä pensaikossa, ja rubiinisatakieli istuskeli maassa parin metrin päässä, varjossa, killistellen minua toisella silmällään. Otin siitä muutaman kuvan 300 millin objektiivillani ja palasin sitten bongarijoukon luokse. Johan tuli vipinää ja pian kaikki olivat sisällä pensaikossa.

Etsimme myös temppelin puutarhasta siellä talvehtivia intianrastaita ja oranssirastaita, mutta niitä ei löytynyt. Ilmeisesti rastaiden talvehtiminen oli siltä talvelta jo lopussa. Sen sijaan löytyi monenlaista muuta, talvehtivista lajeista punavarpusia, sinirintoja ja erilaisia uunilintuja, joista harvinaisempien joukossa lajilleen epätyypillisestä habitaatista löytynyt kivikkouunilintu, ja lisäksi tietysti runsain määrin paikallisia lajeja, varsinkin karikkeessa joukoittain kahistelevia metsätimaleja.

Keoladeon kosteikko-osissa oli odotetusti runsaasti haikaralintuja, aasiankäärmekauloja, jaavanmerimetsoja, kolmea lajia kuningaskalastajia, saruskurkia, jassanoita, sulttaanikanoja, intianviheltäjäsorsia ja monia muita. Jalo-, pikkujalo-, silkki-, harmaa- ja ruskohaikaroita näkee pienellä vaivalla, myös yöhaikarat löytyvät puista helposti, mutta sen sijaan mustapikkuhaikaran ja kiinanpikkuhaikaran löytäminen vaati pientä etsimistä. Myös iibishaikaroita ja iibiksiä on paljon, talvehtivia sorsia ja tiibetinhanhiakin vielä jäljellä. Oppaamme näytti meille myös sepelpöllösen ja harmaahuuhkajan.

Keoladeon kansallispuiston lisäksi Bharatpurin kaupungin laitamilla sijaitsevat kylälammet ovat tarkastamisen arvoisia kahlaajien vuoksi. Niillä on hyvä mahdollisuus ujon kultakurpon näkemiseen kunnolla ja läheltä, ja lisäksi tarjolla on parvittain palearktisia kahlaajia.

# Chambal



Chambaljoen kansallispuisto seurailee nimensä mukaista jokea, joka on Gangesin sivujoki ja virtaa kansallispuisto-osuudellaan pitkät pätkät Madhya Pradeshin rajajokena Rajasthaniin ja Uttariin. Vierailimme sillä pätkällä, jossa Chambal erottaa Rajasthania pohjoisessa ja Madhya Pradeshia etelässä.

Chambaljoen suojeltu alue on kuuluisa sokeista vaaleanpunervista jokidelfiineistään, joiden kunniaksi jokiveneiden lähtölaiturissa oli julisteita valtamerillä elävistä pullonokkadelfiineistä. Delfiinien näkeminen on kuitenkin onnenkauppaa ja onnistuu ainoastaan niiden loikatessa pinnan yläpuolelle sameasta vedestä. Sen sijaan joen rannoilla ja hiekkasärkillä näkee suurin määrin sekä gaviaaleja, suuria kapeanokkaisia kalaa syöviä krokotiilejä, että varsinaisia krokotiilejä, jotka silloin tällöin ihmisiäkin hammastelevat.

Rannoilla lojuvien krokotiilien lisäksi Chambaljoki muodostaa tietysti lintuparatiisin. Jokihyyppiä ja intianpaksujalkoja näkyi runsaasti, samoin lukuisia palearktisia kahlaajia, jopa harvemmin sisävesillä nähtäviä kuten rantakurvi. Useita tiiralajeja lentelee joella: ainakin jokitiiroja, mustavatsatiiroja, pikkutiiroja ja valkoposkitiiroja. Niille tekevät seuraa myös intiansaksinokat, nuo tiiransukuiset linnut, jotka kauhovat pinnasta pikkukalaa pidentyneellä alanokallaan. Tiirojen tavoin lentelevät joella myös vaalean hiekanväriset pikkupääskykahlaajat, jotka hiekkasärkillä istuessaan sulautuvat suojaväritykseltään hietaiseen taustaansa, kipitellen särkillä pikkutyllien ja lapinsirrien joukossa.

Linnustollista megafaunaakin joen rannoilla esiintyi: kaksi saruskurkea tuli hienosti lähietäisyydelle poseeraamaan, tietysti sen jälkeen, kun akku oli loppunut kamerastani saksinokkien kohdalla. Talvehtivia tiibetinhanhia ja ruostesorsia käyskenteli rantaruohikoissa laitumella paikallisten kyhmysorsien ja vesipuhvelien joukossa. Kävi myös ilmi, että intianviheltäjäsorsa on kokosukeltaja.

Jyrkillä rantakallioilla on kalliokyyhkyjen ja pääskyjen yhdyskuntia, ja harvinaisempiakin pesijöitä, kuten pikkukorppikotkia ja pariskunta näyttäviä intianjalohaukkoja, jotka nähtemme repivät ja höyhensivät poikasilleen aterian intianmainasta. Veljeni onnistui bongaamaan puoliaavikkomaisesta maisemasta kiven alla varjossa lepäilevän viirumalkohan, piilottelevan maassa elävän käkilinnun, jonka olin nähnyt tätä ennen vain kerran elämässäni, silloin Pakistanissa.

Chambaljoki on hyvä paikka tutustua Intian suurten jokien alkuperäiseen linnustoon ja eläimistöön. Nykyisin kansallispuisto on myös melko rauhallinen. Aiemmin siellä on esiintynyt häiritsevässä määrin bandiittien toimintaa, turisteja on kidnapattu ynnä muuta rajaseuduille ominaista aktiviteettia, johtuen juuri sijainnista useamman osavaltion rajalla.

# Stadissa

*16. huhtikuuta 2013*

Intian matkakertomukseni jatkuu piakkoin Sariskalla, mutta tähän väliin tuli yllätysmatka käymään Helsinkiin vajaaksi viikoksi. Saapuessani linja-autolla lentokentältä Rautatientorille, siellä oli odottamassa kurdien mielenosoitus mahabadilaisine aurinkolippuineen, vaatien Saddam Husseinin toimeenpaneman *Anfal*-operaation tunnustamista kurdien kansanmurhaksi.

Saddam käytti tunnetusti joukkotuhoaseitaan omia kansalaisiaan vastaan useaan otteeseen - niin kurdeja, šiioja kuin suoarabejakin - sen lisäksi, että hän tietysti käytti joukkotuhoaseita myös Irania vastaan. Amerikan-vihaajien mielestä kurdien kansanmurhaa ja Halabjaa ei varmaankaan koskaan tapahtunut, koska he ovat päättäneet, ettei Irakilla koskaan muka ollut joukkotuhoaseita.

Painuin *Hiiteen*. Se on suomalaiseksi itseään mainostava ravintola *Perkeleen* kellarissa jossain Kaisaniemen katutason alapuolella. *Hiidessä* tarjolla ollut perussuomalainen ruoka käsitti makaronilaatikkoa, pyttipannua ja kalapuikkoja – kansallisia ruokalajeja, joihin kauhea monikulttuuri ei ole päässyt vaikuttamaan. Jotkut kalapuikkoviiksiset sedät ja vähätukkaiset nuormiehet olivat jo ehtineet päiväkaljalleen tai -viinalleen. Musiikkina soi suomirokki. Henkilökuntaan tosin kuului mamuja sekä tarjoilijoina että keittiössä. *Hiidestä* ylösnousin myöhemmin kantapaikkaani *Kaislaan*.

*Hiisi* antoi minulle vaihtorahana maltalaisen euron, varustettuna johanniittain ristillä. Se oli ensimmäinen Helsingissä saamani kolikko. Ilmeinen ennusmerkki.

Löysin kirjakaupasta teoksen maailman mytologioiden synnystä. Se alkaa suorastaan Gondwanasta ja Laurasiasta, joten pakkohan se oli saada, samoin kuin Sa'din *Ruusutarha* suomennettuna ja teokset kreikkalaisroomalaisesta, intialaisesta ja arabialaisesta mytologiasta tarina-esimerkkeineen.

En voi sanoa, että Helsinkiin olisi tullut kevättä. Ei edes lokkeja vielä. Kuulin, että lumimyrskyt olisivat ajoittain laantuneet vesisateeksi, ja ettei Pohjois-Euroopassa ole ollut miesmuistiin yhtä myöhäistä kevättä. Kabulissa sentään jo lentelivät haarapääskyt taivaalla tihkusateessa, kun lähdin.

Näin *Pin elämän*. Se oli hieno elokuva, etenkin filosofiselta puoleltaan. Mangrovesaarella meno meni tosin psykedeeliseksi.

Suomessa kohistaan kummallisista asioista. Siitä, että opettaja oli kehdannut poistaa häiriökäyttäytyvän oppilaan ruokalasta ja saanut heti tädeiltä potkut. Siitä, että joku suomalainen poliisi ei ole rekisterikirjauksissaan ymmärtänyt joidenkin ihmisten, joidenkin valtioiden, ja noiden ihmisten ja valtioiden suomalaisten ystävien olevan kaikkien lakien yläpuolella. Siitä, että vihreät ministerit ovat jättäneet veroja maksamatta, vaikka mielellään korottelisivat kaikenlaisia veroja ja maksuja muille kansalaisille. Siitä, että metrotunnelit ovat radioaktiivisia – vielä niissä ei kuitenkaan ole havaittu mutatoituneita tappajatorakoita. Kansalaiset ovat kauhuissaan.

Bostonissa kaksi ihmistä kuoli pommi-iskussa maratoniin ja maailma kohisee siitä. Maailma ei kohise samaan aikaan Irakissa tehdyistä useista pommi-iskuista eikä tietenkään syyrialaisten silmittömän tappamisen jatkumisesta.

# Liikkeessä

*18. huhtikuuta 2013*

**K**aisla sai jatkokseen vielä *Urhon* ja *Rytmin* ennen kuin lyhyt käyntini Helsingissä tuli päätökseensä. Mikä parasta, ehdin käydä myös Suomenlinnassa tavatakseni entisen päällikköni, erinomaisen ja isänmaallisen miehen, joka tarjosi illallisen ja oluet Suomenlinnan *Panimossa*.

Suomenlinnassa havaitsin myös viimein kevään tulleen. Valkoposkihanhet olivat saapuneet pieninä parvina ja lensivät kaakattaen saaren ympäri. Rantavesissä kellui juhlapukuisia isokoskelopareja. Peipot, punarinnat ja rastaat lauloivat vielä lehdettömissä puissa ja pensaissa. Meriharakoita käyskenteli avoimilla nurmilla, kiljahdellen porkkananokistaan kevään kutsua.

Vaikka olin Suomessa pääosin työasioissa, ehdin kaikkina iltoina tavata ystäviäni ja hyvä olikin. Nykyaikana ystäviin tulee pidettyä joka tapauksessa päivittäin yhteyttä sähköpostitse ja someitse, mutta Afganistan on paikka, jossa viruessa tulee kaivanneeksi myös tapaamista kasvokkain.

On hyvä tietää, että lähiystäväni ovat saaneet aikaan kaikenlaista merkittävää: julkaisseet tai kirjoittamassa kirjoja, kuvanneet ja järjestäneet dokumenttiaineistoa julkaistavaksi, nostaneet yrityksemme parkuvan vastasyntyneen asteelta tomeraksi ja yli-innokkaaksi poikaseksi, tarjonneet hyvän vanhemmuuden varttuville monikielisille lapsilleen, valmistelleet uusia tutkimusmatkoja ja järjestäneet entisten tuottamia aineistoja, ja lukemattomia muita ihmiselon sankaritarinoita. Tunnen niin monia hyviä ja aikaansaavia ihmisiä.

Nyt olen matkalla Turkkiin ennen kuin palaan muutaman päivän kuluttua Kabuliin.

# Sariska

*19. huhtikuuta 2013*

Sariskan kansallispuisto Aravallikukkuloiden kupeessa Rajasthanissa, Alwarin ja Jaipurin välillä, on perustettu tiikerien suojelemiseksi, mutta alueella on jäljellä enää pieni tiikerikanta, minkä vuoksi suuria kissapetoja on vaikea päästä Sariskassa näkemään.

Leopardeja alueella elää enemmän, mutta niiden näkeminen on legendaarisen vaikeaa lajin mestarillisen piilottelun vuoksi. Siksipä leopardi onkin viimeinen jäljellä oleva suurkissapeto monilla Intian alueilla, ja sinnittelee yhä hengissä myös Afganistanissa, Arabiassa ja Iranissa. Sitkeät huhut väittävät viimeisiä yksilöitä elävän vielä myös Jordanian ja Israelin rajaseudulla. Turkista leopardi lienee hävinnyt vasta 1900-luvun lopulla, tiikeri 1900-luvun alussa (kun viimeinen tiikerimetsä tuhoutui metsäpalossa) ja leijona 1800-luvulla. Afganistanissa paljastui vasta hiljattain riistakameroista, että persianleopardi elää yhä Band-i Amirin vuorilla, lumileopardi taas sinnittelee Wakhanin käytävässä Badakhshanissa.

Sen sijaan Sariskassa on helppo nähdä suuria laumoja suurpetojen saaliseläimiä, sambarhirviä, aksishirviä, nilgaita ja villisikoja. Makakeja ja langureja on runsaasti, samoin tietysti monenlaisia lintuja. Sariskan habitaatti muodostuu pääasiassa kuivasta metsäsavannista. Riikinkukot ja huppuviidakkoharakat ovat yleisiä ja jälkimmäiset tulivatkin suojelualueen sisällä uteliaasti tonkimaan jeeppiä sen ollessa pysäköitynä.

Juomapaikoilla näki paljon kaikenlaista: haikara- ja sorsalintuja, kahlaajia, jokitiiroja, krokotiilejä ja suokilpikonnia. Metsäsavannikierroksemme alkoi aamulla vuorikotkalla ja päättyi iltapäivällä kahteen kaartelevaan mustahaikaraan. Uusina lajeina kirjasin Sariskasta paikallisen viidakkopriinian ja talvehtivana esiintyvän kiinankäpinkäisen. Pikkuminivettejä liikkui puissa pieninä parvina, harakkarastas ja intiantasku olivat yleisiä ja ensimmäisenä iltana eräältä puiston ulkolaidalla olevalta jokiuoman juomapaikalta löytyi valkovatsadrongo, matkan ainoa.

# Adana

*20. huhtikuuta 2013*

Täytyy taas tehdä pieni syrjähyppy Intian matkakertomuksesta ennen kuin jatkan Jaipurilla. Tapahtui näet, että lennähdin pariksi päiväksi Adanaan, eteläiseen Turkkiin, tavatakseni hyvää ja tärkeää työtä syyrialaisten hyväksi tekevän ystäväni. Emme olleetkaan nähneet vähään aikaan, joten jälleennäkeminen oli iloinen, ja taas sitten viime näkemän on ehtinyt tapahtua niin paljon kummankin elämässä, että se vaati pitkän kierroksen siinä vähässä, mitä Adana saattoi baaririntamalla tarjota perjantai-iltana, siis muslimien sunnuntaina.

Adana on lähteestä riippuen nykyisin Turkin neljänneksi tai viidenneksi suurin kaupunki, varsin tuntematon länsimaalaisten parissa ollakseen kuitenkin puolentoista miljoonan asukkaan metropoli. Turistit siellä harvoin käyvät, sillä Adana sijaitsee sisämaassa. Lähin satama on Mersinissä.

Viime käynnistäni Adanassa olikin aikaa, sillä vietin siellä pari päivää vuonna 2004 enkä kovin paljon siitä muista, paitsi että silloin olimme tulossa Irakista sekä Turkin kurdialueilta ja Adana vaikutti kovin modernilta edellisten kaupunkien jälkeen. Adana on eräänlainen portti kaakkoon – moderni suurkaupunki ennen saapumista orientaaliseen Turkkiin, joka alkaa miellyttävän sekulaarista Antepista ja jatkuu konservatiivis-uskonnollisessa Urfassa, kunnes tullaan jo kurdialueiden ytimeen.

Adanassa ei noin muuten ole kovinkaan paljon nähtävää matkailijalle. Muutama historiallinen osmanityylinen moskeija ja kylpylä, etnografinen museo sekä Seyhanjoen ylittävät Kennedynsilta ja Kivisilta, ja siinä se, mitä lyhyessä ajassa ehdin kaupungista hahmottaa. Kennedynsillalla paikalliset perheet kävivät ottamassa itsestään kuvia Seyhanjoki ja historiallinen Sabancı-moskeija taustallaan. Historiansa toki ulottuu kauas heettien ja helleenien aikaan.

Kevät oli jo tullut Adanaan. Haara- ja ruostepääskyt lentelivät taivaalla, valkoposkitiirat Seyhanin turkoosisten vetten yllä. Hotellimme pihassa oleva rykelmä plataaneja ja pensaita sisälsi tavanomaisten turkin- ja palmukyyhkyjen lisäksi mekastavia arabianbulbuleita, mikä kertoo kaupungin olevan luonnontieteellisesti jo Lähi-idän porteilla.

Mainittu baaritarjonta osoittautui kuitenkin perjantai-iltana aneemiseksi. Useampia paikkoja oli auki Çakmak Plazan ja Inönünkadun ympäristöissä, mutta niissä kaikissa roikkui lähinnä keski-ikäisiä turkkilaisia juoppoja intoilemassa huonosti laulettujen hitti-iskelmien perään sekä paikallisia ja itäeurooppalaisia prostituoituja. Bostonin uutisista huolimatta tarjoilija kertoi ylpeästi olevansa Pohjois-Kaukasiasta. Toinen tarjoilija oli syyrialainen. Pakolaisia vai siirtotyöläisiä, se ei selvinnyt.

Paikallisten baarien tarjonta oli sen verran masentavaa, että turvauduimme loppujen lopuksi omiin eväisiin; onneksi paikallinen supermarketti oli erittäin hyvin varustettu ja tarjouksessa olleen punaviinipullon ostajat saivat kaupan päälle viinilasin, niin ettei tarvinnut tinkiä tyylistä juomalla pullon suusta.

Vaikka totesinkin, ettei Adanassa ole turisteja, kaupparatsuja siellä sen sijaan näyttää liikkuvan. Kiinalaisia tuli vastaan niin hotellissa kuin kentällä, itäeurooppalaisia siellä täällä; muutama länsieurooppalainenkin näkyi. Monet paikalliset osasivat englantia, saksaa ja venäjää.

# Hätälasku



Kun auringonnousun aikaan saavuin Dubaihin, kahdentoista tunnin matkustamisen jälkeen, olin melko väsyneessä tilassa. Rekisteröin ympäriltäni kaikenlaista surreaalista.

Kaupassa venäläisnaiset joivat suoraan limsahyllystä ja näyttelivät kuin olisivat kärsineet janosta pitkään. Jättivät sitten osittain juodut pullot sinne. Ei ihme, että heitä usein katsotaan kieroon Emiraateissa, jos tuollainen käytös on jotenkin kansallisuusominaista.

Arabialaisella rockbändillä oli vaikeuksia ensin edelläni sisääntšekkausjonossa, sitten turvatarkastuksissa. Heitä oli viitisen parikymppistä poikaa, joista osalla oli afrotukat, osalla geelipiikkitukat, ja paljon metallia vaatteissa.

Kaiken huipuksi Dubaissa satoi. Taksikuskini päivitteli sitä innostuneena, todeten kuinka hyvä asia sade on Dubaille. Hän oli peshawarilainen ja päivitteli sitä, kuinka korruptio ja politiikka olivat muuttaneet niin kauniit Afganistanin ja Pakistanin turvattomiksi maiksi.

Touhu oli PPP:n hallinnon aikana vajonnut sellaiseksi, että taksikuskinkin piti kotimaassa käydessä pelätä, koska kaikkien Dubaissa työskentelevien kuviteltiin tienaavan niin paljon, että heitä tai heidän omaisiaan kannatti kidnapata ja vaatia lunnaita. Poliisi ei enää suojellut, koska korruptio ja mielivalta rehottivat. Ja hän oli sentään pelkkä taksikuski.

Samaan aikaan täällä Dubaissa käyttelivät rahojaan rikkaat afgaanit, joille länsimaalaiset jakelivat rahaa, ja he ostivat sillä täällä huviloita, ravintoloita, yökerhoja ja muuta. Etenkin persialaiset (tadžikit), koska he olivat lännen suosikkeja, jupisi taksikuski, joka epäilemättä oli paštu.

Koneeni lähti aikataulusta myöhässä. Koneessa oli pari afgaanilaista suurperhettä - kaksi parrakasta miestä ja neljä mustiin puettua huivitettua vaimoa sekä lauma rääkyviä lapsia. Totta kai he olivat vallanneet mitä penkkejä sattuu, joten tusinan verran muita matkustajia joutui siksi vaihtamaan paikkojaan ja säätämään matkatavaroitaan. Muutenkaan afgaanit eivät tietenkään noudattaneet mitään sääntöjä, puhuivat kännyköihin nousun aikana, turvavöistä puhumattakaan.

Jossain Hindukushin yllä kone joutui kuitenkin rajujen tuulten ja ilmakuoppien kouriin ja Kabulin lähestyminen epäonnistui. Turvavyösääntöjä noudattamattomat afgaanit kirkuvine lapsineen kaatuilivat käytäville ja tarjottimet levisivät lattioille. Lopulta kone joutui palaamaan etelään ja tekemään pakkolaskun Karachiin, Pakistaniin.

Siellä odottelimme sitten epätietoisina. Konetta tankattiin ja muutama matkustaja panikoi lähtien etsimään korvaavia liikenneyhteyksiä Pakistanista. Lopulta tänä iltana pääsimme kuitenkin alkuperäisen lentoyhtiön lennolla Karachista Kabuliin. Kabulissa oli nyt tyyntä mutta taivaalla roikkuvat synkät myrskypilvet selittivät, miksi yläilmoissa ei ollut aiemmin päivällä turvallista saapua kaupunkiin.

# Bostonin pommimiehet

*24. huhtikuuta 2013*

Muutama huomio Tsarnajevin veljesten tapaukseen. Pidempään analyysiin ei ole tässä yhteydessä aikaa. Kehotan lukemaan emigranttien Mairbek Vatšagajevin ja Valeri Dzutsevin kirjoittamat kriittiset huomiot tutkimuslaitos Jamestown-säätiön sivuilta, sekä *al-Jazeerassa* ilmestyneen Sarah Kendziorin artikkelin median kiireestä etsiä tekojen motiivia epäiltyjen etnisestä taustasta. Kaikissa kolmessa artikkelissa on mielenkiintoisia huomioita, joita on turha etsiä valtavirtamedian toinen toistaan kopioivasta epäjohdonmukaisesta hötöstä.

Iskujen jälkeen, kun media ja nettisalapoliisit levittelivät maailmalle sittemmin viattomiksi osoittautuneiden 17-vuotiaan marokkolaistaustaisen juoksijan ja kadonneen intialaistaustaisen opiskelijan yksityistietoja, kansainväliset yleiset syyt eivät vielä olleet aktivoituneet suureen propagandakampanjaan. Tosin Kreml huomasi kyllä tarjota apuaan Valkoiselle talolle jo ennen kuin taikasanaa oli tutkinnassa edes mainittu.

Heti, kun taikasana tšetšeeni mainittiin, maailma riehaantui ja uutisoinnista katosi se vähäkin järki, joka oli suunnannut kritiikkiä pahimpia yleistyksiä ja ylilyöntejä islamofobista ja muuten vain tunnekuohuista kirjoitteluja kohtaan. Tšetšeenit olivat kaikille sopivan pieni ja tuntematon vihollinen, jota sopi vihata ja demonisoida estoitta, kunhan ei sekoittanut tšekkeihin. Myyttisten tšetšeenien metsästykseen yhtyivät tunnetut islam-apologeetikotkin, ilmeisesti huojentuneina siitä, että arabit ja afgaanit voitiin jättää laskuista. Tamerlan Tsarnajev oli saanut nimensä "verenhimoisen sotapäällikön" mukaan – väliäkö tuolla, että Timur Lenk oli keskiaasialainen, koska mediassa Kirgisistan ja Kazakstan katsottiin osaksi samaa "monimutkaista Kaukasian aluetta" kuin Tšetšenia.

Media kierrätti kuluneita myyttejä Kaukasian verenhimoisista villeistä ja CNN löysi Tamerlan Tsarnajevin *YouTube*-tililtä epäilyttävän islamistisen videon, jossa poseerataan latinalaisin kirjaimin kirjoitetuissa *Marat*

*Kavkaz* -paidoissa. Kuulostaa enemmän jalkapallojoukkueelta kuin terroristiryhmältä, mutta kukapa niitä enää erottaisi. Taustalle on sentään asetettu musta *shahada*-lippu. Tamerlanin someen linkittämät videot riittivät osoitukseksi "terroristiyhteyksistä", vaikka samanlaisia videoita linkittelevät tileilleen terrorismintutkijat sekä tietysti islamofobit ja maahanmuuttokriitikot.

Veljesten *Facebook*-tilit katosivat eetteristä jo ennen kuin heidän nimensä oli annettu epäiltyinä julkisuuteen. Sen sijaan *Google*-yhtiön omistamat *YouTube*- ja *Twitter*-tilit säilyivät eetterissä päiväkausia kaiken kansan luettavina, ja saattavat olla luettavissa vieläkin.

Vanhempi veli oli mediatietojen mukaan profiililtaan selvästi islamilaisempi kuin pikkuveljensä. Tamerlan oli innokas amatöörinyrkkeilijä, saanut tuomion tyttöystävänsä pahoinpitelystä ja hankkiutunut sanaharkkaan paikallisen moskeijan väen kanssa näiden kehdattua verrata profeetta Muhammedia mustien oikeustaistelijaan Martin Luther Kingiin. Pikaluvulla ei selvinnyt, miksi vertaus oli loukannut vanhempaa Tsarnajeviä, mutta amerikkalaiseen yleisöön tarinalla lienee tunteenomainen vaikutus.

Nuoremman veljen Džoharin *Twitter*-tili oli varsin mielenkiintoinen luettava. Mielenkiintoinen siksi, että islamilainen vaikutus rajoittui rauhantervehdykseen ja pariin yleisfilosofiseen sitaattiin. Luin pari ensimmäistä sivua Džoharin twiittejä eikä niistä löytynyt mitään, mikä olisi viitannut jihadistiseen ideologiaan. Teiniangstia oli senkin edestä, mutta kaikki englanniksi, ei edes millään eksoottisella "rättipääkielellä". Džoharin nikki netissä oli J-tsar, jossa J viitannee Džohariin ja loppuosa tsaariin. Vaikuttaa erikoiselta nimimerkkivalinnalta, jos kyseessä olisi venäläistä imperialismia vastustava "tribaali".

Mediassa haastatellut Džoharin kaverit ja opiskelutoverit kertoivat hänen olleen varsin tavallinen amerikkalaispoika, sosiaalisesti aktiivinen ja suosittu, harrastaneen painia ja hengailleen lähinnä "muiden venäläisten" kanssa. Hänen kerrotaan myös poltelleen mielellään ruohoa (muuan haastateltu ystävätär etsi siitä jopa syytä teoille) ja tukkakin näyttää kuvissa enemmän hipiltä kuin islamin soturilta.

Kaikkein häkellyttävintä Džoharin *Twitter*-tilissä ovat pommi-iskun jälkeiset twiitit. Pari tuntia pommi-iskun jälkeen hän twiittasi *"ain't no love in the heart of the city – stay safe people"*, jossa alkulause on lainaa räppäri Jay-Z:lta. Lisäksi hän jatkoi twiittejä triviaaleista asioista vielä seuraavina päivinä. Jos *Twitter*-tili todella oli hänen ja twiitit aitoja, hän joko tahallisesti ja kylmäverisesti johti tuttavapiiriään harhaan, tai vaihtoehtoisesti saattoi olla aidosti tietämätön syyllisyydestään pommi-iskuun. Tai jonkinlaisessa kieltäymyksen tilassa, tavallisuudesta henkistä suojaa etsien.

Jihadistien tutuksi tulleista tekotavoista poiketen Tsarnajevit eivät tehneet itsemurhaiskua eivätkä selvästikään tarkoittaneet jäädä iskusta kiinni. Heidän jäljiltään on kuulemma löytynyt autotallista räjähteitä - muttei tiettävästi ideologista julistusta tai marttyyrivideoita. Tietääkseni sellaisia ei ole levitetty jihadistisivustoillekaan, vaan päinvastoin Kaukasian emiraatti ynnä muut kaukasialaiset radikaalijärjestöt sanoutuivat jyrkästi irti teosta.

Poliisin identifioitua veljekset epäillyiksi ja miesjahdin alettua veljekset yrittivät aktiivisesti pakoilla poliisia ja tekivät aseellista vastarintaa poliiseja vastaan, surmaten yhden poliisin. Julkisuudessa on väitetty kummankin olleen varustettuja räjähdevöillä, mutta tämä kuulostaa ristiriitaiselta sitä taustaa vasten, ettei kumpikaan yrittänyt tiettävästi itsemurhaa, saati räjähteiden käyttöä.

Tamerlan kuoli ilmeisesti poliisin tulituksessa saamiinsa haavoihin. Tosin pian tämän jälkeen levitettiin tietoa, että pikkuveli olisi ajanut hänen ylitseen varastetulla autolla, hylännyt sitten auton ja juossut jalkaisin poliisien saartorenkaasta pakoon. Kuulostaa yllättävältä, etenkin kun Džoharin viimein löytyessä hän piilotteli jonkun yksityisihmisen pihalla veneessä, haluten mitä ilmeisimmin jäädä henkiin, ja poliisi ampui veneen seulaksi, kuten Amerikassa ilmeisesti on tapana silloin kun vastassa on "kytäntappaja".

Olisi hyvä, jos Džohar jäisi henkiin kertomaan tekojen taustoista. Toisaalta asiaa saattaa hankaloittaa se, että häneen sovelletaan terrorisminvastaisia erikoislakeja, joiden nojalla hänelle ei tarvitse antaa normaaleja oikeuksia asianajajaan yms., ja hänen lausuntonsakin voitaneen tarvittaessa muokata (ainakin julkisuuteen) sellaisiksi, etteivät ne vahingoita Yhdysvaltain hyviä ja lämpimiä suhteita yleisiin syihin. Suurvaltayhteyksien ollessa kyseessä suuri yleisö saattaa jäädä ikiajoiksi hämmennyksen ja disinformaation varaan.

Jos veljekset osoittautuvat syyllisiksi, veikkaan, että Sarah Kendzior on artikkelissaan oikeammilla jäljillä kutsuessaan tapausta tekijöiden etnisestä taustasta huolimatta kotikutoiseksi terrorismiksi. Ei nimittäin ole kuviteltavissa oikein mitään järjellistä syytä, miksi veljekset Tšetšeniaan liittyvistä syistä olisivat iskeneet viattomia siviilejä vastaan Bostonin maratonissa. Kummatkin olivat aktiiviurheilijoita, joten urheilua he eivät vihanneet. Boston oli heidän kotikaupunkinsa, jossa nuorempi veljeksistä oli lisäksi elänyt lapsesta asti.

Jihadistinen motiivi on tietysti mahdollinen, ja jihadistien vainoharhainen maailmankuva voisi selittää sen, miksi viha haluttiin Venäjän sijaan suunnata amerikkalaisia siviilejä vastaan. Tällöin oletan, että Tamerlan oli tekojen dominoiva voima. Džohar saattoi toimia avustajana joko pitkälle tietämättömänä veljensä puuhista tai sitten harhaanjohdettuna. Ei kuitenkaan vaikuta kovin ilmiselvältä, miksi aivokirurgiksi haluava ja älykkääksi kuvailtu, sosiaalisesti normaali nuori olisi tullut aivopestyksi tappajarobotiksi ilman, että mitään sanottavampaa merkkiä prosessista näkyi ulospäin. Ei kuulosta uskottavalta edes siinä tapauksessa, että aivopesijä oli oma veli. Vaihtoehtona on, että nuorempi Tsarnajev oli lahjakas todellisten tarkoitusperiensä peittelyssä ja salailussa.

Medialähteiden mukaan Tamerlan matkusti ennen tekoja Venäjälle, mutta ilmeisesti hän vietti suurimman osan kyseisestä matkastaan Moskovassa, kävi lisäksi Dagestanissa, muttei lainkaan Tšetšeniassa. Matkakohteet eivät vaikuta oudoilta, koska veljesten vanhemmat (tšetšeeni-isä Anzor Tsarnajev ja dagestanilainen äiti Zubeidat) asuivat Mahatškalassa, ja sukua oli nimenomaan Moskovan tšetšeeniyhteisön suunnalla. Herättää tosin ihmetystä, että jos perheellä oli pakolaistausta, miksi vanhemmat olivat palanneet takaisin KGB:n huomaan, ja kuinka Tamerlan sai vapaasti Venäjän viranomaisten häiritsemättä harjoittaa väitettyä jihadturismiaan.

Jos Tamerlan halusi ryhtyä jihadiin, miksei hän jäänyt samalle matkalleen, hankkinut asetta ja lähtenyt Kaukasuksen vuorille? Hän oli nyrkkeilijä ja kovapintainen, väkivaltaankin ryhtynyt mies – ainakin kotikulmillaan Amerikassa. Jos CNN:n videoväitteet pitävät paikkansa, hän halusi jostain syystä poseerata kaukasialaisten militanttien (tai sellaisiksi pukeutuneiden) kanssa, ja kaiken huipuksi lisäsi videon *YouTube*-tililleen maailman nähtäväksi. Miksi hän palasi Amerikkaan ja iski Venäjän sijaan sivullisia amerikkalaisurheilijoita vastaan? Joko hänessä ei ollut miestä taistelemaan Kaukasiassa tai sitten hänellä ei ollut siihen kiinnostusta, koska teon motiivit olivatkin jotain aivan muuta.

Amerikastakin olisi löytynyt paljon Bostonin maratonia sopivampia kohteita, jos hän olisi halunnut teoillaan ajaa kaukasialaisten ääriliikkeiden asiaa. Sellainen motiivi olisi ymmärrettävä, jos kohde olisi ollut vaikka Venäjän konsulaatti. Harvardista, MIT:stä, Tuftsista ja Massachusettsin yliopistosta olisi löytynyt tunnettuja venäläismielisiä puhuvia päitä, korkean profiilin venäläisiä rojalisteja tai muita nationalisteja, jos hän olisi halunnut murhata Kaukasian vapauden vihollisia. Jos taas motiivi olisi ollut ensisijaisesti islamiin liittyvä, hän olisi voinut iskeä jotain tunnettua islamofobista aivoriihtä, kapakkaa tai muuta paheiden pesää vastaan.

Mutta ei. Nyt koko tapaus jättää ainoastaan isoja kysymysmerkkejä ilmaan. Kun näin käy, on yleensä viisasta esittää kysymys: *Cui bono?* Kuka hyötyy?

Venäjä ja sen propaganda tietysti hyötyvät. Mahdollisesti jo valmiiksi islamofobisessa kuumeessa kieriskelevät äärioikeistolaiset ja kristillisradikaalit piirit saavat yhden tapauksen verran lisää vettä myllyihinsä. Hyötyikö kukaan muu?

Fanaatikoille ja hulluille ominainen epäloogisuus kohteen valinnassa ja tekotavassa ovat toki mahdollisia selityksiä. Kumpikaan veljeksistä ei kuitenkaan vaikuttanut erityisen hullulta eikä ainakaan nuorempi erityisen fanaattiselta. Täytyy vain toivoa, että nuoremman Tsarnajevin kuulustelut ja muut tutkimukset tulevat valottamaan teon syitä.

# Jaipur

*26. huhtikuuta 2013*

Kabulissa viimeaikaiset rankkasateet ja raekuurot (ns. pudotus-keli) aiheuttivat runsaan lintulaskeuman puutarhojen puihin ja pensaisiin. Omalla minimaalisella pihallani oli yhtäaikaisesti sini-rinta, lukuisia tiltaltteja, idänuunilintuja ja hernekerttuja sekä toistakymmentä kashmirinuunilintua, ja yli lensi lisäksi nuolihaukka.

Palataanpa kuitenkin takaisin tauolla olleeseen Intian matkakertomukseen. Sariskasta pääsimme Jaipuriin, joka on Rajasthanin osavaltion pääkaupunki ja suurin kaupunki. Jaipur on vasta kymmenenneksi suurin koko Intian kaupungeista. Väestöstä 77 % on hinduja, 17 % muslimeja ja pienempiä osuuksia muiden uskontokuntien edustajia.

Intialaisittain kaupunki on melko uusi, sillä Amberin maharadža perusti sen "vasta" vuonna 1727. Nykyisin se on yli kolmen miljoonan asukkaan metropoli ja erittäin tärkeä kaupallinen keskus, jonka loputtomiin jatkuvia basaareja pidetään maan vilkkaimpiin kuuluvina. Turistit tuntevat Jaipurin "vaaleanpunaisena kaupunkina" sen vanhaakaupunkia dominoivien punaisten talojen vuoksi. Jaipur on niin ikään tunnettu useista näyttävistä palatseista. Kaupungista löytyy kahdeksan yliopistoa ja metrokin on rakenteilla.

Vanhankaupungin basaarikadut ovat sangen orientaalisia. Liikenne on kaoottista, ihmismassat tiheitä ja joukossa puikkelehtivat lehmät ja apinat. Uudenkaupungin puolella on länsimaistyylisiä ostareita, kahviloita, ravintoloita ja baarejakin. Löysin kirjakaupasta Rudyard Kiplingin kolmiosaisen *Rajasthanin tarinoita* jollain alle eurolla koko nivaska.

Otimme Jaipurista yksityisen firman yöbussin Bikaneriin, Rajasthanin aavikkoisiin länsiosiin. Opaskirjat jostain syystä hypettävät Intian rautateitä, mutta junaliput on aina varattava vähintään vuorokautta ennen matkaa ja toiminta on muutenkin rasittavaa, kuten saimme myöhemmin

Bikanerista Delhiin palatessamme havaita. Meille myytiin ulkomaalais-luukusta huolimatta rahvaan vaunuun lippu – olot olisivat olleet kuin karjavaunussa ilman minkäänlaista suojaa lukuisien tuijotukselta ja ker-jäämiseltä. Lisäksi kaikkien matkustajien nimet, passinumerot ja iät pal-jastettiin junan vaunuihin liimatuilla paperilistoilla, jotta varmasti mah-dolliset varkaat ja kerjäläiset tietäisivät ulkomaalaisten vaunussa olemi-sesta. Jouduimme vaihtamaan ykkösluokkaan, jossa sai sentään verhot, mutta hinta tuli paljon kalliimmaksi kuin yksityisessä yöbussissa ja bus-sissa nukkumakoppi oli suljettu verhoa paremmalla liukuovella.

# Bikaner

*27. huhtikuuta 2013*

Bikaner on Rajasthanin kuivissa länsiosissa sijaitseva kaupunki, entisen Bikanerin ruhtinaskunnan pääpaikka, jossa kerran hallitsi maharadža. Bikanerin maharadžalla oli kaupungin keskellä sijaitseva vaikuttava Junagarhin linna, joka on nykyisin museona ja turistien päästävissä. Toinen, kaupungin laidalla sijaitseva Lalgarhin palatsi, on nykyisin loistohotellina, mutta palatsin ulkopuolella vaatimattomammassa huvilassa asuu edelleen maharadžan jälkeläisiä, ja suku ilmeisesti omistaa ainakin osan hotellista.

Tapanani ei ole ollut mainostaa blogissani majoituspaikkojani, mutta tässä tapauksessa teen poikkeuksen, sillä aivan linnanmuurin kulman takana yksityisbussien asemalta, johon saavuimme, sijaitsee *Bhairon Vilas* -niminen butiikkihotelli, joka oli koko Intian-matkamme paras majoituspaikka hintalaatusuhteessa. Kyseessä on aiemmin maharadžan suvulle kuulunut haveli, joka on täynnä historiallista nostalgiaa, ja jota ympäröi rehevä ja lintuja tulviva puutarha. Bikanerista epäilemättä löytyy halvempiakin paikkoja, mutta *Bhairon* ei todellakaan ollut hinnalla pilattu, ja sillä hinnalla sai asua ruhtinasajan huvilassa, jossa huoneen ikkunasta avautui satumainen näkymä suoraan Junagarhin linnalle. Hotellin sisäpihan ravintola *Tamarindissa* saattoi pöydästään käsin seurata puissa liikehtiviä purppuramedestäjiä, harakkataskuja ja variskäkiä.

*Bhaironin* auttavainen manageri kertoi nykyisen omistajan olevan viimeisen maharadžan ja entisen osavaltion pääministerin jälkeläinen suorassa polvessa. Hotellin väki oli avulias järjestämään meille päiväretket sekä Tharin autiomaassa kohti Pakistanin rajaa sijaitsevaan Gajneriin, jossa maharadžan metsästyslinna sekä nykyisin suojelualueena toimivat metsästysmaat, että Sujangarhin suunnalla sijaitsevalle Tal Chapparin suojelualueelle. Mutta noista paikoista enemmän seuraavissa kirjoituksissa.

Useita mainittuja näyttäviä palatseja lukuun ottamatta Bikaner on varsin hiljainen kauppakaupunki, johon tulvii paljon vähemmän turisteja kuin kauempana lounaassa sijaitsevaan Jaisalmeriin, joka on toinen Rajasthanin läntisellä aavikolla sijaitseva entinen itsenäinen ruhtinaskunta. Meille Bikaner oli maantieteellisistä syistä helpommin saavutettava ja lisäksi mainitut luonnonsuojelualueet, jotka olivat kohdelistallamme, olivat lähempänä. Turistien suhteellinen vähäisyys teki Bikanerista myös rentouttavamman paikan, sillä sieltä puuttui Delhin, Agran ja Jaipurin hermoja hiertävä häsläys.

Tosin Junagarhin linnassa jouduimme toistuvasti koululaislaumojen piirittämiksi, ja he kaikki halusivat ottaa meistä kuvia, kätellä ja ottaa kuvia meidän kanssamme. Tämä on Intiassa nuorison tapana yleisemminkin. Niinpä epäilen, että päädyimme matkan aikana satojen intialaisnuorten naamakirjoihin ja nettialbumeihin todistamaan heidän kansainvälisyyttään ja cooliuttaan. Muuta syytä sille, miksi kukaan haluaisi ottaa kuvia länsimaisista turisteista ja heidän kanssaan, en keksi. Kännykät räpsivät meistä kuvia kaikkialla, mihin menimme, ja muutamat räpsijöistä halusivat aina lisäksi myös harjoitella hieman englantiaan.

Bikanerista 30 kilometrin päässä sijaitsevassa Deshnokissa on erikoinen nähtävyys, Karni Matan rottatemppeli, jossa palvotaan ja hyysätään tuhansia rottia, uskomuksen mukaan rotiksi reinkarnoituneita sieluja. Tällä kertaa käynti siellä ei kuitenkaan sopinut aikatauluihimme.

# Gajner

*28. huhtikuuta 2013*

Bikanerista vähän päälle kolmenkymmenen kilometrin päässä Jaisalmerin suunnassa sijaitsee Gajnerin palatsi kauniin järven rannalla sekä sitä ympäröivä aromaista maastoa kattava suojelualue. Nykyisin eksklusiivisena hotellina toimiva Gajnerin palatsi toimi aikoinaan Bikanerin maharadžan maaseutulinnana ja nykyinen suojelualue ruhtinaallisena metsästysmaana.

Palatsi on varsin näyttävä ja sen terassilta voi varsin mukavasti kiikaroida ja putkeilla järvellä talvehtivia tuhansia sorsia samalla kun perinneasuiset miespalvelijat kantavat eteen gintoniceja tai maitoteetä. Lintuharrastusta valkoisen koloniaaliherran tapaan. Välillä hiekkamyrsky ajoi meidät terassilta palatsin sisätiloihin päivälliselle.

Kevät oli Gajnerissa käydessämme edennyt jo niin pitkälle, että valtaosa vesilinnustosta oli lähtenyt järveltä pohjoiseen. Jäljellä oli siis melko pieniä lukumääriä lintuja, mutta kiitettävällä diversiteetillä. Näimme Gajnerissa joitain palearktisia lajeja, joita ei nähty millään muista matkan paikoista, kuten tukkasotkia, sinisorsia ja tavallisia kurkia.

Suojelualueen aromaastossa käyskenteli paljon tšinkaroita eli intiangaselleja, pienempiä määriä besoaariantilooppeja ja nilgaita. Myös šakaaleja ja jäniksiä nähtiin useampia. Suojelualueella ei ollut luvallista liikkua omin päin, vaan opas ja riista-ajelu olivat pakollisia. Siitä huolimatta alueelta löytyi delhiläisissä kilvissä oleva länkkäri omalla autollaan, mistä metsänvartija-oppaamme teki kantelun.

# Tal Chappar

*30. huhtikuuta 2013*

Rajasthanin osavaltion Shekhawatin alueen Churun piirikunnassa sijaitsee Tal Chapparin suojelualue, joka on pinta-alaltaan varsin pieni, mutta luontoarvoltaan epäilemättä korvaamaton. Tal Chapparissa voi saada käsityksen siitä, miltä näytti intialainen savanniluonto ennen kuin suurin osa savanneista raivattiin pelloiksi.

Vaikka Tal Chappar sijaitsee kuivan aroalueen reunamilla, suojelualueen maisema on pääsääntöisesti heinäsavannia, jota täplittävät komeat punaista kukkaa puskevat piikkipensaat sekä suurnisäkkäiden juomapaikkoina toimivien, ilmeisesti lähteistä vetensä saavien lampien ympärille muodostuneet varjoisat metsiköt. Maisema on siis sangen afrikkalaisen näköistä.

Vaikutelmaa afrikkalaisesta savannista ei vähennä se, että Tal Chapparin heinäarolla laiduntaa suurina laumoina gaselleja ja besoaariantilooppeja. Besoaariantilooppi, jota Intiassa kutsutaan mustapukiksi, lieneekin Tal Chapparin tärkein suojeltava, sillä suojelualueella oleva populaatio on Intian ja samalla koko maailman suurin luonnonvarainen kanta tätä näyttävää antilooppilajia.

Antilooppien lisäksi Tal Chappar on tärkeä alue linnuille, erityisesti päiväpetolinnuille, joita siellä tavataan erittäin suurta diversiteettiä. Sultanpurin ja Keoladeon oppaamme ylistivätkin Tal Chapparia paikaksi, jossa voi nähdä "minkä tahansa Pohjois-Intiassa tavattavan petolintulajin". Erityisen helppo siellä oli nähdä paikallisia savannikotkia ja talvehtivia arokotkia, mutta myös käärmekotka ja valkosilmähaukka sattuivat kiikareihin, samoin kuin berberihaukka ja arovarpushaukka. Talvella heinäarolla talvehtii satoja neitokurkia, mutta nyt niitä ei näkynyt, joten ne lienevät jo muuttaneet kesälaitumilleen Kazakstaniin. Myöskään valtavaa intiantrappia ei näkynyt – niiden suhteen viedään viimeisiä; laji on taantunut sukupuuton partaalle.

Kukkivat piikkipensaat pullistelivat ruusukottaraisista ja tarhavarpusista, heinien kärjissä lauloi heinäherttuja ja sepeltaskuja, mutta muuten savanni oli jo ehtinyt kuivua niin, että lintujen määrät vaikuttivat ikävän pieniltä saamaamme ylistykseen verrattuina. Juomapaikkoja ympäröivistä metsiköistä sen sijaan löytyi runsain mitoin pikkulintuja ja vähän isompiakin. Erityisesti talvehtivia pikkusieppoja, uunilintuja ja muita kerttuja oli runsaasti. Valkean värimuodon paratiisimonarkkiurokset lehahtelivat lehvästöstä toiseen ja lepinkäiset päivystivät pensaiden latvoissa.

Tal Chappar on hieno paikka syrjässä kolutuimmilta reiteiltä, ja siten erittäin suositeltava kohde luontomatkailijalle. Sisään pääsee omalla autolla, kunhan hankkii liput portin luona olevasta toimistosta. Turisteja ei näkynyt. Sen sijaan vesipaikalla luoksemme ilmaantui jälleen kokonainen koululuokka opettajineen kättelemään, ottamaan ja otattamaan valokuvia sekä harjoittelemaan englannin puhumista. Mikäs siinä. Luonnonsuojelun ilosanoma etenee tälläkin tavoin.

Paluumatkalla Bikaneriin saimme vielä yhden iloisen yllätyksen: taivaalla näkyi korppikotkia. Tarvoimme dyynin yli ja sieltä löytyikin kamelinraato, jolle oli kerääntynyt neljää lajia korppikotkia: hanhi-, munkki-, intian- ja pikkukorppikotkia, ja lisäksi sekä aro- että savannikotka. Ennen niin yleisiä suurkorppikotkia pääsee Intiassa nykyään näkemään enää ani harvoin, ja silloinkin syrjäseuduilla, koska karjan lääkinnässä käytetty diklofenaakki tappoi kahden vuosikymmenen aikana korppikotkat sukupuuton partaalle: yli 99 % kannoista tuhoutui, ja samalla menetettiin jotain sykähdyttävää Etelä-Aasian luonnosta ja kulttuurimaisemasta, luultavasti ikuisiksi ajoiksi. Mikä pahinta, sama on nyt toistumassa Afrikassa siitä huolimatta, että korppikotkien tuhon syy jo tiedetään. Tuhoisia lääkkeitä ei ole kielletty, vaan päinvastoin markkinoidaan edelleen lehmien pumppaamiseksi antibioottipaketeiksi, joiden ei luulisi olevan myöskään ihmisravintona ongelmattomia.

# Delhi

*4. toukokuuta 2013*

Delhi – *pandaemonium*, mukaillen *Fast Shown* vanhan sedän seikkaperäistä lausuntoa Kairosta. Se ainakin tulee ensimmäisenä mieleen tästä megalopolista, josta Intian liittovaltiota hallitaan, ja josta aiemmin hallittiin Delhin sulttaanikuntaa, Mogulivaltakuntaa ja Brittiläistä Intian-imperiumia eli Radžia. Yli kuusitoista miljoonaa asukasta pelkästään Delhissä – ja tähän päälle metropolin satelliiteiksi muuttuneiden ja siihen sulautuneiden ympäryskaupunkien kuten Haryanan puolella sijaitsevan Gurgaonin ja Uttar Pradeshin puolella sijaitsevan Noidan miljoonat asukkaat.

Vaikka Delhi ja sitä edeltäneet samoilla seuduin sijainneet kaupungit toimivat imperiumien keskuksena jo sulttaanikuntaa ja moguleita edeltäneiden hindudynastioiden aikana, nykyisen Delhin arkkitehtuurista suurin osa edustaa joko islaminuskoisten mogulien aikaista (vanhakaupunki eli Shahjahanabad) tai brittivallan aikaista (New Delhi). Delhin laitamilla on kuitenkin esimerkiksi sulttaanikunnan aikainen Tughluqabad, jonka sulttaani Muhammad Tughluq rakennutti, mutta joka myöhemmin veden loputtua hylättiin, kuten kävi sittemmin myös keisari Akbarin rakennuttamalle Fatehpur Sikrille.

Mogulivaltakunnan pompöösiä arkkitehtuuria edustavat keisari Shah Jahanin aikana rakennetut vanhankaupungin ykkösnähtävyydet, kuten Punainen linnoitus ja Jama'a-moskeija. Brittiläisen Intian arkkitehtuuria voi katsella esimerkiksi nykyisin Delhin keskeisenä bisnesalueena toimivalla Connaught Placellä Uuden-Delhin puolella.

Useimmat reppumatkailijat ja budjettituristit päätyvät majoittumaan Uuden-Delhin puolella sijaitsevalle Paharganjin alueelle, josta on tullut suuri edullisten hotellien ja turistifasiliteettien keskittymä. Alue on varsin kätevä, sillä se sijaitsee päärautatieaseman lähellä ja sieltä on lyhyt matka sekä uuden että vanhan kaupungin nähtävyyskeskittymiin.

Matkallani viivyin Delhissä kolmeen otteeseen, ensin palatessamme veljeni kanssa Rajasthanista – aiemmin puheeksi tulleella yöjunalla Bikanerista – sekä myöhemmin palatessani ensin Uttarakhandista ja myöhemmin Nepalista. Näiden paripäiväisten vierailujen aikana kävelin varsin ekstensiivisesti läpi koko vanhankaupungin ja suurimman osan uutta. Basaarikatujen härdelli ja liikenneruuhkat olivat käsittämätöntä mittaluokkaa, joihin verrattuna Kabul ja Katmandu tuntuivat siisteiltä ja hyvin toimivilta.

Ottaen huomioon, kuinka Intia on korkealle kehittynyt monissa asioissa, herättää suuresti ihmetystä, kuinka maailman suurin demokratia pääkaupunkeineen viitsii elää päivästä toiseen niin käsittämättömässä saastassa. Delhin likaisuus ja kärpäsiä sikiävät jätevuoret tekevät Intian pääkaupungista yleisesti ottaen saastaisemman ja kurjemman tuntuisen kuin moni afrikkalainen kaupunki. Esimerkiksi Nairobi on Delhiin verrattuna hyvin siisti. Ilmeisesti hinduilla on kulttuurisia estoja hoitaa jätehuoltoa, koska kastijärjestelmässä ainoastaan saastaisimmat kastittomat voivat olla tekemisissä lian ja jätteiden kanssa – ja siten kuka tahansa siisteys- tai jätealalla toimiva leimautuu alimpaan mahdolliseen sosiaaliseen luokkaan.

Parasta Delhissä on sen valtava monimuotoisuus: samoja basaarikatuja tallaavat *Bollywoodista* vaikutteensa ottavat modernit koulutetut nuoret, hihhuloivat hindulaiset pyhät miehet, salafilaiset konservatiivimuslimit kaavuissaan ja parroissaan, sikhit turbaaneissaan ja tietysti henkistymistä etsivät länsimaiset hippituristit kuka missäkin asussa. Delhissä todennäköisesti puhutaan useimpia Intian sadoista kielistä ja etnisten ryhmien kirjavuus näkyy siellä. Eri uskontokuntien temppelit, moskeijat ja kirkot saarnaavat vieri vieressä, eivät tosin aina silkkaa toleranssia toisiaan kohtaan, mutta käytännössä kuitenkin tottuneina elämään yhdessä. Elintasoerot ovat jyrkkiä: on pošševa yläluokan alueita huviloineen ja viheriöivine puutarhoineen ja sitten on köyhälistön slummeja jätevuorineen ja kärpäsparvineen.

Veljeni lähti toisena Delhin-päivänä takaisin Suomeen, minä puolestani katselin vähän aikaa intialaisten ryhtymistä holi-juhlaansa, mutta meno kävi niin villiksi, että evakuoiduin Himalajan alarinteille Uttarakhandin osavaltioon ja tulin sieltä takaisin Delhiin vasta holin ollessa lopuillaan. Holi on yksi hindujen tärkeimmistä juhlista, ja sitä markkinoidaan nykyään turisteille iloisena värien juhlana. Ihmiset sotkevat maaleilla itsensä ja vastaantulijat. Juhlan makaaberimpi alkuperä paljastuu kuitenkin siinä, että kuolemanjumalten patsaat saavat päälleen ikään kuin veriryöpyn. Ilmeisesti holissa on joskus muinoin ollut kyse ihmisuhreista, mutta veriorgiat on sivistyneempinä aikoina korvattu maaleilla ja väreillä. Tässä suhteessa juhlan evoluutiota voisi verrata kristittyjen pääsiäiseen ja muslimien uhrijuhlaan adhaan.

Toinen piirre holin juhlinnassa oli, että jo juhlan aattona merkittävä osa hindumiehistä hankkiutui perskänniin ja häiriköi pitkin katuja. Humalahakuinen juominen sekä kaikenlaisten huumeiden nauttiminen rehottivatkin juhlapäivien ajan, ja minulle kerrottiin holin olevan myös erityisen vaarallista aikaa yksin liikkuville naisille, jotka taajaan tulivat raiskatuiksi.

Paluumatkallani Nepalista oli käytävä myöskin ostoksilla, joten suuntasin Connaught Placeltä löytyvään Palika-basaariin. Etsiessäni linssinsuojuksia (jotka myös löysin), päädyin vakoilukauppaan, josta juuttui mukaani muutama mielenkiintoinen elektroninen lelu. Samalla tulin saaneeksi pikaluennon aasialaisen bisneksenteon pekuliariteeteista, joihin teollisuusvakoilu ja salakuuntelu olennaisesti kuuluvat. Pienillä apuvälineillä ihmisten harmittoman näköiset kännykät muuttuvat sangen petollisiksi laitteiksi.

Kävin myös mattokaupassa ja ostin kaksi kashmirilaista silkkimattoa. Edellisen kerran kun sain edullisesti iraninazerilaiselta kauppiaalta persialaisia mattoja, ne päätyivät hää- ja ristiäislahjoiksi Suomeen.

# Corbett



*13. toukokuuta 2013*

Vuonna 2000 Uttar Pradeshin osavaltion luoteiset vuoristoiset osat irrotettiin uudeksi osavaltioksi, jonka nimenä oli aluksi Uttaranchal, mutta se muuttui myöhemmin muotoon Uttarakhand. Uttarakhandin pääkaupunki on Dehradun ja siellä sijaitsevat myös hindujen ja hippien pyhät paikat Rishikesh ja Haridwar.

Sekä hindujen pyhä joki Ganges että Delhin ja Agran halki virtaava Yamuna saavat alkunsa Uttarakhandin vuoristosta. Maantieteellisesti osavaltio on ikään kuin läntistä jatketta Nepalille. Yli 60 prosenttia Uttarakhandin pinta-alasta on metsäistä, mikä tekee siitä luontoharrastajan paratiisin.

Kohteeni Uttarakhandissa oli Corbettin kansallispuisto, joka on Intian vanhin ja tiikereistään kuulu. Kansallispuisto on nimetty brittiläisen siirtomaa-ajan suurriistanmetsästäjän ja sittemmin luonnonsuojelun pioneerin eversti James Corbettin mukaan. Kansallispuiston vastaanottokeskus sijaitsee Ramnagarin pikkukaupungissa, johon ensin hankkiuduin, ja jossa jouduin odottelemaan ensimmäisen illan ja seuraavan aamun, ennen kuin onnistuin saamaan itselleni pääsyn kansallispuistoon. Hindujen holi-juhla sotki kaiken: väki oli kännissä kuin käet, sotkivat väreillä ja kukaan ei tullut töihin, tai jos tuli, työt eivät sujuneet.

Onneksi Ramnagarin alueelta kansallispuiston ulkolaidoilta löytyi mielenkiintoisia paikkoja, joissa käydä. Majataloni Ramnagarissa oli mangolehtojen ympäröimä ja jonkin verran mielenkiintoisia lintuja, kuten parvittain luumupääkaijoja, löytyi jo hedelmäpuutarhoista. Ramnagarin halki virtaa vuolas vuoristovirta, jonka rannoilla käyskenteli jonkin verran silkkihaikaroita, ruostesorsia, pitkäjalkoja ja jaavanmerimetsoja. Padon yli jatkuva tie vie kumipuuplantaasien kautta Sitawanin mielenkiintoisiin viidakoihin, joissa voi nähdä samoja eläimiä ja lintuja kuin kansallispuiston sisälläkin.

Kaikista matkallani käymistäni kansallispuistoista ja suojelualueista Corbett oli vaikuttavin, ja myös metsälintujen kirjo oli siellä omaa luokkaansa. Corbettiin lähtijän kannattaa kuitenkin jotain kautta tehdä itselleen varaus etukäteen, sillä jonottaminen ja odottelu Ramnagarissa ahneiden oppaiden ja jeeppikuskien armoilla on turhauttavaa. Kansallispuiston vastaanottokeskuksesta varataan myös majoitus kansallispuiston sisään. Itse menin vaatimattomaan dormitoriomajoitukseen Dikhalaan syvälle puiston keskiosiin. Paikka oli erinomainen ja majoituskin täysin kelvollinen, kunhan muistaa ottaa hyttyssavua mukaan.

Minulla oli Corbettissa lopulta erinomainen onni myötä. Ensin onnistuin saamaan loistavan oppaan nimeltä Kalim, joka tunsi alueen nisäkkäät ja linnut kuin taskunsa, oli parhaita tapaamiani ornitologeja mitä lajintunnistukseen ja piilottelevien metsälintujen esiin houkuttelemiseen tulee, ja lisäksi muslimi, mikä oli hyvä asia holin keskellä, koska hän ei kännännyt eikä kadonnut omille teilleen. Niin teki sen sijaan Delhistä hankkimani autokuski Davinder, joka katosi ensimmäisenä iltana ja ilmaantui esiin krapulaisena ja maaleihin sotkettuna vasta kaksi päivää myöhemmin, jouduttuani hoitamaan itse itseni sisään puistoon ja hankittuani jeepin.

Jo ensimmäisen päivän aikana näin toista sataa lintulajia, lukuisat niistä minulle uusia, ja lisäksi runsaasti nisäkkäitä, kuten sambarhirviä, aksishirviä, rytökauriita ja muntjakkeja, villisikoja, makakeja ja langureja, sekä lopulta myös villinorsuja ja illan hämärtyessä metsästysretkilleen lähteneen bengalintiikerin, joka löytyi hirvieläinten varoitushuutoja, erityisesti muntjakkien törähdyksiä, seuraamalla. Olin mitä onnekkain saadessani tiikerin myös valokuvattua. Lisäksemme vain yksi muista sinä iltana Dikhalaan kokoontuneista ryhmistä oli onnistunut näkemään tiikerin.

Majoituin Dikhalassa dormitorioon, jonka lopulta jaoin vain yhden muun matkailijan kanssa, koska intialaisturistit olivat varanneet kaikki yksityishuoneet. Kumppanini osoittautui brittiläiseksi lintuharrastajaksi, mikä oli hyödyllistä, sillä saatoimme vertailla lukuisia löytöjämme ja yhdistää voimamme Kalimin kanssa seuraavana päivänä, mikä tuottikin vaikuttavan lajilistan toisen päivän päätteeksi. Yöllä Dikhalassa pitivät ääntä pitkäpyrstö- ja savannikehrääjät sekä järven rannalta huuteleva kalahuuhkaja, jonka seuraavana päivänä yhytimme lepopuultaan. Dormitoriossa ryskäsi yöllä jokin eläin, jonka lopulta päättelimme olevan mungo. No, parempi se kuin kobra.

Corbettissa pääsee näkemään useita mielenkiintoisia kotkia. Jalokotka ja harjakotka ovat yleisiä, mahtijalokotka ja rosvokotka vähälukuisempia, mutta silti ne nähtiin. Järven ja joen rannoilla pesii sekä aromerikotkia että pikkukalakotkia. Useita korppikotkalajeja esiintyy kansallispuiston alueella; kalmokorppikotkia näki varsin paljon. Kotkien vastapainoksi Corbettista löytyi myös seudun pienin petolintu, pikkuruinen himalajanhaukkanen. Dikhalaa ympäröiviä ruohostomaita kansoittavat mustafrankoliinit, viiriäiset, aasiankiurut ja riisikirviset, talvehtivina myös isokirviset ja ylänkökiurut.

Corbettin lajirikkain anti löytyy kuitenkin trooppisista metsistä, jotka tulvivat monenlaisia lintuja, usein troopilliseen tapaan suurissa sekaparvissa, ns. lintuaalloissa, liikkuen. Metsänpohjalla käyskentelivät punaviidakkokanat ja teräsfasaanit sekä tietysti kaikkialla yleiset riikinkukot. Arka bengalinpitta löytyi kahteen otteeseen, sitäkin vaikeammin nähtävä nepalintöpötimali kerran. Timaleja ja bulbuleja oli monia lajeja, papukaijojakin viittä lajia, joista yleisimpänä luumupääkaija, yleisinä myös kauluskaija, isokauluskaija ja punarintakaija sekä harvinaisimpana himalajankaija, joka viihtyy yleensä vielä Corbettia korkeammalla. Sarvinokkia oli kahta lajia, seppiä peräti neljä. Siihen asti matkan tikkalajisto oli jäänyt yhteen, useassa paikassa nähtyyn intiantulitöyhtöön, mutta Corbettissa onnistuin kahden päivän aikana näkemään kymmenen eri tikkalajia.

Lintuaaltojen mukana kulki useita värikkäitä tiaislajeja ja useampia nakkeleita, himalajansieppokerttuja ja monenlaisia uunilintuja. Värikkäät lehvit, minivetit ja kuhankeittäjät liikuskelivat rehevästä puusta toiseen yksin, kaksin tai pikkuparvissa. Drongot, mehiläissyöjät ja käpinkäiset väijyivät suuria hyönteisiä. Monarkkeja, sieppoja ja rastaita tuli vastaan useita lajeja. Harmaasiipikottaraiset olivat yleisiä ja liikkuivat parvissa.

Corbettin kansallispuisto on todella valtavan hieno alue, jossa voisi helposti viettää vaikka viikkoja, ja löytää jatkuvasti jotain uutta. Erityyppiset metsät, ruohostomaat, joki ja järvi tuottavat laajan skaalan erilaisia habitaatteja, taaten korkean monimuotoisuuden. Alue on myös laaja, 521 neliökilometriä, mikä riittää elättämään suuret määrät myös suurnisäkkäitä ja sellaisia laajareviirisiä petoja kuin tiikeri. Totisesti tämä kansallispuisto on suositeltava Intiassa vieraileville luonnonystäville, etenkin kun se on myös varsin helposti autolla saavutettavissa Delhistä käsin.

# Katmandu



Delhistä siirryin Nepalin pääkaupunkiin Katmanduun, jossa myös matkaseurueeni kokoonpano vaihtui. Veljeni oli palannut Suomeen, Corbettissa tapaamani brittiläinen lintuharrastaja lähtenyt Rishikeshiin. Katmandussa minun oli määrä odotella samana iltapäivänä saapuvia kolmea matkakumppaniani, joista kaksi saapui Qatarista ja kolmas Dubaista; kaksi heistä oli syyrialaisia ja kolmas amerikkalainen, mutta kaikki pysyvästi töiden puolesta Persianlahdella.

Nepalin-matkani alkupäiviä varjosti sairastuminen, joka hellitti vaiheittain. Onneksi Katmandussa joka katua täplittivät pienet apteekit. Ongelmallisempaa oli saada selvitettyä, mitä lääkkeitä minun tulisi ottaa. Bronkiittiseen yskääni sain yskänlääkettä, jota otettuani havahduin vasta tuntikausien jälkeen illalla tokkurasta, kun syyrialaiset ja amerikkalainen jo kolkuttelivat ovella. Olimme majoittuneina turistien suosimalle Thamelin alueelle. Katmandussa viivyimme kahteen otteeseen – Nepalin-matkamme alussa ja lopussa.

Katmandu on parin miljoonan asukkaan kaoottinen kaupunki, mutta yllättävän helppo ja rauhallinen operoida. Delhiin verrattuna sitä voi pitää suoranaisesti idyllisenä. Se sijaitsee alhaalla Katmandun laaksossa, mutta hyvällä säällä Himalajan vuorille näkee kaupungista. Suurin osa asukkaista on hinduja, toiseksi suurimpana uskontokuntana buddhalaiset sekä pieniä määriä muslimeja ja kristittyjä. Katmandun pääkieliä ovat nepali ja newari.

Nepal on onnistunut maolaiskapinan väkivaltaisten vuosien jälkeen palauttamaan itsensä turistimaaksi, jossa länsimaalaisten repputuristien ja hippien lisäksi käy erittäin paljon väkeä Persianlahdelta ja Israelista, ehkäpä hyvien lentojen vuoksi. Myös itäeurooppalaiset näyttävät suuntaavan Nepaliin; vuoristoturismin perinne on länsieurooppalaista rantalomailua vahvempi ja Nepalin halvat hinnat houkuttavat.

Kun ryhmämme oli koossa, seuraavana aamuna suuntasimme Katmandun kuuluisalle apinatemppelille, jonne sairaudestani huolimatta kiipesin muiden muassa. Paluumme puolella kävimme myös historiallisessa Bhaktapurissa, Katmandun sisarkaupungissa, josta tuli satamäärin valokuvia. Palatessamme viikon jälkeen Pokharasta Katmanduun havaitsin naamakirjasta, että muuan Dubaissa asuvista libanonilaisista ystävistäni oli ollut kanssamme samaan aikaan Pokharassa ja oli sillä hetkellä Katmandussa, joten kävimme baarissa.

# Pokhara



Suurimman osan Nepalin-matkaamme pidimme tukikohtaamme Pokharassa, suunnilleen Nepalin keskellä sijaitsevassa maan toiseksi suurimmassa kaupungissa, josta on tullut suosittu turistipaikka. Tunnelma muistuttikin jossain määrin Chiang Maita tai Luang Prabangia. Järven rantaa myötäilevät kadut olivat täynnä repputuristeille ja vuoristoretkeilijöille suunnattuja kauppoja, baareja ja ravintoloita. Maisemat Phewajärvelle ja Annapurnaan huipentuville Himalajan vuorille olivat silmiä hivelevän kauniit.

Seurueemme oli enemmän tšillailun kuin ekstreemikiipeilyn tarpeessa, joten asuimme mukavasti hotellissa Pokharassa, söimme ravintoloissa ja teimme kaupungista käsin päiväretkiä ympäröiville vuorille ja kukkuloille. Phewajärven yli ja järven saarella sijaitsevalle temppelille pääsi veneellä - tosin kovien tuulten sattuessa olimme välillä jumissa järven toisella puolen. Järven toiselta puolelta nousivat retkipolut ylös vuoren huipuilla sijaitseville temppeleille ja Maailmanrauhan pagodille.

Rinteiden viidakko oli myös linnustollisesti mielenkiintoista. Endeemisen nepalintimalinkin olisi siellä voinut nähdä, mutta pysytteli tällä kertaa piilossa. Sen sijaan viherharakka, isokäpinkäinen, peräsindrongo ja monet muut metsälinnut ilahduttivat reitillä, polulla hyppeli vähän väliä sinijokirastaita ja vuorten yläpuolella kaartelivat pikkukorppikotkat, arokotkat ja himalajankorppikotkat. Nisäkäskantaa edustivat runsaina esiintyvät makakit sekä kultarintanäätä.

Pokharan lähellä sijaitseva Sarangkotin vuoristokylä on paikka, johon turistit pakkautuvat pikkutunneilla seuraamaan henkeäsalpaavaa auringonnousua yli Himalajan vuorten. Myös Sarangkotissa saattoi nähdä kotkia ja korppikotkia.

# Chitwan

*22. toukokuuta 2013*

Chitwanin kansallispuisto sijaitsee Nepalin eteläosassa, linnuntietä suunnilleen yhtä etäällä Katmandusta ja Pokharasta, mutta helpommin saavutettavissa Pokharasta käsin, pittoreskiä vuoristotietä rotkoineen ja kylineen. Vietin siellä kaksi päivää ja yön. Jokin aika sitten Nepalin hallitus heitti kaikki majatalot ulos kansallispuiston sisältä joen toiselle puolen, ja ne sijaitsevat nyt Chitwanin kylässä.

Minulla oli Chitwanissa kaksi opasta, mestari ja oppipoika. Ensimmäisenä iltapäivänä näin jo hyvän valikoiman mielenkiintoisia lintuja, kuten intianvarpuspöllöjä, pikkukukaaleja, smaragdikyyhkyjä, isomalkohoita, neljää lajia papukaijoja, muutamaa tikkalajia ja paljon muuta. Toinen päivä oli kuitenkin vielä huomattavasti produktiivisempi, etenkin joen varsilla.

Minulle heräsi epäilys, että Chitwanissa oppaat vievät matkailijat kansallispuiston alueille pimeästi, sillä en missään vaiheessa nähnyt lippuja, jotka muka oli hankittu, ja ajoneuvoja ei käytetty, vaan matkaa kansallispuiston eri habitaateissa taitettiin kävellen. Oppaat tunsivat kuitenkin asiansa: lintulajeja ropisi kivasti ja vanhempi opas tunsi ne kaikki. Joen varsilla näki monia haikaralajeja, mukaan lukien harvinaiseksi käyneitä pikkumarabuja ja piispahaikaroita, ja siellä talvehti vielä parvittain ruostesorsia, joukossa kevään viimeinen tiibetinhanhikin.

Chitwan on erityisen tunnettu intiansarvikuonoistaan. Jos minulla oli Corbettissa onnea tiikerin näkemisessä ja valokuvaamisessa, Chitwanissa onni kohtasi minua toisella tavoin sarvikuonojen kohdalla, riistäen mahdollisuudet valokuviin mutta tuottaen unohtumattoman elämyksen. Olimme ylittäneet joen kahlaten ja saapuneet savannille ja polulle kohti juomapaikkaa, jossa sarvikuonot usein kokoontuivat. Äkkiä kuului puhinaa kovin läheltä, korkean ruohon takaa.

Vanhempi opas lähetti oppipoikansa kepillä varustautuneena tiedustelemaan, ja poika katosi näkyvistä. Pian tämän jälkeen alkoi pusikosta kuulua uhkaava puhina ja rytinä, kun jotakin erittäin kookasta rynni meitä kohti. Poika ryntäsi esille pusikosta juosten henkensä edestä ja huusi meille: "juoskaa!" Juoksimme kaikki polkua pitkin pakoon sarvikuonon rytistessä perässä, kunnes se pysähtyi.

Seuraavaksi rytinää alkoi kuulua kolmelta suunnalta ympäriltämme, ja tajusimme, että toistakymmentä sarvikuonoa oli eri puolilla polkua kaikilla suunnilla, eivätkä ne lainkaan pitäneet läsnäolostamme. Pakenimme polkua takaisin joelle ja jouduimme kahlaamaan kiireen vilkkaa joen halki toiselle puolelle suojaan. Sarvikuonot ovat nimittäin territoriaalisia ja Chitwanissa on raportoitu useita hyökkäyksiä ihmisten kimppuun, myös kuolonuhreja tuottaneita.

Paetessamme raivoisia villipetoja joen yli jäi niiden kuvaaminen ikävä kyllä sikseen. Yksi huomattavasti edellisiä rauhallisempi sarvikuono löytyi myöhemmin viidakko-osioista, ja sitä saattoi katsella mukavammissa tunnelmissa, mutta se oli etäällä ja suurimmaksi osaksi oksien peitossa.

No, lintuja tuli sitten kuvattua Chitwanissa senkin edestä. Ruohostomailta löytyi runsaasti keltapriinioita, viiru- ja vuoripensastimaleja, bambutimaleja, tamariskitaskuja ja muuta mukavaa. Joella oli paitsi ruostesorsia ja kahlaajia, myös ruskosuokanoja, jotka astelivat liejuisilla rannoilla aamuvarhain. Viidakoissa oli papukaijoja, sarvinokkia ja huiluharakkataskuja.

Paluumatkalla Chitwanista Pokharaan alkoi äkillinen hirmumyrsky, joka lennätti vastaamme vaakasuorassa hiekkaa ja tomua, talojen kattoja, puita ynnä muita ja uhkasi syöstä autromme rotkoon. Ihmiset panikoivat kylissä ja huonosti rakennetut talot hajosivat liitoksistaan. Tuuli oli Pokharaan päästäessä laantunut, mutta kadut märkiä, sillä oli satanut kaatamalla.

Pokharasta palasin syyrialaisten ja amerikkalaisen kanssa ennen pitkää takaisin Katmanduun, hengailimme Bhaktapurissa ja söimme jäähyväispäivällisemme *Funky Buddhassa*. Toverini palasivat Dubaihin ja Dohaan, minä Delhiin ja sieltä sittemmin Kabuliin. Ja tähän päättyy tältä erää matkakertomus Intiasta ja Nepalista, sillä uudet seikkailut jo odottavat pientä kulkijaa ja lukijoitaan.

# Kesän koitto Kabuliin

*23. toukokuuta 2013*

Olen blogissani viime aikoina kirjannut muistiin pitkän Intian ja Nepalin matkani vaiheita, vaikka palasin tuolta matkalta jo yli kuukausi sitten. Ennen kuin jälleen suuntaan itselleni uuteen maailmankolkkaan, on syytä kirjoittaa joitain huomioita keväästä ja kesästä, jotka koittivat kohisten Afganistaniin sinä aikana, kun olen ollut täällä.

Puut viheriöivät nyt Kabulissa ja koko maa on vihreämpi kuin mihinkään vuodenaikaan. Tavallisesti karut ja ruskeat vuoret viheriöivät nyt, mutta muuttuvat jo lähiviikkoina ruskeiksi ja lohduttomiksi, etenkin kun viime talven lumentulo oli tämän karun maan kannalta riittämätöntä.

Kärpäset pörisevät nyt riesana toimistossa ja hyttyset inisevät asunnossani iltaisin. Vastapainoksi myös yökköset ja mitättömän pienet gekkoliskot ovat ilmaantuneet esille. Linturintamalla koko kevään jatkunut kashmirin- ja idänuunilintujen muutto Kabulin läpi on päättynyt; jonkin verran vielä näyttää menevän yli tervapääskyjä, pikkukiitäjiä, haarapääskyjä ja mehiläissyöjiä. Mainat ja bramiinikottaraiset mekastavat.

Kävin viikko sitten päivän matkalla Ghorin maakunnan itäisimmässä osassa sijaitsevassa Lalissa, joka on Lalin ja Sarjangalin piirikunnan pääpaikka. Kyseinen piirikunta on muuten tadžikkivoittoisen Ghorin maakunnassa poikkeus, sillä sen väestöstä suurin osa on šiialaisia hazaroja, ja se kuuluukin maantieteellisesti hazarojen asuttamaan keskiylänköön, Hazarajatiin. Seutu on miltei kauttaaltaan puutonta ja karua, ylilaidunnettua ylänköä. Lalin kyläkin sijaitsee lähes kolmen kilometrin korkeudella merenpinnasta.

Alue on köyhää ja perifeeristä, mutta osittain juuri siksi myös rauhallista seutua, joka ei näy uutisissa terrori-iskujen ja taistelujen näyttämönä. Lalin kylä koostuu käytännössä yhdestä pölyisestä basaarikadusta, piirikunnan halki Heratin suuntaan virtaavan Harirudjoen varsille sijoittuvasta maanviljelyksestä sekä maalaisväestön asuintaloista pitkin rinteitä. Lähinnä kylissä ja joen varressa on vähäisiä määriä nuorta poppelia, mutta muuten alue on silmänkantamattomiin puutonta. Talvet ovat täällä kovia.

Sain viimein tilaisuuden käydä myös Kabulin mahdollisesti kauneimmassa paikassa, Baburin puutarhoissa *(Bagh-i Babur)*, jonne Mogulivaltakunnan perustaja Babur on haudattu. *Aga Khanin säätiö* ja *British Library* ovat tehneet paikan restauroimisessa näyttävää työtä ja tuoneet myös Mogulivaltakunnan taidetta käsittelevän näyttelyn Kabuliin. Baburin puutarhat ovat harvinainen rauhan keidas muutoin kaoottisen ja turvattoman Kabulin keskellä. Perheitä tulee sinne piknikille ja nuoria pelaamaan tawilaa.

Pääsin käymään toisessakin keitaassa, Taimanin kaupunginosan ravintola *Le Jardinissa*, jossa pidettiin humanitääristen toimijoiden kesken perin harvinaislaatuinen tapahtuma, nimittäin Kabulin rock-koulun artistien konsertti. Hankinkin heti Kabulin ensimmäiseksi rockbändiksi itseään tituleeraavan *Kabul Dreamsin* levyn.

Puhuessani Kabulin elpyvän undergroundin nuorten edustajien kanssa tulivat elävinä mieleeni Damaskoksen maanalaiset runoillat, joita pidettiin joka keskiviikkoyö erään damaskolaisen hotellin kellarissa. Hotellin omistaja oli vauras liikemies, jolla oli suhteita, joten *mukhabarat* ei rynnäköinyt tilaisuuksiin, vaan ne tarjosivat oppositiohenkiselle ja kulttuurista kiinnostuneelle nuorisolle pakopaikan, jossa myös tupakat savusivat, olut virtasi ja tytöt osallistuivat runoiluun huiveitta tai jotkut jopa huivien kera.

Syyrian ja muun arabimaailman tavoin musiikki ja runous ovat myös Afganistanissa erittäin tärkeitä ja muodostavat pakoväylän autoritäärisestä kontrollista. Afganistan linkittyy persialaiseen kulttuuripiiriin, jossa runous on keskeisimpiä taidemuotoja. Runojen kautta politiikasta voi puhua ja vallanpitäjiä arvostella peitellysti - vaikka osanottajat toki ymmärtävät, mistä puhutaan. Damaskoksen runoiltojen sivupöydissä puhuttiin ja tehtiin arabikevättä.

Afganistanissa ollaan yhteiskunnallisesti vuosikymmeniä arabimaista jäljessä, mutta urbaanikulttuurinen pluraliteetti heräilee henkiin täälläkin, etenkin turhautuneen nuoren sukupolven etsiessä paikkaansa patriarkaalisesta ja ylettömän korruptoituneesta valtajärjestelmästä.

# Samoalta I

*26. toukokuuta 2013*

Matkustin kaksi vuorokautta putkeen. Ensin Kabulista Delhiin, sitten Delhistä Singaporeen. Singaporessa oli kaunis ilma, trooppinen kostea helle, mutten matkakoomassa pystynyt siitä juurikaan nauttimaan. Matka jatkui Singaporesta Sydneyyn, jossa puolestaan oli koleaa ja satoi. Olin saapunut eteläiselle pallonpuoliskolle, jossa on tällä hetkellä syksy.

Lopulta lensin yön ja meren yli Sydneystä eteläiselle trooppiselle Tyynellemerelle, Polynesian saaristoihin kuuluvan Samoan saariryhmän keskellä sijaitsevalle Upolun saarelle, jossa sijaitsee itsenäisen Samoan valtion pääkaupunki Apia. Lentokenttä tosin oli tunnin ajomatkan päässä Apiasta.

Ensivalo sarasti lähtiessäni lentokentältä kohti Apian ulkopuolella sijaitsevaa kukkulaa, jossa kontaktini, Syyriassa tuntemani italialainen biologi vaimoineen (joka myös italialainen biologi) asuu. Hämmästyneenä saatoin todeta, että kuuden ja seitsemän välillä aamulla koko Samoa oli jo heräillyt. Kaupat ja kioskit olivat auki ja kirkoissa messuttiin. Samoalaiset ovat jumalaapelkääväistä kansaa, joiden sieluista lukuisat eri kristilliset kirkkokunnat kilpailevat. Kristittyjen lisäksi läsnä ovat islamista irronneet bahait, joilla on kauniin puutarhan ympäröimä temppeli täältä sisämaahan päin.

Italialaiset ystäväni eivät vielä noin varhain olleet heränneet, sillä heillä on pieni lapsi, ja olivat siksi pyytäneet, että saapuisin hiljaisesti, lukitsematta jätetystä takaovesta. Jäljellä olevina aamutunteina Vaoalassa ennen ystävieni heräämistä en malttanut väsymyksestäni huolimatta nukkua, koska paikkaa ympäröivät puutarhat ja metsä kuhisivat elämää.

Ruohikoilla käyskenteli ja juoksenteli itkuluhtakanoja, silloin tällöin myös sulttaanikanoja tai villiintyneitä punaviidakkokanoja. Puissa ja

pensaissa mekasti joukoittain äänekkäitä lintuja, joista runsaimmat to-
sin ihmisten mukana saarille kulkeutuneita pihamainoja, viidakkomai-
noja ja punaperäbulbuleja. Onneksi myös eräät Samoan endeemisistä
lintulajeista ovat sangen yleisiä. Esimerkiksi samoankottaraisia ja kardi-
naalimesikkoja on puutarhoissa runsaasti. Latuskanokkakalastajat tyk-
käävät istua puhelinlangoilla ja väijyä gekkoja ja hyönteisiä. Myös sa-
moanlurikkeja, polynesianmesikkoja ja polynesianlivertäjiä näkyy.

Läheisen vuoren suunnasta, jossa on ikimetsää ja jonka huipulle on hau-
dattu kirjailija Robert Louis Stevenson, kantautuu ajoittain harvinaisen
maomaon eli samoansammalmesikon kantavia huutoja. Stevensonin kir-
joittama *Aarresaari* kuului minunkin lapsuuteni mielenmaisemiin, sillä
isämme tapasi lukea meille suuren maailmankirjallisuuden helmiä ilta-
saduiksi, kun olimme vielä lukutaidottomia. Stevenson vietti elämänsä
viimeiset vuodet Samoalla.

Nykyisin Samoan saaristo jakautuu kahtia, sillä kolmesta isosta saaresta
kaksi, Upolu ja Savai'i, kuuluvat itsenäiseen Samoaan, entiseen Uuden-
Seelannin protektoraatiksi saksalaisesta siirtomaavallasta siirtyneeseen
Länsi-Samoaan, ja itäinen Tutuila muutamine itäpuolisine saarineen
muodostaa itsehallinnollisen Amerikan Samoan. Koko alueella on yh-
teensä vain parisataatuhatta asukasta; tarkkaa lukua ei tiedetä, sillä suu-
rin osa Samoan kansalaisista on maan ulkopuolella, siirtotyöläisinä Uu-
dessa-Seelannissa ja Australiassa, kun taas Samoalla pyörii joka puolella
ulkomaalaisia kuka milläkin asioilla.

Lähdimme lauantaina saaren keskiosan halki etelärannikolla sijaitsevan
Matarevan rannoille laiskottelemaan. Italialainen ystäväni, jonka kanssa
katselin paljon lintuja Syyriassa, vaihtoi kanssani kuulumisia yhteisistä
syyrialaisista tutuistamme. Syyrialaisista lintuharrastajatutuistamme
yhden ovat hallituksen joukot murhanneet kotiinsa, kaksi muuta on
paennut Britanniaan, yksi Libanoniin, yksi muodosti vapaan armeijan
prikaatin ja hallituksen jyrättyä kotikaupunkinsa, otti teini-ikäiset poi-
kansa mukaan ja lähtivät kolmistaan taistelemaan vapaan armeijan
Homsin prikaatiin Assadin hallitusta vastaan. Monista muista meillä ei
ole tietoa. Ehkä he ovat kuolleet, ehkä paenneet, mutta todennäköisim-
min he vain yrittävät elää hiljaiseloa sotkeutumatta kummallekaan

puolelle rintamaa. Se on nyky-Syyriassa yhä vaikeampaa, minkä vuoksi yritämme olla ottamatta yhteyttä näihin ihmisiin, jotteivät he joutuisi kenenkään liian huomion kohteiksi.

Matarevan rannoilla näin jonkin verran merilintuja. Siellä oli runsaasti ruskotiiroja, jonkin verran pikkutropiikkilintuja ja ruskosuulia. Pieniä määriä harmaavikloja ja karikukkoja käyskenteli rannoilla – suurin osa talvehtivista kahlaajista lienee palannut pohjoiseen. Korallihaikaran tummaa värimuotoa liikuskeli jonkin verran riutoilla.

Italialaistoverini on innokas lintuharrastaja, mutta oltuaan jo pari vuotta Samoalla hän on nähnyt kaikki paikalliset lajit paitsi erittäin harvinaisia, joiden turha etsiminen on turhauttanut hänet, joten hän on nykyisin innostunut bongaamaan satoja erilaisia kaloja riutoilta. Niinpä meidän olikin Matarevassa perehdyttävä myös vedenalaisen elämän värikkääseen runsauteen ja uhmattava ihmisiä kärkkyvien kauhistuttavien haiden hampaita. Ryhävalaita ja kaskelottejakin on havaittu kyseisellä rannalla, mutta näkemämme valaansuihkut olivat kaukana ja epävarmoja.

# Samoalta II

*27. toukokuuta 2013*

Samoa on erinomaisen rentouttava paikka, jos haluaa velttoilla ja tšillailla, lojua rannoilla, käydä välillä sukeltamassa ja sen sellaista. Sen sijaan sellaiselle, joka haluaa aktiivisesti jotain, polynesialainen kulttuuri erittäin hitaasti etenevine aikoineen ei ole hyväksi. Täällä on helppoa saada paljon aikaa kulumaan miellyttävässä tasaisen kuumassa, aurinkoisessa ja kosteassa laventelilullassa.

Polynesialaiset arvostavat lihavuutta. Täällä näkee enemmän törkeän läskejä ihmisiä kuin edes Amerikassa. He hyllyvät kuin valaat kuivalla maalla, onnellisina lihavuutensa viestimästä hyvinvoinnista.

Lisäksi Samoalla on runsaasti transvestiittejä, tai sellaisina me länsimaisen käsitteistön mukaan heitä pitäisimme. Täällä on kuitenkin *faffafineille* oma rooli yhteiskunnassa, ja perinteisesti tuon roolin ovat omaksuneet usein perheiden nuorimmat pojat, joille ei olisi jäänyt perinteisessä kulttuurissa perintöä. Euroopassa ja Lähi-idässä nuo ylijäämäpojat siirtyivät usein luostareihin ja kirkolliselle uralle. Samoalaiset *faffafinet* ovat usein koomisia hahmoja hepenineen ja naismaisine äänineen, koska ovat ulkonäöltään raavaita ja rasvaisia miehiä.

Tyynimeri, maailman suurin valtameri, joka kattaa niin suuren osan planeettamme pinnasta, on kaikkialla läsnä. Asiat kietoutuvat meren ympärille. Viimeaikaisissa polynesialaisten itsetuntoa pönkittävissä antikoloniaalisissa tutkimuksissa on kuulemma selvinnyt, että polynesialaisilla on erityisiä geneettisiä rotupiirteitä, jotka edesauttavat heitä vaistomaisesti navigoimaan merellä oikeansuuntaisesti, kuin maagisesti.

Magiikka elää muutenkin vahvasti pastellisävyisen mutta ankaran kristillisen kuorrutuksen alla. Saaret ovat täynnä pyhiä paikkoja, tabuja (joka lienee lännessä tunnetuin etelämereltä tuleva lainasana), ja tabuja liittyy runsaasti myös käyttäytymissääntöihin ja etikettiin. Maanomistajalle pitää esimerkiksi viedä tiettyjä lepytyslahjoja, jos meinaa kulkea maidensa läpi, ja silloin hän puolestaan tulee velvoitetuksi kaikenlaisiin vieraanvaraisuussääntöihin.

Sunnuntaisin mitään ei tapahdu, sillä Herran lepopäivä otetaan vakavasti. Edes rannalle ei saa julkisilla paikoilla mennä, ei ainakaan vähissä vaatteissa.

Olimme sunnuntaina iltapäivän saaren keskiosan harjun metsissä etsimässä harvinaista koukkunokkakyyhkyä, jonka muuan paikallinen oli nähnyt tuolla seudulla jokin aika sitten. Emme löytäneet kohdekyyhkyä, mutta kaikenlaista muuta kivaa kuitenkin: samoanmonarkkeja, samoanviheltäjiä, samoanlivertäjiä, polynesiankottaraisia, purppuralakkikyyhkyjä, kyhmykeisarikyyhkyjä, isoja hedelmälepakoita ja monia jo aiemmassa kirjoituksessani mainitsemiani lintulajeja. Kotoperäiset skinkit ja gekot vilahtelivat kasviston suojiin.

Hämärän laskeuduttua tornipöllö lähti saalistusretkilleen. Tännekin kauas eristyksiin on tornipöllö jo joskus muinaisina aikoina lentänyt ja eriytynyt omaksi alalajikseen. Samalta se silti näyttää kuin Euroopassa. Tornipöllö on erittäin tehokas jyrsijöiden saalistaja ja siksi tärkein ihmisen mukana saarille levinneiden rottien ja hiirten kurissapitäjä. Se on myös Samoan suurin luonnonvarainen petoeläin, sillä saarilla ei pesi yhtäkään haukkalajia eikä niillä ollut ennen kissojen ja koirien tuloa ainoatakaan nisäkäspetoa. Kaksi hedelmälepakkoa ja pieni, nykyisin harvinainen hyönteissyöjälepakko ovat ainoat alkuperäiset nisäkäslajit saarella. Saaria ympäröivillä merillä toki liikkuu valaita ja delfiinejä monin lajein.

Tänään kiipesin Vaeavuorelle, jonne Stevenson on haudattu. Vuorelle nousevat polut kasvavat varsin hyvää metsää, joskin täälläkin 60 % puista on vieraslajeja. Alkuperäisiä lintulajeja näkyi kuitenkin metsissä varsin paljon: samoanviheltäjiä, samoankottaraisia, polynesianmesikkoja, kardinaalimesikkoja, polynesiankottaraisia, tyynenmerensieppoja, samoanviuhkoja, purppuralakkikyyhkyjä...

Aamulla kävellessämme Vaoalasta tänne olimme erittäin onnekkaita, sillä pääsimme näkemään harvinaisen maomaon läheltä ja kuulemaan

sen ihmeellistä äänivalikoimaa, ja lisäksi näimme vielä parven samoanlurikkeja, täkäläisiä endeemisiä papukaijoja. Oman pikantin lisänsä tuovat merilinnut, joita saattaa nähdä metsässäkin, erityisesti rotkoissa,
joissa keijutiirat, ruskotiirat ja pikkutropiikkilinnut lentelevät kuin olisivat siellä kotonaan.

# Samoalta III



*31. toukokuuta 2013*

Suomen suuri kansantaiteilija ja ruotsalaisia kansallismielisiä käsityksiä trollannut fantasisti Sigurd Wettenhovi-Aspa taisi aikoinaan osoittaa suomalaisten perustaneen myös Polynesian saaristokulttuurit. Enää en sitä lainkaan ihmettele. Samoan kieli on sellaista pitkien sanojen ja tuplavokaalien harmoniaa, että se muistuttaa välillä oudosti suomea. *Mana* on taikavoimaa, *manu* on lintu ja paikallisia oluita valitessa voi ottaa joko *Vailimaa* (jonka nimi ehkä tulee Vaalimaasta), *Taulaa* tai sitten sitä *Samaa*. Radiossa soi jatkuvasti paikallinen hitti, jonka kertosäkeessä lauletaan *"hei huu hei hai, kun tussua kaikilta sai"*. Mitä helmiä polynesialaiset hitit olisivatkaan *YouTuben* näppärien sanoitusnikkarien käsissä *Niilinhanhien* ja *Pensselisedän* metodeilla.

Samoalla operoiminen kävi äärettömän helpoksi, kun vuokrasin auton. Polttoaine on subventoitua ja siten yksi harvoista halvoista asioista täällä. Ensimmäisenä autollisena päivänäni kävin läpi koillista rannikkoa, jossa näin uutena lajina siperiankurmitsoja, tutustuin Apian kaupunkiin ja kävin Mulinuun niemimaalla, jossa parlamentin takana on hienot kahlaajarannat, nyt tosin vain parilla kurmitsalla varustetut, koska kahlaajat ovat joitain tänne jääneitä yksilöitä lukuun ottamatta pohjoisilla pesimäseuduillaan Itä-Siperiassa ja Alaskassa tai ainakin matkalla sinne. Ajatella, että noista arktisista paikoista saakka lennetään Polynesian saarille talvehtimaan. Yksi lintu tekee myös päinvastaisen keikauksen; atollikäki pesii Uudessa-Seelannissa, mutta lentää talvehtimaan Polynesian saarille.

Kävin myös Bahaitemppelillä kuultuani ruotsalaiselta ja uusseelantilaiselta lintutieteilijättäreltä, että se on hyvä lintupaikka. Niin olikin. Bahaitemppeliä ympäröivissä metsänreunoissa näki lähes kaikkia Upolun metsälintuja. Varsinkin pienen hautausmaan ympärillä olevat suuret alkuperäispuut olivat produktiivisia ja kuhisivat livertäjiä, kottaraisia, viheltäjiä, monarkkeja, viuhkoja ja mesikkoja. Näin myös tyynenmeren-sieppoja ja nimensä mukaisesti kirjavia samoanparatiisipeippoja. Bahai-temppelin alueen huippuhavainto oli kuitenkin valkokurkkukyyhky, joka on käynyt perin harvinaiseksi.

Keskiviikosta torstaihin tein ruotsalaistytön kanssa matkan Upolun itä-osiin ja menimme pienveneellä Namuan pieneen asumattomaan paratii-sisaareen, joka on juuri sellainen, kuin turistien haavekuvat Etelämeren saarista tapaavat olla: valkeita korallihiekkarantoja lukemattomine vä-rikkäine simpukankuorineen. Turkoosinen meri, jonka pinnan alla ko-ralliriuttoja värikkäine kaloineen. Sademetsän peittämä vuori, jolle voi kiivetä jyrkkää, mutta salaista polkua pitkin, nähden matkalla paljon me-sikkoja, hedelmälepakoita ja kyhmykeisarikyyhkyjä. Saaren vastakkai-sella rannikolla pesivät kallioilla ruskotiirat, sinitiirat, punajalkasuulat ja ruskosuulat. Saaren yläpuolella taivaalla partioivat kuningasfregattilin-nut. Toisin sanoen, erinomaisen romanttinen paikka.

Etelärannikolla pysähdyimme Lalomanun näyttävillä rannoilla ja söimme riutan edustalla, jossa italialainen ystäväni oli jokin aika sitten vähällä kuolla tempauduttuaan merivirran vietäväksi. Jostain syystä hait sen sijaan eivät muodosta Samoalla kovin suurta vaaraa, vaikka sekä riutta- että tiikerihaita liikkuu rantariuttojen lähellä. Ehkä ne eivät ole vielä päässeet yhtä hyvin ihmislihan makuun kuin Australiassa, Etelä-Af-rikassa ja Karibialla.

Kävimme myös Upolun ainoassa kansallispuistossa Pupu Puessa, jonne japanilaiset ovat vuonna 2008 kehitysavulla rakentaneet vierailijakes-kuksen ja toimiston. Ne näyttivät siltä kuin olisivat olleet hylättyinä vii-meiset viisi vuotta. Ketään ei näkynyt kansallispuistossa eikä mistään löytynyt henkilöä avaamaan porttia, josta olisi päässyt rannanpuolei-selle luontopolulle. Eräänä päivänä Apiassa kävin varta vasten kysele-mässä luonnonvaraministeriön suojelualue- ja metsäosastoilta, mutta niissä vakuutettiin, että tietoja saisi kansallispuiston edellä mainitusta toimistosta. Sen sijaan ministeriöissä kaikki ovat jo viikkoja olleet täys-työllistettyjä Samoan huomenna koittavan itsenäisyyspäivän pönötys-valmisteluilla. "Samoa on rakennettu Jumalan varaan", lukee parlamenttia vastapäätä olevan pompöösin kirkon edustalla monumenteissa, ja siltä tosiaan usein tuntuu.

Apia on pikkupaikka, liekö pariakymmentätuhatta asukasta. Se on kuitenkin Upolun ja koko itsenäisen Samoan käytännössä ainoa kaupunki, sillä pari muuta pikkukaupungeiksi luokiteltua paikkaa ovat lähinnä kyliä. Apiassa on muutama kauppakeskus sekä kiinalaisten pyörittämiä halpatavaramarkkinoita. Sieltä löytyy monta ravintolaa ja baaria, mutta niissä näyttävät käyvän lähinnä *palangit* (ulkomaalaiset) ja rikkaat samoalaiset. Toisaalta Apiassa vallitsee sama kiireettömyys ja rauha kuin muuallakin Samoalla. Täällä sanotaankin, että vain *palangeilla* on kiire.

Tänään on satanut lähes taukoamatta, mutta maomao aloitti huutelunsa jo aamuyöstä. Onnistuin näkemään sen pari kertaa, mutta kelvollisia lähikuvia en saanut. Sen sijaan sain niitä polynesianmesikoista, samoankottaraisista ja latuskanokkakalastajista, ja löysin kuolleen, ilmeisesti rankkasateen hukuttaman sarvikuonokkaan. Ystäväpariskuntani keittiössä viime aikoina mellastanut rotta oli yön aikana mennyt loukkuun ja löytyi aamulla hengettömänä, päättäen päiviä jatkuneet yritykset.

Suhdettani Etelämeren saariin ovat määrittäneet nuoruudessani ainakin *Aarresaaren* kaltaiset klassikot, Thor Heyerdahlin kirjat matkoistaan ruokolautoilla milloin minkäkin valtameren yli, Jacques Cousteaun dokumentit ja jostain divareista löytyneet *Merten salaisuudet* -lehdet, jollaisia ei kai enää Suomessa julkaista, sekä tietenkin sarjakuvaklassikoiden helmi, *Corto Maltese ja Suolaisen meren balladi*. Corto Malteseista olen aikoinaan opetellut lukemaan sujuvasti ranskaksi, vaikka niiden tekijä Hugo Pratt onkin italialainen. Ernest Hemingwayn *Vanhan miehen ja meren* olen lukenut parikymppisenä, mutta saman tien alkukielellä. Italialainen ystäväni on täällä ollessaan ryhtynyt lukemaan uudelleen meriaiheisia klassikoita ja ylisti suuresti *Moby Dickiä*.

# Samoalta IV

*3. kesäkuuta 2013*

Edellisissä kirjoituksissani oltiin Upolulla, jota voisi sanoa itsenäisen Samoan pääsaareksi sikäli, että siellä sijaitsevat pääkaupunki Apia ja suurin osa väestöstä. Upolua suurempi on kuitenkin sen naapurisaari Savai'i, joka on samalla koko Polynesian suurin saari.

Savai'i sisältää Polynesian laajimman yhtenäisen alkuperäismetsäalueen, joka sijoittuu saaren tiettömään vuoristoksi kohoavaan sisäosaan. Samoan korkein vuori Silisili kohoaa 1866 metrin korkeuteen ja huipulla on viileitä kosteikkoniittyjä, nummia ja pilvimetsää. Kaksi Samoan endeemisistä lintulajeista, samoanrastas ja samoanrilli, elävät ainoastaan Savai'in vanhoissa ylämaametsissä.

Ylämaametsiin pääseminen osoittautui paljon vaikeammaksi kuin olin aavistanut. Savai'in ympäri kulkevat maantiet rannikkoja seuraavina renkaina, ja lisäksi sisämaahan tunkeutuu tältä rannikkotieltä jonkin verran pikkuteitä kyliä ja niiden plantaaseja palvelemaan. Missään kohtaa saarta ei päässyt teitä pitkin saaren ylänkömetsiin, ja vastaavasti kaikkialla, mihin tieverkosto oli ulottanut lonkeronsa, olivat metsät korvautuneet kookospalmu-, banaani- ja hedelmäpuuplantaaseilla. Lienee siis hyvä, ettei ylämaametsiin pääse teitä pitkin. Rannikoiden sademetsistä on jäljellä suojeltuja rippeitä saaren eri puolilla, mutta niissä tapaa samoja lintulajeja kuin Upolulla.

Paras paikka päästä ylämaan metsiin on mennä Aopon kylään ja nousta sieltä kävellen parin päivän matka Silisilivuorelle eri kasvillisuusvyöhykkeiden halki. Ikävä kyllä tähän minulla ei ollut mahdollisuutta, koska en ollut varustautunut metsässä yöpymistä varten leirintävarustein. Lisäksi Aopon *maatai*, heimopäällikkö, lihava ja sokea vanhus paalutetussa *falessaan* jotain ruohotuotetta polttelemassa, vaati kohtuutonta 150 talan hintaa metsään pääsystä, vaikka paikalliset pojat olisivat vieneet minut sinne 15 talalla ja kaikkialla muualla saarella 5 tai korkeintaan 10 talaa riitti maksuksi mihin tahansa metsään, kraatterille tai vesiputouksille pääsystä.

Tässä yhteydessä on ehkä syytä mainita, että Samoalla ei ole jokamiehenoikeutta, vaan kaikki maa kuuluu heimoille *(aiga)*, käytännössä kyläyhteisöille, joiden päälliköltä eli *maatailta* on saatava lupa heimon maille tunkeutumiseen. Samalla yhteisöt rahastavat hieman vierailijoilta. Aopon *maatailla* oli vielä erillinen titteli *pulenuu.* En tiedä, tekikö se hänestä jotenkin erityistärkeän. Toisin kuin useimmat samoalaiset, hän ei myöskään halunnut neuvotella ja tinkiä hinnasta, joten Silisilin rinteille kiipeäminen ja kaksi tavoitelajia jäivät minulta tämän matkan osalta väliin.

Pian Aopossa käytyäni olin tyytyväinen, etten ollut lähtenyt vuorelle nousemaan. Minulla oli nimittäin Savai'illa legendaarisen huono onni sään suhteen – satoi koko ajan, milloin kaatamalla, milloin tihuttamalla. Se ei tehnyt rantaelämästäkään erityisen houkuttelevaa, vaikka sain viehättävästä Manasen kylästä saaren pohjoisrannikolla oman rantabungalowin 200 talalla, vain parikymppiä kalliimmalla kuin naapuripaikat kaupittelivat yksinkertaisia suihkuttomia ja vessattomia *faleja.* Yleisesti ottaen majoittumisen hinnat olivat ärsyttävän korkeita. Tosin jos toisi mukana oman hyttysverkon, rannoilla voi yöpyä *faleissa* muutaman kympin rannankäyttömaksuilla. Hyttysiä Samoalla riittää siinä määrin, että niiltä on tottumattoman pakko jotenkin suojautua, mutta savukierukat auttavat.

*Fale* on polynesialainen "mökki", josta puuttuvat seinät, yksinkertaisimmillaan vain pylväiden päällä oleva katos, jossa on maan pinnan yläpuolella oleva lattia. Samoan maaseudulla on hassua nähdä, kuinka maaseudun samoalaiset asuvat näissä katoksissaan ilman yksityisyyttä ainakaan mitä naapurien katseisiin tulee, mutta silti heillä on *falen* katolla lautasantennit ja sisällä plasmatelevisioita. Voisi tietysti väittää, että Polynesiassa on aina lämmin sää ja paikalliset ovat tottuneet hyttysten jatkuviin pistoihin – eivät käytä ulkosalla nukkuessaan edes hyttysverkkoja. Toisaalta kuitenkin hirmumyrskyt ja tsunamit huuhtovat harva se vuosi kyliä mereen. Ehkä juuri siksi talojen rakentamiseen ei ole perinteisesti investoitu niin paljon.

Laivamatka Upolun Mulifanuasta Savai'in pääkylään Salelologaan ja takaisin oli mielenkiintoinen pelagisten merilintujen näkemisen kannalta. Suulia ja tiiroja näkyikin Apolimansalmella paljon, muutama tropiikki- ja fregattilintukin. Harvoin saattoi nähdä myös liitäjiä, kunhan jaksoi tihrustaa ankarasti aaltoihin, joiden välissä ne liitävät kovaa vauhtia.

Saaren puolella Savai'i edustaisi periaatteessa alkuperäisempää ja villimpää luontoa kuin Upolu, mutta tuohon villiin osaan on vaikea päästä. Rantoja on joka makuun – valkeista paratiisibiitseistä mustiin laavakivikkoihin vesisuihkuineen. Kylät ovat viehättäviä pastelliväreineen ja suureellisine kirkkoineen. Päätiet ovat hyvässä kunnossa ja niitä on ilo ajella mutkitellen, kunhan varoo teillä hortoilevia koiria, sikoja ja lapsia.

Vielä maanantaina juhlittiin Savai'illa ja Upolulla Samoan kansallispäivää hihhuloivin kulkuein, jotka kiljahtelivat, huudahtelivat, lauloivat isänmaallisia lauluja ja kanniskelivat Samoan ja eri kirkkojen lippuja. Sunnuntaikirkkoon samoalaiset pukeutuvat kokovalkoisiin ja naiset laittavat päähänsä mitä koreimpia hattulaitteita vanhaan siirtomaatyyliin. Muina aikoina miesväki kuljeskelee paidatta, naiset astetta säädyllisemmin. Kenkiä ei Samoalla juuri käytetä.

On vielä mainittava samoan ja suomen kielten samanlaisuutta koskeviin kommentteihini, että Savai'ilta löytyvät melkein peräkkäin kylät nimeltä Salailua ja Satuilua. Monet kaupat on nimetty Marteiksi, yksi esimerkiksi on *Vaimea Mart*. Runsas ea- ja ae-diftongien käyttö saa varsinkin hitaat paikallislaulut joskus kuulostamaan virolta. Yhdessäkin hitissä lauletaan suoraan *pea-asista*. Toisessa lauletaan suomalaisemmin *"mussu mussu vattoo"*. Joihinkin lauluihin on lisätty kansainvälisessä hengessä englanninkielinen kertosäkeen kertaus, kuten Savai'illa soineessa kantrilaulussa: *"I've got to work every month for my money; do things I don't like, to help my family; to work really hard."*

Tapana näkyy myös olevan tehdä tunnetuista kansainvälisistä ja varsinkin amerikkalaisten mustien hiteistä samoankielisiä versioita. Rakkauslaulut ovat sen sijaan mitä suomalaisimpia keinuvia syntikkahitaita, yleensä laahaavassa valssitahdissa. Mutta Samoalla rakkauslauluissakin korostetaan kristillisiä perhearvoja ja aviollista vastuullisuutta. Naisen pitää olla kuuliainen miehelleen ja palvella häntä. Miehen taas pitää muistaa olla uskollinen vaimolleen eikä juosta joka hameen perään.

# Matka eiliseen

*4. kesäkuuta 2013*

ämän kirjoituksen otsikko ei ole vertauskuvallinen vaan kirjai-
mellinen. Itsenäinen Samoa siirtyi joitain vuosia sitten kansainvä-
lisen päivämäärärajan sille puolelle, jossa Uusi-Seelantikin on, sa-
malla kun se myös muutti liikenteen vasemmanpuoliseksi miellyttääk-
seen uusseelantilaisia ja australialaisia, ja koska joku vaikutusvaltainen
halusi täyttää Samoan automarkkinat nimenomaan noista maista tuote-
tuilla käytetyillä autoilla, suurimmaksi osaksi japanilaisilla.

Tuloksena oli kuitenkin Samoan saariston jakautuminen sekä päivämää-
rän että liikenteen suhteen. Kolmesta isosta saaresta Upolu ja Savai'i
kuuluvat itsenäiseen Samoan valtioon, niissä päivämäärä on kauimpana
mihin itä ulottuu, ja niissä ajetaan englantilaiseen tapaan vasemmalla.
Sen sijaan kolmas isoista saarista, Tutuila, kuuluu Amerikan Samoaan,
joka on niin kaukana idässä, että siellä alkaa Länsi, ja päivämäärän suh-
teen se on siten vasta viimeinen auringonlaskun maa. Siellä myös ajetaan
Yhdysvaltain, Suomen ja suurimman osan maailmaa tavoin oikealla.

Kun tänä aamuna nousin Apian kotimaanlentokentältä Fagaliista keik-
kuvan potkurikoneen kyydissä taivaalle ja laskeuduin tuntia myöhem-
min Tutuilan saarelle, siirryin konkreettisesti eiliseen. Lähtiessäni oli
tiistai 4. kesäkuuta, mutta saavuin maanantaihin 3. kesäkuuta. Merkil-
listä.

Amerikan Samoalla moni muukin asia on hieman toisin. Kaikki on suu-
rempaa: talot isompia, eikä juuri kukaan asu *falessa*; tiet leveämpiä; kau-
pat tiheämmässä ja paremmin varustettuja; autot suuria amerikkalaisia
avolavoja ja kaupunkimaastureita. Ihmiset ovat samoja samoalaisia,
mutta Amerikan Samoalla he ovat vieläkin suurempia ja lihavampia kuin
itsenäisellä Samoalla.

Polynesialaisten kansanhuvia näkyy olevan voin ahmiminen. Se kai johtuu geneettisestä taipumuksesta rasvanhimoon, koska kolmen vuosituhannen ajan polynesialaiset elivät enimmäkseen kalalla ja kookoksella, lukuun ottamatta vauraampia saaria, joihin jo lapitat aikoinaan toivat kanoja, sikoja ja koiria, oivia lisäproteiinien lähteitä muutoin merelliseen ja hedelmillä ryyditettyyn dieettiin.

Harhailen nyt vähän aiheesta toiseen, mutta tässä yhteydessä valistettakoon lukijoita, että lapitat olivat polynesialaisten esi-isiä, jotka saapuivat nykyisen Indonesian paikkeilta. Siksi polynesialaisissa voi vieläkin nähdä varsin paljon malaijilaisia piirteitä, jos yleistä lihavuutta ei lasketa. Fidži ja siitä luoteeseen sijaitsevat saaristot aina Papuaan saakka kuuluvat puolestaan melanesialaiseen kulttuurialueeseen, joka on myös rodullisesti kovin toisennäköistä. Lapitat asuttivat Polynesian saariryhmiä jo 3000 eKr. Havaiji pohjoisessa ja Uusi-Seelanti etelässä edustivat heidän asuttamansa maailman ääriä, idässä he ennättivät nykyisin Chilelle kuuluvalle Pääsiäissaarelle, lännessä sekoittuivat melanesialaisiin ja malaijeihin.

Palataan nyt puolestaan tankkien vyörymiseen Amerikan Samoan kaduilla. Tarkoitan nyt ihmistankkeja, fatasseja, en sotakoneita, vaikka itsenäisestä Samoasta poiketen sotilastouhu näkyykin jonkin verran Tutuilalla, johtuen siitä, että täällä toimii erilaisia amerikkalaisten sotaveteraanien instituutioita, laivasto käyttää Pago Pagon satamaa väliasemanaan, ja samoalaiset nuormiehet tykkäävät hankkia uralleen buustia hakeutumalla Yhdysvaltain laivastoon ja merijalkaväkeen Havaijilla sijaitsevan maanpuolustuskorkeakoulun kautta.

Amerikansamoalaisilla on Yhdysvaltain kansalaisuus, vaikka nämä alle sadantuhannen asukkaan saaret ovatkin itsehallinnollisia eivätkä muodollisesti inkorporoituja Yhdysvaltain hallintaan. Saarten asukkaat ovat paitsi erittäin kristillisiä, myös äärimmäisen amerikkalaismielisiä. En ole vielä kertaakaan kahden viikkoni aikana kuullut kummallakaan puolen päivämäärärajaa kenenkään haluavan saarten yhdistämistä itsenäiseen Samoaan. Sitä eivät missään nimessä halua mittavia tukiaisia ja elintasoa nauttivat amerikansamoalaiset, mutta jostain syystä sellaista eivät haikaile myöskään itsenäisen Samoan asukkaat, joista monet tulevat

Amerikan Samoalle vierastyöläisiksi. Tai ostoksille, koska Amerikan Samoalla useimmat asiat ovat korkeammasta elintasosta huolimatta halvempia kuin itsenäisellä Samoalla.

Eurooppalaisten näkemyksiä Etelämeren saarelaisista hallitsevat usein erotisoidut mielikuvat siroista ja kukkakäädytetyistä yläosattomista hulahulaneidoista sekä lihaksiaan pullistelevista atleettisista soturikansan uroista, jotka maorien tapaan tömistelevät ja murahtelevat rugby- ja krikettikentillä, soveltaen molempiin peleihin täysin omia sääntöjään. No, noita kumpiakin, kauniita neitoja ja komeita nuorukaisia, on kyllä olemassa, mutta lähes puolet teini-ikäisistä samoalaisista ja suurin osa aikuisista on törkeän ylipainoisia traanitankkeja, jotka potkurikoneessa vievät vähintään kaksi penkkiä per fatassi, ja siltikin pursuvat yli.

Kirjoitan tätä keskellä Amerikan Samoan lukioiden päättäjäisjuhlaa, joissa soitetaan *Gangnam Styleä* ja kikatetaan, halaillaan ja jaellaan lahjoja. En kuitenkaan voi olla huomaamatta, että puolet saaren lupauksista on jo teini-iässä satakiloisia, tai ylikin. Mutta ehkä on Etelämeren saarten verkkaiseen elämänrytmiin sopivaa, että täällä vain hyllytään ja oleillaan. Kuten taksikuskini sanoi, suunnitellaan jo maanantaina, miten sitä velttoilisi viikonloppuna. Useimmat amerikansamoalaiset näyttävät tšillailevan perin amerikkalaisesti – lähtemällä koko perheen voimin amerikkalaisten ketjujen pikaruokaloihin syömään sekä kruisailemaan päämäärättömästi isoilla autoilla pitkin saaren harvoja maanteitä.

Taksikuskini oli kotoisin Upolulta, lukuisien muiden Amerikan Samoalle töihin tulleiden ja tänne jääneiden toisen luokan kansalaisten tavoin - heiltä nimittäin puuttuu tutuilalaisten syntymäetu, Amerikan passi, jonka turvin suurin osa saarten kotoperäisestä väestöstä elelee Havaijilla tai Yhdysvalloissa, josta lähetetään rahaa kotiin ja nostellaan vuokratuloja. Amerikansamoalaisten suurimmat tulonlähteet ovatkin vuokratulot maan, kiinteistöjen ja lupien vuokraamisesta kaikkea bisnestä hallitseville korealaisille, filippiiniläisille ja kiinalaisille. Julkihallinnossa, erityisesti opetus- ja terveyssektoreilla, toimii myös paljon *palangeja*, valkoisia amerikkalaisia. Näin ollen suuri osa siitä taloudellisesta vauraudesta ja vireydestä, joka Tutuilalla kiinnittää huomiota itsenäiseen

Samoaan verrattuna, on maahanmuuttajien pyörittämää, mukaan lukien hanttihommia tekevät länsisamoalaiset ja melanesialaiset.

Amerikan Samoan suurimpia työllistäjiä ovat olleet kaksi suurta tonnikalatehdasta, joista toinen on tosin nyt suljettu, tonnikalojen ehdyttyä aasialaisten harjoittamaan ryöstökalastukseen ja Tyynenmeren ekologian yleiseen romahdukseen. Amerikan Samoan pääkaupunki Pago Pago (lausutaan *Pangopango* tai vain *Pango*) on ketju yhteen sulautuneita kyliä mitä idyllisimmän turkoosinvärisen trooppisen merenlahden reunoilla. Pago Pagon sataman vilkkaus kiinnittää erityistä huomiota – nytkin siellä lojui kasapäin saksalaisia kontteja. Mihin lienevät lopullisesti matkalla ja mitä täällä tekevät, tuskin ainakaan täyttävät Tutuilan pienten markkinoiden tarpeita.

Samoalaisten ja aasialaisten vierasyrittäjien lisäksi Samoalla tapaa joitain hyvin pieniä, mutta ravintoloissa ja baareissa taajaan esiintyviä ryhmiä, joista yksi ovat samoansaksalaiset. He liikkuvat tyypillisesti perheittäin, joihin kuuluu kookas vaalea arjalainen isä, mahdollisesti punaisella parralla varustettu, joka puhuu perheelleen englantia voimakkaalla saksalais- tai hollantilaiskorostuksella, sekä polynesialainen vaimo ja vähintään kaksi, usein isompi liuta lapsia. Samoansaksalaiset lukevat ruokarukouksen mutta saattavat silti tilata olutta.

Kun itsenäisen Samoan baareissa hengailee lähinnä australialaisia ja uusseelantilaisia turisteja ja erilaisten projektien ja kansalaisjärjestöjen ihmisiä, Amerikan Samoalla niiden pääasiallista asiakaskuntaa ovat merimiehet ja kaupparatsut, joita kumpiakin on sekä valkoisia että keltaisia.

Jottei ympäristö unohtuisi, niin muutama sana Tutuilan luonnosta. Tutuila on jyrkemmin vuoristoinen ja niemien ja lahtien kiemurtelema kuin Upolu ja Savai'i. Ehkäpä jyrkänteisyyden vuoksi Tutuila on myös erittäin metsäinen. Siellä on niin hyvännäköisiä habitaatteja, että luulisi linnuston voivan hyvin. Näin ei kuitenkaan näytä olevan: Tutuilan metsissä näkee lähinnä kahta lajia, polynesianmesikkoa ja samoankottaraista. Rannikot ovat täysin mainojen ja bulbulien vallassa. Myös hyönteisiä on silmiinpistävän vähän itsenäiseen Samoaan verrattuna, johtuneeko sitten makean veden määrän suhteellisesta vähyydestä. Hyvänä puolena tässä on, että täällä ei tunnu olevan hyttysiä, kun itsenäisellä Samoalla niitä oli joka paikassa riesaksi.

Monet yleisetkin samoalaiset maa- ja metsälinnut joko puuttuvat kokonaan Amerikan Samoalta tai ovat täällä harvinaisia. Satuin kuitenkin löytämään kuvernöörin palatsille nousevan tien varresta hedelmöiviä puita, jotka olivat täynnä tongalaisia ja samoalaisia hedelmälepakoita sekä kolmea lajia kyyhkyjä: kyhmykeisari-, purppuralakki- ja palettihedelmäkyyhkyjä, joista erityisesti viimeksi mainittu oli itsenäisellä Samoalla harvinainen ja löysin sen vain kerran kummaltakin pääsaarelta. Nyt palettihedelmäkyyhkyt kisailivat peräti taivaalla suoraan pääni yläpuolella niin että punaiset alaperähöyhenet pöllysivät.

Jos Amerikan Samoan viidakoissa on linnustollisesti tylsempää kuin itsenäisen Samoan – monarkit, viuhkat, viheltäjät, paratiisipeipot ja jopa livertäjät puuttuvat – niin meri kompensoi puutteita jonkin verran. Näyttää siltä, että Tutuilalla on paljon helpompi päästä maalta käsin näkemään merilintuja kuin kahdella Länsi-Samoan pääsaarella. Tämä johtuu ennen kaikkea siitä, että Tutuilalla on useita jyrkkiä suoraan mereen työntyviä niemiä, joiden edustalla on vieläpä jatkeina erillisiä lintusaaria. Niinpä suulat, tropiikkilinnut, fregattilinnut ja valtameritiirat lentelevät lähellä rantaa ja helposti nähtävissä.

Tutuilan useilla vuorenhuipuilla ja viidakon peittämillä jyrkillä rinteillä pesii myös viistäjien ja liitäjien yhdyskuntia, mutta ne voi havaita vain öisestä röhkimisestä ja vinkumisesta, koska ne viettävät päivänsä valtameren ulapoilla ja vierailevat saarella vain öisin, eivät koskaan valoisan aikaan näyttäydy edes saaren rannikkovesillä.

# Paluu suolaiselta mereltä

*6. kesäkuuta 2013*

Paluumatkani Tyynenmeren saarilta on alkanut, lentokoneessa vietetyn yön jälkeen melko huonosti, kun aamuvarhaisesta äreä australialainen maahantulovirkailijatar epäsi minulta pääsyn yhdeksi päiväksi Sydneyyn ja joudun nyt viettämään aurinkoisen päivän tylsällä lentokentällä. Tulipa taas muistutus siitä, miltä tuntuu kaikista niistä ihmisistä - varsinkin muslimienemmistöisistä maista kotoisin olevista nuorista miehistä ja itäeurooppalaisista nuorista naisista - joita maailman viranomaiset kohtelevat oletusarvoisesti kuin ihmissaastaa, jolla ei ole oikeutta olla olemassa, saati matkustaa.

Peruste siihen, etten päässyt viettämään päivääni kaupungille, oli se, ettei se ollut tarpeellista, koska kategoriani on kahdeksan tunnin vaihdosta huolimatta transit-matkustaja. Virkailijatar ei rajoittunut vain epäämään maahanpääsyäni, mihin hänellä kaiketi oli oikeus, vaan myös herjasi minua pilkallisilla kommenteilla, joissa oli väärässä, sillä edellisellä kerralla aivan samanlaisessa tilanteessa minulla ei ollut mitään ongelmaa päästä Australiaan ja kohtelukin oli ystävällistä. Nyt olin odottanut vielä yhtä aurinkoista ja huoletonta päivää ilman matkalaukkujani, mutta joudunkin vetelehtimään kentällä törkyhintaisten kahviloiden ja viinaa tyrkyttävien verovapaamyymälöiden keskellä ennen puolentoista lisävuorokauden mittaista yhtäjaksoista matkustamista kohti Kabulia.

Viimeisen päiväni Samoalla vietin Tutuilalla, Amerikan Samoalla, ja palasin viimeiseksi illaksi Vaoalaan itsenäiselle Samoalle. Hotellini Amerikan Samoalla oli Ottoville-nimisessä paikassa lentokentän lähellä. Paikkakunnan nimi oli isänmaallisen suomalaisen kannalta varsin pahaenteinen, mutta minkäs teet, se oli koko saarella ainoa paikka, jossa oli huoneita vapaana nettivarausta tehdessäni.

Toisessakin suhteessa viimeinen Samoan-päiväni oli pahaenteinen, sillä satoi kaatamalla. Se ei kuitenkaan estänyt minua matkustamasta

Tutuilan itäosiin mutkittelevaa serpentiinitietä pitkin käydäkseni Amanavessa, Poloassa ja muissa viidakon ympäröimissä lahdenpoukamissa, joissa sijaitsi pieniä idyllisiä kyliä suureellisine kirkkoineen. Itä-Tutuila on tunnettu kyyhkyistään, joiden metsästys on polynesialaisille tärkeä kulttuurihupi. Onneksi metsästyksestä huolimatta suosituimman saalislajin kyhmykeisarikyyhkyn kannat näyttävät kaikilla käymilläni saarilla olevan varsin hyvät, joten tämä iso komea kyyhky ei ilmeisesti kärsi yhtä paljon kuin moni muu alkuperäislaji. Toisaalta kyhmykeisarikyyhkyllä on Polynesian laajuinen levinneisyys ja se on vahva lentäjä, joten kunkin saaren kannat saattavat saada joskus täydennystä muilta saarilta.

Amerikan Samoalla näytetään pyrkivän itsenäistä Samoaa enemmän samoalaisen kulttuuriperimän säilyttämiseen – ehkä se johtuu amerikkalaisen kulttuurin paineesta, mutta itsenäisellä Samoalla polynesialaisten muistomerkit ovat rämettyneitä ja vailla minkäänlaisia opasteita. Amerikan Samoalla taas on viitoitettu ja kyltitetty mitättömimpiäkin maamerkkejä, joista vain hyvällä mielikuvituksella tunnistaa, että juurakoiden kätköissä on merkkejä tuhansia vuosia vanhasta sivilisaatiosta.

Myös kansantarujen ja muiden historiallisten välikohtausten tapahtumapaikat on Tutuilalla merkitty tarkkaan. Vaitogissa on esimerkiksi Kilpikonnan ja hain lahti, jonne merikilpikonnan ja hain kerrotaan uivan yhtä aikaa, mikäli joku alkuperäinen kyläläinen kutsuu niitä. Eläimiin liittyy tarina, jonka mukaan ne ovat jonkun muinaisen Romeo ja Juulia -tarinan kuolleet rakastavaiset uudelleensyntyneinä eläimiksi. En nähnyt tuulisella lahdella kilpikonnia sen enempää kuin haitakaan, mutta korallihaikaran harvinaisempi valkea värimuoto hengaili surumielisesti rannalla olevilla haudoilla.

Itä-Tutuilan pohjoisrannikolla on Verilöylynlahti, jonka nimi puolestaan muistelee ikävästi päättynyttä ranskalaisen tutkimusmatkailijan kreivi de la Pérousen ekspeditiota, kun samoalaiset ja Pérousen merimiehet ottivat verisesti yhteen. Ilmeisesti kyse oli molemminpuolisista väärinkäsityksistä, kun saarten jumalattomat villit eivät ymmärtäneet ranskalaisten tulleen heitä sivistämään, ja isoilla laivoilla saapuneet muukalaiset *palangit* eivät puolestaan ymmärtäneet, että paikallisena tapana oli syödä kutsumattomat vieraat ja ryöstää heidän laivansa.

Samoan matkani lintulajiston kokonaissaldo nousi 49 nähtyyn lajiin, kun toissapäivänä näin pikkufregattilinnun isompien sukulaistensa joukossa Koillis-Tutuilan rannikolla, ja lisäksi Amerikan Samoan kuningaskalasta-jalaji on eri kuin Upolulla ja Savai'illa endeemisenä elävä latuskanokka-kalastaja. Tutuilan kuningaskalastajat luetaan laajalle levinneen turkoo-sikalastajan alalajiksi, mutta epäilen saarimuotojen olevan splitattavissa, sillä sen verran erinäköisiä (valkopäisiä) ne ovat kuin Kaakkois-Aasiassa näkemäni normimuotoiset turkoosikalastajat.

# Perjantai-iltapäivän ratto

*14. kesäkuuta 2013*

Perjantai-iltapäivä on alkanut ja mullat pauhaavat saarnoja moskeijoissaan. Sijaitsen kolmen eri moskeijan kaiutinten kakofoniassa. Aurinko paistaa siniseltä taivaalta, josta näkymättömistä kantautuu taisteluhelikopterien jylyä kuin Kilgoren napalmoiduilta kukkuloilta. Ruusut kukkivat, pikkukiitäjät kirskuvat taivaalla ja pikkuvarpuset sirkuttavat puussa piikkilangan ja betoniaidan välissä.

Kaksi isoa terrori-iskua kuohutti Kabulia viikolla. Ensimmäinen siksi, että se tapahtui lentokentällä ja Kabuliin laskeutumista yrittäneet koneet ohjattiinkin Tadžikistaniin. Seitsemän hyökkääjää saivat itse surmansa; kranaattinsa levittivät kauhua, mutta eivät tiettävästi surmanneet ketään. Seuraavana päivänä tehtiin iltapäivän ruuhka-aikaan paljon tuhoisampi isku Kabulin oikeustalon edustalla, kun korkeimman oikeuden työntekijät olivat lähdössä bussilla töistä. Heidän lisäkseen kuoli paljon kadulla olleita sivullisia, mukaan lukien lapsia. Vastapäisen talon asukkaat ja television katsojat näkivät ihmisten kappaleiden lojuvan pitkin katuja. Bussikuskin ruumiista ei ollut mitään jäljellä.

Ainakin seitsemäntoista sai surmansa, neljäkymmentä haavoittui. Taliban julisti, että oikeustalo oli kohteena, sillä sen tuomarit harjoittivat muukalaisen miehittäjän oikeutta. Afganistanin media kertoi puolestaan tarinoita iskussa marttyyroituneista uhreista: Nuori afgaanimies, jonka oli pitänyt kahden päivän kuluttua mennä naimisiin. Nuori afgaaninainen, joka oli kotoisin syrjäkyliltä, mutta vastoin yhteiskunnan odotuksia raivannut opiskelemalla tiensä harjoittelevaksi juristiksi. Hän oli uransa ensimmäisessä oman alansa työpaikassa. Tällaisia "kansanvihollisia" Taliban murhaa järjettömässä sodassaan kaikkia eri mieltä olevia vastaan, ei suinkaan "ristiretkeläisten sotilaita", kuten retoriikastaan voisi kuvitella.

Kaikki viime iskujen uhrit olivat afgaaneja, todennäköisesti kaikki uskovia muslimeja. Heidän panostaan yhteiskunta olisi tarvinnut kipeämmin kuin korruptoituneiden poliitikkojen ja kenraalien tai kiihkossaan raivoavien fanaatikkojen. Länsimaalaisia tapahtumat kiinnostavat yhä vähemmän, koska uhrit eivät olleet länsimaalaisia eikä iskuja voi käyttää keppihevosina Amerikan politiikassa, kun joukkojen vetämisestä on jo päätetty. Tosin viime viikolla surmansa sai seitsemän georgialaista, mikä oli kauhea isku pienelle kansakunnalle, joka on täällä samasta syystä kuin Suomi: jotta olisi mukana länsimaisissa piireissä eikä joutuisi yksin sitten kun itsellä on hätä. Toisin kuin suomalaiset, georgialaiset ja virolaiset palvelevat kaikkein pahimmissa paikoissa.

Kävin erään samaan aikaan kanssani pahoissa paikoissa olleen amerikkalaisen ystävän kanssa keskustelua, jota tähän siteeraan (poistaen viittaukset yksityishenkilöihin), koska minulla ei ole tänään muutakaan kirjoitettavaa.

Amerikkalainen: *"Minun on kerta kaikkiaan jaettava tämä jonkun kanssa: Tuossa eräänä päivänä ystävättäreni esitteli minut uudelle poikaystävälleen, joka on italialainen, valmistunut filosofian tohtoriksi historiasta, tutkii toista maailmansotaa ja on Yhdysvalloissa Georgetownin stipendillä tekemässä töitä Kansallisarkistossa.*

*Aloitimme keskustelemalla historiankirjoituksen ja -tutkimuksen metodologiasta, joka antoi hyvän pohjan. Mutta kun hän alkoi kuvailla tutkimusintressejään, hälytyskellot alkoivat soida.*

*Hänen teesinsä on, että Britannialla oli Italiassa kolonialistisia pyrkimyksiä, minkä vuoksi Churchill vakuutteli Rooseveltiä, että heidän tulisi kummankin hyökätä Eurooppaan Italian kautta eikä Normandian. Ihmetelтyäni hän sanoi minulle noin vain, ettei strategisilla huolenaiheilla ollut asian kanssa mitään tekemistä.*

*Sitten hän alkoi vuodatuksen amerikkalaisten ja brittien hirmutöistä sodan aikana. Olin samaa mieltä, että sodassa tapahtui hirveitä asioita, kuten Dresdenin ja Tokion tulipommitukset, ja kysyin, tunsiko hän Vonnegutin töitä. Se sai hänet avautumaan yhä enemmän.*

*Hän alkoi siteerata minulle David Irvingin kirjoituksia. Kun sanoin 'hetkinen, eikös hän ole se holokaustin kieltäjä?', mies vastasi, että amerikkalaiset ja britit yrittävät pimittää kriittisen tiedon vallitsevasta narratiivista, ja että Irvingin teos 'Apokalypsi 1945' on erinomainen historiankirjoitus, jota kukaan ei voi kiistää, minkä vuoksi Irvingiä koetetaan mustamaalata kaikkialla muualla.*

*Niin paljon kuin moderni Eurooppa näyttääkin olevan kiinnostunut ihmisoikeuksista, antisemitismi ja revisionismi jatkuvat voimakkaina juonteina. En ole yllättynyt, että niin on Itä-Euroopassa ja Kreikassa, mutta tämä on italialainen, joka on opiskellut erään maailman parhaan historioitsijan, Carlo Ginzburgin, alaisuudessa, joka on itse juutalainen ja opiskellut Chicagon yliopistossa. Tämä on aivan toisen luokan peto. Asiat, joita hän sanoo tänään, siirtyvät tuleville sukupolville. Se on todella huolestuttavaa."*

Minä: *"Ikävä kyllä fasismi on jyrkässä nousussa Euroopassa. Olen syvästi huolissani, ja olen ollut jo joitain vuosia. Kyse ei ole vain sellaisesta uusfasismista, joka näkyy Jobbikin, Kultaisen aamunkoiton ja Perussuomalaisten kaltaisissa 'oikeistopopulisteissa', vaan se on nouseva virtaus ns. yleisessä mielipiteessä. Tänä päivänä muslimit ovat pääkohteena, mutta juutalaisetkin saavat yhä osansa konspiratiiviselta äärilaidalta.*

*Voi olla, että italialaisesi on ottanut osaa elitistiseen uusfasistiseen verkostoon, joka joskus aikoinaan kutsui itseään Synergoniksi, mutta kadottuaan 2000-luvulla julkisilta silmiltä ovat he yleensä kutsuneet itseään 'traditionalisteiksi', 'uudeksi oikeistoksi', 'kulttuurikonservatiiveiksi' ynnä muuksi. Muistan kuinka heikäläisiin kuuluneet mannereurooppalaiset henkilöt akateemisissa piireissä jo silloin esittivät antisemiittisiä, amerikkalaisvastaisia, uusfasistisia sekä Putinia, Miloševićiä, Qaddafia ja Iranin teokratiaa ihailevia mielipiteitä ja yrittivät rekrytoida meistä opiskelijoista. He levittivät uusfasistien ja eurasianistien kuten Aleksandr Duginin, Julius Evolan, Ernst Jüngerin ja Carl Schmittin tekstejä ja pitivät myös Irvingistä, vaikka yleensä ottaen halveksivat kaikkea anglosaksista.*

*He perustivat eräitä avokätisesti rahoitettuja ajatushautomoita pitkin Eurooppaa ja pitivät kokouksia milloin missäkin, mm. ristiretkeläisessä miljöössä Maltalla. Minulla on syytä epäillä, että se serbialainen mestari, jonka Anders Breivik kertoo inspiroineen massamurhaansa Norjassa, saattoi kuulua tähän verkostoon.*

*Näitä ihmisiä kannattaa tarkkailla. Heillä tuntuu olevan korkeassa asemassa olevia ystäviä Kremlin polit-teknologien piireissä, jotka selvästi ja innokkaasti ulottivat venäläistä kättä mannereurooppalaisten 'uusoikeistolaisten' ja 'traditionalistien' keskuuteen. Vielä 1990—2000-lukujen vaihteessa Putinia lähellä olevat ihmiset samoin kuin Vojislav Šešeljin kaltaisten serbien aatetoverit kirjoittelivat avoimesti heidän julkaisuihinsa. Nämä jäljet sitten tietysti häivytettiin 2000-luvulla, kun oli tarpeen näyttää Euroopan äärioikeistolaisten virtausten olevan täysin erillisiä Venäjän ulkomaisten intressien edistämisestä. Silti nämä ihmiset olivat aina samaa mieltä, esimerkiksi Serbiasta, Georgiasta, Ukrainasta ja arabikeväästä, ja yhä tänä päivänä jatkavat Venäjän propagandaintressien edistämistä mitä tulee Lähi-idän tapahtumiin, erityisesti Venäjän ja Iranin intressejä Syyriassa.*

*Mitä juutalaisiin ja Israeliin tulee, aluksihan nämä piirit olivat räikeän antisemitistisiä, mutta 2000-luvun puolessavälissä ne risteytyivät anglosaksisessa maailmassa levinneeseen islamofobiseen vastajihadliikkeeseen, johon kuuluivat voimakas Israel-mielisyys ja johon liittyi kristillisiä sionisteja. Tämä risteytymisprosessi tuotti sellaisia sekopäitä kuin Breivik, jotka yrittivät yhdistää ajattelussaan venäläis-serbialaisen uusfasismin ja englanninkielisen maailman israelilaismielisen vastajihadismin. Mutta vanha antisemitismi ja muukin osa taipuvaisuuttaan salaliittoteorioihin säilyi, varsinkin idempänä."*

Amerikkalainen: *"Kuten kommentoin jo Facebookissa katsottuani videoita, joissa Hizbullah juhli voittoaan Qusayrissa: Mietin, tältäkö minusta olisi tuntunut, jos olisin elänyt Euroopassa 30-luvulla. Jotakin on tulossa. Se tulee olemaan kauheaa. Me vain emme tiedä, mitä se on – vielä.*

*Se, mitä aina sanon Amerikassa oleville eurooppalaisille, kun he ryhtyvät myötäilemään Venäjän näkemyksiä: Amerikkalaiset tapaavat operoida eteerisellä tasolla. Kun puhumme voiman projisoimisesta, puhumme ylevillä termeillä, viitaten perustuslakiimme ja valistuksen moraalifilosofiaan. Tunnemme hyvin epämukavaksi vastata maailman tapahtumiin elimellisellä tavalla, ja pelkäämme itseämme, kun tunnemme tyydytystä jonkun tunnetun vihollisemme kuten Saddam Husseinin tai Osama bin Ladenin kiinnisaamisesta tai surmaamisesta. Olemme häpeissämme, kun maanmiehemme juhlivat sellaisia tapauksia, vaikka meillä kaikilla on sellaisia tunteita. Presidentti, kongressiedustajat ja intelligentsia kaikki yrittävät hillitä eläimellisiä tunteitamme.*

*Venäläiset operoivat sen sijaan elimellisellä tasolla ja toimivat myös maailmanpolitiikassa pääsääntöisesti tällä tasolla. Heitä ohjaavat omien intressiensä edistäminen sekä oman heimonsa intressien edistäminen. Vapaakauppa ei ole heille hyödyllistä samalla tavoin kuin amerikkalaisille. Amerikkalaisille sopii hyvin, että virolaisista tulee miljardöörejä myymällä amerikkalaisten kehittämän teknologian kuten Skypen avulla palveluja amerikkalaisille. Venäläiset sen sijaan kokevat sellaisen käytön olevan venäläisen edun pettämistä, ja sellaista ryhmää tulee siksi rangaista ja asettaa Venäjän peukalon alle. Venäjän intresseissä ei ole, että demokratia kukoistaa ja että heidän kontrollinsa ulkopuolisilla talouksilla menee hyvin. Itse asiassa viimeiset kaksikymmentä vuotta talouskasvua, vaikka Amerikan siivittämää, ovat huomattavasti vähentäneet Yhdysvaltain ja Euroopan taloudellista vaikutusvaltaa juuri sinä hetkenä, jolloin heille olisi ollut mahdollista alistaa suuri osa maailmaa uudelleen siirtomaavaltaan.*

*Monet eurooppalaiset ja muiden etnisyyksien ja heimojen jäsenet, etenkin nationalismiin taipuvaiset, kokevat politiikan elimellisesti, ja heillä on vaikeuksia ymmärtää amerikkalaisten eteeristä tapaa viestiä maailman kanssa. Heillä on silloin luonnollinen läheisyys venäläiseen maailmankuvaan. Yhden ryhmän täytyy voittaa ja toisen hävitä. Eräs suurimmista maailmankatsomuksellisista eroista anglojen ja ranskalaisten välillä on, että jos ranskalaiset eivät koe voittavansa, he kokevat jotenkin häviävänsä.*

*Se alue, jossa amerikkalainen tekee itsensä ja muun maailman epämukavaksi, mutta on onnistunut yhdistämään elimellisen ja eteerisen, on miehittämättömien lentolaitteiden käyttäminen valtion vihollisten tuhoamiseen. Amerikkalaiset tuntevat itsensä kovin mukaviksi tällaisen teknologian kanssa. Haluamme pitää sen eksklusiivisesti omassa käytössämme, ja haluamme käyttää sitä milloin ja missä haluamme. Se onkin jotain, mitä venäläisten ja kaikenlaisten nationalistien on syytä pelätä."*

Minä: *"Jaan suurimman osan noista käsityksistä, mutta amerikkalaisena sinulla on myös sokea pisteesi sekoittaessasi oman tribalismisi universalismiin. Toimiakseni paholaisen asianajajana minun on sanottava, että juuri tätä niin monet ei-anglot pitävät häiritsevänä erityisesti amerikkalaisissa mutta vähemmässä määrin myös muissa länsimaalaisissa. Useimmat muut, pois lukien mahdollisesti jotkin riittävässä kulttuurisessa ja viestinnällisessä autismissa elävät yhteiskunnat, eivät edes kykenisi sekoittamaan omaa tribalismiaan universalismiin, mutta anglot näyttävät olevan täysin kykeneviä siihen, eikä se jää muilta huomaamatta.*

*Myös anglot ovat hyvin tribaaleja. Heidän heimonsa vain on hyvin suuri. He hyväksyvät sydämellisesti mukaan heimoonsa ne muukalaiset, jotka englannin kielen lisäksi hallitsevat sujuvasti myös kansainvälisen anglotribaalin kulttuurin, joka kukoistaa lähes missä tahansa maailman ekspättiskenessä. He odottavat ihmisten nauravan samoille asioille, joille itse nauravat, ja eritoten, etteivät ihmiset nyt ainakaan naura niille asioille, joille he eivät naura. Vain anglot itse eivät huomaa, että heidän universaalina, kansainvälisenä ja inklusiivisena pitämänsä kulttuuri on itse asiassa anglotribaalia kulttuuria. Heitä kauhistuttaa jokainen, joka ei tunne yhteenkuuluvuutta, sillä sellainen henkilöhän ei ole pelkästään antiamerikkalainen vaan antikansainvälinen.*

*Kovin sopivasti vain unohtuu, että joidenkin ihmisten henget ovat paljon arvokkaampia kuin toisten. Kuka välittää paikallisista afgaaneista ja irakilaisista, jotka kuolevat lennokki-iskuissa, tai jostain vähemmän tärkeästä heimosta, kuten tšetšeeneistä tai rohingjoista, jotka pyyhkäistään pois maailmankartalta angloekspättien vitsaillessa siitä. Onhan paljon tärkeämpää taistella terrorismia vastaan, missä tahansa sitä esiintyy. Toisin sanoen, taistella islamia vastaan. Tai nationalismia. Tai mitä tahansa, mikä on vierasta sille anglotribaalille kulttuurille, jonka otamme universaalina. Ongelma on, että on monia ihmisiä, jotka välittävät. Ihmisiä, joiden sukulaisia, ystäviä tai tuttuja pommitettiin ilman pätevää syytä, tai joiden koko kansakuntaa pilkataan siksi, että se on tullut mitä elimellisimpien kansanmurhapyrkimysten uhriksi.*

*Ihmiset, jotka välittävät, ja joilla on riittävästi etäisyyttä nähdäkseen anglouniversalismin teennäisyyden, yrittävät usein esittää asiansa painelemalla amerikkalaisten kipunappuloita. Koska he tuntevat amerikkalaisten tavat paremmin kuin amerikkalaiset tuntevat heidän tapansa, he tietävät oikein hyvin esimerkiksi, kuinka amerikkalaisten heidän välittämiään ihmisryhmiä kohtaan ilmaiseman kepeän välinpitämättömän asenteen soveltaminen johonkin sellaiseen ryhmään, josta amerikkalaiset välittävät, ja joka on muodostunut suorastaan amerikkalaisten pyhäksi lehmäksi kuten Israel, saa angloheimossa aikaan välittömiä emotionaalisia kauhuntunteita. Onhan niin, että joitain asioita vain tulee käsitellä 'täysin eri asioina' toisiin ulkopuolisen silmin samankaltaisilta näyttäviin asioihin nähden, eikä tämän poliittisesti korrektin erilaisuuden mielessä pitämistä tule pitää kaksoisstandardien harjoittamisena.*

*Yleensä ei-anglo aina lopulta epäonnistuu amerikkalaisen saamisessa ymmärtämään tarkoittamansa. Hän onnistuu ainoastaan šokeeraamaan amerikkalaista. Niinpä ajan myötä liikaan etäisyyteen kykenevä ei-anglo muuttuu turhautuneeksi, vihaiseksi, jopa hyvin vihaiseksi amerikkalaisia ja heidän koko angloheimoaan kohtaan."*

Amerikkalainen: *"Olet täysin oikeassa. En suinkaan jätä tuota huomiotta. Argumenttini koski enemmän näiden asenteiden semiotiikkaa ja vaikutuksia. Amerikkalaiset ja britit pönkittävät ylevää retoriikkaansa toiminnalla: vapaakauppa ydinesimerkkinä. Saksalaiset menestyvät ällistyttävän hyvin vapaakauppajärjestelmässä, mutta he eivät ole adoptoineet anglojen retoriikkaa. Oikeistolaiset ruotsalaiset menestyvät ällistyttävän hyvin vapaakauppajärjestelmässä ja ovat alkaneet puhua kuten anglot ja muuttaa Lontooseen.*

*Venäläiset eivät osallistu ylevän retoriikan vaihdantaan. He sen sijaan jatkuvasti esittävät asiat suvereniteetin termein ja harjoittavat etupolitiikkaa sellaisenaan. He myös ylläpitävät massiivista verbaalista sotaa Yhdysvaltoja vastaan ja hyökkäävät amerikkalaisia intressejä vastaan Venäjällä käyttäen erittäin hyökkäävää kieltä. Yhdysvalloissa harvoin käytetään sellaista röyhkeää retoriikkaa.*

*Tietysti on totta, että Amerikan ulkopolitiikassa on lukuisia epäjohdonmukaisuuksia: tuki Israelille, Saudi-Arabialle, Bahrainille samanaikaisesti jne. On jopa vakavia sisäisiä epäjohdonmukaisuuksia, jotka saattavat Yhdysvallat säännöllisesti ongelmiin: samanaikainen tuki Intialle, Pakistanille ja Karzaille; maailman intiimein kauppaliitto Kiinan kanssa, mutta läheinen puolustusyhteistyö Taiwanin ja muiden ympäröivien maiden kanssa. Kyse on poliittisten kulttuurien eroista.*

*Ja kuten mainitsin, monet maat pystyvät identifioimaan itsensä vahvemmin Venäjän aggressiiviseen nationalismiin kuin angloperinteeseen, jossa kansalliset edut puetaan ylevän retoriikan kielelle."*

Minä: *"Venäläisillä ja kiinalaisilla on kyllä historiassaan pitkät perinteet imperiaalisten intressiensä sekoittamisessa ihmiskunnan intresseihin. Itse asiassa se on tyypillistä imperiaalista käyttäytymistä. Amerikkalainen mahti on toimittanut sellaisia iskuja heidän itseluottamukselleen, että he ovat kääntäneet sen vanhanaikaisen nationalistisen retoriikan kielelle. Kansalliset edut, suvereniteetti, vahva valtio jne. Intia, Pakistan, Turkki ja jotkut muut maat, joilla on alueellisia pyrintöjä, ovat seuranneet perässä. Sillä välin Iran ja Saudi-Arabia jatkavat vielä vanhemman imperiaalisen kielen käyttämistä, jossa uskonnolla, apokalyptisillä visioilla ynnä sellaisella on rooli.*

*Putinin Venäjä on sitä, mitä on jäänyt jäljelle tsaarinvallasta, kun siitä poistetaan ortodoksinen kiihko, ja mitä on jäänyt jäljelle neuvostokommunismista, kun siitä poistetaan kommunismi. Jäljellä ei ole paljoa muuta kuin suurvaltanationalismi ja tietysti vallan ideologia itsessään – vallan, joka projisoidaan Keskuksesta vertikaalisesti, turvallisuuspalvelujen kautta, alamaisista koostuvaan väestöön. Muussa maailmassa kyyniset johtajat, kuten Karzai, jakavat tämän sangen onton ideologian, jonka he sitten myyvät länsimaalaisille pragmatismina, ja länsimaalaiset kallistavat sille vastaanottavaisen korvan, sillä he ovat itsekin menettäneet ideologiansa. Ei enää puhuta vapaudesta, demokratiasta tai edes ihmisoikeuksista, paitsi tyhjänä retoriikkana, jota ei tueta toiminnalla. Sen sijaan puhutaan paljonkin vakaudesta ja pragmatismista, mikä ei voi tulla Putinin ja Karzain kaltaisten toimesta tulkituksi mitenkään muuten kuin suoranaisena tukena heidän visiolleen.*

*Oikeistoliberaalit ideat yksilöiden ja kansakuntien vapaudesta on heitetty susille ja niitä halveksitaan joka käänteessä. Liberalismi tuntuu innostavan massoja vain eksoottisissa asioissa kuten homoliitot. Sillä välin vasemmistoliberaalit ideat hyvinvointivaltiosta, joka olisi vallankäyttäjän ja alistajan sijaan ihmisten ystävä, ovat luoneet byrokraattisia kauhistuksia, joilla ei ole taloudellista kestävyyttä, ja jotka nyt jo ryöstävät lapsenlapsiltaan oikeutensa, kahliten tulevat sukupolvet sen sijaan velkaorjuuteen tuleville kiinalaisille ja korporaateille isännilleen. Humanismi on kuolemassa yksityisyyden kuoleman myötä, samalla kun Matrixia luodaan.*

*Ihmisen aika on haalistumassa. Örkin aika on runnomassa itseään läpi."*

Amerikkalainen: *"Tarjoat aina erinomaisen analyysin ja ainutlaatuisen perspektiivin, joka jättää minulle paljon mietittävää.*

*Oletko sitä mieltä, että Euroopan ja Yhdysvaltain pitäisi puuttua Syyriaan? Jos kyllä, mitä suosittelisit tekemään?*

*Yhdysvalloilla on potentiaalinen kissingeriläinen tilaisuus Syyriassa, jossa se voisi sitoa venäläiset ja iranilaiset pitkään kuluttavaan ansaan, mutta tietysti siitä seuraisi suuria kärsimyksiä tavallisille ihmisille, suuria ihmisoikeusrikkomuksia jne. Ja se tapahtuisi venäläisillä säännöillä.*

*Amerikkalaisten ulkopoliittisten akateemikkojen parissa kiertää yleinen faasi, että Nixon olisi ollut maailman voimakkain mies, minkä väitetään tulleen jonkun korkea-arvoisen neuvostoviranhaltijan suusta, ja kuultiin myös Maon Kiinassa. Olipa se totta tai ei, Nixon oli se Yhdysvaltain presidentti, joka pani arvot syrjään vallan tavoittelemiseksi. Ulkopolitiikassa hän oli valmis astumaan minkä tahansa punaisen viivan yli, jos vain halusi. Kun hän astui punaisten viivojen yli kotimaassa, Amerikan kansa pysäytti hänet. Elämme nyt ajassa, jossa vallan keskittymistä presidentin ympärille on yhä vaikeampi haastaa. Cheney yritti tehdä nixonilaiset temput. Valitettavasti hän selvisi siitä ja kärsimme yhä seurauksista."*

Minä: *"Mitä tulee Syyriaan, tässä vaiheessa minusta rohkea ja avoin interventio olisi parasta, samalla tavoin kuin ranskalaiset tekivät menestyksellisesti Malissa. Sellainen muuttaisi koko alueen näkemystä Amerikasta ja sen liittolaisista.*

*Minusta Yhdysvaltain tulisi tehdä se yhdessä halukkaiden koalition kanssa. Ranska, Britannia ja Turkki olisivat hyviä kumppaneita, jos jätetään laskuista se kotimainen sotku, jonka Erdoğan on nyt saanut aikaan Turkissa. Turkkikin tarvitsee nopeasti huomiota osakseen. Lännellä ei ole varaa antaa sen luisua venäläis-iranilaiseen autokratioiden leiriin. Nykytilanne tulee olemaan paha joko Erdoğanin uralle tai Turkin demokraattiselle yhteiskunnalle, ja kaikkien välittömänä huolena pitäisi olla varmistaa, että Erdoğan pikemmin kuin koko alue maksaa hänen virheistään langenneen hinnan.*

*Yhdysvallat tuhlaa aikaansa ja energiaansa tukemalla syvällisesti epäluotettavia autoritäärisiä johtajia. Heidän tulisi keskittyä paljon vähemmän johtajiin ja hallintoihin, ja paljon enemmän poliittisiin maisemiin. Siellä missä he ovat puolueellisia, heidän tulisi olla sitä rohkeasti ja avoimesti, ja hyvistä syistä. Siellä missä heidän ei tulisi olla puolueellisia, heidän tulisi välttää kompromettoimasta itseään yksittäisten epäsuosittujen johtajien tukijoina.*

*Venäjän ja Iranin muodostama haaste on kohdattava ja padottava pian, sillä ne ovat muuttumassa yhä hyökkäävämmiksi ja vaarallisemmiksi, osittain Obaman epäonnistuneiden politiikkojen vuoksi. On ymmärrettävä ensimmäiseksi, että Venäjä ja Iran ovat liittolaisia, ja ovat olleet vuosikymmeniä; tuo liitto on kiinteä, siihen kuuluu sotilaallisia ja tiedustelullisia komponentteja, eikä Länsi tule kykenemään minkään kiilan iskemiseen niiden väliin ilman vallanvaihdosta jommassakummassa. Sama koskee Assadin hallintoa ja Hizbullahia. Ne eivät tule etääntymään millään tavoin Iranin hallinnosta ilman että jommassakummassa, Iranissa tai Syyriassa, toteutuu vallankumous.*

*Länsimaisen voiman käyttäminen nimenomaan vallanvaihdoksiin on erityisen tehokasta. Sen sijaan sekaantuminen pitkällisiin ja kalliisiin valtionrakennusprosesseihin on se, missä suurimmat virheet tehdään. Virheet johtuvat pääasiassa rakenteellisista syistä, Afganistan ja Irak hyvinä esimerkkeinä. Sotilaallisesta interventiosta ei seuraa, että kaikki velat ja velvoitteet siirtyvät automaattisesti Amerikalle, ja että sen täytyy kustantaa kalliita ammattiarmeijoja, rakentaa robusteja tiedustelupalveluja ja*

*poliisivoimia, ja teeskennellä niiden heti huomenna muuttuvan länsimai-*
*siksi hyvän hallinnon ja ihmisoikeuksien kunnioittamisen tuottajiksi.*

*Voimankäyttö vain sen itsensä vuoksi ei ole todellista voimaa. Sen sijaan voimankäyttö, joka perustuu selkeille, johdonmukaisille arvoille ja visiolle, on potentiaalisesti hyvin voimakasta."*

# Kyynelkaasun kesä



*26. kesäkuuta 2013*

M atkallani Suomeen kävin taas Istanbulissa, jälleennäin siellä asuvan ystäväni ja vietimme hyvin pitkän illan ja yön. Uutisista olisi voinut viime aikoina luulla, että Istanbul – ja varsinkin Taksimin ja Istiklalin alue – olisi jonkinlaista sotatoimialuetta, jolle vain Brasilia vetää vertoja.

Näin ei ollut. Kaikki oli rauhallista, lukuun ottamatta transujen oikeuksia puolustanutta sateenkaarikulkuetta, joka kulki Istiklalia edestakaisin lippuja ja banderolleja heilutellen. Suurin osa osanottajista näytti tavallisilta normikansalaisilta eikä varsinaiselta sateenkaarikansalta. Mutta Gezi-puiston jupakasta alkaneet mielenosoitukset ovatkin laajenneet koskemaan ihan kaikkea, ja niinpä Istanbulin nuoret sekulaarit ja liberaalit ovat nyt barrikadeilla eivät yhden asian liikkeenä vaan kaikkien asioiden liikkeenä.

Oli kesäistä ja Bospori kimmelsi. Kansa oli sankoin joukoin puistoissa ja nurmikoilla piknikoimassa ja kukkaistutukset koristivat muutenkin kauniin kaupungin kasvoja. Ystäväni kertoi, että jokin aika sitten oli ollut paljon pahempaa, kun kyynelkaasu oli tunkeutunut Beyoğlun kaduille. *Babel Cafékin* oli täyttynyt kaasusta ja kanta-asiakkaat paenneet kauhuissaan sisälle, jossa ystäväni oli menettänyt tajuntansa ja luullut jo kuolevansa, kun äkkiä tyhjästä oli ilmaantunut kaasunaamaripäinen tyttö, joka oli elvyttänyt hänet. Ystäväni ei koskaan saanut tietää, kuka hänen tuntematon sankarittarensa oli. Istanbulin mielenosoittajat ovat mobilisoineet vapaaehtoisia auttamaan eri tavoin poliisin ylenpalttisen väkivallan uhreja.

Kaiken kaikkiaan on vaikea ymmärtää Erdoğanin tyhmyyttä ja ylimielisyyttä, kun hän onnistui saamaan aikaan kaiken tämä pelkästään halveksimalla omaa kansaansa, tai ainakin sitä kansanpuolikasta, joka ei jaa hänen poliittisia ja uskonnollisia mielipiteitään. Turkilla meni monessa suhteessa hyvin - nyt yhden miehen ja hänen lähipiirinsä hattuun kihahtanut vallanhimo on syöksemässä menestyksen hedelmiä mereen yhdessä kuumassa kesässä.

Turkin lisäksi myös Brasiliassa näyttävät alun alkaen julkisten varojen tuhlaamisesta alkaneet mellakat laajenneen koskemaan kaikkea. Miljoona ihmistä on ollut kaduilla ja siellä kuten Turkissa joku tekee valtavasti rahaa Guy Fawkes -maskien myymisellä. Koska ollaan Brasiliassa, autojen polttaminenkin vaikuttaa välillä suurelta kansankarnevaalilta.

Sitten saavuin Suomeen, jossa kesä tuntuu olevan kuumempi ja aurinkoisempi kuin Kabulissa konsanaan ja Itämeri vähintään yhtä kimmeltävä kuin Bosporinsalmi. Aloitin lomani Tammisaaren ja Snappertunan sisäsaaristossa. Naamani paloi auringosta, vaikkei edes oltu Naantalissa. Sorsapoikueita ja särkiä ruokittiin vaalealla leivällä. Tunsin sieraimissani neulasten ja muurahaisten tuoksun ja kuulin korvissani kalalokkien kiljahtelun. Eilen tulin Helsinkiin, tapasin ystäviäni ja jatkan niissä merkeissä huomisiltaan, jolloin siirtynen Pohjanmaalle, ensin pohjoiseen, sitten etelään.

# Puolivälissä pohjoiseen

*29. kesäkuuta 2013*

Olin muutaman päivän Helsingissä, jossa tapasin ystäviäni, lorvin terasseilla ja kahviloissa, luin laiskasti kirjoja sieltä täältä. Uutena tuttavuutena paikkojen joukossa oli Liuskaluoto, johon pääsee Eiranrannasta ravintola *Caruselin* läheltä veneellä. Siellä on erinomaisen vilkas kesäterassi ja loistavat pizzat. Politiikkaa puhuttiin siellä ja jatkoillakin. Muistan, että jatkopaikassa puhuimme voitontunteen tärkeydestä yhteiskunnallisen toiminnan innostuksen ylläpitämisessä, jolloin joku naapuripöydän setä puuttui puheeseen – sinänsä täysin aiheeseen sopivasti, mutta puhuen ilmeisesti jostain taistelulajeista.

Torstai-iltana otin kaverin kanssa yöjunan Ouluun, jossa tapasin toisia ystäviäni. Ajatella, että vaikka Ouluun päästäkseen saa matkustaa junalla koko yön ja herätä aamulla tuosta pohjoisen kaupungista, ollaan sinne päästäessä yhä vasta puolivälissä Suomen pituutta. Räjäyttää tajunnan. Ouluuntuneet kaverini järjestivät melkoiset puutarhajuhlat vehreässä maisemassa Oulujoen rannalla, meksikolaisella ruoka- ja juomateemalla, niin että niistä riitti ylensyöntiin lauantaiksikin.

Kävimme mielenkiintoisia keskusteluja, läsnä lisäkseni muutama yrittäjä ja it-ammattilainen, ympäristöjohtaja, psykologi, opiskelija jne., keski-ikä kolmenkympin päälle mutta levittäytyen kymmenen vuoden haitarille. Keskusteluissa hahmottui jonkinlainen sukupolvikokemus, joidenkin tapauksessa jopa psykohistoriallinen teoria siitä, mitä sodanjälkeiset sukupolvet ovat meitä kasvattaessaan vaatineet ja odottaneet, ja millaiseksi maailma sen sijaan onkin muodostunut. Ranskalaisen antropologin René Girardin teos *Väkivalta ja pyhä* oli kaivettu esille jo päivällä. Muistan, että siinä vaiheessa, kun muutama osanottajista lähti veneellä joelle, osa meistä debatoi jo perin filosofisesti vapauden ja autonomian olemuksesta.

Aamulla minulle selvisi, että Oulustakin käsin on käsittämättömän vaikeaa päästä Vaasan, Närpiön ja Kaskisten suuntaan. Ratatöiden vuoksi junia on vähän eikä Seinäjoellekaan olisi päässyt kuin vasta kahden jälkeen yöllä. Jouduin lähtemään hasardilla kohti Kokkolaa, josta toivon löytäväni linja-auton tai jonkin muun tavan matkustaa edelleen rannikkoa etelää kohti.

Ilmoja on pidellyt. Säiden jumalatar on suosinut minua tällä Suomen-matkallani melkoisesti, vaikka perjantaipäivällä Oulussa olikin sateista käydessämme yliopistolla ja keskustassa. Tuulihaukat leijailevat pohjalaisten peltoaukeiden yllä.

# Pohjanlahdelta Bosporille

*1. heinäkuuta 2013*

Kesäinen Suomen-kierrokseni lähenee viimeisiään. Kaskisissa aurinko paistoi ja veet kimmelsivät. Vierailuni aikana oli *Kalarantapäivät*, mutta muuten Suomen pienimmän kaupungin kaduilla oli autiota ja hiljaista, lukuun ottamatta *Kung Gustavs Cafén* terassia, jossa näytti aina olevan väkeä.

Mustakurkku-uikut olivat saaneet poikasensa maailmalle lammelta, jota asukkaat kutsuvat milloin Pumppulammeksi ja milloin Rottalammeksi, ja jonka pinnalla kelluu lauttoina ulpukkaa. Palokärki lensi huutaen ohi. Sorsapoikueita kulkee kautta rantain ja salmella oli isokoskeloita ja tukkasotkia. Kaskisten sisäosan metsään on rakennettu EU-rahoituksella näkötorni, josta ei tosin avaudu näköalaa kuin mäntyjen latvoihin ja savupiippuihin. Yksi sellutehdas on lopettanut, toinen vielä jatkaa.

Uutiset kertovat, että Kroatiasta on tullut EU:n uusin jäsenmaa. Ikävää, että tämä viimeisin nytkähdys pitkässä mutta kovin ajan perässä laahanneessa laajentumisessa tapahtuu vaiheessa, jossa koko Eurooppa on tukahtumassa kestämättömän velanoton ja julkisen tuhlauksen suohon. Muistan vielä ajan, jolloin teininä kiivailin Itä-Euroopan vapautumisen ja Euroopan yhdentymisen puolesta. On suuri sääli, että byrokratian ja julkisten menojen ikuinen paisuttaminen uhkaa antaa pahan maun koko historialliselle rauhan ja vapauden prosessille.

Pohjanlahden rannikon pienet sievät puukaupungit muistuttavat oman aikansa kansainvälisyydestä ja kaupan vaikutuksesta kulttuuriimme. Eivät ne aivan hansakaupunkeja olleet, mutta ennen puukaupan siirtymistä maanteille ne olivat tärkeitä satamia, joissa näkyivät vauraus ja kansainvälisyys. Kaskisten suurmies Peter Johan Bladh loi uraa Ruotsin Itä-Intian kauppakomppaniassa. Tervaporvarit ja sahapatruunat loivat pääomia, joilla Suomesta rakennettiin eurooppalainen yhteiskunta.

On mitä kauhein rikos historian kehitysvoimia vastaan, että vapaakaupan unionista uhkaa tulla tukiaisautomaatti. Tosin Euroopan historialle näyttää olevan ominaista pilata edistyksellisiä ajatuksia pakkovallan paisutuksella ylettömiin, kunnes kaikki kriisiytyy ja sitten tuhkasta ehkä nousee uusi Feeniks. Manner uudistuu vasta pakon edessä. Mutta pitääkö sen aina johtaa niin paljoon kärsimykseen ensin?

Vielä tänään jatkan Seinäjoen ja Helsingin kautta kohti Istanbulia, josta kantautui juuri yksityisessä mielessä hauskoja uutisia. Sieltä edelleen Kabuliin, jossa odottaa viimeinen kuuma kuukausi ennen seuraavan projektin alkua.

# Arjen orientalismista ja Egyptin vasta-vallankumouksesta

*9. heinäkuuta 2013*

Tämänkertaisen blogikirjoitukseni innoitus tuli viraalivideosta, jossa 12-vuotias egyptiläispoika haukkuu Muslimiveljeskuntaa ja selittää sangen sofistikoiduin yhteiskuntatieteellisin käsittein ja teorioin, miksi on sitä mieltä kuin on. Kuinka moni tuntemanne 12-vuotias heittelee käsitteitä ja analyyttisiä narratiivejä yhtä itsevarmasti kuin tämä?

Arabikevät on toki aidostikin kasvattanut hämmästyttävän ilmaisukykyisiä politisoituneita poikia ja tyttöjä ja tulee olemaan mielenkiintoista seurata, mitä arabikevään sukupolvesta tulee isoina. Siitä huolimatta tämä video herättää epäilyksen, että pojan palopuhe on opeteltu ja koko haastattelu lavastettu. Sitä levittävät Muslimiveljeskunnan vastustajat kansainvälisine kannattajineen. Sinänsä asiassa ei ole mitään ihmeellistä – netti on täynnä vastaavaa. Olisi ollut varsin helppo löytää samanikäinen Muslimiveljeskunnan kannattaja, joka olisi yhtä itsevarmasti ladellut vanhemmilta opittuja iskulauseita ja narratiivejä. Tällaiset videot ajavat samaa asiaa kuin mielenosoittaminen kaduilla. Niillä otetaan haltuun mediatilaa samalla tavoin kuin mielenosoituksilla otetaan haltuun katutilaa.

Miksi ihmiset kuulevat tämän kaiken mieluummin lapsen suusta kuin vaikkapa *Tamarrudin* poliitikon, jonkun tunnetun intellektuellin tai Egyptin armeijan tiedottajan? Siksi tietysti, että oletamme lapsen suusta kuultavan totuuden. Muiden mainittujen kohdalla epäilemme automaattisesti, että meitä manipuloidaan ja että puhuja osaa asiansa niin hyvin, että saa sen kuulostamaan vakuuttavalta. Kuitenkin lapsi manipuloi siinä kuin aikuinen ja mikäli hän kuulostaa poikkeuksellisen vakuuttavalta, se johtuu vain siitä, että hän puhuu aivan kuin poliitikko, toimittaja tai kokenut aktivisti puhuu.

Jos olemme hänen kanssaan samaa mieltä, nyökyttelemme ja pidämme puhetta aivan mainiona. Minäkin jaoin sen somessa eteenpäin, koska olen jokseenkin samaa mieltä pojan kanssa. Tässä ei pitäisi olla mitään häpeämistä. Ne, jotka ovat eri mieltä – esimerkiksi Muslimiveljeskunnan kannattajat – reagoivat tietysti yrittämällä kyseenalaistaa pojan ja hänen puheenvuoronsa autenttisuuden, kiinnittävät huomiota siihen, että videon levittäjät edustavat poliittista vastapuolta ja levittävät sitä propagandatarkoituksessa. Tietysti.

Kaikkein ongelmallisimman ryhmän muodostavat ne monet, jotka kuvittelevat olevansa jotenkin kaikkien poliittisten mielipiteiden yläpuolella ja etsivät autenttista Egyptin kansan ääntä. Ikävä kyllä monet länsimaiset toimittajat ovat piiskanneet itsensä juuri tähän kategoriaan. Silloin he menevät metsään jo ensimetreillä - olettaessaan, että jossain olisi yksi autenttinen ääni ja oikea mielipide, joka inkarnoi "kansan" mielialat. Ikään kuin aktivistit, poliitikot, mielenosoittajat ja eri puolten kannattajat eivät sitä tekisi – aivan kuin he eivät olisi juurikin sitä kansaa, jonka mielialaa halutaan luodata.

Toimittajien reaktiot jakautuvat kahteen ryhmään: Ensinnäkin niihin, jotka tuntevat tarvetta olla kriittisiä kaikkiin suuntiin, asettautuvat mukamas jonkinlaiseksi keskitieksi ja kompromissiksi, "pienen kansan asialle", kun taas kaikki poliittiset osapuolet huijaavat ja manipuloivat tuota "pientä kansaa". Se, joka näin asettautuu tuomariksi, on tosin itse kaikkein suurin huijari ja manipulaattori, mutta mikäs siinä. Mielipidehän se yleiskriittisyyskin on, joskin harvoin saa mitään aikaan, ellei sitten kyseessä ole tietoinen pyrkimys dialogiin tai kompromisseihin. Tähän palaan tuonnempana.

Toisen toimittajaryhmän muodostavat ne, jotka tuntevat tarvetta jonkun osapuolen apologeesiin. Tavallisesti he asettuvat puolustelemaan sitä osapuolta, jonka kuvittelevat olevan heikompi, sorretumpi tai vallitsevassa mielipiteessä alakynnessä. Viimeksi mainittu alakyntisyys on avainmuuttuja, koska vallitsevan mielipiteen tuntu riippuu aivan siitä, mitä mediaa toimittaja seuraa. Jos hän seuraa lähinnä länsimaista ja englanninkielistä mediaa, hän tulee Egyptin analyysissään reagoineeksi lähinnä amerikkalaiseen keskusteluun, mikä ei tietenkään edesauta egyptiläisen keskustelun ymmärtämistä. Hussein Ibish kritisoi artikkelissaan juuri tällaisia apologeesejä, joita amerikkalaiset kirjoittajat ovat tuottaneet niin Muslimiveljeskunnan, Renessanssipuolueen kuin sotilasvallankin puolesta.

Länsimaiset toimittajat kuuluvat yleensä kotimaissaan alempaan tai ylempään keskiluokkaan – tulojensa puolesta alempaan mutta koulutuksensa puolesta ylempään. Suurin osa heidän sosiaalisesta lähipiiristään on koulutettua keskiluokkaa, joskin he tuntevat kotimaissaan myös ruumiillisen työn tekijöitä ja ehkä joitain kontakteja yläluokasta.

Matkustaessaan tekemään juttuja Egyptiin tai mihin tahansa ei-länsimaahan, he verkostoituvat pääasiassa koulutetun ylemmän keskiluokan kanssa, johon heidän paikalliset kontaktinsa – toimittajat, tutkijat, poliitikot, virkamiehet, kansalaisjärjestöaktiivit, erilaiset asiantuntijat – kuuluvat. Toki he hakevat haastatteluja myös paikallisilta työläisiltä – kuten taksikuskeilta, tarjoilijoilta, hotellin siivoojilta ja joltain kadulla notkuvalta sopivan köyhän näköiseltä tyypiltä. He saavat sulan hattuunsa, jos saavat haastatteluja myös paikalliselta yläluokalta. Mutta kun he menevät työpäivän jälkeen syömään ja juomaan, tapaavat toisiaan ja viettävät aikaa, he ovat enimmäkseen tekemisissä koulutetun keskiluokan kanssa. Tietysti. On mukavampi olla ihmisten kanssa, jotka ovat samalla aaltopituudella, osaavat samoja kieliä ja joilla on samansuuntaisia mielipiteitä.

Samalla tavoin kehitysyhteistyöväki hengailee järjestöihmisten kanssa, pankkiirit pankkiirien, diplomaatit diplomaattien, tutkijat ja opiskelijat tutkijoiden ja opiskelijoiden, sotilaat sotilaiden ja taiteilijat taiteilijoiden kanssa. Verkostot laajenevat jonkin verran mutta pysyttelevät silti usein ytimeltään samankaltaisten piireissä. Jokainen saa vieraan maan yhteiskunnasta oman verkostonsa ajatusmaailman kautta painottuneen kuvan.

Hengaileminen samanlaisten kanssa aiheuttaa kuitenkin tiedostavissa toimittajissa vastareaktion, tarpeen orientalistiseen apologeesiin. He eivät halua suoraan toistaa keskiluokkaisten ja koulutettujen ystäviensä näkemyksiä, vaan riippumattomuuttaan osoittaakseen etsivät aitoa ja autenttista itämaata. Ongelma on se, että he eivät todella tunne eivätkä

ymmärrä egyptiläistä, afganistanilaista tai afrikkalaista köyhälistöä ei-
vätkä islamistien kannattajia samalla tavoin kuin he ymmärtävät itsensä
kanssa varsin samanlaisia koulutetun keskiluokan edustajia. Tuloksena
on tyyli, jota voisi kutsua vaikkapa orientalistiseksi patronisaatioksi.
Länsimaiset toimittajat alkavat holhota "todellista kansaa" ja laittaa sa-
noja ja ajatuksia sen suuhun, selittäen länsimaisille yleisöilleen, mitä he
kuvittelevat "todellisen kansan" ajattelevan ja haluavan.

Tuloksena on kaikenlaista: On tutuksi käyneitä puheita leivästä ja taval-
lisen kansan ahdingosta vallankumousten taustalla – vaikka suuri osa
mielenosoittajista ja aktivisteista on yleensä pikemminkin koulutettua
keskiluokkaa. On erityyppistä länsikritiikkiä ja ns. oksidentalismia, joka
keskustelee enemmän vallitsevaksi kuvitellun länsimaisen diskurssin
kuin kohteensa ajatusten ja tavoitteiden kanssa. On orientaali-ihmisten
essentialisointia joksikin eksoottiseksi uskonnon tai muun ominaisuu-
den kautta. On vakuuttelua, etteivät nyt ainakaan länsimaiset arvot voi
olla ihmisten tavoitteena, vaikka koulutetut keskiluokkaiset aktivistit ja
mielenosoittajat sanovat täsmälleen päinvastaista – että he taistelevat
nimenomaan vapauden, demokratian ja sosiaalisen arvokkuuden saa-
miseksi sekä vastustavat autoritarismia, tulipa se sitten Mubarakin kal-
taisilta sotilashallitsijoilta tai vallankumouksensa varastaneelta Musli-
miveljeskunnalta.

Minusta oli alusta asti selvää, että vallankumousta seuraisi seuraava as-
kel, demokratia-aktivistien ja islamistien välinen kamppailu poliittisen
järjestelmän suunnasta. Islamistipuolueet hallitsivat pitkään opposi-
tiokenttää, mutta he eivät olleet arabikevään alullepanijoita eivätkä sen
eturintamassa. Osa islamisteista ymmärsi kyllä ajoissa hypätä vallanku-
mousten kelkkaan. Vallankumousta seuranneessa vallan uusjaossa he
olivat vahvoilla, sillä toisin kuin untuvikkoiset arabikevään aktivistit, is-
lamistit olivat jo aiempien vuosikymmenten aikana rakentaneet maan-
laajuisia verkostoja ja poliittisia organisaatioita. Niinpä majoritaarinen
pseudodemokratia teki vaaleista islamistipuolueille erinomaisen keinon
varastaa vallankumousten hedelmät.

Pitkään oppositiokenttää hallinneiden islamistien siirryttyä hallitse-
maan valtiokoneistoja vaalien kautta ne eivät oppineet toimivaan

demokratiaan olennaisesti kuuluvaa poliittisen pluralismin periaatetta. Päinvastoin ne säilyttivät syrjäytettyjen regiimien monopolistisen asenteen ja kuvittelivat, että vaalivoittajalla on oikeus tehdä mitä lystää eikä opposition kanssa tarvitse tehdä mitään kompromisseja. Ikävä kyllä juuri tällainen asenne oli se, mitä arabikevään vallankumoukselliset olivat vastustaneet, ja minkä vuoksi autoritäärisiä yksipuoluehallintoja vastaan noustiin barrikadeille. Ei siis pitäisi olla yllätys kellekään, että barrikadeille noustiin seuraavaksi islamisteja vastaan.

Arabikeväässä ei ollut alun alkaenkaan kyse leipämellakoista vaan riittävän itsenäiselle tasolle emansipoituneen koulutetun keskiluokan kapinasta korruptoituneita autoritäärisiä järjestelmiä vastaan. Arabikevät ei tapahtunut kurjuuden vuoksi – mitään vastaavaa ei edelleenkään ole tapahtunut mustassa Afrikassa eikä Afganistanissa – vaan se tapahtui sen vuoksi, että arabimaat olivat edeltävien kymmenen vuoden aikana kehittyneet, modernisoituneet ja vaurastuneet nopeasti. Tarkemmin sanoen, niiden yhteiskunnat olivat. Se osa arabimaita, joka ei ollut kehittynyt ja uudistunut samassa tahdissa, oli valtio. Juuri siksi vallankumoukset tapahtuivat.

Muslimiveljeskunta omaksui valtaan päästyään perin mubarakilaisen asenteen. Se masinoi, manipuloi, hajotti ja hallitsi, monopolisoi vallankäyttöä, pönkitti sentralismia, vähät välitti itsensä kanssa eri mieltä olevasta toisesta kansanpuoliskosta. Vaikka sekä Tunisian Renessanssipuolue että Egyptin Muslimiveljeskunta ovat maalaisineen ja köyhineen helposti maidensa suurimpia puolueita, ne edustavat parhaimmillaankin vain puolta kansasta. Sen toisen puolen ollessa edelleen jakautunut moniin pienpuolueisiin – koska vasemmisto, oikeisto, liberaalit, kansallismieliset, "riippumattomat" ja kaikki muut ei-islamistit eivät ole oppineet tekemään yhteistyötä – islamistipuolueet voivat helposti dominoida politiikkaa. Jotta ne kuitenkin käyttäytyisivät demokraattisesti, niiden on sopeuduttava poliittiseen pluralismiin – siihen, että mielipiteitä on monenlaisia ja että politiikan on perustuttava erilaisten mielipideryhmien intressien yhteensovittamiseen eikä isoimman ryhmän monopoliin.

Arabikevään paras perintö voi hyvinkin olla poliittisen pluralismin ja moniäänisen sananvapauden vakiintuminen aiemmin sentralistisiin ja käytännössä yksipuoluejärjestelminä toimineisiin arabimaihin. Tuo perintö ei kuitenkaan vielä ole lainkaan vakiintunut. Monilla sekulaareilla on ongelmia pluralismin hyväksymisen kanssa, mutta suurin haaste on kyllä islamistien kohdalla. Vaikka he kuinka kuvittelisivat johtavansa päivänpolitiikkaansa suoraan Koraanista, heidän on silti ennemmin tai myöhemmin sopeuduttava ajatukseen, että ovat vain yksi monista poliittisista puolueista. Tämä siis mikäli maiden tulevaisuus on demokraattinen eikä paluu takaisin autoritarismiin.

Jopa jo lähes vuosisadan ajan demokraattisessa monipuoluejärjestelmässä eläneessä Turkissa islamisteilla on ollut suuria vaikeuksia sopeutua poliittiseen pluralismiin. Tämä näkyy alkukesän suurissa mellakoissa, jotka Egyptin tavoin saivat alkunsa islamistisen valtapuolueen ylimielisyydestä ja monopolistisesta asennoitumisesta poliittiseen vallankäyttöön. Jos islamistipuolueet Turkissa, Egyptissä ja muualla islamilaisessa maailmassa kuitenkin onnistutaan kesyttämään yhdeksi poliittiseksi ryhmittymäksi muiden joukkoon pluralistisessa järjestelmässä, silloin arabikevät on tehnyt suurimman palveluksen liberaalille demokratialle maailmassa sitten 1900-luvun alkupuolella Euroopassa tapahtuneen nationalismin ja sosialismin kesyttämisen.

Nationalistit ja sosialistitkin aloittivat radikaaleina ja monopolistisina, väkivaltaa kaihtamattomina aatteina, mutta liberalismi kesytti ne sopeutumaan demokraattiseen pluralismiin. Toki tuo kesyyntyminen koski vain valtavirtoja – monenlaiset laitaliikkeet irtosivat muodostaen ääriliikkeitä ja lisääntyen jakautumalla. Demokratian ulkopuolelle jättäytyneet ääriliikkeet eivät kuitenkaan pystyneet kuin ajoittain todelliseen vallankäyttöön. Ne pysyivät marginaalissa, elleivät onnistuneet kaappaamaan valtaa tai soluttamaan jotain valtavirtaliikettä, mitkä uhat toki edelleenkin ovat äärivasemmiston ja äärioikeiston kohdalla olemassa.

Islamistit omaksuivat retoriikan tasolla demokraattisen pluralismin arvoja jo 1900-luvun mittaan, ja tämän seurauksena väkivaltaa kaihtamattomat jihadistit irtosivat islamismin valtavirrasta, muodostaen ääriliikkeitä ja lisääntyen jakautumalla. Ne kykenivät vallankaappauksiin Iranissa, Afganistanissa ja Sudanissa, mutta jäivät muualla marginaaliin, tullen leimatuiksi terroristeiksi. Ei niin, etteivätkö nämä ääriryhmät olisi vaarallisia, mutta pysyvään valtiovallan haltuunottoon ne eivät ole pystyneet sitten ensimmäisen ja ainoan pysyvämmäksi jääneen saavutuksensa, Iranin islamilaisen vallankumouksen. Arabikevään nuoret aktivistit pystyivät vaikuttavampiin suorituksiin kuin islamistit kymmeniin vuosiin.

Jos islamisteista jollain aikavälillä – sanoisin vähintään kymmenen vuoden aikana – muodostuukin normaaleja poliittisia ryhmittymiä pluraaleihin poliittisiin järjestelmiin, silloin arabikevät on voittanut. Jos ei, silloin vallankumoukset on varastettu. Mikäli arabikevät voittaa, islamisteista voi tulla muslimimaihin samankaltaisia normaaleja konservatiivipuolueita kuin kristillisdemokraatit ja muut konservatiivista politiikkaa länsimaissa tekevät puolueet, joilla on liberaalit ja vasemmistolaiset vastustajansa. Tämä kehitys olisi maailman kannalta parasta ja vakauttaisi merkittävästi etenkin Euroopan lähialueita, avaten portit taloudelliselle vaurastumiselle ja siirtolaisvirtojen kääntymiselle takaisin uusien taloudellisten mahdollisuuksien ja työpaikkojen myötä.

Tämä unelma ei ehkä vielä lähivuosikymmeninä toteudu, mutta se on silti riittävän hyvä ja uskottava unelma, että sen toteutumiseksi kannattaa kamppailla – ja puolustaa tuossa kamppailussa jo saavutettuja voittoja. Tästä näkökulmasta suhtauduinkin Egyptin sotilasvallankaappaukseen – joka tapahtui miljoonien mielenosoittajien yksiselitteisellä tuella – varsin ymmärtävästi. Taisi olla ensimmäinen kerta elinaikanani, kun sympatisoin sotilasvallankaappausta. Niin tekivät tosin myös sadat arabikaverit somessani. Kun vannoutuneet demokraatit ja jopa anarkismiin taipuvaiset vasemmistoaktivistit hyllasivat sotilasvallankaappausta, se kertoi aika paljon siitä disilluusiosta, jonka Muslimiveljeskunta oli lyhyeen katkenneena valtakautenaan aiheuttanut.

Tulos ei kuitenkaan saa olla uusi autoritäärinen diktatuuri, joka kahmii vallan monopolistisesti käsiinsä ja pyrkii Muslimiveljeskunnan täydelliseen eristämiseen ja murskaamiseen. Ikävä kyllä sellaista asennetta näkyy paljon ilmassa osassa vallankaappauksen kannattajista. Uusi varastettu vallankumous olisi kuitenkin uusi petos suurinta osaa kaduilla mieltään osoittaneista nuorista vastaan, ja todennäköinen tie Algerian sisällissodan kaltaiseen pitkään ja kansaa repivään konfliktiin.

Pikemminkin Egyptin uuden vallankumouksen tulisi ottaa mallia Turkista, jossa jokainen sotilasväliintulo johti vielä saman vaalikauden sisällä demokratian palauttamiseen ja paluuseen normaaliin päiväjärjestykseen. Sotilasväliintulolla voi olla funktionsa politiikan ulkopuolisena "vahtikoirana", kuten Turkissa, Pakistanissa ja Indonesiassa on ollut, mutta jos sotilasvaltiaat ryhtyvät poliitikoiksi, heistä tulee väistämättä epäsuosittuja diktaattoreita. Toivokaamme, että Egyptin kenraaleilla olisi riittävästi viisautta tehdä perustuslaista pluralismin ankkuroiva ja vähentää pikemmin kuin pönkittää monopolistisen vallankeskittämisen pitkää perinnettä.

# Ramadanin avajaiset

*10. heinäkuuta 2013*

Jälleen on koittanut se aika vuodesta, kun muslimit aloittavat paasto-kuukautensa, ramadanin. Ramadanin ensimmäistä päivää odotettiin jo toissailtana, mutta kuuta ei näkynyt ajoissa, joten se alkoikin viral-lisesti vasta tänään. Kuukausi päättyy paaston päättymisjuhlaan *eid al-fitriin*, mutta silloin en ole enää Kabulissa, *inshallah.*

Ramadanin aikana muslimit paastoavat auringonnoususta auringonlas-kuun syömättä, juomatta, tupakoimatta sekä muita lihallisia nautintoja toteuttamatta. Auringon laskiessa sitten syödään senkin edestä, kutsu-taan sukulaisia, vieraita ja köyhiä pitopöytiin. Jokailtainen paaston kat-kaiseva ateriointi on nimeltään *iftar.* Monet itse asiassa lihovat paasto-kuukauden aikana, koska *iftarit* ovat sosiaalisia tapahtumia ja kaikilla on iltaan mennessä nälkä. Profeetan elämää koskevan perimätiedon mu-kaan tämä olisi tosin opettanut, että koko kuukauden selviää syömällä kunakin iltana yhden taatelin ja juomalla maitoa. Nykymuslimit viettävät ramadania melkoisen paljon runsaammin pöydän antimin.

Meidän *iftarimme* oli hieman eksoottisempi. Kokoonnuimme suomalais-virolaisella porukalla erään suomalaisen puutarhaan viiniköynnösten katveeseen, joimme maidon sijaan alkoholitonta *halal*-olutta, kuunte-limme suomipoppia ja saunoimme telttasaunassa. Tuli taas todistetuksi, että kyllä itämerensuomalaiset kansat kykenevät myös viinatta hyvään tunnelmaan ja polveileviin keskusteluihin.

# Syyrian sotaanlähtijöistä



Jokin aika sitten julkaisin perjantai-iltapäivän ratoksi katkelman keskustelustani erään amerikkalaisen kanssa. Koska se sai osakseen poikkeuksellisen paljon katsojia aina Venäjältä ja Amerikasta asti, jatketaanpa tänä perjantaina samoilla linjoilla.

Keskustelu alkoi artikkelista, jossa kauhisteltiin, että Euroopasta lähtee nuoria miehiä sotimaan Syyrian sotaan. Toiset keskustelijat T ja S vaativat, että Euroopan hallitusten tulisi jotenkin estää tällainen jihadturismi.

T: *Mutta eivätkö he tuekaan "kapinallisia, jotka jakavat arvomme"? Cameronin hallitus voisi antaa heille aseita jo heidän noustessaan lentokoneisiin Britanniassa. Kaksoisstandardeja?*

S: *Tai sitten kyseessä ovat kaksi eri asiaa. Kapinallistaistelijat hyvä, jihadistitaistelijat paha.*

T: *Ai anteeksi. Luonnollisesti. Näkemykseni oli hämärtynyt, mutta nyt se korjaantui.*

Minä: *Ymmärränkö nyt oikein, että te tuette matkustuskieltojen asettamista etnisen ja/tai uskonnollisen profiloinnin perusteella? No kyllä, se aika pitkälle tarkoittaisi arvojen jakamista Assadin hallinnon kanssa. Syyriassahan poliittisen profiloinnin perusteella langetetut matkustuskiellot olivat tavallinen käytäntö jo kauan ennen vallankumouksen alkamista.*

S: *Ei, en kannata profilointia. Kannatan kuitenkin sitä, että jihadistien vapautta toimia sekä kotimaisesti että kansainvälisesti rajoitetaan. Kuinka tämä voidaan tehdä vaatii lisäkeskustelua ja suunnittelua. Ei sen tarvitse (eikä sen pidä) perustua profilointiin.*

Minä: *Olisi hyvä ajatus rajoittaa jihadistien aktiviteetteja kotimaassa. En kuitenkaan pidä moraalisesti enkä perustuslaillisesti hyväksyttävänä leimata ketään konfliktialueelle matkustavaa jihadistiksi (muslimiprofiilin perusteella). Pidän myös moraalisesti ja perustuslaillisesti kyseenalaisena rajoittaa kenenkään liikkumisvapautta, ellei ole minkäänlaista näyttöä siitä, että hänen toimissaan tai aikeissaan on jotain rikollista. Eihän edes laillinen diskurssi Suomessa käsitä sortovallan vastustamista sellaiseksi aikeeksi, joka laillisessa diskurssissa tunnetaan "terroristisena tarkoituksena". Toisaalta jos yksilön voidaan osoittaa tukevan tunnistettua terroristijärjestöä, kuten al-Qa'idaa, hänet voidaan vetää oikeuteen jo nykyisen lainsäädännön puitteissa.*

*Olisi tosiaan mielenkiintoista tietää, miten ehdotatte että esittämäänne vapauden rajoittamista toteutettaisiin. Keinot, joita eksplisiittisesti tai implisiittisesti ehdotatte, määrittävät onko koko keskustelu auttavainen vai pikemminkin tarkoitustaan vastaan kääntyvä sen ongelman suhteen, josta olemme oletettavasti huolissamme, nimittäin jihadismin.*

T: *Tässä on paljon kaikenlaisia "muttia" ja "eihän sitä voi tehdä". Kuinka voidaan epäilyksettä osoittaa, että joku 1) on aikeissa toteuttaa jossain terroristisia tai jihadistisia toimia, 2) on jo toteuttanut sellaisia? Mielestäni sillä ei pitäisi olla merkitystä, onko vastustettava hallinto sortovalta vai ei. Viranomaiset todennäköisesti toivovat, ettei kukaan näistä matkailijoista tule takaisin elävänä.*

S: *Olen täysin samaa mieltä AK:n kanssa siitä, että jonkun muslimiprofiilisen leimaaminen jihadistiksi ja hänen laillisten oikeuksiensa rajoittaminen on vähintäänkin moraalisesti vastenmielistä ja oikeudellisesti kyseenalaista. Se ei ole suunta, johon minkään liberaalin demokraattisen valtion pitäisi mennä. Juuri siksi profilointi ei voikaan olla perusteena, jos tällaisia rajoituksia otetaan käyttöön Euroopan terrorisminvastaisissa politiikoissa.*

*Tämän sanottuani uskon, ettei siinä periaatteessa ole mitään väärää, että rajoitetaan sellaisten ihmisten liikkumisvapautta, joiden voidaan oikeusistuimessa todistaa olevan jihadisteja (rikollisella aikeella). Kuinka tämä olisi mahdollista, sopii paremmin vastattavaksi oikeusoppineille. On oltava selkeä todistustaakka valtiolla. Sen on todistettava, että joku on jihadisti, ja että tällä on selkeä aikomus ryhtyä ulkomailla terroristisiin toimiin (tai tukea terroristijärjestöjä).*

Kuten T totesi, *tämä on tietysti äärimmäisen vaikeaa toteuttaa käytännössä, etenkin kun tällaisten mahdollisten lakien ei saisi millään lailla rajoittaa lainkuuliaisten kansalaisten vapauksia ja oikeuksia. On hyvä kysymys, voidaanko sitä tehdä ollenkaan.*

Minä: *Rajoitusten ja kollektiivisten rangaistusten luominen impulssien ja tunteiden pohjalta ei ole hyvä pohja järkevälle politiikalle. Totta kai sillä pitäisi olla merkitystä, minkälainen vastustettava hallinto on luonteeltaan – vai kannatatteko kaiken oppositiotoiminnan kriminalisointia? Sitä paitsi suurin osa matkustajista ei ole jihadisteja. Tunnen joitakin, eikä kukaan heistä ole jihadisti tai edes minkään sortin islamisti. Epäilemättä myös jihadisteja on olemassa. Todisteita, että he ovat konfliktiin osallistuessaan syyllistyneet sotarikoksiin tai terrorismiin, voidaan käyttää heitä vastaan, mikäli he yrittävät palata takaisin. Se olisi järkevää politiikkaa.*

*Mainitunlaisten todisteiden hankkiminen ei ole niin vaikeaa kuin miltä se voi kaukaa katsoen tuntua. Esimerkiksi usea syyrialainen kansalaisjärjestö on jo koulutettu ja valmistautunut keräämään juuri tuollaista todistusaineistoa, jota voidaan käyttää, kunhan Syyriassa on oikeusvaltio. Samaa aineistoa voidaan käyttää myös syytettäessä epäiltyä sotarikollista tai terroristia.*

*On selvää, että jihadisti ei ole lakitermi. Mikä olisi se objektiivinen laitos, joka määrittelee jonkun jihadistiksi, jos tällainen määrittely perustuu millekään muulle kuin poliittiselle ja uskonnolliselle profiloinnille? Kannatan profilointia, mutta kannatan sitä osana hyvää tiedustelua – en osana erottelemattomia rajoituksia, kollektiivisia rangaistuksia tai muunlaisia typeriä reaktiivisia toimenpiteitä.*

*Jos tuemme rajoituksia ihmisten vapauksiin, vähintä mitä tulee tehdä, on perustaa ne todellisiin rikoksiin, ei jonkun kuviteltuun tai oletettuun ideologiaan. Kokonaan toinen asia on toimia jihadistista propagandaa vastaan, ja se on legitiimi kotimainen huolenaihe Euroopan maissa, mutta sitä*

*ei mitenkään hyödytä valikoivien matkustuskieltojen tai sen sellaisen toi-
meenpano.*

*Lisäksi oikeuslaitoksen tulee rangaista samoista rikoksista samalla tavoin
riippumatta siitä, mikä poliittinen epiteetti lainrikkojalle annetaan. Sota-
rikoksia tai vastaavia tekevää ei-jihadistia on kohdeltava samoin rajoitta-
vin toimenpitein kuin jotakuta, joka vetoaa uskonnolliseen motiiviin. Eikö
meidän silloin tulisi olla huolissamme myös PKK:sta, Polisariosta, palestii-
nalaisleireille matkustavista vasemmistolaisista, yksityisten turvajoukko-
jen palvelukseen värväytyvistä suomalaisista, Israelin armeijaan liittyvistä
vapaaehtoisista ja vastaavista? Kuinka on mahdollista osoittaa edes mini-
mitason uskottavuudella etukäteen, että tämän ja tämän henkilön aiko-
mukset ovat kunniattomia, kun taas jonkun toisen eivät ole? Totta kai tie-
dustelutietoon perustuva profilointi jää ainoaksi keinoksi.*

S: *Erittäin hyviä huomioita.*

T: *Kuten aina, valtio valitsee poliittisin motiivein, ketkä ovat heille vapaus-
taistelijoita ja ketkä terroristeja. Kuten sanoit, AK, sotarikoksia tai vastaa-
via tekevää ei-jihadistia tulisi kohdella samoin rajoittavin toimenpitein
kuin sellaista, joka vetoaa uskonnollisiin motiiveihin. En ymmärrä, miksi
meidän pitäisi päästää ketään yksilöä taistelemaan mihinkään sotaan val-
tion koneiston ulkopuolella. Ei väliä, kuinka kunniallinen hänen motii-
vinsa.*

Minä: *Kuulen tätä yhtenään organisaatiosi edustajilta. Tuollainen voi kuu-
lostaa helpolta, mutta todellisuus on aika paljon monimutkaisempi.
Kuinka määrittelet sodan? Kuinka määrittelet taistelemisen? Teetkö mi-
tään eroa aseistetun taistelijan ja jonkinlaisessa tukiroolissa olevan henki-
lön välillä konfliktitilanteessa? Esittämäsi periaatteet ovat liukas rinne,
joka johtaa vain kaiken jotakin hallintoa vastaan suunnatun poliittisen
toiminnan kieltämiseen, mikä tekisi Suomesta autoritäärisen valtion, pu-
humattakaan siitä, millaisia absurdeja velvoitteita se loisi viranomaisil-
lemme tarkkailla ja profiloida ihmisten poliittisia mielipiteitä ja toimintaa.
Verrattuna siihen verrattain marginaaliseen uhkaan, jonka muutama ji-
hadisti meille aiheuttaa – ei kiitos, tuollaista valtiota en halua.*

*On tietysti myös hyvä muistaa, että vaikka jossain muualla sodittava sota ei olisikaan sinun sotasi, se ei tarkoita, etteikö se olisi jonkun toisen Suomen kansalaisen sota, johon hänellä on legitiimi intressi. Meillä on myös monia kaksoiskansalaisia.*

*Kääntääkseni väitteesi päälaelleen, en näe riittävää syytä, miksi meidän pitäisi liiallisesti valvoa, mitä yksityiset kansalaiset tekevät vapaa-ajallaan, kunhan he eivät syyllisty rikoksiin tai muodostu turvallisuusuhaksi omalle yhteiskunnallemme. Jos he tekevät rikoksia tai muodostavat uhan, silloin parantaisin mieluummin tiedustelua kuin loisin uusia reaktiivisia rajoitteita ihmisten perusoikeuksille.*

*Aina voi sanoa, että valtiot valitsevat vapaustaistelijansa ja terroristinsa. Terrorismi-sanaa tosiaan usein käytetään hyvin epämääräisesti ja yleistäen. Periaatteessa ei kuitenkaan ole liian vaikeaa erottaa toisistaan terroristisia toimia ja muita toimia, kunhan terrorismin käsite vapautetaan tekijöidensä "profiileista" ja sen sijaan yhdistetään siihen, mitä he todella ovat tehneet. Valtiot ja ihmiset päättävät, mitä pyrkimyksiä he pitävät kunniallisina ja mitä eivät, mutta puhuessamme toiminnasta, kuten terrorismista tai sotarikoksista, voimme todella erotella niitä jonkinlaisella objektiivisuudella siihen nähden, mitä asiaa niillä on esitetty ajettavan. Tässä pitäisi toimia oikeuden sokeuden periaate.*

*Tämä ei tietenkään tarkoita, että pyrkimysten ja motiivien kunniallisuuden ei tulisi olla poliittisen harkinnan kohteena. Jos oikeus on sokeaa, politiikka on nimenomaan tavoitteellista. Jokaisella valtiolla on ja niillä tulee olla jonkinlainen politiikka, tai vähintään jonkinlaisia arvoja, joiden pohjalta tarkastelevat asioiden kulkua, ja tämä tarkoittaa, etteivät ne konfliktitilanteessa koskaan voi pysyä täysin neutraaleina. On aina toivottavia ja epätoivottavia lopputuloksia, ja tämän tulisi toimia politiikkavalintojen perustana. Poliittisen harkinnan tulisi olla pohjana, olipa kyseessä toiminta tai toimimattomuus, ja mikäli linjana on oma toimimattomuus, pohjana sille, pidetäänkö muiden toimijoiden toimimista hyväksyttävänä vai vastustettavana. On virhe kuvitella, että toimimattomuus olisi neutraalia, tai että toimimaton saisi vastuuvapauden seurausten suhteen.*

*Aseellisessa konfliktissa terrorismin ja sotarikosten erottaminen hyväksyttävistä taistelukeinoista ja hyväksyttävästä väkivallasta käy usein vaikeaksi, eivätkä propaganda ja disinformaatio, joilla valtiot yrittävät leimata vastustajiaan terroristeiksi, tee asiasta yhtään helpompaa. Tuo erottelu ei toki ole niin vaikeaa kuin tietämättömät yleensä kuvittelevat, käyttäen "kaaosta" tekosyynä näkemystensä epätarkkuudelle, mutta on se silti joskus vaikeaa. Tämän vaikeuden ei kuitenkaan pitäisi johtaa hysteerisiin reaktioihin mitä tahansa konfliktiosallisuutta kohtaan – esimerkiksi sitä, että joku matkustaa konfliktialueelle.*

T: *Sota ja taistelu. Luonnollisesti on eroa siinä, ottaako joku osaa mielenosoitukseen vai ottaako hän osaa aseistettuun kamppailuun. Ei ole merkitystä sillä, onko kyseessä sota, sisällissota, aseistettu konflikti tai väkivaltainen kansannousu, tai sillä on merkitystä vain poliitikoille, joiden pitää pelata sanoilla oikeuttaakseen toimintansa tai toimimattomuutensa. Mitä tarkoitat "jonkun sodalla"? Eikö kansainvälisen yhteisön tehtävänä sota-aikoina tulisi olla ihmisten saaminen pois sotavyöhykkeeltä sen sijaan, että päästetään lisää ihmisiä ja aseita liittymään kähinään? Olet oikeassa sanoessasi, ettei mikään valtio ole koskaan täysin neutraali, koska toimimattomuuskin on toimintaa. Mitä tulee Suomeen, valvonnan ja tiedustelun trendit tuntuvat olevan pikemminkin päinvastaisia, resurssien vähetessä tulevaisuudessa entisestään.*

Minä: *Joidenkin mukaan kaikki puhe tällaisista turvallisuusuhista on vain viranomaistahojen yritystä hankkia noita resursseja. Ollakseni vastuullinen ja rehellinen katson kuitenkin, että tuollaiset resurssit palvelevat kansallisia intressejämme paljon paremmin investoituina vastavakoiluun sekä tavallisia ihmisiä arkielämässä koskettavan tavanomaisen rikollisuuden torjuntaan. Niissä vallitsee tänä päivänä rankaisemattomuus, joka vähän kerrassaan kasvattaa matalan tason korruptiota ja tuhoaa sen, mikä tapasi olla parasta suomalaisessa yhteiskunnassa.*

*Terroristit ja jihadistit ovat pienimpien turvallisuushuoliemme joukossa. Niihinkin varauduttaisiin paremmin investoimalla hyvään ja järkevään tiedusteluun kuin luomalla uusia rajoittavia lakeja, joista jokainen sitoo taas lisää vähiä resursseja pääosin hyödyttömään ja yhteiskunnallisesti* vahingolliseen isovelivalvontaan, joka taas on pitkällä tähtäimellä tuhoisaa sekä avoimelle yhteiskunnallemme että turvallisuudellemme.

"Jonkun sodalla" tarkoitan, että henkilöillä A ja B voi olla vahva ja legitiimi intressi johonkin tiettyyn sotaan, kun taas henkilöllä C ei sellaista ole. Tässä tilanteessa A ja B, jotka taistelevat keskenään, eivät koe C:n näkemyksiä relevanteiksi.

Koska oletan, että itselläsi on vahva ja legitiimi intressi Suomen itsenäisyyteen, ajattelepa hetki vaikka Ilkka Remeksen "Pääkallokehrääjän" skenaariota. Siinä Suomi on neuvostomiehitetty ja vallassa on kotimainen autoritäärinen hallinto, jota vastaan ulkomailta käsin toimiva suomalainen diaspora organisoi vastarintaa. Olisit ehkä sitä mieltä, että suomalaisten vastarintamiesten toimintaa Ruotsista käsin johtava liikemies Ervasti ansaitsi tulla heitetyksi vankilaan terrorismista sekä viattomien sivullisten sieppauksista ja murhista, vaikka tuo kaikki tapahtuikin hänen kunniallisen asiansa tähden. Mutta toivoisitko myös mobilisoitavan koko kansainvälisen yhteisön eristämään suomalaisia ja estämään heidän toimintansa, kuten loikkarien auttamisen Pohjanlahden ja Tornionjoen yli tai salaisen tuen organisoimisen Suomen kommunistihallintoa kritisoivalle vastarinnalle? Toivoisitko läntisen kansainvälisen yhteisön velvollisuuden olevan varmistaa, ettei mikään voisi horjuttaa Suomen kommunistisen järjestelmän ja neuvostoetupiirin vakautta? Onnea valitsemallesi tielle Suomen itsenäisyyden tukemisessa vain sitten. Minä todennäköisesti olisin Ervastin puolella, vaikka neuvoisinkin häntä valikoimaan metodejaan viisaammin.

T: Olen samaa mieltä ensiksi kirjoittamasi kohdalla. Älykkäästi käytetty tiedustelu helpottaisi meitä välttämään tulevaisuuden ongelmia. Toinen kohta taas on ongelmallinen, enkä ole tutustunut Remeksen tuotantoon. Tunteet ovat ihmiskunnan tappio. Tässä ongelma on, että kapina ja sen ruokkiminen johtavat aina konfliktin pidentymiseen. Totaalinen sota olisi ihmisille se "reilu" ja luonnollinen tapa ratkoa tämänkaltaisia ongelmia, mutta miksi heikompi puoli lähtisi sotaan tietäen, että varmasti häviävät? Ikävä kyllä kansainvälinen yhteisö nähdään nykyisin puolueellisena, mitä tulee voimankäyttöön. Se on usein seurausta huonosta diplomatiasta molemmilla puolilla, kuten Syyrian tapauksessa. Kysymykset ovat vaikeita, mutta siksi keskustelua tarvitaan.

*Yksinkertaisessa maailmassa voisi sanoa, että kuudessa seitsemästä niin kutsutun arabikevään kansannoususta Länsi valitsi voittoisan puolen. Seitsemännessä eli Syyriassa se ei näytä pääsevän tavoitteisiinsa ilman merkittävää sekaantumista.*

Minä: *Näytät ajattelevan, että kansainvälinen yhteisö on sama kuin Länsi. Kuitenkin Syyria ei mennyt niin kuin oletat Lännen halunneen seurauksena juurikin robustista kansainvälisestä sekaantumisesta. Se vain tuli toiselta puolelta. Venäjä, Iran ja Hizbullah sekä toisaalta myös länsivastaiset jihadistiliikkeet ovat sekaantuneet massiivisesti Syyrian tapahtumiin, kun taas Syyrian todellisen opposition odotetut tai väitetyt tukijat ovat sekaantuneet vain marginaalisesti.*

*Sekaantumisen keinotkin ovat olleet täysin epäsuhtaiset. Assadin hallinnon tukijat ovat keskittyneet interventiossaan kovaan sotilaalliseen, tiedustelulliseen ja propagandalliseen sotaan, eivätkä ne osoita toimissaan mitään rajoituksia, kuten esimerkiksi kemiallisten joukkotuhoaseiden käyttö, terrorismi naapurimaita vastaan sekä Hizbullahin ja Iranin erikoisjoukkojen avoin lähettäminen Syyrian rintamalle osoittavat. Sen sijaan Syyrian opposition tukijat ovat rajoittaneet itsensä lähinnä antamaan humanitääristä apua, auttamaan kansalaisjärjestöjä ihmisoikeuksien alueella, auttamalla jonkin verran tiedustelutyössä ja tekemällä erittäin pieniä tunkeutumisia lähinnä silloin kun ovat nähneet omien elintärkeiden intressiensä olevan uhattuina.*

*Nämä toimintaerot ovat aiheuttaneet sen epäsuhdan, josta puhut. Libyan tapauksessa lopputulos olisi ollut Syyrian kaltainen, jos Länsi ei olisi kohtuullisen aikaisin sekaantunut ja siten estänyt Venäjää liittolaisineen sekaantumasta. Libyastakin ehti silti tulla seurannaisvaikutuksia, kun Qaddafin tukemat ja länsivastaiset radikaalit elementit joutuivat pakenemaan Libyasta Maliin ja liittyivät al-Qa'idan väkeen. Ranska hoiti asian varsin elegantisti, eikä saanut aikaan edes mittavaa kansainvälistä raivoa, jollainen olisi epäilemättä syntynyt, jos Maliin olisikin mennyt Amerikka.*

*Assadin hallinto Syyriassa olisi jo tullut syyrialaisten kukistamaksi, ellei kansainvälinen interventio olisi tukenut hallintoa. Qusayria ei olisi vallattu ilman kansainvälistä interventiota – eli Iranin määräystä Hizbullahille mennä ja vallata se. Olet siis oikeassa, että kansainvälinen interventio tällä hetkellä pitkittää Syyrian sotaa ja aiheuttaa massiivisia inhimillisiä tappioita, mutta kyseessä ei todellakaan ole länsimainen interventio.*

T: *No Venäjä ja Iran (ja jossain määrin Kiinakin) ovat "kansainvälisen yhteisön" ulkopuolisia, ja niinpä arkiretoriikassa termi tarkoittaa Länttä. Olet kuitenkin oikeassa. Iran ja Venäjä ovat antaneet kovaa tukea, kalustoa ja keinoja käyttää sitä Syyrian regiimille. Se on yksi syy miksi mielenosoitusten alkaessa tuossa maassa Syyrian regiimillä ei ollut sellaisia keinoja vastata kansannousuun kuin esimerkiksi Marokolla ja Algerialla oli. Ainoa keino, joka heillä oli, oli niin perin venäläinen brutaali voimankäyttö.*

*Siinä olisi ollut ensimmäinen mahdollisuus todelliselle kansainväliselle yhteisölle tulla mukaan ja selvittää ongelma, mutta etenkin Turkki antoi periksi liian pian. Ja tietysti kuka olisi halunnut asettua Venäjää ja Irania vastaan, kun heillä oli niin hyvät suhteet Damaskokseen? En yleensä sano tätä – hyvin harvoin itse asiassa – mutta ehkä tässä tapauksessa olisi ollut hyödyllistä käyttää heidän yhteyksiään. Kuten sanotaan, taistelussa älä koskaan menetä yhteyttä viholliseen. Näin kuitenkin tapahtui Syyriassa länsimaiden ja paikallisen hallinnon välillä. Valitettavasti ranskalaiset olivat jo luvanneet Pariisissa toimiville tuleville oppositiojohtajille, että he saisivat vallan Syyriassa. Syyrialaiset – ne, jotka vielä ovat maassa – haluavat vain, että väkivalta loppuisi. Näyttää kuitenkin siltä, että he ovat yhä hieman allergisia ulkomailta – Ranskasta, Ruotsista tai Turkista – tuotetuille johtajille.*

*Tämä sisällissota ei lopu sillä, että jordanialaiset hankkivat Kroatiasta kiväärejä kapinallisille. Eikä se lopu qatarilaisten ja saudien toimittamilla isommilla aselasteilla. Siteeratakseni Tappajahaita: "he tarvitsevat isomman (veneen) pyssyn". Enkä suinkaan tarkoita panssarintorjuntaa tai ilmatorjuntaa... Jopa ne brittiläiset ja ranskalaiset joukot, joiden israelilaiset sanoivat olleen Syyrian sisällä auttamassa kapinallisia johtamaan operaatioitaan, epäonnistuivat luomaan todellisen voittoisan sotilasvoiman.*

*Mielestäni oppositio ei olisi ollut tarpeeksi vahva kohtaamaan ja syrjäyttämään hallitusta missään tapauksessa. Näen pikemminkin, että Syyrian kansa on tullut tallotuksi alueellisen suurpolitiikan jalkoihin. Tässä sodassa ei ole ollenkaan kyse heistä, ei vähääkään. Jaettu ja heikko Syyria tuntuu sopivan kaikille, kunhan sota pysyy tuon maan rajojen sisällä. Surullista ja kuvottavaa. Sekä Itä että Länsi saavat syyttää toisiaan toimettomuudesta. Diplomatian epäonnistumisesta ja kyvyttömyydestä perääntyä ja nähdä maailma ilman kylmän sodan linssejä. Jos Hamas liittyy Egyptin kaaokseen, näitä tapauksia on pian jo kaksi.*

Minä: *Turkki ja Länsi eivät menettäneet kontaktiaan Syyrian regiimiin. Itse asiassa ne tuhlasivat aivan liian pitkään aikaa sen kanssa, olennaisesti näyttäen vihreää valoa sille regiimin ja sen tukijoiden illuusiolle, että tilanteeseen voisi löytyä ratkaisu brutaalista voimankäytöstä. Tämä oli tietysti erittäin typerää. Syyrian vuoden 2011 kansannousu ei ollut Hama vuonna 1982. Vastustaja ei ollut Muslimiveljeskunta (siis yksi poliittinen puolue), eikä kansannousu ollut keskittynyt yhteen paikkaan. Niinpä jokainen Haman tyyppinen brutaalin voimankäytön operaatio, jonka regiimi teki, johti vain suurempaan määrään armeijan yksiköitä loikkaamaan opposition puolelle, mikä teki lopulta oppositiosta aseellisen.*

*Yhä tässä vaiheessa Muslimiveljeskunta ja jihadistit olivat täysin marginaalisia – itse asiassa se oli lähinnä regiimi, joka hyödynsi jihadisteja omiin tarkoituksiinsa, vapauttaen monia vankiloista ja mobilisoiden ryhmiä, joita se oli käyttänyt tukemaan kapinaa Irakissa. Oli kuukausia ja taas kuukausia aikaa joko regiimille tulla järkiinsä tai Lännelle löytää selkärankansa. Ikävä kyllä kumpaakaan ei tapahtunut, ja tämä johtui osittain tai jopa kokonaan niistä vääristä signaaleista, jotka näyttivät vihreää valoa regiimille ja sen tukijoille (Venäjälle ja Iranille).*

*Valitettavasti defaitistinen asenne Syyrian konfliktiin sekä luottamuspula Syyrian oppositiota kohtaan vallitsivat Turkissa ja Lännessä konfliktin alun ajan, ja tämä pitkitti sotaa sekä loi itsensä toteuttavia profetioita siinä mielessä, että jihadistit todella lopulta saivat jalansijaa taistelussa, jossa heillä ei ollut sellaista aiemmin. Tuloksena loput Syyrian oppositiosta puristettiin kahden länsivastaisen blokin väliin.*

*Tästä huolimatta jihadistien voima Syyriassa on yhä vain kupla, samanlainen kuin Libyassa, sillä mikään valtiotoimija ei ole valmis avoimesti*

*tukemaan al-Qa'idaan yhteyksissä olevia marginaaliryhmiä, jos on ole-
massa pieninkin uskottava pelote, että ei-jihadistinen Syyrian oppositio
saa valtiotasoisen tuen. Malin tyyppinen operaatio jihadisteja vastaan ei
tietenkään ole mahdollinen niin kauan kuin massiivinen sotilaallinen uhka
regiimin ja sen liittolaisten taholta pysyy voimassa. Libyan lisäksi toisen
hyödyllisen vertauksen löytää Ansar al-Islamin pahaenteisestä noususta ja
menestyksellisestä kukistamisesta Kurdistanissa.*

# Alamaisista kansalaisiksi



Arabikevään ensimmäisistä jasmiinintuoksuisista voitoista alkaen olen esittänyt tapahtumaketjusta kolmea teesiä, jotka ovat nyt yhtä totta kuin ne olivat kevättalvella 2011, ja jotka silti edelleen hämmästyttävässä määrin sivuutetaan ignoranttien kommentaattorien parissa.

*Ensimmäinen* näistä teeseistä koskee arabikevään syitä: Arabikevään kansannousut eivät johtuneet köyhyydestä, kurjuudesta eivätkä kehittymättömyydestä. Arabikevät ei tapahtunut Saharan eteläpuolisessa Afrikassa eikä Afganistanissa, vaan keskituloisissa, edellisen vuosikymmenen aikana nopeasti vaurastuneissa arabimaissa. Arabikevään eturintamassa eivät olleet köyhistä köyhimmät eikä kouluttamaton maalaisrahvas, vaan kaupunkilainen ja keskiluokkainen koulutettu nuoriso. Arabikevät ei ollut hallitsematon ryysyrähinä vaan fiksujen ja asiansa osaavien nuorten sukupolvien mobilisaatio, jossa teknologia ja viestintätaidot näyttelivät ratkaisevaa osaa.

Arabikevät oli kehitysaskel eteenpäin, ei taaksepäin, ja se ei tapahtunut siksi, että arabien yhteiskunnat olivat kehittymättömiä, vaan koska ne olivat nopeasti kehittyneet, modernisoituneet ja vaurastuneet. Suuret nuoret ikäluokat tulivat aikuisikään uusin taidoin ja suurin odotuksin. Se osa arabimaailmaa, joka ei ollut tämän kehityksen tasalla, oli valtio. Siksi arabikevät oli yhteiskunnan nousu valtion ottamiseksi haltuun sitä autoritäärisesti hallinneelta korruptoituneelta eliitiltä.

*Toinen teesini* koskee arabikevään tekijöitä. Arabikevään vallankumoukset eivät olleet islamistien sen enempää kuin CIA:n tai Mossadin masinoimia näytöksiä, vaan aitoja kansannousuja, joihin mobilisoitui kokonainen sukupolvi. Tai tarkemmin sanottuna, tuon sukupolven keskiluokkaisempi, koulutetumpi ja kansainvälistyneempi osa. Arabikevään takana ei ollut mikään perinteinen puolue eikä poliittinen ryhmittymä –

suurin osa vallankumousten tekijöistä otti ensimmäistä kertaa elämässään osaa politiikkaan lähtiessään kaduille talvella ja keväällä 2011. Poliitikot, mukaan lukien islamistit, tulivat mukaan kuvaan pahasti myöhässä – vasta kun vastoin kaikkia ensiodotuksia nuoriso näytti sittenkin murtavan valtiokoneiston muutosvastarinnan.

* * *

*Kolmas teeseistäni* koskee arabikevään perintöä. Viime vuosina kaikkialla on ollut muodikasta esittää skeptisyyttä ja pessimismiä arabikevään seurauksia kohtaan. Milloin se on leimattu islamistien esiinmarssiksi, joka aivan kohta perustaisi uuskalifaatin, pyyhkäisisi kaikki eri mieltä olevat maailmankartalta ja varsinkin uhkaisi Israelia. Milloin taas se on leimattu silkaksi velttoilevan nuorison järjestäytymättömäksi räyhäämiseksi kaduilla vailla mitään tavoitteita tai visiota. Sotilasdiktaattoreita on itketty takaisin ja julistettu, ettei demokratia sovi muslimeille, koska joko maalaismassat äänestävät islamistit valtaan tai sitten nuoriso vain hilluu kaduilla polttelemassa lippuja.

Pessimistit kirkuvat kuorossa, että olisi muka ollut olemassa jokin "vallitseva mielipide", joka olisi ihannoinut arabikevättä välittömänä siirtymänä demokraattiseen hyvinvointivaltioon. Itse en koskaan huomannut tuollaista asennetta innokkaimmiltakaan idealisteilta, joten se taitaa olla pelkkä olkinukke. Odotukset olivat toki korkealla, niin kuin vallankumouksissa aina (ajatellaanpa vaikka Itä-Eurooppaa vuosina 1989—1992), mutta eivät tunisialaiset, egyptiläiset ja syyrialaiset tyhmiä ole. Kyllä he tiesivät, että vallankumous olisi vasta jonkin uuden alku, ja että välittömän vakauden sijaan seuraisi valtataistelu, jonka jännitteisin akseli olisi sekulaarien ja islamistien välillä.

Arabikevään tärkein lyhyen aikavälin perintö ei olekaan nopea siirtyminen länsimaiseen liberaaliin demokratiaan, vaan poliittisen pluralismin ja sananvapauden vakiintuminen aiemmin autoritäärisesti hallittuihin poliittisen monopolismin maihin. Tämä siis on ollut kolmas teesini, ja koska toisin kuin kaksi ensimmäistä teesiä, tämä teesi kohdistuu tulevaisuuteen, se on tietysti epävarmin. Voihan olla, että islamistit onnistuisivatkin kaappaamaan vallan ja kukistamaan kaikki vastustajansa, kuten

501

Iranissa tapahtui vuoden 1979 vallankumouksessa. Voihan olla, että uudet hallitsijat osoittautuisivat yhtä diktatorisiksi kuin edeltäjänsä.

Muutama tekijä antoi kuitenkin ymmärtää, ettei paluuta entiseen enää olisi. Tärkein noista tekijöistä on nuori arabisukupolvi. Se on paremmin koulutettua kuin koskaan ennen. Se on kansainvälisempää ja myös keskenään linkittyneempää kuin koskaan ennen. Eräät vaikuttavimmista yksilöistä, joita olen omassa elämässäni tullut tuntemaan ystävinäni, kuuluvat tuohon arabisukupolveen, ja vaikkeivät he olekaan yhteiskuntiensa enemmistö, sillä ei ole väliä, sillä emansipoituneet kriittisen massan saavuttaneet vähemmistöt ovat aina ja kaikkialla olleet muutosten airuita.

* * *

Mitä islamisteihin tulee, he eivät ole minua vakuuttaneet. En ole koskaan ollut yhtä vakuuttunut islamistien kyvyistä maailmanvalloitukseen kuin kiihkeät islamvihaajat tuntuvat olevan Eurabia-dystopioineen. Pystyvät kyllä räyhäämään ja räjäyttämään pommeja, mutta silti he eivät kaikella metelillään kymmeniin vuosiin saavuttaneet mitään vastaavaa kuin mitä some-sukupolvi saavutti yhden myrskyisän vuoden aikana. Arabikevään jälkeen vallankumouksen tekijät panivat islamistimilitantit kuriin Libyassa ja pitävät myös Tunisiassa tiukasti kiinni vapaudestaan, yrittipä *an-Nahda* mitä hyvänsä. Uskoni arabikevääseen vain vahvistui viime kuunvaihteessa, kun Egyptin väestön aktiivisin osa näytti kaapin paikan maailman voimakkaimmalle ja poliittisesti parhaiten järjestäytyneelle islamistipuolueelle, Egyptin Muslimiveljeskunnalle.

Toki islamistiset aseelliset ääriliikkeet edelleen muodostavat merkittävän uhan arabikevään aseettomille aktivisteille. Näin on erityisesti Syyriassa, jossa maailman vahvin terroristijärjestö *Hizbullah* tukee Assadin hallintoa, ja sodan pitkittäminen sekä maailman haluttomuus auttaa Syyrian kansaa on puolestaan vastapuolella antanut jalansijaa *Jabhat an-Nusran* kaltaisille salafilaisille ääriryhmille. Viime viikkoina Vapaan Syyrian joukot ovat joutuneet kahden rintaman sotaan, kun joutuvat taistelemaan myös *al-Qa'idaa* vastaan ilman riittävää ulkomaista tukea.

* * *

Perustuslaki- ja lakiuudistuksiin erikoistunut amerikanegyptiläinen kansainvälisen oikeuden juristi Tamer Nagy Mahmoud julkaisi 13. heinäkuuta mielenkiintoisen analyysin Egyptin vastavallankumouksesta Atlantti-neuvoston rahoittamassa verkkolehti *EgyptSourcessa*. Käännän siitä keskeisiä paloja tähän.

> *"Keskittyminen väittelyyn siitä, oliko entisen presidentin Muhammad Mursin syrjäyttäminen vallankaappaus vai vallankumous, vie sivuraiteille tärkeimmästä asiasta: Egyptiläiset ovat oppineet kyseenalaistamaan kohtalonsa ja valmiita ottamaan vastuun Egyptin tulevaisuuden muokkaamisesta.*
>
> *Miljoonat egyptiläiset lähtivät kaduille, koska he uskoivat, että tammikuun 25. päivän vallankumouksen oli kaapannut autoritäärinen regiimi, joka monin tavoin ylläpiti Mubarakin ajan sortovaltaisia käytäntöjä, eikä toivoa parannuksesta ollut näkyvissä.*
>
> *On yletöntä yksinkertaistamista sivuuttaa Egyptin tapahtumat väittämällä, ettei kyse ollut muusta kuin joukosta katkeria häviäjiä (oppositio), jotka liittoutuivat armeijan kanssa syrjäyttääkseen demokraattisesti valitun presidentin vain vuoden virkaanastumisensa jälkeen. Näin ei ollut. Mursin täpärä vaalivoitto ei olisi ollut mahdollinen ilman vallankumouksellisten tukea. He auttoivat häntä saamaan yli 13 miljoonaa ääntä, jotta Mubarakin viimeinen pääministeri Ahmad Shafiq pidettäisiin pois vallasta. Ensimmäisellä kierroksella, jossa Mursia kannatti vain uskollinen tukijajoukkonsa, hän ei saanut kuin viisi miljoonaa ääntä.*
>
> *Lisääntynyt tyytymättömyys Mursin suoriutumiseen johti kampanjaan nimeltä Tamarrud (Kapina), joka vaati aikaistettuja presidentinvaaleja ja maanlaajuisia mielenosoituksia Mursin virkaanastujaisten vuosipäiväksi, joka oli 30. kesäkuuta. Viikkojen sisällä yli 22 miljoonaa egyptiläistä allekirjoitti Tamarrudin vetoomuksen ja 30. kesäkuuta miljoonat lähtivät kaduille vaatimaan Mursin eroa. Kyse oli johtajattomasta ruohonjuuritason*

*liikkeestä käsitteen jokaisessa merkityksessä. Egyptin oppositio-politiikot eivät koskaan ole kyenneet mobilisoimaan tällaisia määriä väkeä vetoomuksiin, saati mielenosoituksiin valtavassa enemmistössä Egyptin maakuntia. Tamarrud itse asiassa paljasti oppositioeliitin kyvyttömyyden galvanoida vahvaa tukipohjaa yhtä tehokkaasti kuin joukko tuntemattomia nuoria onnistui tekemään muutamassa viikossa.*

*Kesäkuun 30. päivän mielenosoitusten osanottajat katsoivat Mursin menettäneen legitimiteettinsä demokraattisen valtion oikeutettuna johtajana. Suurin osa mielenosoittajista ei suinkaan kyseenalaistanut hänen aiempaa vaalivoittoaan, vaan he katsoivat sen irrelevantiksi, koska Mursin toimet virkaanastumisensa jälkeen olivat olleet niin demokratianvastaisia.*

*Presidenttikautensa alussa Mursi oli toistuvasti julistanut, kuinka tärkeää oli ojentaa kättä oppositiolle ja tehdä päätöksenteosta inklusiivista. Käytännössä Mursi kuitenkin vieraannutti opposition ja hänen hallintonsa näytti päättäväisesti suojelevan Muslimiveljeskunnan intressejä kaikkien muiden yli. Hän ei koskaan lunastanut lupauksiaan uudistaa perustuslakineuvoston kokoonpanoa niin että se edustaisi paremmin koko Egyptin yhteiskuntaa. Yritykset saavuttaa konsensusta kansallisella dialogilla kilpistyivät yksipuolisiin päätöksiin, jotka jättivät huomiotta kaikki käydyt dialogit. Tällaiset ulossulkevat käytännöt jatkuivat eri muodoissa läpi Mursin vallassaolon.*

*Viisi kuukautta valintansa jälkeen Mursi antoi perustuslaillisen määräyksen, jolla hän otti itselleen poikkeukselliset valtaoikeudet ja immuniteetin kaikkea oikeudellista valvontaa vastaan. Määräys vesitti oikeusvaltioperiaatetta ja perustuslaillisia vallanjaon periaatteita sekä haittasi oikeuslaitoksen työtä. Hänen hallintonsa lainsäädäntötyö ei ollut sen parempaa. Ehdotetut lait kansalaisyhteiskunnan ja rauhanomaisen mielenosoittamisen rajoittamisesta olivat huolestuttavia esimerkkejä aikeista pystyttää uudelleen autoritäärinen valtio ja nujertaa kansalaisvapaudet, poliittiset oikeudet ja vapaa media.*

*Mursin ulossulkevat politiikat varmistivat, että vain Muslimivel-
jeskunnalla ja sen liittolaisilla olisi aidosti vaikutusvaltaa hallin-
nossa. Mursi ei pelkästään vieraannuttanut islamistileirin ulko-
puolisia poliittisia ryhmiä, vaan myös missasi mahdollisuutensa
sitouttaa Egyptin väestö omistajuuteen maan ongelmista ja nii-
den ratkaisuista. Niinpä ainoastaan Mursi ja Veljeskunta lopulta
joutuivat vastuuseen niistä monista kriiseistä, jotka viime vuoden
ajan vaivasivat Egyptiä.*

*Kesäkuun 30. päivää edeltävinä viikkoina armeija lähetti monia
signaaleja, jotka antoivat ymmärtää, ettei se puuttuisi politiik-
kaan. Monet uskoivat, ettei armeija missään tilanteessa toimisi
Mursin hallintoa vastaan; olihan armeija varmistanut omat in-
tressinsä Mursin hallinnon aikana. Uuden perustuslain mukaan
armeijan budjetti ja operaatiot suojattiin julkiselta valvonnalta.
Armeija myös pidätti oikeuden asettaa siviilejä syytteeseen sota-
oikeuksissa kaikenlaisista 'puolustusvoimia haittaavista' rikok-
sista. Niin ikään islamistien dominoima lainsäädäntö ei säästellyt
vaivannäköä viedessään läpi minkä tahansa lain, jonka armeija
tilasi (joissain tapauksissa hämmästyttävällä nopeudella ja ilman
minkäänlaista julkista keskustelua). Ei myöskään ollut mitään
viitteitä, että sotilasjohtajat joutuisivat syytteeseen sotilasneu-
voston (SCAF) vallan aikana tehdyistä rikoksista.*

*Ihmisoikeusaktivistit, ultrat [jalkapallofanit] ja muut vallanku-
moukselliset ryhmät, joille armeijan väärinkäytökset Mubarakin
syrjäyttämistä seuranneen siirtymävaiheen aikana olivat liiankin
tuttuja, olivat nyt tukemassa Tamarrudin kampanjaa. He vannoi-
vat vastustavansa sotilasvaltaa myös Mursin jälkeen; jotkut Mur-
sia vastaan Tahririllä ja presidentinpalatsilla huutaneista huusi-
vat myös SCAF:ia vastaan. Oli siis epäselvää, miksi armeija riskee-
raisi saavuttamansa edut sitä epävarmuutta vastaan, joka Mur-
sin kaatumista seuraisi. Tästä huolimatta armeija tunsi olevansa
pakotettu sekaantumaan, koska vaatimukset sotilasväliintulolle
olivat niin laajasti kannatettuja.*

*Kairon kaduilla kuultujen huutojen ja julisteissa nähtyjen iskulauseiden joukossa yleisimpiä oli vaatimus, että puolustusvoimain komentaja kenraali Abdelfattah as-Sisi astuisi valtaan. Se massahurraus, jonka mielenosoittajien yllä pörränneet armeijan helikopterit saivat osakseen, ei jättänyt juuri sijaa epäilyksille siitä, mitä kansa halusi. Jos armeija olisi päättänyt pitäytyä sivussa, se olisi riskeerannut oman legitimiteettinsä Egyptin kaduilla. Armeija olisi vaarantanut oman pidemmän tähtäimen selviytymisensä, jos sen olisi nähty hylkäävän yleisen mielipiteen Muslimiveljeskunnan hyväksi. Ottaen huomioon kasvaneet kutsut kansalaistottelemattomuuteen, lisääntyneet eroamiset ja viralliset lausunnot, jotka julistivat epäluottamusta Mursia kohtaan presidenttinä, oli vaikea kuvitella, kuinka Mursi olisi voinut hallita, jos olisi jäänyt valtaan.*

*On oleellista, että kaikki Egyptin demokraattiset voimat ylläpitävät painetta siirtyä nopeasti siviilihallintoon. On lupaavaa, että armeija päätti luovuttaa presidentin tehtävät korkeimman perustuslakituomioistuimen puheenjohtajalle eikä sotilasneuvostolle. Ei ole epäilystäkään, että armeija kontrolloi transitiota kulissien takaa, mutta näyttää siltä, että meneillään on vakavia pyrkimyksiä muodostaa siviilihallitus transitiota valvomaan. Lisäksi väliaikainen presidentti antoi tällä viikolla julistuksen, että se asettaa aikataulun perustuslain muuttamiselle sekä uuden presidentin ja parlamentin valitsemiselle vaaleilla.*

*On otettava merkityksellisiä askelia sen varmistamiseksi, että siirtymäprosessista saadaan inklusiivinen. Sen on katettava kaikki Egyptin poliittiset ryhmittyvät, myös islamistit, jotta vältettäisiin loputon koston, kaaoksen ja väkivallan kierre. Äärikonservatiivisen salafilaispuolue Nūrin kriittinen rooli uuden kabinetin valinnassa indikoi toistaiseksi, että pyrkimykset huomioida islamistien mielipiteet prosessissa otetaan vakavasti. On todennäköistä, että Muslimiveljeskunta yhä torjuu koko prosessin ja mobilisoi kannattajiaan mitä tahansa uutta hallitusta vastaan. Jos kuitenkin menestyksellinen transitio alkaa tuottaa myönteisiä tuloksia,*

*Veljeskunta ei ehkä enää löydä laajaa kannatusta egyptiläiseltä kadulta.*

*Muslimiveljeskunnan kannattajat ovat tähän asti osoittaneet halukkuuttaan eskaloida vastakkainasettelua väkivaltaisiin yhteenottoihin muuta yleisöä vastaan, Veljeskunnan johtajien aktiivisesti kiihottaessa rivejään uhraamaan henkensä Mursin palauttamiseksi valtaan, maalatessa erimielisyyden taisteluksi jumalaapelkääväisten ja Jumalasta piittaamattomien välillä. Seurauksena hyökkäykset poliisiasemia, armeijan tarkastuspisteitä ja Mursia vastustavia siviilejä vastaan ovat jatkuneet koko viime viikon pitkin maata, ja mukana on järkyttäviä raportteja hyökkäyksistä kirkkoihin ja kristittyjen koteihin sekä jopa nuorten mielenosoittajien heittämisistä alas katoilta.*

*Jotkut Mursia kannattaneet mielenosoittajat ovat myös joutuneet hyökkäysten kohteeksi eri puolilla maata. Lisäksi kun Muslimiveljeskunnan kannattajat yrittivät hyökätä Presidentinkaartin upseerikerholle, jossa Mursia väitetysti pidettiin, seurasi vartijoiden kanssa verinen taistelu, jossa yli 50 mellakoijaa sai surmansa. Vaikka välikohtauksen yksityiskohdista onkin ristiriitaisia tietoja, silminnäkijäkertomukset viittaavat siihen, että vartijat käyttivät liiallista voimaa hyökkäyksen torjumiseksi ja saattoivat myös kostaa hyökkäämällä rauhallisia mielenosoittajia vastaan, jotka olivat samalla alueella. On välittömästi aloitettava riippumaton tutkimus välikohtauksen selvittämiseksi ja syylliset tuotava oikeuteen – eihän syyttömien siviilien tappamista pidä milloinkaan pitää oikeutettuna.*

*Egyptin tilanteen arvioiminen siitä kapeasta näkökulmasta, oliko Mursin syrjäyttäminen vallankaappaus vai ei, on pitkälti sivuseikka niille miljoonille egyptiläisille, jotka viime viikolla lähtivät kaduille. Useimmat egyptiläiset vannoivat, etteivät ikinä palaisi tammikuun 25. päivää [2011] edeltäneeseen autoritääriseen valtioon, eivätkä he nähneet Mursin vallankäyttöä minään muuna kuin tuon autoritäärisen valtion jatkumona. Kun uhmakas regiimi ei jättänyt heille muita vaihtoehtoja, ihmiset nousivat haastamaan Mursia ja suojelemaan vallankumoustaan tulemasta kaapatuksi vaaliprosessin valekaavussa. Eivät nämä egyptiläiset ole kutsumassa maahan samanlaista sotilasvaltaa, jollainen koettiin Mubarakin syrjäyttämisen jälkeen. Pikemminkin he haluavat nopeaa transitiota siviilihallintoon, joka auttaisi muodostamaan oikean perustuslaillisen demokratian. Sellaisen, joka pyhittäisi ihmisoikeudet, suojelisi vähemmistöjen ja kaikkein haavoittuvimpien oikeuksia sekä kansalaisten arvoja ja intressejä eikä vain vallassa olevien.*

*Monet ovat skeptisiä armeijan aikeita kohtaan ja epäilevät näiden halukkuutta luopua vallasta. Vaikka jaankin nämä huolet, luotan Egyptin kansan kykyyn suojella demokratiaansa. Samat ihmiset, jotka mobilisoituivat kaduille kahdesti alle kolmessa vuodessa, toimivat kyllä vahtikoirina mille tahansa armeijan yritykselle juuttua valtaan yhtään tarpeen vaatimaa pidemmäksi aikaa. Olihan kyseessä joka tapauksessa sama kansa, joka vielä vuonna 2012 oli kaduilla vaatimassa armeijaa luovuttamaan vallan siviilihallitukselle. Tärkein seuraus tammikuun 25. päivän vallankumouksesta onkin, että se on muuttanut egyptiläisten ihmisten suhtautumista nähtävissä olevaan tulevaisuuteen. Egyptiläiset ovat oppineet kyseenalaistamaan kohtalonsa ja vaatimaan hallitustaan vastuuseen. Kesäkuun 30. päivänä kymmenet miljoonat egyptiläiset lähtivät kaduille ilmaisemaan tyytymättömyytensä hallitukseen. Jos tuo ei ilmennä demokraattisten arvojen henkeä, niin en tiedä mikä ilmentää."*

* * *

Toinen nettilehti, *The Majalla*, onkin eilen julkaissut uutisia uuden siviilihallituksen muodostamisesta. Artikkelin mukaan väliaikainen pääministeri Hazem al-Beblawi on muodostanut uuden hallituksen sunnuntaina ja se vannoisi virkavalan väliaikaiselle presidentille Adli Mansurille huomenna keskiviikkona. Ulkoasiain varapresidentiksi valittu entinen YK-diplomaatti ja oppositiopoliitikko Muhammad al-Baradei vannoi virkavalansa jo sunnuntaina.

Arabiankielisen lehden *ash-Sharq al-Awsatin* uutisen mukaan ulkoministeriksi olisi tulossa entinen Washingtonin-suurlähettiläs Nabil Fahmi, työministeriksi Kamal Abu-Eita, oikeusministeriksi Muhammad Amin al-Abbasi al-Mahdi ja valtionvarainministeriksi Ahmad Jalal. Tiedotus- ja kulttuuriministereiksi on esitetty naisia. Mansurin hallinto on keskustellut kansallisen sovintoprosessin käynnistämisestä sunnalaisen uskonoppineisuuden tärkeimmän opinahjon al-Azharin suurimaamin Ahmad at-Tayebin kanssa. Sovintoprosessin johtokuntaan on tarkoitus valita edustajia al-Azharista, Koptikirkosta, *Tamarrudista*, nuorisoliikkeestä, islamisteista sekä poliittisista puolueista. Tämä ainakin osoittaisi yritystä saada eri osapuolet samojen pöytien ääreen.

Liberaalien ja vasemmistolaisten puolueiden muodostama vaaliliitto Kansallinen pelastusrintama on jo ilmoittanut edustajiensa nimeämisestä mainittuun komiteaan. Haasteellisempaa on saada poliittiset islamistit mukaan, sillä Muslimiveljeskunta on ainakin toistaiseksi kutsunut kannattajiaan boikotteihin ja vastarintaan. Liikkeellä on tarpeeksi kannattajia lietsomaan maahan pitkittyvää väkivaltaa ja syventämään kansan kahtiajakoa entisestään. Pidemmällä tähtäimellä tämä olisi tuhoisaa sekä Veljeskunnalle että sen vastustajille, sillä vastustajat menettäisivät mahdollisuutensa kesyttää Muslimiveljeskunta demokratian avulla normaaliksi puolueeksi puolueiden joukkoon, ja Veljeskunta taas menettäisi mahdollisuutensa olla vaikutusvaltaisin yksittäinen puolue luotaessa Egyptin tulevaisuutta seuraaviksi vuosikymmeniksi.

* * *

Kuten alussa totesin, tärkein perintö, joka arabikeväästä voi jäädä, ja jolla voi olla kauaskantoiset seuraukset, olisi poliittisen pluralismin ja siihen olennaisesti kuuluvan sananvapauden vakiintuminen arabimaiden poliittisiin järjestelmiin. Sille on periaatteessa kaikki edellytykset: Poliittisia aatesuuntauksia on useita ja ne ovat kilpailukykyisiä toisiinsa nähden. On liberaaleja, vasemmistolaisia, nationalisteja, islamisteja ja mahdollisesti myös uusia nousevia liikkeitä. Näiden pitää vain päästä eroon monopolistisesta asenneperinnöstä, joka yhä ehkäisee kompromissien tekemistä poliittisten vastustajien kanssa ja houkuttelee vaalivoiton jälkeen kahmimaan valtaa ja estämään vastustajien vaikutus-

509

mahdollisuudet. Poliittinen pluralismi on toimivan demokratian kannalta olennaisempaa kuin vaalien kaltaiset rituaalit, vaikka jälkimmäisetkin ovat tärkeitä.

Ehkä tärkein edellytys poliittisen pluralismin ja sananvapauden vakiintumiselle on kuitenkin se, että uudet sukupolvet ovat emansipoituneet aivan erilaiseen yhteiskunnalliseen osallistumiseen kuin vanhempiensa ja isovanhempiensa sukupolvet. Vanhemmatkin sukupolvet kyllä purnasivat ja kritisoivat vallanpitäjiä lakkaamatta, mutta eivät todellisuudessa näitä koskaan haastaneet, vaan mielistelivät ja korruptoivat tiensä ylöspäin autoritäärisessä ja klientilistisessä järjestelmässä. Nykynuoret ovat saaneet tästä tarpeekseen, sillä se ei enää palvele heidän etujaan eikä avaa heidän ambitioitaan vastaavia tulevaisuudennäkymiä.

Satelliittitelevision, internetin ja sosiaalisen median massiivinen ekspansio arabimaissa viimeisen vuosikymmenen aikana on myös avannut nuorille sukupolville aivan erilaisen näkemysten ja tietojen pluralismin kuin vanhemmille sukupolville, jotka olivat tottuneet autoritääriseen opetukseen ja mielipiteiden omaksumiseen vanhemmiltaan tai ylemmiltään. Nykynuoret muodostavat mielipiteitään interaktiivisesti vertaisverkostoissa, eivät enää hierarkkisesti kuten vanhat puolueet johtajineen, palopuheineen, komiteoineen ja juonittelevine pyrkyreineen.

Pluralismi ja sananvapaus eivät tietenkään vielä takaa sellaisia asioita kuin vakaus tai ääriliikkeiden katoaminen. Eivät suinkaan. Lyhyellä tähtäimellä ne todennäköisesti tuovat arabimaihin jatkuvaa epävakautta ja venettä keikuttavia laitaliikkeitä. Mutta eipä Itä-Euroopassakaan 1990-luvun vakiintumattomassa poliittisessa torikuhinassa kaivattu takaisin kommunististen diktatuurien "vakautta" paitsi suhteellisuudentajunsa täydellisesti menettäneiden nostalgikkojen ja länsimaisten idäntuntijoiden parissa. Toivokaamme, että arabimaiden tulevaisuuden luovat kuitenkin ennemmin omat nuoret sukupolvensa kuin vanhan vallan nostalgikot ja länsimaiset orientalistit.

# Pienyrittäjien vallankumous

*20. heinäkuuta 2013*

Olen kirjoittanut paljon arabikeväästä, mutta kirjoitetaanpa vielä enemmän. Sen verran mielenkiintoinen oli perulaisen kehitystutkijan ja Vapauden ja demokratian instituutin johtajan Hernando de Soton artikkeli Egyptin ja muunkin arabimaailman kansannousun syistä. De Soto nostaa ratkaisevaksi ryhmäksi pienyrittäjät ja ylipäätään ihmisten tarpeen saada parantaa omaa asemaansa toimimalla vapaasti markkinoilla.

Vaikka oma näkemykseni on, että arabikeväässä oli kyse monista rinnakkaisista vaatimuksista, kaikki suunnattuina autoritääristä ja korruptoitunutta järjestelmää vastaan, osa keskenään ristiriitaisia, de Soton esittämä näkökulma on erittäin tärkeä osa kokonaispalettia – ja usein jätetty kokonaan huomiotta länsimaisessa keskustelussa. Asia liittyy laajemminkin kehityspoliittiseen keskusteluun, jossa korostetaan aivan liikaa ns. sosiaalisia oikeuksia, kun niiden varmistamiseksi pitäisi ensin vapauttaa ja emansipoida ihmiset auttamaan itse itseään.

Pienyrittäjien keskeinen osuus arabikevään takana on sikälikin erittäin tärkeä asia, että nimenomaan arabikaupunkien väestöstä valtava osuus saa elantonsa pienyrittämisestä – vähittäiskaupasta käsityöläisyyteen ja palveluihin. Arabikevät oli ennen kaikkea kaupunkilainen ilmiö. Vallankumouksia tekivät yhteiskunnallisesti etenemishaluiset mutta autoritääriseen mielivaltaan päänsä riittävän monta kertaa lyöneet kaupunkilaiset, eivät islamisteja sittemmin vaaleissa äänestäneet maalaiset ja kaupunkien köyhälistö.

Suomennan oheen keskeisiä pätkiä de Soton artikkelista:

> *"Arabit kapinoivat, koska he haluavat kapitalismia. Miksi Länsi ei kykene tätä näkemään?*

*Uskon, että asia on näin. Arabikevät oli massiivinen taloudellinen protesti: vaatimus, että köyhillä tulisi olla perusoikeudet ostaa, myydä ja edistää omaa asemaansa maailmassa. Minulla on otsaa sanoa tämä, koska heti arabikevään itsensä polttamalla käynnistäneen tunisialaisen hedelmämyyjän Muhammad Bouazizin kuoleman jälkeen tutkimuslaitokseni tutkijat viettivät kaksikymmentä kuukautta alueella keräämässä lisää tietoa. Miksi joku surmaisi itsensä menetettyään kärryllisen hedelmiä ja vanhan vaakasetin? Saimme selville jotain, minkä tiedotusvälineet olivat jättäneet huomiotta: hän ei ollut ainoa. Kahden kuukauden sisällä Bouazizin kuolemasta peräti 63 naista ja miestä replikoi Bouazizin protestin eripuolilla arabimaailmaa: 21 Tunisiassa, 29 Algeriassa, viisi Egyptissä, neljä Marokossa, kaksi Syyriassa, yksi Saudi-Arabiassa ja yksi Jemenissä.*

*He olivat kaikki, kuten Bouazizi, laillisen järjestelmän ulkopuolella toimivia yrittäjiä - jotka protestoivat puolustaakseen oikeuttaan jatkaa. Oikeutta omistaa ja parantaa omaa elämäänsä; koota pääomia; oikeutta elää ilman, että omaisuutensa takavarikoidaan mielivaltaisesti. He toimivat niinkin erilaisilla aloilla kuin ravintoloissa, ohjelmointialalla, kiinteistökaupassa, optikkoina ja taksiyrittäjinä, ja heidän päätymisensä julkiseen itsemurhaan johtui yleensä siitä, että viranomaiset olivat takavarikoineet heidän tuotteensa, tuotantovälineensä tai dokumentaationsa. Kuten yksi tunisialainen hengissä selvinnyt kertoi meille: 'Minulla ei ole mitään ongelmaa kilpailun kanssa, mutta omaisuuden takavarikointi riistää arvokkuuteni. Viranomaiset eivät tunnusta, mikä on meidän, ja sellaista on mahdotonta sietää.'*

*Tämä ei ole asioiden laita vain arabimaailmassa, vaan suurimmassa osassa kolmatta maailmaa. Läntisissä korvissa fraasi 'musta pörssi' kuulostaa epäilyttäviltä diileiltä sivuraiteilla. Arabimaailmassa kuitenkin lainmukaisuus on se, mikä on sivuraiteilla. Taloustieteilijät katselevat vain virallisia tilastoja ja kuvittelevat niiden perusteella esimerkiksi, että Egyptissä on valtava työttömyystaso. Jos kuitenkin olisit työelämän ulkopuolinen egyptiläinen, olisit kolmen tai neljän kuukauden päästä kuollut, koska sinulla ei olisi riittävästi ruokaa. Suurin osa arabeista tekee töitä, mutta tavoilla, jotka ovat näkymättömiä ei vain heidän hallituksilleen vaan myös Lännelle.*

*Mistä mittaluokista sitten puhumme? Yksistään Egyptissä lain ulkopuolinen sektori kattaa 84 prosenttia yrityksistä ja 92 prosenttia maapalstoista. Oma organisaationi, Perussa sijaitseva Vapauden ja demokratian instituutti, arvioi, että noin 380 miljoonaa arabia saa suurimman osan tuloistaan varjotaloudesta.*

*Kyse ei ole mistään länsimaisesta monopolistisesta salaliitosta. Amerikkalaiset, eurooppalaiset ja japanilaiset ottavat vauraudenluomisprosessin niin totaalisen itsestäänselvyytenä, että he ovat unohtaneet omaisuuden olevan enemmän kuin kiinteistöt tai omistajuus. Kyse on identiteeteistä, sopimuksista, säännöistä, luottotakauksista ja dokumentoidusta tiedosta, joka mahdollistaa sen, että yrittäjät yhdistävät ihmiset, asiat ja pääoman arvokkaammiksi yhdistelmiksi. Nämä välineet, jotka ovat oleellisia köyhyydestä pääsemiseksi, ovat useimpien arabiyrittäjien ulottumattomissa.*

*Egyptissä esimerkiksi pienyrityksen kuten leipomon omistaminen vaatii suhmurointia peräti 29 eri valtion viraston kanssa ja navigointia 215 lakikokonaisuuden viidakossa. Arabimaissa köyhän yrittäjän oikeus transaktioihin riippuu paikallisviranomaisten hyvästä tahdosta, ei laista. Kun Bouazizi ja muut hänen ratkaisuunsa päätyneet yrittäjät menettivät tuon hyvän tahdon, heidän oikeutensa haihtuivat ilmaan ja riistivät heiltä ikuisiksi ajoiksi pääsyn niihin välineisiin, joilla omistusoikeudet lepäävät. Viranomaiset eivät takavarikoineet ainoastaan heidän omaisuuttaan, vaan heidän tulevaisuutensa. Siksi he polttivat itsensä hengiltä.*

*Brittiläinen filosofi Gilbert Ryle lanseerasi termin 'kategoriavirhe'. Jos et aseta kategorioitasi oikein, hän sanoi, et voi saada analyysiasi oikein. Jos siis Länsi asettaa Egyptin ja arabikevään 'islamilaisen kansannousun' kategoriaan, se ei ole pelkästään väärinymmärtänyt miljoonien toiveita, vaan menettää myös merkittävän mahdollisuuden. Meidän arvioidemme mukaan yrittäjiä, jotka haluavat länsimaiden tavoin omistusoikeudet takaavan oikeudellisen järjestelmän, on alueella satatuhatta kertaa enemmän kuin al-Qa'idan kannattajia."*

De Soton viimeksi mainitsemaa suhdelukua – muutosta vaativat yrittäjät vs. jihadistit 100 000:1 – kannattaa verrata siihen, minkä määrän huomiota ovat länsimaisessa ja ikävä kyllä usein arabimaidenkin poliittisessa päätöksenteossa saaneet toisaalta pienyrittäjät ja toisaalta jihadistit. On aivan ilmeistä, että fokus on arabimaita tarkasteltaessa pahasti väärässä paikassa.

En voi olla vetämättä de Soton artikkelista aasinsiltaa Suomen tilanteeseen. Joka päivä saamme lukea lehdistä uusista tapauksista, joissa viranomaisten suoranaisesti kafkamainen mielivalta on tehnyt taas yhden yrittämisen muodon mahdottomaksi, köyhdyttäen suomalaisten elämää erityisesti pienemmillä paikkakunnilla. Milloin on yritetty estää riippumaton bussitoiminta kieltämällä liian lähelle ihmisiä tulevat pysäkit, milloin taas kyläkaupat joutuvat sulkemaan ovensa siksi, että terveysviranomaiset kieltävät tuoreen kotitekoisen pullan myynnin. Paikallisten vieminen veneellä Tenojoen yli kielletään vaatien EU-normien mukaisia merenkulkulupia, jäätelöauton pyörittäminen Helsingin keskusta-alueilla kielletään, ja lukiolainen ei saisi hankkia kesätuloja tarjoamalla bussimatkustajille tervetulleita palveluja.

Suomalaiset pienyrittäjät eivät vielä ole barrikadeilla. Sen sijaan he ovat antautuneet, nostelevat veronmaksajien laskuun pakollisiksi käyneitä yritystukia, vääntävät päivät pääksytysten tukiaisiin vaadittavaa paperisotaa taloudellisen lisäarvon tuottamisen sijaan, ja – mikä tärkeintä – eivät pysty olemaan mukana elvyttämässä talouttamme ja työllistämässä kortistossa lojuvia suomalaisia tai omaa paikkaansa yhteiskunnassa etsiviä vastavalmistuvia nuoria.

# Jäähyväiset Kabulille

*31. heinäkuuta 2013*

Viimeisen viikon olen jättänyt hyvästejä Kabulille ja valmistautunut tervehtimään Kiovaa uutena kotikaupunkinani. Lähettäessäni yli 300 kutsua jäähyväisbileisiini, jotka jaoin samoihin aikoihin kanssani Kabulin jättävien virolaisen ja turkkilaisen kollegan ja ison uutistoimiston brittiläis-ukrainanjuutalaisen toimittajattaren kanssa, oletin, että paikalle saapuisi reilusti alle sata henkeä, koska ramadanin aikana kaupungissa oli hiljaista ja suuri osa kansainvälisistä on ollut kesälomillaan kuka missäkin. Joka ilta oli useita kilpailevia *iftareja* ja läksiäisiä.

Vieraita pelmahti kuitenkin talolleni pitkälle toistasataa. Kutsut olivat suuri menestys, vaikka kävivät muutenkin lähtövalmistelujeni paineessa tyhjentyneelle kukkarolleni. Paikallisen rokkikoulun yhtye soitti pienellä pihallani ja grilli tirisi *halal*-lihan valmistuessa. Ramadanin aikana järjestetyissä *iftareissa* on tavallista, että monet partasuiset afgaanit kiertelevät ennen paastonsa rikkomista kyselemässä *qiblaa* (Mekan suuntaa) rukoillakseen – tekevät siitä numeroa uskonnollisuuttaan osoittaakseen. Samaan aikaan toiset afgaanit kuitenkin jo availivat viinipulloja ja oluttölkkejä eivätkä illan aikana suinkaan suomalaissanontaa käyttääkseni sylkeneet pulloon.

Virallisten jäähyväisjuhlien jälkeenkin sekä afgaanit että kansainväliset ravasivat vielä jättämässä hyvästejään. Yksikin nuorimies käveli viimeisenä päivänäni sisään toimistooni ja toi minulle lahjaksi hillittömän painavan kivisen šakkilaudan, joka oli valmistettu puolijalokivistä Suomen sinivalkoisiin väreihin. Olin sanaton. Kaikessa symbolimerkityksessään lahja oli hieno ja liikuttava, mutta se tuotti hankaluuksia muutenkin ylipainosakoista raskautetulle muuttomatkalleni.

Varsinainen muuttokuormani oli nimittäin pakattu laatikoihin ja kannettu ulos jo bileitä seuranneena päivänä: kolmetoista laatikkoa kirjoja, vaatteita, mattoja ja orientaalisia lattiatyynyjä. Huonekalut, mukaan lukien koristeelliset pakistanilaisvalmisteiset pöytäryhmäni ja matka-arkkuni, jouduin myymään pois ja viimeisinä päivinä vielä lahjoittelin tai myin nimellishintaan paikallisille sohvia, lipastoja, television ja kahvinkeittimen. Yllättäen DHL osoittautui ylivoimaisesti edullisimmaksi vaihtoehdoksi muuttaa yksityisomaisuuteni, koska muuttofirmojen tarjoukset alkoivat nelinkertaisesta summasta siihen nähden, mitä lopulta maksoin.

Ennen Kiovaan saapumista vietän vielä illan ja yhden päivän Istanbulissa. Oli tärkeää juhlistaa Istanbulissa asuvan ystäväni kihlautumista azerbaidžanilaisen tyttöystävänsä kanssa sekä pääsyään uuteen projektiin, jossa saa Syyrian hädän ratkomisen vaihteluksi upottaa hetkeksi päänsä myös arabilais-israelilaisen ongelman suohon. Itselleni on Istanbulissa hyödyllistä harjoittaa maksaa Ukrainan varalle.

Vaikka ystäväni on muuttanut Beyoğlusta vähän matkan päähän Galatasarayhin, päätimme kuitenkin nostalgiasyistä syödä tänään aamiaista *Van Kahvaltı Sofrasıssa* Beyoğlussa. Eilen illalla söimme kalaa ja muita mereneläviä Balıkpazarilla, kävimme teeterasseilla, olutbaareissa, *360:n* kattoterassilla syömässä ankkaa, ja pitkin Istiklalia ja sen sivukatuja. Turkin nuorisoliitto osoitti rauhallisesti mieltään Istiklalilla jostain, mikä liittyi Atatürkin perintöön.

Etsiskelimme somessa levinneen kohuhaastattelun kuuluisaksi tekemää Reza Aslanin kirjaa *Selootti*, joka kertoo Jeesus Nasaretilaisen elämästä ja vaikutuksesta poliittisena radikaalina historiallisesta eikä uskonnollisesta näkökulmasta, mutta kirja ei ollut vielä tullut kirjakauppoihin täällä. *Fox Newsin* islamofobien idioottimaisessa haastattelussa Aslan pysyi hämmästyttävän kärsivällisenä, vaikkei vastauksillaan ollut mitään vaikutusta omaa luupäistä obsessiotaan puuskuttavaan typerään toimittajattareen. No, ainakin Aslanin kirja sai maailmanlaajuisesti ilmaista mainosta.

Istanbulissa on niin paljon syyrialaisia sekä syyrialaispakolaisten ja opposition kanssa työtä tekeviä ulkomaalaisia tuttuja, että Syyria varjostaa täällä väistämättä oloa puheiden ja tunnelman kautta. Syyriassa kansan murhaaminen jatkuu läntisen maailman ummistaessa silmänsä ja Venäjän ja Iranin jatkaessa sumeilematonta voimapolitiikkaansa pidäkkeittä. Yhdysvalloilta puuttuu maailmanpoliittinen johtajuus. Briteillä ja ranskalaisilla näyttäisi olevan enemmän taitoa ja tahtoa, mutta ei tarpeeksi muskelia.

Tapasin hiljattain Kabulissa italialaisen toimittajan, joka oli paennut Syyriassa ensin regiimin tappajia ja Venäjän agentteja, ja joutunut lopulta jihadistiryhmän kidnappaamaksi. Suurin osa sieppaajista oli ollut brittejä ja libyalaisia. Libyalaiset olisivat halunneet tappaa hänet (pitäen kaikkia länsimaisia toimittajia vakoojina), mutta britit olivat olleet huolissaan mestausvideon tuomasta huonosta julkisuudesta, jos palaisivat joskus kotiseuduilleen Englantiin. Kuulemma kidnappaajat olivat olleet lähinnä naiiveja nuorukaisia.

Syyrian oppositio on puristettu kahden tulen väliin, kun toisella puolella on Assadin hallinnon, Venäjän, Iranin ja Hizbullahin koko murha-, vakoilu- ja propagandakoneisto länsimaisine hyödyllisine hölmöineen, kun taas toisella puolella on joukko pienehköjä mutta fanaattisia, hyvin aseistettuja ja kurinalaisia jihadistiryhmiä. Jälkimmäisten joukossa on lisäksi vielä runsaasti Assadin, Iranin ja Venäjän väärän lipun agentteja, kuten ne venäläiset, jotka jäivät Turkissa kiinni syyrialaiskristittyjen pappien sieppaamisesta ja murhaamisesta epäiltyinä.

Sotarintama reuna-alueineen vilisee opportunistisia liikemiehiä, rosvoja, kiristäjiä, asekauppiaita, kaksoisagentteja ja vääriä lippuja. Ei siis ihme, että Syyriasta on tullut ulkomaisille toimittajille yhtä vaarallinen paikka kuin Tšetšenia. Ja että italialainen tuttuni lopulta evakuoi itsensä Syyrian rintamalta ja lähti kaikista maailman paikoista "turvallisempaan" Afganistaniin. Toisin kuin Syyrian ulkomaisilla interventionisteilla, Afganistanin johtavalla ulkomaisella interventionistilla ei ole tapana murhata ja kidnapata länsimaisia toimittajia. Yleisöäkin tuntuu aina kiinnostavan enemmän, mistä kaikesta voi syyttää Amerikkaa. Syyrialaisten hätä ei siinä vaa'assa näytä painavan yhtä paljon.

# Kirjoittajan jälkisanat

Niin tapahtui, että jätin Kabulin ja muutin Ukrainan pääkaupunkiin Kiovaan, jossa tulin viettämään seuraavat neljä vuotta elämästäni. Nuo vuodet olivat antoisia, mielenkiintoisia ja valaisevia Euroopan ja Suomen turvallisuuspolitiikan suhteen.

Ukrainan vuosista, Venäjästä ja Euroopasta, kertoo tämän kirjan jatko-osa, *Sudenhuutelijan päiväkirjat II: Ukrainan vuodet 2013—2017.*